현대 경영 이해

Understanding Contemporary Management

선종학 · 이국용 · 이상만 공저

" 경영학은 실제의 경영현상을 설명하고
경영문제를 해결하기 위한 실천과학이다 "

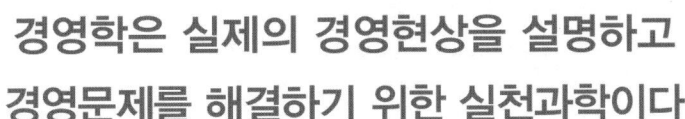

머리말

경영학은 실천과학(practical science)이자 응용과학(applied science)이다. 다시 말해 실제의 경영현상을 설명하고 경영문제를 해결하는데 도움을 주기 위한 학문이 곧 경영학이다. 경영학은 또한 기업은 물론이고 연구소, 학교, 병원, 교회, 군대, 행정기관, 및 가정 등, 영리조직이나 비영리 조직 모두에 광범위하게 적용할 수 있는 학문이다.

현대는 속도의 시대이자 국경 없는 지구촌의 시대라고 한다. 이른바 '나비효과(butterfly effect)'라는 표현이 이를 대변한다. 조직의 환경요인들은 급속도로 변화하고, 소비자들의 행동패턴은 더욱 다양화하고 있다. 경영환경의 변화는 경영이론에 대한 새로운 패러다임(paradigm)을 요구한다. 경영학 이론들의 수명이 다른 학문과 관련된 이론들의 수명보다 훨씬 짧은 이유이다. 본서는 새로운 경영 패러다임에 적합한 이론들을 소개하는데 목적을 둔 경영학 교과서이다. 이를 위해 저자들은 장고 끝에 다음 몇 가지에 역점을 두어 이 책을 집필하였다.

첫째, 다른 사회과학과는 다른 경영학이라는 학문의 정체성(identity)을 독자들에게 이해시키는데 노력을 기울였다.

둘째, 독자들이 경영학을 이해하는데 도움이 되도록 경영학과 관련된 기초적 개념, 용어 및 이론들을 소개하는데 주력했다.

셋째, 새로운 시대에 새로운 패러다임에 맞는 경영이론들을 소개하고, 이들을 체계적으로 연결시키고자 노력했다.

넷째, 실천과학과 응용과학으로서의 학문적 특성을 살려, 각 이론이 실제 경영현상에 어떻게 적용되는지 구체적인 사례들을 최대한 수록함으로써, 경영이론에 대한 독자들의 통찰력을 제고하는데 최선을 다했다.

본서는 총 6부로 구성되어 있다. 제1부에서는 경영학에 관한 기초개념과 경영이론을 소개하고, 제2부에서는 경영활동에 영향을 미치는 환경요인들을 다룬다. 제3부에서 제6부까지에서는 경영자가 수행하는 주요 기능들에 대해 차례로 논의한다. 먼저, 제3부에서는 경영기능들 중 '계획' 기능에 관하여 설명하고, 제4부에서는 수립된 계획의 실행과정인 '조직화' 기능에 대해 논의한다. 제5부에서는 구성원들을 조직목표에 따라 움직이도록 이끌어가는 '지휘' 기능을 소개하고, 마지막으로 제6부에서는 계획된 성과가 달성될 수 있도록 경영활동을 감시하고 문제를 찾아 시정조치 하는 '통제' 기능에 대해 설명한다.

저자들은 경영학의 특성 상 혹시라도 빈틈이 없나 노심초사하면서 최선의 노력을 기울여 집필에 진력하였으나, 여전히 부족한 부분이 많을 것으로 염려된다. 이 책의 미진한 부분이 보완될 수 있도록 독자들의 계속적인 지도와 편달을 기대한다. 졸저의 저술을 허락하신 신아출판사 서정환 대표님께 무한 감사를 드리며, 편집과정에서 아낌없이 협력해 주신 정귀순 선생님의 노고에 특별한 사의를 표한다. 이 책에 수록된 그림들이 예쁘게 나오도록 도움을 준 이랑님에게도 고마운 마음을 전한다.

2024년 8월
덕진호수를 바라보며
저자 일동

차례

제1부 경영학 기초

제1장 경영, 경영학 및 경영자
- 제1절 조직이란 무엇인가? - 10
- 제2절 경영이란 무엇인가? - 15
- 제3절 경영학은 어떤 학문인가? - 22
- 제4절 경영자는 어떤 사람인가? - 28
  - 복습 및 연구문제 - 43

제2장 경영이론의 발전과정
- 제1절 경영 이론과 경영 역사의 중요성 - 46
- 제2절 경영이론의 발전과정 - 48
  - 복습 및 연구문제 - 74

제2부 경영 환경

제3장 조직의 경영환경
- 제1절 경영환경의 유형 - 76
- 제2절 윤리적·사회적 경영환경 - 87
- 제3절 조직의 사회적 책임 - 97
  - 복습 및 연구문제 - 101

제4장 국제적 경영
- 제1절 국제적 경영의 추세와 필요성 - 103
- 제2절 국제적 경영환경 - 108
- 제3절 기업 국제화의 방법 - 117
- 제4절 국제경영의 실행 - 123
- 제5절 국제경영의 환경적 제약요인 - 131
  - 복습 및 연구문제 - 137

제5장 조직문화
　제1절 조직문화의 의의와 중요성 - 139
　제2절 조직문화의 형성 - 143
　제3절 조직문화의 유형 - 150
　제4절 경영활동에 대한 조직문화의 영향 - 156
　제5절 구성원들의 조직문화 학습방법 - 158
　제6절 조직문화에 관한 주요 이슈 - 162
　　　　복습 및 연구문제 - 165

 **제3부 경영계획**

제6장 경영계획의 기초
　제1절 계획의 개요 - 168
　제2절 계획수립의 과정 - 172
　제3절 계획의 수단 - 181
　　　　복습 및 연구문제 - 188

제7장 경영 의사결정
　제1절 의사결정의 기초 - 191
　제2절 의사결정의 유형 - 195
　제3절 의사결정 모델 - 203
　제4절 의사결정의 절차 - 206
　제5절 의사결정을 위한 계량적 접근 - 210
　제6절 의사결정의 장애요인 및 개선방안 - 212
　　　　복습 및 연구문제 - 217

제8장 전략적 경영
　제1절 전략적 경영의 의의 - 220
　제2절 전략적 경영의 절차 - 221
　제3절 경영전략의 유형 - 226
　제4절 전략적 경영의 실행 - 239
　　　　복습 및 연구문제 - 244

제4부 경영 조직화

제9장 경영조직의 설계
제1절 조직화와 조직설계 - 248
제2절 부문화 - 250
제3절 조정 - 253
제4절 지휘계통의 확립 - 257
제5절 조직구조의 설계 - 260
제6절 조직설계의 주요 이슈 - 268
　　복습 및 연구문제 - 273

제10장 인적자원 관리
제1절 인적자원 관리의 의의와 과정 - 276
제2절 인적자원 계획 - 279
제3절 모집 및 퇴출 - 280
제4절 선발 - 282
제5절 오리엔테이션 및 교육훈련 - 287
제6절 성과관리 - 290
제7절 경력개발 - 288
　　복습 및 연구문제 - 295

제11장 조직변화와 혁신
제1절 조직변화의 의의와 유형 - 298
제2절 조직변화의 관리 - 303
제3절 조직 혁신 - 311
제4절 창의성 개발 - 319
제5절 기업지배구조 개선 - 323
　　복습 및 연구문제 - 327

제5부 경영지휘

제12장 조직 내 개인행동
제1절 개인과 조직 - 330

제2절 개성과 개인행동 - 333
　　제3절 태도와 개인행동 - 340
　　제4절 지각과 개인 행위 - 343
　　제5절 작업장 행위와 조직 유효성 - 350
　　제6절 스트레스와 개인행동 - 353
　　제7절 학습 - 358
　　　　　복습 및 연구문제 - 361

제13장 집단역학 및 팀 관리
　　제1절 집단역학의 본질 - 365
　　제2절 집단역학과 조직 유효성 - 371
　　제3절 팀 관리 - 374
　　제4절 갈등관리 - 378
　　　　　복습 및 연구문제 - 385

제14장 종업원 동기부여
　　제1절 동기부여의 본질 - 386
　　제2절 역사적 관점에서의 동기부여 이론 - 388
　　제3절 내용적 관점에서의 동기부여 이론 - 390
　　제4절 과정적 관점에서의 동기부여 이론 - 396
　　제5절 강화적 관점에서의 동기부여 이론 - 402
　　제6절 보상 시스템을 통한 동기부여 - 406
　　제7절 직무혁신을 통한 동기부여 - 409
　　　　　복습 및 연구문제 - 415

제15장 리더십
　　제1절 리더십의 본질 - 417
　　제2절 리더십 이론에 대한 일반적 접근 - 422
　　제3절 리더십 이론에 대한 상황적 접근 - 425
　　제4절 특수한 유형의 리더십 - 432
　　제5절 리더십에 관한 최근의 이슈 - 435
　　　　　복습 및 연구문제 - 439

제16장 커뮤니케이션
- 제1절 커뮤니케이션의 의의와 과정 - 441
- 제2절 개인간 커뮤니케이션 - 444
- 제3절 조직적 커뮤니케이션 - 454
- 제4절 커뮤니케이션에 관한 특수 이슈 - 463
  - 복습 및 연구문제 - 467

제6부 경영통제

제17장 경영통제의 기초
- 제1절 통제기능의 기초 - 470
- 제2절 통제 시스템 설계 - 474
- 제3절 통제 과정 - 478
- 제4절 경영통제의 기본적 접근법 - 481
- 제5절 재무적 통제 - 487
- 제6절 예산통제 - 489
- 제7절 행위적 통제의 장애요인과 외부통제 - 493
  - 복습 및 연구문제 - 496

제18장 운영관리
- 제1절 운영관리의 기초 - 498
- 제2절 운영 시스템의 설계 - 502
- 제3절 운영계획 및 통제 - 508
- 제4절 재고관리 - 510
- 제5절 품질경영 - 513
- 제6절 서비스 경영 - 519
- 제7절 정보기술 및 정보시스템 - 523
  - 복습 및 연구문제 - 537

참고문헌 - 541
찾아보기 - 544

제1부
경영학 기초

Basics of Management

제1부에서는 경영학에 관한 기초적 개념들과 경영이론의 발전과정을 소개한다.

제1장 경영, 경영학 및 경영자
제2장 경영이론의 발전과정

제1장 경영, 경영학 및 경영자
Managing, management and manager

이 장에서는 이 장의 핵심개념인 조직과 경영이란 무엇이고 경영학은 어떤 학문이며, 경영자는 어떤 사람이어야 하는가를 중심으로 논의한다.

제1절 조직이란 무엇인가?

1. 조직의 의의

동서고금을 막론하고 모든 인간은 **조직**(組織)이라는 테두리 안에서 생활한다. 사람을 사회적 동물이라 하는 이유도 여기에 있다. 가족이나 학교, 병원, 교회를 비롯해 정부조직, 군대, 스포츠 팀, 정당 및 각종 사회단체가 모두 조직에 해당한다. 백화점, 음식점, 연구소 및 기업도 조직들이다. 그 중에서도 기업은 가장 대표적인 조직이다. 이 책에서 연구대상으로 하고 있는 경영이나 경영학 역시 조직을 전제로 하는 개념이며, 경영자는 바로 이러한 조직 속에서 일하는 사람들이다. 만약 조직이 존재하지 않는다면 경영자에 대한 필요성도 사라질 것이다.

조직들 중에는 규모가 큰 것도 있고 작은 것도 있으며, 기업처럼 영리를 목적으로 하는 조직이 있고, 군대나 학교 같은 비영리조직도 있다. 어떤 조직은 제품을 제공하고, 어떤 조직은 제품과 서비스를 모두 제공하는 반면, 어떤 조직은 서비스만을 제공한다. 그러면 조직이란 무엇일까?

조직(organization)은 특수한 목적의 달성을 위해 체계적으로 움직이는 사람들의 집합체를 말한다.

이러한 조직은 〈그림 1-1〉에서 볼 수 있는 바와 같이, 세 가지 기본적인 특성을 지니고 있다. 첫째, 조직은 각자의 고유한 **목적**(objective)을 가진다. 조직의 존재 이유는 하나 이상의 목적이 있기 때문이다. 포드 자동차 회사가 저원가와 저가격을 통해 많은 소비자들이 자동차를 소유하도록 하는 데 목적이 있다면, 크라이슬러는 고품질의 제품을 통한 차별화가 목적이라 할 수 있다.

둘째, 모든 조직은 **사람**(people)으로 구성된다. 혼자서 일하는 사람은 조직이 될 수 없으며, 조직은 사람들의 협력을 통해 그 목표를 달성한다. 조직의 운영 주체는 사람이며, 사람들을 통한 시너지 창출 여부가 조직의 성패를 좌우한다.

〈그림 1-1〉 조직의 특성

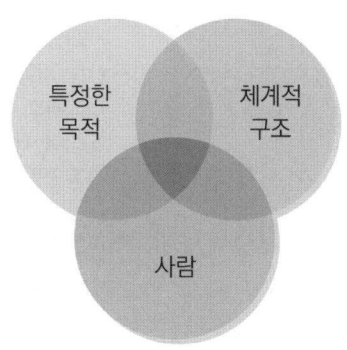

셋째, 모든 조직은 구성원들이 목표의 달성을 위해 효과적으로 일할 수 있도록 설계된 **체계적 구조**(systematic structure)를 갖는다. 전통적 기업조직은 조직의 효율을 극대화할 수 있도록 구성원들 사이에 권한과 책임의 관계가 엄격하고 명확하게 규정되는 조직구조이었다. 그러나 오늘날의 기업은 직무에 관한 규율이 엄격하지 않고, 권한과 책임이 분산된 개방적이고 융통성 있는 조직구조를 띠는 것이 일반적이다.

2. 전통적 조직과 현대적 조직

오늘날의 조직은 그 개념에 있어 전통적 조직과 많은 차이가 있다. 〈표 1-1〉은 전통적 조직과 현대적 조직의 차이를 보여 준다. 현대적 조직은 P&G, 엑슨 모빌, 및 GM의 경우에서 보는 것처럼 전통적 조직과는 달리 사업부나 기능부서 혹은 과업단위로 명확하게 구분되는 조직구조를 띠는 기업이 많지 않다. 조직은 점점 더 개방적이고 유연하며 외부 환경의 변화에 민감하게 반응할 수 있는 형태로 변하고 있다. 조직이 변화하는 이유는 조직을 둘러싼 환경이 변화를 계속하기 때문이다. 특히 디지털 혁명, e-비즈니스의 보편화, 정보기술의 확산, 글로벌화의 가속화 및 종업원과 소비자 욕구의 다양화와 급변화 등이 조직환경 변화의 대표적인 예이다.

〈표 1-1〉 전통적 조직과 현대적 조직

전통적 조직	현대적 조직
• 정태적 • 비유연성 • 직무 중심 • 직책중심의 작업 • 개인 지향적 • 직무의 영속성 • 명령 지향적 • 경영자의 의사결정 독점 • 규칙 지향적 • 작업집단의 동질성 • 근무일의 고정적 운영 • 계층적 관계 • 정해진 공간, 고정된 시간에 근무	• 동태적 • 유연성 • 기능 중심 • 과업중심의 작업 • 팀 지향적 • 직무의 순환 • 참여 지향적 • 종업원의 의사결정 참여 • 고객 지향적 • 작업집단의 다양성 • 근무일의 탄력적 운영 • 수평적이고 네트워크화된 관계 • 어느 곳, 어느 시간에나 근무

3. 기업조직의 유형

이 책에서 다루는 조직은 주로 영리를 목적으로 운영되는, 기업(corporation 企業)이라는 조직이다. 후술하는 바와 같이 경영은 영리든, 비영리든 모든 조직에 적용 가능한 보편성을 지니고 있는 것이 사실이지만, 아무래도 경영의 본질적 대상은 비영리조직보다는 영리조직일 수밖에 없다. 기업조직에도 여러 가지가 있다. 대기업, 중소기업 및 벤처기업 등이 그것이다. 유의해야 할 것은, 기업이라는 조직은 이처럼 다양한 형태를 띠게 되지만, 그렇다고 경영의 개념이나 방법이 기업조직의 형태에 따라 근본적으로 달라지지는 않는다는 점이다. 다만, 어떤 형태의 조직이냐에 따라 경영자의 직무와 역할이 조금씩 달라질 뿐이다.

3.1 기업규모에 의한 분류

기업은 총자산 및 매출규모를 기준으로 대기업, 중견기업 및 중소기업으로 나뉜다. 그러나 이외에도 준대기업, 소상공인 등도 있다.

대한민국 공정거래위원회의 규정에 의하면, **대기업**은 자산총액 10조원 이상인 상호출자 제한 기업집단으로, 2020년 자산총액 기준, 재계 순위 34위까지가 대기업에 속한다. 삼성, 현대자동차, SK, LG, 롯데, 포스코, 한화, GS, 현대중공업, 농협 등이 이에 해당한다. 준대기업은 자산 총액 5조원 이상의 공시대상 기업집단으로, 현재 재계 순위 35위~64위까지의 기업이 여기에 속한다. OCI, 이랜드, 태영, SM, DB, 세이, 네이버, 넥슨, 한국앤컴퍼니, 호반건설 등이 이에 해당한다. 통상 대기업이라 하면, 대기업과 준대기업을 모두 일컫는다. 대기업들은 보통 대규모 생산설비와 영업조직을 갖추고 있어서, 경제적 측면에서 뿐만 아니라 정치, 사회, 문화에 이르기까지 국가에 대해 막중한 영향력을 미친다.

중견기업은 대기업과 중소기업의 중간 수준에 위치하는 기업을 가리키는 말로서, 자산총액 5천억원 이상 10조원 미만의 기업으로, 대기업 수준의 규모를 갖춘 기업을 말한다. 업종에 따라 차이가 있기는 하나, 매출액이 연간 400억원~1500억원 이상인 기업들이다. 현재 우리나라 전체 기업의 대략 0.7%를 차지하고 있다.

중소기업은 자산총액 5천억원 미만이고, 업종별로 매출액 400억원~1500억원 이하인 기업을 말한다. 중견기업에 속하지 않는 기업으로서, 우리나라 전체의 99%를 차지한다. 중소기업 중에는 소상공인과 영세기업도 있다. 소상공인은 상시 근로자수 10명 미만(광업, 제조업, 건설업, 운수업의 경우)의 사업자를 말하고, 영세기업은 상시 근로자수 5명 미만의 사업자를 말한다.

우리나라의 경우 중소기업은 기업체의 수, 고용인력 및 GNP에서 차지하는 비중 등, 국가경제에서 수행하는 역할이 매우 크다. 특히 중소기업의 고용창출효과는 대기업에 비해 훨씬 크다. 세계적으로도 중소기업의 수가 증가하는 추세이다. 그 중에서도 일본을 비롯한 중국, 대만, 한국과 같은 아시아 국가와 프랑스, 독일, 영국과 같은 유럽 국가들은 중소기업이 국가경제의 큰 비중을 차지하고 있는 나라들이다.

3.2 중소기업의 특수 형태

중소기업에는 기업이 어떤 목적 하에 어떤 사업을 어떻게 운영하느냐에 따라, 여러 형태의 기업이 존재한다. 가장 대표적인 것이 벤처기업이고, 그 외에도 강소기업, 뿌리기업, 사회적 기업, 및 착한기업 등으로 불리는 기업들이 있다.

1) 벤처기업

1990년대 후반 이후, 우리나라 산업계의 가장 중요한 특징 중의 하나는 벤처기업을 중심으로 한 창업열풍이다. **벤처기업**(venture business)은 모험적인 사업을 수행하는 기업으로서, "사업의 위험성은 크면서도 높은 수익성과 성장성이 기대되며, 새로운 아이디어나 기술을 기반으로 운영되는 중소규모의 신생기업"을 말한다. 원래 벤처사업은 중세에 해외 원정을 통한 부(富)의 획득을 목적으로 선원들을 모아 망망대해를 항해하던 상인들이 그 기원이라고 한다. 1492년, 스페인의 콜럼버스가 당시의 귀중품인 향신료의 채취를 위해 인도를 향해 항해하다 신대륙을 발견한 것도 벤처사업의 발로라 할 수 있다. 벤처기업의 특징은 크게 세 가지로 요약된다.

첫째, 도전의식이 강한 소수의 사람들에 의해 창업되는 기업이다.
둘째, 기업가의 독특하고 혁신적인 아이디어나 기술을 창업의 기반으로 삼는다.
셋째, 벤처기업이 수행하는 사업은 위험성이 큰 반면, 수익성과 성장성이 높은 사업들이다.

벤처기업은 흔히 모험기업, 첨단기술기업, 지식기반형 기업, 혹은 연구개발형 기업 등으로 불린다. 반도체·컴퓨터 산업이나 생명·유전공학 분야에 벤처기업이 집중되어 있는 것도 이에 연유한다. 실리콘 밸리를 중심으로 형성된 세계적인 테크노폴리스는 벤처기업의 상징이다.

벤처기업과 관련된 두 가지 중요한 개념이 벤처캐피털과 엔젤이다. **벤처캐피털**(venture capital)은 모험자본의 뜻으로서, 기술력과 장래성은 있으나 자금과 경영능력이 취약한 벤처기업들이 건전하게 성장할 수 있도록 창업초기부터 자금지원과 경영지도를 실시하는 금융 관련 기관이다. 반면에, **엔젤**(angel)은 창업초기 자금이 부족한 벤처기업에 자금을 지원하는 개인 투자자를 말한다. 엔젤은 자금을 대여해주는 대신, 지분을 매입해 직접 기업의 주인이 된다는 점에서 주식투자자와 유사하며, 벤처캐피털과는 달리 기관이 아닌 개인 자격으로 벤처기업에 투자한다는 것이 그 특징이다.

2) 기타 형태의 중소기업

중소기업 중에는 강소기업, 뿌리기업, 사회적 기업, 착한기업 등의 명칭이 붙는 기업들이 있다. 강소기업은 종업원 10인 이상의 중소기업으로서, 고용효과가 크고 산업재해가 적으며, 임금체불

이 없고 신용평가가 좋은 기업을 말한다. 뿌리기업은 이른바 뿌리기술, 즉 주조, 금형, 소성가공, 용접, 표면처리 및 열처리 등, 제조업 전반에 걸쳐 활용되는 기반공정 기술과 사출, 프레스, 정밀가공, 로봇 및 센서 등, 제조업의 미래 성장에 핵심적인 차세대형 공정기술을 주요 기반으로 삼는 기업을 일컫는다. 사회적 기업은 취약계층에게 교육, 보건, 사회복지, 환경 및 문화와 같은 사회적 서비스나 일자리를 제공하거나, 지역사회에 공헌함으로써 지역주민들의 삶의 질을 높이는 등, 사회적 목적을 추구하면서 재화와 서비스를 생산하거나 판매하는 기업이다. 마지막으로, 착한 기업은 사업의 기반을 사익추구에 두지 않고 일관성 있게 공익사업을 벌이는 기업을 말한다.

이와 같은 중소기업들에서는 국가가 세제와 행정적 지원을 제공한다. 이 기업들은 일정한 자격을 필요로 하며, 이를 위해 관계기관으로부터 특별한 인증을 받아야 한다.

제2절 경영이란 무엇인가?

1. 경영의 의의

경영(經營)은 경영자들이 수행하는 과업(task)이나 활동들을 말한다. 그러나 경영의 개념을 보다 명확하게 정의하기 위해서는 여러 가지 개념에 대한 이해가 선행되어야 한다. 경영학 역사 초기의 경영학자인 폴렛(M. P. Follet)은 **경영**(management)을 "사람들을 통해 필요한 일들이 이루어지도록 하는 기술"이라 정의하였다. 또한 드러커(P. Drucker)는 "경영자는 목표의 달성을 위해 조직이 나아가야 할 방향을 제시하고, 리더십을 발휘해야 하며, 조직의 자원을 어떻게 사용할 것인가를 결정해야 한다"고 주장함으로써, 우회적으로 경영에 대한 정의를 내리고 있다. 이 두 정의를 포함하여 지금까지 학자들의 견해를 종합하면, 경영은 다음과 같이 정의될 수 있다.

"경영은 조직의 목표를 효과적이고 효율적으로 달성할 수 있도록 조직의 인적·물적 자원의 사용을 계획, 조직화, 지휘 및 통제하는 일련의 과정이다."

경영에 대한 이 정의는 세 가지 중요한 개념을 포함하고 있다. 첫째는 조직의 목표이고, 둘째는 조직의 성과이며, 셋째는 경영자가 수행하는 경영 기능이다.

1.1 조직의 목표

목표(goal)는 조직이 달성하기 위해 노력하는 미래의 바람직한 결과를 말한다. 일반적으로 조직이 설정할 수 있는 목표는 다음과 같다.

- **수익성**(profitability): 매출액 증대와 원가절감을 통해 이익을 극대화한다.
- **저원가**(low cost): 비용 절감을 통해 최소 원가를 실현하고 저가격을 무기로 경쟁에서 이긴다.
- **시너지**(synergy): 자원의 결합이나 구성원들의 상호작용 결과 산출되는 성과를 극대화한다.
- **차별화**(differentiation): 품질, 성능, 디자인, 수명 및 A/S에서 타사와 차별화를 실현한다.
- **품질**(quality): 최상의 품질을 기반으로 소비자들에게 소구(appeal)한다.
- **종업원 복지**(employee welfare): 종업원들이 회사의 주인이라는 정신으로 이들의 복리와 후생에 힘쓴다.
- **업계의 선도**(industrial leadership): 동종 업계에서 최고의 시장점유율을 유지한다.
- **사회적 책임**(social responsibility): 자연환경 보호, 자원고갈 방지, 제품의 안전, 소비자 권익 보호, 지역사회에의 공헌 및 부의 사회적 환원 등, 기업의 사회적 책임을 완수한다.

이와 같은 일반적인 목표 이 외에 경영자들은 조직이 지향해야 할 지상 목표로서 **고객만족**(customer satisfaction)을 내세운다. 즉, 조직과 그 구성원들이 달성하기 위해 노력해야 할 최고의 목표는 고객들이 요구하는 제품이나 서비스를 적시에 제공하는 일이다.

1.2 조직성과

조직성과(organizational performance)는 고객의 욕구를 충족시키고 조직목표의 달성을 위해 자원을 얼마나 효율적이고 효과적으로 사용하는가를 평가하는 척도이다. 〈그림 1-2〉에서 볼 수 있는 바와 같이, 조직의 성과(成果)는 일반적으로 효율성과 유효성의 증대에 비례해 높아진다. 그러나 실세계를 보면, 조직의 효율성은 높은데 성과(成果)가 크지 않은 경우도 있고, 성과는 큰데 효율성이 낮은 경우도 있다.

〈그림 1-2〉 효율성과 유효성

	효율성 낮다	효율성 높다
유효성 높다	저 효율성/고 유효성 경영자가 올바른 목표를 선택하지만, 목표달성을 위한 자원배분을 제대로 하지 못한다. 결과 : 고객이 원하는 고품질의 제품을 고가로 제공한다.	고 효율성/고 유효성 경영자가 올바른 목표를 선택하고, 목표달성을 위한 자원배분도 제대로 한다. 결과 : 고객이 원하는 고품질의 제품을 저가로 제공한다.
유효성 낮다	저 효율성/저 유효성 경영자가 그릇된 목표를 선택하고, 목표달성을 위한 자원배분도 제대로 하지 못한다. 결과 : 고객이 원하지 않는 저품질의 제품을 고가로 제공한다.	고 효율성/저 유효성 경영자가 그릇된 목표를 설정하지만, 목표달성을 위한 자원배분은 제대로 한다. 결과 : 고객이 원하지 않는 고품질의 제품을 고가로 제공한다.

1) 효율성

효율성(efficiency)은 목표를 달성하기 위해 조직의 자원을 얼마나 경제적이고 생산적으로 투입하는가에 관한 척도이다. 효율성은 산출량의 가치를 투입량의 가치로 나눈 비율로 평가된다. 따라서 만약 경영자가 주어진 제품이나 서비스의 산출량을 생산하기 위해 소요되는 작업시간이나 원재료, 노동력, 및 자본 등과 같은 투입자원을 최소화할 수 있다면, 이 조직은 효율적인 조직이다. 예로서, 파리를 잡는 목적을 달성하기 위해 해머를 사용하는 것은 잘못된 수단의 선택이다. 파리를 잡기 위해 굳이 해머를 가져올 필요는 없기 때문이다. 맥도날드는 후렌치 후라이를 만드는 데 필요한 기름의 양을 종전보다 30% 가량 절감하면서도 생산량은 종전과 유사한 기계를 개발함으로써, 경영의 효율성을 끌어올릴 수 있었다.

2) 유효성

일반적으로 효과적(effective)이라는 것은 뭔가를 투입해 결과가 나타남을 의미한다. **유효성**(effectiveness)은 효과성이라고도 하며, 조직이 추구하는 목표를 얼마나 달성했느냐, 즉 자원을 투입해 얼마나 효과를 거두었느냐에 관한 척도이다. 조직이 목표를 최대한 달성하기 위해서는 올바른 목표를 설정하고, 적합한 목표달성 수단을 선택해야 한다. 목표가 올바르고, 목표 달성 수단이 적합하면, 투입한 노력과 비용의 효과는 커진다. 즉, 이 조직의 유효성은 증대한다. 두드린 해머가 파리에 적중하면, 해머는 파리 잡는 목적에 매우 큰 효과를 거둘 것이므로, 해머의 유효성은 클 수도 있다. 그러나 해머를 사용하다 파리를 놓치는 경우도 있고, 벽에 금이 가는 결과를 초래할 수도 있다. 따라서 파리를 잡는데 굳이 해머라는 수단을 쓰는 것은 파리채라는 수단을 쓰는 것보다 효율성은 물론 유효성도 떨어지는 행위이다. 조직이 성공하기 위해서는 올바른 목표를 설정하고, 목표달성에 적합한 수단, 즉 장비와 자원을 선택함으로써 자원투입의 효율성과 성과산출의 유효성을 극대화해야 한다. 예로서, 항공기의 공중급유 시스템은 비행가능 시간을 극대화한다는데 목적을 둔 접근이다. 굳이 비행기를 하나 더 띄워야 하는 만큼 비용은 많이 투입되지만, 항공기의 비행시간을 연장시키는 효과는 매우 크다. 공중급유 시스템은 효율성이 떨어지지만, 유효성은 크다는 뜻이다. 맥도날드나 월-마트, 인텔과 같이 조직의 성과가 높은 것으로 알려져 있는 기업들은 모두가 효율적이고 효과적으로 경영활동을 수행하는 회사들이다.

1.3 경영기능

경영자는 어떤 기능(機能)을 수행함으로써 조직의 목표를 달성하게 될까? 이에 대해서는 약간의 이견이 있을 수 있으나, 경영자들은 성공적인 경영을 위해 일반적으로 〈그림 1-3〉과 같은 네 가지의 **경영기능**(managerial function)을 수행한다. 적정한 위치에 이러한 경영기능을 쉽게 이해할 수 있도록 해외여행을 가고자 하는 어느 조직의 경우를 예로 들어 설명하기로 한다.

1) 계획

계획(planning)이란 선택 가능한 목표들을 확인하고, 가장 적절한 목표를 선택한 다음, 이를 달

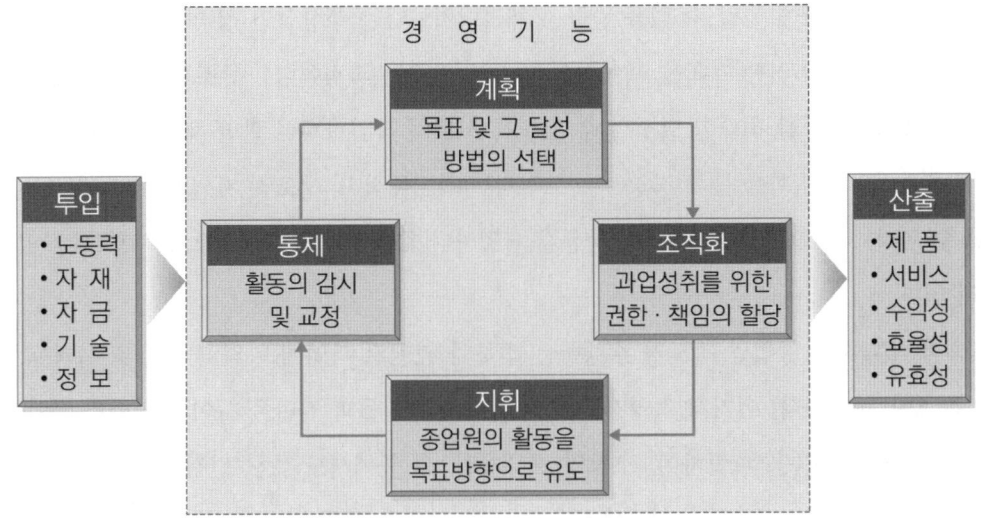

〈그림 1-3〉 기본적 경영기능

성하는 데 필요한 행동과정을 개발하는 것을 말한다.[1]

예로서, 어느 조직이 해외여행을 가고자 하면 여행일자, 여행지역, 경비, 여행인원 등에 대한 계획과 예산을 수립해야 한다. 경영자들이 얼마나 훌륭한 계획(計劃)을 수립하느냐 하는 것은 조직성과의 수준, 즉 조직의 효율성과 유효성에 중대한 영향을 미친다. 계획이 중요한 이유는 다음과 같다.

첫째, 조직은 이익증대나 시장점유율 확대, 혹은 사회적 책임의 완수 등, 조직의 미래에 관한 기본방향을 정해야 한다.

둘째, 조직목표의 달성을 위해 현재의 보유자원을 확인하고, 이를 적절하게 활용해야 한다.

셋째, 조직목표를 달성하기 위해서는 어떠한 과업들이 수행되어야 하는가를 결정해야 한다.

계획은 일반적으로 다음 3단계의 과정을 거쳐 수립하는 것이 바람직하다.

ⅰ) 조직이 추구해야 할 목표를 설정한다.

ⅱ) 목표의 달성을 위해 취해야 할 행동과정을 선택한다.

ⅲ) 목표의 달성에 필요한 조직의 자원을 어떻게 할당할 것인가를 결정한다.

---

[1] 학자들에 따라서는 경영자들이 수행해야 할 이와 같은 4가지 기본적 경영기능을 수직적 경영기능이라 한다. 수직적이라는 말은 4가지 기능들이 순차적으로 수행된다는 의미이다. 이와는 별도로 학자들은 수평적 경영기능으로서 4가지를 제시하기도 한다. 운영관리, 마케팅관리, 재무관리 및 인적자원관리가 그것이다. 수평적이라는 말은 각 기능들이 동시적으로 수행된다는 의미이다.

2) 조직화

계획은 곧바로 실행에 옮길 수 있을 만큼 구체적이기보다는 추상적인 성격을 띠는 것이 보통이다. 조직화(組織化)는 이러한 계획을 구체적인 현실로 바꾸는 과정이다. 즉 **조직화**(organizing)란 구성원들이 함께 조직목표를 최대한 달성할 수 있도록 서로의 작업관계에 관한 체계를 확립하는 것을 말한다. 효과적인 조직화를 통해 경영자는 조직의 인적·물적 및 정보적 자원을 보다 잘 조정하고 할당할 수 있다. 조직의 성패는 이러한 자원들을 얼마나 효율적이고 효과적으로 사용할 수 있느냐에 달려 있다.

조직화에 있어서는 종업원 각자가 수행하는 직무와 관련된 과업에 따라 사람들을 여러 부서로 할당하는 일이 중요하다. 여기서 경영자들은 서로 다른 개인들과 집단들 사이의 권한과 책임에 관한 명령이나 지휘 계통을 확립하며, 조직의 보유자원, 그 중에서도 특히 인적자원에 대한 최적의 조정방법을 결정한다. 예를 들어 해외여행을 가려면 여행사 섭외, 항공권 구입, 경비 조달, 여행 스케줄 총괄 등의 과업을 적임자들에게 할당하는 작업이 필요하다.

조직화는 조직구조를 통해 구체화된다. **조직구조**(organizational structure)는 구성원 각자가 수행해야 할 직무와 보고체계에 관한 공식적 시스템이다. 이는 조직목표를 달성하는데 어떤 과업들이 필요하며, 누가 어떻게 이 과업들을 수행해야 하는가를 보여주는 조직체계로서, 이를 통해 경영자들과 구성원들이 조직목표를 향해 어떠한 권한과 책임을 가지고 과업을 수행하는가를 알 수 있다.

3) 지휘

경영자는 계획을 수립하고, 이 계획을 실행에 옮기기 위한 조직체계를 구성한 다음, 계획이 효과적으로 실행되도록 조직을 이끌어 나가야 한다. 여기서 경영자가 필요로 하는 과업이 지휘(指揮)이다. **지휘**(directing)란 부하들에게 동기를 부여하고, 이들의 활동을 일정한 방향으로 유도하며, 효과적인 의사소통 경로(channel)를 개발하고, 구성원들 사이의 갈등을 해소하고 협력을 극대화함으로써 최대한의 시너지를 창출하는 과정이다. 해외여행의 경우 조직의 리더는 구성원들이 여행에 동참하도록 동기를 부여하고, 많은 사람들이 이 행사에 참여하도록 리더십을 발휘하고, 각 과업 책임자들과 소통하면서 여행이 성공적으로 진행되도록 이끌어 나가야 한다.

4) 통제

아무리 경영과정이 합리적이고 체계적이라 하더라도, 계획과정에서 설정된 목표와 실제 성과에는 차이가 발생할 가능성이 크다. 따라서 경영자는 계획의 실행과정에서 목표가 차질 없이 달성될 수 있도록 조직의 성과를 끊임없이 감시한다. 만약 계획된 목표와 실적 사이에 편차가 발생하면 이를 바로잡기 위한 시정조치(corrective action)를 취한다. 이를 통제(統制)라 한다. 즉 **통제**(controlling)는 계획의 실행과정을 점검하고, 그 결과에 대한 피드백을 실시하는 과정이다. 해외여행을 진행하는 과정에서 리더는 주어진 일정에 맞춰 주어진 예산 범위 내에서 여행계획이 차질 없이 진행되고 있는지 수시로 체크하고, 문제가 있으면 시정조치를 해야 한다.

경영자가 통제기능을 수행하기 위해서는 측정하고자 하는 성과의 표준이 필요하다. 생산성, 품질, 매출액, 시장점유율, 고객만족도, 재고량, 불량률, 재무상태가 그 예이다.

- PDS 사이클 : 이상에서 살펴본 것처럼, 경영자가 수행하는 기본기능은 계획, 조직화, 지휘 및 통제의 네 가지이다. 경영현상을 설명하고 경영 문제를 해결하는 데 도움을 주기 위한 이 책의 구성 또한 이 네 가지 기능을 전제로 한다. 그러나 전통적으로 경영학자들은 경영자가 수행하는 기본기능을 세 가지, 즉 계획, 조직화 및 통제로 설명하려는 경향이 있다. 이 경우 네 가지 경영기능 중 지휘는 조직화에 포함된다. 이러한 관점은 이른바 **관리순환**(management cycle), 혹은 PDS(Plan, Do, See) 사이클을 전제로 한 접근방식이라 할 수 있다(〈그림 1-4〉 참조).

〈그림 1-4〉 관리순환(PDS 사이클)

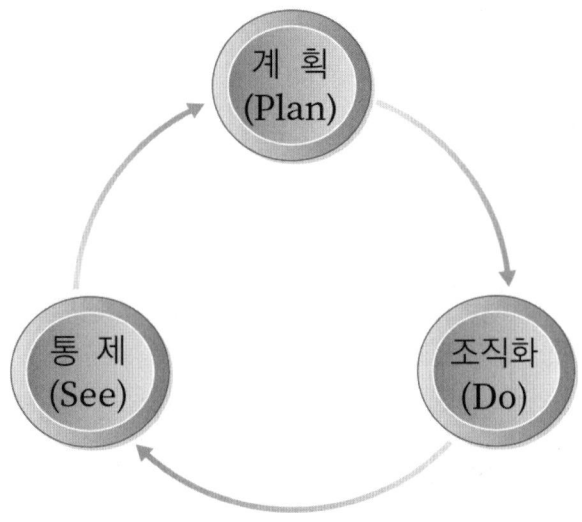

제3절 경영학은 어떤 학문인가?

1. 경영학의 의의

경영학(business administration)은 경영이라는 현상을 연구대상으로 하는 학문이다. 보다 구체적으로, 경영학(經營學)은 '특정의 목적을 달성하기 위해 구성된 조직의 행동이론을 연구하는 학문'이라 정의된다. 경영학은 연구대상의 범위에 따라 다시 광의의 경영학과 협의의 경영학으로 구분된다.

광의의 경영학은 기업, 병원, 학교, 관공서 및 군대 등과 같은 일반적 조직을 그 연구대상으로 삼는 학문이다. 이 경우 경영학은 이들 조직체에 공통적으로 적용할 수 있는 보편타당한 일반 이론을 구축하는 데 목표를 둔다. 협의의 경영학은 기업이라고 하는 특정의 조직, 즉 유형, 무형의 제품이나 서비스를 산출하는 조직체를 대상으로 이들의 행동이론을 구축하고자 하는 학문이다. 일반적으로 경영학이라고 하면, 협의의 경영학을 일컫는 경우가 대부분이다. 협의의 경영학을 보다 구체적으로 정의하면, '조직으로서의 기업을 움직이는 경영이라는 현상을 설명하고, 기업목적의 달성에 이바지하기 위한 경영이론을 체계적으로 연구하는 학문'이라 할 수 있다.

2. 경영학의 학문적 성격

2.1 경영학의 일반적 성격

경영학은 일반적으로 다음과 같은 성격을 갖는 학문이다.

첫째, 경영학은 **기술과학**(descriptive science)이자 **경험과학**(empirical science)이다. 경영에 관한 이론을 도출하기 위해서는 연구자가 관심을 가지고 있는 실제 현상을 기술하고, 이 현상에 내재된 변수들에 관한 자료를 이용해 경영현상을 체계적으로 설명하기 위한 이론을 찾는다.

둘째, 경영학은 **종합과학**(interdisciplinary science)이다. 경영학이 연구대상으로 삼는 조직이라는 실체는 경제적 요소, 인간적 요소, 사회적 요소, 및 기술적 요소의 네 가지로 구성되어 있다. 따라서 기업에 관한 제 현상들을 제대로 설명하기 위해서는 경제학을 비롯해 심리학, 사회학, 문화인류학, 철학, 수학, 통계학 및 산업공학 등, 다양한 인접학문들의 도움을 받아야 한다.

셋째, 경영학은 **인과과학**(causal science)이다. 인과과학이란 어떤 현상에 내재된 원인과 결과 사이의 관계에 관한 보편타당한 법칙을 발견하는 학문을 말한다. 물론 기업이라는 실체의 행동원리에 관한 일관성 있는 법칙이나 원칙을 발견하는 것은 어려운 과업이다. 경영현상에는 예외와 가변성이 많기 때문이다. 그러나 과거와는 달리 오늘날은 다양한 통계분석 기법, 계량적 모델 및 시스템적 접근과 같은 과학적이고 체계적인 기법이 광범위하게 개발되고 있어, 경영현상에 관한 보편타당한 이론을 개발하는 데 도움이 되고 있다.

넷째, 경영학은 **규범과학**(normative science)이다. 규범과학이란 특정의 행위에 대해 선과 악, 혹은 옳고 그름에 대한 가치판단을 허용하는 학문을 의미한다. 어떤 행위의 목적이 좋다 하더라도, 목적 달성을 위한 수단이 좋지 않으면, 이 행위는 하면 안 된다고 주장하는 경우가 그 예이다.

다섯째, 경영학은 **실천과학**(practical science)이자 **응용과학**(applied science)이다. 기업은 수익성 등의 목표를 가진 조직체로서, 경영이론은 기업의 행동원리에 대한 설명이나 경영문제의 해결에 실질적인 도움을 주지 못하면, 그 생명을 잃는다. 이런 점에서 경영학은 심리학, 사회학 등의 **이론과학**(theoretical science)이나 물리학이나 화학과 같은 **순수과학**(pure science)과 다르다.

2.2 경영학의 본질: 과학인가, 기술인가?

경영학은 **과학**(science)인가, **기술**(art)인가? 20세기 초 이래 독일의 슈말렌바하(E. Schmalenbach), 리거(W. Rieger), 멜레로비츠(K. Mellerowicz) 및 구텐베르크(E. Gutenberg) 등을 중심으로 경영학의 정체성에 관해 수차례에 걸친 방법론쟁이 전개되어 왔다. 이 논쟁은 경영학의 본질에 관한 것으로서, 이 학문이 순수이론인지 기술론(技術論)인지가 그 핵심이다. 특히 현대 경영학의 거장 미국의 쿤츠(H. Koontz)가 이 논쟁에 불씨를 던진 바 있다. 여기서 경영학의 본질이 과학인지 기술인지를 따지기 위해서는 과학과 기술을 구분해 주는 기준이 무엇인지를 확인할 필요가 있다. 아울러 경영이론을 개발할 때 과학적 방법을 적용하는지의 여부도 경영학의 본질을 규명하는 데 도움이 된다.

1) 과학의 본질과 과학적 연구방법

과학(科學)은 일련의 현상을 체계적으로 설명하는데 이용되는 제 개념(concept), 원리 (principle) 및 법칙(law)으로 구성된 이론체계이다. 어떤 학문이 과학이 되기 위해서는 그 학문과 관련된 현상을 설명하기 위한 이론을 개발하는데 **과학적 방법**(scientific method)을 적용해야 한다. 물리학, 화학, 생물학, 수학 및 통계학 등을 보면 이를 알 수 있다. 그렇다면 과학적 방법이란 무엇을 말하는 것일까?

일반적으로 과학적 연구방법에는 귀납법(歸納法)과 연역법(演繹法)이 있다. **귀납법**(inductive method)은 반복적 관찰을 통해 현상에 대한 법칙적 일반화(lawlike generation)를 시도한 다음, 실험이나 측정에 의해 입수한 자료를 바탕으로 그 타당성을 검증함으로써 이론을 도출하는 방법을 말한다. 반면에 **연역법**(deductive method)은 기존 이론으로부터 명제(proposition) 혹은 가설(hypothesis)을 도출한 다음, 현상에 대한 관찰이나 실험을 통해 그 타당성을 검증하는 방법을 말한다. 귀납적으로 일반화된 가설이든 연역적으로 도출된 명제이든 이를 검증하기 위해서는 경험적 자료를 필요로 한다. 사회과학에서는 일반적으로 표본조사(sampling)를 통해 모집단(population)으로부터 가설검증에 필요한 경험적 자료(empirical data)를 입수한다(〈그림 1-5〉 참조).

〈그림 1-5〉 과학적 연구방법의 과정

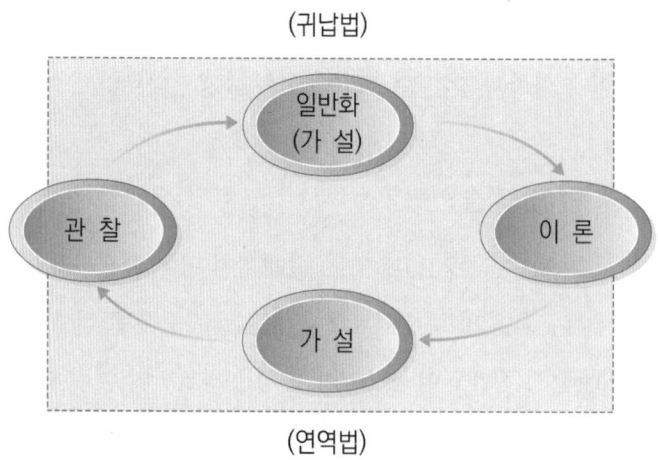

2) 과학과 기술의 차이

일반적으로 기술(技術)이란 원하는 결과를 얻기 위한 기법들의 총칭이다. 음악, 미술, 엔지니어링, 스포츠, 의술 및 문학은 모두가 기술이다. 기술을 물리학이나 수학과 같은 과학과 구분하는 기준은 무엇일까? 과학이 지향하는 것이 현상의 규칙성, 반복성 및 일관성이라 한다면, 기술이 지향하는 것은 독창성이다. 다시 말해 과학은 현상에 내재된 규칙성을 발견하는 데 목표를 두는 반면, 기술은 현상의 규칙성에는 관심이 없다. 과학과 기술의 차이는 바로 규칙성과 독창성에 있다.

그러나 과학과 기술은 완전히 상호 배타적인 개념은 아니며, 오히려 상호 보완적인 관계라는 데 유의해야 한다. 기술이 합리적인 결과를 산출하기 위해서는 과학적 지식이 뒷받침되어야 한다. 화학이나 생물학에 대한 지식이 결여된 의사는 이른바 '돌팔이'에 그치고 만다. 또한 과학적 탐구를 위해서는 연구자의 창의적 사고를 필요로 한다. 뉴턴 같은 과학자나 에디슨 같은 발명가들은 모두 창의적 사고로 이름난 사람들이다.

3) 경영학의 양면적 성격

경영은 단지 경험에 의해서 습득될 수 있고, 그 분야에 재능이 있는 사람만이 구사할 수 있는 분야라는 점에서 엄연히 기술이라고 생각하는 사람이 많다. 이들은 이른바 과학적이라고 주장하는 경영이론들은 현실세계와는 유리된 것들이 많다고 생각한다. 반면에, 경영학은 경영자들이 관심을 가지고 있는 경영현상들을 체계적으로 설명하기 위한 이론을 개발하고, 경영문제를 해결하기 위한 과학적 기법들을 제공하고 있다는 점에서, 이 학문은 과학이라고 생각하는 사람도 많다.

그러면, 경영학의 학문적 성격에 관한 이 두 관점 중 어느 것이 더 타당할까? 결론부터 말하면, 경영학의 본질은 과학이 아닌 기술이다. 경영학은 사회과학의 한 분야로서, 이것이 다루는 경영이라는 현상은 자연현상은 물론 다른 사회과학이 다루는 어떤 현상들보다 법칙성과 규칙성이 미약하기 때문이다. 여기에는 두 가지 원인이 있다. 첫째는 경영은 사람을 대상으로 삼기 때문이다. 사람은 각자 상이한 동기에 따라 움직이며, 같은 사람이라 하더라도 그의 마음은 시시각각 변한다. 조직 구성원들이 그렇고, 소비자들도 그렇다. 사람의 태도나 행동에서 완전한 규칙성을 발견하는 것은 불가능하다. 또한 사람을 다루는 경영현상의 경우 과학의 본질인 현상에 대한 정확하고 객관적인 측정이 사실상 불가능하다는 점도 경영의 본질이 기술이라는 증거이다.

둘째는 경영의 대상인 기업조직이 개방 시스템이라는 점이다. 조직에 영향을 미치는 외부의 환경요인은 대단히 많으며, 이들은 시시각각 변화한다. 환경요인들의 변화가 발생하면, 그에 따라 경영이론도 바뀌어야 한다. 1980년대 후반 이후, 소비자들의 욕구가 다양화하고 급변화하면서 종래의 대량생산 패러다임은 소량생산 패러다임으로 바뀌었다. 이처럼 환경의 변화가 경영 패러다임의 변화를 가져온다는 것은 경영의 본질이 기술일 수밖에 없음을 의미한다.

한편, 오늘날 경영학에서는 앞서 설명한 과학적 연구방법을 통해 경영이론을 개발하고, 이를 토대로 경영현상을 설명하거나 문제를 해결한다. 이런 점에서는 경영학의 과학성을 엿볼 수 있다. 경험의 세계에서 특수한 현상들을 반복적으로 관찰하여 귀납적으로 경영이론을 도출하기도 하고, 심리학, 사회학, 경제학 혹은 통계학과 같은 논리의 세계에서 연역적으로 경영이론을 도출하기도 한다. 이론의 도출을 위한 현상의 측정 및 자료의 입수 또한 과학적 방법을 따른다. 이러한 노력의 결과 탄생한 학문분야가 **경영과학**(management science)이다. 경영과학이란 경영현상과 경영문제를 과학적으로 설명하고 해결하는데 도움을 주기 위한 학문이다.

이상을 종합하면, 경영학은 과학과 기술의 양면적 특성을 가진 종합과학이라 할 수 있다. 같은 맥락에서 쿤츠(Koontz)는 경영학에 대해 '부정확한 과학(inexact science)'이라는 결론을 내린 바 있다. 중요한 것은 과학과 기술은 상호 배타적인 것이 아니라 상호 보완적인 관계가 있으며, 서로간의 긴밀한 상호작용을 통해 양자가 모두 발전할 수 있다는 사실이다. 경영학의 경우도 마찬가지이다.

2.3 경영학 연구의 필요성

경영학은 연구할만한 가치가 있는 학문인가? 이는 경영학 전공 학생이나 교수들이면 누구나 한번쯤 자신에게 던져보는 질문이라해도 과언이 아니다.

1) 경영의 보편성

경영학 연구의 필요성은 우선 경영의 보편성에서 찾을 수 있다. 우리는 어떤 형태와 규모의 조직이든, 어떤 목적의 조직이든, 어떤 조직계층이든, 어떤 분야의 조직이든, 그리고 어떤 나라 어디에 위치한 조직이든 반드시 경영을 필요로 한다고 분명히 말할 수 있다.

〈그림 1-6〉 경영학의 보편적 필요성

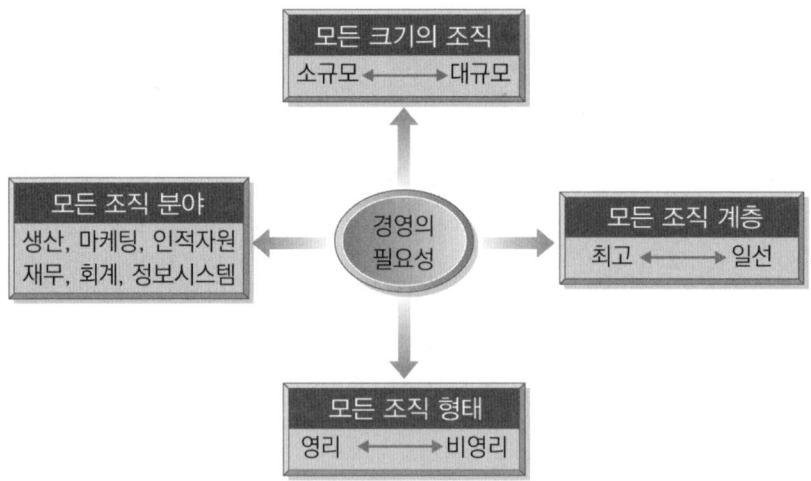

〈그림 1-6〉에서 볼 수 있듯이, 경영은 **보편성**(universality)이 있다. 어떤 조직이든 경영자들은 계획을 수립하고, 이를 실행하기 위해 조직화하고, 구성원들을 지휘하며, 계획과 실적이 일치되도록 통제한다. 또한 경영이론에 따라 체계적으로 경영하는 조직과 그렇지 않은 조직은 성공가능성에 차이가 있다. 물론 경영의 보편성은 모든 상황에 대해 동일한 방법으로 경영이 이루어진다는 의미는 아니다. 업종과 계층에 따라 경영의 내용과 방식은 조금씩 달라질 것이기 때문이다.

2) 직장세계의 현실

경영학 연구가 필요한 또 다른 이유는 우리들 대부분이 일단 대학을 졸업하고 직장에 들어가면 경영자나 종업원이 된다는 현실 때문이다. 경영자 직위를 목표로 하는 사람들에게는 경영학 연구를 통해 경영과정을 이해하는 것이 자신의 경영기법을 개발하는 데 도움이 될 수 있다. 경영자 직위에 관심이 없는 사람들도 직장에 들어가면 상급자들과 상호작용을 할 수밖에 없다. 경영자 직위이든 평범한 종업원이든 기업경영에 대한 어느 정도의 책임은 가지고 있다. 때문에 우리는 경영학을 공부함으로써 경영자의 행동방식과 조직의 운동법칙에 대해 깊은 통찰력을 얻을 수 있다.

3) 경영자 직위의 보상과 도전

우리가 경영학을 공부해야 하는 데에는 그것이 경영자의 직위에 오르는 데 도움을 줄 수 있다는 현실적인 이유도 한 몫을 한다. 그렇다면 경영자가 되었을 때 어떠한 보상이 기다리고 있는가? 경영자가 되었을 경우 직면하게 될 도전은 없는가? 경영자의 직위에 오르면 그에 따른 다양한 보상이 뒤따르는 것이 사실이지만, 오늘날과 같은 동태적 산업사회에서는 그가 극복해야 할 도전도 만만치 않다. 〈표 1-2〉는 이를 요약한 것이다.

먼저, 경영자들은 조직의 주요 문제에 대한 의사결정의 권한을 부여받는다. 자신의 능력을 발휘해 자기 재량에 따라 조직을 끌고 갈 수도 있다. 또한 직위가 높아지면서 인간관계적 및 사회적 신분상승이 이루어져 자긍심이 높아진다. 이러한 내재적 보상과 더불어 경영자들에게는 다양한 경제적 보상이 주어진다. 막대한 급여와 퇴직금, 보너스, 인센티브 및 스톡 옵션이 그 예이다.

반면에, 경영자들에게는 수행해야 할 어려운 과업이 많다. 개성이 다른 종업원들을 다루어야 하며, 제한된 자원을 효과적으로 활용할 줄 알아야 한다. 불확실성과 혼돈의 세계에서 의사결정을 내리는 데 따르는 위험을 감수해야 한다.

〈표 1-2〉 경영자의 직위에 따른 보상과 도전

보 상	도 전
• 조직의 성패를 좌우할 만한 중대한 의사결정을 자신이 직접 내리는 권한이 부여된다. • 구성원들의 능력발휘에 적합한 근무환경을 조성해 주는 데 따른 자긍심을 갖는다. • 창의력과 상상력을 발휘할 기회가 제공된다. • 조직 내외의 다양한 인사들과 접촉하고 교제한다. • 조직과 지역사회에서 신분과 관련된 사회적 인정을 받는다. • 조직의 성과에 결정적 영향을 미치는 VIP로서의 역할을 수행한다. • 급료, 보너스, 스톡옵션과 같은 경제적 보상이 크다. • 다른 사람들의 동기를 유발하고 이들에 대한 리더십을 통해 조직의 목표가 달성되도록 함으로써 자아실현의 욕구가 충족된다.	• 보통의 경영자로서는 수행하기 어려운 고달픈 직무가 많다. • 다양한 성격의 소유자들을 다루어야 한다. • 제한된 자원을 최적 활용하는 데 따른 고충이 많다. • 불확실성과 혼돈의 세계에서 의사결정을 내리는 데 따른 위험부담이 크다. • 다양하고 이질적인 작업집단의 지식, 기술, 야망 및 경험을 효과적으로 활용하여 이들로부터 시너지를 창출해야 할 책임이 있다. • 다른 사람들의 성과에 의해 자신의 성공여부가 결정된다.

다양성의 시대에 다양한 종업원 집단의 기술, 야망 및 경험을 효과적으로 활용해 시너지를 창출하는 것 또한 이들의 과업이다. 경영자들의 성공여부는 다른 구성원들의 성과에 의해 좌우되는 경우가 많다는 것도 경영자들에게는 큰 도전이다. 이러한 문제들은 경영자들이 헤쳐 나가기 쉽지 않은 부담으로 작용한다. 그러나 이러한 도전은 경영학을 공부함으로써 상당 부분 극복할 수 있다는 점에서 경영학 연구의 필요성이 제기된다.

제4절 경영자는 어떤 사람인가?

이 절에서는 경영자란 무엇을 하는 사람이고, 조직에서 어떤 역할과 기능을 수행하며, 경영자가 되기 위해 갖추어야 할 자질과 능력을 살펴본다.

1. 경영자의 의의

1.1 경영자의 정의

독자들은 경영자(經營者)가 무엇인지 어렴풋이라도 이해하고 있을 것이다. 우리의 일상생활에서 너무도 자주 경험하는 용어이기 때문이다. 그러나 그에 대한 명확한 정의를 내릴 수 있는 사람은 많지 않다. **경영자**(manager)는 간단히 말해 "한 조직의 구성원으로서 다른 구성원들의 작업을 조정하고 통합하는 사람"이라 정의할 수 있다. 그러나 이는 조직의 자원을 인적 요소에 국한시켜 경영자를 정의하고 있어 만족할만한 정의라고 보기는 어렵다. 조직에는 자재나 기술, 자본, 및 정보와 같은 물적 요소도 있기 때문이다. 이와 같은 관점에서 경영자를 정의하면 다음과 같다.

"경영자란 조직의 목표를 달성하기 위해 조직의 인적 요소와 물적 요소를 어떻게 배분할 것인가에 관해 계획을 세우고, 이를 조직화하며, 계획의 실행 과정을 지휘 및 통제하는 사람이다."

1.2 경영자와 관리자

우리나라의 경우, 경영자와 유사한 개념으로서 관리자라는 표현이 있다. 이와 관련하여 경영의 유사 개념으로서 관리라는 표현도 있다. 경영이든 관리이든, 혹은 경영자이든 관리자이든, 영어에서는 둘 다 'management'이고 'manager'이다. 이는 비단 기업 세계에서 뿐 아니라 행정조직이나 비영리 조직에서도 일반화되어 있는 현상이다. 경영은 보통 조직 계층 상 상위의 경영자들이 수행하는 활동으로서, 조직의 목표 설정을 비롯해 장기계획이나 전략의 수립, 혹은 조직 외부의 주요 문제를 해결하는 기능에 적용된다고 주장하기도 한다. 이러한 기능을 수행하는 사람을 경영자라고 부른다. 반면에 관리는 경영의 하위 개념으로서, 조직의 상위 경영자들이 수립한 경영계획이나 전략을 효율적으로 실행하기 위해 각 부문별로 사업에 대한 계획, 조직화, 지휘, 및 통제의 기능을 수행하는 데 적용된다. 또한 이러한 기능을 수행하는 사람을 관리자라 부른다.

우리나라에서는 오랜 관행에 따라 이와 같이 조직 계층이나 의사결정의 영역을 기준으로 경영과 관리, 경영자와 관리자를 구분해서 사용하고 있으나, 이러한 구분은 학문적으로는 큰 의미가 없다. 어떠한 계층에서 어떠한 직무를 책임지고 있든, 경영자와 관리자는 모두 조직 목표를 달성할 수 있도록 조직의 인적 자원과 물적 자원의 최적 배분을 위한 의사결정을 내린다는 점에서는 별 차이가 없기 때문이다.

1.3 경영자의 유사개념

실세계를 보면, 총체적인 의미의 경영자라는 명칭 대신, 어떤 부문이나 영역을 전문적으로 총괄하는 경영자를 지칭하는 개념이 많다.

- CEO(Chief Executive Officer): 최고 경영 책임자의 의미로서, 기업의 가장 높은 위치에서 총괄적인 경영 기능을 수행하는 경영자이다. CEO는 이사회의 주재, 그룹 방침의 결정, 장기계획 수립 등과 관련하여 총괄적 책임을 지는 최고경영자로서, 통상 기업의 회장을 지칭한다.
- COO(Chief Operation Officer): 최고 운영책임자를 뜻하며, 기업 내 사업을 총괄하는 경영자로서, 보통 CEO 다음의 지위를 갖는다.
- CFO(Chief Financial Officer): 최고 재무 책임자의 의미로서, 회사 자금의 조달과 운용은 물론 제조원가, 예산과 결산 등, 모든 재경 부문의 활동을 총괄하는 역할을 수행한다.
- CMO(Chief Marketing Officer): 최고 마케팅 경영자를 뜻한다. 마케팅 전략이나 시장조사 등, 마케팅 관련 업무를 총괄하는 경영자이다.
- CIO(Chief Information Officer): 최고 정보 책임자의 의미로서, 기업의 정보시스템을 개발 및 유지하고, 정보를 생산 및 공유하는 업무를 총괄하는 경영자이다.
- CKO(chief knowledge officer): CIO와 밀접한 관련을 갖는 최고 지식경영자의 의미로서, 기업의 지식경영을 총괄하며, 종업원들의 교육훈련과 개발을 담당한다.
- CTO(Chief Technology Officer): 최고 기술경영자의 의미로서, 기업개발을 비롯하여 개발된 기술의 활용과 관리를 전담하는 경영자이다.

그 외에도 최고 홍보책임자를 나타내는 CCO(Chief Communication Officer), 최고 환경책임자를 뜻하는 CGO(Chief Green Officer), 고객관리 총괄 책임자를 나타내는 CCO(Chief Customer Officer), 및 최고 개인정보 책임자로서 사이버 보안관이라 부르는 CPO(Chief Privacy Officer) 등이 있다. 이와 같이 다양한 개념의 경영자 명칭이 등장하게 된 것은 오늘날 기업의 환경이 복잡해지고, 기업의 존속과 성장에 가해지는 경쟁적 요구가 거세지고 있기 때문이다.

1.4 기업가와 경영자

기업가(entrepreneur)는 후술하는 기업가 정신을 바탕으로 기업을 경영해 나가는 사람을 말한다. 전통적인 경영자와 기업가의 차이점은 다음과 같다.

첫째는 경영 스타일과 가치관에 관한 차이이다. 전통적인 경영자들이 보수적인 경향이 있는 데 반해, 기업가는 주어진 기회를 활용하여 적극적인 변화를 추구한다. 여기서 기회를 추구할 때 기업가들은 위험을 감수하면서 실패를 무릅쓰고 자금을 투자하지만, 전통적인 경영자들은 이러한 재무적 모험을 기피하는 성향이 있다. 둘째는 동기부여에 있어서의 차이이다. 전통적인 경영자들이 승진의 기회와 더불어 근무 부서의 계층적 지위, 부하의 수 및 권력과 같은 전통적 요인에 의해 동기가 부여되지만, 기업가는 독립성과 이윤창출 및 혁신에 의해 동기부여가 이루어진다. 따라서 전통적 경영자들이 영업실적과 같은 단기적 목표를 지향하는 데 비해, 기업가는 기업의 지속적 성장과 같은 장기적 목표를 지향한다. 셋째는 수행하는 경영활동에 있어서의 차이이다. 전통적인 경영자들이 과업을 부하들에게 위양해 이들의 과업수행 과정을 감시하는 반면에, 기업가들은 대부분 직접 기업 활동에 참여한다.

기업가들은 모두가 경영자일 수는 있지만, 모든 경영자들이 기업가는 아니다. 〈표 1-3〉은 기업가와 경영자를 비교한 것이다.

〈표 1-3〉 기업가와 경영자의 비교

구 분	기업가	경영자
기업 환경	불안정, 급변화	안정적
환경 대응	사전 대응, 단속적	사후 대응, 연속적
역할의 초점	전략을 중시	관리를 중시
지향점	목표 및 가치 지향	성과 및 수단 지향
성과의 척도	유효성	효율성
경영 목표	성장성, 혁신	안정성, 수익성
주요 과업	신사업 개발, 기존사업 철수, 기술혁신	기술 향상, 원가절감
위험부담	개인	조직
적합한 산업	성장 산업, 쇠퇴 산업	성숙 산업, 안정 산업

- **기업가 정신**: 기업가 정신(entrepreneurship)이란 개인이나 집단이 시간과 자금의 위험을 무릅쓰면서, 오직 독창성과 혁신을 통해 가치를 창출하고 마케팅 기회를 추구해 나가는 자세를 말한다. 기업가 정신은 다른 사람들이 별 관심을 보이지 않는 시장의 추세와 변화를 통해 기회를 추구한다는 특징이 있다. 또한 조직의 안정적 유지보다는 위험을 무릅쓴 성장을 지향하는 것도 기업가 정신의 특징이다. 많은 실패에도 불구하고 무수한 신제품 개발을 시도하는 3M의 경우가 그 예이다. 오늘날과 같이 기업환경의 변화가 극심하고 소비자의 욕구가 다양화, 급변화하면서 제품과 기술의 수명이 크게 단축되고 있는 상황 하에서는 경영자들의 기업가 정신이 매우 중요시되고 있다. 이는 기업의 요구이면서 사회적 요구이기도 하다.

　기업가 정신이 중요시되는 이유는 크게 두 가지이다. 첫째는 혁신이다. 슘페터에 의하면 **혁신**(innovation)은 현상(現狀)에 대한 창조적 파괴(creative destruction)이다. 혁신은 기술적으로는 물론, 제조공정과 마케팅에 대한 경쟁 우위(competitive advantage)의 원천이다. 대표적인 예는 벤처기업에서 볼 수 있다. 벤처기업은 기업가 정신을 기반으로 새롭고 독특한 아이디어를 개발 및 구현함으로써, 기업 자체적으로나 사회적으로 혁신을 통한 변화담당자의 역할을 수행한다. 둘째는 고용창출이다. 국가와 지역사회가 경제적으로 장기적 건강을 유지하는 데는 지속적인 고용창출이 필수적이다. 그러나 현실을 보면, 대기업들이 다운사이징 혹은 구조조정이라는 이름으로 고용수준을 감축하는 경우가 많다. 이러한 상황에서 기업가 정신은 창업을 통해 고용창출에 크게 기여한다.

　기업가 정신에 대한 국제적 평가기관인 GEM(Global Entrepreneurship Monitor)의 보고에 의하면, 기업가 정신은 그 국가의 경제발전에 중대한 영향을 미친다고 한다. 주요 국가 21개국을 상대로 조사한 이 기관의 보고서에서는 기업가 정신의 수준을 세 범주로 분류한다. 우리나라의 경우 기업가 정신이 왕성한 국가로 분류된다.

- **기업가 정신 최고 국가**: 호주, 캐나다, 한국, 노르웨이, 미국
- **기업가 정신 중간 국가**: 아르헨티나, 벨기에, 브라질, 덴마크, 핀란드, 독일, 인도, 이스라엘, 아일랜드, 이탈리아, 싱가포르, 스페인, 스웨덴, 영국
- **기업가 정신 최저 국가**: 프랑스, 일본

2. 경영자의 유형

경영자에는 여러 유형이 있다. 경영자는 조직계층상으로 분류할 수도 있고, 기업의 소유자가 직접 경영에 참여하는지의 여부에 따라 분류할 수도 있다.

2.1 조직계층상의 분류

경영자들은 일반적으로 조직계층상 어디에 위치하느냐에 따라 세 가지 유형으로 분류된다: 일선관리자, 중간관리자 및 최고경영자 (〈그림 1-7〉 참조).

1) 일선관리자

조직계층의 맨 아래에는 일선관리자들이 있다. **일선관리자**(first-line manager)는 흔히 감독(supervisor)이라고 불리기도 하며, 제조공장의 경우 직장(foreman)이라고도 한다. 이들의 일상적 책임은 제품과 서비스를 생산하기 위해 여러 가지 구체적인 활동을 수행하는 비관리직 종업원들을 감독하는 일이다. 가령 자동차 공장의 생산부에서 한 작업팀을 맡고 있는 현장감독이라든가 병원 산부인과의 수간호사가 여기에 속한다.

〈그림 1-7〉 조직계층상의 경영자 분류

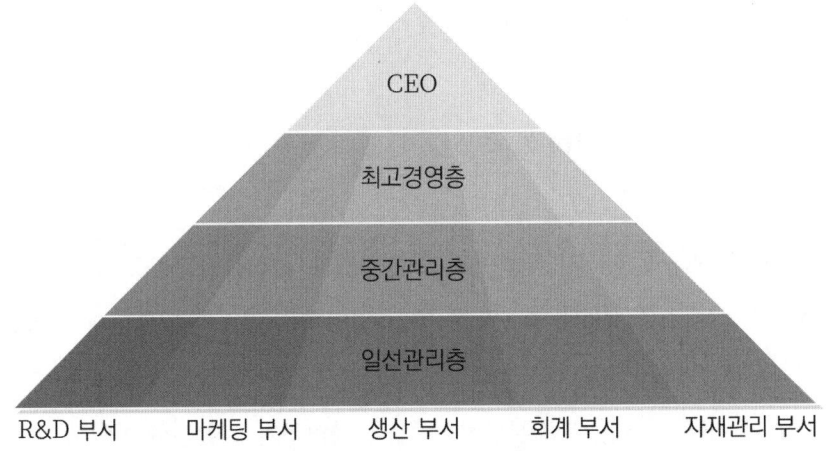

2) 중간관리자

중간관리자(middle manager)는 일선관리자들의 활동을 감독, 지휘 및 조정하고 조직목표를 달성하기 위해 조직의 인적·물적 자원을 배분하기 위한 최선의 방법을 찾는 것을 주요 책임으로 하는 관리자들이다. 부장, 공장장, 재무담당 이사와 같은 직책을 갖는 사람들이 그에 해당한다. 이들은 최고경영자들로부터 조직이 지향해야 할 광범위하고 일반적인 전략과 정책을 지시받고 일선관리자들이 이를 실행하기 위한 계획을 세운다.

3) 최고경영자

최고경영자(top manager)는 조직이 나아가야 할 기본방향을 설정하며, 모든 부서의 전반적 성과에 대한 책임을 진다. 이들은 흔히 중역, CEO, 회장, 사장, 사업본부장, 부사장 등의 명칭으로 불린다. 최고경영자들은 조직의 목표를 설정하고, 이를 달성하기 위한 전략과 정책을 개발해 이를 하위 경영자들을 비롯한 모든 구성원들이 이해할 수 있도록 한다. 또한 자사 조직을 대표해 주요사업에 관한 계약체결은 물론이고 지역사회, 정부 및 언론매체에 대한 PR 등의 업무를 관장한다.

특정의 경영자에게 계획, 조직화, 지휘 및 통제의 네 가지 경영기능들이 가지는 상대적 중요성은 그가 조직계층상의 어디에 위치하고 있느냐에 따라 달라진다. 가령 조직성과의 향상을 위한 계획과 자원의 조직화에 소비하는 시간의 양은 상위 경영층으로 올라갈수록 증대한다. 이들이 종업원들의 작업을 직접적으로 통제하는 데 소비하는 시간은 별로 없다. 반면에, 하위경영층으로 내려갈수록 현장감독이나 작업자들을 통제하는 데 보다 많은 시간을 보내게 된다.

2.2 기업자본과의 관계에 따른 분류

1) 소유경영자

경영자들은 기업자본과의 관계를 기준으로 소유경영자와 전문경영자로 분류된다. **소유경영자**(owner manager)는 기업을 소유하면서 그 기업을 직접 경영하는 경영자를 말한다. 기업의 규모가 크지 않고, 기업활동에 특별히 전문적인 노하우가 요구되지 않는 기업에서 많이 볼 수 있다. 소유경영자는 자본투자에 따른 위험을 직접 부담하는 한편, 경영성과로 발생한 이익도 경영자 개인에게 귀속된다. 소유경영자는 기업의 규모가 커짐에 따라 전문경영자로 대체되는 것이 보통이다.

2) 전문경영자

전문경영자(professional manager)란 투자의 목적을 가진 다수의 주주들로부터 기업에 대한 경영권을 위임받아 자신의 전문적 노하우와 경험을 바탕으로 기업을 경영하는 수탁경영자(受託經營者)를 의미한다. 서구의 대부분 기업들은 전문경영자에 의해 운영되고 있으며, 투자자들은 이익배당이나 주가상승으로 인한 매매차익에만 관심을 가진다. 이와 같이 기업이 현실적으로 소유주인 주주에 의해 경영되지 않고 경영에 관한 전문지식과 노하우를 갖춘 전문경영자가 기업경영을 전담하는 현상을 '**소유와 경영의 분리**(separation of ownership and management)'라 한다.

3. 경영자의 역할

경영자들이 지향하는 궁극적인 목적은 리더십을 통해 조직 내외 이해관계자들의 태도와 행동에 영향을 미쳐 이들이 기업 목표를 달성하는데 최대한 기여할 수 있도록 유도하는 데 있다. 이해관계자에는 경영자, 종업원, 주주, 고객, 공급업자, 경쟁기업 및 지역사회가 있다. 민츠버그(H. Mintzberg)는 경영자들이 수행해야 할 역할을 대인관계에 관한 역할(interpersonal role), 정보에 관한 역할(informational role) 및 의사결정에 관한 역할(decisional role)의 세 가지로 나누어 제시하였다. 〈표 1-4〉는 민츠버그가 제시한 경영자들의 역할을 정리한 것이다.

3.1 대인관계에 관한 역할

경영자들은 기업을 대표해 종업원들과 상호작용을 하면서, 이들의 활동을 감독, 조정 및 통합하는 한편, 조직 외부의 이해관계자들과 긴밀한 관계를 유지하면서, 조직의 내부와 외부가 상호 협동적인 관계가 유지되도록 서로 연결시키는 역할을 수행한다. 이 역할은 세 가지로 세분화된다.

첫째, **대표자**(figurehead)로서의 역할이다. 대표자란 한 조직을 상징하고 대표 하는, 조직의 간판을 말한다. CEO의 경우 기업 전체 혹은 특정 부문의 대표로서 조직의 방향과 비전을 설정하고, 종업원들과 관련부서에게 조직이 목표달성을 위해 수행해야 할 일이 무엇인가를 제시해 준다.

둘째, **리더**(leader)로서의 역할이다. 이는 종업원들이 자신의 잠재력을 최대한 발휘할 수 있도록 채용에서 선발, 훈련 및 동기부여에 이르기까지 이들을 지휘하고, 때로는 이들에게 상담자로서의 역할도 수행하는 것을 말한다.

〈표 1-4〉 Mintzberg가 제시한 경영자의 역할

역할 구분	역할	내용
대인관계에 관한 역할	대표자	조직의 상징적 대표로서 법적·사회적 활동을 수행한다. 조직의 사명과 목표를 설정하고, 조직의 윤리적 지침을 제시한다.
	리더	종업원들을 채용 및 훈련하고 이들의 동기를 유발한다.
	연결자	조직 내부 및 외부 이해관계자들의 행동을 연결하고 조정한다.
정보에 관한 역할	감시자	다양한 정보원으로부터 소비자, 경쟁기업, 기술 등에 관한 정보를 검색, 여과 및 접수한다.
	전달자	조직의 주요 정보를 구성원들에게 전달한다.
	대변인	외부 이해관계자들에게 조직의 정책, 계획, 방침, 실적 등에 관한 정보를 제공한다.
의사결정에 관한 역할	기업가	조직의 주요 프로젝트와 투자에 관한 의사결정을 내린다.
	해결사	갑작스런 위기의 상황을 해결하고 조직 내의 갈등을 해소한다.
	자원배분자	조직의 인적·물적자원을 최적 배분한다.
	협상자	조직구성원들이나 집단들과 자원배분에 관하여 협상하고, 조직 외부 이해관계자들과도 협상한다.

셋째, **연결자**(liaison)로서의 역할이다. 이는 조직 내외 이해관계자들의 행동을 서로 연결하고 조정하는 역할이다. 경영자는 조직 내 각 부서에서 일하는 사람들이 긴밀한 상호작용과 상호조정을 통해 협력을 극대화할 수 있는 역할을 수행한다. 또한 조직 밖에서는 생산에 필요한 희소한 자원을 효과적으로 조달해 제품을 생산하고 이를 소비자들에게 효율적으로 전달하기 위해 공급업자, 소비자, 주주 및 지역사회 등과의 관계에서 자신을 주축으로 한 네트워크를 구축할 필요가 있다.

3.2 정보에 관한 역할

정보에 관한 역할은 정보를 획득하거나 가공 처리하여 이를 필요한 부서와 사람들에게 전달하고, 이를 감시하는 역할을 말한다. 이는 다시 세 가지의 역할로 나뉜다.

첫째, **감시자**(monitor)로서의 역할이다. 경영자들은 조직 내외의 다양한 정보원으로부터 소비자들의 욕구변화, 국내외의 기술동향, 경쟁회사의 전략 등에 관한 최신의 정보를 획득한다.

둘째, **전달자**(disseminator)로서의 역할이다. 경영자들은 조직경영에 관한 주요 정보를 구성원들에게 전달함으로써 이들이 작업에 임하는 태도와 행동에 영향을 미친다.

셋째, **대변인**(spokesperson)으로서의 역할이다. 이는 경영자가 공식적으로 조직을 대표해 외부 이해 당사자들에게 회사의 정책, 계획, 방침 및 경영실적 등에 관한 정보를 제공함으로써 이들로부터 자사에 대한 긍정적인 반응을 하도록 유도해야 한다.

3.3 의사결정에 관한 역할

의사결정에 관한 역할은 조직의 목표를 달성하기 위한 전략의 수립 및 자원의 할당 방법에 관한 의사결정과 관련된 역할이다. 이는 다시 네 가지 역할로 세분화된다.

첫째, **기업가**(entrepreneur)로서의 역할이다. 경영자는 어떠한 프로젝트나 프로그램을 시행할 것이며, 조직의 성과를 증대시키기 위해 자원을 어떻게 투입할 것인가를 결정해야 한다.

둘째, **해결사**(disturbance handler)로서의 역할이다. 경영활동에 위협을 가하는 불의의 사건이나 사고와 같은 위기 상황을 해결하는 역할을 의미한다. 부하들 간 혹은 자기 부서와 타 부서 간 갈등을 해소하는 일이 그 예이다.

셋째, **자원 배분자**(resource allocator)로서의 역할이다. 이는 조직목표의 달성을 위해 사람, 자재, 장비, 예산 및 시간과 같은 조직의 인적·물적 자원을 어떻게 배분할 것인가를 결정하는 역할이다. 경영자는 어떤 프로젝트에 예산이 배정되고, 어떤 고객의 불만 처리에 우선순위가 부여되어야 하며, 자신과 구성원들이 제한된 시간과 노력을 어떻게 투자할 것인가를 결정해야 한다.

넷째, **협상자**(negotiator)로서의 역할이다. 이는 조직 내적으로는 자원을 우선 배분해 달라고 요구하는 다른 경영자들이나 집단들과 협상을 통해 합의를 도출하는 역할을 말한다. 또한 조직 외적으로는 주주, 소비자, 경쟁사, 공급업자, 지역사회, 및 정치나 법률 관계자들과 회사의 현안에 대해 협상을 벌이는 역할을 말한다.

4. 경영자가 갖추어야 할 기능

경영자들이 다양하고 복잡한 직무를 효과적으로 수행하기 위해서는 일정한 기능(skill)이나 능력을 갖추고 있어야 한다. 1970년대 초 발표된 카츠(R. L. Katz)의 연구결과에 의하면, 경영자들은 세 가지 필수적인 기능(技能)을 필요로 한다. 기술적 기능, 인적 기능 및 개념적 기능이 그것이다. 중요한 것은 경영자가 조직계층상 어디에 위치하느냐에 따라 그가 필요로 하는 각 기능의 상대적 중요성이 달라진다는 점이다. 〈그림 1-8〉은 조직계층, 즉 최고경영층, 중간관리층 및 일선관리층에 따라 경영자들이 수행하는 각 기능의 상대적 중요성을 보여 주고 있다.

〈그림 1-8〉 각 조직계층의 경영자가 지녀야 할 세 가지 기능 및 상대적 중요도

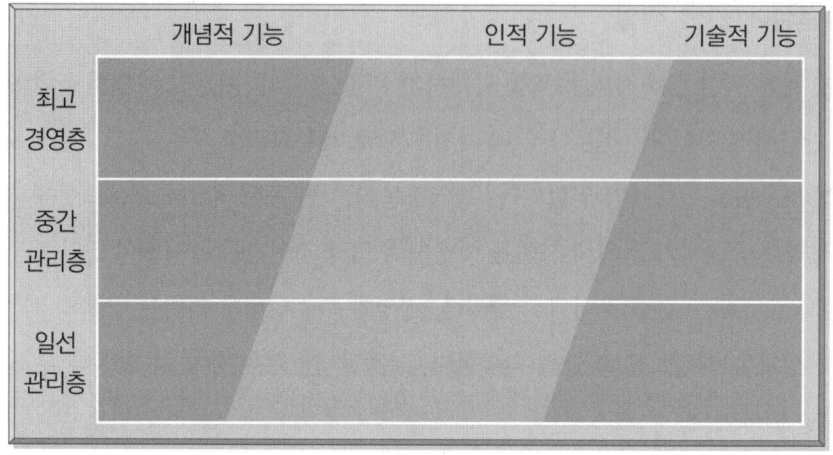

4.1 기술적 기능

기술적 기능(technical skill)은 특정의 전문화된 분야에 있어서 직무 자체와 관련된 지식과 기술을 말한다. 이 기능은 주로 중간 이하의 경영자들, 특히 일선관리자들에게 필요한 기능이다. 엔지니어링, 생산, 재무 및 회계에 관한 전문지식이 이에 해당한다. 경영자가 이러한 기능을 어느 정도로 필요로 하느냐 하는 것은 그가 차지하는 조직계층상의 위치는 물론이고 업종에 따라서도 달라진다. 예를 들어, 음식점 경영자는 요리사 결근 시에 대비해 요리능력을 갖추고 있어야 한다.

4.2 인적 기능

인적 기능(human skill)은 조직구성원들의 응집력이 극대화될 수 있도록 다른 개인과 집단들의 행동을 이해하고 변화시키며, 이들의 동기를 유발하는 능력을 의미한다. 구성원들과 소통하고, 이들의 행동을 조정하고 일정한 방향으로 유도하면서, 구성원 전체를 응집력이 강한 팀으로 만드는 기능이 있느냐 없느냐 하는 것은 유능한 경영자와 그렇지 못한 경영자를 구분하는 확실한 기준이 된

다. 이러한 인적 기능은 조직계층 상의 모든 경영자들에게 동일한 수준으로 요구된다.

4.3 개념적 기능

개념적 기능(conceptual skill)은 기업이 처하고 있는 특정의 상황을 분석 및 진단하고, 이 상황에 내재하는 원인과 결과 사이, 혹은 변수와 변수 사이의 관계를 파악할 수 있는 능력을 의미한다. 경영자가 이러한 능력을 필요로 하는 이유는 이것이 효과적인 의사결정에 필수적인 요소이기 때문이다. 개념적 기능은 모든 경영자들에게 필요한 기능이기는 하지만, 고위 경영층으로 갈수록 이 기능이 더욱 중요시된다. 경영자들이 개념적 기능을 개발하기 위해서는 이들에게 자주 교육훈련의 기회를 제공하는 것이 중요하다.

한편, 로빈스(S. Robbins)와 쿨터(M. Coulter)는 카츠와는 다른 각도에서, 경영자들이 계획, 조직화, 지휘 및 통제와 같은 경영활동을 수행하는 데 필요로 하는 기능들을 총 22개로 요약하여 포괄적으로 제시하였다. 〈표 1-5〉는 이들의 주장을 토대로 각 **경영기능**(management function)을 효과적으로 수행하기 위해 경영자들이 어떠한 **기능**(skill)을 필요로 하는가를 보여 준다.

5. 경영자가 갖추어야 할 능력

오늘날과 같은 동태적 경영환경 하에서 경영자들이 자신의 역할과 경영기능을 효과적으로 수행하기 위해서는 다양한 능력을 갖추어야 한다. **경영능력**(managerial competency)에는 일련의 지식과 기술은 물론, 그들이 보여야 할 태도와 행동이 포함된다.

5.1 의사소통 능력

의사소통 능력(communication competency)은 자신과 타인에 대한 상호 이해를 위해 정보를 효과적으로 교환할 수 있는 능력을 말한다. 경영자의 의사소통은 종업원, 공급업자 및 소비자들을 상대로 한 직접적 대화는 물론이고 문서, 언론 매체, 연설, e-메일 및 영상회의 등, 다양한 수단을 통해 이루어진다. 경영은 다른 사람들을 통해 특정의 과업이 이루어지도록 하는 것이기 때문에, 높은 경영성과를 위해서는 경영자의 의사소통 능력이 필수적이다. 경영자가 문서적·구두적·비언어적 소통을 통해 자신을 표현하고 타인들을 설득할 수 없다면, 자기 경영능력을 제대로 발휘할 수

〈표 1-5〉 경영기능을 수행하는 데 필요한 경영자의 기능

필요 기능	계 획	조직화	지 휘	통 제
권력의 획득		V	V	
적극적 청취력			V	V
문화적 차이 평가능력		V	V	
예산수립 능력	V			V
효과적 리더십 스타일		V	V	
코치로서의 역할		V	V	
효과적 팀 구성		V	V	
권한의 위양			V	
동기유발적 직무설계			V	
신뢰의 구축		V	V	
규율과 규범 확립		V	V	V
인터뷰 능력			V	
변화에 대한 저항의 관리			V	V
시간관리	V			V
조언 및 카운셀링			V	
협상 능력			V	
피드백 능력			V	V
조직문화의 이해		V	V	
생산적 회의 운영	V	V	V	V
환경의 동태 파악	V			V
목표의 설정	V			V
창조적 문제해결	V			

없을 뿐 아니라, 조직 내외의 방대한 인적 네트워크를 효과적으로 관리할 수 없다.

5.2 계획 및 관리능력

계획 및 관리능력(planning and administrative competency)은 어떤 과업을 어떤 방법으로 수행하고, 과업

수행을 위해 자원을 어떻게 배분할 것인가를 결정하는 능력, 및 이러한 일들이 확실히 이루어지도록 그 과정을 감시하는 능력을 의미한다. 이러한 능력에는 구체적으로 다음과 같은 것들이 있다.

- 정보수집, 분석, 및 문제해결
- 프로젝트의 계획 및 조직화
- 시간의 배분 및 관리
- 예산수립 및 재무관리

5.3 팀워크 능력

팀워크 능력(teamwork competency)은 구성원들이 과업에 대해 집단적으로 책임을 지게 되거나 각 구성원들의 과업이 서로 긴밀한 관련이 있는 팀 중심 조직에 대해 경영자가 각 팀이 팀워크를 최대한 발휘해 조직목표를 달성하는데 기여하도록 하는 능력을 말한다. 다음과 같은 것들이 이에 해당한다.

첫째는 팀 설계 능력이다. 조직이 팀워크를 발휘하기 위해서는 경영자가 무엇보다도 팀 설계를 잘 해야 한다. 팀 설계의 과업에는 각자의 수행과업 결정, 팀 목표 설정, 과업 수행 방법 선택, 및 팀원 수 결정 등이 포함된다. 경영자는 또한 **자율관리팀**(self-managed team)을 운영함으로써 구성원들이 직접 팀 설계에 관여하도록 허용하기도 한다.

둘째는 팀 지원환경 조성 능력이다. 높은 성과를 창출하는 팀이 되기 위해서는 구성원들이 각자의 잠재력을 최대한 발휘하고 상호협력을 통해 시너지를 극대화 할 수 있는 환경이 조성되어야 한다. 이를 위해 팀 구성원들이 상사의 허락 없이도 자신의 판단에 따라 행동할 수 있도록 이들에게 **권한부여**(empowerment)가 이루어지는 것이 좋다.

셋째는 팀 역학 관리 능력이다. 팀을 운영하다 보면 구성원들 사이에 갈등이 일어나기 쉽다. 따라서 경영자는 조직이나 팀이라는 상황에서 구성원들이 어떻게 행동하는지 이해하고 팀워크를 최대화하도록 노력해야 한다. 조직 공통의 목표를 추구하기 위해 경영자는 구성원들 사이에 갈등이 최소화되고 협력적 관계가 유지되도록 지휘하는, **팀역학**(team dynamics) 관리능력을 갖추어야 한다.

5.4 전략적 행동능력

전략적 행동능력(strategic action competency)이란 조직의 목표와 사명을 이해하고, 자신과 종업원들의 행동 및 조직자원의 배분이 조직의 목표 및 사명과 일치하도록 경영할 수 있는 능력을 말한다. 전략적 행동을 위해서는 자사의 산업 환경 및 경쟁사 대비 자사 조직의 장단점을 이해해야 하며, 이를 토대로 장기적 관점에서 경쟁에서 이기기 위한 전략적 대안을 개발할 수 있어야 한다.

5.5 글로벌 인지능력

글로벌 인지능력(global awareness competency)은 다양한 국가로부터 인력, 자재, 자본, 기술, 설비 및 정보와 같은 자원을 조달하고, 다양한 문화권의 시장을 상대로 제품이나 서비스를 판매하는 글로벌 조직에 대한 인지적 능력을 의미한다. 글로벌 경영을 본질로 하는 국제적 기업이 아니더라도, 글로벌 활동의 기회는 어느 기업에게나 열려 있기 때문에, 경영자는 글로벌 상황에 대한 인지능력을 배양하고 글로벌 환경의 변화에 능동적으로 대처할 수 있어야 한다. 이를 위해 경영자는 세계 각국의 문화를 이해하고, 문화적 차이에 따른 조직의 대응능력을 갖추어야 한다. 각국의 예의범절과 라이프 스타일의 이해 및 해외 현지의 외국어 구사능력도 필요하다.

5.6 자기관리 능력

자기관리 능력(self-management competency)은 일반 사회인이나 종업원들과는 다른, 경영자라는 특수한 직책을 제대로 수행하는 데 필요한 자질과 역량을 유지할 수 있도록 스스로 직장 및 개인생활을 엄격히 통제하고 끊임없이 자기개발을 할 수 있는 능력이다. 자기관리 능력을 갖추기 위해서는 경영자 스스로 많은 노력을 기울여야 한다. 전 세계 200여 개국에 약 5억명의 회원을 확보하고, 연간 약 1조 달러의 매출액을 올리고 있는 비자(Visa) 카드의 창업자 Dee Hock은 자신의 성공비결에 대해 다음과 같이 말한다: "훌륭한 경영자가 되려면 자신의 윤리, 성격, 원칙, 목표, 동기 및 행동과 관련해 자신을 관리하는 데 최소한 자기 시간의 40% 이상 투자하라."

경영자의 자기관리 능력은 다음 네 가지로 요약된다.
- 자기 직무에 대해 통찰력을 가지고, 성실하고 정직하게 행동한다.
- 도전정신을 가지며, 실패하더라도 좌절하지 않는다.
- 직장과 사생활을 구분하면서, 이 둘 사이의 균형을 유지한다.
- 끊임없이 자신을 성찰하면서, 자기개발을 게을리 하지 않는다.

복습 및 연구문제

■ **복습하기**

1. 경영의 개념과 관리의 개념은 차이가 있는가? 있다면 그 차이는 무엇인가?
2. 경영의 목표 중 효율성과 유효성의 차이는 무엇인가?
3. 경영의 4가지 기능은 무엇인가? 이 기능과 PDS 사이클을 비교·설명하라.
4. 왜 경영조직은 개방시스템이라 부르는가?
5. 경영은 과학인가, 기술인가? 답변의 논거를 제시하라.
6. 과학적 연구방법 중 귀납법과 연역법의 차이를 논하라.
7. 경영학은 종합과학이라고 한다. 그 이유는 무엇인가?
8. 기업가와 경영자의 차이를 간단히 설명하라.
9. 기업가 정신이란 무엇인가?
10. 경영자의 전략적 행동능력을 설명하라.

■ **토론하기**

'좋고 강한 기업'을 일구기 위해 경영자들이 갖춰야 할 자질은 무엇일까? 미국 신문들은 소니의 고 모리타 회장을 "직관에 의존하는 원맨 경영으로 '메이드 인 저팬'의 신화를 일궈낸 천재 경영인"이라고 극찬한 바 있다. 한편에서는 한국의 일부 대기업 그룹들의 실패를 빗대어 이들의 실패 원인을 "총수 1인의 직관에 좌우되는 독단적인 경영 탓"으로 돌리는 목소리도 높다. 과연 어느 쪽이 옳은 지적인가?

이에 대해 미국 페로 시스템즈의 챔피 회장은 마키아벨리의 '군주론'을 빌려, "현명한 총수에 의한 제한된 컨센서스 경영"을 대안으로 제시했다. 의사결정을 내릴 때 구성원들의 합의가 중요한 것은 사실이나, 모든 사람들의 합의를 도출하기가 어려울 뿐 아니라 바람직하지 못한 결과를 야기하기도 한다는 것이다. 챔피는 GE 잭 웰치 회장을 가장 성공적인 경영인 모델로 꼽았다. 웰치는 GE의 주력인 전기·전자 외에 항공부품, 금융 등의 분야로 사업을 다각화하는 과정에서 특유의 직관을 성공적으로 발동시켰다고 한다. '현명한 독재자'가 성공적 기업을 위해 가장 이상적인 모델이라는 것이 그의 지론이다.

1. 당신은 '현명한 독재자'가 성공적 경영인의 모델이라는 챔피 회장의 견해에 동의하는가?
2. 성공한 경영인으로 알려진 잭 웰치 회장이나 모리타 회장이 직관에 의존하는 경영을 중시 한다.

의사결정 과정에서 직관이 의사결정의 성패에 필요조건인지, 충분조건인지, 필요충분조건인지, 아니면 직관은 의사결정의 성패와 별 관계가 없는지 논의하라.

3. 챔피의 '제한적 컨센서스 경영'과 구성원들의 전체적 합의에 의한 '민주적 경영' 중 어느 것이 바람직하다고 생각하는가?

■ 자기평가

당신의 경영능력은? 만약 당신이 경영자라면, 당신이 수행하는 네 가지 경영기능에 대해 자신을 어떻게 평가하는가? 각 문항에 대해 다음 5점 척도로 답하라.

1. 전혀 그렇지 않다   2. 별로 그렇지 않다   3. 잘 모르겠다   4. 약간 그렇다   5. 매우 그렇다

I. 계획

나는 내 자신과 타인들을 위해 확실한 목표를 세워놓고 있다.(　)
나는 내게 주어진 과업을 성취하기 위해 확실한 비전을 가지고 있다.(　)
나는 목표달성에 장애가 되는 요인을 예상하고, 이를 극복하기 위한 방법을 모색한다.(　)
나는 현재의 내 행동과 결정의 결과 앞으로 어떤 일이 일어날지 예측하고자 노력한다.(　)
나는 어떤 일을 결정할 때, 이 결정의 장점과 단점을 세심히 고려한다.(　)
나는 언제나 새로운 일을 시도하고 추진할 준비가 되어 있다.(　)

　　소계: (　)점

II. 조직화

나는 주어진 과업을 수행하면서 미리 세운 계획을 따르기 위해 노력한다.(　)
나는 과업을 수행하는데 어떤 방법들이 있는지 신중히 생각한 후 최선의 방법을 택한다.(　)
나는 일반적으로 과업의 수행에 필요한 행동의 순서와 우선순위를 정할 능력이 있다.(　)
나는 환경이 달라지면 늘 일의 우선순위를 조정할 준비가 되어있다.(　)
나는 과업 수행에 필요한 일들을 체계적으로 조직화할 수 있는 감각을 갖추고 있다.(　)
나는 과업 수행을 위해 개인적인 자원들을 효과적으로 배분할 능력과 의지가 있다.(　)

　　소계: (　) 점

III. 지휘

나는 다른 사람들의 욕구를 이해하고, 이 욕구를 충족시키기 위해 노력한다.( )

나는 과업을 수행할 때, 다른 사람들의 제안을 흔쾌히 받아들인다.( )

나는 구성원들이 자기 역할을 잘 수행할 수 있도록 조언 및 인도할 능력과 자세가 있다.( )

나는 소속된 집단에서 집단의 목적을 달성하는데 팀 정신의 중요성을 매우 늘 강조한다.( )

나는 다른 사람들 사이에 갈등이 있을 때, 이를 건설적인 방법으로 해결고자 노력한다.( )

나는 타인과의 솔직한 소통을 중요시하면서, 열린 마음으로 타인의 의견을 경청한다.( )

　　소계: ( ) 점

IV. 통제

나는 현재 수행중인 과업의 진행상황을 규칙적으로 체크한다.( )

나는 내 정보가 얼마나 정확하며, 현재의 과업에 얼마나 도움이 되는지 세심히 평가한다.( )

나는 과업의 진척도를 미리 세운 계획과 비교해, 차이가 있으면 시정조치를 취한다.( )

나는 시간관리를 잘하며, 다른 사람들이 시간관리를 잘 하도록 돕는다.( )

나는 수행 과업이 가져올 부정적인 결과를 예상해 이를 최소화하기 위해 노력한다.( )

나는 소속된 집단에서 다른 사람들과 규칙적인 정보교환을 통해 이들의 과업을 돕는다.( )

　　소계: ( ) 점

　　총점: ( ) 점

● **평가방법:**

먼저, 각 기능별로 모든 문항에 대한 소계를 구한다. 이 점수는 6점과 30점 사이에 분포한다. 다음, 4가지 기능 전체에 대한 총점을 계산한다. 이 점수는 24점과 120점 사이에 분포한다. 만약 각 기능부문의 소계가 25점~30점이면 그 부문의 경영능력이 매우 훌륭함을 의미하고, 19점~24점이면 약간 훌륭함을, 13점~18점이면 약간 부족함을, 12점 이하이면 매우 부족함을 의미한다. 전체적으로는 100점~120점이면 경영자로서의 능력이 매우 훌륭함을 의미하고, 79점~99점이면 약간 훌륭함을, 58점~78점이면 약간 부족함을, 57점 이하이면 매우 보족함을 의미한다. 이를 토대로, ⑴ 경영자로서의 당신의 전반적 능력이 어느 정도인지 평가하고, ⑵ 가장 강점이 있는 경영기능과 가장 약점이 있는 경영기능은 무엇인지 평가하라.

제2장 경영이론의 발전과정
Evolution of Management Theories

 자동차 왕 헨리 포드는 "역사는 허풍이다"라고 말했다. 옳지 않은 주장이다. 역사는 과거의 사건들을 조명함으로써 미래의 활동에 유용한 자료를 제공하기 때문이다. 이 장에서는 경영현상에 관한 이론이 역사적으로 어떻게 발전해 왔는지 살펴본다.

제1절 경영 이론과 경영 역사의 중요성

1. 경영 이론의 중요성

 이론(theory)은 지식을 조직화하고 행동 방법을 제공하기 위한 개념적 틀이다. 경영이론(management theory)은 조직을 세우고 이것이 자기 목표를 향해 나아갈 수 있도록 유도하는데 사용되는 것으로서, 다른 이론들과는 달리 현실에 뿌리를 둔다. 도요타나 Whirlpool 같은 기업에서는 이 장에서 후술하는 과학적 관리(scientific management)에서 개발된 조립 라인을 사용한다. Nucor와 구글은 행위적 접근을 통해 조직을 경영한다. 오늘날은 의사결정을 내리는데 계량적 접근을 사용하지 않는 기업은 별로 없다. 예로서, Kroger, 월마트 및 Target은 영업시간 중 특정 시간대에 몇 대의 계산대를 오픈할 것인지를 결정하는데 오퍼레이션즈 경영 기법을 사용한다.[1]

---
1) Griffin, *Fundamentals of Management*, 10th ed., 2022, p. 11

이상의 사례들을 통해 알 수 있는 것은 오늘날 유수의 기업들과 경영자들은 대부분 자기 조직의 상황에 맞는 이론이나 기법을 기반으로 기업경영을 하고 있다는 사실이다. 이처럼 경영이론은 경영자들이 경영에 관한 문제를 해결하거나 의사결정을 내리는데 유용하게 이용된다.

2. 경영 역사의 중요성

경영이론의 역사적 발전과정을 이해하는 것은 경영자들에게 중요한 일이다. 경영의 역사적 맥락을 이해하는 것은 경영자들로 하여금 다른 사람들이 경험한 실수나 실패를 자신이 되풀이 하는 것을 피하게 해 준다. 따라서 미국 역사 커리큘럼의 대부분은 산업혁명을 비롯해서 초기의 노동운동, 대공황 및 Vanderbilt(철도), 록펠러(기름), 카네기(강철) 등과 같은 미국 산업의 역사적 주역들을 소개하는 등, 이 나라의 경영 및 경제적 발전과정을 다루는데 상당한 시간을 할애한다. 실제로 이와 같은 근대 미국 산업사의 주역들이 미국의 경영이론의 발전에 끼친 공로는 오늘날의 기업문화에 인상 깊은 영향을 미친 바 있다.

많은 경영자들은 또한 역사를 더 잘 이해함으로써 큰 이득을 누릴 수 있다고 생각한다. 예를 들어, AT&T 산하 벨 연구소의 로스(Ian M. Ross)는 자신의 리더십에 중요한 영향을 미친 인물로 2차 세계대전 당시의 윈스턴 처칠을 꼽는다. 이 외에도 경영자들은 플라톤의 '공화국(Republic)', 호머의 '일리아드(Iliad)', Sun Tzu의 '전쟁의 기술(The Art of War)' 마키아벨리의 '왕자(Prince)'와 같은 고전들이 오늘날의 기업문제를 설명하고 해결하는데 상당한 도움이 되는 것으로 믿는다.

더 나아가 경영자들은 자사의 역사적 기록과 문서들을 보관하는 도서관을 운영하면서 역사 전문가를 고용하기도 한다. 쉘 오일, 스트라우스, 월마트, 디즈니, 혼다 및 Unilever 등이 모두 자사의 과거 기록을 문서로 보관해두고, 조직의 방향 설정, 교육프로그램 설계, 광고 캠페인 계획 및 대중관계 활동을 수행하는데 이용하고 있다. 이와 같이 역사는 단절이 없이 과거에서 현재 및 미래로 연결된다는 점에서, 어느 조직이든 역사를 이해하는 것은 조직의 기본 지향점을 설정하고, 현재의 문제와 미래의 잠재적 문제를 해결하는데 도움을 준다. 경영이론의 역사적 발전과정을 살펴보는 것이 중요한 이유도 여기에 있다.

제2절 경영이론의 발전과정

경영이론의 발전과정을 역사적으로 정리하면 〈그림 2-1〉과 같다.

〈그림 2-1〉 경영이론의 역사적 발전과정

BC 3000 - 1776년	1911년 - 1947년	1700s 후반 - 1950s	1940s - 1950s	1960s - 현재
초기의 경영	고전적 접근	행위적 접근	계량적 접근	현대적 접근

여기서 한 가지 유의할 것은 각 과정이 연대적으로 확연히 구분되지 않고 있다는 점이다. 즉, 시대적 중첩이나 단절이 있음을 알 수 있다. 이는 경영의 역사를 조명할 때 경영에 관한 특정의 사건이나 이론을 중심으로 시대구분을 하기 때문이다. 초기의 경영을 1776년까지로 보는 것은 동 년도에 아담 스미스가 국부론을 통해 산업현장에 분업의 원리를 소개한데 연유한다.

1. 초기의 경영

1.1 경영 사고의 기원

지구상에서 경영사고가 나타나기 시작한 것은 수천 년 전의 일이다. 당시에 벌써 경영활동을 계획하고 조직화하고, 지휘하고 통제하기 위한 조직적인 노력이 있었던 것이다. 몇 가지 예를 들어보자.

이집트의 피라미드와 중국의 만리장성은 수만 명의 인력을 동원해 수행한 엄청난 규모의 프로젝트가 고대에도 이루어졌음을 말한다. 피라미드 하나를 세우는데 약 20년 동안 10만 명 이상의 인력이 필요했다. 누가 작업자 개개인에게 무엇을 하라고 지시했을까? 움직이기 어려운 그 많은 돌들을 인부들이 공사현장까지 어디에서 어떻게 운반해 왔을까? 또 이 돌을 어떻게 그리 높고 넓게 빈틈없이 축조할 수 있었을까? 이에 대한 답은 경영자들에게 있다. 누군가는 어떤 일이 언제 수행되어야 하는지를 계획하고, 이 일들을 수행할 사람과 자재를 조직화하고, 작업자들이 그 일을 확실히 수행할 수 있도록 지휘하고, 모든 일이 계획대로 이루어지도록 통제했을 것이다.

초기 경영사고의 또 다른 예는 중세기 1400년 대 세계적 경제 및 무역 요충지이던 이탈리아의

베니스이다. 베니스인들은 기초적 형태의 조직을 구성해 오늘날의 조직들과 유사한 경영활동을 벌였다. 예를 들어 당시에 그 지역 병참기지에는 운하를 따라 전함이 떠 있고, 정류소에서 군수물자와 장비들이 배에 적재되었다. 이는 마치 오늘날의 자동차 조립라인을 따라 차 한 대가 떠 있는 모습과 유사하다. 베니스인들은 또한 자재의 흐름을 추적하기 위해 창고와 재고관리 시스템을 운용했으며, 인부들에게 와인 브레이크를 제공하는 등, 인적자원 관리를 실시했다. 수익과 비용을 추적할 수 있도록 회계 시스템을 도입하기도 했다.

1.2 경영혁신의 두 사건 : 분업과 산업혁명

1776년, 아담 스미스는 자신의 저서 국부론(The Wealth of Nations)을 통해 조직과 사회가 **분업**(division of labor)의 원리를 통해 경제적 이점을 얻을 수 있다고 주장했다. 분업이란 **직무의 전문화**(job specialization)를 의미하는데, 이는 직무를 더 세분화된 반복적 과업들로 쪼개는 것을 말한다. 한 예로 스미스는 핀 생산의 경우, 10명의 작업자들이 각각 혼자 작업하면 1인당 하루 10개의 핀을 생산할 수 있던 것이, 과업의 전문화를 통해 공동 작업을 실시하면, 하루 48,000개의 핀을 생산할 수 있다고 주장했다. 즉, 분업은 480배의 생산성 향상을 가져온다는 것이다. 스미스가 내린 결론은 분업이 작업자의 숙련도와 손재주를 향상시키고, 과업 변동에 따른 시간 손실을 방지하며, 노동의 절약을 가져오는 작업방법과 기계의 발명을 유도함으로써 생산성 증대를 초래한다는 사실이다.

스미스가 도입한 분업의 원리는 직무 전문화를 산업계에 확산시키는 계기가 되었다. 병원 외과 수술 팀의 환자 수술 작업, 식당 주방의 식사 준비 작업, 혹은 축구팀의 각 선수별 포지션 배정 등이 그 예이다.

18세기 후반에 시작된 **산업혁명**(industrial revolution)은 기계의 힘이 인간의 힘을 대체하게 된 역사적 전환기로서, 이를 계기로 재화를 가정에서보다는 공장에서 제조하는 것이 더 경제적이게 되었다. 생산 시스템이 가내 수공업에 의한 물물교환에서 공장제 기계공업에 의한 대량생산의 형태로 바뀐 것이다. 산업혁명 발발의 원인이 된 것은 동력과 에너지의 혁명 및 수송수단의 발전이었다. 효율성을 갖춘 대규모 공장들은 수요의 예측, 제품의 생산을 위한 여유재고의 보유, 작업자들에 대한 과업 할당 및 일상적 활동들에 대한 지휘를 필요로 했으며, 이런 일들을 담당할 경영자들을 필요로 했다. 이러한 거대 조직을 이끌어가는 경영자들에게는 정형화된 이론들이 요구되었다. 그러나 그러한 이론들이 처음 개발된 것은 1900년대 초에 이르러서였다.

2. 고전적 접근

경영 사고에 관한 본격적인 변화가 일어나기 시작한 것은 20세기 초의 일이다. **고전적 접근**(classical approach)이라 불리는 이 시대 경영이론에서는 **합리성**(rationality)을 강조하면서, 조직과 작업자들을 최대한 효율적이도록 관리하고자 노력했다. 고전적 접근의 두 부류는 과학적 관리와 일반관리론이다.

2.1 과학적 관리

1) 테일러

만약 우리가 현대적 경영이론의 태동 시점을 꼽고자 한다면 1911년이 그 답일 것일 것이다. 테일러(Frederick Winslow Taylor)의 저서 '과학적 관리의 원칙(Principle of Scientific Management)'이 출간된 해이다. 이 책의 내용은 전 세계 경영자들에 의해 널리 수용된 바 있다. 그가 제시한 경영원칙을 **과학적 관리**(scientific management)라 한다. 이 책을 통해 테일러는 과학적 관리의 이론, 즉 특정의 직무를 수행하는데 필요한 '**유일최적의 방법**(one best way)'을 선택하기 위해 과학적 방법의 사용을 제안했다.

당시 테일러는 펜실베이니아 주의 미드베일 강철회사에 기계공으로 근무한 후 베들레헴의 강철회사와 시몬즈 회사에서 컨설턴트로 근무하고 있었다. 청교도 배경의 기계공으로서 그는 계속해서 작업자들의 작업현장을 관찰하면서 이들의 비효율에 놀랬다고 한다. 종업원들은 서로 똑 같은 일에 전혀 다른 작업방법을 사용하고 있었다. 직무에 대해 '느긋한' 자세를 취하는 경우도 많았다. 여기서 테일러가 가진 신념은 작업자들의 현 생산성은 가능한 수준의 3분의 1에 불과하다는 사실이었다. 작업표준도 없었으며, 작업자들이 각자의 능력과 적성에 따라 가장 적합한 직무에 배치되는 것이 아니라 주먹구구식 배치에 그치고 있었다. 테일러는 작업장의 직무에 과학적 방법을 적용함으로써 비효율적인 작업현장을 효율화 하고자 했다. 그는 직무의 수행을 위해 '유일 최적의 방법'을 찾느라 20년 이상의 세월을 보냈다.

• **테일러의 기본 아이디어**: 테일러가 내세운 기치는 '고임금·저노무비(high wage & low labor cost)'이다. 이 구호를 실현하기 위해 실시한 연구가 동작연구와 시간연구이다. 미드베일에 직장(foreman)으로 근무하면서 테일러는 작업자들의 동태를 살핀 결과 태업(soldiering) 현상이 있음을 알

았다. 작업자들이 고의로 자신의 역량보다 느린 속도로 작업을 한다는 것이다. 그는 강철 작업의 직무를 구성하는 동작들을 분해해 각 동작을 일으키는데 소요되는 시간과 방법을 관찰 및 측정함으로써 최선의 작업방법을 고안하고자 했다. 이것이 테일러의 **동작연구**(motion study)이다. 이 연구의 목적은 과업의 각 구성요소를 수행하는 가장 효율적인 방법을 찾아내는데 있다. 나아가 테일러는 스톱워치를 이용해 한 단위당 걸려야 할 바람직한 작업시간을 연구했다. 이 단위당 작업시간을 **표준시간**(standard time)이라 한다. 표준시간이 산출되면 작업자가 달성해야 할 단위 기간 당 생산량이 산출된다. 이 생산량을 **과업**(task)이라 한다. 이와 같이 표준시간과 목표 과업의 설정을 위해 실시한 연구를 **시간연구**(time study)라 한다. 다음으로, 테일러는 작업자들의 동기를 유발하기 위해 **차별적 성과급제**(differential piece-rate system)라는 급여제도를 도입했다.

그는 모든 종업원들에게 동일한 급여를 제공하는 대신, 각 직무에 대해 설정된 목표 생산량, 즉 과업을 충족하고 이를 초과한 작업자에 대해서는 시간당 임률(wage rate)을 증대하는 방식을 적용함으로써, 종업원들의 작업 의욕 자극을 통해 생산성 향상을 도모하고자 했다. (〈그림 2-2〉 참조)

〈그림 2-2〉 테일러의 차별적 성과급제

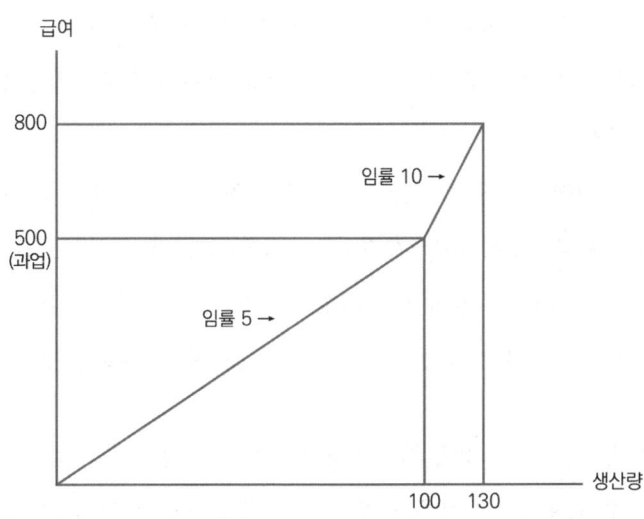

미드베일에서의 경험을 바탕으로 테일러는 생산의 효율성을 향상시키기 위한 명확한 원칙을 개발했다. 테일러의 주장은 4단계로 구성된 이 원칙들을 적용하면 작업자와 경영자 모두 번영을 누

릴 수 있다는 것이다. 이 경영원칙은 〈그림 2-3〉과 같은 4단계로 구성된다

〈그림 2-3〉 과학적 관리의 4단계

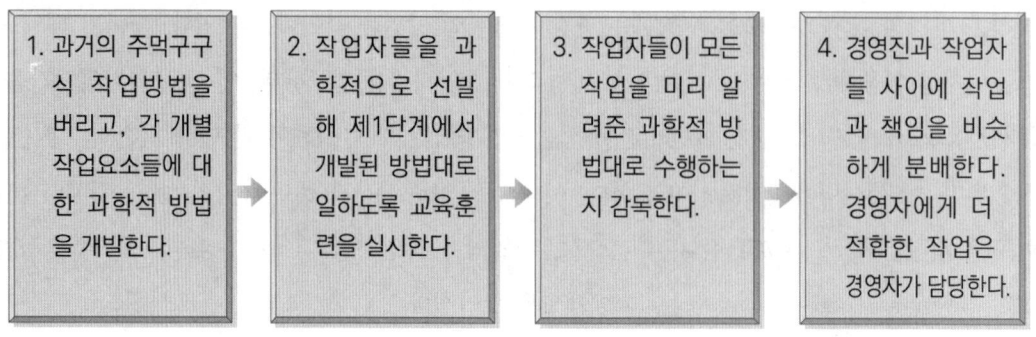

테일러가 제시한 과학적 관리의 원칙이 가장 잘 적용된 예는 무쇠 실험이다. 이 실험에서 작업자들은 92파운드 무게의 무쇠를 선로 차량에 싣는 작업을 실시했다. 이들의 하루 평균 작업량은 12.5톤이었다. 그러나 테일러는 만약 과학적 분석을 통해 무쇠 선적을 위한 유일 최적의 방법을 찾아내면 하루 성과가 47내지 48톤까지로 증대할 수 있다고 믿었다. 작업 절차, 기법 및 도구를 여러 가지로 조합하는 과학적인 방법을 통해 그는 목표 수준의 생산성을 달성하는데 성공했다. 이것이 어떻게 가능했을까?

그것은 바로, 각 직무마다 그에 적합한 사람들을 배치해 적절한 도구와 장비를 제공하고, 이들이 반드시 자기 지시를 따르도록 하는 한편, 급여 수준을 크게 인상함으로써 이들의 동기부여를 유도한 것이다. 테일러는 다른 직무에 대해서도 유사한 접근을 통해 '유일 최선의 방법'을 찾아낼 수 있었다. 이렇게 해서 그는 꾸준히 200퍼센트 이상의 생산성 향상을 달성했다.

• **테일러의 공과 과:** 테일러는 몇몇 회사에서 컨설턴트로 일하면서, 직무 재설계를 통해 작업자들의 피로가 쌓이지 않도록 휴식시간을 제공하고, 성과급 제도를 실시하도록 권유했다. 결과는 품질 향상, 생산성 증대 및 사기 앙양이었다. 이러한 경험을 토대로 테일러는 과학적 관리라 불리는 자기의 기본 아이디어를 완성했다. 테일러의 업적은 미국 산업계에 큰 파장을 일으켰다. 그의 과학적 관리의 원칙을 적용해 많은 기업들이 효율의 향상을 이루어냈다. 그러나 반작용도 만만치 않

았다. 노동자들은 자기들에게 노동 착취를 가하고, 기업이 필요로 하는 고용수준을 줄이는데 목적을 둔 것이 바로 과학적 관리라고 주장했다. 테일러의 아이디어는 의회의 조사를 받게 되었고, 일부 증거에 의하면 그가 자기의 발견들 중 일부를 조작했다는 사실이 드러났다. 그럼에도 불구하고 테일러의 작업은 산업계에 오래 지속되는 족적을 남겼다. 작업자들의 수작업에 대해 과학적 원칙을 적용한 철두철미한 연구를 토대로 테일러는 '과학적 관리의 아버지'라 불리고 있다.

2) 길브레드 부부

테일러의 이론에 대한 최고의 신봉자는 길브레드 부부(Frank and Lilian Gilbreth)이다. 테일러와 동시대의 사람들인 길브레드 부부는 엔지니어와 심리학자이었다. 길브레드 부부는 근로자들의 작업에 대한 연구를 통해 비효율적인 손동작과 몸동작을 제거하고자 노력했다. 이들은 작업성과의 극대화를 목적으로 실험을 이용해 도구와 장비의 효과적 설계와 사용방법을 고안했다. 길브레드 부부와 관련해 또 한 가지 특이한 것은 12자녀의 부모로서 이들은 과학적 경영원칙과 기법을 가정에 적용했다는 사실이다. 이들은 12자녀를 키운 경험을 기록해 *Cheaper by the Dozen*이라는 책을 발행했으며, 1950년 이 내용이 같은 제목의 영화로 제작되기도 했다.

남편인 프랭크 길브레드의 가장 흥미 있는 공헌들 중 하나는 벽돌 쌓기 기술이다. 그는 벽돌공들의 작업에 대한 연구결과를 토대로, 같은 일을 보다 효율적으로 수행할 수 있는 몇 가지 방법을 개발했다. 예를 들어, 그는 벽돌공과 벽돌의 위치 및 다양한 수준의 모르타르 변화를 통해 벽돌 쌓기에 필요한 재료와 기법을 표준화했다. 이러한 변화의 결과는 실외 벽돌쌓기의 경우 18가지 동작을 5가지로 줄이고, 실내의 경우는 2가지로 줄임으로써 약 2배의 생산성 증대와 더불어 작업자 피로도의 감소를 가져올 수 있었다. 부인인 릴리언 길브레드 또한 작업 현장의 몇몇 분야에 중요한 공헌을 했다. 특히 산업심리학 분야를 개척했으며, 인사관리 분야에 혁혁한 공헌을 했다.

작업 현장에 대한 이와 같은 과학적 연구를 위해 길브레드 부부는 마이크로크로노미터(microchronometer)라는 미세정밀시간 측정기를 개발하여 작업자의 과업을 구성하는 손동작-몸동작들을 확인하고 각 동작을 일으키는데 걸리는 시간을 기록했다. 이를 통해 쓸모없는 동작들을 찾아내 이들을 제거했다. 또한 과업의 분해 기법을 개발해 모든 과업에 공통적으로 포함되는 손동작들을 17가지 기본동작으로 정리하고, 이를 'therbligs'(Gilbreth의 역 스펠)이라 했다. 예를 들어 '찾다(search)', '붙잡다(grasp)', '잡고 있다(hold)' 등이 그 예이다.

3) 포드

"5%가 아니라 95%를 위한 자동차를 만든다." 자동차의 왕이라 일컬어지는 미국의 헨리 포드(Henry Ford)의 말이다. 그의 경영이념을 흔히 포디즘(Fordism)이라 한다. 1903년 처음으로 소형차 A 모델을 개발해 연간 2천대를 판매하던 포드 자동차는 1908년, T형 모델을 개발하였다(T는 Taurus의 약자이다). T형은 색깔(검정)과 성능, 모양, 크기 등 모든 사양을 하나로 통일시킨 모델로서, 원가의 최소화를 목표로 개발한 모델이다. 이 모델을 통해 포드는 일반 대중들이 저렴한 가격으로 자가용을 소유함으로써 'My Car' 시대를 열고자 했다. 그러나 포드의 전 회장인 맬컴슨은 크게 반대했으며, 경쟁사들은 포드 회사가 망하려고 작정했다고 힐난했다. 당시의 자동차 회사들은 대중성보다는 자동차의 속도를 경쟁우위의 원천으로 보았기 때문이다.

그러나 포드는 T형 모델의 개발로 큰 성공을 거두었다. 개발 당시 1만대이던 판매량이 1914년에는 10만대를 넘어섰다. 6년 사이 생산성은 150배 증대했으며, 제품의 가격은 절반 이하로 줄이면서도, 작업자들의 급여는 두 배로 인상시켰다. 1910년대 말, 지구상의 모든 차들 중 포드 제품이 3분의 2에 달할 정도로 포드의 경쟁력은 위력적이었다. 〈표 2-1〉은 T형 모델의 개발에 따른 포드 회사의 경영성과 증대 실적을 보여 준다.

〈표2-1〉 T형 모델 개발로 인한 포드의 경영성과 변화

연 도	1908년	1914년
시간당 생산량	1대	150대
제품 가격	900달러	400달러
년간 판매량	1만대	10만대
1일 급여	5달러	10달러

- **포드의 경영이념:** 포드가 내세운 기치는 '저가격·고임금(low price & high wage)'이다. 그는 소품종 대량생산의 경영이념 하에 제조원가의 최소화를 기하면, 이것이 가능하다고 믿었다. 이를 위해 생산현장에 도입한 것이 3S, 즉 **표준화**(standardization), **단순화**(simplification) 및 **전문화**(specialization)이다. 제품이나 부품 및 제조공정을 표준화하고, T 모델과 같이 제품의 사양을 단순화하며, 분업의 원리에 따라 작업을 전문화하였다. 3S의 실현을 위해 생산현장에 도입한 것이 **컨베이어 시스템**(conveyor system)이다. 작업장에서 사람이 이동하는 대신, 기계가 이동하도록 하는 조립 시스템이다. 이 같은 **소품종 대량생산 체제**는 **규모의 경제**(economy of scale)를 가져옴으로써 제조원가의 절감을 통해 제품가격의 저렴화를 가능하게 했다. 사치품으로 여겨지던 자동차의 대중화가 실현된 것이다. 〈그림 2-4〉는 포디즘의 기본 원리를 그림으로 보여준다.

〈그림 2-4〉 포디즘의 기본 원리

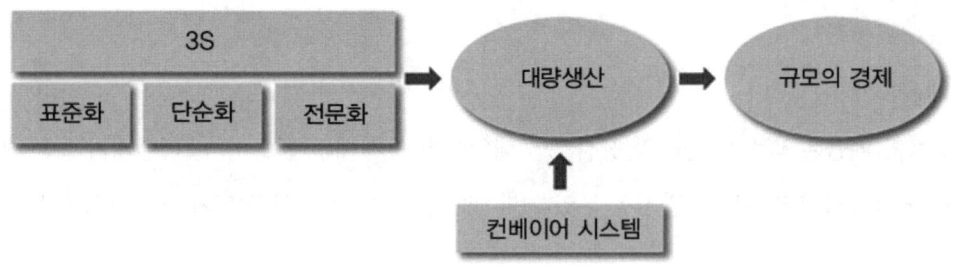

- **포디즘의 공과 과:** 포드의 경영이념은 1910년대 이후 생산현장을 지배하는 패러다임으로 작용하고 있다. 특히 소품종 대량생산을 통한 규모의 경제는 1980년대 후반에 이르기까지 경영자들의 경영철학에 강력한 영향을 미친 패러다임이다. 컨베이어 벨트를 이용한 조립라인의 재설계는 생산성과 효율의 증대라는 측면에서 많은 기업에 의해 지지를 받았다. 그러나 1980년대 후반 이후 소비자들의 욕구가 다양화, 급변화하면서 포드의 경영이념은 다품종 소량생산의 패러다임으로 대체되고 있다. 포디즘은 직무의 전문화에 따른 종업원 스트레스와 직무 불만족을 일으킴으로써 이직률을 증대시켰으며, 노조와의 갈등으로 사회적 문제를 야기하기도 했다.

- **과학적 관리와 오늘날의 경영:** 생산 효율의 개선을 위해 테일러와 포드 및 길브레드 부부에 의해 개발된 과학적 관리 지침과 기법들 중 많은 것들은 지금도 산업현장에 적용되고 있다. 경영자들은 작업자가 수행해야 할 과업들을 분석하고, 동작들의 낭비를 제거하기 위해 시간 및 동작연구를 수행하고자 할 때, 그리고 주어진 직무에 최적의 작업자를 채용하고자 하거나 성과를 토대로 한 인센티브 시스템을 도입하고자 할 때, 과학적 관리의 원칙들을 적용하고 있다. 또한 포드가 주도해 개발된 규모의 경제는 1980년대 중분까지 산업현장의 중요한 패러다임으로 작용하였다.

2.2 일반관리론

고전적 경영이론의 두 축을 구성하는 또 하나의 이론은 **일반관리론**(general administrative theory)이다. 이는 실제의 기업경영에서 경영자들이 하는 일은 무엇이고 훌륭한 경영성과를 거두기 위해서는 어떻게 해야 하는가에 초점을 둔 이론이다. 괄목할 만한 학자는 페욜이다. 그가 처음으로 경영자들이 수행하는 주요 기능을 확인했기 때문이다: 계획, 조직화, 명령, 조정 및 통제. 이하에서는 일반관리론의 대표적인 주창자들인 페욜, 어윅 및 막스 웨버에 대해 간단히 살펴보고자 한다.

1) 페욜

프랑스의 페욜은 과학적 관리의 창시자인 테일러와 동시대의 인물이다. 테일러가 주로 일선 관리자들과 과학적 관리방법에 관심을 두었다면, 페욜은 모든 계층의 경영자들에 관심을 두었다. 그

〈표2-1〉 페욜의 14가지 경영원칙

원 칙	내 용
분업	작업을 전문화된 과업들로 세분화하고, 각 과업에 적합한 작업자들을 배치한다.
권한	경영자들은 부여된 권한에 따라 종업원들에게 명령을 내릴 수 있다.
규율	종업원들은 조직을 다스리는 규칙을 지키고 존중해야 한다.
명령 일원화	모든 종업원은 단 한 상사로부터만 명령을 받아야 한다.
지휘 일원화	조직은 단 하나의 행동계획에 의해 경영자들과 작업자들을 이끌어 가야 한다.
공동이익 우선	한 종업원이나 종업원 집단의 이익이 조직 전체의 이익보다 우선시되어서는 안 된다.
보상	작업자들은 각자의 과업에 대해 정당한 급여를 보상받아야 한다.
집권화	권한은 명령계통의 상위층에만 집중되어서는 안 되며, 기업규모와 경영자 능력에 맞게 집권화와 분권화의 수준이 결정되어야 한다.
명령 계통	조직의 최상위층에서 최하위층까지 명령계통의 길이가 짧아야 한다.
질서	사람과 자재는 제때에 제자리에 있어야 한다
공평성	경영자들은 부하들 모두에게 친절해야 하며, 공정하게 대우해야 한다.
고용 안정성	경영을 마련해야 하며, 충원은 빈자리를 메자들은 안정된 인사계획우기 위해 이루어져야 한다.
주도권	종업원들이 많은 노력을 기울여 과업을 수행하도록 하기 위해서는 이들이 계획 수립과 실행에 주도적으로 참여하도록 허용해야 한다.
집단의식	조직 내에서 종업원들이 조화를 이루어 하나가 되게 하기 위해서는 이들에게 집단 정신을 함양시켜야 한다.

는 프랑스의 거대한 석탄 채굴 회사의 경영 지도자로 근무한 개인적 경험을 바탕으로 자신의 경영원칙을 개발했다.

페욜은 경영의 실제를 회계, 재무, 생산, 유통 및 기타의 경영 기능과는 구분되는 무엇인가로 정의했다. 경영은 모든 기업 활동, 정부 및 심지어 가정에 이르기까지 많은 분야에 공통적으로 발생하는 현상이라는 신념을 바탕으로 그는 14가지 **경영원칙**(principles of management)을 개발했다. 이 원칙은 경영에 관한 필수적인 규칙들로서, 어떠한 조직 상황이든 이 규칙이 적용될 수 있으며, 학교에서도 이를 가르쳐야 한다는 것이다. 〈표 2-1〉은 페욜의 경영원칙을 보여준다.

2) 어윅

어윅(Lyndall Urwick)은 영국군 장교로 재직한 후, 경영이론가이자 컨설턴트로 명성을 날렸다. 그는 페욜과 기타의 다른 일반관리 이론가들의 연구성과를 과학적 관리에 접합시켜 자신의 경영이론을 개발했다. 또한 경영의 기능을 계획(planning), 조직화(organizing) 및 통제(controlling)의 세 가지로 보고, 이 기능들에 대해 발전된 현대적 개념과 아이디어를 제시했다. 페욜과 마찬가지로 어윅도 경영의 유효성을 개선하기 위한 일련의 지침을 개발했다. 어윅은 경영이론의 발전을 위한 자신의 공헌보다는 자신의 작업과 다른 사람들의 작업을 통합해 보다 체계적인 이론을 개발하기 위해 노력한 것으로 잘 알려져 있다.

3) 막스 웨버

막스 웨버는 산업계의 경력이 전혀 없는 독일의 사회학자이다. 그는 현대 사회학 초기의 개척자로서 조직이론가이지 경영이론가는 아니었다. 그러나 그 후 그는 조직설계 연구의 개척자로 발돋움했다. 웨버는 특히 "사람들이 왜 명령에 복종하는가?"의 문제에 관심을 기울였다. 그는 권한관계 혹은 권한구조의 형태에 따라 조직의 효율이 달라진다고 주장했다. 그가 저술한 '사회경제 조직이론'에 의하면, 조직 내에 존재하는 권한의 유형은 다음 세 가지로 분류된다.

① **전통적 권한**: 관습이나 과거의 관행에 의거해 행사되는 권한을 말한다. 최적 의사결정을 목적으로 하기 보다는 권한의 확보 자체만을 목적으로 오직 과거의 전례를 권한의 원천으로 삼는다는 문제가 있다.

② **카리스마적 권한:** 한 개인으로부터 구체적이고 예외적으로 풍기는 존엄성, 신성함, 영웅적 기질, 혹은 타인의 모범이 되는 인격을 토대로 형성되는 권한을 뜻한다. 카리스마를 가진 리더가 이 조직을 떠나면 권한관계도 종료되기 때문에, 조직의 영속성을 위협할 수 있다.

③ **합법적-합리적 권한:** 조직의 목적을 달성하기 위해 다른 사람들의 행동을 규제할 수 있는 합법적 권리에 근거를 둔 개인의 합리적 권한을 말한다. 규모가 크고 복잡한 조직에 적합하다. 이 권한은 부하들이 공식적 권력을 가진 사람의 명령을 따르게 함으로써, 경영자들의 구성원 통제가 수월해지기 때문이다. 합리적-법적 권한은 다른 두 형태의 권한이 갖는 단점을 보완해준다.

웨버는 원래 관료적 조직구조를 논리적이고 합리적이며 효율적인 구조로 보았다. 즉, 과업을 수행하는 유일무이의 최적 방법으로서 관료적 조직 모델을 조직의 이상적인 틀로 제시했다. 웨버의 관료제(bureaucracy)는 이념 상 테일러의 과학적 관리와 유사하다. 합리성, 비개인성, 기술지향성 및 권위주의를 특성으로 한다는 점에서 더욱 그렇다. 관료제의 대표적인 예는 정부기관과 대학에서 볼 수 있다. 〈그림 2-4〉는 웨버가 제시한 관료제의 주요 원칙들을 요약한 것이다.

〈그림 2-4〉 웨버의 관료제

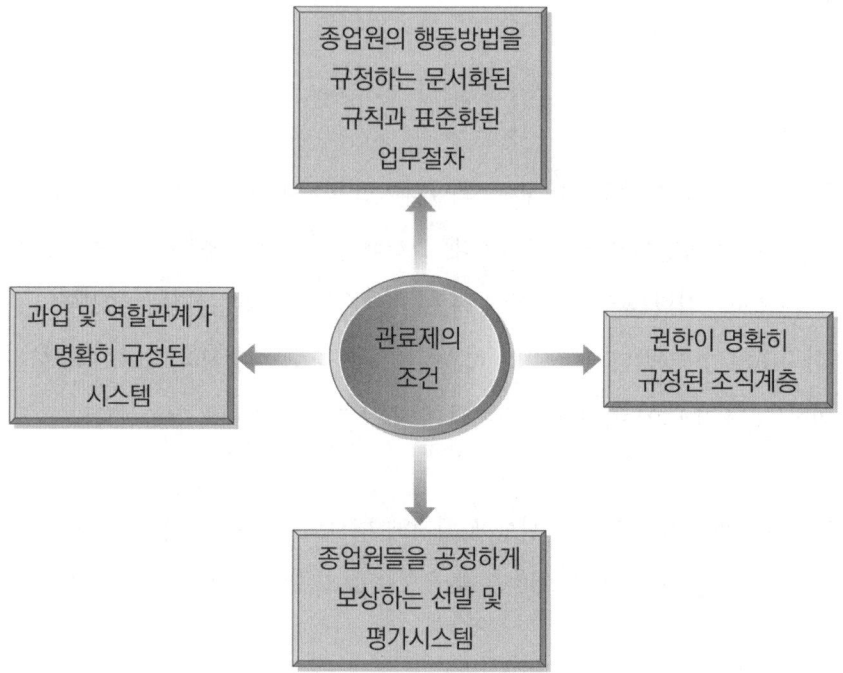

- **관료제에 대한 평가:** 관료제에 대한 현대 경영이론가들과 실무자들의 비판은 만만치 않다. 웨버 자신도 그가 제시한 이상적 관료제는 실제로는 존재하기 어려울 것으로 보았다. 거대한 조직을 어떻게 끌고 가야 하는지에 관한 이론을 정립하는데 관료제를 기본 틀로 삼고자 했을 뿐이다. 더욱이 동태적이고 복잡한 오늘날의 경영환경 하에서 경영자들이 자신의 능력과 판단은 제쳐 두고 규칙과 표준화된 절차에 의존해 문제해결을 꾀한다면, 조직은 유연성을 잃고 경직화될 수밖에 없다. 오늘날 보수적 조직사회의 병폐를 '관료적 레드 테이프(bureaucratic red tape)'로 비유하는 것도 그 때문이다.[2)]

- **일반관리론과 오늘날의 경영:** 오늘날 경영학계와 실무에서 적용되고 있는 아이디어와 개념들 중에는 일반관리론에 그 공을 돌릴 수 있는 것이 많다. 예를 들어 경영자의 직무에 관한 **기능적 관점**(functional view)은 페욜의 관점을 따른 것이다. 또한 그가 제시한 14가지 경영원칙은 경영 권한, 집권적 의사결정, 명령의 일원화 등과 같은 지금의 주요 경영 개념들의 뿌리를 형성하고 있다.

3. 행위적 접근

3.1 행위적 접근의 배경

고전적 경영 관점에 대한 초기의 옹호자들은 기본적으로 기계적(mechanic) 혹은 도구적(instrumental) 관점에서 조직과 직무를 바라보았다. 이들은 조직을 기계와 이 기계 안에서의 부품으로서의 작업자들로 개념화하고자 했다. 물론 경영 역사 초기의 많은 저술가들이 개인들의 역할을 인정한 것은 사실이지만, 어디까지나 이들의 초점은 경영자들이 어떻게 종업원들의 행위를 통제하고 표준화할 수 있는가에 두어졌다.

경영에 관한 **행위적 접근**(behavioral approach)은 개인의 태도, 행위 및 집단 역학(group dynamics)에 보다 큰 역점을 두고 작업장에서의 행위적 과정에 중요성을 두었다. 이 접근의 기본 아이디어는 경영자들은 사람들과 작업함으로써 일이 이루어지도록 한다는 것이다. 즉, 경영자들은 조직 내의 사람들에 초점을 두어 경영 현상을 바라보아야 한다는 관점이다. 이와 같이 직장이나 작업장 내의

---

2) 레드 테이프란 관료제적 형식주의를 의미한다. 17세기 영국의 관청에서 붉은 끈으로 사무서류를 묶어둔 데서 비롯된 말이다. 관료사회에서 사무처리 절차가 복잡하고 구비서류가 많아 결재가 지연됨에 따라 공무가 원활히 진행되지 못하는 현상을 지칭한다.

사람들의 행위(behavior)를 연구하는 학문이 **조직행위론**(organizational behavior)이다.

3.2 초기의 행위적 접근 옹호자들

20세기 초기에 많은 학자들이 조직의 성공에 있어 사람이라는 요소의 중요성을 인식했지만, 그 중에서도 특히 두드러진 사람은 오웬, 문스터버그, 폴렛 및 바나드이다. 이들의 공헌은 각자 독특했지만, 모두의 공통적인 생각은 조직의 가장 소중한 자산은 사람이며, 따라서 사람을 적절하게 다루는 것이 조직의 성패를 좌우한다는 것이다. 이들의 아이디어는 종업원 선발 과정, 동기부여 시스템 및 팀에 의한 작업 등과 같은 경영 실제의 토대로 작용했다. 이 중 오웬(Robert Owen)은 1700년대 후반 사람으로서, 개탄스러운 작업환경에 관심을 가지고 이상적인 작업장의 조건을 제시했다. 그의 주장은 노동조건의 개선을 위해 쓰는 돈은 지혜로운 투자라는 것이다.

문스터버그(Hugo Munsterberg)는 1900년대 초 독일의 사회학자로서, 산업심리학(industrial psychology)의 개척자이다. 그는 1892년 하버드 대학교에 심리 실험실을 설치하고 산업심리학의 역작 '심리학과 산업 효율(Psychology and Industrial Efficiency)'을 저술했다. 그의 업적은 직장에서 일으키는 사람들의 행동을 과학적으로 연구했다는 점이다. 종업원 선발을 위한 심리 테스트 실시, 종업원 훈련을 위한 학습이론 개념 도입, 및 종업원 동기부여를 위한 인간 행위의 연구 등에서 혁혁한 족적을 남겼다.

폴렛(Mary Parker Follet) 역시 1900년대 초기의 인물로서, 조직을 개인 및 집단 행위의 관점에서 볼 수 있음을 인식한 최초의 학자들 중 하나이다. 그는 과학적 경영 이론 추종자들보다 훨씬 더 사람지향적인 아이디어를 제시했다. 특히 조직은 집단 윤리의 바탕위에 서 있어야 한다는 것이 그의 기본적인 사고이다.

이들보다 조금 늦은 1930년대에 조직행동 이론의 형성에 중대한 역할을 수행한 사람이 바나드(Chester Barnard)이다. 전화회사를 운영한 경영자로서 그는 조직 문제에 날카로운 안목을 가지고, 1938년 '경영자의 기능(Functions of Managers)'이라는 저서를 썼다. 바나드는 조직은 사회적 시스템으로서 구성원들 간 협력을 필요로 한다는 점을 강조했다. 여기서 경영자의 책무는 구성원들과 소통하면서 이들로부터 최대의 노력을 끌어들이는 일이라는 것이 그의 기본 사고이다. 조직은 폐쇄 시스템이 아닌 개방 시스템(open system)이어야 한다고 주장한 최초의 인물이기도 하다.

3.3 호손 연구

조직 행위론 분야에 가장 큰 기여를 한 것은 미국 일리노이의 시카고 근처 소재 웨스턴 전기 회사의 호손공장에서 네 차례에 걸쳐 수행된 일련의 연구인 **호손 연구**(Hawthorne Study)라는데 이의를 제기할 사람은 없을 것이다. **호손 실험**(Hawtheorne Experiment)으로 지칭되는 이 연구는 1924년에서 1932년까지 GE, 즉 제너럴 일렉트릭의 후원을 받아 하버드 대학교의 교수이자 컨설턴트인 메이요(Elton Mayo)와 그의 동료들에 의해 시작되었다. 원래는 과학적 경영에 대한 실험의 일환으로 웨스턴 전기 산업 엔지니어들에 의해 기획된 연구이었다.

이들이 처음 실시한 실험에서는 다양한 수준의 조명이 작업자 생산성에 미치는 영향을 조사하고자 했다. 일반적인 과학적 실험과 마찬가지로, 이 조명실험에서도 전체 연구 집단을 **실험집단**(experimental group)과 **통제집단**(control group)으로 나누어 실험했다. 실험 집단은 다양한 수준의 조명에 노출되고, 통제집단은 일정한 수준의 조명하에서 작업하도록 설계되었다. 여기서 연구자들은 논리적으로 보아 실험집단의 개인별 생산량은 조명의 수준과 직접적 관련이 있을 것으로 생각했다. 그러나 이들이 발견한 것은 실험집단의 조명 수준이 증대하면서 실험집단은 물론 통제집단의 생산량도 증대한다는 사실이었다. 조명이 달빛 수준으로 감소되고서야 비로소 생산성이 감소되기 시작했다는 것이다. 이 때문에 실험의 스폰서인 GE는 후원을 철회하고야 말았다. 조명실험 결과 연구자들이 내린 결론은 조명은 집단 생산성에 직접적인 영향을 미치지 않으며, 또 다른 무언가가 실험 결과에 영향을 미쳤을 것이라는 사실이다.

호손공장에서 실시된 또 다른 실험은 전화교환대의 단말장치 부품을 조립하는 9명의 작업자 집단에 대한 성과급 인센티브 시스템에 관한 것이었다. 과학적 경영자들이 실험에서 각 작업자들이 가능한 한 최대의 생산량을 달성함으로써 자신의 급여를 극대화하려고 노력할 것으로 예측했다. 그러나 메이오와 그 동료들은 작업 집단 자체적으로 비공식적인 방법을 통해서 구성원들이 받아들일 만한 생산량 수준을 설정하고 있음을 알았다. 생산량이 집단 전체에 의해 받아들여지기 위해서는 과잉생산도 과소생산도 안되며, 오직 집단에 의해 수용 가능한 수준만큼 생산해야 했다. 만약 작업자들의 생산량이 이 수용 가능한 수준에 접근하면 이들은 과잉생산을 피하기 위해 고의로 작업속도를 늦추는 현상이 발생하였다.

수천 명의 작업자들로 구성된 인터뷰 프로그램을 포함한 다른 연구들을 통해 메이오와 그 동료들이 내린 결론은 작업장에서 인간의 행동은 그때까지 믿어져 왔던 것보다 훨씬 더 중요하다는 사실이다. 예를 들어, 조명실험의 경우 연구자들의 본래 의도와 상반된 결과가 나온 것은 두 집단이 처음으로 특별한 관심과 동정적 감독을 받은데 기인한 것으로 밝혀졌다. 인센티브 급여 시스템 또한 예상대로 작동하지 않았는데, 그 이유는 생산량을 결정하는데 있어 작업자 개개인들에게 사회적 수용도(social acceptance)에 비해 금전적 보상은 그리 중요하지 않았기 때문이다. 요약하면 작업자 태도와 행동을 형성하는데 있어 중요한 역할을 담당하는 것은 물리적, 경제적 조건보다는 집단 내에서의 개인적 및 사회적 프로세스(social process)이었다.

3.4 인간관계 이론

호손 연구에서 비롯되어 다년간 경영현상에 대한 접근에 있어 대 유행을 일으킨 것이 곧 **인간관계 운동**(human relation movement)이다. 이 운동에서 강조한 것은 작업자들은 주로 사회적 조건화(social conditioning), 집단 규범 및 개인간 역학(interpersonal dynamics)을 포함한 작업장의 사회적 맥락에 민감한 반응을 보인다는 점이다. 이러한 인간관계 운동을 통해 제시된 이론이 **인간관계 이론**(theory of human relations)이다. 이 이론의 기본 가정은 작업자들에 대한 경영자의 관심이 작업자의 직무만족을 일으키고, 직무만족은 다시 작업자의 생산성 향상을 가져 온다는 것이다. 인간관계 운동의 진전을 도운 두 학자가 바로 매슬로우(Abraham Maslow)와 맥그리거(Douglas McGregor)이다. 1943년, 매슬로우는 **욕구계층 이론**(theory of needs hierarchy)이라는 획기적인 이론을 제시했다. 사람은 경제적 인센티브와 사회적 인정을 포함한 계층적 구조를 이루는 욕구들에 의해 동기가 유발된다는 이론이다. 이 이론에서는 인간은 생리적 욕구와 같이 인간 심리의 기저에 자리 잡고 있는 욕구가 충족되지 않으면 더 높은 계층의 욕구에 대한 동기부여가 일어나지 않으며, 가장 높은 계층의 욕구는 자아실현 욕구(need of self-actualization)라고 주장한다.

맥그리거는 **이론 X와 이론 Y**(Theory X and Theory Y) 모델을 통해 상이한 경영자들이 자기 작업자들에 대해 가지는 두 가지 극단적 신념체계를 제시했다. 이론 X는 작업자들에 대한 다소 비관적이고 부정적인 가정들로서 과학적 경영의 관점과 일치한다. 동양에서는 순자의 성악설과 유사한 이론이다. 이론 Y는 작업자들에 대한 상대적으로 낙관적이고 긍정적인 가정들로서 인간관계운동의 옹호론자들과 견해를 같이 하며, 맹자의 성선설과 궤를 같이 한다. 맥그리거는 경영자들이 지지해야 할 철학은 이론 Y라고 주장한다.

3.5 조직행동 이론

지금까지 문스터버그, 메요, 매슬로우, 맥그리거 및 기타의 학자들과 경영자들이 경영실무와 경영학계에 가치 있는 기여를 해 오고 있는 것은 사실이다. 그러나 현대 경영의 이론가들은 인간관계 이론은 너무 단순한 철학으로서 작업장 내에서의 사람의 행동을 적절히 설명하기에는 부적합하다고 주장한다. 이러한 인간관계 이론의 한계를 극복하기 위한 대안으로 등장한 것이 **조직행동 이론**(theory of organizational behavior)이다.

조직행동 이론에서는 조직 내에서의 인간의 행동은 인간관계이론이 인식하고 있는 것보다 훨씬 더 복잡한 것으로 본다. 조직행동이론은 인식의 영역을 확대하여 심리학, 사회학, 문화인류학, 철학, 종교학, 경제학, 교육학 및 의학에 이르기까지의 광범위한 **학제적 접근**(interdisciplinary approach)을 통해 조직이라는 테두리 안에서의 인간의 행동을 설명하고자 한다. 이 이론은 인간행동에 대한 총체적 관점(holistic view)을 취하면서 개인, 집단 및 조직의 **행동역학**(behavioral dynamics)을 강조한다.

현대 경영학에서는 인간관계론보다는 조직행동이론에 더 큰 비중을 두어 조직 내 사람의 행동을 설명하려는 경향이 있다. 조직행동이론이 다루는 주요 주제는 직무만족, 동기부여, 리더십, 집단역학, 스트레스, 조직 정치학, 개인간 갈등 및 조직의 구조와 설계 등이다. 경영 기능의 두 축인 조직화와 지휘에 대한 논의의 많은 부분이 이 이론에 의해 영향을 받고 있다.

4. 계량적 접근

4.1 계량적 접근의 배경

경영학사 상 **계량적 접근**(quantitative approach)이 대두된 것은 제 2차 세계대전 도중의 일이다. 대전의 도중에 정부관료, 통계학자 및 영·미의 과학자들은 군대가 자기 자원들을 보다 효율적이고 효과적으로 배치하도록 도움을 주기 위해 협업을 했다. 이 그룹은 수십 년 전 테일러와 간트에 의해 개발된 과학적 경영에 일부의 수리적 접근을 시도하고 전쟁 중 이러한 접근을 군수 문제에 적용했다. 이들이 알게 된 것은 군세, 장비 및 잠수함 배치와 같은 문제들은 모두가 수리적 분석을 통해 성공적으로 해결될 수 있다는 사실이었다.

전쟁 종료 후 듀퐁(Du Pont), 제너럴 모터스, 제너럴 일렉트릭과 같은 기업들은 종업원 배치, 설비 입지의 결정 및 창고 설립 계획을 위해 동일한 기법을 사용하기 시작했다. 기본적으로 이러한 관점은 경영문제의 해결에 계량적 기법을 적용하는 것과 관련이 있다. 보다 구체적으로 말하면 경영에 대한 계량적 접근은 의사결정과 비용 유효성(cost-effectiveness)을 목적으로 수리적 모델을 구성하고, 컴퓨터 프로그램을 이용해 문제의 해를 도출하고자 하는 기법이다. 계량적 접근의 적용분야에는 두 부류가 있다. 경영과학과 운영관리가 그것이다.

4.2 경영과학

경영과학(management science)이라는 어휘는 얼핏 20세기 초 테일러 등에 의해 개발된 과학적 경영(scientific management)의 개념과 관련이 있는 것처럼 보인다. 그러나 이 둘은 공통점이 별로 없다. 경영과학은 **수리적 모델**(mathematical model)의 개발에 특별한 관심을 갖는 학문 부류이다. 여기서 수리적 모델은 시스템, 프로세스 혹은 변수나 개념간의 관계를 계량적으로 모형화 하고자 하는 접근이다. 1980년대 중반까지 **계량경영학**(quantitative management), O·R(operations research) 등으로 불리던 수리적 모델들이 그 후 경영과학으로 통합되어 오늘에 이르고 있다.

대표적인 경영과학 모델이 LP, 즉 선형계획법(linear programming)이다. 이는 주어진 의사결정 문제를 일련의 일차함수로 이루어진 연립방정식의 형태로 모형화함으로써 최적해를 구하는 기법이다. 경영과학에서 이용되는 수리적 모델에는 그 외에도 게임이론, PERT/CPM, 대기행렬이론, 시뮬레이션 등이 있다. 실례로, 디트로이트의 에디슨 전화회사에서는 수리적 모델을 이용해 정전 중 보수 요원들의 최적 배치 방법을 찾는다. 뉴잉글랜드의 시티즌 뱅크는 시간대별로 각 지점에서 얼마나 많은 텔러들이 근무해야 하는지 결정하기 위해 수리적 모델을 이용한다.

근래에는 PC의 등장과 더불어 점점 정교화된 경영과학 기법이 개발되고 있다. 예로서, Daimler AG와 제너럴 일렉트릭은 컴퓨터 시뮬레이션을 통해 차량 충돌 사고의 피해를 연구한다.

4.3 운영관리

기업경영에서 경영과학 기법이 광범위하게 적용되는 대표적인 분야가 **운영관리**(operations management)이다. 운영관리는 조직이 자기 제품이나 서비스를 보다 효율적으로 생산하는데 주요 관심을 두는 경영부문이다.

예를 들어 Unilever와 Home Depot는 운영관리 기법을 도입해 재고관리를 실시함으로써 최적 주문량을 통한 재고비용을 최소화한다. 유나이티드 항공은 선형계획법(LP)을 이용해 비행기들의 비행계획을 수립한다. 또한 Consolidated Freightways는 자사 제품의 선적 일정을 짜는데 LP를 이용한다. 그 밖에도 운영관리에서 이용하는 수리적 기법에는 대기행렬 이론(queuing theory), 손익분기점 분석(break-even anaysis) 및 시뮬레이션 등이 있다. 이 기법들은 운영관리 외에도 재무, 마케팅 및 인적자원 관리에도 응용된다.

- **계량적 접근의 응용과 한계:** 다른 접근법과 마찬가지로, 계량적 접근 역시 오늘날 경영이론과 실무의 발전에 큰 기여를 하고 있다. 계량적 접근은 경영자들에게 풍부한 의사결정 도구와 기법을 제공함으로써, 경영자들이 조직의 전반적 문제를 더욱 순조롭게 해결하는데 도움을 준다. 특히 도움이 되는 경영기능 분야가 계획 및 통제 기능이다. SCM, 즉 **공급체인 관리**(Supply Chain Management)나 ERP, 즉 **전사적 자원계획**(Enterprise Resource Planning) 역시 계량적 접근에 뿌리를 둔다. 계량적 접근은 테러와의 전쟁에 도움을 주는 수리적 모델을 개발하는데 이용되기도 한다. 최근에는 2020년대의 팬데믹 시대에 코로나(COVID 19) 확산의 추적과 예측에 계량적 접근을 사용한 바 있다.

그러나 계량적 접근은 개인과 집단의 행위와 태도를 완전히 설명하지 못한다는 점이 그 한계이다. 학자들에 따라서는 계량적 기법의 역량을 확장하는데 많은 시간이 필요하기 때문에 다른 경영기법들의 개발을 늦춘다는 주장도 제기한다. 무엇보다도 중요한 것은 대부분의 수리적 모델들이 비현실적인 가정들을 토대로 하고 있다는 점이다. 만약 이 가정들이 현실성을 결여하면 모델의 실효성이 벽에 부딪힌다.

5. 현대적 접근

5.1 현대적 접근의 배경

지금까지 살펴보았듯이, 경영이론에 대한 초기의 접근들에 내포된 많은 요소들은 경영자들이 조직을 경영하는 방법에 계속적으로 영향을 미치게 된다. 앞서의 고전적, 행위적 및 계량적 접근이 반드시 상호 모순적이거나 배타적이지는 않다. 세 가지 접근은 경영현상에 관해 각자 상이한 가정 위에서 상이한 측면에 초점을 두어 설명하고 예측하면서도, 서로가 서로를 보완할 수 있다. 따라서 경영에 대한 완전한 이해를 위해서는 서로 다른 관점이나 접근들에 대한 이해를 필요로 한다.

한편, 초기의 접근들이 주로 조직 내부 문제들에 대한 경영자들의 관심을 다루어 온 반면, 1960년대 이후에 전개된 **현대적 접근**(contemporary approach)에서는 주로 조직의 외부 환경에서 일어나는 문제에 관심을 두기 시작했다. 경영현상에 대한 두 가지 대표적인 현대적 접근이 시스템적 접근과 상황 제약적 접근이다.

5.2 시스템적 접근

1) 시스템의 의의

시스템적 접근의 핵심 요소는 시스템이라는 개념이다. **시스템**(system)이란 상호 관련되어 있고 상호 영향을 미치는 일련의 부분들의 집합이 하나의 통합된 전체를 이루는 상태를 말한다. 시스템에는 **폐쇄 시스템**(closed system)과 **개방 시스템**(open system)이 있다. 폐쇄 시스템은 자기 환경에 의해 영향을 받거나 이 환경과 상호작용을 하지 않는다. 반면에 개방 시스템은 자기 환경에 의해 영향을 받을 뿐 아니라 이 환경과 상호작용을 하는 시스템이다. 〈그림 2-5〉는 개방시스템의 관점에서 본 조직의 운영과정을 보여준다.

〈그림 2-5〉 개방시스템으로서의 조직운영 과정

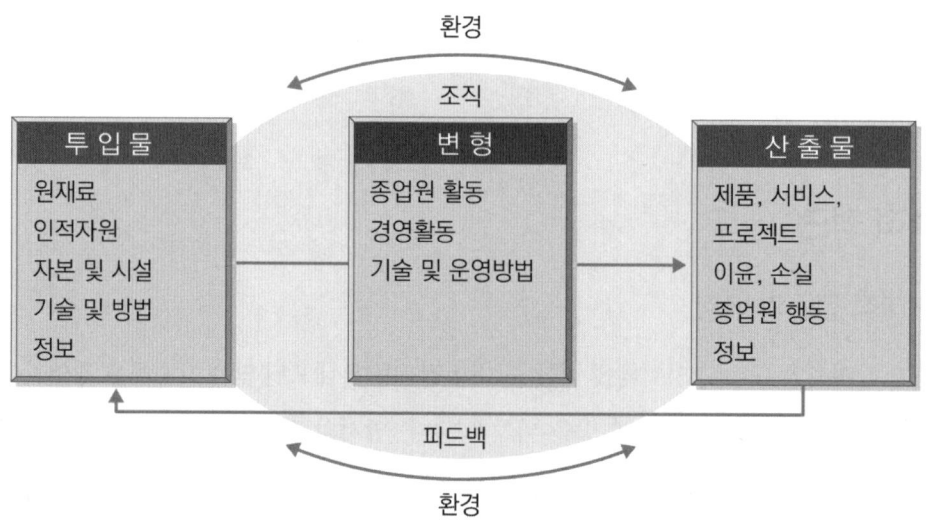

그림에서 보는 바와 같이 조직은 그 환경으로부터 투입물(input), 즉 자원을 받아들여 이를 변형

(transformation)하거나 처리함으로써 산출물(output)을 만들어 낸 다음, 이 산출물들을 환경으로 유통시킨다. 자원에는 재료, 인적자원, 재무적 자원 및 정보 등이 있으며, 산출물에는 제품, 서비스, 프로젝트, 이윤, 손실, 정보 및 종업원 행동 등이 있다. 조직 환경은 조직의 산출물에 대해 반응하고 이를 조직 시스템에 피드백(feedback) 한다.

2) 시스템적 접근의 의의

조직에 대한 **시스템적 접근**(systems approach)은 경영자들에게 세 가지 중요한 의의를 제공한다. 하위 시스템, 시너지 및 엔트로피가 그것이다.

① **하위 시스템**: 시스템적 접근은 경영자들에게 조직의 **하위 시스템**(subsystem), 즉 더 넓은 시스템 내에서의 부분적 시스템의 중요성을 인식시켜 준다. 예를 들어 마케팅, 생산, 재무 및 인적자원 기능이 경영의 하위 시스템이다. 하위 시스템들은 상호작용을 한다. 만약 마케팅 부문에 변화가 있으면 생산이나 재무에 영향을 미치고, 이것은 다시 인적 자원의 변화를 필요로 한다.

② **시너지**: **시너지**(synergy)는 조직 단위들 혹은 구성인자들이 독자적으로 작용하기 보다는 협력적으로 작용할 때 더욱 성공을 거둔다는 개념이다. 디즈니 회사는 시너지의 개념을 이용해 크게 성공한 사례로 꼽힌다. 이 회사의 영화, 테마파크, TV 프로그램 및 상품 라이선싱 프로그램들은 서로 상승작용을 하는 수익원들이다. 디즈니 영화를 좋아하는 어린이들은 영화 Moana와 겨울왕국 II(Frozen II)를 배경으로 한 볼거리와 쇼 및 캐릭터들을 보기 위해 디즈니 월드를 구경가고 싶어 한다. 아이들은 Target에서 쇼핑하면서 영화에 등장하는 액션 배우들의 캐릭터와 인형들을 보고 이를 갖고 싶어 한다. 영화의 OST 음악 또한 컴퓨터 게임 및 의상과 더불어 추가적 수익원이 된다. 이와 같이 시너지는 구성인자들이 협동적이고 상호 조정된 방식으로 서로 협력하도록 함으로써 경영자들에게 중요한 개념으로 작용한다.

③ **엔트로피**: **엔트로피**(entropy)는 원래 물리학에서 열역학 상 존재하는 추상적인 에너지의 양을 나타내는 척도이다. 조직의 경우 시스템의 존속에 필요한 에너지의 양이 시간이 지남에 따라 쇠퇴해 가는 현상을 지칭하기 위해 사용되는 표현이다. 조직이 그 환경으로부터의 피드백에 적절

히 대응하지 못하면 이 시스템은 실패할 수밖에 없다. Blockbuster와 Circuit City가 직면했던 문제와 그 종말을 보라. 이들이 도산한 것은 혁신을 게을리 하고 환경 변화에 제대로 대응하지 못했기 때문이다. 따라서 엔트로피 현상의 관점에서 볼때, 경영자들은 시스템의 안정적 존속을 위해 끊임없이 조직을 혁신함으로써 에너지를 재충전해야 한다.

- **시스템적 접근의 중요성:** 시스템적 접근은 한 조직 부문에서의 결정과 행동이 다른 부문에 영향을 미친다는 것을 인식한다는 의미이다. 이러한 시스템적 접근은 경영현상을 설명하는데 매우 적합한 이론이다. 만약 구매부서가 투입 자원의 적절한 양과 질을 제공하지 못하면 생산부서는 일을 제대로 할 수가 없게 된다. 또한 시스템적 접근은 모든 조직이 폐쇄 시스템이 아닌 개방 시스템으로서, 기초적 투입물의 원천으로서, 그리고 산출물을 흡수하는 출구로서의 자기 환경에 의존한다는 점을 중시한다. 어떤 조직도 정부규제, 공급자 관계, 혹은 다양한 외부 환경요인들의 영향을 무시하고서는 살아남을 수 없다. 실례로, 스타벅스 레스토랑의 관리자는 프런트와 드라이브 쓰루 창에서 주문을 받아 처리하는 종업원들의 작업을 조정하고, 배달을 지휘하고 식자재를 하역하는 한편, 고객들의 욕구와 관심을 조사해야 한다. 이 관리자는 이 레스토랑이 그날그날 판매목표를 달성할 수 있도록 시스템의 모든 부분을 관리해야 한다.

5.3 상황 제약적 접근

1) 상황 제약적 접근의 배경

초기의 경영이론가들은 일관성 있게 적용가능한 경영원칙들을 개발하는데 주력했다. 그러나 그 후 연구자들은 이러한 경영원칙들의 많은 것들에 예외가 있음을 깨달았다. 예로서 분업은 매우 가치 있는 원칙으로서 광범위하게 적용되고 있지만, 직무가 지나치게 전문화된다는 단점이 있다. 관료제는 여러 가지 상황에서 이상적이지만, 다른 상황에서는 다른 조직 구조가 더 효과적이다. 이처럼 경영 현상은 모든 상황에 적용될 수 있는 단순한 원칙들에 토대를 두어서는 안 된다. 상이한 상황과 변화하는 환경은 경영자들에게 상이한 접근과 기법의 사용을 요구한다.

2) 상황 제약적 접근의 의의

상황 제약적 접근(contingency approach)은 **상황이론**(situational theory)이라고도 하는데, 조직들은 상이

한 상황에 따라 상이한 경영방식을 필요로 한다는 관점이다. 모든 조직들, 그리고 같은 조직 내의 다른 부서들조차 크기, 목표 및 작업 활동에서 차이가 있기 때문이다. 경영 이론가들은 이러한 상황변수들의 확인을 위해 노력해야 한다. 주요 상황변수는 다음 네 가지이다.

① **조직 크기**(size): 조직이 커짐에 따라, 조정의 문제가 중요시된다. 예로서 3만 명의 종업원을 둔 기업에 적합한 조직구조의 유형은 50명 규모의 기업에게는 효율적이지 않다.

② **과업 기술의 루틴성**(routiness of task technology): 루틴화된 기술을 사용하는 조직은 조직구조, 리더십 스타일 및 통제 시스템에 있어 고객화되거나 비루틴화된 기술을 사용하는 조직과는 다르다.

③ **환경의 불확실성**(environmental uncertainty): 환경 변화로 인해 발생하는 불확실성의 정도는 경영과정에 영향을 미친다. 안정적이고 예측 가능한 상황에 적합하게 작용하는 경영방식이 급격히 변화하는 예측 불가능한 환경에는 부적합할 수 있다.

④ **개인 차이**(individual difference): 개인은 자아성장 욕구, 자율성 지향, 모호성의 수용 및 기대감의 면에서 차이가 있다. 이러한 차이는 경영자들이 동기부여 기법, 리더십 스타일 및 직무설계 방식을 선택하고자 할 때 중요한 요소로 고려되어야 한다.

6. 현대 경영의 주요 도전과 과제

경영자들은 오늘날 자기 회사의 운명을 이끌어 가면서 수많은 도전과 과제에 직면한다. 이 도전과 과제를 극복하지 못하는 한 기업의 성패는 불을 보듯 뻔하다. 경영자들이 극복해야 할 주요 도전과 과제를 소개하면 다음과 같다.

6.1 조직의 글로벌화

글로벌화(globalization)는 기업에게 도전이자 기회이다. 경영이 글로벌화 함에 따라 거시적 차원에서 사업상의 소유권 문제를 비롯해 사업경영에 관여하는 정부의 역할과 천연자원 및 인프라스트럭쳐의 이용가능성 등, 기업이 진출하고자 하는 해외국가에 따라 다양한 기회와 도전에 직면한다. 문화적, 국가적 경계를 넘나들면서 사람들의 행동과학적 패턴도 다양성을 띤다. 문화가 바뀌면 사람들의 가치관과 신념체계가 달라진다. 개인의 삶에서 작업이 차지하는 역할이 다르고 작업 규범 또한 달라져, 이것이 개인의 작업 관련 행동과 태도에 영향을 미친다.

6.2 경영 윤리와 사회적 책임

경영자들에게 다가오는 또 다른 도전은 **경영 윤리**(management ethics)와 **사회적 책임**(social responsibility)이다. 불행히도 오늘날 기업의 비윤리적 행동은 중대한 사회적 문제를 야기하고 있다. 보잉사의 CEO가 보잉 737 부정 사건에 연루된 데다가 중요한 정보를 은닉한 혐의로 파면된 것이 그 사례이다. 기업의 지배구조(governance structure) 역시 경영학계와 실무계의 핫 이슈이다. 나아가 기업의 사회적 책임이 중요시되면서 기업들은 대기 오염, 환경정화, 기후 변화 및 기타의 사회·문화적 문제에 대해 적극적인 관심을 가지고 그 해결에 기여하도록 요구받고 있다.

6.3 서비스 중심 경제로의 전환

경영자들에게는 국가경제의 축이 제조업에서 서비스업으로 이동하는 현상 역시 중요하다. 전통적으로, 대부분의 선진기업들의 중심은 제조업이었다. 원자재, 기계와 같은 유형의 자원을 사용하여 유형의 제품을 생산하는 제조업이 국가경제의 주축을 이루었다. 물론 아직도 많은 국가에서 제조업이 국민경제의 중요한 부분을 차지하는 것은 사실이다. 그러나 지난 수십 년 동안 서비스 부문이 국민경제에서 차지하는 비중이 눈에 띠게 증대하였다.

6.4 잦은 경기침체

잦은 경기침체와 저조한 경기회복 또한 경영자들에게 중대한 도전이다. 2008년~2013년 사이 많은 기업들이 악전고투 끝에 생존에 실패하였다. 반면에 기업에 따라서는 이 기간을 원가를 절감하고 운영 시스템과 절차를 간소화하며, 기존의 경영전략을 손질하는 계기로 이용하기도 했다. 2015년에 경제가 조금씩 반등하기 시작하자 애플, Target, Delia와 같은 기업들은 새로운 성장의 자세로 자리매김하고 새로운 종업원들을 고용하기 시작했다. 2019년경에는 근로자를 찾기가 쉽지 않을 정도로 실업률이 낮아졌다. 그러나 역사는 스스로 반복을 계속해 2020년에 COVID-19 팬데믹이 주 원인이 되어 세계경제는 다시 흔들렸다. 기업이 조업을 단축함에 따라 근로자들은 일자리를 잃었으며, 많은 기업들의 수익과 이윤은 폭락을 거듭하고 있다.

6.5 작업장의 급속한 변화

경영자들에게 의미 있는 또 하나의 도전은 급속히 변화하는 작업장의 상황이다. 작업장 변화야말로 경영자들에게 극적인 위협과 기회를 동시에 제공한다. 특히 중요한 작업장의 변화는 고용수준의 감축 및 확대이다. 2002년과 2008년 초 사이의 경제 확장은 많은 기업들이 새로운 근로자들을 대규모로 채용하도록 했다. 그러나 2008년과 2010년 사이의 경기침체는 기업들로 하여금 노동력을 감축하거나 급여와 조업시간의 단축을 가져오도록 했다.

작업장 변화의 또 다른 예는 근무방식의 변화이다. 많은 기업들이 지금은 **원격근무**(remote work) 제도를 도입한다. 특히 코로나 팬데믹을 계기로 사회적 거리두기가 일상화되면서 원격근무 혹은 재택근무의 필요성이 점증하는 추세이다.

6.6 다양성의 시대

지금은 **다양성**(diversity)의 시대이다. 다양성 시대의 경영은 조직에게 기회와 위협을 동시에 제공한다. 다양성은 사람들 사이의 차이를 뜻한다. 직장에서의 다양성은 다양한 차원에서 반영될 수 있지만, 특히 연령, 성별, 인종 및 신체적 능력과 무능력에 초점을 두어 거론된다. 예컨대 근로자들의 평균 연령은 증가하는 추세이다. 점점 증가하는 여성 인력의 비중 역시 다양성의 한 축이다. 미국의 경우 1960년대 초반, 직장인들의 3분의 1이 여성이었으나, 지금은 여성 인력이 60%를 차지한다. 해외 이주가 용이해짐에 따라 우리나라에도 중국인과 동남아인들을 중심으로 많은 인력이 해외로부터 밀려오고 있어 직장의 다양성 문제는 경영자들에게 새로운 과제를 던져주고 있다.

6.7 새로운 직장 풍조

직장의 인구통계적 구성 문제와는 별도로, 오늘날의 노동시장에는 새로운 풍토가 조성되고 있다. 미국의 경우 1980년대에 직장에 들어오는 많은 영건들이 '도시의 젊은 전문가들(Young Urban Professionals)'이라는 뜻의 슬랭인 유피족(Yuppies)이라 불린다. 이 젊은이들은 커리어 전망에 동기부여 되어 대기업을 찾아 나서고, 자신들의 최우선 순위를 직장에 두었다. 이들은 생애의 오랜 기간 기꺼이 직장에 투신해 어떤 일이 일어나도 자기 회사에 충성하기를 기대했다.

반면에 지난 20~30년간 직장에 들어간 젊은이들은 부모님을 비롯한 구세대 직장인들과는 다른 사고와 행동 양식을 보인다. X세대, Y세대, Z세대 및 밀레니엄 세대라 불리는 이들은 장기근무 전망에 덜 민감하고 순응성과 일체성(uniformity)을 중시하는 기업 분위기에 적응하려고도 하지 않는다. 대신에 유연성과 개인성이 허용되는 중소 규모 기업에의 취업을 모색한다. 경영자들이 이들의 동기부여를 통해 조직의 목표를 달성하기 위해서는 새로운 경영 패러다임을 필요로 할 것이다.

6.8 소셜 미디어의 역할 증대

근래에 중시되고 있는 기업에서의 **소셜 미디어**(social media)의 역할과 영향력 또한 경영자들에게 중요한 도전으로 작용한다. 오늘날의 산업사회에서 기업이 효과적으로 경쟁하고 생존하기 위해서는 소셜 미디어들이 조직 구성원들의 의식구조에서 차지하는 역할과 영향력을 제대로 이해하고 그에 대처할 수 있어야 한다. 특히 소셜 미디어의 부정적인 역할과 영향력이 더욱 중요시 된다. 예를 들어 한 식당에서 기분 나쁜 경험을 한 고객은 소셜 미디어를 통해 이 경험을 폭로한다고 하자. 여기서 많은 사람들이 긍정적인 경험보다는 부정적인 경험에 더 적극적으로 반응할 가능성이 크기 때문에, 서비스 불량과 같은 부정적인 얘기는 그 식당에 큰 피해를 줄 수 있다. 유사한 맥락에서 온라인 사이트 glassdoor.com은 현재와 과거의 종업원들이 경영자들의 경영활동에 대해 익명으로 피드백 할 수 있는 플랫폼을 제공한다.

6.9 응용과학으로서의 경영학 재조명

근래에 경영학계와 실무계에 새로운 이슈와 도전들이 등장함에 따라 경영이론 및 이론의 실제 적용이 재조명되고 있다. 경영자들은 경쟁사회에서 어떻게 더 잘 경쟁할 수 있고 유효성 향상을 위해 어떻게 조직을 이끌어 갈 수 있겠는가에 대한 이해의 폭을 넓히기 위해 힘쓰고 있다.

또한 경영학자들은 경영학은 이론과학이 아닌 **응용과학**(applied science)으로서의 성격이 강하다는 관점에서, 자신들의 연구업적이 실제의 경영 문제를 해결하는데 실질적인 기여를 하도록 노력한다. 그 대표적인 학자들이 센지(Peter Senge), 커비(Stephen Covey), 피터스(Tom Peters), 코틀러(John Kotler) 및 헤이멀(Gary Hamel)이다. 이들은 쉘 오일, 포드, IBM과 같은 글로벌 기업들의 성공사례를 조명하거나, 경영전략을 수립하고 종업원들의 동기를 유발하기 위한 개념적 혹은 이론적 모델들을 제시하고 있다. 저서 Tipping Point , Blik , Outliers 와 Talking to Strangers 로 잘 알려진 글래드웰(Malcolm Gladwell)과, 코믹 만화 시리즈 Dilbert의 연재로 유명한 아담스(Scott Adams) 역시 경영현상과 경영문제를 응용과학적 측면에서 설명하고 해결하고자 노력한 학자들이다.

복습 및 연구문제

■ **복습하기**

1. 경영의 역사가 중요한 이유는 무엇인가?
2. 고대나 중세의 산업사회에도 경영의 개념이 존재했다는 증거를 사례를 들어 제시하라.
3. 과학적 관리의 공과 과는 무엇인가?
4. 고전적 경영이론 중 경영관리론이 경영학과 경영실무에 끼친 공헌은 무엇인가?
5. 호손실험의 경영학적 의의를 설명하라.
6. 계량적 접근이 경영문제의 해결에 끼친 공헌과 한계를 설명하라.
7. 시스템적 접근과 상황 제약적 접근의 효용에 대해 논하라.
8. 기업 운영시스템의 구성요소를 설명하고, 기업조직이 개방시스템인 이유를 논하라.

■ **토론하기**

Ⅰ. 독자가 자기 생활의 경영자라면, 과학적 관리 원칙이 독자에게 도움이 되겠는가? 세탁, 식료품 쇼핑, 식사준비, 시험공부, 취업준비 및 직장근무 등, 당신이 규칙적으로 수행하는 과업 하나를 선정하라. 독자가 이 과업의 수행을 위해 거치는 절차들을 열거하라. 모든 절차들 중 불 필요한 과업이나 더 필요한 과업은 없는지 살펴보고, 테일러가 제시한 대로 유일최적의 과학적 과업수행 방법을 고안하라. 실제로 이 방법에 따라 과업을 수행한 후, 독자가 이전보다 과업수행의 효율성이 향상되었는지 확인하라.

Ⅱ. 기업들은 어떻게 100년 이상 오래도록 생존하고 있을까? 분명한 것은 이들 모두에게 지금까지 많은 역사적 사건들이 있었을 것이라는 점이다. 다음 기업들 중 외국기업 하나와 국내기업 하나를 선정해 이들의 경영역사를 조사해보라: 코카콜라, 프록터&갬블, Avon, 제너럴 일렉트릭, 포드, 유한양행, 휴비스(삼양사), 경성방직, 삼성, 엘지. 이들이 지금까지 어떠한 부침을 거듭했는가? 이 회사들의 경영철학과 경영 접근법은 본 장에 소개된 것들 중 어디에 해당하는가?

Ⅲ. 당신이 은행의 대출부서 관리자라면, 대출업무를 처리할 때 이 장에서 다룬 이론을 어떻게 적용할 수 있는지 논의하라: 과학적 관리, 인간관계적 접근, 계량적 접근 및 시스템적 접근.

제2부
경영 환경
Management Environments

제2부에서는 조직의 경영활동에 영향을 미치는 조직 내외부의 환경요인들을 다룬다. 특히, 조직의 외부환경에 관한 이슈를 다룬 다음, 기업의 국제적 경영과 조직 문화에 대해 논의한다.

제3장 조직의 경영환경
제4장 국제적 경영
제5장 조직문화

제3장 조직의 경영환경
Organization's Environments

조직을 둘러싼 환경은 일반환경과 과업환경으로 나뉜다. **일반환경**(general environment)은 조직이 수행하는 현재의 사업과 직접적인 관련이 없는 환경으로서, 장기적으로, 그리고 간접적으로 조직에 영향을 미치는 환경요인들이다. 반면에 **과업환경**(task environment)은 현재의 사업에 직접적으로 영향을 미치는 환경요인들이다.

제1절 경영환경의 유형

1. 일반 환경

1.1 경제적 요인

조직 환경 중 **경제적 요인**(economic factor)은 기업이 활동하는 국가나 지역의 전반적인 경제적 여건들을 말한다. 이자율, 물가상승률, 실업률 및 경제성장률 등이 그 예이다. 경제적 요인은 경영자들에게 기회와 위협을 제공한다. 실업률이 낮아지고 이자율이 떨어지면, 이는 소비자 측면에서의 변화를 의미한다. 즉 보다 많은 사람들이 보다 많은 돈을 소비하게 되고, 따라서 기업은 더 많은 제품과 서비스를 판매할 수 있는 기회를 맞이한다.

경제적 호황은 공급업자에게 영향을 미친다. 기업은 자원의 조달이 용이해져서 더욱 번창할 수 있게 된다. 1990년대 초 미국이 경제 불황에서 회복한 후, GM과 크라이슬러는 기록적인 수익을 올린 바 있다. 협력업체들로부터의 부품공급이 원활해졌기 때문이다. 반면에 경제여건의 악화는 경영자들에게 위협요인으로 작용한다. 소매점이나 호텔과 같은 영리 조직들은 경제 불황기에는 자신들의 제품이나 서비스를 구매해 줄 소비자가 줄어들어 어려움을 겪는다. 자선단체, 교회 및 대학과 같은 비영리조직들도 경제가 불황이면 기부금이 줄어들어 어려움을 겪는다. 미국의 경우 1980년대 후반에 경제성장률이 연간 1%로 저하되고 물가는 약 4% 정도 상승하면서 실업률이 8%에 육박했다. 경제 불황으로 승용차와 경트럭에 대한 수요가 1988년에 1600만대이던 것이 1992년에는 1240만대로 감소했다. 이와 같은 자동차 제품의 수요 감소는 수많은 노동자들을 직장에서 쫓아냈고, 많은 공장들이 문을 닫는 등 경영자들에게 심각한 도전을 던져주었다.

1.2 기술적 요인

조직에 있어 **기술**(technology)은 제품과 서비스의 설계, 생산 및 유통을 위해 경영자가 사용하는 기능(skill)과 장비가 결합된 것이라고 정의된다. 이러한 기술적 요인은 조직에 긍정적인 영향을 미치기도 하고 부정적인 영향을 미치기도 한다. 특히 기술에 있어서의 혁신은 때에 따라 한 기업의 탄생과 성장을 초래하기도 하지만, 또 다른 기업의 쇠퇴와 패망을 가져오기도 한다. 트랜지스터의 발명은 텍사스 인스트루먼트와 같은 거대기업을 탄생시켰지만, 기술적 환경의 변화에 적응하지 못한 진공관 제조업체들의 패망을 불러일으키는 원인이 되었다.

기술의 변화는 크게 제품기술 변화와 공정기술 변화로 분류된다. **제품기술 변화**(change of product technology)는 완전히 새로운 제품을 만들어 내거나 기존 제품의 특성, 성능, 디자인 및 내구성 등을 새로이 변화시키는 기술적 변화를 말한다. 예컨대 컬러 TV와 CD의 출현은 흑백 TV와 카세트테이프의 존재를 무의미하게 만들었다. 캐논이 소형 복사기를 개발해 제록스의 대형 복사기 절반 가격으로 고속·고질의 복사 서비스를 제공하기 시작했을 때, 제록스의 경영자들은 초비상에 걸렸다. 반면에 **공정기술 변화**(change of process technology)는 제품을 생산하고 기업을 경영하는 방법에 있어서의 변화를 일컫는다. 오늘날 대형 소매업체들은 경영정보 시스템과 정보기술을 이용해 일별 혹은 시간 별로 전 제품의 판매상황을 추적함으로써, 어떤 제품이 잘 팔리고 안 팔리는가를 감시한다. 이러한 시스템은 또한 인기상품의 재고 부족이나 비인기 상품의 재고 과잉이 발생하지 않도록 적시에 정확한 수량을 효과적으로 주문할 수 있도록 해 준다.

제품이든 공정이든 기술변화의 주역은 컴퓨터와 정보기술이다. 인텔에 의해 개발된 초강력 마이크로프로세서의 출현은 정보기술의 혁명을 일으켰고, 이것이 PC의 수요를 급증시킴으로써 델이나 컴팩 같은 회사들이 큰 성공을 거둔 반면, IBM 같은 막강한 회사들이 쇠퇴일로를 걷도록 만들었다. 정보기술의 발전은 조직 구성원들의 직무를 본질적으로 변화시키고 있다. 이들은 매일 같이 초고속 정보고속도로를 이용해 출근하고, 원격 영상회의가 가능해짐으로써 경영자들은 지리적으로 흩어져 있는 종업원들의 활동을 더욱 효율적으로 감독하고 조정할 수 있게 되었다.

1.3 정치적·법적 요인

조직의 일반 환경 중 **정치적·법적 요인**(political-legal factor)은 기업활동에 영향을 미치는 여러 가지 정치적 활동뿐만 아니라 중앙정부나 지방자치단체 차원에서 제정되는 각종의 법적 규제를 의미한다. 미국을 비롯한 자유주의 국가들은 자본주의를 표방하면서 기업활동에 대한 지나친 규제는 피하고 있다. 우리나라의 경우도 1990년대 말 국민의 정부 이후 원칙적으로는 기업의 자율과 시장경제의 논리에 의해 경제가 운용되고 있다.

그러나 자본주의 사회라 하더라도 경제주체들 사이에 공정하고 균형 있는 게임이 전개되기 위해서는 여러 가지 규칙이 필요하다. 독과점 금지법, 공정거래법, 소비자보호법, 환경보호법 및 제품안전법 등 수많은 규제입법이 제정되어 공정한 기업활동을 유도하고 있다.

1.4 사회·문화적 요인

사회·문화적 요인(sociocultural factor)은 그 국가나 사회의 사회구조 혹은 국가문화에서 비롯되는 외적 환경요인이다. 이 요인들은 조직의 활동과 경영자들의 행동에 제약을 가하기도 하고, 이들에 도움을 주기도 한다. 이 중 **사회구조**(social structure)는 한 사회에서 개인과 집단들 사이에 어떠한 관계가 맺어져 있는가를 나타낸다. 사회적 계층화가 높은 사회에서는 개인과 집단들 사이에 여러 가지 구분이 이루어진다. 인도의 카스트 제도는 물론이고, 영국과 프랑스에서도 수많은 사회적 계급이 인정되고 있어, 이들 국가의 경우 사회구조의 계층화가 특징으로 되어 있다. 반면에 비교적 평등성을 원칙으로 하는 미국과 뉴질랜드의 경우 사회적 계층화가 심하지 않아 사람들 사이의 차별이 심하지 않다. 일례로 프랑스에서는 최고경영자들이 주로 사회의 상류층에서 배출되지만, 미국의 경우는 일반적으로 다양한 계층으로부터 최고경영자들이 배출된다.

사회·문화적 환경요인의 또 하나의 축을 구성하는 **국가문화**(national culture)는 사회가 중요하다고 생각하는 일련의 가치들 및 사회가 동의하거나 반대하는 일련의 행동규범을 말한다. 각 사회는 그들이 중요시하는 가치관과 규범에 있어 상당한 차이를 나타낸다. 미국은 개인주의적 관점에서 개인의 가치를 중시하는 데 비해, 우리나라와 일본의 경우는 집단주의적 관점에서, 집단의 이익을 우선시하면서 개인이 집단의 규범에 순응하기를 기대한다.

사회구조와 국가문화는 각 사회마다 차이를 보이기도 하지만, 이들은 한 사회 내에서도 시대에 따라 변화하는 특징이 있다. 미국의 경우 1960년대와 1970년대를 거치면서 여성의 역할, 이성교제, 섹스 및 결혼에 대한 개인들의 태도에 큰 변화가 일어났다.

동유럽에서는 사회주의 체제의 몰락 후 집단주의나 전체주의에 대한 대안으로서의 개인주의와, 기업가 정신을 중시하는 새로운 가치관이 이 지역 전체에 질풍노도처럼 번졌다.

우리나라에서는 사람들이 1960년대 이전에 출생한 세대와 그 이후의 세대 사이에 이념이나 가치관, 사고체계 및 행동양식에서 상당한 차이를 보인다. 그 결과 출생 시기에 따라 신세대, 베이비붐 세대(1950년대 중반 ~ 1960년대), X세대(1960년대 중반 ~ 1980년대 초반), N세대(1970년대 중반 이후, Network 세대), 혹은 386세대(1960년대)라는 신조어가 등장했다. 최근에는 베이비붐 세대, 386세대, 586세대(50대 중반) 및 686세대(60대 초반)를 포함하여 이를 기성세대라 부른다. 또한 기성세대와 대비해 다양한 신조어들이 출현하고 있다. 알파세대(2010년대 초반 ~ 2022년 중반), Z세대(1990년대 중후반 ~ 2010년대 초반), Y세대(1980년대 초반 ~ 1990년대 중반), 밀레니엄 세대(2000년대 초반), 및 MZ세대(1980년대 ~ 2005년) 등이 그 예이다.

2. 과업 환경

기업의 일반 환경이 조직에 미치는 영향은 장기적이며, 흔히 그 영향의 크기가 모호하고 부정확하며 그 실체가 다소 추상적이기 때문에, 대부분의 조직들은 조직의 과업, 즉 자사의 기반사업에 영향을 미치는 **과업 환경**(task environment)에 관심을 집중하는 경향을 보인다. 과업 환경 요인에는 경쟁업체, 고객, 공급업체, 유통업체, 전략적 동반자, 및 규제와 압력단체가 있다. 〈그림 3-1〉은 맥도널드의 과업 환경을 예시한 것이다.

〈그림 3-1〉 맥도널드의 과업환경

2.1 경쟁업체

조직이 대처해야 할 가장 중요한 외적 환경요인은 경쟁업체이다. **경쟁업체**(competitor)란 자기 조직이 취급하고 있는 제품이나 서비스와 유사한 제품이나 서비스를 취급하는 조직을 말한다. 경쟁업체가 많으면 그 조직의 수익성과 존속가능성은 떨어질 수밖에 없다. 펩시콜라는 코카콜라와 100년 전쟁이라고 불릴 만큼 오랜 세월 동안 경쟁해 왔으나, 그 외의 적대적 경쟁자가 나타나지 않아 이 회사는 음료시장에 지속적으로 존속해 오고 있다. 반면에 나이키는 아디다스, 리복, 필라 등 세계적으로 쟁쟁한 스포츠 용품 제조업체들과 치열한 경쟁을 벌여야만 한다. 경영자들은 국내는 물론 외국의 경쟁업체들과의 적대적 관계도 고려해야만 한다. PC를 생산하는 미국의 컴팩은 애플, 델, IBM 같은 자국의 경쟁기업들 뿐만 아니라, 일본의 NEC, 도시바나 한국의 삼성전자와 같은 외국 기업들과도 경쟁을 벌인다.

경쟁은 동일한 품목을 대상으로 발생하는 경우가 많지만, 소비자들의 욕구충족을 위해 상이한 조직들이 상이한 품목을 대상으로 경쟁을 벌이는 경우도 있다. 상호 대체재(代替財) 관계에 있는 제품이나 서비스의 경우가 이에 해당한다. 쌀과 보리를 생산하는 농민들은 라면이나 빵 혹은 햄버거를 생산하는 기업과 경쟁하게 된다. 기차에 의한 철로 운송은 1970년대 초에 등장한 고속버스에 의해 수송 서비스 시장을 크게 잠식당했고, 고속버스도 자가용 승용차의 광범위한 보급으로 큰 타격을 받고 있다. 앞으로 지방 곳곳에 공항이 건설되면 국내 수송시장은 기차, 고속버스, 승용차 및 항공기의 4파전이 될 전망이다. 방송 서비스 역시 라디오에서 TV로 그 주도권이 넘어 갔으나, 컴퓨터 기술의 발전으로 이제는 인터넷과 www(World Wide Web)도 방송시장의 경쟁에 뛰어들었다.

경영자들은 현재 과업환경에 존속하고 있는 경쟁업체들과의 적대관계도 다루어야 하지만, 앞으로 새롭게 경쟁시장에 진입할 가능성이 있는 잠재적 경쟁업체에 대해서도 대처하지 않으면 안 된다. 일반적으로 새로운 경쟁업체가 과업환경에 진입할 가능성과 그 경쟁의 수준은 해당 시장에 어느 정도의 진입장벽이 구축되어 있느냐에 의해 결정된다. **진입장벽**(entry barrier)이란 한 조직이 새롭게 특정의 산업이나 과업환경에 진입하는 것을 어렵게 할 뿐 아니라, 진입할 때 상당한 대가를 지불하도록 하는 요인을 말한다. 진입장벽이 높으면 현재의 시장에서 경쟁을 벌이는 조직들의 수가 적어짐은 물론, 경쟁의 위협도 줄어든다.

진입장벽은 〈그림 3-2〉에서 보여 주는 바와 같이 두 가지 요인에 의해서 구축된다. 규모의 경제와 상표충성도가 그것이다. **규모의 경제**(economy of scale)는 조직이 보유한 자원들을 효과적으로 활용해 대량으로 생산하거나 구매함으로써 얻을 수 있는 경제적 이점을 의미한다. 만약 현재의 과업환경에서 경쟁하고 있는 조직들이 확고한 규모의 경제를 누리고 있다면, 새로운 경쟁자들이 기존의 과업환경에 진입하기가 어려워진다. **상표 충성도**(brand loyalty)는 현재 과업환경에 존재하는 어느 조직의 제품이나 서비스에 대해 고객들이 가지고 있는 지속적이고 반복적인 선호의 수준을 뜻한다. 만약 기존의 조직들이 고객들로부터 강력한 상표충성도를 유지하고 있다면, 이러한 시장에 새로 진입하고자 하는 조직은 광고, 판촉 및 홍보 등을 위해 막대한 비용을 지불해야 한다.

〈그림 3-2〉 진입장벽과 경쟁

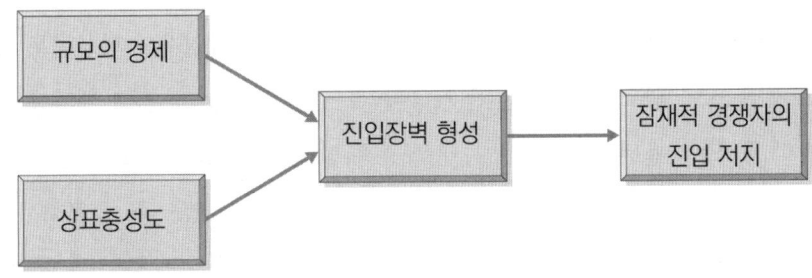

2.2 고객

고객(customer)은 조직이 생산하는 제품과 서비스를 구매하는 개인과 집단을 의미한다. 조직 시스템의 산출물을 받아들이는 외적 환경요인으로서의 고객은 조직의 성패를 좌우하는 중요한 요인이다. 서비스 시스템의 경우 병원의 고객은 환자이고, 항공사의 고객은 여행객이며, 학교의 고객은 학생이다. 조직은 자기가 목표로 해야 할 주요 고객이 누구인지 확인해 이 고객들의 욕구를 충족시켜야 한다. 생산자의 수보다 고객의 수가 적을수록, 그리고 고객들의 단결력이나 협상력이 강할수록 이들은 생산자에게 저렴한 가격, 고급화된 제품 및 유리한 지급조건을 요구할 수 있다.

조직이 고객의 요구조건을 신속하고도 효과적으로 충족시키지 못하면, 그만큼 이 조직은 고객으로부터 외면당할 수밖에 없다. 다이아몬드를 채굴하는 회사의 경우, 어느 한 고객이 이 회사 다이아몬드의 80% 이상을 구입해 간다면, 절대적으로 유리한 조건을 제시해서라도 이 고객을 놓치지 않도록 노력해야 할 것이다.

2.3 공급업체

공급업체(supplier)는 조직에게 제품과 서비스를 생산하는 데 필요한 원재료, 부품, 노동력 및 자본과 같은 자원들을 제공해 주는 개인이나 조직을 말한다. 경영자가 수행해야 할 가장 중요한 직무들 중의 하나는 조직의 생산 시스템에 양질의 투입자원을 저렴한 가격으로 공급해 주는 신뢰성 있는 공급원을 확보하는 일이다.

공급업체 문제는 경영자에게 심각한 위협이 될 수 있다. 특히 공급업체들이 기업에 대해 강력한 협상력(bargaining power)을 보유하고 있으면 그들이 기업에 공급하는 투입물의 가격을 마음대로 조작할 수도 있다. OPEC의 유가인상은 석유를 전량 수입에 의존하면서도 마땅한 대체 에너지를 찾지 못하고 있는 국가들에게 큰 타격을 준다. 특정의 공급업체가 해당 투입물의 유일한 공급원이거나 이 투입물이 조직에 없어서는 안 될 중요한 요소일 경우 이 공급업자의 협상력은 더욱 강력해진다. 다이어트용 소프트 음료에 들어가는 무과당이라는 재료는 Searle 사가 개발해 특허를 받아 코카콜라와 펩시 등, 많은 음료회사들에게 17년 동안 독점 공급하였다. 이 회사는 그동안 동일 분량의 설탕보다 두 배나 비싼 가격으로 이 재료를 음료회사들에 공급했으나, 음료회사들은 원가상승의 부담을 어쩔 수 없이 감수할 수밖에 없었다. 그러나 1992년, Searle 사의 특허권 유효기간이 만료되자, 많은 회사들이 무과당과 유사한 제품들을 개발해 음료회사에 공급함으로써, 공급업체 측의 협상력이 급격히 떨어지고, 제조업체들은 반대로 강력한 협상력을 토대로 공급업체들로부터 양질의 재료를 저렴하게 공급받을 수 있게 되었다.

가격 외에도 주요 투입 자원에 대한 조직의 접근 자체에 제약을 가하는 요인이 발생해 이 조직의 생산 활동을 어렵게 만드는 경우도 있다. 1990년대 초 그린라운드(Green Round)의 체결로 냉장고나 에어컨 냉매제로 사용되어 온 프레온 가스의 생산이 벽에 부딪히게 되자, 새로운 냉매제 개발에 소홀한 한국 가전업체들은 큰 어려움을 겪은 바 있다.

2.4 유통업체

유통업체(distributor)는 다른 조직들이 생산한 제품이나 서비스를 소비자들에게 판매하는데 도움을 주는 개인이나 조직을 말한다. 생산된 제품과 서비스를 소비자들에게 어떻게 유통시킬 것인가에 관한 경영자들의 의사결정은 조직성과에 중대한 영향을 미친다. 제조업체는 도매상과 소매상 등의 복잡한 유통경로를 거쳐 소비자들에게 제품을 유통시킬 수도 있으나, 직매장을 통해 직접 제품을 판매할 수도 있다. 근래에는 소비자들이 가정에 배달되는 카탈로그를 통한 통신판매나 홈쇼핑, 인터넷 쇼핑몰 등을 통해 직접 생산자들에게 접근할 수 있다. 이러한 유통 및 쇼핑 패턴의 변화는 제조업체들과 유통업체들의 전통적인 관계에 근본적인 변화가 있음을 의미한다.

유통업체들의 성격과 유통방법에 있어서의 변화는 경영자들에게 기회와 위협을 제공한다. 일반적으로 유통업체들이 특정 회사의 제품과 서비스에 대한 소비자들의 접근을 통제할 수 있을 정도로 강력한 협상력을 보유하고 있을 경우에는 유통업체들이 제품과 서비스의 공급가격을 인하하도록 위협을 가할 수 있다. 글로벌 소매기업인 월마트의 경우, 이 업체에 제품을 공급하는 제조업체들이 수많은 소비자들에게 접근하는 것을 자기 마음대로 통제할 수 있을 정도로 강력한 협상력을 가지고 있기 때문에, 제조업체들에게 제품가격을 낮추어 공급하도록 압력을 가하는 경우가 많다.

반대로 제조업체가 선택 가능한 유통경로의 종류나 유통업체의 수가 많을 때는 상대적으로 유통업체의 협상력이 떨어진다. 케이블 TV가 광범위하게 보급되어 있는 미국의 경우 ABC, NBC, CBS 등 3대 TV 방송사 측에서 각종 프로그램 제작사들에게 프로그램의 공급가격을 조정해 달라는 요구를 할 수 있는 협상력이 10년 전보다 현저히 약화되었다고 한다. 10년 동안 수백 개의 채널이 신규로 개설되어 방송시장을 잠식함으로써 TV 3사의 시청자 점유율이 50%로 떨어졌기 때문이다.

2.5 전략적 동반업체

 과업환경의 또 다른 차원은 **전략적 동반업체**(strategic partner)이다. 전략적 제휴업체(strategic alley)라고도 한다. 조인트 벤처나 다른 파트너십을 통해 서로 협력하는 둘 이상의 업체를 말한다. 앞서의 〈그림 3-1〉에서 보여주듯이 맥도널드는 몇 개의 동반업체를 가지고 있다. 월마트가 그 중 하나이다. 일부의 월마트 안에는 맥도널드 레스토랑이 들어서 있음을 볼 수 있다. 맥도널드는 한편으로 디즈니사와 장기 거래를 실시한다. 맥도널드가 점포에서 디즈니 영화를 홍보하는가 하면, 디즈니는 자사 관광지에 맥도널드 점포를 개설하도록 한다. 전략적 파트너십은 기업이 다른 기업들로부터 자사에 부족한 전문기술이나 정보를 얻는데 도움을 주기도 한다. 파트너십은 또한 리스크를 분산해 새로운 시장기회를 창출하도록 도움을 준다.

 전략적 파트너십은 주로 국제 기업들 사이에서 형성되는 것이 일반적이다. 스위스의 네슬레와 미국의 제너럴 밀즈는 국제 시리얼 파트너(Cereal Partners Worldwide), 즉 CPW를 기반으로 한 글로벌 제휴를 맺고 있다. 제너럴 밀즈는 1991년 벤쳐를 시작할 때 네슬레에게 브랜드 인지도와 시리얼 제조기술을 제공한 반면, 네슬레는 제너럴 밀즈에 글로벌 유통경로와 마케팅 전문기술과 노하우를 제공했다. 지금 CPW는 130여 개국에 시리얼 및 다른 아침 식사 메뉴를 판매하고 있다.

2.6 압력단체

 압력단체(pressure group)는 압력집단 혹은 이익집단(interest group)이라고도 불리는 것으로서, 특수한 이해관계를 가지고 조직의 활동에 직·간접적으로 영향력을 행사하고자 노력하는 집단이나 조직을 말한다. 압력집단들의 활동은 경우에 따라 조직의 성과에 막대한 영향을 미친다. 이들은 소비자들의 권익이나 사회적으로 소외받는 계층의 이익을 보호하고 대변하는가 하면, 자연환경 및 생태계 보존과 같은 특별한 목적을 달성하기 위해 활동한다.

 이러한 목적을 달성하기 위해 압력단체들은 불매운동이나 피켓시위를 벌이기도 하고, 조직에 위협을 가하기도 함으로써, 경영자들이 압력단체들의 요구를 받아들여 자사의 정책을 바꾸도록 위협하기도 한다. 소비자보호단체, 녹색환경연합, 경제정의실천연합 등이 바로 그들이다.

3. 내부적 환경

기업이라는 조직에는 조직 외부의 환경 요인들 뿐만 아니라 조직 내부를 구성하는 환경 요인들이 있다. 사주, 이사회, 종업원, 작업환경 및 조직문화가 그것이다.

3.1 사주

한 기업의 **사주**(owner)는 그 기업의 자산에 대한 법적 소유권을 가진 사람들을 말한다. 사주는 소규모 사업체를 설립해 운영하는 개인일 수도 있고, 그 기업의 주식을 매입한 투자자들로서 사업체를 공동 소유하는 동반자들일 수도 있다. 맥도널드는 수백만 주의 주식을 발행하는데, 각 주식이 회사의 소유권 한 단위를 구성한다. 회사 설립자 Ray Krock의 친족들은 지금도 몇 개의 기관투자자들과 함께 회사 주식의 큰 비율을 소유하고 있다.

3.2 이사회

기업의 **이사회**(board of directors)는 주주들에 의해 선임되어 경영진이 주주들을 비롯한 이해관계자들의 이익을 최대한 실현하는 방향으로 회사를 경영하도록 전반적 경영과정을 감시하는 지배기관(governing body)이다. 이사회는 보통 내부 구성원들 중에서 선출된 상근이사들과, 외부에서 선출된 비상근 이사들로 이루어진다. 맥도널드의 경우 13명의 이사들로 이사회가 구성되어 있는데, 3명은 상근이사이고 10명은 비상근이사이다.

전통적으로 이사회는 전반적 감시기능만을 수행할 뿐 실제로 기업이 어떻게 돌아가는지에 적극적으로 개입하지 않는 경우가 많았다. 그러나 지금은 많은 이사회가 경영진의 활동을 세밀히 감독하고 회사의 경영에 더 많은 영향력을 행사하고자 한다. 이러한 추세는 최근에 발생한 수많은 기업 스캔들로 인해 가속화하고 있다. 어떤 경우 이사회가 경영진의 경영활동에 대한 감시 소홀로 비난을 받기도 하고, 또 다른 경우 이사진 자체가 비행으로 법정에 서기도 한다. 이슈의 중심으로 떠오르는 것이 회사의 지배구조, 즉 '누가 기업 경영을 지배할 책임이 있는가'의 문제이다.

3.3 종업원

종업원(employee)은 조직 내부 환경을 구성하는 또 하나의 주요 요인이다. 근래에 이르러 이들은 직무에 대한 소유권을 더 많이 요구하면서, 사내주식의 비율을 높이고 자기들이 수행하는 직무의 수행방법에 대해 더 큰 목소리를 내고자 한다. 한편으로는 많은 기업들이 자사의 인력을 임시직이나 계약직에 더욱 의존하는 성향이 강해지고 있다. 고용주들은 고용의 유연성이 크다는 점에서, 급여가 절감된다는 점에서, 그리고 각종 편익 프로그램의 혜택을 주지 않아도 된다는 점에서 임시직을 선호하는 경우가 많다. 종업원들과 관련해 또 다른 중요한 추세는 작업장의 다양화가 보편화하고 있다는 점이다. 작업장 다양화의 주된 요인은 성별, 인종 및 연령 등이다.

3.4 작업환경

내부 환경을 구성하면서 경영활동에 영향을 미치는 또 다른 요인으로서 **작업환경**(work environment)을 들 수 있다. 첫째는 회사 건물의 입지와 규모이다. 어떤 기업은 도심의 고층 빌딩에 큰 사무실을 설치하는 경우도 있고, 어떤 기업은 도시 외곽이나 지방에 대학 캠퍼스를 닮은 사무실이나 공장을 세우는 경우도 있다.

작업환경에 관해 눈에 띠는 상황 변화는 작업장이나 사무실이 점점 개방화되고 있다는 사실이다. 이제 종업원들은 넓은 공간에서 이곳저곳 이동하면서 여러 프로젝트에 대해 다른 사람들과 상호작용한다. 필요하면 자유로이 이용할 수 있게 설치된 전산센터와 더불어, 작업장 한 쪽에는 개인적인 업무를 위해 몇 개의 빈 방이 준비되어 있다.

한편, 종업원 안전 및 건강에 대한 규제 강화로 많은 기업들이 자사의 내부 환경에 더 많은 관심을 기울이고 있다. 이러한 관심은 기업들에게 이 분야와 관련된 새로운 사업기회로 작용한다.

3.5 조직문화

조직문화(organizational culture)는 조직과 그 구성원들에 의해 공유되는 규범, 가치, 전통 및 원칙들로서 그 조직을 다른 조직과 구별 짓게 하는 행동양식이다. 조직문화는 쉽게 형성되거나 변화하지 않는 특성이 있기 때문에 조직 내부의 중요한 환경 요인으로 간주된다. 조직문화에 대해서는 장을 바꾸어 상세히 다루기로 한다.

제2절 윤리적·사회적 경영환경

조직의 두 번째 일반 환경은 윤리적·사회적 환경이다. 이 절에서는 특히 경영윤리와 기업의 사회적 책임에 대해 설명한다.

1. 조직의 윤리

1.1 윤리의 의의

윤리(ethics)란 어떤 행위나 행동 혹은 결정이 바른지 그른지에 관한 개인적 신념을 말한다. 우리는 여기서 윤리를 개인이라는 맥락에서 정의하고 있음을 유의해야 한다. 사람은 윤리를 가지고 있지만, 조직은 윤리가 없기 때문이다. 같은 맥락에서 윤리적 행위를 구성하는 것은 개인에 따라 차이가 있다. 예를 들어, 어떤 사람이 5만원을 땅에서 주웠을 때 이를 챙겨도 괜찮다고 보는 사람이 있는 반면, 어떤 사람은 이것을 분실물 센터에 신고해야 한다고 생각할 수 있다.

또 하나 중요한 것은 윤리적 행위(ethical behavior)는 행위자의 마음에 달려 있긴 해도, 이는 보통 '일반적으로 받아들여지는 사회적 규범(generally accepted social norm)'을 따르는 행위를 말한다.

1.2 경영윤리

1) 경영윤리의 의의

경영윤리(managerial ethics)는 산업 현장에서 경영자 개개인이 따라야 할 행위의 기준을 의미한다. 경영윤리의 중요한 영역 중 하나는 조직이 종업원들을 다루는 문제이다. 채용·해고 문제, 급여와 작업조건 및 종업원 사생활 문제 등이 이에 해당한다. 대표적인 예가 최저 임금이다. 정부가 각 작업장에 대해 최저 급여를 정해주지만, 이 수준은 서울이나 경기·인천 등, 대도시 고물가 지역에서 빈곤을 벗어나 살기에는 충분하지 않은 것이 사실이다. 이런 가운데 어떤 경영자들은 법정 최저급여를 지키는 것이 올바른 경영윤리라고 생각하는 반면, 어떤 경영자들은 그 지역에서의 최저 생계비 등, 지역적 조건을 고려해 급여수준을 설정하는 것이 바람직하다고 생각한다.

2) 경영윤리의 내용

실제 경영세계에서 나타나는 많은 윤리적 이슈는 주로 경영자들과 구성원들이 어떻게 조직을 취급하느냐의 문제에서 일어난다. 그 중요한 문제가 이해의 갈등, 비밀의 누설, 비정직성, 이해관계자들과의 관계 및 재무보고 등이다.

이해의 갈등은 종업원의 의사결정이 조직의 이익을 해치면서까지 자신의 이익을 추구할 경우 발생한다. 기업이 자사 제품의 구매자들에게 판매원들이 제공하는 금품의 수수를 엄금하는 것은 이러한 문제를 방지하기 위해서이다. 회사 비밀을 누설하는 행위 역시 명백한 비윤리적 행위이다. 전자, 소프트웨어, 패션 의류와 같은 고도의 경쟁 업종에 근무하는 종업원들 중에는 자사의 사업 비밀을 경쟁사에 넘겨 법의 제재를 받는 사례가 종종 있다. 경영윤리에 관한 또 하나의 관심영역은 비정직성이다. 이 영역에 관해 많은 기업에 공통적으로 제기되는 문제는 회사 자산의 개인용도 사용, 근무시간 중 소셜 미디어 이용, 회사 물품 도용 및 지출 항목 과대 계상을 통한 회사 자금 유용 등이다. 경영윤리 문제는 또한 기업 및 그 구성원들과 다른 경제적 이해관계자들과의 관계에서도 발생한다. 주요 이해관계자에는 고객, 경쟁자, 주주, 공급업자, 거래상 및 노조가 있다. 윤리적 모호성에 빠진 이 이해관계자들과 기업 사이에 일어나는 주요 행위에는 광고와 프로모션, 재무적 공개, 주문과 구매, 자재와 주문품 선적, 협상 및 기타의 사업관계가 있다.

최근에 대두된 또 다른 관심분야는 전자상거래 회사들이 제공하는 재무보고이다. 이 회사들의 자산과 수익을 제대로 평가하는 것은 어렵고도 복잡하다는 점을 이용해 이들 중에는 자사의 재무 상태를 제시하는데 매우 공격적인 기업들이 있다. 또한 일부 기업 중에는 투자자들의 더 많은 투자 유치를 목적으로 자사의 수익 흐름을 과대평가해 보고하는 경우도 있다. 더욱이, 최근에 기업들이 일으키는 회계부정 사건들은 수익의 과대계상과 관련된 경우가 많다. Diamond Foods의 사례가 그 예이다. 호두와 팝콘스낵 유통업체인 이 회사는 아몬드 재배업자들에게 지불한 대금 8천만 달러를 적정하게 설명하지 못함으로써 이익잉여금의 두 배를 재계상해야만 했다.

1.3 윤리적 행위의 관리

한편으로는 경영과정에서 발생하는 윤리적 부정에 대한 인식 증대에 의해, 또 한편으로는 윤리적 행위와 비윤리적 행위 사이의 구분에 대한 기업의 인식 제고에 의해, 많은 조직들이 윤리적 행위를 주로 종업원들의 관점에서 재조명하고 있다. 이러한 재조명은 다양한 형태를 띠고 있으나,

윤리적 행위를 제고시키기 위한 모든 노력은 무엇보다도 최고경영진으로부터 시작되어야 한다. 왜냐 하면, 기업의 조직문화를 확립하고, 구성원들의 허용 가능한 행위와 허용 불가능한 행위를 구분하는 것은 일차적으로 최고경영진의 책임이기 때문이다.

어떤 기업은 종업원들에게 윤리적 딜레마에 어떻게 대응할 것인가에 관한 교육훈련을 실시하기도 한다. 예로서, 보잉사에서는 라인 경영자들의 주도 하에 윤리위원회가 종업원들에윤리교육을 실시하고, 그 결과를 이사회에 보고한다. Chemical Bank, Halliburton 및 제록스사 역시 경영자들에 대한 윤리교육 프로그램을 실시한다. 그러나 기업들의 이러한 노력에도 불구하고 윤리적 이슈는 계속 대두되고 있는 것이 지금의 현실이다. 한 연구결과에 의하면, 사실은 아프지 않으면서 하루 쉬기 위해 병가를 신청하는 종업원들 이 늘어나고 있음이 밝혀졌다.[1]

조직들은 또한 윤리적 기준을 공식화하기 위해 더 큰 노력을 기울이고 있다. 제너럴 밀즈와 존슨 앤 존슨 같은 기업은 종업원들이 고객, 경쟁사, 공급업체 및 다른 과업 관련 경제 주체들을 어떻게 다루어야 하는지 지시하는 지침들을 마련했다. 월풀, 텍서스 인스트루먼트 및 휼렛 패커드와 같은 회사는 공식적인 **윤리강령**(codes of ethics)을 제정했다. 윤리강령은 기업의 행동을 이끌어 갈 가치관과 윤리기준들을 문서로 천명한 것을 말한다.

물론, 어떤 강령, 지침, 혹은 교육 프로그램도 특정의 상황에서 무엇이 옳은 행위이고 옳지 않은 행위인지에 관한 인간 개인의 질적인 판단을 대체할 수는 없다. 그러한 장치들은 단지 사람들이 해야 할 일을 처방해 줄 수는 있어도, 사람들이 자기의 선택 결과를 이해하고 그대로 살아가는데 도움을 주지 못하는 경우가 많다. 윤리적 선택은 해고, 동료로부터의 거부, 금전적 이득에 대한 벌금부과와 같은 개인적으로 고통스러운 결과를 낳을 수도 있기 때문이다. 그러므로 경영자들은 자신의 양심에 순응할 준비를 마쳐야 하며, 어려운 윤리적 결정을 내릴 때 선택 가능한 옵션들에 대한 평가능력을 갖추어야 한다.

1.4 주요 경영윤리 이슈

윤리적 스캔들은 오늘날의 세계에 거의 일상적인 일이 되고 있다. 비즈니스와 스포츠에서 정치와 엔터테인먼트 산업에 이르기까지 이러한 스캔들은 조직 이해관계자들의 확신을 망가뜨렸고, 우리 사회의 도덕적 청렴성을 훼손하고 있다.

---

[1] "The Lies We Tell at Work," *Bloomberg Businessweek*, Feb. 4-10, 2016, pp. 71-73.

1) 윤리적 리더십

근래에 이르러 각종 미디어는 앞을 다투어 파렴치한 기업 리더들에 관한 이야기를 다룬다. 오늘날 세계 도처의 조직 리더들은 가장 강력한 윤리적 행동을 보여주도록 기대되고 있다. 이들의 리더십은 조직의 다른 구성원들에 대한 모범이 됨은 물론, 조직 내에 윤리적 행위의 중요성을 강조하는 규범과 문화가 형성되는데 영향을 미칠 것으로 기대된다.

이와 같은 윤리적 리더십의 기본 가정은 리더들은 다른 사람들의 롤 모델로 작용하기 때문에, 이들의 모든 행동이 감시대상이 된다는 점이다. 만약 고위직 임원이 어떤 사안에 대해 비정상적인 결정을 하면, 이는 다른 사람들에게 조직 내에서 비정상적인 행위도 받아들여질 수 있다는 신호가 된다. 다른 사람들이 그와 유사한 상황을 맞이할 경우, 이들은 이러한 신호를 기억에 떠올리게 된다. 예로서, 제너럴 모터즈의 Mary Barra와 Costco의 W. Craig Jelinek 같은 CEO들의 행위는 때때로 다른 사람들의 행위에 대한 윤리성을 평가하기 위한 잣대로 사용되기도 한다.

이러한 관행의 기본 전제는 CEO들은 구성원들에게 모든 의사결정과 행동에 있어 정의, 정직성 및 공정성을 보여줌으로써, 회사의 도덕적 표준을 스스로 설정해야 한다는 것이다. 이를 뒷받침하기 위해 미 의회는 Sarbanes-Osley의 2002 조례(Sarbanes-Osley Act of 2002)를 통과시키고, CEO와 CFO들이 개인적으로 자기 회사의 재무상태 공개의 진실성과 공정성을 보증하도록 요구하고 있다. 또한 기업의 사기 행위와 회계부정을 통한 도덕적 타락을 예방하고, 법 위반 시 이를 처벌하기 위한 새로운 조치를 법제화하고 있다.

2) 기업지배

최근에 대두된 경영윤리의 또 다른 이슈는 **기업지배**(corporate governance)의 문제이다. 이 문제와 관련하여 무엇보다도 공공기업(공사)의 이사회는 기업이 적절히 경영되고, CEO들의 의사결정이 주주를 비롯한 모든 이해관계자들의 이익을 최대한 실현할 수 있는 방향으로 내려지도록 요구한다. 그러나 최근의 윤리적 스캔들을 보면, 건전한 **기업지배구조**(corporate governance structure)의 붕괴로부터 시작되는 것들이 많다. 특히 이사회와 회사 CEO의 관계가 문제시 된다.

예를 들어 미국 회사인 World-Com의 이사회는 회사의 CEO인 Bernard Ebbers에게 3억 6천 6백만 달러의 개인 대출을 승인해줌으로써 물의를 빚었다. 이 CEO가 대출금을 상환할 수 있다는 증거가 거의 없는 상황이었기 때문이다. 보잉사의 이사회는 경영자들이 주도한 737 MAX기의 개발 과정을 제대로 감시하지 않음으로써 비난을 받은 바 있다. 당시 이사회는 상위 경영진들과 독립적인 지위를 충분히 유지하지 못한다는 비난에 휩싸이기도 했다. 반면에, 맥도널드의 이사 13명 중 최고경영진은 3명에 불과했다. 이는 기업지배구조에 관한 우수 사례로 회자되고 있다.

3) 윤리와 정보기술

최근에 부각된 일련의 윤리적 이슈는 **정보기술**(information technology)과 관련이 있기도 하다. 이 부분에 있어 특별히 논의의 초점이 되는 것은 사생활(privacy) 침해와 정보기술의 오남용이다. 참으로 지금은 온라인상의 사생활 보호 문제가 핫 이슈가 되고 있다. 페이스북과 Google은 사람들이 개인적으로 이 사이트에 로그인할 때 이들의 이동을 추적하는 방법을 연구했다는 사실이 밝혀져 비난의 포화를 받은 적이 있다. 따라서 규제기관들은 거래의 자유를 지나치게 위축시키지 않는 범위 내에서 사생활을 보호하는 방법을 계속 연구 중에 있다.

이러한 문제에 경영자들이 접근하는 한 가지 방법은 회사 웹사이트에 사생활 보호정책을 게시하는 것이다. 여기서는 회사가 개인에 관한 어떤 데이터를 수집하고 누가 이 데이터를 보게 되는지를 정확하게 설명해야 한다. 또한 이 정책에서는 사람들에게 자신의 정보를 다른 사람들과 공유하는 것에 대한 동의 여부를 묻고, 사람들이 자료 수집에 대해 어떤 선택을 하는지를 표시하도록 하고 있다. 디즈니, IBM을 비롯한 많은 기업들이 사생활 보호정책을 게시하지 않는 웹사이트에는 광고를 거부하는 입장을 취하고 있다.

한편, 기업은 정보기술의 오남용을 방지하기 위해 웹 서퍼(web surfer)들에게 수집된 정보를 리뷰하고 수정할 기회를 제공한다. 건강이나 금융 관련 데이터의 경우가 대표적인 사례이다. 오프라인에서는 소비자들이 법적으로 자신의 신용정보나 진료 기록을 직접 조회하도록 허용된다. 반면에 온라인에서는 데이터가 보통 몇 개의 컴퓨터 시스템에 걸쳐 분산되어 있기 때문에 오프라인에서와 같은 접근 방식은 복잡하기도 하고 많은 비용을 발생시킨다. 정보기술 오남용 방지 작업의 기술적 복잡성에도 불구하고, 이미 정부기관들은 온라인 사생활 지침을 제정하고 그 위에서 일하고 있다. 이러한 상황으로 볼 때, 기업들도 온라인 거래에 관한 내부 지침을 정비하고 종업원 교육을 통해 이들이 그 지침을 준수하게 하는 리더십을 필요로 한다.

1.5 윤리적 행위와 윤리적 경영의 제고

- **윤리성 구현의 현실**: 미 상원은 월스트리트의 골드만 삭스가 주택시장의 대폭락 기간 중 자기 고객들을 기만한 혐의에 대해 청문회를 열었다. 여기서 애리조나 주의 상원 존 맥케인은 "골드만 삭스가 어떤 불법을 저질렀는지 알지 못하지만, 이들의 행위가 비윤리적이라는 것은 의심의 여지가 없다."라고 말했다.[2] 우리는 회사에 윤리적으로 의심 받을만한 행위가 일어날 때 경영자들이 무엇을 생각하고 어떤 일을 했는지 생각해볼 필요가 있다.

경영자들은 윤리적 행위의 조장을 위해 여러 가지 방법을 강구한다. 고도의 윤리적 기준 하에 삶을 사는 종업원의 채용, 윤리강령의 제정, 모범을 통한 지휘(leading by example) 등이 그 예이다. 그러나 그러한 방법 자체만으로는 효과를 보기 어렵다. 만약 조직에 포괄적인 윤리 프로그램이 작동되고 있으면, 잠재적으로 이는 조직의 윤리적 분위기를 개선할 여지가 있다. 그러나 이는 단지 가능성을 말하는 것으로서, 잘 설계된 윤리 프로그램이 실행되고 있다 해서 바람직한 결과가 나온다는 보장은 없다. 때로는 기업의 윤리 프로그램들이 경영자들과 종업원들에게 거의 아무런 영향을 미치지 못한 채 단지 PR(public relation) 용으로 이용되기도 한다. 실례로 시어즈(Sears)는 오래 전부터 사내에 'Office of Ethics and Business Practices'라는 기구를 설치, 상시 운영함으로써 윤리적 경영활동을 장려해온 역사를 자랑한다. 그러나 이 윤리 프로그램은 경영자들의 윤리적 스캔들을 방지하는데 실패하고 있다. 흔히 'poster child(선전 포스터에 게재된 아동)'으로 언급되는 Enron은 연례 최종보고서에 대부분의 사람들이 윤리적이라 생각하는 네 가지 가치를 다음과 같이 제시했다: 소통(communication), 존경(respect), 정직성(integrity), 탁월성(excellence). 그러나 당시 최고경영자들의 행동에는 이러한 가치들이 전혀 반영되지 않고 있었다.[3]

이하에서는 경영자들이 윤리적 행위를 조장하고 포괄적 윤리 프로그램을 개발하기 위한 구체적인 방법을 설명하고자 한다.

1) 종업원 선발

면접, 시험, 배경 조사 등으로 구성된 **선발과정**(selection process)은 지원자 개인의 도덕적 개발과 성숙도, 가치관, 자아 수준 및 자기 통제력을 체크할 수 있는 기회가 된다. 선발 절차를 거치면서 회사는 정직성을 결여하거나 회사의 일을 하기에 도덕적으로 위험한 리스크를 안고 있는 후보자를

---

2) R. M. Kidder, "Can Disobedience Save Wall Street?" Ethics Newsline, May 3, 2010.
3) Stephen P. Robbins and Mary Culter, *Management*, pp 167-168.

걸러낼 수 있다. 그러나 세심하게 설계된 선발과정이라 하더라도 이것이 개인의 윤리에 관한 완전한 여과장치일 수는 없다.

2) 윤리강령

종업원들은 일반적으로 회사가 특히 윤리 문제와 관련해 자신에게 어떤 행위를 기대하는지 알고 있다. 무엇이 윤리적이고 무엇이 비윤리적인지 불확실할때가 문제이다. 윤리강령(code of ethics)은 구성원들이 따르기를 기대하는 조직의 가치와 윤리적 규칙에 관한 조직의 공식적 천명으로서, 대내외적으로 경영활동의 윤리성과 비윤리성의 구분을 명확히 하는데 목적을 둔다. 스위스 은행인 UBS AG의 CEO는 구성원들이 고객들의 탈세를 돕지 못하도록 하는 종업원 강령을 명시했다. 조사결과에 의하면 만 명 이상의 종업원을 가진 조직들 중 97%가 문서화된 윤리강령을 가지고 있으며, 중소기업의 경우도 93%가 윤리강령이 있다고 한다.[4] 윤리강령은 글로벌 세계에서 점점 더 일반화하고 있는 추세이다. 한 연구 결과는 정직성, 공정성, 존경, 책임 및 보호와 배려(caring)는 국제사회에서 더욱 보편적인 덕목으로 받아들여지고 있음을 보여준다.[5] 뿐만 아니라, 22개국 기업들에 대한 서베이 결과, 78%가 공식적으로 윤리강령을 천명했으며, Fortune Global 200개 기업 중 85% 이상이 조직의 윤리강령을 제정해 두고 있다고 한다.[6]

그러면 윤리강령에는 어떤 내용이 담겨져야 할까? 무엇보다도 윤리강령은 구성원들이 개인적인 판단의 자유를 해치지 않는 범위 내에서 어떤 정신(spirit)으로 자기 일에 유연하게 대처해야 하는가를 보여줄 수 있을 만큼 구체적이어야 한다. 〈표 3-1〉은 윤리강령의 예이다.

안타깝게도, 윤리강령은 우리가 생각하는 것만큼 제대로 작동하지 않을 수도 있다. 미국 기업체에 종사하는 종업원들에 대한 조사 결과, 응답자들 중 45%는 지난 12개월 동안 윤리적·법적 사항을 위반했다고 한다. 위반의 주요 내용은 이해의 갈등, 모욕적이거나 협박적인 언행, 및 구성원들에게 내뱉는 거짓말 등이다. 또 해당 종업원들 중 35%는 구성원들의 비행을 보고도 이를 보고하지 않은 것으로 드러났다.[7]

---

[4] M. Weinstein, "Survey Says: Ethics Training Works," *Training*, Nov. 2005, p. 15.
[5] J. E. Fleming, "Codes of Ethics for Global Corporations,"*Academy of Management News*, June 2005, p.4.
[6] "Corporate Codes of Ethics Spread," *Ethics Newsline*, Oct. 12, 2009.
[7] *National Business Ethics Survey 2011*, Ethics Resource Center, Mar. 2012.

〈표 3-1〉 윤리강령

대항목	소항목
I. 신뢰성 있는 조직 구성원이 될 것	안전, 건강, 및 보안 규정을 준수하라. 예의, 존경, 정직, 및 공정을 유지하라. 근무 중 불법 의약품 및 알콜을 금하라. 개인적 금융을 건전하게 유지하라. 출근 관리를 잘 하라. 상사의 지도에 순응하라. 정제된 언어를 사용하고 복장을 단정히 하라.
II. 조직을 해치는 불법 행위나 부적절한 행위를 하지 말 것	모든 법규를 준수하는 사업 활동을 전개하라. 불법적 목적으로 행하는 지불을 금하라. 뇌물공여나 자금 횡령을 엄금하라. 자신의 의무를 손상하는 외부 활동을 피하라. 기록이나 문서의 기밀을 지켜라. 반트러스트법과 거래 규제법을 준수하라. 모든 회계 규칙과 통제 조항을 지켜라. 회사 자산을 개인 용도로 사용하지 말라. 회사에 관한 그릇된 정보를 퍼뜨리지 말라. 개인적 이익을 위해 의사결정을 내리지 말라.
III. 언제나 고객들에게 유익할 것	제품 광고 시 진실된 내용을 전하라. 자신의 능력을 최대한 발휘하여 주어진 임무를 수행하라. 최상의 품질로 제품과 서비스를 제공하라.

이러한 연구결과는 윤리강령은 별 효과가 없으며, 따라서 그 필요성이 생각만큼 크지 않다는 것을 의미하는 것일까? 물론 그렇지는 않다. 윤리강령이 실효를 거두기 위해서는 다음과 같은 사항에 유념해야 한다.

첫째, 리더는 적절한 조직행동들을 모형화하고 윤리적으로 행동하는 사람들을 보상한다.

둘째, 모든 경영자들이 계속적으로 윤리강령의 중요성을 강조하고 이를 어기는 사람들을 지속성 있게 훈육한다.

셋째, 윤리강령의 제정시 종업원, 고객, 공급업자 등, 조직의 모든 이해관계자들을 고려한다.

넷째, 경영자들은 정기적으로 구성원들의 마음속에 윤리강령을 주입시킴으로써, 윤리강령의 강화(reinforcement)를 위해 노력한다.

다섯째, 종업원들이 윤리적 딜레마에 빠질 때, 특정의 절차를 거쳐 이들을 지도한다.

〈표 3-2〉는 구성원들이 직면하는 윤리적 딜레마에 대한 5단계 접근방법이다.

〈표 3-2〉 윤리적 딜레마에 대한 접근방법

접근 단계	접근 내용
단계 1	윤리적 딜레마는 무엇인가?
단계 2	조직의 이해관계자들은 누구인가?
단계 3	지금 이 의사결정에 있어 어떤 개인적조직적, 및 외부적 요인들이 중요한가?
단계 4	지금 이 의사결정에 있어 어떤 개인적·조직적, 및 외부적 요인들이 중요한가?
단계 5	이러한 상황에서 나의 의사결정은 무엇이고, 나는 그 결정을 바탕으로 어떻게 행동할 것인가?

3) 리더십

2007년, 독일 기업 Siemens에 Peter Löescher가 CEO로 취임했다. 당시 회사에 13억여 달러라는 기록적인 벌금을 물린 글로벌 뇌물 스캔들을 청산하기 위해서였다. 그가 선택한 접근은 이러했다.

"원칙에 충실하라. 명확한 윤리적 규범을 가져라. 구성원들의 신뢰를 받는 롤 모델이 되라… 좋은 시절이든 나쁜 시절이든 자신이 공적으로 몰입하고 그에 따라 살아가는 핵심 가치를 가져라."

윤리적 기업경영을 위해서는 최고경영진의 **리더십**(leadership)을 필요로 한다. 이들이 곧 조직의 공유된 가치를 뒷받침하면서 조직의 문화적 분위기를 형성하는 주역들이기 때문이다. 무엇보다도 이들은 말과 행동에 있어 구성원들의 롤 모델이다. 예컨대 만약 최고경영자가 회사 자원을 개인 용도로 사용하고, 비용계정을 부풀려 계상하거나, 사업상 친지들에게 특혜를 준다면, 이는 그러한 행위가 모든 종업원들에게 용인될 수도 있음을 상징한다.

또한 최고경영자들은 보상 및 처벌 행위를 통해 조직의 분위기를 특정의 방향으로 유도해야 한다. 윤리적으로 행동한 종업원들에게 급여인상이나 승진과 같은 보상을 실시하면, 이는 종업원들에게 윤리적 행위를 지향하라는 강력한 신호이다. 아울러 종업원들이 비윤리적 행위를 저질렀을 때, 이를 처벌하고 조직 전체에 이 사실을 알리면, 이 또한 모든 구성원들에게 자신이 조직 내에서 어떻게 행동해야 하는가에 관한 신호가 된다.

4) 윤리교육

많은 조직들이 세미나, 워크숍 및 유사한 **윤리교육**(ethics training) 프로그램을 통해 윤리적 행위를 지원한다. 물론 그러한 교육 프로그램이 논쟁의 여지가 없는 것은 아니다. 윤리 자체가 교육의 대상인지 의문이 제기될 수 있기 때문이다. 비판론자들은 사람들은 어렸을 때 이미 자신의 가치관을 확립하기 때문에, 윤리나 도덕을 가르치고자 하는 것은 무의미하다고 주장한다. 그러나 윤리교육 찬성론자들은 어린 시절 이후에도 가치관이 형성될 수 있음을 강조한다. 이들은 연구결과를 증거로 윤리교육의 효과를 다음과 같이 제시하고 있다.

첫째, 윤리 문제의 해결 방법을 교육하는 것은 윤리적 행위의 유발에 실질적인 차이를 만들어낸다.

둘째, 윤리교육은 개인적인 도덕적 개발의 수준을 향상시킬 수 있다.

셋째, 윤리교육을 실시하면 적어도 윤리적 이슈에 대한 조직 구성원들의 인식 수준이 높아진다.[8]

5) 독립적 사회 감사

형사적 혹은 민사적 처벌을 받을 수 있다는 두려움은 비윤리적 행위의 중대한 억지력으로 작용한다. **독립적 사회 감사**(independent social audit)는 외부의 독립적 기관이나 감사인들이 조직의 윤리강령이나 윤리 기준의 관점에서 경영자와 구성원들의 의사결정과 경영활동을 평가하는 작업을 말한다. 이러한 감사는 정규적으로 실시될 수도 있고, 사전 통보 없이 임의적으로 실시될 수도 있다. 감사자들은 순수성 유지 차원에서 회사의 이사회로부터 책임을 부여받아 감사 결과 발견사항을 이사회에 직접 보고한다.

이와 같은 접근은 감사인들에게 강력한 영향력을 제공함으로써 감사결과에 대한 피감사자들로부터의 보복 가능성을 줄여준다. 많은 기업들이 지금은 독립적 사회 감사를 수용하고 있다. 이제 논의의 초점은 '윤리적일 것인가 비윤리적일 것인가'의 문제로부터 '어떻게 하면 윤리적일 것인가'의 문제로 옮겨진 것이다.

6) 보호 기구

윤리적 딜레마에 직면하는 종업원들은 어떤 비난의 두려움도 없이 옳은 일을 행할 수 있도록 해주는 **보호 기구**(protective mechanism)를 필요로 한다. 대표적인 보호기구에는 두 가지가 있다. 첫째는 윤리 상담원을 두어 윤리적 딜레마에 부딪히는 종업원들을 상담하도록 한다. 상담을 통해 상담원들은 종업원들이 윤리적으로 옳은 결정과 행동을 선택하는데 도움을 준다. 둘째는 윤리 전담 부서를 상설하고, 여기서 조직의 윤리 프로그램을 설계, 운영 및 피드백하도록 한다.

---

8) Robins and Coulter, *Management*, 6th ed. 2014, p. 171.

국제적으로는 ECOA(Ethics and Compliance Officer Association)라는 윤리 관련 관계자 협회가 있다. 세계 최대인 이 기구에는 Fortune 100대 기업 중 절반 이상을 포함해 미국, 독일, 캐나다, 일본 및 인도 등을 비롯한 세계 톱 클래스의 1,100여 기업들이 가입해 활동하고 있다.

제3절 조직의 사회적 책임

조직은 사회적 책임을 다해야 한다고 한다. 사회로부터 조직이 필요한 것들을 받아 생존하고, 조직의 경영활동은 사회에 영향을 미치기 때문이다. 이 절에서는 사회적 책임의 의의, 사회적 책임의 당위성 및 사회적 책임의 이행에 대해 설명한다.

1. 사회적 책임의 의의

앞에서 살펴보았듯이, 윤리는 개인들의 의사결정 및 행위와 관련이 있다. 즉, 조직 자체는 윤리가 없다. 그러나 조직은 윤리와 관련된 결정을 내리거나 윤리적 딜레마에 빠지게 되는 식으로 자기 환경과 관련을 맺는다. **사회적 책임**(social responsibility)이란 조직이 활동하는 사회의 환경을 보호하고 이 환경 요인들을 질적으로 향상시키기 위해 조직이 져야 하는 일련의 의무(obligation)를 말한다. 이는 기업이 법적 및 경제적 의무라는 차원을 초월하여 사회에 유익하도록 올바른 활동을 벌이고자 하는 의지나 의도(intention)를 가지고 있어야 함을 의미한다.

오늘날 점점 다루기 힘들어지는 고 학력·고 계층의 대중들을 중심으로 기업에 가해지는 사회적 책임 수용에 대한 요구가 거세게 일고 있다. 따라서 기업은 사회적 책임을 계획수립, 의사결정, 행동 전개 및 평가라는 일련의 과정을 거쳐 다루어야 할 중요한 과업으로 인식할 필요가 있다.

2. 사회적 책임의 당위성

사회적 책임은 대부분 강제적이기보다는 자율적인 성격을 띠기 때문에, 이 책임을 받아들여야 하는지에 대해서는 찬·반 양론이 있다. 〈그림 3-3〉은 기업의 사회적 책임에 대한 찬·반 양론을 정리한 것이다.

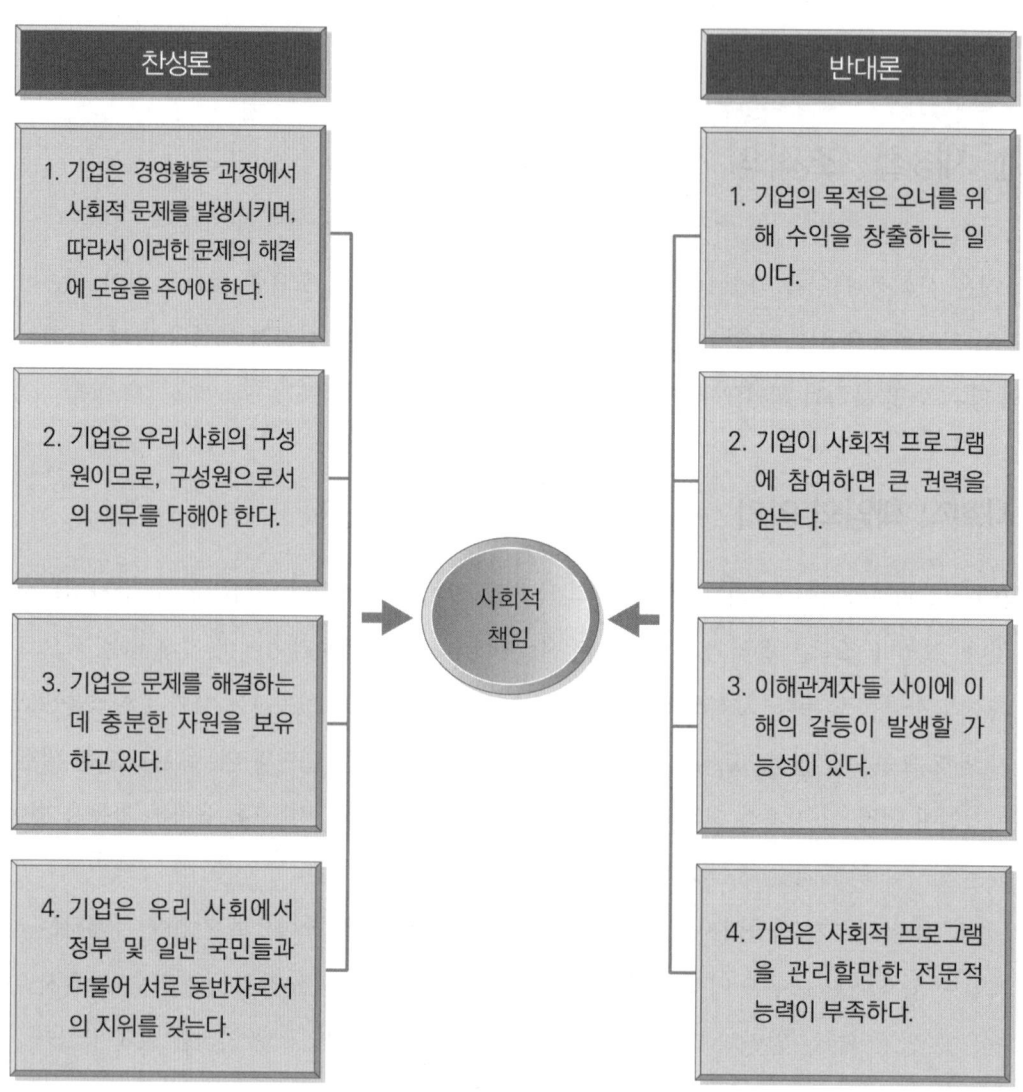

〈그림 3-3〉 사회적 책임에 대한 찬반 양론

3. 사회적 책임의 이행

경영자들은 높은 윤리적 기준을 충실히 이행하는 데 장애가 많고, 기업들은 자신의 법적 의무를 회피하고 싶은 유혹에 빠지기 쉽다. 따라서 기업은 다른 경영전략을 개발할 때와 마찬가지로 사회적 책임에 대한 전략적 접근방법을 모색해야 한다. 사회적 책임을 관리하는 데는 공식적 조직 차원과 비공식적 조직 차원의 두 가지가 있다.

3.1 공식적 조직 차원

사회적 책임을 관리하기 위해서는 공식적 조직의 차원에서 일정한 계획 하에 사회적 책임을 이행하는 것이 좋다. 여기에는 법규 준수, 윤리 준수 및 자선기부 등이 있다

법규 준수(legal compliance)는 조직이 경영활동을 벌이는 지역이나 국가의 법률을 준수하는 것을 말한다. 조직의 법규 준수를 지도하는 일은 일반적으로 관련 경영기능을 수행하는 경영자들의 책임이다. 예로서, 조직의 인적자원 담당 CEO는 구성원들이 채용, 급여 및 작업장 안전에 관한 규제를 잘 따르도록 하는 책임이 있다. 또한 재무담당 중역, 즉 CFO는 조직의 자산과 금융 관련 규제의 준수 여부를 감시하는 책임이 있다. 조직에 따라서는 법무 전담 부서를 두고, 이 부서가 조직의 법규 준수 여부에 대한 전반적인 감시·감독을 실시하고, 법률 및 규제의 해석에 대한 경영자들의 문의에 답변하면서, 필요시 이들에게 법률문제에 관해 조언하도록 한다.

윤리기준 준수(ethical compliance)는 구성원들이 조직 행동에 관한 윤리적 기준을 따르는 것을 말한다. 오늘날 많은 조직들이 윤리적 기준의 준수를 위해 윤리교육을 실시하고, 윤리적 지침과 행동강령을 제정하고 있다. 또한 조직의 공식기구로 윤리위원회를 두기도 한다. 이 기구는 새로운 프로젝트의 윤리적 적정성 여부 검토, 현재의 인력채용 전략 평가, 새로운 환경보호 정책 평가 및 구성원 개인들의 윤리적 비행에 대한 제재를 전담한다.

자선기부(philanthropic giving)는 자선단체나 구호기관에 기부금, 선물 혹은 물품을 희사하는 행위를 말한다. Omaha Steaks가 예술 진흥을 위해 매년 10만 달러 이상을 예술 분야에 기부하는 것이 그 예이다. 오늘날 기부는 국경을 넘어 이루어지는 경우도 많다. Alcoa가 브라질의 작은 마을에 하수처리장 건설에 쓰도록 112,000 달러를 기부한 사례나, 소니, 미쓰비시 같은 일본 기업들이 미국의 다양한 사회적 프로그램을 위해 기부하고 있는 사례 가 이에 해당한다.[9]

---

9) Griffin, *Fundamentals of Management*, 10th ed., 2022. p.45.

3.2 비공식적 조직 차원

비공식적 조직 차원에서의 사회적 책임 관리방법은 리더십, 조직문화 및 신고에 대한 대응 등의 예를 들 수 있다.

먼저, **리더십**과 **조직문화**(organizational culture)는 함께 조직과 그 구성원들이 취하게 될 사회적 책임에 대한 자세에 영향을 미친다. 리더는 구성원들의 롤 모델이 되기 때문에, 리더의 행위는 구성원들에게 반면교사의 역할을 수행한다. 조직문화는 조직의 규범과 가치관에 의해 형성되는 것으로서, 암묵적으로 구성원들의 행위를 이끌어가는 엔진이다. 따라서 기업의 사회적 책임을 지향하는 방향으로 리더십이 발휘되고 조직문화가 형성되면, 그 기업은 사회적 책임을 적극적으로 수용하도록 구성원들의 합의가 이루어질 가능성이 크다.

신고(whistle-blowing)는 한 종업원이 조직 내 다른 구성원들이 저지르는 불법적, 비윤리적 비행을 폭로하는 것을 말한다. 조직이 이러한 신고에 어떻게 대응하느냐 하는 것은 사회적 책임에 관한 조직의 가치관을 보여준다. 때로는 비행의 신고자가 해고되는 경우도 있다. 조직의 비위가 사회에 알려지는 결과가 초래되기 때문이다. 그러나 구성원들의 비행에 대한 신고행위는 환영받아 마땅하다. Rampart Investments의 포트폴리오 관리자 Harry Markopolos는 증권거래위원회(SEC)에 Barnard Madoff가 운영하는 자금관리회사가 투자자들에게 보고하는 회계정보를 왜곡했다고 신고했다. 그는 이 문제와 관련해 9년 동안 SEC와 씨름했다. Markopolos의 이러한 노력은 SEC가 비행신고 시스템을 전반적으로 재정비하는 계기가 되었다.[10]

---

10) "SEC announces a Whistle-Blower Overhaul Plan," *USA Today*, Mar. 6, 2015, p. 1B.

복습 및 연구문제

■ **복습하기**

1. 일반환경과 과업환경의 차이는 무엇인가?
2. 조직문화는 기업 내부의 환경이라고 말한다. 그 이유를 설명하라.
3. 외부 환경요인의 예를 들어라.
4. 외부 환경요인들이 중요한 이유는 무엇인가?
5. 경영윤리와 기업의 사회적 책임의 유사점과 차이점은 무엇인가?
6. 윤리적 경영과 사회적 책임 경영의 당위성을 논하라.

■ **토론하기**

Ⅰ. 미국 영화산업계를 보면, 근래에 관람객 수가 약간 증가하는 추세를 보이는 듯 했으나, 경기 침체가 시작되면서 티켓 판매수익이 전년 대비 4% 감소하고, 입장객 수도 4.8% 감소했다. 영화 관람객 수는 1995년 이래 최저치를 기록했다고 한다. 분석가들에 의하면, 이러한 상황이 오게 된 것은 영화 관람의 편의성과 질 사이의 트레이드-오프(trade-off)에 주 원인이 있다는 것이 분석가들의 주장이다. 즉, 소비자들이 질보다 편의성을 선택해 아이패드와 같은 모바일 장치를 사용하거나 집에서 평면 화면, 서라운드 사운드, 고화질 홈 씨터 시스템으로 영화관람을 할 것이냐, 아니면 다소 불편하더라도 극장에 가서 와이드 스크린, 고품질 사운드 시스템, 및 다른 관람객들과 함께 하는 사회적 경험을 즐길 것이냐의 선택을 해야 한다.

극장 관계자들의 견해는 모바일 디바이스는 그리 큰 위협이 아니며, 그보다는 이용가능성이 크고, 품질도 괜찮은 홈 씨터 시스템이 자기들에게 더 큰 위협이라는 것이다. 반면에 연중 개방이 가능한 지역을 중심으로 드라이브-인 극장이 부활하고 있다는 점이 분석가들의 관심을 끌고 있다. 극장 경영자들이 싸워야 할 또 하나의 문제는 극장영화 관람에 대해 소비자들이 부정적인 이미지를 가지고 있다는 사실이다. 한 소비자 라이프 스타일 조사에 의하면, 영화보러 극장에 가는 것을 싫어하는 주된 이유는 고비용 때문이라고 한다. 또 다른 이유로 제기된 것이 소음, 불편한 좌석, 밀집된 관람객, 및 과다 광고물 등이다.

1. 극장 경영자들이 가장 중요하게 생각하는 외부 환경요인은 무엇인가?
2. 경영자들이 다루어야 할 외부적 요인들은 무엇인가?
3. 극장 경영자들에게 가장 중요한 이해관계자들은 누구인가?
4. 현재 극장들이 안고 있는 문제들은 극복이 가능한 문제들인가? 극장들이 이용 가능한 내부자원의 관점에서 논의하라.

Ⅱ-1. 어느 조직이든 지향하고자 하는 방향과 목표가 있다. 이를 기업에서는 비전(vision)이나 사명(mission)의 개념으로 표현한다. 비영리조직도 마찬가지이며, 이들은 모두가 조직의 '존재이유'를 설명해 준다. 기업의 존재이유에 대해서는 크게 보아 두 가지 시각이 있다. 하나는 미국식 관점으로서, "기업의 목적은 오직 주주 이익의 극대화에 있다"는, 노벨 경제학상 수상자 밀턴 프리드만의 주장이 여기에 해당한다. 이와 대조적으로 유럽식 관점에서는 사회에 대한 책임도 중요시한다. 고용을 창출하고 지역사회를 안정시키는 등 기업과 관련을 맺고 있는 모든 이해관계자들의 이익을 극대화하는 데 경영의 초점을 맞추어야 한다는 것이다. (자료원: 한국경제 2002. 11. 8)

Ⅱ-2. 지구온난화의 주범인 온실가스를 줄이기 위한 국제협약인 '교토의정서'가 2005년에 발효됨으로써 정부와 산업계에 긴장이 감돌고 있다. 우리나라는 의정서의 1차 감축 이행기간인 2008~2012년 중 단계적으로 온실가스 배출량을 줄여야 하는 선진국 명단에서 일단은 빠져 있으나, 2차기간(2013~2017년)에는 감축의무국이 될 가능성이 높다. 전문가들은 우리나라가 이 기간 중 온실가스 배출량을 95년 대비 5% 줄일 경우, 2015년의 실질 GNP 성장률이 0.78 포인트 감소하는 등 경제 전반에 심각한 영향을 끼칠 것으로 보고 있다. 우리나라는 1990~2002년 사이 이산화탄소 등 온실가스 배출량이 연평균 5.1%씩 증가할 정도로, 온실가스 대량 배출국 중 하나이다. (자료원: 한겨레신문 2004. 11. 24)

(Ⅱ-1과 Ⅱ-2에 대해)

1. 기업의 비전과 사명의 관점에서 프리드만의 시각을 비판하라.
2. 유럽식 관점에서 볼 때, 주주가 기업에 투자하는 것을 사회적 책임 수행의 일환으로 볼 수 있을까?
3. 당신은 녹색경영이 우리 경제에 도움이 될 것으로 생각하는가?
4. 사회적 책임이나 녹색경영을 조직의 사명으로 중시하는 기업들과 그렇지 않은 기업들의 국내외 사례를 찾아보자.

제4장 국제적 경영
International Management

이 장에서는 국제적 경영이 필요한 이유는 무엇이고, 국제적 경영환경에는 어떤 요인들이 있으며, 기업의 국제화에 어떤 방법들이 있는지 설명하고자 한다. 또한 기업 국제화의 장애요인들에 대해서도 살펴본다.

제1절 국제적 경영의 추세와 필요성

1. 국제적 경영의 추세

오늘날과 같은 국제적 경영환경의 무대가 펼쳐지기 시작한 것은 2차 세계대전이 끝날 무렵이었다. 당시 전쟁의 상흔이 깊은 독일과 일본 같은 패전국들의 기업 운영은 원점에서 출발해 복구 노력을 시도하는 것 외에 다른 방도가 없었다. 이들은 기술, 생산, 재정 및 마케팅을 포함한 기업경영의 모든 측면을 재검토해야만 했다. 물론 이들이 경제적으로 회복하는 데는 여러 해가 필요했지만, 결국 회복할 수 있었고 경제 시스템은 성장의 발판을 마련했다. 이즈음 미국을 위시한 선진 공업국의 기업들은 만족할만한 성과를 올리고 있었다. 고객 기반은 급격히 성장하고, 베이비붐에 의해 유발된 인구증가와 대전 후의 경제적 호황으로 인한 삶의 풍요는 개인의 평균적 삶의 표준과 기대감을 높였다. 대중들은 계속적으로 새롭고 더 좋은 제품과 서비스를 요구했다. 선진 기업들은 이와 같은 대중적 삶의 패턴으로부터 큰 이익을 보게 되었다.

그러나 이제 더 이상 글로벌 경쟁이나 글로벌 마켓이 미국을 비롯한 소수 선진국 기업들의 전유물은 아니다. 지금은 전 세계적으로 기업의 **국제적 경영**(international management)이 보편화된 시대이기 때문이다. 무엇보다도 중요한 것은 1960년과 2015년 사이에 국제교역량이 30배 이상 증가했다는 사실이다. 뿐만 아니라, 세계 최대의 기업들 중 121개 기업이 세계 최대 경제대국인 미국에 본거지를 두고 있지만, 중국에 119개, 일본에 52개, 프랑스에 31개, 독일에 39개, 그리고 영국에 18개가 분포되어 있다. 어떤 산업에 있어서는 비미국 기업들이 뛰어난 존재감을 자랑하기도 한다. 예로서, 세계 10대 은행 중 단 한 개만이 미국 기업이고, 세계 10대 화학회사들 중 미국 기업은 세 개에 불과하다. 더욱이 세계 최대 전자회사들 중 미국 기업은 단 하나도 없다.

기업들은 이제 국제적 경영이 자사의 매출과 이익의 가장 중요한 원천들 중 하나로 인식하고 있다. 엑슨 모빌(Exxon Mobil)은 2019년 회사가 기록한 수익의 64%, 이익의 55%를 해외에서 실현했다.[1] 우리는 오늘날 글로벌 경제의 시대에 살고 있다. 사실상 모든 기업들이 지금은 해외시장에서 직면하는 경쟁상황과 깊은 관련을 맺고 있으며, 자국이나 외국에서 외국 기업 혹은 자국 기업과 격심한 경쟁을 벌여야 한다.

2. 국제적 경영의 필요성

1970년대 이전만 해도 국제적 경영환경을 기업의 기회와 위협요인으로 생각한 경영자들은 많지 않았다. 전통적으로 경영자들은 해외의 기업환경을 폐쇄적으로 받아들였기 때문에, 국제시장을 물리적으로, 경제적으로, 그리고 문화적으로 격리되어 있는 특별한 시장으로 간주해 왔다. 따라서 경영자들은 국제경쟁, 수출 및 해외 공급업자로부터의 자원조달은 물론 이질적인 해외문화 속에서의 기업경영을 고려하지 않는 경향이 있었다.

그러나 오늘날의 경영자들은 국제환경을 효과적으로 대응해야 할 기회와 위협의 원천으로 생각한다. 이들은 국제시장을 필요한 재화와 서비스를 사들이고 생산된 재화와 서비스를 판매하는 개방된 환경으로 받아들인다. 코카콜라와 펩시콜라, 코닥 필름과 후지필름, 그리고 맥도날드와 다른 햄버거 메이커들 사이의 경쟁은 전쟁을 방불케 한다. 우리나라 자동차들도 현재 미국, 서유럽, 중국, 동남아는 물론 동유럽 시장에까지 깊숙이 진출해 있다. 이처럼 기업들이 국제적 경영을

---

[1] *Hoover's Handbook of American Business 2019*, pp. 102–103.

기업의 생존과 성장의 필수불가결한 요소로 간주하게 된 것은 다음 세 가지 요인 때문이다.

2.1 세계경제의 글로벌화

필름시장에서 벌어진 코닥과 후지의 경쟁에서 볼 수 있듯이, 국제시장에서의 경쟁은 그 유형과 규모가 날로 커지고 있다. 특히 경쟁업체간 적대의식, 가격인하 압력, 원가절감 필요성, 제품계열 다양화, 및 정치적·법적 수단을 통한 자국시장 보호 등, 세계경제가 **글로벌화**(globalization) 하면서 세계시장에서의 경쟁요인은 점점 심화되고 있다.

소비자들과 기업들은 점증하는 국제경제의 규모에 큰 영향을 받고 있다. 국가경제의 대외 의존도를 나타내는 GDP 대비 수출입 비율은 미국이나 일본 등, 선진국들의 경우 약 20%에 이른다. 우리나라 경제는 수출입 의존도가 더욱 높다. 1970년대 약 35%에 불과하던 이 비율은 2020년대에는 80%를 상회하고 있다(표 4-1 참조). 선진국의 직장인들은 자신들에게 가장 큰 위협요인으로서 해외의 값싼 노동력을 꼽는다. 지난 세기 최대의 혁명이라 불리는 정보혁명은 세계시민들이 전 세계 구석구석까지 실시간 소통을 가능하게 하고 있으며, 기업은 물론 개인 사업자들도 인터넷 쇼핑몰을 통해 자신들의 상품을 판매하고 있다. 인터넷을 통해 외국 소재 사업자로부터 직접 상품을 구매하는 해외직구의 규모도 점점 증가하는 추세이다. 우리나라의 경우, 2010년 2억 7천만 달러이던 해외직구는 2022년 47억 달러에 이르고 있다.

〈표 4-1〉 한국의 GDP 대비 수출입 비율

연도	1970	2000	2010	2020
비율(%)	35	70	95	85

GDP 대비 수출입 비율 = {(수출총액 + 수입총액 + 국외수취요소소득 + 국외지급요소소득) ÷ 명목GDP} × 100.
자료원: 한국은행, 「국민계정」

경제적 글로벌화의 또 다른 요인은 나라마다 앞을 다투어 경제적·정치적 문호를 개방하고 있다는 점이다. 사회주의 국가인 중국이 경제적 개방을 모토로 세계시장을 공략하자, 일본과 우리나라는 물론 미국도 바짝 긴장하고 있다. 중국 문호개방 정책의 덕을 톡톡히 보고 있는 나라가 대한민국이다. 이러한 추세와 발맞추어 중요시해야 할 또 다른 추세가 제품과 서비스의 국제적 표준화이다. 이제 웬만한 사람이면 모두가 WTO나 ISO 9000 시리즈에 익숙해 있는 상태이다.

2.2 무역 및 투자 장벽의 완화

기업의 국제화에 일익을 담당한 것은 국제교역과 해외투자의 장애요인들이 완화된 것이다.

1) 무역장벽의 폐단

1920년대와 1930년대에 걸쳐 많은 국가들은 자국의 경제적 복리를 실현하는 최선의 방법은 **무역장벽**(trade barrier)의 구축이라고 믿고, 앞을 다투어 국제교역에 대해 높은 장벽을 구축했다. 대표적인 무역장벽이 수입제품에 대한 관세(tariff)이었다. 수입관세는 자동차 산업의 경우처럼 외국에서 들어오는 제품의 가격을 올림으로써 자국의 산업과 일자리를 보호하는 데 목적이 있었다.

그러나 불행히도 한 나라가 수입관세를 부과하면 다른 나라들이 그 뒤를 좇음으로써, 결과적으로 모든 나라들이 관세장벽을 통한 무역보복을 강행하는 악순환이 계속되었다. 1920년대에는 이러한 행위가 국제수요를 위축시켜 1930년대의 대공황과 대량실업의 계기가 되었다. 간단히 말하면, 높은 관세장벽에 의존해 자국 산업과 일자리를 보호하고 경제복리를 이루고자 했던 국가들은 오히려 실업자를 양산하고 경제성장을 가로막는 결과를 초래한 것이다.

2) 자유무역주의 수용

서구의 선진공업국들은 세계대공황의 경험을 거울삼아 2차 세계대전이 끝난 후 국가들 간 자원과 물자의 흐름이 자유로워지도록 무역장벽을 제거하는 데 총력을 기울였다. **자유무역주의**(free trade)는 나라마다 가장 효율적으로 생산할 수 있는 제품과 서비스를 전문화 한다면, 소비자들에게 값싸고 질 좋은 제품과 서비스를 제공하면서도 희소한 세계자원을 최적 활용할 수 있다는 논리를 내세운다. 자유무역주의는 국가간 무역 및 투자의 장벽을 완화하는데 큰 영향을 미치게 되었다.

3) 지리적 · 문화적 장벽의 와해

2차 세계대전 이전에는 **지리적 · 문화적 장벽**(geographical and cultural barrier)으로 인해 국제 환경은 폐쇄적이었고, 국제 교역은 극히 제한적이었다. 그러나 대전 이후 통신과 수송기술의 발달로 지리적 · 문화적 장벽이 지속적으로 완화되어 왔다. 인공위성과 광섬유는 수십만 개의 메시지를 동시에 전달할 수 있는 능력을 자랑한다. 이로 인해 세계 어느 지역에서나 아무런 장애 없이 실시간 소통이 가능한 시대가 되었다. 기업들이 소규모 봉제공장에서 대규모 자동차 회사에 이르기까지 때와 장소를 가리지 않고, 즉시 자사의 자재 공급업자와 고객들을 만날 수 있는 시대이다.

2차대전 이후 이루어진 수송수단의 혁신 또한 국제환경을 더욱 개방적으로 변화시킨 요인이다. 가장 괄목할 만한 사건은 한 지역에서 다른 지역으로의 이동시간을 크게 단축시킨 제트(jet)비행기의 출현이다. 제트비행기 덕택에 이제는 세계가 1일 생활권으로 바뀌게 된 것이다. 한국의 경우도 전국적 도로망 정비가 가속화하면서 국토 전체가 1일 생활권으로 바뀐지 오래이다.

통신과 수송기술의 발전은 비단 지리적 장벽뿐 아니라 국가 간 문화적 장벽도 허물고 있다. 국제적 통신망과 매스 미디어는 각국의 지역적 문화를 뛰어 넘어 범세계 문화를 창출하는 데 기여한다. 한국의 극장가에서 미국영화는 물론 일본영화도 얼마든지 볼 수 있고, 미국의 CNN, Discovery를 비롯해 영국의 BBC, 일본의 NHK, 홍콩의 Star TV, 중국의 CC TV와 같은 국제적 TV 채널을 안방에서 시청하는 시대이다.

2.3 차별적 능력과 입지의 경제

기업의 국제화를 서두르게 하는 또 하나의 이유는 이것을 통해 기업이 차별적 이익을 누릴 수 있기 때문이다. 기업이 국제적 경영을 통해 **차별적 이익**(differential advantage)을 누리게 하는 요인은 두 가지이다. 차별적 능력과 입지의 경제가 그것이다.

차별적 능력(distinctive competency)이란 한 기업이 타 기업들보다 탁월한 효율, 품질, 혁신 및 고객 욕구 대응성을 갖도록 해주는 차별화된 강점을 말한다. 맥도날드는 자신의 독특한 기술과 품질을 바탕으로 유럽시장은 물론 러시아, 중국, 브라질, 한국 등 세계 각국에 진출해 국제 패스트푸드 시장을 석권하고 있다. 이것이 가능한 것은 어느 나라 기업도 이 회사의 맛, 기술 및 마케팅 능력을 모방할 수 없기 때문이다. 1970년대와 1980년대에 일본의 전자제품과 자동차 제품들이 미국, 유럽을 비롯한 세계 각국에 진출해 그 위용을 떨칠 수 있었던 것도 미국과 유럽의 선진기업들이 지니지 못한 생산, 자재관리 및 신제품 개발에 있어서의 차별적 능력 때문이었다.

기업이 국제적 경영을 필요로 하는 또 하나의 요인은 이른바 **입지**(立地)**의 경제**(economy of location)이다. 입지의 경제란 무역장벽, 노동의 질, 수송비, 제품의 가격 등, 모든 생산 및 마케팅 요인들을 고려해 가치창출에 필요한 각 활동마다 최적입지를 선정하는 것이 경제적이라는 원리이다. 이는 기업이 최저비용의 입지를 선정함으로써, 가치창출에 필요한 원가를 절감하고 기업이 제공하는 제품의 가치나 가격을 차별화할 수 있음을 의미한다. 보잉의 경우, 총 132,500개의 부품을 사용하는 보잉 777은 일본, 싱가포르, 이탈리아 등, 세계 각국에 분산된 545개의 공급업자들로부터 부품을 공급받는다. 위험분산을 목적으로 생산활동의 일정 부분을 이처럼 다른 업체에 위탁하는 것을 **아웃소싱**(outsourcing)이라 한다. 보잉이 소요부품의 많은 수량을 해외의 다른 기업들에게 아웃소싱 하는 것은 특정 부품에 대해 특정의 국가가 가지는 고유의 이점을 살릴 수 있다는 장점 때문이다.

제2절 국제적 경영환경

기업이 국제적 경영을 하는 데는 많은 환경적 요인들이 영향을 미친다. 경영자들이 기업의 국제화를 시도하기 위해서는 환경요인들에 현명하게 대처해야 한다. 국제적 경영환경은 국제적 과업환경과 국제적 일반환경으로 나뉜다. 과업환경이란 기업이 운영하는 사업에 직접적인 관련이 있는 환경요인들을 말하고, 일반환경은 사업에 직접적인 관련은 없으나, 기업 활동에 간접적으로 영향을 미치는 환경요인들을 말한다.

〈그림 4-1〉 국제적 과업환경

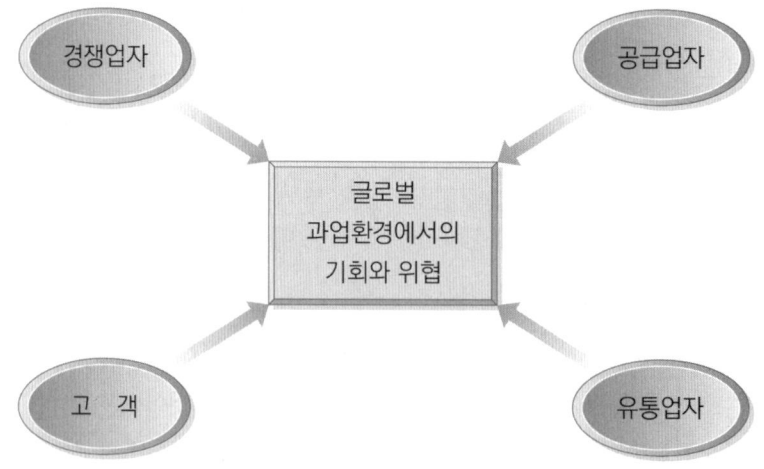

1. 국제적 과업환경

경영자들에게 기회나 위협요인으로 작용하는 국제적 과업환경에는 〈그림 4-1〉에서와 같이 고객, 경쟁업체, 공급업체 및 유통업체가 있다.

1.1 고객

국제적 경영에 있어 경영자들에게 가장 확실한 기회가 되는 것은 자사의 제품과 서비스에 대한 새로운 시장, 즉 **고객**(customer)의 개척이다. 거대한 글로벌 회계법인인 아더 앤더슨과 프라이스 워터하우스는 세계적으로 경영활동을 수행하면서 광범위하게 퍼져 있는 여러 나라 고객들의 다양한 욕구를 충족시키기 위해 수천 명의 외국 회계사들을 채용해 훈련시킨다.

오늘날은 전 세계가 하나의 글로벌 시장으로 변하고 있어, 시장 특성 또한 동질화되어가고 있다. 따라서 기업에 따라서는 **지역적 고객화**(local customization)를 통해 각국마다 지역적 특성을 살린 제품과 서비스를 제공하는 한편, 전 세계 고객들에게 동일한 제품과 서비스를 제공하는 **글로벌화**(globalization) 경향이 병존한다. 코카콜라, 리바이스의 청바지, 소니의 워크맨, 맥도널드 햄버거 및 모토롤라와 삼성의 휴대폰은 세계 각국 소비자들의 기호와 취향이 동질화되고 있음을 보여 준다.

그러나 이러한 동질화 성향에 지나친 집착을 보이는 것은 위험하다. 나라마다 여러 측면에서 문화적 배경이 다르고, 소비자들의 기호와 취향 또한 차이를 보이는 것이 일반적이기 때문이다. 예를 들어, 맥도널드 하면 누구나 글로벌리제이션의 대표주자로 알고 있지만, 이 회사의 경영진은 지역적 고객화의 필요성을 절감하고 있다. 브라질에서는 아마존강 가에서 채취한 원료로 만든 음료를 제공하고, 말레이시아에서는 이 지역 특유의 향내가 나는 밀크쉐이크를 만들어 판매한다.

1.2 경쟁업자

기업이 해외시장의 진입을 시도할 때, 직면하는 또 다른 도전은 **경쟁업자**(competitor)이다. 기업은 현지의 시장상황에 정통하고 현지 소비자들로부터 상당한 상표충성도를 구축해 놓은 현지의 토착 기업들과 어려운 싸움을 벌여야 한다. 또한 국내시장에서도 자본, 기술, 품질 및 가격을 무기로 해외에서 밀려오는 외국기업들과 경쟁을 벌여야 한다. 현대, 기아 등, 한국 자동차 회사들은 미국시장에서 오랫동안 미국 제품은 물론 유럽이나 일본 등의 외국 제품들과 치열한 경쟁을 벌이고 있다. 그 결과 지금은 상당한 시장점유율을 확보하고, 고객들 사이에 한국 자동차에 대한 높은 인지도와 상표충성도를 구축해 놓은 상태이다. 한편, 국내시장에서는 외국으로부터의 수입개방 압력이 심화되면서 고품질·고가의 외국 제품들과의 경쟁이 과열되고 있다.

1.3 공급업자

국제경영에 있어 경영자들은 해외의 **공급업자**(supplier)들로부터 자재나 부품 혹은 완제품을 구입하기도 하고, 해외에서 자사가 이들을 직접 생산하기도 한다. 포드, P&G, IBM 등, 세계적으로 이름이 있는 기업들은 대부분 해외에서 부품을 공급받는다. 이들이 해결해야 할 문제는 자사에게 질 좋고 저렴한 자재나 부품을 공급해 줄 국제적 공급 네트워크를 확보하는 일이다. 보잉 777의 경우, 세계 각국에 흩어져 있는 부품 공급업체들로부터 양질의 부품을 저렴한 가격으로 적시에 공급받을 수 있느냐가 사업의 성패를 가름한다.

1.4 유통업자

국제기업 경영자들에게 기회와 위협으로 작용하는 또 다른 요인은 해당 국가의 **유통 시스템**(distribution system)이다. 특별히 경영자들은 반경쟁적 정부규제 등, 제품과 서비스의 유통 및 판매와 관련된 잠재적 문제들을 확인해야 한다. 경영자들은 자사가 해외에서 제품이나 서비스를 판매하는데 백화점, 할인점, 아울렛 등, 현지의 유통업체들을 이용하는데 아무런 제약이 없는지, 있다면 어떤 제약이 있는지 검토해야 한다. 실례로, 2010년대 후반, 고고도 미사일 지역방어 체계인 사드(THAAD)가 한국의 평택 등지에 배치됨에 따라 중국 정부가 한국의 롯데마트에 가한 보복조치로 롯데그룹이 큰 경영위기에 봉착한 바 있다.

2. 국제적 일반환경

오늘날 세계는 국경 없는 지구촌이 되어 모든 나라가 동질화되어가고 있는 것이 사실이기는 하나, 각국은 아직도 정치적, 법적, 경제적, 사회문화적 차원에서 저마다 차이를 보이고 있어, 이러한 요인들이 글로벌 기업으로 가고자 하는 경영자들에게 기회와 동시에 위협요인으로 작용한다. 〈그림 4-2〉는 국제적 일반환경을 그림으로 보여준다.

〈그림 4-2〉 국제적 일반환경

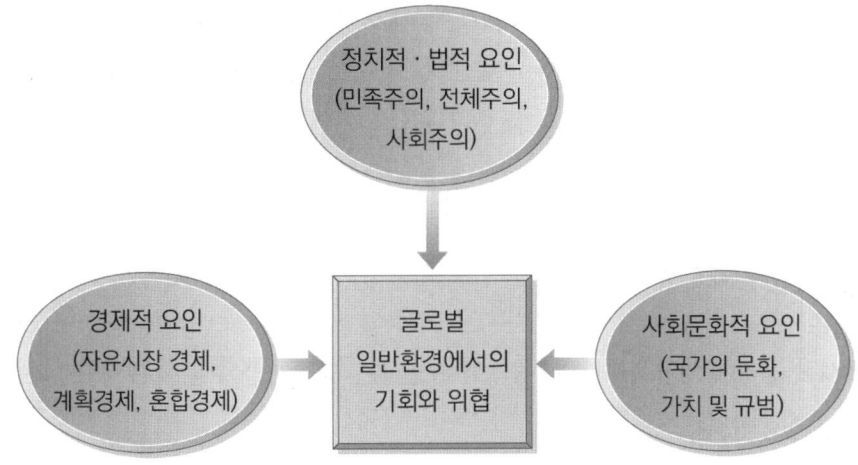

2.1 정치적 · 법적 요인

1) 정치적 위험

정치적 위험(political risk)이란 해외 국가의 정치적 불안정으로 기업활동이 타격을 받을 가능성을 말한다. 정치체제의 변화, 정권교체에 따른 정부정책 변화, 및 민중의 폭력과 소요 등이 그 예이다. 정치적 불안정은 기업의 자산, 구매력 및 경영 통제력에 손상을 입히고, 기업의 국제활동을 위축시킨다. 현지 정부에 의해 기업의 자산이 몰수되거나, 폭동이나 소요사태로 기업의 자산과 종업원들이 피해를 입기도 한다. 전쟁이나 내전이 발생할 경우 기업활동 자체가 불가능할 수도 있다.

반세기 이상 계속되고 있는 이스라엘과 아랍권의 싸움은 중동을 화약고로 만들어 놓았다. 2002년 9월에 발생한 뉴욕 세계무역센터의 폭발사건은 정치적 · 경제적 불안을 야기하는 테러와 폭력의 극치를 보여준다. 한국의 평택에 사드를 배치한다는 결정이 내려진 후, 중국 정부가 롯데마트에 가한 극단적 조치 또한 정치적 위험의 극명한 사례이다. 이러한 정치적 환경의 불안은 기업들에게 국제적 경영의 불확실성을 가중시킨다.

2) 법적 규제

국가마다 소비자 보호, 고용문제, 급여, 노사문제, 환경보호 및 조세문제 등, 기업활동에 대해 다양한 **법적 규제**(legal regulation)가 가해지고 있어 이들이 기업의 국제화에 영향을 미친다. 동유럽의

사회주의가 붕괴된지 얼마 지나지 않아 독일의 폭스바겐, 일본의 스즈끼, 영국의 필킹톤, 미국의 제너럴 일렉트릭, 프랑스의 사노피, 우리나라의 대우 자동차 등이 앞을 다투어 폴란드, 체코 및 헝가리에 진출해 이 지역에 공장을 설립하고, 현지 기업들과 합작하거나 현지법인을 인수하는 형태로 많은 투자를 감행했다. 그러나 아직도 끊임없이 개폐되는 각종 법규와 규제조치로 인해 국제화 기업들의 현지 적응을 어렵게 하고 있다.

2.2 경제적 요인

기업의 국제적 경영에 영향을 미치는 경제적 요인에는 경제개발 수준, 기반구조, 자원 및 제품시장 및 환율 등이 있다.

1) 경제개발 수준

국가와 지역마다 **경제개발**(economic development)의 수준은 차이를 보인다. 모든 국가는 일반적으로 선진국, 개발도상국, 혹은 저개발국으로 분류되는데, 이러한 분류의 일반적인 기준은 1인당 국민소득과 산업개발 수준이다. 기대수명과 문맹률 또한 경제개발 수준을 평가하는데 참고자료가 된다. 이들 중 선진국은 경제개발의 최종적 완성 단계에 접어들어 국민의 삶의 질이 높은 국가를 말한다. 우리나라는 근래에 개발도상국에서 세계 22개 국가가 포함된 선진국 대열에 진입했다.

2) 기반구조

기반구조(infrastructure) 혹은 인프라스트럭처는 우리말로 기반시설(基盤施設)이나 기간시설(基幹施設)이라고도 하며, 국가 경제 활동의 기반을 형성하는 기초적인 시설과 시스템을 말한다. 구체적으로는 고속도로, 철도, 공항, 하천, 항만과 같은 수송시설을 비롯해 수도, 댐, 전기설비, 발전소와 같은 에너지 생산시설, 통신설비, 전화, 방송국과 같은 통신시설, 그리고 학교, 병원, 공원과 같은 사회복지 및 생활환경 시설이 기반구조에 포함된다. 이들은 국가의 경제 활동 전반을 지원하는 사회간접자본이다. 기업의 국제경영이 성공을 거두기 위해서는 이러한 사회간접자본이 확충되어 있는 지역을 선정하는 것이 바람직하다.

3) 제품 및 자원시장

외국에서 사업하려면 경영자는 자사 제품에 대한 현지의 **시장규모**(market size)를 평가해야 한다. 만약 시장이 크면, 이 나라에서는 국제화의 방법 중 수출을 선택하는 것이 바람직하다. 반면에 직접 제조공장을 설립해 보다 공격적인 국제경영을 시도하고자 하면, 양질의 원재료와 노동력을 저렴하게 공급받을 수 있는 자원시장이 확보되어야 한다.

4) 환율

환율(exchange rate)은 한 나라의 통화를 다른 나라의 통화와 바꿀 때 적용되는 교환비율이다. 환율의 변동은 국제경영에 참여하는 기업의 국제경쟁력과 수익성에 큰 영향을 미친다. 예컨대, 일본의 엔화에 대한 원화의 환율이 높으면, 일본 제품에 대한 한국 제품의 경쟁력이 높아져 대일본 수출이 증대하며, 해외시장에서 일본 제품과 경쟁하는데 유리해진다.

경제적 요인에는 그 외에도 물가상승률과 조세정책이 있다. 볼리비아, 브라질, 아르헨티나. 멕시코 등, 중남미 국가들은 물가가 매년 수십 배에서 수백 배까지 상승하기도 한다. 물가가 상승하면 원재료, 노동력과 같은 자원의 조달 비용이 상승하고, 이는 다시 소비자가 지불해야 할 제품이나 서비스의 가격에 영향을 미쳐서 경영자들이 기업을 경영하는데 고통을 준다. 해외 국가들이 시행하는 조세 정책 또한 기업의 국제적 경영에 영향을 미친다.

2.3 사회문화적 요인

1) 사회문화적 환경의 중요성

국제기업의 경영자들이 직면하는 중요한 도전은 **사회문화적 환경**(sociocultural environment)이다. 사회문화적 환경이 문제가 되는 것은 기업 자국의 문화와 현지의 문화 사이에 의미있는 차이가 있는 경우이다. 예를 들어 대부분의 미국 경영자들은 영국의 문화와 전통을 비교적 친숙하게 받아들인다. 두 나라는 같은 언어를 사용하고, 역사적 뿌리를 같이 하는 나라들로서, 오랜 세월 활발히 교역해온 역사가 있다. 반면에 미국 경영자들이 베트남, 중국, 혹은 중동에서 사업하고자 할 경우, 그와 같은 국가 간 공통점은 찾아보기 힘들어진다. 현대자동차나 기아자동차와 같은 국제기업들이 미국을 비롯한 서구의 선진국은 물론이고 동유럽 공산국가, 동남아시아 등의 국제시장에서 경험한 가장 큰 애로사항의 하나는 각 나라의 국가문화에 대한 이해가 부족했다는 점이다.

2) 국가문화의 의의

국가문화(national culture)는 그 나라의 국민들을 하나로 묶어 주는 실천체계로서, 이는 가치관, 규범, 지식, 신념, 윤리, 법칙 및 관습 등과 같은 사회문화적 요인들에 영향을 받아 형성된다. 이 중에서 특히 중요한 것이 가치관과 규범이다. 국가문화는 국가라는 맥락에서 개인이 다른 사람들과 집단을 이루어 행동할 때, 어떻게 하는 것이 적절하고 어떻게 하는 것이 부적절하며, 어느 것이 더 중요하고 어느 것이 덜 중요한가를 판단하는 규범적 틀로 작용한다. 연구결과에 의하면, 국가문화는 구성원들의 태도와 행동에 조직문화보다 더 큰 영향을 미친다고 한다.[2]

① **가치관 및 규범**: 가치관과 규범은 국가문화의 기초적 토대를 이루는 두 요소이다. 이 중 **가치관**(values)은 사회구성원들이 옳고 그름, 좋고 나쁨, 혹은 아름답거나 추하다고 느끼는 것에 관한 평가기준이 된다. 가치관은 단순한 추상적 개념 이상의 것으로서, 사람들이 이것을 지키기 위해 다투고 고뇌하는 정서적 의미가 담겨 있다. 일반적으로 국가의 가치관은 그 나라의 역사와 문화의 소산으로서, 주어진 사회 속에 깊이 박혀 있기 때문에, 한 국가의 가치관은 변화하기 쉽지 않다. **규범**(norm)은 특정의 상황에 처했을 때 바람직한 행위가 무엇인가를 규정하는, 문서화되지 않은 원칙이라 할 수 있다. 이에는 개인의 일상생활을 제어하면서 사회와 사회생활을 유지시키는 일상적 습관, 관습, 예절, 혹은 습속 등이 포함된다. 가령 대부분의 국가에서 음주는 광범위하게 허용되지만, 사우디아라비아에서는 음주가 사회적 습속을 저해하는 것으로 생각한다.

② **사회문화적 차원의 국가별 차이**: 〈표 4–1〉은 GLOBE라는 연구조사 팀이 62개국 18,000여 명의 경영자들을 상대로 조사한 국가문화의 차이를 요약한 것이다. 이팀은 국가문화의 차이를 규정짓는 9개의 차원을 발견하고, 각 차원에 있어서의 국가별 차이를 확인했다.[3] 이 연구결과는 기업의 국제화를 지향하는 경영자들에게 몇 가지 중요한 의미를 제공한다.

---

2) G. Hofstede, *Culture's Consequences: International Differences in Work-Related Values*, 2nd ed., 2001, pp. 9–15
3) Robins & Coulter, *Management*, 12th ed., 2014, p.112.

〈표 4-1〉 홉스테드의 주요 사회문화적 차원에 대한 국가별 차이

사회문화적 차원	정 의	사회문화적 차원의 수준		
		높은 나라	중간인 나라	낮은 나라
권력 거리 (power distance)	사회가 권력의 불공정한 분포를 얼마나 수용하는가?	러시아 스페인 태국	영국 프랑스 브라질	네덜란드 덴마크 남아프리카
불확실성 회피성향 (uncertainty avoidance)	사회가 사회적 규범과 절차를 토대로 미래의 불확실성 감소를 위해 얼마나 노력하는가?	오스트리아 덴마크 독일	이스라엘 미국 멕시코	러시아 헝가리 볼리비아
자신감 (assertiveness)	사회가 개인들에게 강인성, 적대성, 주관성 및 경쟁성을 얼마나 장려하는가?	스페인 미국 그리스	이집트 아일랜드 필리핀	스웨덴 스위스 뉴질랜드
인간 지향성 (human orientation)	사회가 공평성, 이타성, 관대성, 배려 및 친절에 얼마나 가치를 부여하는가?	인도네시아 이집트 말레이시아	홍콩 스웨덴 타이완	독일 스페인 프랑스
미래 지향성 (future orientation)	사회가 계획수립, 미래에의 투자 및 만족의 보류에 얼마나 큰 가치를 부여하는가?	덴마크 캐나다 네덜란드	슬로베니아 이집트 아일랜드	러시아 아르헨티나 폴란드
제도적 집단주의 (institutional collectivism)	사회가 사회제도에 의한 조직과 사회의 통합을 얼마나 강조하는가?	그리스 헝가리 독일	홍콩 미국 이집트	덴마크 싱가포르 일본
성차별 (gender differentiation)	사회가 신분 및 의사결정 권한에 있어 성 역할의 차이를 얼마나 두는가?	대한민국 이집트 모로코	이태리 브라질 아르헨티나	스웨덴 덴마크 슬로베니아
그룹내 집단주의 (in-group collectivism)	사회구성원들이 가족, 교우, 직장 등의 그룹 구성원임을 얼마나 자랑스럽게 생각하는가?	이집트 중국 모로코	일본 이스라엘 카타르	덴마크 스웨덴 뉴질랜드
성과 지향성 (performance orientation)	사회가 성과의 향상과 우수성에 얼마나 큰 가치를 부여하는가?	미국 타이완 뉴질랜드	스웨덴 이스라엘 스페인	러시아 아르헨티나 그리스

첫째, 국가문화의 차이 때문에, 한 국가에서는 효과적인 경영방식이 다른 국가에서는 비효과적인 경우가 많다. 가령 개인의 성과를 중시하는 미국식 성과급 제도는 집단의 성과를 중시하는 일본 사회에서는 효력을 거두기 어렵다. 둘째, 다른 나라 사람과 거래를 원하는 경영자는 그 나라의 가치관과 규범에 민감히 대응해야 한다. 가령 금요일은 이슬람국가들의 안식일이기 때문에, 우리나라 기업인이 금요일에 사우디아라비아 기업을 방문해 과업을 수행하고자 하는 것은 부적절한 일이다. 셋째, 글로벌 시장에서의 성공을 위해서는 문화적 다양성을 갖춘 경영 팀을 구성해 활동하는 것이 바람직하다. 다양한 구성원들로 이루어진 집단은 국가 고유의 문화적 차이에 효과적으

로 대응할 수 있기 때문이다. 국제시장에서 미국기업들이 일본기업들에 비해 경쟁우위를 보일 수 있는 요인들 중의 하나는 미국기업들은 다양한 국가의 경영자들로 국제경영팀을 구성해 국제시장에 뛰어든다는 점이다. 컴팩은 독일 태생 최고경영자를 임명하고, 포드 자동차는 영국 태생의 최고경영자를 임명한 바 있다. 반면에 일본기업들은 대부분 자기 나라 사람들로 경영진을 채우다 보니, 해외시장 진출 시 문화적으로 편협한 시야에서 벗어나지 못하는 우를 범하는 경향이 있다.

3) 사회문화적 환경의 주요 요인

사회문화적 환경의 주요 요인은 라이프 스타일 차이, 언어의 차이 및 종교문화의 차이이다.

① **라이프 스타일 차이**: 문화적 환경의 첫 번째 요인은 라이프 스타일 차이이다. 미국에서는 경영자들이 시간의 가치를 높이 평가하기 때문에, 자신의 과업 스케줄을 세밀하게 짜고, 이를 지키기 위해 노력한다. 반면에 중동에서는 경영자들이 시간에 큰 가치를 부여하지 않기 때문에, 타인과의 약속을 그리 중요시 하지 않는다. 이로 인해 중동의 잠재적 사업 파트너가 약속시간을 안 지키면, 이것이 단지 시간의 가치에 대한 관점의 차이 때문임에도 불구하고, 미국 경영자들은 모욕감을 느끼기도 하고, 협상의 주도권을 잡기 위한 술책으로 받아들이기도 한다.[4]

② **언어의 차이**: 두 번째 문화적 환경 요인은 언어의 차이이다. 언어의 장벽은 물론, 같은 어휘나 문장이 나타내는 의미의 미묘한 차이 또한 국제적 경영활동에 중대한 영향을 미칠 수 있다. 캐나다의 Imperial Oil은 Esso라는 상표명으로 휘발유를 판매한다. 그런데 이 회사가 일본에서 휘발유를 판매하면서, 일본에서는 esso가 '고립된 차(stalled car)'라는, 달갑지 않은 뜻이 있음을 알았다. Chevrolet가 Nova라 하는 US 모델을 남미에 소개할 때, 이 차의 매출이 저조한 이유중 하나가 스페인어로 no va는 '가지 않는다'는 뜻이기 때문이었음을 알았다. 무슬림 국가에서는 녹색이 많이 사용되는데, 어떤 국가에서는 이 색이 죽음을 상징하기도 한다. 미국에서 여성과 관련이 깊은 색깔은 분홍색이지만, 다른 많은 나라에서는 황색이 가장 여성스러운 색깔

---

4) Griffin, *op. cit.* 2022, p. 49.

이다. 디즈니가 홍콩에 처음 테마파크를 진입시키려 할 때, 인쇄매체 광고에 부모와 두 아이를 등장시켰는데, 이는 중국 정부가 아이 하나로 산아제한을 하고 있음을 간과한 실패작이었다.[5]

③ **종교문화의 차이**: 세 번째 문화적 환경요인은 종교문화의 차이이다. 이슬람교에서는 타인의 불행을 이용해 이득을 취하지 말라고 가르치기 때문에, 돈을 빌려준 대가로 이자를 받는 것은 부도덕하다고 생각한다. 이로 인해 수단에서는 은행이 이자를 받고 대출할 수 없다. 유사한 맥락에서 사우디아라비아에서는 차량 견인 사업을 기피한다. 이 사업은 차량의 고장이라는 불행한 일에 투자하는 것으로 보기 때문이다. 이러한 문화적·종교적 제약조건은 결국 사우디나 수단에서는 견인 사업이나 금융 사업이 아무런 전망이 없음을 의미한다.

제3절 기업 국제화의 방법

1. 국제기업의 유형

듀퐁(DuPoint)은 1863년에 중국에서 사업을 경영하기 시작했다. 하인츠 회사(H.J. Heinz Company)는 1905년에 영국에서 식료품을 생산했다. 포드 자동차는 1908년에 프랑스에 처음으로 해외 판매지사를 설립했다. 1920년대에 이르러서는 피아트, 유니레버, 및 로얄더치/쉘이 국제화에 진입했다. 그러나 국제적 경영이 보편화되기 시작한 것은 1960년대 중반의 일이다. 국제기업에는 여러 유형이 있으나, 가장 공통적인 유형은 다음과 같다.

1.1 다국적기업

다국적기업(multinational corporation: MNC)은 여러 나라에서 사업을 운영하는 국제기업을 말한다. 다국적기업의 한 가지 유형이 **다중국내기업**(multi-domestic corporation)이다. 이는 기업이 각 국가마다 제품

---

[5] Geoffrey A. Fowler, "Main Street , H.K.-Disne Localizes Mickey to Boost Its Hong Kong Theme Park," *Wall Street Journal*, Jan. 23, 2008, pp. B1, B2

생산과 마케팅 전략을 그 나라 조건에 따라 다르게 적용함으로써 기업 국제화의 효과를 극대화하고자 하는, 일종의 지역적 맞춤화를 지향하는 기업이다. 이 국제화 방법에서는 주로 현지의 종업원들을 고용해 사업을 경영하도록 하며, 그 국가의 특성에 맞게 마케팅 전략을 추구한다. 스위스에 국적을 둔 네슬레가 그 대표적인 예이다. 이 회사는 지구상의 거의 모든 국가에 사업기지를 두고 경영자들이 자사의 제품을 해당 국가의 소비자들에 맞춰 고객화한다. 특히 유럽에서는 미국이나 남미에 없는 제품을 판매한다. 펩시의 한 사업부인 프리토레이(Frito-Lay)는 미국과 캐나다에서 판매하는 제품과 맛과 질감이 다른 도리토 칩(Dorito chip)을 영국에서 판매한다.

소매업의 제왕 월마트는 현지 소비자들의 취향에 맞춰 제품과 점포 형태를 지역화(localizing) 하면서, "글로벌한 경영을 위해 지역적으로 사고하라"는 모토를 내세운다. 이제 많은 기업들이 이와 같은 접근을 통해 글로벌 사업을 조직화하고 있다. 지역 시장의 욕구를 충족시킬 수 있도록 자사의 제품개발과 마케팅 노력에 대한 **지역적 고객화**(local customizing)의 필요성을 느끼기 때문이다.

1.2 글로벌 기업

다국적 기업의 또 다른 형태는 **글로벌 기업**(global company)이다. 이는 경영활동과 의사결정을 자국에서 집중하는 형태이다. 글로벌 기업은 세계시장을 하나의 통합된 전체로 보고, 글로벌 기반 하에서의 효율과 원가절감에 초점을 둔다. 이 기업은 여러 나라에 상당한 규모의 자산을 소유하지만, 전사적 영향이 있는 의사결정은 본사에서 이루어진다. 글로벌 기업의 예는 소니, 도이치은행 AG, 제너럴 모터즈, 메릴 린치(Merrill Lynch), 삼성 등이다.

1.3 초국적기업

만약 기업이 국제시장 진출을 위해 인위적으로 지리적 장벽을 없애는 정책을 사용한다면, 이는 **초국적기업**(transnational company)이 된다. **무국경 기업**(borderless corporation)이라고도 한다. 더욱 정확하게 정의하면, 모기업이 세계 각지에 자회사, 지사, 합병회사 및 공장과 같은 사업체와 자산을 확보하고 글로벌하게 생산과 판매활동을 벌이는 기업을 의미한다. 초국적기업은 현지별 고객화 전략을 구사하면서도, 글로벌 통합전략을 통해 효율과 유효성을 증대하고자 노력한다.

실례로, IBM은 국가별 조직구조를 없애고, 산업집단별로 조직을 재편했다. 포드 자동차는 세계 도처에 기반을 둔 사업체들의 운영을 통합한 '하나의 포드' 컨셉트를 추구하고 있다. 초국경 기업의 또 다른 사례인 Thompson SA의 CEO는 이렇게 말한다. "우리는 사람들이 어느 곳에 가든 톰슨의 기지가 있다고 생각하지 않기를 원한다."[6]

2. 국제화의 수준

기업이 해외에서 경쟁우위를 얻기 위해 취할 수 있는 국제적 경영의 수준은 다양하다. 글로벌 아웃소싱, 수출입, 라이선싱, 전략적 제휴 및 직접투자가 그것이다. 〈표 4-2〉는 기업의 국제화를 위한 각 접근법의 장점과 단점을 요약한 것이다.

〈표 4-2〉 국제화에 대한 각 접근법의 장·단점

국제화 접근법	장 점	단 점
글로벌 아웃소싱	최소의 설비투자 원가 절감	생산과정의 통제력 부족
수출입	소규모 현금 지출 위험성이 적음 현지 적응 불필요	관세 및 조세 높은 수송비 정부 규제가 많음
라이선싱/프랜차이징	수익성 증대 리스크 감소	사업 유연성 결여 통제력 약화
전략적 제휴/조인트 벤처	신속한 시장진입 자재와 기술에 대한 접근성	소유권의 공유 제한된 경영 및 이익 통제력
직접투자	통제력 양호 기존 인프라 이용 가능 원가 점감 및 유통경로 단축	복잡성 증대 정치적·경제적 위험성이 큼 불확실성이 큼

2.1 글로벌 아웃소싱

글로벌 아웃소싱(global outsourcing)은 후술하는 수출입과 더불어 최소의 투자로 국제화를 기할 수 있는 방법이다. 직접 시설 투자를 하지 않고 세계 어디에서든 자재나 노동력을 저렴한 비용으로 조달하거나, 필요한 고급 기술이 자사에 없을 때 해외의 조직을 활용하기 위해 도입한다. 따라서 글로벌 아웃소싱의 주된 목적은 더 큰 경쟁력을 위해 더 싼 비용을 이용하자는 것이다. 미국 매사

---

[6] P. Dvorak, "Why Multiple headquarters Multiply," Wall Street Journal, Nov., 2007, pp.B1+.

추세츠 종합병원은 CT 촬영을 하면 인도의 방사선과에 검사 결과의 판독을 의뢰하고 있다.[7]

2.2 수출입

수입(importing)이나 **수출**(exporting)은 사실상 기업이 국제경영에 참여하고자 하는 최초의 단계이다. 수출은 국내에서 제품이나 서비스를 생산해 외국에서 판매하는 형태를 말한다. 수입은 외국으로부터 제품, 서비스 혹은 자본을 국내로 들여오는 것을 말한다. 포드, 폭스바겐, 메르세데스-벤츠, 현대, 마쯔다와 같은 자동차 회사들과 소니, 산요와 같은 스테레오 제품들은 제조업체들에 의해 다른 나라로 수출된다. 마찬가지로, 많은 포도주 유통업체들은 프랑스, 이탈리아, 미국 등에 있는 포도원에서 포도주를 구입해 자기 나라에 수입한 후 재판매한다.

2.3 라이선싱 및 프랜차이징

라이선싱(licensing)은 기업이 외국의 사업 파트너(licensee)에게 자사의 상표와 상호는 물론 기술, 특허권, 소유권, 혹은 기타의 자산을 이용해 제품을 제조 및 판매하도록 허용하는 대신, 이 기업으로부터 일정한 로열티(loyalty), 즉 수수료를 지급받는 계약을 맺는 것을 말한다. 라이선스를 제공하는 기업, 즉 모기업(licenser)이 국제화를 위해 라이선싱을 선택하는 것은 과도한 수송비, 현지의 정부 규제, 및 자국 내의 값비싼 제조비용을 피할 수 있기 때문이다. 불확실한 해외상황 하에서 과도한 개발 비용과 리스크를 줄일 수 있다는 장점도 있다. 주로 제조업에서 이용된다.

라이선싱의 특수 형태인 **프랜차이징**(franchising)은 프랜차이즈 가맹업체가 모기업의 허락 하에 제품, 장비, 성분, 상표 및 상호를 포함해 제품의 제조와 판매에 필요한 모든 자재와 서비스의 패키지를 사용하는 대신, 모기업에게 일정한 수수료를 지급하는 방식이다. 모기업은 가맹업체들에게 경영자문을 제공하고, 가맹업체들로 하여금 표준화된 운영 시스템을 사용하도록 한다. 주로 서비스업에서 이용된다. 미국의 힐튼호텔이 그 예이다. 이 호텔은 세계 각국의 숙박업체와 프랜차이즈 계약을 맺고 힐튼이라는 이름으로 호텔 사업을 경영하도록 허용하면서 거액의 수수료를 받는다.

라이선싱과 프랜차이징은 여러 가지 면에서 유사하다. 그러나 라이선싱의 경우 라이선스 가맹업체가 자사의 운영 시스템을 사용하면서 경영과정에 어느 정도의 자율성을 유지하는 데 비해, 프

---

7) B. Davis, "Migration of Skilled Jobs Abroad Unsettles Global-Economy Fans," *Wall Street Journal*, Jan. 2004, p. A1.

랜차이징은 가맹업체가 모기업의 운영 시스템을 그대로 사용하는 경우가 많다. 맥도널드의 이름을 사용하는 햄버거 업체들이 대표적인 예이다. 한국에서 맥도널드 햄버거를 사 먹은 미국인들이 맛과 품질에서 미국의 햄버거에 미치지 못한다고 실망하는 경우가 많다. 프랜차이징의 장 단점은 라이선싱의 장 단점과 비슷하다. 다만 프랜차이징의 경우, 가맹업체에 대한 모기업의 통제력이 약해서 가맹업체가 제품의 품질과 명성을 떨어뜨릴 가능성이 있다.

2.4 전략적 제휴와 조인트벤처

전략적 제휴(strategic alliance)는 둘 이상의 기업들이 상호 이익을 위해 공동으로 협력하는 국제화 형태이다. 한 기업과 또 다른 외국 기업이 파트너십을 형성하고 신제품 개발이나 생산시설 건설에 필요한 자원과 정보를 공유하는 것을 말한다. 예로서, 유니시스와 오라클은 전략적 제휴 하에 고객들에게 유니시스의 서비스와 기술, 및 오라클의 기업 소프트웨어를 제공한다.

조인트벤처(joint venture)는 전략적 제휴의 특수 형태로서, 두 파트너 기업이 합작투자를 통해 새로운 기업을 설립하고, 이 기업의 소유권을 공유하는 국제적 경영의 한 방법이다. 근래에 전략적 제휴와 조인트벤처는 국제화의 중요한 전략으로 대두되고 있다.

2.5 해외 직접투자

가장 고도화된 국제화의 형태는 **해외 직접투자**(foreign direct investment)이다. 직접투자는 자국에 본부를 둔 한 기업이 외국에 생산·운영시설이나 지사를 설립해 운영하는 것을 말한다. **완전 소유 해외지사**(wholly owned foreign subsidiary)는 전형적인 해외 직접투자의 예이다. BP의 Amoco 획득, 델 컴퓨터의 중국 공장 설립, 및 디즈니의 상하이 테마파크 설립이 대표적인 예이다. 코카콜라는 최근에 병 채우기 공정과 유통망 확대를 위해 인도에 1억 5천만 달러를 투자했으며, 펩시콜라는 러시아 요구르트 회사를 위해 42억 달러를 투자한 사례도 있다.

해외 직접투자는 사업 운영에 대해 완전한 통제가 가능하고 현지에서 기존의 인프라스트럭처를 이용할 수 있다는 것이 장점이다. 또한 다른 국제화 방법에 비해 원가를 절감할 수 있고 소비자까지의 유통경로를 단축할 수 있다. 현지의 경영자들이 그 지역의 경제적, 문화적 및 정치적 상황을 더 잘 이해할 수 있다는 것도 장점이다. 그러나 현지에 직접 지사나 운영시설을 운영하는데 영향을 미치는 변수가 복잡하고, 변수들의 불확실성이 크다는 것이 단점이다. 다른 국제화 방식보다 경제적, 정치적 리스크가 크다는 문제도 있다. 직접투자는 현지 정부의 규제가 심하지 않고, 조세감면의 혜택이 주어지거나 저렴한 노동력이 풍부할 경우 특히 효과적이다. 실례로, 많은 미국기업들은 멕시코의 미국 접경에서 마킬라도라(maquiladoras)라는 공장을 운영한다.[8] 마킬라도라의 공장들은 멕시코 정부로부터 세금이나 관세의 인하 혹은 면제의 혜택을 받는다. 값싼 임금에도 불구하고 수많은 노동자들이 여기서 일하기 위해 이 지역으로 몰려든다.

3. 국제화의 전략

기업이 국제경영에 참여하면서 도입할 수 있는 전략은 크게 두 가지이다. 국가별 차별화 전략과 글로벌 전략이 그것이다.

3.1 국가별 차별화 전략

국가별 차별화 전략(multi-domestic strategy)은 간단히 국가별 전략이라고도 하며, 각 국가별로 제품설계, 제조 및 마케팅에 있어 상이한 경영방식을 적용하는 전략을 말한다. 국가별 차별화 전략의 유사개념으로서 **지역별 차별화 전략**이 있는데, 이는 각 지역마다 상이한 경영방식을 적용하는 경우를 일컫는다. 세계시장을 동아시아권, 환태평양권, 북미권, 남미권, 서유럽권, 동유럽권 및 아프리카권 등으로 나누어 각 권역별로 차별화된 제품과 서비스 및 마케팅 전략을 적용하는 것이 그 예이다. 국제화 과정에서 이와 같은 차별화 전략이 필요하게 된 것은 나라나 지역마다 시장 특성에 차이가 있어서, 기업이 국제경영에 성공하기 위해서는 이러한 차이에 효과적으로 대응해야 한다는, **지역적 고객화**(local customizing)의 필요성이 대두되었기 때문이다.

국가별 차별화 전략 하에서는 각 해외지사들이 독립적인 사업단위가 되어 활동한다. 즉, 각 해외지사가 이익 중심점(profit center)이 되어 각자의 활동 결과 발생하는 수익과 비용, 및 그에 따른 이윤에 대해 책임을 진다. 코카콜라는 전 세계에 수백 개의 이익 중심점을 운영하고 있다. 이 회사

---

[8] 마킬라도라는 멕시코 북부의 미국 국경 근처에 소재하는 경공업 조립공장을 말한다. 값싼 노동력과 관세인하 혜택을 이용하여 원자재를 수입, 가공 처리하여 주로 미국에 수출하는 멕시코의 외국계 공장을 일컫는다. 1965년 멕시코 정부의 무역수지 개선 목적으로 제정된 국경 산업화 프로그램의 일환이다.

의 국제사업 본부는 각 해외지사들을 상대로 해외사업 전반에 대한 재무적 통제를 실시하고, 제품믹스(product mix)와 같은 마케팅 정책을 광범위하게 조정함으로써, 각 이익 중심점들이 기업 전체의 이익 극대화에 기여하도록 유도한다. 태국에 진출한 미국의 스낵 제조업체 프리토 레이(Frito-Lay)는 소비자들의 기호에 맞는 칩을 생산하기 위해, 다양한 원료에서 채취한 500가지 향내를 놓고 소비자들을 상대로 실험한 결과, 이들이 선호하는 향내는 바베큐와 같은 미국적 향내와 흡사하다는 것을 알고, 제품개발에 이를 반영하였다.

3.2 글로벌 전략

국가별 차별화 전략과는 달리 **글로벌 전략**(global strategy)은 전 세계적으로 제품 설계, 제조 및 마케팅 활동을 표준화하는 전략이다. 국제적 일관성과 표준화를 통해 저원가를 달성하고자 하는 것이 목적이다. 여기서는 각국에 거점을 둔 해외지사들이 회사의 목표, 경영방식 및 마케팅 정책에 있어 본사와 상호 유기적인 협력체계를 유지하면서 해외사업을 운영한다. 이 전략의 기본전제는 오늘날 인터넷, 휴대폰, SNS와 같은 정보기술 매체의 활성화와 더불어, 매스미디어 및 이동수단의 발달로 국제시장에서 고객들의 수요가 동질화되어 가고 있다는 점이다.

이로 인해 오늘날은 글로벌 전략을 사용하는 다국적 기업들이 늘어나고 있다. GM(자동차)을 비롯해서 미국의 Caterpillar와 일본의 고마쯔(건설 중장비), 코닥과 후지(필름), 삼성, 인텔, 및 히다찌(반도체)의 경우가 그 예이다.

제4절 국제경영의 실행

기업이 국제경영을 실행하기 위해서는 국내에서의 기업경영 방식과는 다른 스타일의 경영방식을 도입해야 한다. 경영자들은 조직화, 인력선발 및 현지적응, 리더십, 동기부여, 의사결정 및 통제와 같은 경영기능들을 국제경영에 적합하게 수행해야만 한다.

1. 조직화

기업의 국제화를 위한 조직화의 방법은 크게 네 가지이다. 위탁대리인, 수출부서, 국제기업 및 다국적기업이 그것이다. 〈그림 4-3〉은 국제 박식의 복잡성과 자원의 몰입도를 중심으로 각 조직화 방법의 국제화 수준을 비교한 것이다. 이 중 다국적 기업은 국제기업의 한 형태로서 제3절에서 다루었으므로, 여기서는 설명을 생략한다.

〈그림 4-3〉 국제경영을 위한 조직화 방법

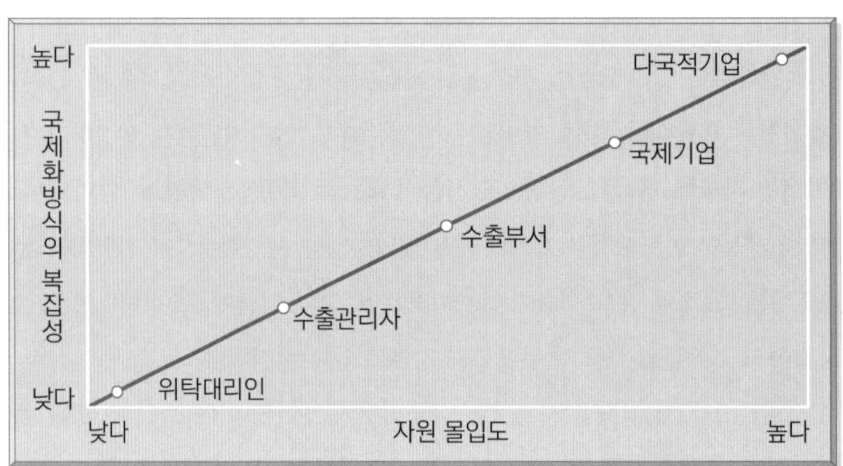

1.1 위탁대리인

위탁대리인(commission agent)이란 한 기업을 대표하여 외국에서의 거래를 성사시키고 그 대가로 거래액의 일정 부분을 수수료로 제공받는 사람을 말한다. 기업 국제화의 초기 단계에 외국의 잠재고객으로부터 제기되는 질의사항을 처리하거나, 자사 제품의 해외에서의 판매 가능성을 확인하는 데에는 이 방법을 이용하는 것이 보통이다. 위탁대리인은 보통 둘 이상의 기업을 대표해 활동하며, 자신이 관계하고 있는 회사제품의 설명서를 해외의 잠재 고객들에게 제시하고, 이들이 동 회사 제품을 수입하도록 유도한다. 자원이 부족한 기업의 경우 초기에는 일단 위탁대리인을 활용하면 효과를 볼 수 있다.

1.2 수출 관리자 및 수출부서

외국과의 거래량이 늘어나고 해외사업의 규모와 활동이 증대하면, 조직 내에 **수출관리자**(export manager)를 임명해 수출관련 업무를 전담하도록 하는 것이 좋다. 그러나 수출업무가 더욱 복잡해지고, 수출을 위해 더 많은 인적·물적 자원이 필요하게 되면, 조직 내에 별도의 수출부서를 설치하는 것이 효과적이다. **수출부서**(export department)는 회사를 대표해 해외시장과 관련된 모든 과업을 수행한다. 대표적인 과업은 해외시장 환경 분석과 해외 수요의 추정, 해외 고객들의 불만 및 클레임 처리, 제품 선적 및 관세 업무 및 수출 대금 회수 등이다.

그러나 해외사업의 규모가 커지면, 수출부서만으로 국제경영을 효과적으로 수행하기 어렵다. 특히 다음과 같은 경우 후술하는 국제기업이나 전술한 다국적 기업으로 이행하는 것이 바람직하다.

- 해외사업 부문의 생산 및 판매능력이 국내사업 부문의 15%에 달할 만큼 성장했을 때
- 해외 고객들에게 판매하는 제품 믹스의 다양화가 이루어졌을 때
- 기업 내에서 국내사업과 해외사업에 대한 조정에 어려움을 느낄 때

1.3 국제기업

국제기업(international corporation)이란 한 국가의 경계를 뛰어 넘는 사업적 관심을 가지고 외국에 생산 및 판매를 위한 독립적 사업조직을 운영하는 기업을 말한다. 여기서는 일반적으로 해외의 각 지역별로 국제사업부를 조직한다. 미주사업부, 유럽사업부, 환태평양 사업부 등이 그 예이다. 사업단위의 성격은 시장의 규모와 국제적 생산 및 판매의 범위에 따라 달라진다. 국제사업부는 관련 국가와 지역을 대표하여 준독립적인 사업단위의 자격으로 국제경영 활동을 수행한다. 국제기업은 다국적 기업, 글로벌 기업 및 초국적 기업 등의 형태로 운영된다. 이들에 대한 설명은 제3절에서 상세히 다루었다.

IBM, 쉘, 코카콜라 등은 국제기업의 대표적인 예이다. 코카콜라는 총 수익의 80% 이상을 미국 이외의 지역에서 벌어들이고 있는 대표적 국제기업이다. 이 기업은 85개국에서 50억 이상의 고객을 상대로 사업하고 있으며, 전 세계에 65만명 이상의 종업원을 거느리고 있다. 이 회사가 지향하는 핵심가치는 "글로벌적으로 생각하고, 현지적으로 행동하는 것"이다. 이는 범세계적 시스템 속에서 효율을 유지하면서 현지 시장의 욕구에 대응해야 함을 강조한 표현이다. 미국의 포드, 이태

리의 피아트(자동차), 쉘(정유)과 같은 국제적 기업들은 이미 1900년대 초부터 외국에 해외지사를 설립하여 자사제품을 판매하는 등, 국제기업 체제에 돌입했다. 그러나 국제기업이 세계 각국에 일반화된 것은 1960년대 이후의 일이다.

2. 인적자원 관리

기업이 국제화를 위한 조직구조를 설계한 다음에는 국제경영을 위한 인적자원 관리를 해야 한다. 해외 인력을 관리하는 작업은 두 단계로 이루어진다: 인력 선발 및 적응과정.

1.1 인력 선발

기업이 국제경영에 필요한 인력을 선발할 때 적용하는 기준은 두 가지이다. 첫째는 기술적 요인이다. 이에는 현지 적응능력, 기술적 능력, 해외 근무경력, 학력 및 외국어 구사능력이 포함된다. 둘째는 인적 요인이다. 이에는 가족의 현지 적응능력, 인간관계 기술, 해외근무에 대한 열망, 현지의 국가문화와 본국의 국가문화 이해 정도가 포함된다. 이 중 가장 중요한 기준은 현지 적응능력, 기술적 능력, 가족의 현지 적응능력 및 인간관계 기술이다.

1.2 적응과정

특정의 종업원이 해외 지역의 어떤 자리에 적합한 후보로 선발되었다 하더라도, 그가 현지의 상황에 적응하지 못한다면, 이 선발은 실패로 돌아간다. 따라서 일단 선발된 인력은 체계적인 적응과정을 거쳐서 외국 현지에 배치되어야 한다. 〈그림 4-4〉에서 볼 수 있는 바와 같이, 해외인력으로 선발된 종업원이 거쳐야 할 적응과정은 두 단계로 구성된다: 배치전 적응 및 현지에서의 적응.

1) 배치 전 적응

〈그림 4-4〉에서 볼 수 있는 바와 같이, **배치 전 적응**(pre-assignment adjustment)에는 개인차원과 조직차원의 두 가지 요인이 영향을 미친다. 먼저 개인차원의 요인으로서, 해외근무 인력은 현지에서 자신이 맡게 될 직무의 현실에 대해 정확히 예측할 수 있어야 한다. 직무 현실에 대한 개인의 예측은

<그림 4-4> 국제적 적응과정과 그 영향요인

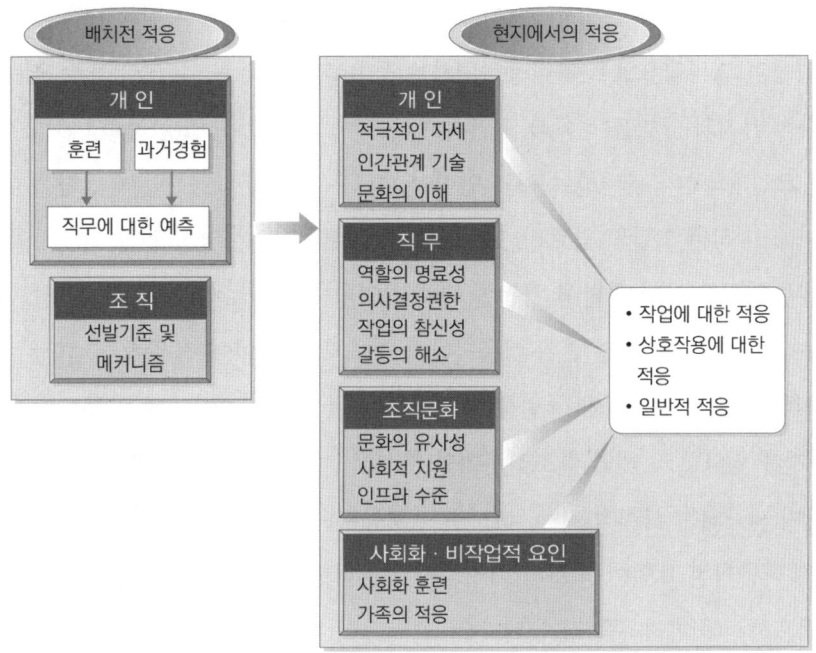

출발 전 교육, 및 현지 국가나 유사 문화권에 대한 과거의 경험 여부에 의해 영향을 받는다. 따라서 배치 받고자 하는 국가의 문화에 관한 정보를 제공하는 교차문화 세미나(crosscultural seminar)나 워크숍 같은 교육훈련 프로그램을 실시하면, 선발된 인력의 배치 전 적응기간을 단축할 수 있다.

배치 전 해외인력의 효과적 적응을 위해서는 개인차원의 요인도 중요하지만, 조직차원에서 적절한 장치를 마련하는 것이 바람직하다. 이를 위해 조직 내에 글로벌 인력의 선발기준과 구체적 선발 메커니즘을 구축해 두어야 한다.

2) 현지에서의 적응

선발된 인력이 배치 전 적응과정을 거쳐 현지에 배치된 다음에는 현지에서의 일정한 적응과정을 필요로 한다. **현지에서의 적응**(in-country adjustment)에 영향을 미치는 주요 요인은 세 가지이다: 개인적 요인, 직무관련 요인 및 조직문화적 요인. 경영자는 이러한 요인들을 세심히 살핌으로써, 해외 인력들이 현지에 효과적으로 적응할 수 있도록 지휘해야 한다.

① **개인적 요인**: 현지에서의 적응에 영향을 미치는 개인적 요인은 다음 세 가지이다: ⅰ) 긴장과 스트레스가 심한 새로운 세계에서 적극적이고 생산적인 자세를 취할 수 있는 능력, ⅱ) 현지 국가의 동료 작업자들과 효과적으로 상호작용하면서 이들로부터 협력을 이끌어 낼 수 있는 능력, ⅲ) 그 국가의 문화적 가치와 규범을 정확하게 인지하고, 그에 적응할 수 있는 능력.

② **직무관련 요인**: 직무와 관련하여 해외 인력이 새로운 환경에 적응하는데 영향을 미치는 요인은 네 가지이다: ⅰ) 직무 역할의 명료성, ⅱ) 자신에게 부여된 의사결정 권한, ⅲ) 작업 활동의 참신성, ⅳ) 현지 종업원들 사이에 발생 가능한 잠재적 역할 갈등의 수준. 현지에 인력을 배치할 때, 이러한 요인들이 고려되지 않으면 현지 적응시간이 길어지거나, 아예 적응에 실패할 수도 있다.

③ **조직문화적 요인**: 조직문화와 관련해 해외인력의 현지화 성공여부에 영향을 미치는 요인에는 다음 세 가지가 있다: ⅰ) 해외의 조직문화와 자신이 지금까지 경험한 조직문화의 유사성, ⅱ) 조직문화에 의해 제공되는 사회적 지원, ⅲ) 거주, 교통수단 등, 조직이 제공하는 개인적 인프라의 수준. 이러한 조직문화적 요인이 적절히 배려되지 않는다면, 외국에 배치되는 종업원들이 현지에서 신속하게 적응하는데 어려움을 겪게 된다.

이러한 필수 요인 외에도 해외에 파견된 인력이 해외 상황에 대한 적응능력을 갖추도록 하려면, 조직적 사회화 훈련을 통해 현지의 조직 내에서 개인이 효과적으로 사회화될 수 있도록 지원해야 한다. 또한 개인적 라이프 스타일, 가족의 현지 적응 등, 조직과는 무관한 비작업적 요인에 대해서도 세심한 배려가 있어야 한다.

3. 기업 국제화를 위한 경영기능

3.1 리더십

진출하고자 하는 해외시장이 어디냐에 따라 경영자의 리더십은 달라져야 한다. 특히 관계 지향적 국가에서는 경영자들이 종업원들에 대해 개인적으로 세심한 관심을 보여 주는 것이 필요하다. 가령 아시아, 아랍권 및 남미에서는 생일파티에 참석해 축하해 주는 등, 온정적이고 친밀한 접근법을 사용하는 것이 좋다. 중남미와 중국에서는 개인의 건강과 사기에 대해 문의하는 등, 작업자들과 주기적인 사회적 회합을 갖는 일이 중요하다.

경영자들은 또한 다른 사람들을 꾸짖을 때 세심한 주의를 기울여야 한다. 아시아, 아프리카, 아랍 및 남미 사람들은 자존심을 상하는 일이 자신은 물론 가족에게도 커다란 불명예가 되는 것으로 생각한다. 인도네시아의 미국 정유회사에 근무하는 한 미국인 경영자가 이 나라 출신의 한 종업원에게 사소한 일로 소리를 질렀다가, 성난 인도네시아 군중들이 흉기를 들고 달려드는 바람에 죽을 뻔 했다는 이야기가 있다. 외국인들에게 "남들이 보는 앞에서는 절대로 인도네시아인을 꾸짖지 말라"는 교훈을 남긴 사건이다.

3.2 동기부여

종업원들에 대한 동기부여 역시 현지 국가 고유의 문화에 적합한 방법으로 수행되어야 한다. 예를 들어, 일본에서는 종업원들이 개인보다는 회사의 욕구가 충족되는 방향으로 동기가 유발된다. 중국이나 구 유고연방 같은 사회주의 국가의 경우도 개인의 가치보다는 전체의 가치가 중시되기 때문에, 이런 나라에서는 매출액을 기준으로 상여금을 지급한다고 할 때, 당사자가 이를 수치스럽게 생각할 수도 있다. 일본에서 근무하는 한 미국인 경영자가 최고의 실적을 올린 세일즈맨에게 휴가여행이라는 인센티브를 제공했으나, 다른 종업원들이 이 일에 관심을 보이지 않았다. 이 경영자는 일본인들은 개인 차원보다는 집단 차원으로 더욱 동기가 유발된다는 사실을 깨닫고, 집단 전체에 여행보너스를 지급하는 방식으로 인센티브 시스템을 바꾸었더니, 종업원들이 경영자의 의도대로 움직이기 시작했다고 한다.

반면에 중남미에서는 종업원들이 회사보다는 개인을 위해 일하는 것이 일반적이다. 터키와 아랍국가에서는 개인이 최고의 존재이며, 따라서 종업원들은 직무성과보다는 상사에 대한 충성도에 따라 평가를 받는 경우가 많다.

3.3 의사결정

의사결정을 내리는 데 있어서도 어느 나라의 경영자들이냐에 따라 선호하는 방법이 다르기 마련이다. 미국기업의 종업원들은 문제에 대해 서로 토론을 벌인 뒤 그 결과를 상사에게 제안하는 참여적 의사결정을 선호하는 반면, 유럽의 경영자들은 주로 중앙집권적 의사결정을 선호한다. 따라서 독일기업의 경영자들은 자기 상사가 구체적인 지시를 내리기를 기다리며, 스스로 결정하기를 원하지 않는다. 남미와 인도 동부지역의 종업원들은 참여적 의사결정 자체를 이해하지 못한다. 이들은 뿌리 깊이 배어 있는 사회적 습성 때문에, 상사가 의사결정에 대한 부하들의 참여를 종용하면, 이것이 오히려 자신들의 무지와 약점을 부각시키는 결과를 가져올 것으로 우려한다.

한편, 아랍과 아프리카의 경영자들은 극단적인 형태의 자문적 의사결정을 선호하는 경향이 강하다. 아랍인들은 일대일 자문에 의해 비공식적이고 구조화되지 않은 방식으로 의사결정을 내리는 것이 보통이다. 일본인들은 상향식 의사결정을 선호하는데, 이는 집단 하모니를 강조하는 극동문화의 소산이라 할 수 있다. 마지막으로, 동양권 중 한국, 대만 및 홍콩의 종업원들은 경영자들을 자신을 도와 올바른 방향으로 인도하는 부모와 같은 존재로 생각하는 경향이 있다.

3.4 통제

국제적 경영활동이 계획대로 수행되지 못해 해외사업의 성과가 부진할 때에는 이를 바로 잡아야 한다. 그러나 해외사업의 경우 일이 제대로 진척되지 않는다 하더라도 국내사업의 경우만큼 통제의 기능을 수행하기가 쉽지 않다. 사람을 다루는 문제는 더욱 그렇다. 실례로 유럽, 멕시코 및 인도네시아 같은 나라에서는 능력과 성과를 기준으로 사람을 채용하고 해고하는 일이 매우 부자연스러운 것으로 간주된다. 이들 나라에서는 강력한 노동법과 노동조합에 관한 법규에 의해 근로자들의 권익이 보호되기 때문이다. 특히 멕시코는 30일의 근무기간이 경과한 다음에는 종업원들의 종신고용이 보장된다는 법규를 제정하기도 했다. 영국과 벨기에의 노동법 또한 종업원들에게 매우 유리한 내용으로 되어 있다.

이처럼 나라마다 사람들에 대한 통제 가능성이 다르기 때문에 경영자들은 조직의 비효율을 초래하는 비생산적인 관행이나 행동을 다루는데 신중을 기해야 한다. 홍콩에 있는 Sears의 한 경영자가 종업원들이 15분 늦게 출근하는 것을 알고 다음부터는 반드시 정시에 출근하도록 지시했다고 한다. 문제는 이들이 상사의 지시대로 정시에 출근하기는 했으나, 아무리 일이 많아도 정시에 퇴근해버리는 바람에 미루어진 과업이 산적하는 부작용이 발생했다는 것이다. 어쩔 수 없이 이 경영자는 종업원들이 종전의 근무관행으로 되돌아가도록 묵인했다고 한다.

국제경영에서 통제기능과 관련해 경영자들이 겪는 또 하나의 어려움은 대인관계 스타일의 국가별 차이이다. 실례로, 어떤 일본 회사의 중간관리자가 한 미국인 부하의 저조한 성과를 질타

하도록 상사로부터 종용을 받았다고 한다. 그러나 이 경영자는 다섯 번의 시도 끝에 겨우 미국인 부하에게 성과 저조를 지적하고 시정조치를 요구할 수 있었다고 한다. 일본인들은 다른 사람들과의 직접적 대결에 익숙해 있지 않기 때문이다.

제5절 국제경영의 환경적 제약요인

기업이 국제경영에 참여하면 수많은 외국기업들과의 경쟁에 직면하게 된다. 과거 각국은 외국에서 밀려오는 기업들로부터 자국 기업을 보호하기 위해 다양한 무역장벽을 구축하는 **보호무역주의**(protectionism)를 지향해 왔다. 그러나 지금은 국경 없는 지구촌의 시대로서, WTO를 중심으로 자유무역주의의 기치 하에 국제시장의 개방을 표방하고 있다.

이러한 추세와 더불어 한편으로는 각국이 지역적 블록화를 통해 보호무역주의를 조장하기도 한다. 이른바 지역적 이기주의의 소산이다. EU, NAFTA, ASEAN 등이 그 예이다. 기업이 국제시장에 진입하기 위해서는 이러한 국제시장에서의 경쟁적 요인들에 대해 현명하게 대처해야 한다.

1. 자유무역 메커니즘

1.1 GATT

1920년대 말, 세계 대공황을 경험한 서구의 선진 산업국들은 제2차 대전이 끝난 후, 국가 간 자원의 자유로운 흐름을 방해하는 장벽들을 제거하는 데 심혈을 기울였다. **자유무역주의**(free trade)야 말로 자국 산업을 건전하게 육성하면서 실업률도 줄일 수 있는 최선의 방법이라고 여겼기 때문이다. 여기서 무역장벽을 제거하는 데 목표를 두고 체결한 조약이 **관세무역일반협정**(General Agreement on Tariffs & Trade), 즉 GATT이다. 이 협정은 참여국들 사이에 무역 관세를 인하하고, 상호 협상을 통해 무역관련 이슈들을 타결하기 위한 일련의 조약이다. 1947년, 처음 이 조약이 체결되었을 때 총 23개국이 서명하였으며, 뒤를 이어 총 7라운드의 협상이 진행되었다. 가장 최근에 벌어진 제8차 협상인 우루과이 라운드는 1986년에 시작되어 1993년에 종료되었으며, 총 117개국이 이 협상에 참여했다. 이 라운드에서는 관세를 종전보다 30% 이상 낮추는 데 성공했다. 1947년 이래 GATT를 통해 선진국 정부들 사이에서 달성된 관세 인하율은 평균 94%를 넘는다.

1.2 WTO

호혜주의와 투명성의 원칙을 표방하는 GATT에서는 총 8,000여 가지 제조품목에 대해 관세를 인하하고 기타의 무역장벽을 해소하도록 제안했다. 나아가 여기서는 지적재산권(출판권, 상표, 특허 등)을 보호하고, 자유무역의 규칙을 서비스 분야로 확대 적용했다. 이렇게 해서 1995년 1월 1일 탄생한 것이 **세계무역기구**(World Trade Organization), 즉 WTO이다. 이 기구의 탄생으로 세계무역 질서는 GATT 체제에서 WTO 체제로 재편되었다. WTO는 스위스의 제네바에 본부를 두고 있다.

WTO의 주된 과업은 무역장벽을 전향적으로 제거하는 일이다. 이를 통해 글로벌 교역이 가능한 한 유연하고 예측가능하고 자유로와 지도록 하는 데 목표를 둔다. 2019년 현재 총 회원국은 164개국이다. 이는 세계 무역시장의 대부분이 WTO 체제하에 움직이고 있음을 뜻한다. 우리나라도 1995년, WTO 출범과 동시에 회원국으로 가입되었다. 그러나 이 기구는 미국을 비롯한 선진국들의 주도하에 운용되다 보니, 개도국과 선진국들 사이에 잦은 이해관계의 마찰을 빚고 있다.

1.3 FTA

미국이 중심이 되어 체결되기 시작한 FTA(Free Trade Agreement), 즉 **자유무역협정**은 특정 국가들 상호간의 무역 증진을 위해 물자나 서비스 이동을 자유화하자는 협정이다. 국가와 국가 사이의 관세 및 비관세 무역장벽을 완화하거나 철폐함으로써 무역의 자유화를 실현하기 위해 두 국가 사이 또는 특정의 지역 내에서 체결하는 호혜적 무역협정이다. GATT와 WTO가 모든 회원국에게 최혜국대우를 보장해 주는 다자주의(多者主義)를 원칙으로 하는 반면, FTA는 양자주의 혹은 지역주의를 지향하는 자유무역 체제로서, 회원국 간에만 무관세 혹은 관세 인하를 적용한다.

현재 많은 국가들이 이 협정을 체결하고 있다. 우리나라도 2004년, 칠레와 처음 FTA가 체결되었고, 2021년 2월 현재 56개국과 총 17건에 이르는 FTA를 체결하고 있다. 상품시장이 확대되어 비교우위에 있는 상품의 수출과 투자가 촉진된다는 장점이 있으나, 협정대상국에 비해 경쟁력이 낮은 산업은 큰 타격을 받을 수 있다는 것이 단점이다.

2. 지역적 경제통합

1980년대까지만 해도 국제적 경쟁은 우리나라 대 일본, 일본 대 미국 등과 같이, 주로 국가 대 국가의 형태를 취했다. 그러나 지금은 각 지역별로 지역적 협력체계를 결성해 가맹국 간 상호협력을 통해 서로의 권익을 보호하고 있다. **지역적 블록화**(cregional block)라고 부르는 이와 같은 **지역적 경제통합**(regional economic integration)의 부상으로 인해, 기업은 이제 국가뿐만 아니라 지역을 대상으로 경쟁하지 않으면 안 되게 되었다. 지역적 경제통합의 유형은 다음과 같다.

첫째는 **자유무역지역**(free trade area)이다. 이는 가맹국 간의 무역에 장애가 되는 요인, 즉 관세나 쿼터(수입수량할당제)를 폐지해 이들 지역 내의 무역을 자유롭게 하자는 협정으로서, NAFTA(북미자유무역협정), ASEAN(동남아국가연합), 등이 이에 속한다.

둘째는 **관세동맹**이다. 이는 자유무역지역에서 볼 수 있는 관세나 쿼터제의 폐지 외에도 가맹국 이외의 국가에 대한 관세를 일률적으로 부과하는 협정이다. 베네룩스 관세동맹, 적도 아프리카 관세동맹 등이 그 예이다.

셋째는 **공동시장**이다. 이는 관세동맹에서 한걸음 더 나아가 상품의 자유로운 흐름 뿐 아니라 자본, 노동 등, 이동 가능한 모든 생산요소의 자유로운 흐름을 실현하고자 하는 협정이다. 중·미 공동시장이 여기에 속한다.

넷째는 **경제연합**이다. 이는 전면적 경제통합으로서, 역내의 단일 통화를 비롯, 모든 경제 정책을 하나로 통합하는 완전한 경제공동체이다. 이를 위해서는 각국의 주권으로부터 독립한 행정기구의 설치가 필요하게 된다. EU(유럽연합)가 그 예이다.

● **지역적 블록화:** 지역적 경제통합은 일반적으로 지역적 블록화의 형태를 띤다. 지역적 블록화는 유럽, 남미, 동아시아 등, 각 지역별로 블록(block)을 형성해 역내 회원국 사이에 무역과 교류에 관한 호혜적 자유를 누리는 것을 말한다. 대표적인 예가 유럽의 EU, 북미의 NAFTA, 동남아시아의 ASEAN 등이다. 이러한 블록화의 기본논리는 입지의 경제, 즉 제품별로 원가 우위가 있는 나라에서 제품을 생산, 상호 교역함으로써 블록 내의 회원국들 전체의 이익을 극대화하자는 것이다.

2.1 EU

유럽연합(European Union), 즉 EU는 유럽 국가들 사이에 무역은 물론 여행, 고용 및 투자에 있어서의 장벽을 제거할 목적으로 결성된 연합체를 말한다. 1993년 1월 영국, 프랑스, 독일, 이태리, 스페인, 포르투갈, 그리스, 덴마크, 벨기에, 네덜란드, 룩셈부르크 및 아일랜드의 12개국으로 결성된 이 체제는 원래 **유럽공동체**(European Community), 즉 EC로 유지되어 오다가 1994년 이후 유럽연합으로 바뀌었다. 현재 회원국은 과거 사회주의 국가들인 동구권 국가들을 포함, 총 27개국이며, 영국은 2020년 1월 이 체제에서 탈퇴했다. EU의 태동 배경에는 근래에 미국과 일본이라는 신흥 경제 강국에 밀려 상실된 자신들의 국제적 입지를 되찾아야겠다는 유럽 국가들의 열망이 깔려 있다. 교역의 장애물이 도처에 산재한 상황에서 각국이 독자적으로 경제활동을 벌이는 한, 유럽의 기업들은 미국과 일본기업들이 누리고 있는 규모의 경제를 기대할 수 없기 때문이다.

EU의 탄생 전, 유럽 각국은 국경을 통제하고 자국 산업의 보호에 몰두하고 있었으나, 지금의 EU는 세계 최대의 단일시장이다. 가맹국들 사이에 자유로운 왕래가 가능하고, 무역, 고용 및 투자에 있어서도 아무런 장벽이 없다. 관세와 같은 무역장벽의 제거는 물론이고 제품, 서비스, 자본 및 사람에 이르기까지 모든 사물의 흐름에 자유가 보장되어 있다. 2002년, 모든 화폐가 유로화(euro)로 통합됨으로써, 바야흐로 EU는 완전한 경제공동체로 자리 잡았다. 여행자들은 한 장의 티켓으로 네덜란드의 암스테르담에서 포르투갈의 리스본까지 네 개의 국경과 다섯 나라를 통과한다. EU 체제 이전에는 같은 여행에 2파운드의 공식서류를 필요로 했던 것이 이처럼 달라진 것이다.

2.2 NAFTA / USMCA

북미자유무역협정(North American Free Trade Agreement), 즉 NAFTA는 미국, 캐나다 및 멕시코 3개국 정부가 상호 자유무역에 대한 모든 장벽을 제거하기로 합의한 협정을 말한다. 이 협정의 체결 당시, 3개국 간에 재화와 서비스 이동에 대한 관세, 수입허가 조건 등, 모든 관세 및 비관세장벽을 향후 15년간 단계적으로 철폐한다는 것을 주요 내용으로 삼았다. 1994년에 발족된 이 기구는 EU에 이어 두 번째로 큰 지역적 경제통합 협정으로서, 이를 통해 3억 6천여 명의 막대한 소비자 시장이 완전 개방되었고, 시장 규모가 7조 달러에 달하는 지역적 경제블록으로 발돋움했다.

그러나 2017년 8월, 트럼프 미국 행정부는 NAFTA가 미국의 일자리를 빼앗고 무역적자를 가져온다고 비판하면서, NAFTA에 관한 재협상을 시작했다. 결국 미국 멕시코 및 캐나다 3국은 2018년 9월, NAFTA를 USMCA, 즉 미국·멕시코·캐나다 협정(United States Mexico Canada Agreement)이라는 명칭으로 바꾸었다. 2020년 7월 발효된 이 지역적 협력체제의 교역 규모는 1조 2000억 달러에 이른다. 이로써 NAFTA는 발효된 지 24년 만에 유명무실하게 되었다.

2.3 ASEAN / AFTA

동남아시아국가연합(Association of Southeast Asian Nations), 즉 ASEAN은 1967년 8월 동남아시아 국가들이 창설한 사회·경제적 협력체제이다. 현재 태국, 베트남, 캄보디아, 라오스, 미얀마, 싱가포르, 필리핀, 인도네시아, 말레이시아 및 브루네이 등, 10개 회원국을 확보하고 있다. ASEAN은 우리나라의 주요 무역 대상 지역으로 중요시되고 있다.

ASEAN은 2003년, 본 연합 회원국들을 단일 시장으로 통합하는 자유무역 협정인 **아세안자유무역지대**, 즉 AFTA(ASEAN Free Trade Area)를 체결했다. 이 협정의 기본취지는 지역 내 거래 시 공산품 등 관세 대상 상품의 관세율을 평균 5% 이하로 낮추고, 궁극적으로는 무관세화를 실현하자는 것이다. 농산물과 국가안보 관련 품목은 협정의 적용대상에서 제외되고, 그 외는 다른 지역과의 자유무역협정을 통해 역내의 산업별·업종별 무역장벽을 철폐하고 지역 상품의 경쟁력을 강화하는 데 목적을 두었다. 기구 사무국은 인도네시아의 자카르타에 두고 있다.

3. 국제무역 통제장치

국제적 경영과 관련하여 경영자들이 고려해야 할 또 하나의 요인은 국제무역에 대해 얼마나 통제가 가해지느냐이다. 주요 통제 요인은 관세, 쿼터, 수출제한 협정 및 자국산 우선 구매정책이다.

3.1 관세

관세(tariff)는 국가경영을 넘어 선적되는 제품에 부과되는 세금을 말한다. 제품의 수출국이나 수입국, 혹은 제품이 경유하는 국가에 의해 부과된다. 가장 일반적인 관세는 수입관세이다. 이는 외국 제품의 원가를 증대시킴으로써 자국 기업들을 보호하기 위한 수단으로 활용되는 경우가 많다. 한국에서도 국내의 담배산업 보호를 위해 미국산 담배에 높은 관세를 부과해 국산보다 담배가격이 훨씬 높아지도록 하고 있다. 저개발국가의 경우 관세는 정부의 재정수입을 위해 활용되기도 한다.

3.2 쿼터

무역규제의 가장 공통적인 형태는 **쿼터**(quota)이다. 쿼터는 거래할 수 있는 제품의 수량이나 금액을 일정한 양으로 할당함으로써 국제교역을 제한하는 제도이다. 원래 자국 내 기업들이 일정한 시장점유율을 유지할 수 있도록 국제교역을 통제하고자 하는 목적으로 만들어진 제도이다. 혼다는 연간 425,000대의 자동차를 미국에 수출하도록 허가받고 있다. 혼다가 미국에 자동차 공장을 설립한 이유 중 하나는 쿼터를 채우기 위해서이다.

3.3 수출제한 협정

수출제한 협정(export restraint agreement)은 국가들 사이에 체결되는 국제교역에 관한 협정으로서, 다른 나라 정부가 특정의 국가로 수출하는 제품의 수량을 인위적으로 제한하는데 목적을 둔 제도이다. 따라서 이는 수출 쿼터에 관한 협정이라 할 수 있다. 강철 강국인 한국이 미국에 강철 제품을 수출할 경우 이 협정의 제한을 받는다.

3.4 자국산 우선구매 정책

자국산 우선구매 정책(Buy national)은 자국 산업을 보호한다는 목적 하에, 제품의 가격이나 거래조건이 외국 제품보다 불리하다 하더라도 자국 제품을 우선적으로 구매하도록 규제하는 정책을 말한다. 현재 브라질, 미국, 멕시코, 중국, 인도네시아 등에서 이 정책을 실시하고 있다. 브라질은 이 나라 기업들이 자국이 생산한 컴퓨터만을 구매하도록 요구하고 있고, 미국은 국방부가 미국산 군복을 사용하도록 규제하고 있다. 멕시코의 경우는 이 나라 안에서 판매되는 자동차 부품의 50%는 자국 내에서 생산하도록 요구한다. 한국의 경우도 2020년, 정부물품의 조달계약 체결 시 자유무역의 제도적 틀 안에서 국내산 제품을 우선적으로 구입하도록 제도화하는 법안이 발의되었다.

복습 및 연구문제

■ 복습하기

1. 기업 국제화가 필요한 이유는 무엇인가?
2. 입지의 경제란 무엇인가?
3. 국제적 과업환경과 일반환경의 차이를 설명하라.
4. 다국적 기업, 글로벌 기업 및 초국적 기업의 차이는 무엇인가
5. 라이센싱과 프랜차이징, 전략적 제휴와 조인트벤처를 비교·설명하라.
6. 자유무역 메커니즘과 지역적 블록화의 목적은 무엇인가? 각각의 예를 들어라.

■ 토론하기

M, H. Alshaya 회사는 쿠웨이트에 기지를 둔 세계 굴지의 소매업 및 식품업체이다. 스타벅스도 이 회사 소속이다. 원래 이 회사는 부동산업과 건설업이 주력 사업이었으나, 미국의 소매업 Mothercare의 쿠웨이트 프랜차이즈를 획득하고, 이 신규 사업으로 여러 나라에 사세를 확장하면서 수익과 순이익이 급속도로 증가하기 시작했다. 이를 발판으로 수십개의 소매업 프랜차이즈와 레스토랑 체인업체로서 중동은 물론이고, 아시아와 유럽에 이르기까지 시장을 확대하면서 급속한 성장을 거듭했다. Alshaya는 현재 강력한 지역적 전문화에 치중한다. 입지 선정, 리스 협상, 인력선발 및 교육훈련 시 나라와 지역적 차별화를 도모한다. 또한 각 지역별로 종교적 문화적 요구조건을 충족시킬 수 있도록 각 지역마다 다른 제품과 서비스를 제공한다. 예를 들어, 알코올 식품은 국가마다 다른 성분을 사용해 제조하면서도, 가능한 한 외양과 맛이 똑 같은 제품을 생산하고자 노력한다. 스타벅스 커피가 그 예이다. (자료원: Griffin, ibid, 2022, p. 1710)

1. Alshaya의 사명과 비전에 대해 논의하라.
2. 이 회사의 국제경영은 국제화 수준 중 어디에 해당하는가?
3. 현재 Alshaya가 도입하고 있는 전략들에 대해 설명하되, 지역적 고객화, 글로벌 성정, 다양화, 다중국내화 등과 같은 개념을 사용해 논의하라.

■ **자기평가**

당신의 글로벌 환경 적응능력은 어느 정도일까? 글로벌 환경은 우리나라 경영자들이 외국 사람들을 효과적으로 다루는 방법을 터득하도록 요구한다. 당신은 글로벌 시대에 성공적으로 살아갈 준비가 되어 있는가? 다음 문항들에 대해 5점 척도로 응답하고, 그 합계를 구해 글로벌 환경에 대한 당신의 적응능력을 평가하라.

1. 매우 그렇다 2. 약간 그렇다 3. 그저 그렇다 4. 약간 그렇지 않다 5. 매우 그렇지 않다

(1) 매사에 조급하고 참을성이 없다. "곧바로 본론에 들어가자"고 주장하는 때가 많다.(　)
(2) 대화 중 주의가 산만하고 상대의 말을 제대로 청취하지 않는다.(　)
(3) 논쟁을 좋아하며, 때로는 싸움 일보 전까지 간다.(　)
(4) 국경을 넘어서면 그 지역에 대해 무지를 드러낸다.(　)
(5) 외국어 실력이 없다.(　)
(6) 단기적 성과를 중시한다.(　)
(7) 해외진출을 위한 사전준비보다는 현지에서의 협상력을 중요시 한다.(　)
(8) 해외 활동 시 현지의 관습이나 문화보다는 법규를 중요시 한다.(　)
(9) 글로벌 이슈를 다루는 도서에 관심이 없고, 외국인들과 접촉하기를 꺼려한다.(　)
(10) 환경 변화를 두려워하고, 낯선 사람과의 접촉을 싫어한다.(　)

● **평가방법:**

총점 40점 이상: 글로벌 환경 적응력 우수,
30~40점: 글로벌 환경 적응력 보통
30점 미만: 글로벌 환경 적응력 부족

제5장 조직문화
Organizational Culture

이 장에서는 기업의 환경 중 조직 내부적 환경인 조직문화에 대해 살펴본다. 특히 조직문화가 중요한 이유, 조직문화의 형성과정과 조직에 미치는 영향 및 조직문화의 변화방법을 중점적으로 설명한다.

제1절 조직문화의 의의와 중요성

사람은 제각기 고유한 개성을 가지고 있다. 개성은 개인이 행동하고 다른 사람들과 상호작용하는 방법에 영향을 미치는 특질(trait)과 특성(characteristic)이다. 조직 또한 개성이 있는데, 이를 조직문화라 한다. 조직문화는 구성원들이 행동하고 상호작용하는 방법에 영향을 미친다.

1. 조직문화의 의의와 성격

문화(culture)란 '한 사회나 조직의 구성원들이 공유하는 신념, 핵심가치 및 규범의 조합'을 말한다. 따라서 **조직문화**(organizational culture)는 '조직의 구성원들이 공유하는 것으로서 다른 조직과 구별되게 하는 신념, 핵심가치 및 규범들의 조합"이라 정의된다. 원시적 종족문화에도 자신들이 공유하는 고유한 규칙과 터부(금기)가 있듯이, 모든 조직에는 구성원들이 서로에 대해 혹은 외부환경에 대해 보이는 행동과 태도에 영향을 미치는 고유의 조직문화가 있다. 조직문화는 그 조직의 역사, 전통,

관습 및 습관의 영향을 받아 형성된다. 조직문화는 다음과 같은 특성이 있다.

첫째, 조직문화는 지각되는 현상(perceived phenomenon)이다. 즉, 눈에 보이거나 접촉 가능한 경험적 대상이 아니고, 구성원들이 조직 내에서 경험한 바를 토대로 느끼는 하나의 현상이다.

둘째, 조직문화는 공유되는 현상이다. 즉, 구성원들이 상이한 배경을 가지고 상이한 조직계층에서 일하더라도, 이들은 서로 유사한 관점에서 자기 조직의 문화를 지각하는 경향이 있다.

셋째, 조직문화는 기술적(descriptive)이다. 이는 조직문화는 구성원들이 이를 어떻게 지각하는지에 관한 것으로서, 이들이 그 문화를 얼마나 선호하는지를 나타내는 것은 아니라는 뜻이다.

넷째, 조직문화는 급속히 형성되어 급속히 변화하는 것이 아니라, 서서히 형성되어 시간이 지나면서 진화한다.

2. 조직문화의 중요성

조직 환경을 구성하는 두 가지 요인, 즉 외부환경과 내부환경 중, 조직 내부의 환경 요인에는 조직문화를 비롯해 생산기술, 조직구조 및 물리적 시설 등이 있다. 이 중 조직의 경쟁력에 영향을 미치는 가장 중요한 환경요인은 조직문화이다. 조직문화를 잘 이용하면, 기업은 동태적인 기업환경에 효과적으로 대처할 수 있다. 조직문화가 중요시되는 이유는 다음과 같다.

첫째, 조직문화는 개인과 조직의 행위에 영향을 미친다.
둘째, 오늘날은 문화적 다양성이 날로 증대하고 있다.
셋째, 기업은 조직문화를 조직의 목표를 달성하기 위한 수단으로 활용할 수 있다.

2.1 개인과 조직의 행위에 미치는 영향

조직문화는 우선 구성원 개인들의 행위에 영향을 미칠 수 있다. 조직문화는 구성원들로 하여금 그 문화가 지향하는 목표와 동료들의 개인적 목표가 성취될 수 있도록 특별한 노력을 기울이면서 자기희생을 감수하도록 한다. 또한 조직문화는 조직의 행위에 영향을 미친다. 즉 조직 내에 어떤 문화가 형성되어 있느냐에 따라 경영활동이 달라진다. 〈표 5-1〉은 문화의 차이에 따라 경영활동이 어떻게 달라지는가를 보여 준다.

〈표 5-1〉 문화와 경영활동

문화 A (폐쇄적 문화)	- 계획: 발생가능한 모든 상황을 전제로 계획을 수립하되, 상사와 부하들이 함께 계획을 수립한다. - 조직화: 엄격한 계층적 구조로 조직화하고, 대면적 의사소통을 자주 하는 대신, 가능한 한 e-메일은 사용하지 않는다. - 지휘: 부하들에게 의사결정의 결과를 통보한다. - 통제: 부하들의 행동을 면밀히 감시 및 지휘하고, 성과평가는 재무적 성과를위주로 한다.
문화 B (개방적 문화)	- 계획: 예기치 않은 상황의 발생을 허용하되, 일단 계획을 수립한 후 상사의 재가를 받는다. - 조직화: 자율관리 팀 위주로 조직화하고, 대면적 의사소통은 가급적 피하는 대신, 주로 e-메일을 사용한다. - 지휘: 의사결정 과정에 부하들을 참여시키고, 이들이 자신들의 문제를 스스로 해결하도록 유도한다. - 통제: 성과를 평가한 다음, 평가결과를 토대로 보상하되, 고객만족을 주요 평가척도로 삼는다.

2.2 문화적 다양성 증대

오늘날 실세계를 보면 모든 조직에 문화적 다양성이 보편화 하고 있다. 이유는 첫째, 구성원들 자체의 개인 차이가 심해지기 때문이고, 둘째, 조직의 국제적 활동이 증대하기 때문이다.

구성원들 사이의 문화적 다양성은 나이, 인종, 성별 및 신체적 능력은 물론이고 학력, 가정교육, 소득, 결혼여부, 직장 경력, 군 경력, 종교, 출신지 및 부모의 신분에 있어 개인별 차이가 있기 때문이다. 구성원들의 개인적 차이는 개인의 신념체계, 가치관 및 행동규범에 영향을 미쳐, 이것이 문화적 다양성으로 나타난다. 경영활동에 더욱 중요시되는 것은 국제적 활동의 증대에 따른 문화적 다양성이다. 미국의 경우를 통해 문화적 다양성에 관한 몇 가지 예를 들어보자.

- 미국 근로자들의 절반 이상은 여성, 소수민족 및 해외로부터의 이주민들로 구성되어 있다.
- 2천 년대 접어들어 향후 백인 남성이 전체 노동력의 15% 이하로 줄어들 것으로 예측된다.
- 미국 이주민들 중 약 84%는 유럽이 아닌 아시아나 남미 사람들이다.
- 현재의 추세라면, 머지 않아 국제교역량이 국내총생산액(GDP)과 같아질 것이다.

그러나 글로벌화와 개방화라는 세계적 추세와 더불어 국가 간 여행의 보편화와 인터넷, 및 통신기술의 급속한 발전으로 각국이 국내적으로는 문화적 다양성이 증대하는 반면에, 국제적으로는 문화적 동질성이 증대하는 양상을 보이고 있다.

2.3 조직목표 달성 수단으로서의 문화

경영자들이 조직문화를 이해해야 할 또 다른 이유는 이것이 조직목표를 달성하는 데 도움을 주기 때문이다. 일단 한 조직의 문화가 형성되면, 이는 조직의 행위에 영향을 미쳐 이를 일정한 방향으로 유도하는 기능을 수행한다. 경영수단으로서 문화를 활용하는 문제와 관련하여 경영자들이 특히 유의해야 할 점은 앞에서 설명한 문화적 다양성이다. 문화적 다양성은 경영자들에게 도전과 기회를 동시에 제공하기 때문이다.

한 조직에 존재하는 문화적 다양성은 조직의 생산성에 영향을 미친다. 〈그림 5-1〉에서 볼 수 있는 바와 같이 문화적으로 동질적인 집단의 생산성은 일반적으로 정규분포를 따른다. 반면에 문화적으로 이질적인 집단은 생산성이 아주 높거나 아주 낮은 패턴을 보인다. 여기서 이질적 집단이 동질적 집단보다 생산성이 높게 나타나는 경우는 조직이 개인의 다양한 특성과 아이디어 및 혁신성을 조직의 성과가 증대되는 쪽으로 활용했기 때문이고, 반대로 생산성이 낮은 경우는 조직이 개인 간의 다양한 차이를 제대로 활용하지 못했기 때문이다. 문화적 다양성을 생산성 증대로 연결시키지 못한 데에는 무엇보다도 조직이 구성원들의 개인별 차이를 조직의 자산으로 취급하는 적극적 자세를 갖지 않고 이를 조직의 장애물로 간주하는 데 원인이 있다.

〈그림 5-1〉 문화적 다양성이 생산성에 미치는 영향

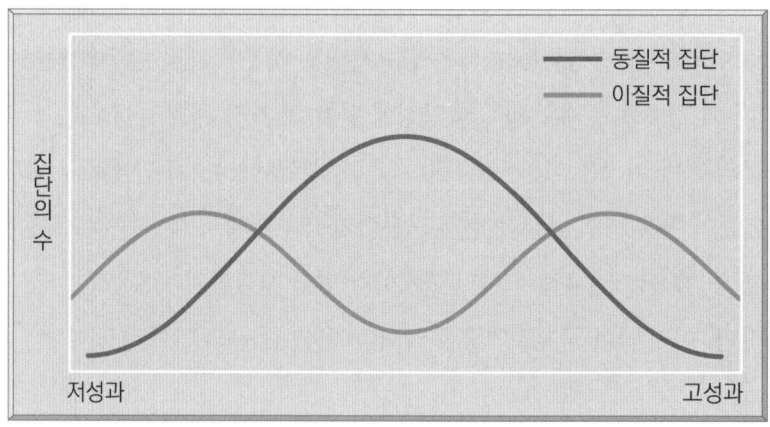

제2절 조직문화의 형성

1. 문화의 일반적 구조

우리는 일반적으로 문화라는 것을 하나의 단일체적 현상으로 간주하기 쉬우나, 〈그림 5-2〉와 같이 문화는 한 그루의 나무처럼 세 가지의 요소로 구성된 복합체이다. 문화의 가장 윗부분은 가공물로서, 인간에 의해 구체적 행동으로 표출되는 문화의 부분을 가리킨다. 가치관은 나무의 줄기에 해당한다. 가치관이란 본질적으로 특정의 행동이나 목표를 개인적으로 혹은 사회적으로 다른 것들보다 선호하는 지속적인 신념을 말한다. 문화의 맨 밑에는 문화적 가정이 자리 잡고 있는데, 이는 인생의 근본적 측면에 관한 신념을 가리킨다.

〈그림 5-2〉 문화의 구조

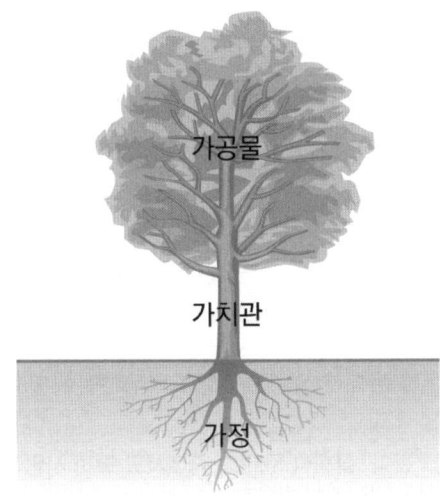

1.1 가공물

가공물(artifact)이란 의상이나 음식, 예술, 도예, 관습 및 의식 등에서 볼 수 있는 바와 같이, 인간에 의해 구체적인 행동으로 표출되어 우리의 육안으로 확인할 수 있는 현상들을 일컫는다. 고고학자들이 사라진 문명을 찾기 위해 사막이나 밀림을 파헤치다가 우연히 마주치는 육안의 현상들이 곧 가공물들이다. 사무실을 개인별로 배치하느냐, 전 종업원들을 하나의 개방된 사무실에 배치하느냐도 가공물의 예이다. 주차장 배치 시 특정인에게 고정된 주차공간을 주느냐, 전 주차공간을 모두에게 개방하느냐 역시 현대 문화의 가시적인 가공물이다. 캘리포니아의 Silicon Graphics 회사에 들어가면 양복에 타이를 맨 정장 스타일보다는 리바이스 청바지에 폴로셔츠를 입은 경영자들을 만나기 쉽다. 반대로 뉴욕에 있는 IBM에서는 모든 남성들이 흰 와이셔츠에 점잖은 넥타이를 매고 다니는 것을 볼 수 있다.

1.2 가치관

문화에 있어 가치관은 나무의 줄기와 같은 것으로서, 나무가 유지되고 성장하는 데 필수적인 요소이다. **가치관**(values)은 사물의 옳고 그름, 또는 해야 할 일과 해서는 안 되는 일을 판단해 준다. 가치관을 통해 인간의 행위는 일정한 방향으로 유도된다. 가치관은 특정의 행위에 대한 옳고 그름과 좋고 나쁨의 판단기준이기도 하지만, 그 행위의 원천이 되기도 한다. 바꾸어 말하면, 문화적 가공물(가시적 행위나 현상)은 가치관의 산물이다.

그렇다면 경영학적 측면에서 가치관은 무엇을 의미할까? 이는 조직의 목표를 달성하기 위해 어떻게 경영활동을 수행하고 관리해야 할 것인가에 관한 지속적 신념이라 할 수 있다. 미국의 대표적 우편배달업체인 UPS에서는 고객에게 최상의 서비스를 제공하는 것이 최대의 미덕이라는 가치관이 조직 내에 뿌리를 내리고 있다. 〈표 5-2〉는 이러한 경영학적 가치관에 관한 개념적 틀이다.

〈표 5-2〉 가치관의 분류

이론적 인간	진리의 탐구에 가치를 둔다. 지식을 추구하고 체계화할 수 있도록 경험적이고 비판적이며 합리적이다.
경제적 인간	유용한 것에 가치를 둔다. 실제적 문제, 그 중에서도 특히 사업에 관한 문제에 관심을 가지며, 사물을 유용성의 관점에서 판단한다.
미학적 인간	미와 조화에 가치를 둔다. 등급과 균형에 관심을 가지며, 예술적 경험에서 성취감을 찾는다.
사회적 인간	이타적 사랑과 인류애에 가치를 둔다. 친절하고 동정적이며 이타적이다.
종교적 인간	통합성에 가치를 둔다. 우주와의 소통을 추구하며, 신비할 정도로 우주의 전체성에 몰입되어 있다.

1.3 문화적 가정

문화적 가정(cultural assumption)은 문화라는 나무의 뿌리와 토양이다. 이는 삶의 근본에 관한 신념을 말한다. 토양의 질과 내용이 나무의 다양한 특징을 결정하듯이, 구성원들이 삶에 관해 갖는 가정들은 조직문화의 본질을 결정한다. 그러나 같은 토양에서 자란 나무도 제각기 달라지듯이 문화적 가정이 비슷한 집단 내에서도 구성원들은 상이한 가치관을 토대로 상이한 행동을 보일 수 있다.

문화적 가정은 문화의 구성요소들 중 가장 추상적인 부분이지만, 가치관과 행위는 가정의 산물이기 때문에, 조직구성원들이 갖는 문화적 가정에 대한 이해 없이는 주어진 문화를 이해하거나 변화 혹은 재창조하기가 어렵다. 예로서, 집단주의를 생활의 기본으로 삼는 베트남인들에게 개인별 성과급을 지급한다면 좋은 결과를 기대하기 어려울 것이다.

모든 조직에 적용 가능한 문화적 가정에는 일반적으로 6가지가 있다. 〈그림 5-3〉은 이 가정들의 구체적 내용 및 경영학적 의의를 보여준다.

1) 인간-환경의 관계

어떤 문화에서는 인간이 자연을 지배해야 하며, 자연은 인류의 부(富)와 편의를 위해 사용되는 것이 당연하다고 가정한다. 그러나 어떤 문화에서는 인간은 자연과 조화롭게 공존해야 한다고 가정한다. 과거 마이크로소프트사가 연방법원과 벌인 혈투는 자신의 환경을 지배하고자 하는 이 회사의 정책에서 비롯된 것이다.

2) 인간의 본성

맹자의 성선설이나 맥그리거의 Y 이론처럼 어떤 문화에서는 인간은 선하고 자율적인 존재라고 가정한다. 휼렛-패커드는 인간의 본성에 관해 Y 이론의 가정에서 형성되는 문화를 가진 회사이다. 반대로 순자의 성악설이나 맥그리거의 X 이론을 지향하는 문화에서는 인간을 사악하고 피동적인 존재라고 가정한다. 이러한 문화에서는 사람을 본래 일하기 싫어하는 존재로 간주한다.

3) 인간관계

인간관계에 관한 문화적 가정에서는 주로 두 가지 문제를 다룬다. 첫째는 조직 구성원들이 사람들에게 부여된 권력의 차이를 어느 정도로 수용하느냐이다. 일반적으로 필리핀, 베네수엘라 및 멕

〈그림 5-3〉 문화적 가정과 경영학적 의의

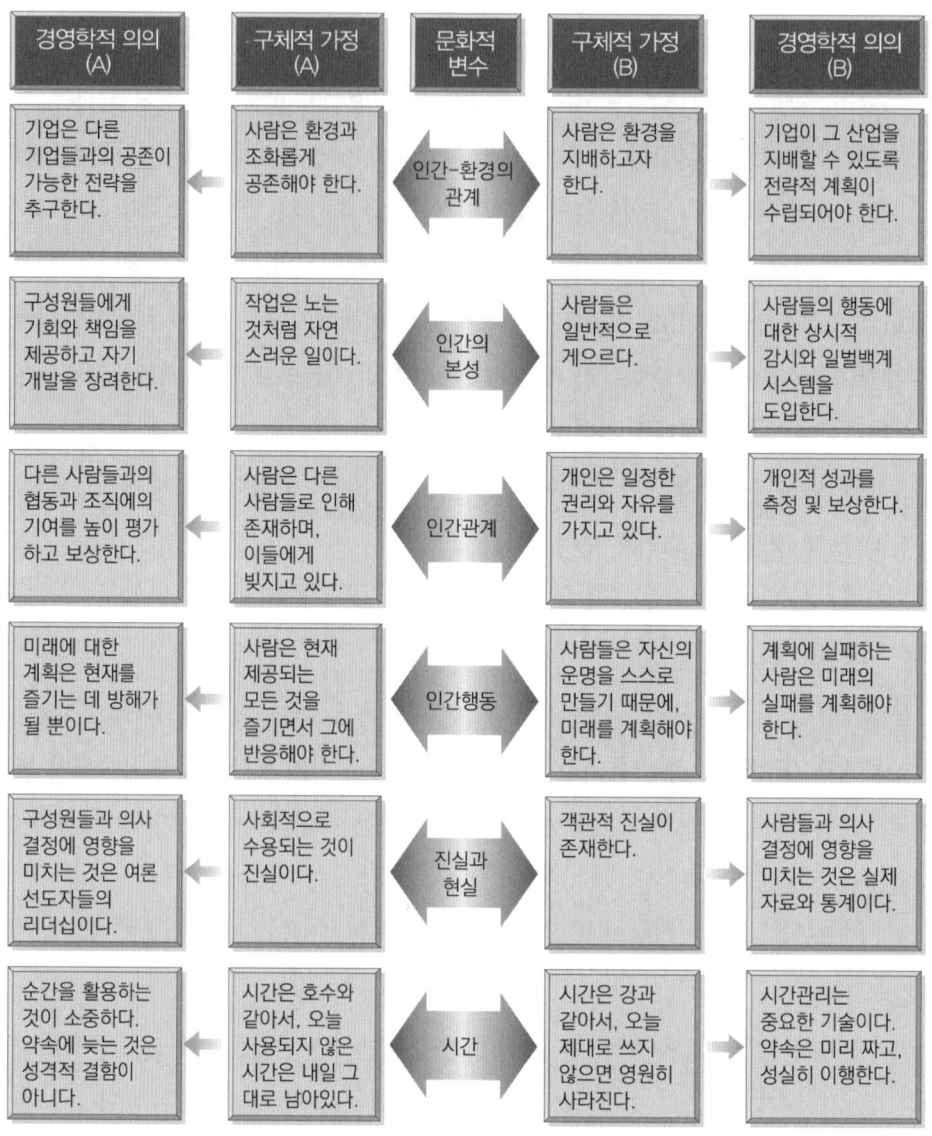

시코 사람들은 개인 간의 권력 차이를 잘 수용하는 반면, 오스트리아, 이스라엘 및 덴마크 사람들은 개인간 권력의 차이를 잘 수용하려 하지 않는다.

둘째는 문화가 개인주의나 집단주의에 어느 정도의 가치를 부여하느냐이다. 일반적으로 미국, 영국 및 호주 사람들은 개인지향성이 매우 높아서 '나' 혹은 자아의식이 매우 강하며, 조직이나 집단으로부터 높은 수준의 정신적 독립성을 드러낸다. 따라서 이들은 개인적 성취와 의사결정에 높은 가치를 부여하는 것이 특징이다. 반면에 베네수엘라, 콜롬비아 및 파키스탄 사람들은 가족, 회사, 지역사회 등과 같은 집단에 대한 지향성이 매우 강해 '우리' 의식을 갖는 경향이 강하다. 미국의 골드만삭스는 모토롤라보다 개인주의적 성향이 강한 문화가 형성되어 있다. 이로 인해 모토롤라가 개인, 집단 및 조직 전체의 성과를 기준으로 보상을 실시하는 데 비해, 골드만삭스는 주로 개인적 성과를 토대로 보상을 실시한다.

4) 인간행동

인간행동에 대한 문화적 가정은 사람들이 무엇을 하는 것이 옳으며, 이들의 행동이 능동적인지, 수동적인지, 혹은 운명론적인지와 관련된 것이다. 미국인들은 일을 사랑하기 때문에, 주당 80시간 근무하며 TV를 보거나 휴가를 즐길 시간이 없다는 것을 자랑스럽게 생각한다. 이들은 "계획에 실패하는 사람은 미래의 실패를 계획해야 한다"라는 모토와 "작업에 대한 계획을 세우고 계획에 대한 작업을 실시하라"라는 모토를 신봉한다.

홉스테드(G. Hofstede)는 인간사회는 남성적 사회와 여성적 사회의 두 종류가 있다고 주장한다. 남성적 사회는 성공, 돈 및 소유에 가치를 부여하는 데 비해, 여성적 사회는 남을 돌보고 삶의 질을 높이는 데 가치를 부여하는 사회이다.

5) 진실과 현실

개인이나 집단이 처한 진실(truth)과 현실(reality)의 본질은 무엇이고, 이들을 어떻게 증명할 것인가에 대해서는 개인과 집단 혹은 문화마다 상이한 가정을 내릴 수 있다. 어떤 집단의 경우 진실은 반드시 존재하며, 엄격한 조사를 통해 이것이 발견 가능하다고 생각한다. 다른 집단의 경우 현실은 다분히 주관적이며 사람들이 이를 어떻게 보느냐에 따라 달라진다고 생각한다. 이러한 집단의 경우 사람들과 기업 의사결정에 영향을 미치는 데는 확고한 사실보다는 여론주도자의 의견이나 설득력 있는 이야기가 더 효과적이다.

6) 시간

시간에 대해서도 각 집단이 가지는 가정은 서로 다르다. 시간은 강물과 호수 중 어느 하나로 볼 수 있다. 시간을 강물로 간주하는 집단은 일반적으로 시간은 강물처럼 직선적으로 흐르는 것으로 가정한다. 이 가정에서는 약속시간을 준수하고 수첩을 활용하는 등, 시간관리에 큰 비중을 둔다. 일본 문화가 그 예이다. 반면에 시간을 호수로 간주하는 문화에서는 시간은 빠르게 흘러가는 것이 아니라 돌고 도는 것이라고 가정한다. 약속시간에 늦는 것은 인격적 결함이 아니며, 날짜, 시간 및 분까지도 구체적인 스케줄을 잡는 것은 불필요한 짓이라 생각한다.

2. 조직문화의 구성요인

조직문화는 본질적으로 〈그림 5-4〉와 같은 7가지 차원으로 구성된다. 대부분의 조직은 이러한 문화적 차원들 중 어느 한 차원이 다른 차원들보다 더 중요시되며, 이로 인해 조직의 문화적 특징이 달라지고, 이는 구성원들의 행동양식에 영향을 미친다. 예를 들어 소니의 조직문화는 기본적으

〈그림 5-4〉 조직문화의 차원

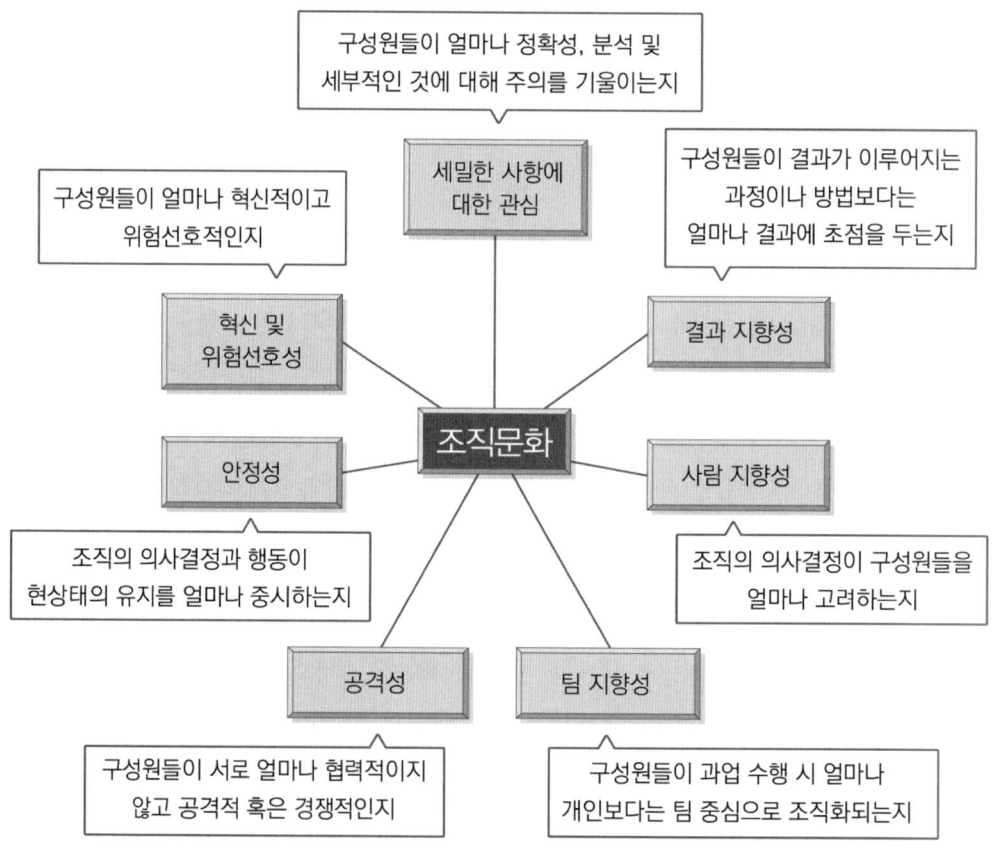

로 혁신 및 위험 선호의 측면이 강하며, 따라서 신제품 개발을 지향하는 분위기가 이 기업을 지배한다. 소니는 신제품 개발을 위해 "살고 호흡하기" 때문에, 종업원들의 과업행위는 그러한 목표에 치중한다. 반면에, 사우스웨스트 항공의 조직문화는 사람 지향적인 측면이 강하기 때문에, 기업경영의 중심에 늘 종업원들이 앞세워진다.

3. 조직문화의 형성과정

〈그림 5-5〉는 조직의 문화가 형성되는 과정을 보여 준다.

〈그림 5-5〉 조직문화의 형성과정

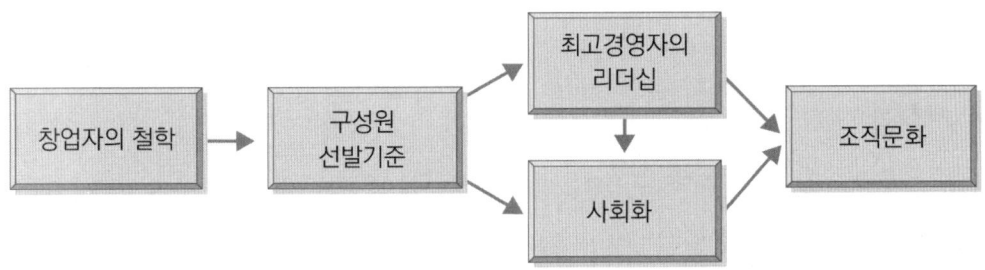

3.1 창업자의 철학과 비전

조직문화의 근원은 일반적으로 회사 창업자의 **창업 철학**(founding philosophy)과 비전이다. W. L. Gore의 조직문화는 창업자인 Bill Gore의 가치와 비전을 반영한다. 창업자는 지금까지의 관습이나 과거 관행의 제약을 받지 않기 때문에, 조직이 앞으로 어떻게 되었으면 하는가에 관한 비전을 밝힘으로써 초기의 조직문화를 구축할 수 있었다. 규모가 작은 기업은 대기업보다 구성원들에 의해 창업자의 철학과 비전이 수용되기 용이하다.

3.2 구성원 선발기준

일단 형성된 조직문화는 조직의 일정한 활동에 의해 변화된다. 그 대표적인 것이 구성원의 **선발기준**(selection criteria)이다. 구성원 선발과정에서 경영자들은 일반적으로 직무 요건에 비추어 직무 후보자들을 평가하지만, 채용 후 조직에 얼마나 적응할 수 있는가를 기준으로 평가하기도 한다. 동시에 채용 후보자들은 회사에 관한 정보를 입수하고 이들이 그 회사와 직무를 위해 성공적으로 일할 수 있겠는지를 평가해 선발 여부를 결정한다.

3.3 최고경영자의 리더십

최고경영자의 리더십(top management leadership) 은 조직의 문화에 중요한 영향을 미친다. 최고경영자들은 말, 태도 및 행동을 통해 조직의 규범을 확립하며, 이 규범은 조직계층을 따라 확산되어 구성원들의 사고와 행동에 영향을 미친다. IBM의 전 CEO인 Sam Palmisano는 구성원들이 팀워크를 중시하기를 바라는 마음으로 자기 상여금에서 수백만 달러를 떼어 중역들에게 팀워크의 성과에 따라 차등적으로 인센티브를 지급했다고 한다.[1] 이는 구성원들에게 회사가 팀워크를 중시하는 문화를 지향하고 있음을 알리는 신호이다.

3.4 사회화

조직은 **사회화**(socialization)를 통해 구성원들이 조직문화에 적응하도록 도울 수 있다. 사회화는 신입사원들이 과업수행 방법을 익히는데 도움을 주는 새로운 문화적 적응과정이다. 스타벅스의 신입사원들은 바리스타에 관한 24시간의 고강도 교육을 거쳐 작업장에 배치된다. 여기서는 회사의 경영철학, 회사 전문용어, 고객의 원두 선택에 관한 조언 방법 등, 능숙한 바리스타가 되는데 필요한 전문지식과 기술을 배운다. 사회화의 이점은 종업원들이 회사의 문화를 이해하고 고객을 상대하는데 필요한 열정과 지식으로 무장할 수 있다는 점이다. 또한 조직의 문화에 익숙지 않은 신입사원들이 이 문화에 깔린 가치, 신념 및 습관들이 몸에 밸 수 있도록 도와준다.

제3절 조직문화의 유형

---

1) S. E. Ante, "The New Blue," *Business Week*, Mar., 2003. p. 82.

1. 조직구조에 따른 분류

조직문화는 기업이 어떠한 조직구조를 취하고 있느냐에 따라 달라진다. 〈그림 5-6〉은 전통적인 조직구조인 기능별 조직의 기업문화와 현대적 조직구조인 네트워크 조직의 기업문화가 어떻게 다른지를 보여준다.

〈그림 5-6〉 상이한 조직구조의 조직문화 비교

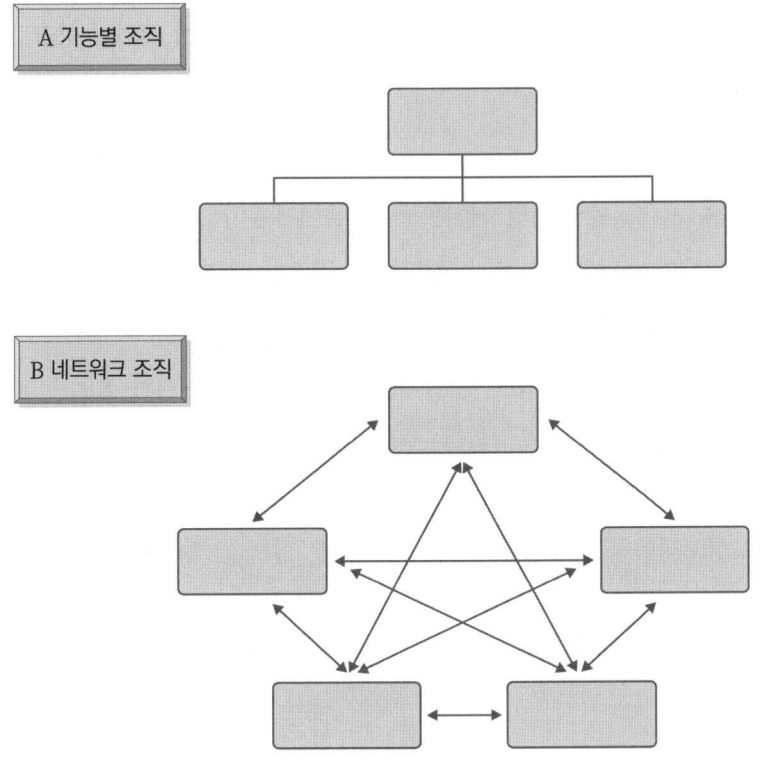

1.1 조직 A (기능별 조직)

기능별 조직(functional organization)에서는 경영자들이 모든 의사결정의 과정과 결과를 기록으로 보관하고, 이를 최고경영자가 의사결정을 내리는데 필요한 정보로 활용한다. 조직에 중대한 변화를 일으키거나 위험이 수반되는 결정은 쉽게 받아들이려 하지 않는다. 경영자들은 자신이 수행한 프로젝트가 실패하면 공개적 비난이나 징계를 받기 때문에, 이들은 현상(status quo)에서 크게 벗어나는 아이디어의 수용을 회피하는 성향을 보인다.

여기서는 구성원들이 다양한 규칙과 지침을 따르도록 요구된다. 경영자들은 조직의 성과가 목표와 큰 편차가 발생하지 않도록 구성원들의 과업수행 과정을 철저히 감시한다. 경영자들은 구성원들의 사기나 직무만족보다는 조직의 생산성 극대화를 위해 최선을 다한다.

과업활동은 개인을 중심으로 설계된다. 조직 내 부서들 사이의 명확한 구분이 있고, 상하 간 명령계통이 뚜렷하다. 종업원들은 자기 기능 부문이나 명령계통을 벗어난 다른 종업원들과의 공식적 접촉은 최소화한다. 급여인상과 승진에 반영하기 위한 성과 평가 시 개인별 성과가 강조된다.

1.2 조직 B (네트워크 조직)

네트워크 조직(network organization)의 경영자들은 구성원들에게 위험의 감수와 변화를 장려한다. 의사결정은 합리성을 지향하는 만큼 개인의 직관도 중요시된다. 경영자들은 신기술의 실험과 규칙적 제품 혁신에 자부심을 갖는다. 참신한 아이디어로 무장된 경영자들이나 종업원들이 환영을 받으며, 실패는 또 다른 성공을 위한 경험의 축적으로 간주된다. 기업은 시장 지향적이고, 고객의 욕구 변화에 신속히 반응하는 것을 자사의 차별적 능력으로 최우선시 한다.

과업활동은 작업 팀을 중심으로 설계되며, 팀 구성원들은 기능과 권한 수준을 가로질러 다른 사람들과 적극적으로 상호작용하도록 장려된다. 종업원들은 팀들 간 경쟁에 대해 긍정적으로 바라본다. 개인들과 팀들은 뚜렷한 목표가 있으며, 상여금은 성과를 토대로 지급된다. 종업원들이 목표를 달성하기 위한 수단과 방법을 선택하는데 상당한 자율성이 부여된다.

2. 핵심가치의 수용정도에 따른 분류

모든 조직은 자신의 문화를 가지고 있으나, 모든 문화가 구성원들의 행동에 똑 같은 영향을 미치는 것은 아니다. 조직의 문화는 그 조직의 핵심가치가 구성원들에 의해 얼마나 깊이 공유되느냐에 따라 강한 문화와 약한 문화로 분류된다. **강한 문화**(strong culture)는 핵심 가치가 조직 내에 뿌리 깊이 박혀 있어 구성원들 사이에 광범위하게 공유되는 문화이다. 반대로 **약한 문화**(weak culture)는 조직 내에 핵심가치가 뿌리 깊이 박혀 있지 않아 구성원들 사이에 광범위하게 공유되지 않는 문화이다. 더 많은 종업원들이 조직의 핵심 가치를 받아들이고, 그 가치에 대한 그들의 몰입이 클수록, 그 문화는 강한 문화이고, 그렇지 않으면 약한 문화이다.

대부분의 조직은 중간 수준의 문화와 강한 문화 사이에 분포된다. 이는 구성원들 사이에 무엇이 중요하고 무엇이 훌륭한 구성원의 요건인지, 그리고 남보다 앞서 가려면 무엇이 필요한지에 대해 대체로 비슷한 생각을 하고 있기 때문이다. 조직문화가 강할수록 그 문화가 경영자들의 계획, 조직화, 지휘 및 통제에 미치는 영향이 강하다.

일반적으로 강한 문화는 약한 문화에 비해 조직에 긍정적인 영향을 미친다. 강한 문화의 조직에서는 약한 문화의 조직에서보다 조직에 대한 종업원들의 충성심이 높기 때문이다. 또한 이론상으로 볼 때 강한 문화가 약한 문화보다 일반적으로 높은 성과를 산출한다는 것이 학자들의 견해이다. 이는 조직이 추구하는 가치와 지향하는 규범이 명확하고 이것이 구성원들 사이에 널리 수용되어 있으면, 이들은 자기가 무엇을 해야 하고 그것으로부터 무엇이 기대되는가를 잘 알 수 있어서, 문제가 발생할 때 재빨리 대응할 수 있기 때문이다. 반면에 강한 문화에서는 구성원들이 새로운 접근을 시도하기 어렵다는 문제가 있다. 급변하는 조직 환경 하에서는 더욱 그렇다.

3. 문화적 맥락의 중요성에 따른 분류

같은 행위나 가치라 하더라도 맥락(context) 즉, 상황에 따라 그 행위의 적합성이나 가치를 지각하고 평가하는 것이 큰 차이를 보이는 문화가 있고, 그렇지 않은 문화도 있다. 즉, 행위의 적합성이나 가치를 평가하는 데 그 집단의 문화적 가정이 결정변수(decision variable)로 작용한다는 것이 앞서의 설명이었으나, 여기에 맥락 즉, 상황이라는 조절변수(moderating variable)가 작용한다는 것이다. 가령 집에서 피아노를 치거나 노래를 부르는 행위에 대한 문제 제기는 단독주택이냐 아파트냐에 따라 달라질 수 있고, 밤이냐 낮이냐에 따라 달라질 수도 있다.

문화적 맥락(cultural context)이란 행위를 일으키는 상황이 그 행위의 발생과 행위의 적합성에 대한 지각이나 평가에 영향을 미치는 정도를 말한다. 특히 상이한 국가들의 문화적 차이를 이해하는 데 이 문화적 맥락의 개념이 유용한 도구로 이용된다. 문화적 맥락은 중요성에 따라 두 가지로 나뉜다. **고맥락 문화**(high-context culture)에서는 사람들이 행동을 하거나 행위의 적합성을 평가할 때 그 당시의 상황에 깊은 관심을 갖는다. 즉, 특정 행위의 적합성 여부를 평가하는 데 상황변수(contextual variable)가 중요한 요인으로 작용한다. 반대로 **저맥락 문화**(low-context culture)에서는 적절한 행위를 결정하는 데 상황변수들이 별 영향을 미치지 못한다. 즉, 특정의 행위가 적절한지 그렇지 않은지는 행위의 당사자가 처한 상황과는 무관하기 때문에, 그 행위의 적합성은 상대적이 아니라 절대적이라는 것이다. 〈표 5-3〉은 고맥락 문화를 가진 나라와 저맥락 문화를 가진 나라의 예를 보여 주고 있다. 한국은 대표적인 고맥락 문화권에 속한다.

〈표 5-3〉 문화적 맥락의 중요성에 따른 각국 문화의 분류

저맥락 문화	고맥락 문화
미국	한국
캐나다	일본
영국	중국
독일	그리스
스위스	아랍
스칸디나비아 반도	베트남

일본에는 '당신'이라는 대명사를 의미하는 단어가 5개이다. 이 나라에서는 어떤 상황에서 어떤 사람을 대하느냐에 따라 그에 맞는 단어를 사용하는 것이 기본상식이다. 만약 자신이 대하고 있는 고객이 소니나 미쓰비시와 같은 큰 회사에 근무하고 있고, 자신보다 지위가 높고 나이도 위인 고객일 경우에는 '오따꾸'라는 표현을 사용하는 것이 좋다. 그러나 몇 살 연하의 고객에 대해서는 '끼미'라는 표현이 적절하다. 이처럼 문화적 맥락은 의사소통, 협상, 의사결정 및 리더십에 중요한 영향을 미친다.

4. 핵심가치의 내용에 따른 분류

J. Sonnenfeld는 조직이 중시하는 핵심가치를 중심으로 조직문화를 네 가지 유형으로 분류했다. 야구팀 문화, 클럽문화, 아카데미 문화 및 요새문화가 그것이다.

4.1 야구팀 문화

야구팀 문화(baseball team culture)는 프로야구 팀에서 볼 수 있는 것처럼 위험부담이 높은 의사결정을 내려야 하고 외부환경으로부터의 신속한 피드백을 요하는 상황일 때 형성되는 문화이다. 이 문화에서는 의사결정자들이 자신의 결정에 관한 옳고 그름을 신속하게 확인할 수 있다. 개인의 재능, 혁신성 및 업무성적이 높은 평가를 받는다. 성적(성과)이 좋은 선수(종업원)들은 스스로 FA, 즉 자유계약선수(free agent)를 원하며, 구단(회사)은 갖은 수단을 동원해 이들을 붙잡으려 한다. 그러나 성적이 저조한 선수들은 즉각 라인 업(모범사원목록)에서 제외된다.

야구팀 문화는 신제품 개발능력에 의해 미래가 좌우되는 영화산업, 광고업 및 소프트웨어 산업과 같이, 변화의 속도가 빠르고 위험성이 높은 분야에서 볼 수 있는 문화이다.

4.2 클럽문화

클럽문화(club culture)는 조직에 대한 구성원들의 충성심, 몰입 및 적응을 특징으로 한다. 다른 문화에 비해 안정적이며, 연륜과 경험, 노하우 및 위계질서를 중요시한다. 은행이나 군 조직처럼 개인들은 일찍이 경력을 쌓기 시작하며, 장기간 고용이 보장된다. 일반적으로 내부승진을 원칙으로 하며, 구성원들은 각 직급에서 자신의 능력을 발휘하지만, 승진이 더뎌도 묵묵히 견딘다. 클럽문화는 조직이 융통성을 유지하는 데 기여할 수 있다는 장점이 있는 반면, 변화를 싫어하는 폐쇄적 문화라는 비판을 받기 쉽다.

4.3 아카데미 문화

아카데미 문화(academy culture)는 구성원들의 전문지식과 전문기술에 핵심가치가 부여되는 조직문화이다. 여기서는 구성원들과 조직이 장기적 관계를 유지하며, 조직 내에서의 승진속도가 더딘 것이 보통이다. 어느 개인이 특정의 부서에 들어가면, 그 분야에 정통한 전문가가 되어야 한다. 직무와 기술에 얼마나 정통하느냐가 보상과 승진의 기준이다. 클럽문화와는 달리, 구성원들이 한 부서에서 다른 부서로 이동하는 경우는 많지 않다. 대표적인 예가 대학이며, 코카콜라, GM 및 포드 역시 강력한 아카데미 문화를 유지한다. 이 문화는 전문화된 조직의 특성상 구성원들의 직무 안정성이 유지될 수 있으므로, 안정적 환경에 적합한 문화라 할 수 있다. 그러나 개인의 다양한 자기개발이 쉽지 않고, 부문 및 개인 간 협력을 저해한다는 단점이 있다.

4.4 요새문화

요새문화(fortress culture)는 전쟁터의 요새처럼 생존경쟁이 치열한 상황에서 형성되는 문화이다. 1970년대 한국의 수출 지향적 성장을 주도한 신발 및 섬유산업이 그 예이다. 주로 노동집약 산업에서 볼 수 있는 이 문화에서는 원가를 주요 경쟁무기로 삼아 환경변화에 따라 빈번한 구조조정과 다운사이징을 실시함으로써 구성원들의 직무안정이 쉽지 않다. 건설업이나 제2금융권도 요새문화가 지배적이다. 요새문화는 종업원들에게 위험한 국면을 제공하는 경우가 많지만, 도전의욕이 강한 경영자들에게는 자기성취의 기회를 부여하기도 한다. 크라이슬러의 아이아코카는 요새문화적 상황에서 자동차 산업을 선도함으로써, 명성을 얻은 전설적인 인물이다.

제4절 경영활동에 대한 조직문화의 영향

1. 경영자와 조직문화의 관계

휴스턴에 기지를 둔 Apache Corporation은 독립적 석유채굴 사업에서 최고의 성과를 거둔 기업이다. 이는 위험선호와 신속한 의사결정을 중시하는 조직문화에 크게 기인한다. 이 회사는 경력사원 채용을 위해 지원자들을 평가할 때, 다른 회사 근무 시 얼마나 주도적으로 프로젝트를 수행했느냐를 주요 평가기준으로 삼는다. 또한 수익과 생산 목표를 달성한 종업원들에게는 충분한 보상과 승진기회를 제공한다. 이처럼 조직문화는 구성원들이 해야 할 일과 해서는 안 될 일 및 그 일을 수행하는 방법에 제약을 가한다는 점에서 경영자들과 특별한 관련성이 있다.

이러한 문화는 그 실체가 겉으로 보이거나 문서로 작성되거나, 혹은 말로 표현되지도 않는다. 그럼에도 조직문화가 경영자에 미치는 제약은 조직의 성패에 중요한 변수로 작용한다. 조직에 대한 조직문화의 이러한 제약은 경영자들이 중요시하는 가치와 규범에 영향을 미치게 된다. 조직문화의 가치와 규범이 반영된 몇 가지 경영지침의 예를 들어보자.

- 늘 부지런해라. 바쁘지 않은 경우에도 바쁜 듯한 모습을 보여라.
- 위험을 두려워 말라. 위험선호로 인해 과업에 실패하더라도 그에 대한 보상을 받는다.
- 경쟁에 필요한 만큼만 좋은 제품을 만들어라.
- 과거의 성공은 미래의 성공을 가져온다.
- 최고의 지위에 오르려면, 팀 플레이어가 되라.

2. '선 목표-후 실행' 문화와 '선 실행-후 목표' 문화

위에서 예시된 조직의 가치 및 규범과 경영행위 사이의 관계는 매우 직접적이다. 조직이 지향하는 기본 가치와 경영자의 경영행위 사이의 관계라는 차원에서 조직문화는 두 가지 유형으로 나뉜다. 하나는 선 목표-후 실행 문화('ready-aim-fire' culture)이고, 다른 하나는 선 실행-후 목표 문화('ready-fire-aim' cultule)이다. 이는 경영과정을 군인이 사격하는 상황에 준하여 준비(ready), 목표설정(aim) 및 실행(fire)의 3단계로 보고 조직문화를 이분화한 것이다.

'선 목표-후 실행' 문화에서는 경영자들이 어떤 프로젝트에 본격적으로 몰입하기 전 이 프로젝트에 대해 충분한 연구와 분석을 실시한다. 반면에 '선 실행-후 목표' 문화에서는 경영자들이 일단 프로젝트를 수행한 다음, 그 결과를 정리하고 분석한다. 여기서는 예컨대 비용절감을 통해 기업의 이윤이 증대될 수 있고, 꾸준한 수입 증대를 통해 기업의 최대 이익이 실현될 수 있다는 신념이 구성원들을 지배한다. 경영자들은 혁신적이거나 위험이 수반되거나 장기적이거나, 혹은 현상을 탈피하는 프로그램은 추구하지 않는다. 대신에 보수적이고 위험 회피적이고 단기 지향적이고 현상유지적인 프로그램을 선호한다. 특히 기본적으로 종업원들을 불신하는 가치와 신념이 뿌리박힌 문화에서는 경영자들이 민주적 리더십보다는 독재적 리더십을 선호하는 경향을 보인다.

3. 조직문화가 의사결정에 미치는 영향

경영자들의 의사결정은 자기 조직의 문화에 의해 영향을 받는다. 강한 문화의 경우 더욱 그렇다. 〈표 5-4〉에서 보여주는 바와 같이, 조직문화는 경영자들이 경영활동을 계획하고 조직화하고 지휘하고 통제하는 방법에 영향을 미친다.

〈표 5-4〉 조직문화에 의해 영향을 받는 경영 의사결정의 유형

경영기능	조직문화의 영향을 받는 경영의사결정
계획	- 계획에 포함된 리스크의 정도 - 계획이 개인 혹은 팀에 의해 수립되는지의 여부 - 환경감시에 대한 경영진의 참여 정도
조직화	- 종업원들의 직무에 부여되는 자율성의 정도 - 과업이 개인 혹은 팀에 의해 수행되는 정도 - 각 부문의 경영자들이 상호작용하는 정도
지휘	- 경영자들이 종업원들의 직무만족 증대에 관심을 가지고 있는 정도 - 적합한 리더십 유형 - 건설적인 이견을 포함한 어떤 이견도 수용되지 않는지의 여부
통제	- 종업원들에 대한 외부 통제를 강제하는지 아니면 자율 통제를 허용하는지 - 종업원 성과평가 시 중요시되는 평가기준 - 종업원 개인의 예산 초과 지출 시 보이는 조직의 반응

제5절 구성원들의 조직문화 학습방법

구성원들은 다양한 방법으로 조직문화를 학습한다. 대표적인 방법이 이야기, 의식, 물리적 상징 및 언어이다. 경영자들은 이러한 학습수단을 통해 구성원들이 조직의 바람직한 문화를 체화하는 데 도움을 줄 수 있다.

1. 이야기

조직 구성원들은 이야기(story)를 통해 조직문화를 쉽게 학습할 수 있다. 이야기는 의미 있는 사건이나 사람에 관한 내용을 대담이나 스토리텔링 형식으로 전달하는 것을 말한다. 창업자의 성장과정이나 일화, 창업배경과 철학, 기본적 규칙의 틀을 깨는 사건, 혹은 실수에 대한 대응의 성공사례 등이 그 예이다. 사우스웨스트 항공의 경영자들은 고객을 위해 영웅적인 성과를 올리는 종업원들을 칭송하는 이야기를 전해준다고 한다.[2]

---

[2] G. Colvin, "Value Driven," *Fortune*, Nov.2009, p.24.

3M의 어느 연구원은 어느 날 자기 테니스화에 화공약품을 흘리는 바람에 이것이 계기가 되어 스카치가드(scotchgard)라는 스프레이를 발명하게 되었다고 한다. 이 회사의 또 다른 연구원인 Art Fry는 교회의 찬송가에 페이지를 마크하는데 좋은 방법이 없는지 고심한 끝에 포스트잇을 발명하게 되었다는 이야기도 있다. 이 두 이야기는 무엇이 3M을 위대하게 만들었고, 그러한 성공을 계속하기 위해서는 무엇이 필요한가를 반추해 준다.

이와 같이 조직에 관한 이야기는 종업원들이 조직문화를 학습하는데 도움이 되도록 현재의 상황을 과거로 되돌려 봄으로써 현재의 경영활동에 대한 이유와 타당성을 설명하고, 조직에게 중요한 가치가 무엇인가를 예증해 보임으로써, 구성원들에게 조직이 지향해야 할 미래의 모습을 주입시키는데 목적이 있다.

2. 의식

조직이 행하는 의식(ritual)은 그 조직의 중요한 가치와 목표를 표현하고 이를 강화하기 위해 행하는 일련의 규칙적·반복적 행위이다. 기업이 연말연시에 특급 호텔 연회장에서 초호화 쇼와 함께 특출한 판매실적을 올린 영업사원들을 시상하는 행사를 갖는 것은 의식의 대표적인 예이다. 이러한 의식은 회사의 영업사원들에게 자신의 판매목표를 달성하는 것은 자신과 조직에게 매우 중요하며, 과업에 충실하면 모두가 성공할 수 있다는 메시지를 준다. 의식은 이처럼 구성원들에게 바람직한 결과를 산출하기 위한 동기를 부여한다.

페이스북의 창업자 Mark Zuckerberg는 회의가 끝날 때 한 사람이 주먹을 휘두르면, 다른 사람들이 "Domination(지배)!"이라고 외치며 환호성을 지르도록 했다. 그러나 어느 날 우연히 이를 본 타 회사 경영자들이 그만 두라고 말렸다. 이는 경솔해 보일 수도 있거니와, 경쟁사들에 의해 페이스북이 시장독점을 획책한다는 상징적 증거로 악용될 수 있다는 이유에서이었다.[3]

3. 물리적 상징물

우리가 어떤 회사의 사무실이나 공장에 처음 들어섰을 때 근무환경에 대해 느끼는 반응은 '공식적이다' '편안하다', '재미있다', '무겁다', '싸늘하다', '분주하다', '차분하다' 등, 여러 가지일 수 있

---

3) K. E. Vascellaro, "Facebook CEO in No Rush to 'Friend' Wall street," *Wall Street Journal*, Mar., 2010, p. A1+.

다. 이러한 반응은 **물리적 상징물**(material symbol)로부터 느끼는 조직의 분위기에 관한 것으로서, 이를 통해 우리는 그 조직이 지니는 문화적 특성을 이해할 수 있다. 회사 시설의 배치를 비롯해 사무실 크기, 집기의 모습 및 종업원들의 의상 등은 조직의 문화를 반영하는 물리적 상징물에 해당한다. 최고경영진에게 제공되는 차량, 항공권, 골프 회원권, 운동시설 이용권, 숙박 및 편의시설 이용권, 전용 주차 공간 및 일반 종업원들에게 제공하는 각종 혜택 또한 기업 문화를 반영하는 물리적 상징물들이다. 이와 같이 기업의 물리적 상징물은 종업원들과 소비자들에게 그 조직이 어떤 가치를 지향하며, 어떤 경영활동에 가치를 두고 있는지에 관한 메시지를 전달한다.

또 하나의 중요한 물리적 상징물은 로고이다. 〈그림 5-7〉은 우리나라 두 기업의 로고로서, 이를 통해 우리는 그 기업이 지향하는 가치와 규범이 무엇인지 유추할 수 있다. 이 중 삼성의 로고는 'SAMSUNG'이라는 글자의 양 끝이 지구를 의미하는 타원형의 위아래에 접해 있는데, 이는 국경 없는 지구촌의 시대에 삼성 제품이 지구촌 구석구석에 퍼져있음을 형상화한 것이다. 반면, 엘지의 로고는 미소 짓는 사람의 얼굴을 표현한 것으로, 이는 세계, 미래, 젊음, 인간 및 기술의 5가지 개념과 정서를 이미지화하고 있다. 또한 L자와 G자를 원 속에 형상화하여 인간이 그룹 경영의 중심에 있음을 상징하고, 세계 어디서나 고객과 친밀한 유대관계로 고객 만족을 위해 최선을 다한다는 LG 구성원들의 의지를 보여준다. 로고는 또한 조직의 **정체성**(identity)에 대한 상징물로 이용되기도 한다.

〈그림 5-7〉 기업 로고의 예

4. 언어

언어는 또 하나의 조직문화 학습수단이다. 많은 기업들이 언어를 통해 조직문화의 구성원들을 확인하고 하나로 통합한다. 이를 **문화적 언어**(cultural language)라 한다. 구성원들이 조직에서 사용하는 문화적 언어에 능통하지 않으면, 그 문화에 대한 이해가 불가능하다. 사투리, 비속어, 전문용어

등은 보통의 언어능력으로는 다스리기 어려운 것들이다. 문화적 언어에 익숙해지는 것은 그 문화를 수용하고 이에 순응하는 방법이 되기도 한다. IBM에서 통용되고 있는 몇 가지 언어와 그 의미를 소개한다.

> Orchard: '과수원'이라는 뜻으로, 이 회사의 본사가 위치한 Armonk를 일컫는 말. 이 지역이 과수원이었기 때문에 붙여지게 되었다.
> Hypo: 매우 잠재력 있는 유능한 종업원(high-potential employee)을 말한다.
> BigIron: '커다란 쇠'라는 뜻으로, 컴퓨터의 메인 프레임을 지칭한다.
> One Performer: '1인 연주자'의 뜻으로, IBM 최고의 성과를 자랑하는 종업원을 가리킨다.

조직은 시간이 지나면서 자연스럽게 장비, 요직 인사, 공급업체, 공정, 혹은 사업 관련 제품이나 서비스 등을 표현하는데 사용되는 조직 고유의 어휘나 용어를 개발하게 된다. 이로 인해 신입사원들 중에는 DIY(Do It Yourself)와 같이 알파벳 첫 글자들로 이루어진 두문자어(acronym)나 업계 혹은 기업 내의 특수용어에 어색해하기도 한다. 그러나 일단 문화적 언어에 능숙해지면, 이 언어는 구성원들을 하나로 묶는 활력소가 될 수 있다.

5. 성과 평가 및 보상

종업원들에게 조직의 가치를 전달하고 강화하는 데 있어 성과를 평가하고 이를 토대로 보상하는 일만큼 효과적인 것은 없다. Nodstrom은 고객 서비스 문화를 구축하기 위한 한 가지 방법으로 종업원들을 평가할 때, 고객 불만의 횟수와 함께 종업원들에 대한 고객의 칭찬 편지를 활용하고 있다. 또한 고객 서비스의 가치를 강화하기 위해 시간당 매출액을 기초로 보상을 실시한다.

경영자들이 조직의 공식적 보상시스템을 직접 변화시키기는 어려울지 몰라도, 여러 가지 비공식적 보상시스템을 통해 부하들의 행동에 실질적인 영향을 미칠 수는 있다. 가령 다른 사람들이 보는 앞에서 특정인의 공적을 인정하고 이를 칭찬하는 것은 종업원들의 가치관과 행동에 의미 있는 영향을 미칠 수 있다

제6절 조직문화에 관한 주요 이슈

Nordstrom은 소매업 전문점 체인으로서, 고객에 대한 특별한 관심으로 유명하다. 나이키는 운동화와 운동복에 있어서의 전설적인 기술 혁신으로 정평이 나 있다. Tom's of Maine은 사업을 윤리적이고 순결하게 운영하는 것으로 잘 알려져 있다. 이 기업들이 어떻게 그와 같은 평판을 얻게 되었을까? 이는 두말할 나위 없이 조직문화에 기인한다. 여기서는 주요 문화적 이슈 세 가지를 소개하고자 한다.

1. 혁신 문화의 고양

독자들은 제품 디자인 회사인 IDEO의 이름은 잘 모를 수 있어도, 이 회사가 설계한 많은 제품을 사용할 가능성이 있다. 제조회사가 제품 아이디어를 가져오면 IDEO는 이 아이디어를 실제의 제품으로 바꾼다. 애플의 최초 상업용 마우스의 디자인이 이 회사 작품이다. 애플 또한 잘 알려진 혁신 기업이다. 1976년 창업 이후, 애플은 제품설계와 개발의 선봉에 서 왔다. 이 회사는 맥(Mac), 아이팟, 아이튠, 아이폰 및 아이패드를 개발했으며, 이것이 우리가 텍스트를 읽어내는 방식을 바꿔놓았다. 이 두 회사는 특히 혁신이 기업 성공의 핵심 요인으로 작용하는 기업들이다. 성공적인 기업이 되기 위해서는 조직 전체가 혁신을 지향하는 문화, 즉 **혁신 문화**(innovation culture)를 필요로 한다.

그러나 실제로 혁신문화가 기업에 성공을 가져다주기 위해서는 이것이 다음과 같은 특성을 갖추어야 한다. 특히 혁신을 지향하는 **지원적 기업문화**(supportive corporate culture)의 구축이 필요하다.[4]

① **도전과 관여**: 구성원들이 장기적 목표 하에 혁신의 성공에 직접 관여하고자 동기부여 된다.
② **자율성**: 구성원들이 스스로 자기 주도하에 재량을 발휘해 과업을 수행한다.
③ **신뢰와 개방성**: 구성원들은 열린 마음으로 서로 신뢰하며 돕고 존중하는 자세를 갖는다.
④ **아이디어 지향성**: 구성원들은 새로운 아이디어의 창출에 적극적이며, 이를 실행에 옮기기 전 그 타당성에 대해 세심한 검토를 벌인다.

---
4) J. Yang and R. W. Ahrens, "Culture Spurs Innovation," *USA Today*, Feb., 2008, p. 1B.

⑤ **작업장의 역동성**: 작업장의 분위기는 활발하면서 흥미가 넘치는 분위기이다.
⑥ **갈등제거와 문제해결**: 개인은 자기 이익보다는 조직과 팀의 이익을 위해 문제를 해결한다.
⑦ **자유토론**: 구성원들은 목표를 설정하고 과업수행 방법을 결정하는데 자유롭게 자기 의견을 표현한다.
⑧ **위험의 수용**: 경영자들은 불확실성과 모호성을 수용하고, 부하들의 위험 수용을 장려한다.

2. 고객반응 문화의 창출

세계 최대의 게임 회사인 Harrah's Entertainment는 고객 서비스의 총아라 불릴 정도로 고객에 대한 서비스를 지고의 목표로 삼는다. 그럴만한 이유가 있다. 회사의 연구 결과에 의하면, 회사 카지노에서 제공하는 서비스에 만족하는 고객들은 게임에 평균 10%를 더 쓰고, 특히 아주 만족하는 고객들은 평균 24%를 더 쓴다고 한다. 이를 토대로 볼 때 경영자들은 당연히 고객반응 문화의 창출을 원할 것이다. **고객반응 문화**(customer responsive culture)는 구성원들이 고객욕구에 맞춰 제품이나 서비스를 생산하고 마케팅을 실시하고자 하는 태도와 역량이 넘치는 문화를 말한다. 〈표 5-5〉는 고객반응 문화의 특징과, 그러한 특징을 갖는 문화의 창출 방법을 보여준다.

〈표 5-5〉 고객반응 문화의 특징과 창출방법

고객반응 문화의 특징	고객반응 문화의 창출 방법
고객 서비스 지향성	고객 서비스 지향적 개성, 태도 및 역량을 갖춘 신입사원 채용 : 친절, 관심, 열정, 인내, 언어청취력
자율적 직무 통제	직무에 관한 엄격한 규칙과 절차를 제정하지 않고, 종업원들이 스스로 자기 직무를 통제할 수 있도록 직무를 재설계함
권한부여	고객 서비스에 관한 의사결정에 최대한 자유재량을 부여함
역할 명료화	제품지식 취득, 고객의 소리 청취, 및 기타의 행동 기술을 익히도록 종업원들을 교육함으로써, 고객접촉 시 해야 할 일과 해서는 안 될 일에 관한 불확실성을 최소화 함
고객만족을 향한 종업원 몰입	일상적 직무범위 밖의 일이라 하더라도 고객만족을 위해 구성원 전체가 몰입하는 분위기를 조성함

3. 영적 조직문화

근래에는 이른바 작업장의 **영성**(spirituality)을 중시하는 기업이 늘어나고 있다. 사우스웨스트 에어라인, The Men's Wearhouse, Chick-fil-A, 포드, 제록스, 휼렛패커드 등이 그 예이다. **작업장 영성**(workplace spirituality)이란 공동체에서 수행하는 의미 있는 작업을 통해 구성원들의 목적의식을 제고시키는, 영성(spirituality)에 기반을 둔 조직문화를 말한다. **영적 문화**(spiritual culture)를 가진 조직에서는 구성원들이 인간은 마음과 영이 있음을 인식하고, 각자의 과업에서 의미와 목적을 찾고자 노력하면서, 다른 사람들과의 상호작용을 통해 공동체의 일원이 되기를 원한다. 그러한 문화적 욕구는 비단 조직 내에서만 나타나는 것이 아니고, 대학 캠퍼스로 확산되어 학생들이 삶의 의미와 목적을 찾기 위해 노력한다고 한다.[5]

작업장 영성이 이슈화된 데는 여러 가지 배경이 있다. 우선, 직장인들은 격변하는 삶의 속도에 따른 스트레스와 압력으로부터의 탈출구를 찾는다. 인간은 어딘가에 대한 참여의식과 소속감, 그리고 다른 사람들과의 연대를 갈구하는 속성이 있다. 반면에 편부모 가족, 지리적 유동성, 임시직 일터, 경제적 불확실성 및 첨단 IT로부터의 소외 등, 오늘날의 라이프 스타일은 많은 사람들에게 공동체 의식의 결여를 절감하게 한다. 더욱이 베이비부머(babyboomer)들은 직업을 초월하여 의미 있는 뭔가를 추구한다. 또한 개인적인 삶을 직장에서의 삶과 통합하고자 노력한다. 직장인들이 갖는 이러한 애로사항을 벗어나기 위한 돌파구로 모색된 것이 작업장 영성이라 할 수 있다.

---

5) M. B. Marklein, "Study: College Students Seeking Meaning of Life," *USA Today*, Springfield News-Leader, Dec., 2007, p. 6C.

복습 및 연구문제

■ **복습하기**

1. 기능별 조직과 네트워크 조직의 조직문화는 어떻게 다른가?
2. 조직문화는 핵심가치의 공유수준에 따라 강한 문화와 약한 문화로 분류된다. 두 문화의 차이는 무엇인가?
3. 우리나라의 기업이나 일반 조직에 있어 야구팀 문화, 클럽 문화, 아카데미 문화 및 요새 문화 강한 조직의 예를 들라.
4. 구성원들에 대한 조직문화 학습방법에는 어떤 것들이 있는가?
5. 조직문화의 변화방법 우리나라의 상황과 국민성에 비추어 가장 적합한 것과 가장 부적합한 것은 무엇인지 생각해보라.

■ **자기평가**

본 설문은 독자가 어떤 조직문화에 잘 어울리는가를 평가하는데 목적이 있다. 다음 각 문항에 대해 독자가 개인적으로 얼마나 동의하는지 다음과 같이 5점 척도를 사용해 답변하라.

1. 매우 그렇다 2. 약간 그렇다 3. 그저 그렇다 4. 약간 그렇지 않다 5. 매우 그렇지 않다

1. 나는 팀의 일원으로서, 내 성과가 팀에 대한 공헌도를 기준으로 평가되기를 바란다.(   )
2. 나는 소속부서의 목표를 달성하기 위해 개인적 욕구는 자제되어야 한다고 생각한다.(   )
3. 나는 위험한 일에 수반되는 스릴과 흥분을 즐긴다.(   )
4. 나는 어떤 사람의 성과가 저조하면, 성과 창출을 위해 아무리 많은 노력을 투입했다 하더라도 의미가 없다고 생각한다.(   )
5. 나는 주위 상황이 안정적이지 않거나 예측 가능하지 않더라도 괜찮다.(   )
6. 나는 경영자가 자기 결정에 대해 상세히 설명해 주지 않더라고 괜찮다.(   )
7. 나는 그리 큰 압박감 없이 구성원들이 편하게 일하는 직장에 근무하고 싶다.(   )

● **평가방법:**

1) 각 문항의 응답결과에 대해 평점을 부여한 다음, 전체 문항에 대한 평점의 합계를 구한다.

매우 그렇다: −2　　약간 그렇다: −1　　그저 그렇다: 0

약간 그렇지 않다: +1　　매우 그렇지 않다: +2

문항	1	2	3	4	5	6	7	총점
평점								

2) 총점이 높을수록(+) 독자는 공식적이고 안정적이며, 규칙 지향적이고 체계화된 문화를 선호한다는 뜻이다. 이런 문화는 주로 대기업과 정부기관에서 볼 수 있다. 반대로 총점이 낮을수록(−) 독자는 비공식적이고 인간적이며, 융통성 있고 혁신적인 문화를 선호한다는 뜻이다. 이런 문화는 주로 연구기관, 광고회사, 하이테크 기업 및 벤처기업에서 볼 수 있다.

제3부
경영계획
Management Planning

여기서는 경영자들이 수행하는 네 가지 기본기능 중 계획에 대해 살펴본다. 먼저, 계획의 기초적 개념과 기법을 다룬 다음, 의사결정 이론과 전략적 경영을 설명한다.

제6장 경영계획의 기초
제7장 경영 의사결정
제8장 전략적 경영

제6장 경영계획의 기초
Fundamentals of Management Planning

이 장에서는 계획이란 무엇이고, 계획에는 어떤 유형이 있으며, 계획은 어떤 과정을 거쳐 수립되는지, 그리고 계획을 수립하는 기법에는 어떤 것들이 있는지 살펴본다.

제1절 계획의 개요

1. 계획이란?

1.1 계획의 의의

계획(planning)은 조직의 목표를 세우고, 목표 달성을 위한 전략을 수립하며, 목표 달성에 필요한 활동들의 우선순위를 설정하는 작업이다. 계획은 한편으로는 달성되어야 할 것, 즉 목표와 관련되어 있고, 다른 한편으로는 목표를 달성하기 위한 방법, 즉 수단과 관련되어 있다.

계획은 공식적이냐 비공식적이냐의 관점에서 정의될 수 있다. **공식적 계획**(formal planning)에서는 목표를 추진하는 활동의 시기나 기간 및 관련된 조직계층이 중요한 의미를 갖는다. 일반적으로 문서화되어 구성원들 사이에서 공유된다. 여기서는 현재의 상태에서 목표에 도달하기 위해 경영자들이 취해야 할 행동경로와 수단이 명확히 제시된다. 반면에 **비공식적 계획**(informal planning)에서는 어떠한 내용도 문서화되거나 구성원들에 의해 공유되지 않는다. 주로 중소기업에서 볼 수 있다.

여기서는 기업이 어디로 가야하고, 어떻게 가야 하는지에 대한 체계적 계획을 세우지 않을 뿐더러 계획이 있다 해도 영속성이 없는 경우가 많다. 이 책에서 다루는 것은 주로 공식적 계획이다.

1.2 계획의 목적

경영자들이 체계적이고 공식적인 계획을 수립하는 목적은 무엇인가? 첫째, 계획은 종업원들의 행동방향을 제시함으로써, 이들의 활동이 하나로 통합될 수 있도록 한다. 계획이 없는 경영은 마치 항해사가 나침반 없이 항해하는 것과 마찬가지이다. 둘째, 계획은 경영자들이 미래를 내다보고 변화를 예측하며 변화의 영향을 분석함으로써, 미래의 적절한 대응방안을 도출하도록 한다. 또한 계획은 변화에 대응해 경영자가 취하는 행동의 결과를 예측하는데 도움을 준다. 셋째, 계획은 행동의 중복과 낭비를 최소화한다. 계획의 요체는 행동방향의 제시를 통한 조직 자원의 조정에 있다. 만약 계획을 통해 설정된 목표의 추진과정에서 조직의 자원과 활동에 낭비나 비효율이 있으면, 조정 기능을 통해 이를 제거해야 한다. 마지막으로, 계획은 통제에 필요한 목표나 기준으로서의 역할을 수행한다. 경영자가 만약 무엇을 얼마나 달성해야 하는지 알지 못하면, 이를 현재 얼마나 달성하고 있는지 평가할 수 없다. 경영자는 현재의 목표달성 실적을 평가해 문제가 있으면, 목표가 최대한 달성될 수 있도록 이를 시정해야 한다.

1.3 계획과 성과

일반적으로 계획을 수립해 경영하는 기업의 성과는 그렇지 않은 기업의 성과보다 높을 가능성이 크다. 즉, 계획을 수립함으로써 경영자는 높은 이윤, 높은 자산수익률, 및 기타의 높은 재무적 성과를 기대할 수 있다. 계획에서 설정된 조직 목표의 달성을 위해 경영자는 조직의 물적·인적 자원을 조정하고 통합할 수 있기 때문이다.

2. 계획의 유형

계획은 일반적으로 전략적 계획, 전술적 계획 및 업무적 계획으로 나뉜다. 계획은 또한 조직의 계층적 수준에 따라 회사 수준 계획, 사업 수준 계획 및 기능 수준 계획의 세 가지로 분류되기도 한다. 계획의 수립 및 실행과정을 보면 이러한 모든 계획들은 체계적이고 계층적인 구조 속에서 서로 긴밀하게 연결되어 있음을 볼 수 있다.

2.1 계획의 일반적 유형

1) 전략적 계획

전략적 계획(strategic plan)이란 외부의 환경으로부터 주어지는 요구와 내부의 보유자원을 고려해 조직의 장기적 목표를 달성하는데 필요한 행동 대안을 개발하는 것을 말한다. 여기서는 조직의 전체적 목표를 설정한 다음, 통제 불가능한 외부 환경의 요구와 통제 가능한 내부 자원들의 최적 활용이라는 관점에서 조직이 취해야 할 장기적 대안들이 개발된다.

2) 전술적 계획

전술적 계획(tactical plan)이란 전략적 계획을 뒷받침하는 계획으로서, 조직의 전체적 목표를 특정 부분의 목표로 바꿔주는 계획을 말한다. 전술적 계획은 전략적 계획에 비해 구체성이 있으며, 계획기간이 짧고 계획의 범위 또한 좁다. 또한 기업 전체가 아닌 조직 내 어느 한 사업단위에 초점을 두는 것이 보통이다. 전술적 계획에서는 전략적 계획이 차질 없이 실행될 수 있도록 각 사업부의 활동과 조직자원의 배분이 조정되고 통합된다.

3) 업무적 계획

업무적 계획(operational plan)은 각 사업부문의 전술적 계획을 지원할 수 있도록 조직의 각 기능부문별로 구체적 목표를 설정하고, 이 목표의 달성을 위한 행동 대안을 개발하는 것을 말한다. 생산계획, 마케팅계획, 재무계획, 인사계획 등이 그 예이다. 주로 1년 이내의 가까운 미래를 대상으로 하며, 계획의 범위 또한 매우 좁기 때문에, 세 가지 유형의 계획들 중 가장 덜 복잡하다.

2.2 조직계층 수준에 따른 계획의 유형

1) 회사수준 계획

회사수준 계획(corporate level plan)에서는 주로 다음과 같은 문제를 관심의 대상으로 삼는다.
- 우리는 현재 어떤 시장에서 사업에 참여하고 있는가?

- 우리가 향후 공격적으로 참여해야 할 사업, 방어적으로 참여해야 할 사업 혹은 그만 두어야 할 사업은 무엇인가?
- 우리는 어떤 사업에 자본을 집중적으로 투자해야 하는가?

2) 사업수준 계획

사업수준은 **전략적 사업단위**(strategic business unit)로서의 조직수준을 의미한다. **사업수준 계획**(business level plan)에서는 각 전략적 사업단위(SBU)가 시장에서 어떻게 경쟁할 것인가를 결정하는 데 초점을 둔다. 사업수준 계획에서 경영자들이 관심을 갖는 주요 문제는 다음과 같다.

- 우리의 직접적 경쟁자는 누구인가?
- 경쟁자와 비교해 우리의 강점과 약점은 무엇인가?
- 고객들은 우리가 제공하는 제품이나 서비스에 대해 무엇에 가치를 두는가?
- 경쟁에서 이기기 위해 우리가 가져야 할 경쟁우위, 즉 차별적 능력은 무엇인가?

3) 기능수준 계획

기능 수준은 생산, 마케팅, 재무, 인사 등과 같은 세부적 경영기능을 수행하는 조직수준을 의미한다. **기능수준 계획**(functional level plan)에서는 경영자들이 자사가 관여하는 사업이 경쟁에서 이기기 위한 방법과 수단을 개발하는 데 초점을 둔다. 이들은 연구개발, 생산, 마케팅, 재무, 인적 자원 등과 같이 조직목적의 달성에 필요한 세부적 기능들을 수행한다. 기능수준 계획에서 경영자들이 주로 관심을 갖는 문제는 다음과 같다.

- 고객의 욕구를 충족시키기 위해 우리 부서나 팀이 어떤 활동을 수행해야 하는가?
- 경쟁에서 이기기 위해 우리 부서나 팀이 경쟁사에 관해 필요로 하는 정보는 무엇인가?
- 우리 부서나 팀의 자원적·기능적 강점과 약점은 무엇인가?

2.3 계획의 유형과 조직 수준

전략적 계획, 전술적 계획 및 업무적 계획은 조직의 계층적 수준과 밀접한 관련을 갖는다. 즉, 각 유형의 계획마다 특히 밀접히 관련된 조직 수준이 있으며, 계획수립의 주체 또한 다르다. 〈그림 6-1〉은 각 유형의 계획이 각 조직계층 수준의 경영활동과 어떤 관련이 있는지 보여준다.

〈그림 6-1〉 계획유형과 조직 수준의 상호관계

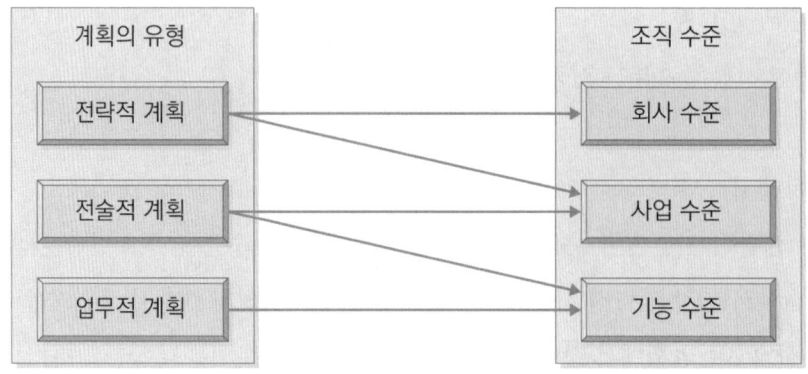

전략적 계획은 주로 회사 수준의 경영자들에 의해 수립된다. 실제로 회사 수준 경영자들의 핵심 과업 중 하나가 전략적 계획을 수립하는 일이다. 이들은 전술적 계획이나 업무적 계획의 수립에는 거의 관여하지 않는다. 반면에 사업 수준의 경영자들은 주로 전략적 계획이 차질 없이 진행되도록 자신의 사업단위에 관한 전술적 계획을 수립하는 데 관여하지만, 자신의 사업단위에 대한 전략적 계획을 수립하는 데 관여하기도 한다. 마지막으로, 기능 수준의 경영자들은 전략적 계획이나 전술적 계획의 수립에는 관여하지 않으며, 주로 업무적 계획을 수립하는 데 역점을 둔다.

그러나 계획유형과 조직 수준의 이러한 관계는 조직의 규모나 경영자의 철학에 의해 달라질 수 있다. 예로서, 중소기업에서는 회사 수준의 경영자가 전략적 계획은 물론이고, 전술적, 업무적 계획까지도 직접 수립하는 경우가 많다.

제2절 계획수립의 과정

계획을 수립하기 위해서는 기본적으로 7단계의 절차를 거치는 것이 바람직하다. 환경 분석, 목표 설정, 요구조건 파악, 보유자원 평가, 행동계획 수립, 계획 실행, 및 성과 통제가 그것이다.

〈그림 6-2〉는 계획의 수립과정을 그림으로 보여 준다.

〈그림 6-2〉 계획수립 과정

1. 환경 분석

계획수립의 시작은 환경의 분석이다. 환경 분석이 없이 수립된 계획은 바람직한 결과를 기대할 수 없다. 그러나 미래 환경의 분석은 쉬운 일이 아니다. 그 이유는 두 가지이다.

첫째, 기업의 환경요인들은 불확실해서 그 변화를 정확히 예측할 수 없기 때문이다. 원화에 대한 달러 환율이 떨어져 외환시장에서 원화의 가치가 강세를 보이면, 국제시장에서 우리나라 제품의 가격이 상승하는 효과를 가져 온다. 이로 인해 우리 제품의 국제경쟁력이 떨어져 우리나라 수출이 감소할 가능성이 있다.

둘째, 예기치 못한 중대사건의 발생 때문이다. 가령 어떤 회사의 제품을 어느 동유럽 공산국가에 선적하기로 예정되어 있다고 하자. 그런데 갑자기 사회주의 체제가 무너져 대통령이 축출되는 사태가 발생한다면, 새로운 지도자의 등장에 따른 정부정책의 변경으로 이 기업의 수출은 큰 타격을 받을 수 있다.

따라서 경영자들은 계획수립 시 환경의 불확실성에 대응할 수 있는 여러 가지 대책을 마련해야 한다. 이에 관한 세 가지 접근을 소개한다.

1.1 변동계획

환경의 불확실성이 크고 관련 변수의 변화가 계획의 실행에 중대한 영향을 미칠 것으로 판단되면, 계획은 상황에 따라 변경될 수 있도록 유연성 있게 세워져야 한다. 이 때 필요한 계획이 **변동계획**(contingency plan)이다. 여기서는 바람직한 결과에 영향을 미칠 수 있는 주요 요인들을 확인하고, 이 요인에 변화가 일어날 때 취해야 할 행동 대안들을 개발해둔다.

어느 기업이 주택건설에 종사하고 있다면, 이 기업에게는 사업성과에 영향을 미치는 주요 요인들 중 하나가 금리이다. 금리가 상승하면 주택자금 융자가 비싸져 아파트 구입 신청자가 줄어들기 때문이다. 따라서 이 회사는 금리변동을 기반으로 한 변동계획을 세울 필요가 있다. 금리가 연 1% 이상 오르면, 입주예정자들에게 아파트 분양가의 1%를 삭감해 주거나 정수기, 에어컨 등, 새로운 옵션을 제공하는 것을 아파트 분양계획에 반영한다면, 이는 변동계획이 된다.

1.2 환경 예측

환경의 불확실성에 대비하는데 또 하나 중요한 것은 정확한 정보를 토대로 미래 환경을 정확하게 예측하는 일이다. 환경의 예측은 조직의 성과에 영향을 미치는 핵심적 환경요인들을 대상으로 실시된다. 물가, 금리, 유가, 환율, 정부규제 및 기술 동향이 그 예이다. 여기서 중요한 것은 예측결과가 일련의 의사결정에 연쇄적으로 반영되어야 한다는 점이다. 예를 들어 내년도의 금리가 연 7.5%에서 8.5%로 인상될 것으로 예측되면, 원래 5천동의 아파트 건설을 계획했던 것을 4천동으로 수정하는 것이 좋을 것이다. 금리 인상은 기업에 자금의 압박을 주고, 아파트의 수요를 감소시킬 수 있기 때문이다. 이 경우 수익의 감소가 예상되므로, 건축자재의 구입을 줄이고, 작업자의 채용을 제한하는 등의 대책이 필요하게 된다.

1.3 벤치마킹

벤치마킹(benchmarking)은 본래 동종 혹은 유사업종에 종사하는 기업들 중 탁월한 성과를 올리는 기업을 선정, 이 회사와 자기 회사를 비교하고, 이 회사의 경쟁우위 요인들을 연구해 자기 회사에 적용하는 기법을 말한다. 벤치마킹은 근래에 환경평가를 통한 계획수립에 유용하게 이용된다. 벤치마킹을 통해 환경의 불확실성을 어느 정도 감소할 수 있기 때문이다.

예를 들어 어느 기업이 조직구조에 관한 계획을 세운다고 하자. 이를 위해 업계의 선두를 달리고 있는 경쟁회사의 생산성과 자사의 생산성을 비교하고, 경쟁기업의 생산성 향상에 기여하는 요인이 무엇인가를 연구한 결과, 조직계층의 단축이 생산성 향상의 주요 요인이라는 사실을 알았다고 한다. 이 경우 이 회사는 권한의 위양과 참여적 의사결정을 통해 종업원들의 동기부여를 유도함으로써 생산성의 향상을 기할 수 있을 것이다.

2. 목표 설정

계획수립의 두 번째 단계는 조직의 목표를 설정하는 일이다. 목표가 없으면, 경영자들이 구체적인 행동 대안을 모색하고 이를 실행한다는 것이 어려운 일일 수밖에 없다. 목표는 다음과 같은 요건을 필요로 한다: 복수성 및 우선순위, 계층성, 성과의 측정가능성 및 측정대상.

2.1 목표의 복수성 및 우선순위

대부분의 조직은 복수의 목표를 설정한다. 이윤창출 목표와 더불어, 시장점유율 증대와 종업원 복지 향상이라는 목표를 설정하는 것이 그 예이다. 교회의 경우도 신도들에게 예배 공간을 제공하는 것이 일차적 목표이지만, 어려운 이웃을 구제하는 것도 중요한 목표의 하나일 수 있다.

목표의 복수성을 전제로 볼 때, 계획수립에서 특히 중요한 것은 목표의 우선순위이다. 목표의 우선순위가 설정되지 않으면, 구성원들 사이에 갈등이 발생할 수 있기 때문이다. 예를 들어 대학의 사명은 강의와 연구이다. 이 두 사명에 따라 대학조직의 목표도 설정된다. 학생들은 훌륭한 교수로부터 유용한 지식을 얻기를 원한다. 한편으로 대학은 교수와 학생들의 연구업적을 통해 사회로부터 인정 받기를 원한다. 강의의 충실화를 위해서는 훌륭한 교수와 현대식 교육 기자재가 필요하며, 연구업적을 위해서는 교수들에게 좋은 연구환경을 조성하고 충분한 보상을 제공할 필요가 있다. 여기서 총장은 대학이 지향해야 할 목표의 우선순위를 명확히 제시하지 않으면, 구성원들은 예산배분에 관한 갈등에 부딪히게 된다. 기업도 마찬가지이다. 기업은 수익성과 시장점유율이라는 두 마리 토끼를 놓고 고민할 수 있다. 예컨대 수익성 증대를 위해 가격을 높이면, 소비자들의 구매력을 저하시켜 시장점유율을 상실하는 결과를 초래할 수 있기 때문이다.

2.2 목표의 계층성

전술한 것처럼, 계획에는 전략적 계획, 전술적 계획 및 업무적 계획의 세 가지 유형이 있으며, 이들은 계층적인 구조를 형성한다. 목표도 마찬가지이다. 즉 목표에도 전략적 목표, 전술적 목표 및 업무적 목표의 세 가지가 있다.

먼저, **전략적 목표**(strategic goal)란 '조직이 미래에 원하는 위치'라 정의된다. 이 목표는 조직의 부분적 관점이 아닌 전체적 관점에서 조직이 나가야 할 방향을 제시해 주는 나침반과 같은 역할을 수행한다. 〈그림 6-3〉은 미국 SBC 통신사의 전략적 목표를 예시한 것이다.

전술적 목표(tactical goal)는 조직 내 특정의 부문이 달성해야 할 목표이다. 이 목표는 주로 조직계층상 중간관리층에 적용되는 것으로서, 조직이 전반적 목표를 달성하기 위해 각 사업단위들이 수행해야 할 일들을 정해 준다. 예컨대 어느 기업이 "구조조정을 통해 향후 3년 이내에 총 인력의 30%를 줄인다"는 것을 목표로 설정했다면, 이는 전략적 목표의 하나인 생산성 향상을 뒷받침하기 위해 조직 내의 비효율적 요인들을 제거한다는 전술적 목표라 할 수 있다.

업무적 목표(operational goal)는 '조직 내의 각 부서, 작업집단 및 개인들로부터 기대되는 구체적 성과'라 정의된다. 이 목표는 세밀하고 구체적이어야 한다. "이 달에는 모든 제품에 대한 정시 배달을 90%까지 올린다", "매주 200건 이상의 주문을 처리한다", "다음 달에는 초과근무를 20% 줄인다" 등은 업무적 목표의 예이다.

〈그림 6-3〉 SBC의 전략적 목표

SBC 통신사의 사례

SBC 통신사는 미국 전역에 걸쳐 3,300만의 통신선과 550만의 무선 고객을 확보하고 있는, 원격통신 산업의 선두주자이다. SBC는 원격통신 설비, 전화번호부 광고 및 출판업 뿐만 아니라 시내 및 장거리 전화, 무선통신, 컴퓨터 페이징, 인터넷 액세스 및 메시지 전송과 같은 광범위한 혁신적 서비스를 제공한다.

SBC의 지상목표는 주주들에게 최상의 가치를 제공하는 것이다. 이러한 목표를 달성하기 위해 우리는 다음과 같은 사항에 역점을 둔다.
- 고객욕구의 충족
- 새로운 서비스의 창출
- 새로운 사업의 개발
- 투하 자본의 비용보다는 수익이 더 큰, 성장성 있는 사업에의 투자

2.3 성과의 측정 가능성 및 측정대상

목표는 계획의 실행과정에서 그 추진실적, 즉 성과가 객관적으로 평가될 수 있어야 하고, 이를 위해서는 측정 가능성이 있어야 한다. 목표의 우선순위가 명확하다 하더라도 성과의 측정가능성이 확실하지 않으면 계획을 효과적으로 수립할 수 없을 뿐 아니라, 계획의 실행을 통한 목표의 달성 과정을 제대로 통제할 수 없기 때문이다.

또한 측정대상으로 삼고자 하는 성과를 신중히 선택해야 한다. 예컨대 어느 기업이 재무적 성과를 목표로 설정했다고 하자. 재무적 성과를 측정하는 데는 여러 가지가 있겠으나, 매출액 이익률(이익/매출액)과 자산이익률(이익/자산)의 두 방법을 생각할 수 있다. 중요한 것은 어떤 성과를 측정대상으로 삼느냐에 따라 사람들의 행동과 태도가 달라질 수 있다는 점이다. 예컨대 만약 매출액 이익률로 재무적 성과를 측정한다면, 종업원들이 매출액은 그대로 놔두고 원가의 절감만을 목표로 할 수도 있다.

3. 요구조건 파악

계획수립 과정의 세 번째 단계는 목표달성에 필요한 요구조건은 무엇이고 이 요구조건을 충족시키는데 필요한 소요자원은 무엇인지 파악하는 일이다. 이는 "우리가 현재의 위치에서 목표 위치

까지 가는 데 어떤 조건이 요구되며, 이 조건을 충족시키는데 어떤 수단이 필요할까?"를 결정하는 문제이다. 오페라의 유령이라는 뮤지컬을 보기 위해서는(목표) 이 작품을 무대에 올리는 서울의 국립극장을 가야 하는데(요구조건), 이 극장을 가는 데는 승용차나 전철 등, 이동수단을 필요로 하는 것(소요자원)과 마찬가지이다.

이해를 돕기 위해, 어느 신발 제조업체가 시장점유율을 20%에서 30%로 끌어 올리는 목표를 세웠다고 하자. 여기서 경영자는 시장점유율 증대를 위해 현재의 제품계열에 러닝화를 추가하는 방안을 생각할 수 있다. 러닝화 시장의 가장 중요한 성공요건은 러닝이 신체에 가하는 충격을 최소화하는 신발을 개발하는 일이다. 러닝의 충격을 완화하기 위해서는 제화공정에 고급 쿠션기술을 도입하는 것이 효과적이다. 여기서 쿠션기술은 시장점유율 증대라는 목표의 달성을 위한 요구조건이다. 요구조건은 조직을 목표 위치까지 끌어가는 추진력이다.

한편, 소요자원에 대한 이해를 돕기 위해 러닝화 제품의 예로 돌아가 보자. 제화공정에 고급 쿠션기술을 도입해야 한다는 요구조건과 관련해 경영자가 해결해야 할 문제는 "쿠션이 좋은 러닝화를 생산하는데 어떤 자원이 필요할까?"이다. 여기서 러닝화의 출시를 위한 소요자원은 기술개발 비용, 제품설계 엔지니어, 원형제작 비용, 설비도입 자금, 및 촉진비용 등이다.

4. 보유자원 평가

계획수립의 네 번째 단계는 조직이 소요자원을 얼마나 보유하고 있는가를 평가하는 작업이다. 요구조건의 충족을 위해 어떤 자원을 얼마나 필요로 하는가를 알게 되면, 경영자는 "현재 우리 회사에서 이 자원을 얼마나 보유하고 있는가?"를 평가해야 한다. 만약 보유자원이 소요자원에 미치지 못하는 경우 새로운 자원을 획득하든지, 계획 자체를 수정해야 한다. 계획의 수정은 곧 목표의 수정을 뜻한다. 보유자원을 평가하는 데 있어 경영자들이 중점적으로 체크해야 할 내용은 다음과 같다.

- 우리는 요구조건을 충족시키는 데 필요한 기술을 보유하고 있는가, 아니면 적절한 비용으로 이 기술을 외부로부터 이전해올 수 있는가?
- 우리는 필요한 인적 자원을 확보하고 있는가, 아니면 지정된 기간 내에 필요한 인적자원을 개발하거나 채용할 수 있는가?

- 우리는 필요한 자금을 확보하고 있는가, 아니면 은행으로부터의 차입이나 신주발행을 통해 소요자금을 조달할 수 있는가?

5. 행동계획 수립

계획수립의 다섯 번째 단계는 구체적인 행동계획을 수립하는 일이다. 행동계획은 설정된 목표의 달성을 위해 구성원 모두가 따라야 할 필수적 행동지침이다. 여기서 경영자는 두 가지 사항에 유의해 행동계획을 수립해야 한다. 첫째는 구체적인 활동들의 순서와 타이밍을 정하는 일이고, 둘째는 각 활동들의 책임을 구성원들에게 할당하는 일이다.

5.1 순서와 타이밍 결정

행동계획이 효과를 거두기 위한 핵심 요소 중의 하나는 그 계획에 포함된 여러 단계의 활동들에 대한 순서와 타이밍을 결정하는 일이다. 구체적인 활동들의 순서와 타이밍을 알기 쉽게 표시하는데 자주 이용되는 기법이 **간트 도표**(Gantt Chart)이다. 〈그림 6-4〉는 간트 도표를 예시한다.

도표에서 횡축은 시간을, 종축은 수행되어야 할 작업을 표시한다. 이 도표는 각 활동, 즉 작업이 언제 시작되고, 언제 끝나는지를 보여 준다. 또한 어떤 작업을 먼저 하고 어떤 작업을 나중에 하며, 선행 작업이 끝나야 후속 작업에 착수할 수 있는지, 아니면 작업의 중복 수행이 가능한지를 보여 준다. 나아가 작업의 진도를 표시해 주기도 한다. 경영자는 계획에 대비한 작업 진도를 체크함으로써, 목표달성을 위한 후속조치를 취할 수 있다.

5.2 명확한 책임할당

효과적 행동계획의 두 번째 측면은 각 작업을 누구 혹은 어느 부서에 할당할 것인지를 명확히 규정하는 일이다. 작업의 할당을 통해 책임의 소재를 분명히 하는 것은 조직의 전반적 계획 하에서 서로 다른 구성원들의 작업을 조정하고, 문제의 발생 시 적절한 조치를 취하는데 도움을 준다.

〈그림 6-4〉 간트 도표

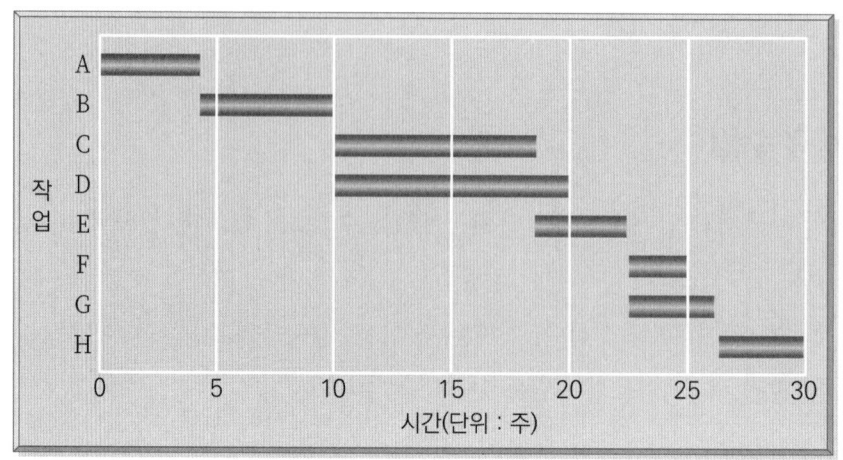

6. 계획 실행

구체적인 행동계획이 수립된 다음에는 이를 실행에 옮긴다. 계획수립 과정의 제 단계들을 빈틈 없이 밟아 나가면 계획의 성공적 실행은 그만큼 수월해진다. 계획이 실행단계에서 실패하는 것은 소요자원과 보유자원의 평가가 제대로 이루어지지 않는 데 기인하는 경우가 많다.

신발 제조업체의 경우 고급 러닝화의 생산을 위해서는 특수 재봉틀을 필요로 한다고 하자. 이 새로운 기계가 가동되기 위해서는 작업자들에 대한 교육훈련이 필요하다. 그러나 조직 내 소통부족으로 작업자들은 이 기계가 도입되면 일자리를 빼앗기는 것으로 생각해 교육훈련 자체를 거부할 수도 있다. 작업자들의 저항은 신제품 생산을 지연시킴으로써, 기업은 새로운 시장창출의 기회를 상실하게 된다. 따라서 경영자는 계획수립 및 실행 과정의 처음부터 마지막까지 모든 과정에 대한 점검 및 통제를 필요로 한다. 특히 다음 사항에 유의해 실행과정을 감시해야 한다.

첫째, 계획의 진척과정을 점검한다. '작업의 책임이 있는 사람이 자신의 책임과 작업의 타이밍을 숙지하고 있는가?', '이들은 자신의 작업을 제대로 수행할 만큼 잘 준비되어 있는가?', '작업자들은 동기부여는 잘 이루어지고 있는가?' 등이 그 예이다.

둘째, 계획이 잘 실행되도록 회사 차원에서 이 계획을 제 때, 제 자리에 충분히 지원하고 있는지 감시한다. 부하들에 대한 격려, 자금의 지원 및 애로사항 제거 등이 감시 대상의 예이다.

셋째, 계획실행 과정에서 유발되는 변화에 대한 구성원들의 저항을 관리한다. 계획을 제대로 실행하기 위해서는 조직의 변화를 필요로 하기도 한다. 구성원들이 만약 변화의 수용을 거부하면, 계획 실행은 차질을 빚을 수밖에 없다.

7. 성과 통제

계획수립 과정의 마지막 단계는 성과에 대한 통제이다. 이는 성과를 측정하고 성과가 목표와 차이가 있으면, 이를 피드백 하는 일이다. 러닝화 사례의 경우, 경영자는 고급 슈즈의 시장출시에 많은 홍보가 필요하다는 사실을 알았다. 고객들이 이 회사를 중저가 신발 제조업체로 알고 있기 때문에, 이들에게 쿠션이 탁월한 고급 슈즈도 취급한다는 믿음을 심어 주기 위해서이다. 따라서 경영자는 **기업 이미지**(corporate image)와 **기업 정체성**(corporate identity: CI)의 재정립을 위한 홍보와 광고에 소요되는 재원의 조달방법을 모색해야 할 것이다.

제3절 계획의 수단

경영자들은 다양한 수단을 이용해 계획을 수립한다. 앞에서 설명한 간트 도표가 그 예이다. 이하에서는 계획수립 과정에서 이용 가능한 기타의 기법들을 설명하고자 한다.

1. 예산

예산(budget)은 자원을 구체적인 경영활동에 할당하기 위한 수치적 계획이다. 기업은 수익(매출액), 비용, 이익, 생산량에 대한 예산은 물론, 기계나 장치와 같은 자본적 지출에 대한 예산도 수립한다. 예산은 보통 1년 단위로 수립된다. 예산은 생산량, 사람 수, 시간 혹은 생산능력 등과 같은 특수한 측정단위로 표시되는 경우도 있으나, 금액단위로 표시되는 것이 일반적이다.

예산은 계획과 통제의 중요한 수단으로 활용된다. 즉 예산은 계획과정에서는 경영활동의 우선순위와 각 활동에 필요한 자원을 배분하는데 이용되고, 통제과정에서는 계획의 차질 없는 집행을 위한 의사결정 기준으로 작용한다.

1.1 예산의 종류

예산에는 두 가지 유형이 있다. **자본적 지출 예산**(capital expenditure budget)과 **비용 예산**(expense budget)이다. 자본적 지출 예산은 장기적인 용도가 있고 획득하는 데 많은 자금을 요하는 건물, 토지, 기계와 같은 자산을 위해 쓰여야 할 지출에 관한 예산이다. 반면에 비용 예산은 자금을 투입해야 할 주요 활동들 각각에 할당되어야 할 지출에 관한 예산이다.

1.2 예산수립 방법

예산수립 방법은 두 가지이다. 첫째는 **가감적 예산편성**(incremental budgeting)이다. 전기의 예산을 기준으로 금기의 예산을 편성하는 방법이다. 즉, 각 예산항목별로 전기에 비해 증액 혹은 감액되어야 할 부분을 조정해 금년도의 예산으로 계상한다. 예컨대 전년도의 예산 중 교육훈련 부문에 10억 원의 예산이 책정되어 있으면, 금기의 예산에는 물가상승률을 감안해 20% 상향조정된 12억 원을 배정한다. 장점은 매년 별 차이 없이 반복되는 항목에 대한 예산편성에 시간낭비를 없앨 수 있다는 것이다. 반면에 예산배분의 비효율을 초래할 수 있다는 것이 단점이다. 전통적으로, 관료주의에 의해 지지되어온 비혁신적·비합리적 예산편성 방법이라는 비판을 받는다.

가감적 예산편성보다 효율적인 기법이 **영기준 예산편성**(zero-based budgeting)이다. 이 기법에서는 제로 베이스에서 출발해 그 시점에서 합리적 기준에 의해 정당화될 수 있도록 각 항목에 대한 예산배정이 이루어진다. 이 기법의 아이디어는 현재의 시점에서 타당하지 않은 항목에 대해서는 많은 예산을 책정할 필요가 없다는 것이다. 이러한 접근은 조직의 희소한 재무적 자원을 보다 효과적으로 배분하는 데 도움을 준다. 그러나 해마다 각 항목별로 타당성 평가를 해야 하기 때문에, 너무 많은 시간과 노력을 소모한다는 단점이 있다.

2. 목표관리(MBO)

두 번째 중요한 계획 수단은 **목표관리**(Management By Objectives: MBO)이다. 목표관리는 개인이 달성해야 할 구체적인 성과목표를 개인과 상사가 공동으로 설정하고, 계획기간 동안 자율적으로 성과에 대한 피드백을 실시하는 접근법이다. MBO는 기본적으로 다음 5가지 요소로 구성된다: 참여적 의사결정, 목표의 난이도와 목표의 구체성, 명확한 계획기간, 최고경영층의 지원 및 관여, 및 성과에 대한 피드백. 〈그림 6-5〉는 MBO의 과정을 그림으로 표현한 것이다.

〈그림 6-5〉 MBO의 과정

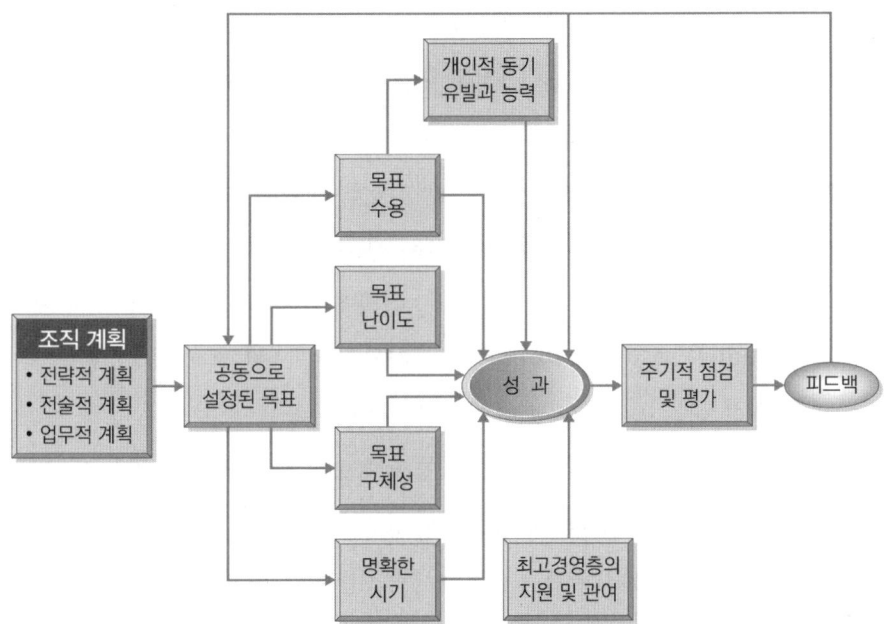

MBO를 통해 설정된 목표가 성과향상에 기여하기 위해서는 첫째, 참여적 의사결정의 환경이 조성되어야 한다. 조직의 상하 구성원들이 공동으로 목표를 설정하면, 목표추진 과정에 개인의 참여도가 높아져 성과의 향상을 기대할 수 있다. 둘째, 목표의 난이도 및 구체성이 고려되어야 한다. 달성하기 어려운 목표가 설정되거나 목표가 구체적이지 않으면, 구성원들에게 목표성취를 향한 동기가 부여되지 않는다. 셋째, 계획기간을 명확히 제시해야 한다. 예컨대 "앞으로 고객만족도를 99%로 올린다", 혹은 "점차로 고객만족도를 향상시킨다"라는 목표보다는 "향후 6개월 안에 고객만족도를 80%에서 90%로 끌어 올린다"라는 목표가 바람직하다. 넷째, 최고경영층의 적극적 지원이 필요하다. MBO에 대한 구성원들의 참여와 동기유발을 위해서이다. 마지막으로, 성과에 대한 피드백이 있어야 한다. 즉, 구성원들이 목표의 추진과정에서 나타나는 문제점에 대해 자율적으로 시정조치를 취해야 하고, 이들의 성과에 대한 보상이 뒤따라야 한다.

3. 업무적 계획 기법

3.1 손익분기점 분석

경영자가 생산과 판매를 위해 투입한 비용을 회수하고 목표로 하는 이익을 달성하기 위해서는 최소한 어느 정도의 매출을 달성해야 할까? 특정의 제품이나 서비스를 새로 개발하기 위한 투자 결정을 받아들이는 것이 좋을까? 현재의 제품이나 서비스를 계속 생산하는 것이 바람직할까? 이러한 문제는 경영자들이 투자에 관한 의사결정을 내릴 때 흔히 직면하게 되는 이슈들이다.

손익분기점 분석(break-even point analysis)은 수익, 비용 및 이익의 관계를 분석하는 기법으로서, 총수익과 총비용이 정확하게 일치하는 판매량이나 생산량을 추정하는 기법이다. 여기서 **손익분기점**(break-even point: BEP)이란 총수익과 총비용이 일치하는 점을 의미한다. 이익도 손실도 없이 정확히 원가가 회수되는 판매량이나 생산량이라는 뜻이다. 따라서 투자액이나 원가의 회수가 특히 중요하다고 인식되는 상황이나, 특정의 목표이익을 달성하는 데 필요한 판매량의 수준을 파악해 투자 여부에 관한 의사결정을 내리고자 하는 경우 이용되는 기법이다.

손익분기점 분석에서 **총수익**(revenue)은 일반적으로 매출액을 의미하고, 총비용은 판매량에 관계 없이 발생하는 **고정비**(fixed cost)와 판매량에 비례해 발생하는 **변동비**(variable cost)를 합한 값이다. 따라서 손익분기점의 산출 공식은 다음과 같이 BEP = FC / P-VC 이다. 단, P = 단위당 가격, V = 판매량, FC = 고정비, TVC = 총변동비, VC = 단위당 변동비, BEP = 손익분기점이다.

$$총수익 = 총비용$$
$$P \cdot V = FC + TVC$$
$$= FC + VC \cdot V$$
$$BEP(V^*) = FC / (P-VC)$$

여기서 분모, 즉 단위당 판매가격에서 단위당 변동비를 뺀 'P-VC'를 **공헌이익**(contribution margin)이라 한다. 제품이나 서비스 한 단위를 판매할 때마다 단위당 가격에서 단위당 변동비를 제한 나머지 부분이 수익을 창출하는데 공헌한다는 의미이다. 총 공헌이익이 고정비 전체를 다 커버할 때까지는 이익이 발생하지 않는다. 예를 들어 어느 기업이 생산한 제품의 단위당 가격이 100원, 연간 고정비가 27,000,000원, 단위당 변동비가 40원이라 하자. 이 제품의 손익분기점은 27,000,000/(100-40)= 450,000개이며, 이 수준에서의 연간 수익은 450,000개×100원 = 45,000,000원이 된다. 〈그림 6-6〉은 이를 그래프로 보여 준다.

〈그림 6-6〉 손익분기점 분석

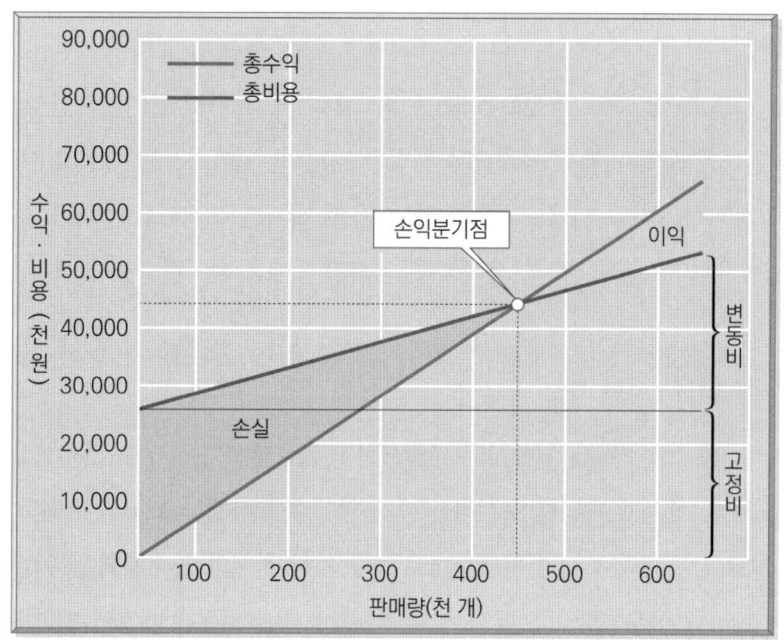

3.2 한계분석

의사결정자들이 수익을 최대화하거나 비용을 최소화하는 데 이용되는 기법들 중 하나가 **한계분석**(marginal analysis)이다. 이 기법은 경영자가 어떤 의사결정을 내릴 때 평균수익이나 평균비용을 기초로 하지 않고, 한 단위 추가할 때마다 발생하는 수익이나 비용, 즉 한계수익(marginal revenue)이나 한계비용(marginal cost)을 기초로 하는 기법이다. 한계분석을 적용하는 대표적인 예가 기존의 제품에 새로운 부품사양을 추가할 것인가의 여부를 결정하는 경우이다. 볼보 자동차회사는 기초사양에 선루프, ABS 브레이크와 같은 새로운 사양을 추가하고자 할 때, 사양 하나 추가로 인해 발생하게 될 한계수익과 한계비용을 비교해 이 사양의 추가 여부를 결정한다.

4. 일정계획 기법

경영자들은 목표의 달성을 위해 어떤 과업들이 수행되어야 하고, 이들이 어떤 순서로 진행되어야 하며, 누가 언제 수행해야 하는가를 상세히 계획하는 것을 볼 수 있다. 이를 **일정계획**(scheduling)이라 한다. 일정계획에 이용되는 주요 기법에는 다음과 같은 것이 있다.

4.1 간트 도표

앞 절의 〈그림 6-4〉에 소개된 **간트 도표**는 1900년대 초, 과학적 관리론자인 테일러의 동료 간트(H. Gantt)가 일정계획 및 통제를 목적으로 개발한 기법이다. 여기서는 작업과 시간을 종축과 횡축에 표시에 일정계획을 세운 다음, 막대그림을 이용해 시기별로 계획된 성과와 실제 성과를 도표상에 나타냄으로써, 이를 통해 생산일정에 대한 계획과 통제를 실시한다.

4.2 업무부하 도표

간트 도표와 그 목적이나 형태가 유사한 기법으로서 **업무부하 도표**(Load chart)가 있다. 간트 도표를 수정한 것으로서, 종축에 과업을 표시하는 대신 업무수행 부서나 조직의 구체적 자원을 표시한다. 업무부하 도표는 특정의 부서나 작업장별로 보유 자원에 대한 일정계획을 수립하고 계획의 실행과정을 통제하는 데 이용된다. 〈그림 6-7〉은 한 출판사에서 출간 예정인 몇 권의 책에 대한 설계 및 출판 활동을 감독하는 6명의 편집자들에 대한 업무부하 도표이다.

〈그림 6-7〉 업무부하 도표

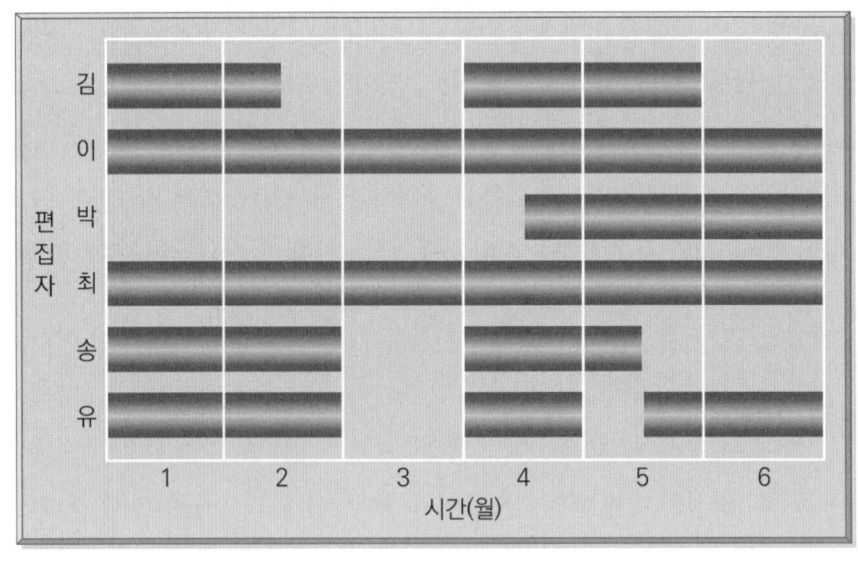

4.3 PERT/CPM

계획된 활동들이 수적으로 얼마 되지 않고, 각 활동들이 서로 독립적일 때에는 간트 도표와 업무부하 도표가 유용하다. 그러나 신제품 개발이라든가 조직 재설계, 원가절감 캠페인, 혹은 건설공사 등과 같은 대형 프로젝트의 경우 제품설계, 생산 및 마케팅과 관련된 수많은 활동들이 동시에 수행되어야 하며, 시간적으로 일정한 선후관계를 유지하면서 서로 조정되어야한다. 이처럼 복잡한 프로젝트를 수행할 경우의 일정계획과 통제에는 보다 정교한 기법을 필요로 한다. 이와 같은 프로젝트를 위해 개발된 일정계획 및 통제의 기법이 PERT(Program Evaluation and Review Technique)와 CPM(critical path method)이다. 이 기법은 원래 1950년대 후반 미국에서 폴라리스 잠수함 개발에 관여하는 3,000여 명의 계약자와 대리인들의 활동들을 효과적으로 조정하기 위해 개발되었다. PERT/CPM 기법의 도입으로 이 프로젝트를 완료하는 데 2년의 시간이 단축되었다고 한다.

PERT/CPM은 일정계획 네트워크 상에서 전혀 시간적 여유가 없는 활동들로 이루어진 **주공정로**(critical path)를 찾는 것이 목적이다. 이 기법에서 중요한 개념 중의 하나는 **여유시간**(slack time)이다. 이는 전체 프로젝트를 지연시키지 않는 범위 내에서 각 활동이 여유를 가질 수 있는 시간을 의미한다. 따라서 주공정로 상에 있는 활동들의 여유시간은 0이다. 경영자들은 프로젝트가 목표기간 이내에 완료되도록 하기 위해 주공정로 상의 활동들을 집중적으로 통제한다. 〈그림 6-8〉은 어느 건축공사 프로젝트에 대한 PERT 네트워크의 예이다. 이 그림에서 숫자는 각 활동을 수행하는 데 필요한 시간을 나타낸다.

〈그림 6-8〉 PERT 네트워크의 예

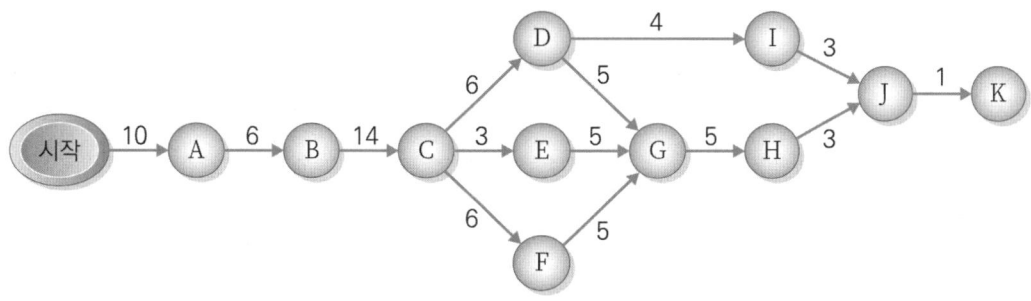

복습 및 연구문제

■ 복습하기

1. 계획의 의의와 목적은 무엇인가?
2. 계획의 유형들 중 전략적 계획, 전술적 계획 및 업무적 계획의 세 유형과 회사수준 계획, 사업수준 계획 및 기능수준 계획의 세 유형을 비교·설명하라.
3. 변동계획이란 무엇인가?
4. 목표가 갖추어야 할 특성 세 가지는 무엇인가?
5. 목표관리의 의의를 설명하라.
6. 손익분기점분석에 대하여
   1) 기법의 의의는 무엇인가?
   2) 손익분기점(BEP) 산출 공식을 유도하라.
   3) 공헌이익이란 무엇인가?

■ 토론하기

I. 기업의 계획기능에 대해서는 서로 다른 두 가지 관점이 대립한다. 하나는 계획이란 기업의 자원을 낭비하는 허수아비라는 관점이다. 다른 하나는 계획이란 기업의 발전을 가속화시키는 강력한 무기라는 관점이다. 1990년 미국에서 약 3천 개의 신규 기업들을 대상으로 실시한 연구결과에 따르면, 장시간을 투자해 사업계획을 수립한 기업들과 아무 계획 없이 사업에 뛰어든 기업들 사이에 첫 3년 동안 생존 비율은 별 차이가 없었다고 한다. 이 연구에 따르면 세밀하고 포괄적인 분석을 바탕으로 계획을 수립하는 기업들은 자사에 다가오는 기회의 포착이 느린 편이라고 한다. 환경분석을 통한 계획수립은 기업의 시장진입을 지체시키고, 이 과정에서 여러 문제점을 발견함으로써 아이디어 자체를 사장(死藏)시킬 수 있기 때문이다.

한편, 영국의 상위 250개 기업에 대한 어느 연구결과에 의하면, 대상기업 가운데 11%만이 사전 계획과 사후 성과를 정기적으로 비교·분석한다고 한다. 이 연구결과가 시사하는 것은 계획 기능이 최고경영자들에게 중요한 전략적 수단으로 활용될 것이라는 예상과는 달리, 실제로 경영자들은 계획을 별로 활용하지 않고 있다는 것이다. 지금까지는 계획이 성공적 경영을 위한 필수조건으로서, 계획 없는 조직은 임기응변적·근시안적 경영을 하게 되므로, 마치 방향타 없는 배와 같다는 것이 일반적인 인식이었다. 그러나 많은 경영자들이 아무런 계획 없이 그때그때의 상황에 따라 자신의 판단이나 직관을 동원해 성공적으로 경영하고 있는 것이 사실이다. 경영자들은 환경이 급변하는 시대에 계획은 오히려 시간낭비라 생각하기도 한다.

1. 독자는 계획의 무용론에 동의하는가? 동의하지 않는다면 이 주장을 논박하라.
2. 환경이 급변하는 상황일수록 계획은 더욱 중요시된다는 반론이 제기될 수 있다. 이러한 주장에 동의하는가? 이 주장의 논리적 근거를 제시하라.
3. 조직목표의 달성을 위해 계획수립 시 고려해야 할 요인에 대해 토론해 보자.

II. 북미자유무역협정(NAFTA) 체결 후, 미국 애리조나 주와 접경하고 있는 멕시코의 소노라 주는 침체한 이 주의 경제를 활성화시키기 위한 전략적 계획을 수립했다. NAFTA라는 환경 하에서 자신들의 강점과 약점을 평가한 후 내린 결론은, 북미와 멕시코 사이의 여행 자유화를 계기로 이 지역의 아름다운 호수들을 내세워 많은 관광객들을 유치하면, 경제의 활성화가 가능하다는 것이다. 소노라 주의 일부는 Baja만의 북동부와 경계를 같이 하고 있어, 놀라울 만큼 아름다운 해안과 항구를 자랑한다. 주 정부에서는 관광객 유치를 통한 경제 활성화 계획을 뒷받침하기 위해, 교통부문에서는 애리조나 주와의 접경지역 관광객들을 최대한 소노라 주의 해안선 휴양지로 끌어들일 수 있도록 간선 고속도로를 2차선에서 4차선으로 확장한다는 계획을 세웠다. 또한 통상부문에서는 목표 지역에 서구식 고급호텔을 세울 수 있도록 건설사들에게 저리의 특별자금을 대여한다는 계획을 세웠다. 이 두 계획은 두 부문의 이해관계에 대한 조정과정을 거쳐, 소노라 주 전체의 경제 활성화 계획을 훌륭하게 뒷받침할 수 있었다.

한편, 멕시코 도로교통부의 구매부서는 소노라 주의 간선도로 확장계획을 지원하기 위해 굴삭기, 스팀 롤러 등과 같은 도로공사용 장비 구입에 관한 세부적인 계획을 수립했다.

1. 소노라 주와 관련해 멕시코 정부가 설정한 목표는 무엇인가?
2. 멕시코의 계획 수립 시 반영된 환경요인과 이용가능 자원은 무엇인가?
3. 소노라 주의 예에서 전략적 계획, 전술적 계획 및 업무적 계획은 각각 무엇인가?

■ **자기평가**

본 설문은 자기 자신, 소속부서, 비공식 집단 혹은 소속 조직이 목표나 계획을 얼마나 잘 세울 수 있는지 평가하는 데 목적이 있다. 다음에 제시된 10 항목에 대해 다음과 같은 5점 척도로 답변하라.
1. 매우 그렇다 2. 그렇다 3. 그저 그렇다 4. 그렇지 않다 5. 전혀 그렇지 않다

1. 목표는 단기 목표와 장기 목표로 나누어 설정된다( ).
2. 개인이나 조직의 목표는 문서화된다( ).
3. 목표는 정기적으로 재검토되고 수정된다( ).
4. 목표의 달성은 경제적·비경제적 보상으로 연결된다( ).
5. 구성원들은 적극적이고 능동적으로 계획수립에 참여한다( ).
6. 어떤 정책, 프로그램 혹은 절차를 수립할 때 체계적이고 과학적인 방법을 사용한다( ).
7. 미래의 기회와 위협에 대한 예측을 토대로 계획을 수립한다( ).
8. 계획 수립 시 구성원들에게 전반적 사명과 비전이 명확히 주어진다( ).
9. 계획의 수립 시 목표달성에 요구되는 자원과 현재의 보유자원을 비교·평가한다( ).
10. 조직 수준과 개인 수준에서 목표와 계획이 세워진다( ).

● **평가방법:**

만약 총점이 40점 이상이면 목표설정과 계획수립 능력이 훌륭함을 뜻하고, 30점 미만이면 능력이 부족함을 뜻하며, 30점~40점이면 능력이 중간수준임을 뜻한다.

제7장 경영 의사결정
Management Decision Making

이 장에서는 의사결정에 어떤 유형들이 있으며, 어떤 절차를 거쳐서 의사결정을 내리는지, 그리고 의사결정에 이용되는 기법들이 무엇인지를 중심으로 살펴본다.

제1절 의사결정의 기초

1. 의사결정의 의의

경영자들은 조직 내·외의 환경으로부터 끊임없는 기회와 위협에 직면한다. 월마트와 같은 세계적인 대형 할인업체가 고객 서비스와 저가를 무기로 한국시장에 침투했을 때, 한국의 전통시장들과 백화점을 비롯한 모든 유통업체들이 커다란 위협을 느꼈다. 하지만 조직에 있어 이러한 위협은 새로운 기회로 활용해야 할 도전이기도 하다. **의사결정**(decision making)이란 조직 내·외의 환경이 제공하는 기회와 위협을 확인하고, 조직목표를 가장 효과적으로 달성할 수 있도록 문제해결에 필요한 행동 대안을 선택하는 과정이다. 경영은 결국 **의사결정 과정**(decision-making process)이고, 경영자는 **의사결정자**(decision-maker)이다.

의사결정에는 두 가지 측면이 포함된다: 행동과 과정. 행동적 측면은 문제해결을 가능하게 하는 여러 대안들 중 최적 대안을 선택하는 것을 뜻하고 과정적 측면은 일련의 과정을 거쳐 체계적인 방법으로 의사결정이 내려지는 것을 뜻한다. 과정적 측면은 다시 두 가지 범주로 나뉜다. 첫째는 **정형화**(formulation)로서, 문제(혹은 기회와 위협)를 확인하고 성과목표를 설정하며, 정보를 획득하고 문제와 관련된 요인들 사이의 인과관계를 분석한다. 둘째는 **해**(solution)로서, 문제해결을 위한 행동대안을 탐색하고, 최적 대안을 선정하며, 선정된 대안의 실행과정을 감시한다.

2. 의사결정에 영향을 미치는 요인

경영자들이 어떤 의사결정을 내리느냐 하는 것은 조직의 성과에 직접적인 영향을 미친다. 〈그림 7-1〉에서 볼 수 있듯이, 의사결정에 영향을 미치는 요인은 크게 세 가지이다.

〈그림 7-1〉 의사결정의 영향요인

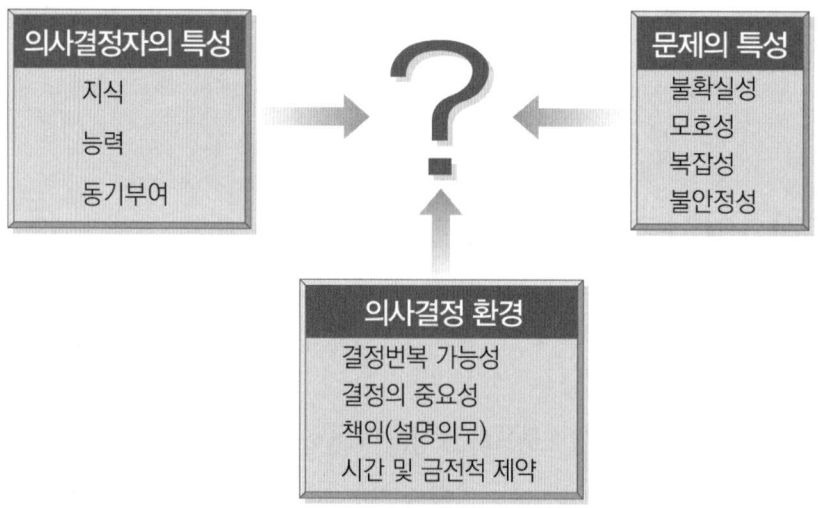

첫째는 의사결정자의 특성이다. 문제에 관한 지식, 문제의 분석 및 해결능력, 문제를 풀고자 하는 동기의 유발과 같은 요인이 그 예이다. 둘째는 문제의 특성이다. 이에는 경영자가 문제에 익숙해 있는 정도, 문제의 복잡성과 모호성, 및 문제의 안정성이나 가변성 등이 포함된다. 셋째는 의사결정의 환경이다. 결정의 중요성, 결정의 번복가능성, 결정 결과에 대한 책임, 및 의사결정 과정에 영향을 미치는 시간적·금전적 제약 등이 그것이다.

3. 의사결정자의 스타일

조직 내에 의사결정을 요하는 어떤 문제가 발생했을 때 경영자들은 어떻게 대처할까? 의사결정을 내리거나 문제를 해결할 때 경영자들이 보여 주는 스타일은 여러 가지이다. 여기서는 경영자의 의사결정 스타일을 세 가지로 나누어 설명한다.

3.1 적극성의 정도에 따른 분류

경영자들은 문제에 얼마나 적극적으로 대처하느냐에 따라 세 가지 스타일로 분류된다. 첫째는 **문제 회피형**(problem avoider)으로서, 문제에 관한 소식이나 정보 자체를 무시하는 스타일이다. 이러한 경영자는 문제해결에 소극적일 뿐만 아니라 문제에 직면하는 것조차 꺼려한다. 조직의 상황이 안정적인 경우에 가능한 스타일이다. 둘째는 **문제 해결형**(problem solver)으로서, 문제에 부딪히면 이를 해결하기 위해 노력하는 스타일이다. 이러한 경영자는 반응 지향적이기 때문에, 문제가 발생한 후에야 비로소 이를 다루고자 한다. 조직의 상황이 불확실하면 이 스타일이 적합하다. 셋째는 **문제 추구형**(problem seeker)으로서, 풀어야 할 문제나 추구해야 할 기회를 적극적으로 찾아 나서는 스타일이다. 이들은 문제 해결형과는 달리 문제를 미리 예측해 행동 지향적으로 접근한다. 혁신적이고 창조적인 조직에서는 이러한 스타일이 바람직하다.

경영자들이 이 중 어느 하나의 스타일을 고수하는 것은 바람직하지 않다. 상황에 따라서는 문제를 회피하는 것이 최선일 수도 있고, 문제가 예기치 않게 발생하는 경우에는 문제 해결형이 바람직할 수 있다. 반면에 혁신적이고 창조적인 조직의 경우는 기회포착과 문제처리 방법의 개선을 위해 끊임없이 노력하는 문제 추구형의 경영자가 효과적이다.

3.2 사고방식에 따른 분류

의사결정자는 자신의 사고방식이 어떠냐에 따라 합리적 의사결정자와 직관적 의사결정자로 나뉜다. 먼저, **합리적 의사결정자**(rational decision maker)는 사고방식이 체계적이고 논리적이며, 어떤 정보가 주어질 때 이를 일정한 틀 속에서 분석적으로 바라본다. 따라서 이 정보가 논리성과 일관성을 가지고 있지 않으면, 아무리 유용해 보이더라도 의사결정의 실행에 이 정보를 이용하지 않는다. 의사결정을 내릴 때 보수적인 관점을 취하는 스타일이다.

반면에, **직관적 의사결정자**(intuitive decision maker)는 사고방식이 직관적이고 자유분방하며, 어떤 정보가 주어졌을 때 이를 일정한 틀 속에서 바라보지 않고, 그때그때 자신의 주관에 따라 창조적으로 해석한다. 따라서 이러한 의사결정자는 주어진 정보가 비록 합리성을 결여하더라도, 이를 긍정적으로 해석해 실행에 옮기려는 성향을 보인다.

3.3 모호성 허용 정도에 따른 분류

위에서 설명한 사고방식의 합리성/직관성 기준과 더불어, 주어진 문제나 정보의 모호성을 얼마나 허용한 상태에서 의사결정을 내리느냐에 따라 의사결정자는 〈그림 7-2〉와 같이 네 가지 유형으로 나뉜다. 첫째, **직선적 스타일**(linear style)은 모호성을 허용하지 않으며, 효율 지향적이다. 의사결정의 속도가 빠르고 단기 지향적이다. 효율과 속도를 추구하다 보니 소량의 정보만으로 의사결정을 내리기도 하고, 소수의 대안들 중에서 최적해를 선택하는 우를 범하기도 한다.

〈그림 7-2〉 의사결정자의 스타일

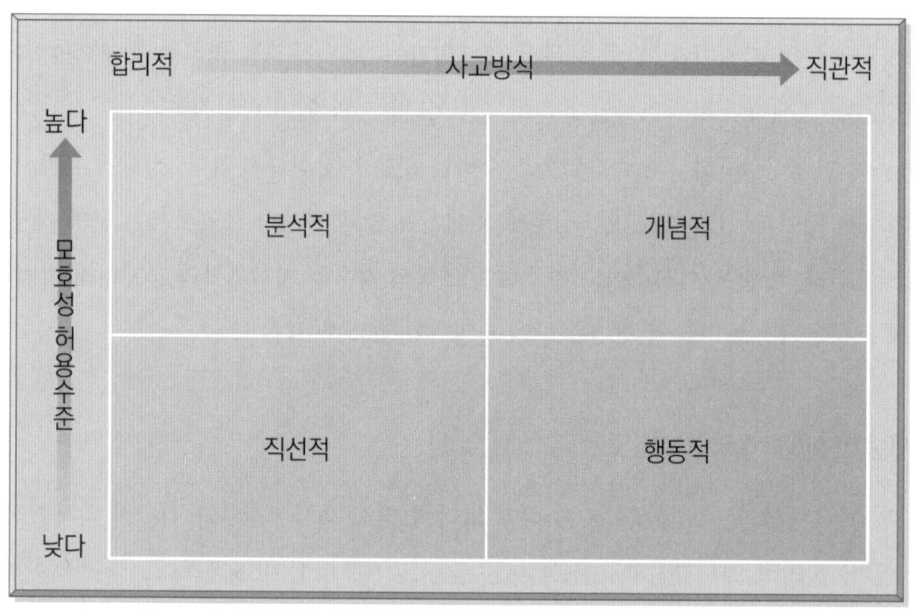

둘째, **분석적 스타일**(analytical style)은 직선적 스타일보다는 모호성에 대한 허용수준이 높다. 이들은 의사결정을 내리기 전에 많은 정보를 원하며, 보다 많은 대안을 탐색해 이들 중 최적대안

을 선택한다. 분석적 의사결정자는 상황에 따라 적응하고 대처해 나갈 수 있는 능력이 있으며, 일반적으로 신중하고 세심한 스타일의 경영자들이 이에 속한다.

셋째, **개념적 스타일**(conceptual style)은 사물을 바라보는 관점이 광범위하며, 많은 대안들을 선택의 대상으로 삼는다. 문제가 주어지면, 직관적으로 관련변수들의 인과관계를 파악함으로써 창조적인 해를 도출하는 데 능숙하다.

넷째, **행동적 스타일**(behavioral style)은 모호성을 별로 허용하지 않으며, 합립적 사고보다는 직관을 중시한다. 다른 사람들과 함께 살아가는 것을 중요하게 생각하고 구성원들의 제안을 수용하며, 부하들의 성취에 깊은 관심을 갖는다. 의사소통을 소중히 생각하며, 구성원들의 갈등을 최소화하기 위해 노력한다. 타인들에게 자신이 수용되는 것을 중요시한다.

제2절 의사결정의 유형

경영자들이 내리는 의사결정에는 여러 가지 유형이 있으며, 어떤 유형의 의사결정이냐에 따라 문제에 대한 접근방법이 달라진다. 의사결정의 유형을 분류하는 기준은 일반적으로 다음 두 가지이다: 의사결정 상황의 불확실성 정도 및 의사결정의 정형화 여부.

1. 상황의 불확실성 수준에 따른 분류

모든 의사결정의 상황은 의사결정에 관한 정보의 이용가능성과 의사결정 목표의 달성에 대한 성공이나 실패 가능성에 따라 확실성(certainty), 위험성(risk), 불확실성(uncertainty)의 세 가지로 나뉜다. 여기에 모호성(ambiguity)을 추가해 네 가지 상황으로 분류하기도 한다. 〈그림 7-3〉은 상황의 불확실성 수준에 따른 의사결정의 네 가지 유형을 보여준다.

<그림 7-3> 상황의 불확실성 수준에 따른 의사결정의 유형

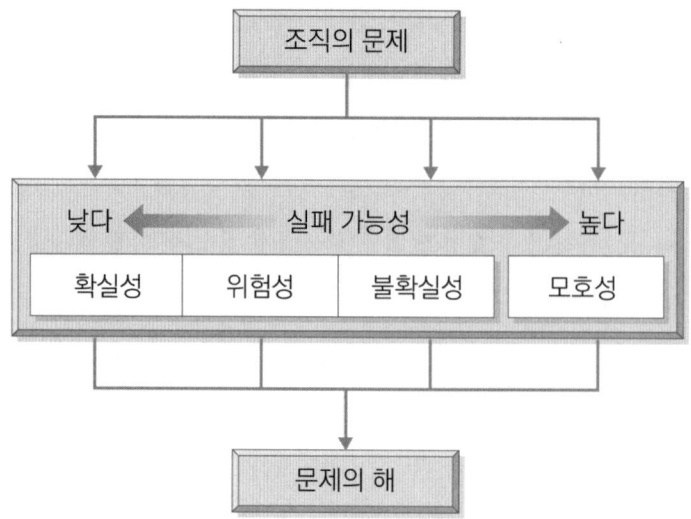

1.1 확실성 하에서의 의사결정(DMUC)

확실성 하에서의 의사결정(decision making under certainty)이란 경영자가 선택 가능한 대안들과 각 대안을 선택할 때 얻게 될 성과에 관해 확실한 정보를 가지고 있는 상태에서 의사결정을 내리는 경우를 말한다. **확정적 의사결정**(deterministic decision)이라고도 한다. 국채나 공채에 대한 투자결정은 수익률이 미리 정해진 상태에서 의사결정을 내리는 경우이기 때문에 확정적 의사결정이다. 예를 들어 어느 기업이 10억 원의 자금이 있을 때, 이 자금을 앞으로 5년 동안 매년 4억 원의 이익을 올리게 하는 A 설비에 투자할 것이냐, 아니면 같은 자금으로 5년 동안 매년 3억 원의 비용절감을 가능하게 하는 B 설비에 투자할 것이냐를 결정해야 한다고 하자. 합리적 경영자라면 당연히 연간 40%의 투자수익률을 올릴 수 있는 A 설비에 투자한다는 결정을 내릴 것이다.

그러나 실세계에서는 확실한 상황 하에서 의사결정을 내리는 경우는 거의 없으며, 대부분 다음과 같이 위험성 혹은 불확실성 하에서 의사결정을 내리게 된다.

1.2 위험성 하에서의 의사결정

위험성 하에서의 의사결정(decision making under risk)이란 경영자가 선택가능한 의사결정 대안들을 알 수 있고, 의사결정에 영향을 미치는 각 상황이 발생할 확률과 각 대안의 선택 시 발생할 결과에 대한 확률을 알고 있는 상태에서 의사결정을 내리는 경우를 말한다. **확률적 의사결정**(stochastic decision)이라고도 한다. **위험**(risk)이라는 어휘는 미래에 관한 정보를 토대로 확률 및 기댓값에 입각해 의사결정을 내리는 데 따르는 리스크를 의미한다.

예를 들어, 투자안 A는 성공할 경우 100만 원의 이익이 발생하고 실패할 경우 50만 원의 손실이 발생하며, 성공확률과 실패확률은 각각 0.4, 0.6이라고 한다. 또한 투자안 B는 성공할 경우 250만 원의 이익이 발생하고 실패할 경우 300만 원의 손실이 발생하며, 성공확률과 실패확률은 각각 0.6, 0.4라고 한다. 이 경우 다음에서 보는 바와 같이 투자안 B가 투자안 A보다 기대이익이 크므로, 경영자는 투자안 B를 최적대안으로 선택할 것이다.

- 투자안 A의 기대이익: 100만 원×0.4+(−50만 원)×0.6 = 10만 원
- 투자안 B의 기대이익: 250만 원×0.6+(−300만 원)×0.4 = 30만 원

1.3 불확실성 하에서의 의사결정

불확실성 하에서의 의사결정(decision making under uncertainty)이란 달성하고자 하는 목표는 알고 있으나, 미래에 발생 가능한 상황, 의사결정자가 선택 가능한 대안 및 각 대안의 선택 결과 얻게 되는 성과에 관한 아무런 정보를 가지고 있지 않은 상태에서 결정을 내리는 경우를 말한다. 여기서는 경영자들이 의사결정 변수들에 관해 일정한 가정을 세워 의사결정을 내려야 한다. 만약 가정에 오류가 있으면, 이 가정에 입각한 의사결정은 오류를 범하게 된다. 불확실한 상황 하에서 의사결정을 내릴 때에는 경영자들이 독창적인 접근을 통해 최적대안을 선택할 수밖에 없다. 여기서 특히 중요시되는 것이 의사결정자의 판단력, 경험, 직관 및 통찰력이다.

불확실성 하에서의 의사결정은 그 결과가 경영자의 의도대로 실현되지 않는 경우도 많지만, 불확실성 하에서 위험 선호적인 경영자들이 성공을 거두는 경우도 적지 않다. 위험의 선호는 특히 새로운 사업을 시작할 때 중요한 의미를 갖는다. 보잉사가 21세기형 항공기인 777기 제작 여부의 결정을 내릴 때, 처음에는 큰 불확실성에 직면해 고민하고 있었다. 하지만 이 회사는 전통적인 제품개발 과정을 무시하고, 컴퓨터그래픽을 이용해 시제품 영상을 완제품으로 변환시

키는 혁신적 접근을 시도한 끝에 777기를 생산한다는 결정을 내렸다. 당시는 이스턴, 팬암 같은 항공사들이 도산하는 어려운 상황이었지만, 보잉사는 신제품 777기가 218인승 767기와 419인승 747기 사이의 간극을 메움으로써 회사에 우호적인 미래가 도래할 것이라는 낙관적 예측 하에 도박을 한 셈이다. 결과는 성공이었다.

1.4 모호성 하에서의 의사결정

모호성 하에서의 의사결정(decision making under ambiguity)이란 달성되어야 할 목표나 해결되어야 할 문제가 분명하지 않고, 대안을 확인하기 어려우며, 의사결정 결과에 관한 정보의 입수가 가능하지 않은 상황에서 의사결정을 내리는 것을 의미한다. 가령 교수가 수강학생들을 몇 개의 그룹으로 나누고 각 그룹에 과제물을 제출하도록 지시하면서, 학생들에게 아무런 주제나 방향 혹은 지침을 제시하지 않을 경우, 이 학생들은 모호성 하에서 과제를 해결해야 한다.

모호성의 상황은 목표와 의사결정 대안에 대한 경영자들 사이의 갈등, 급변하는 환경, 애매모호한 정보, 및 의사결정 변수들 사이의 연계성이 불분명한 것과 관련이 있다. 만약 모호성 하에서 의사결정을 내려야 할 경우 경영자는 정보의 부재 속에서 목표를 추정하고, 의사결정 대안에 대해 합리적인 시나리오를 개발해야만 한다.

어느 기업이 마케팅 부서에 피임기구에 대한 광고 캠페인을 개발하라는 과제를 부여했다고 한다. 당시 경영자들은 광고의 일반적 규범이라든가 표적으로 삼아야 할 광고의 대상(남성, 여성, 기혼, 미혼 등), 광고의 내용, 혹은 광고 매체 등에 관해 분명한 지침이나 정보를 가지고 있지 않았다. 따라서 전례도 없는 상황에서 주먹구구식 접근을 통해 의사결정을 내릴 수밖에 없었다. 이처럼 경영자가 모호한 상황 하에서 의사결정을 내릴 경우 실패할 가능성이 매우 높다.

2. 정형화된 의사결정과 비정형화된 의사결정

경영자들이 다른 사람들의 작업을 통합 및 조정하고자 하면 여러 가지 유형의 문제에 직면하며, 문제에 관한 의사결정을 내리는 방법도 다양하다. 여기서 경영자들이 직면하는 문제들은 크게 정형화된 문제와 비정형화된 문제로 분류되고, 의사결정 또한 프로그램화된 의사결정과 비프로그램화된 의사결정으로 분류된다.

2.1 정형화된 문제와 프로그램화된 의사결정

경영자들이 직면하는 문제들 중에는 자신에게 익숙해 있어서 의사결정의 목표와 방향이 뚜렷하고 문제에 관해 완벽한 정보를 입수할 수 있는 경우가 있다. 대학에서 한 학생이 수강 신청을 변경하고자 할 때 교무담당이 이를 처리하는 문제가 그 예이다. 기업의 경우 고객이 구입한 제품을 영업점에서 환불받고자 하거나, 공급업자가 중요한 품목의 납품기일을 어기는 경우도 마찬가지이다. 이와 같이 문제가 복잡하지 않고 경영자가 이미 평소의 경험을 통해 알고 있는 문제를 **정형화된 문제**(structured problem), 혹은 구조화된 문제라 한다. 이와 같이 정형화된 문제에 대해서는 미리 정해진 절차를 이용한 반복적, 규칙적 의사결정을 통해 문제를 해결하면 된다. 이러한 방식의 의사결정을 **프로그램화된 의사결정**(programmed decision making)이라 한다.

간단한 예로, 식당에서 종업원이 손님의 옷에 음료수를 떨어뜨렸다고 하자. 화가 난 손님에게 식당 지배인은 어떤 조치를 취하는 것이 좋을까? 손님에게 음료수를 떨어뜨리는 것은 식당에서 가끔 있을 수 있는 일이기 때문에, 정형화된 문제에 해당한다. 이 문제에 대해서는 식당 자체적으로 미리 정해진 처치 방법이 마련되어 있을 가능성이 크다. 만약 종업원의 실수이고 손님에게 손실이 있을 경우, 지배인은 세탁비용을 지불하거나 옷값을 변상해 주면 된다. 이러한 의사결정이 곧 프로그램화된 의사결정이다.

프로그램화된 의사결정은 문제가 단순하며, 주로 과거의 문제해결 방법에 의존한다. 만약 미리 정형화되어 있는 문제가 발생하면, 그 해법은 경영자에게 이미 익숙해 있는 몇 개의 대안으로 범위가 좁혀진다. 물론 이 경우 조직 내에 경영자들이 문제의 해결을 위해 그때그때 적용해야 할 일정한 **준거체계**(reference system)가 마련되어 있어야 한다. 이 준거체계의 대표적인 것이 정책, 절차 및 규칙이다.

- **정책**(policy): 경영자가 의사결정을 내릴 때 따라야 할 지침으로서, 경영자의 사고를 일정한 방향으로 유도하는 준거체계
- **절차**(procedure): 경영자가 정형화된 문제들을 해결하기 위해 밟아야 할 상호 관련된 일련의 연속적 단계들
- **규칙**(rule): 경영자나 종업원 혹은 소비자와 같은 개인들이 해야 할 일과 해서는 안 될 일들을 명시한 준거체계

2.2 비정형화된 문제와 비프로그램화된 의사결정

경영자들이 직면하는 문제들 중에는 전혀 새롭거나 특별한 것으로서, 문제에 관한 정보가 애매하거나 확실하지 않은 경우가 있다. 이러한 문제를 **비정형화된 문제**(unstructured problem), 혹은 비구조화된 문제라 한다. 검증이 안 된 새로운 기술에 투자할 것인지의 여부를 결정하는 문제나, 수익성이 낮은 특정의 제품을 폐기하는 문제가 이에 속한다. 이와 같이, 정형화되어 있지 않은 문제가 발생하면, 경영자는 상황에 맞는 해결책을 찾기 위해 미리 정해져 있지 않은 **비프로그램화된 의사결정**(non-programmed decision making)을 내려야 한다. 즉, 신기술에의 투자 혹은 특정 제품의 폐기와 같은 문제는 과거의 사례도 별로 없고, 의사결정의 결과가 조직에 미치는 영향이 비교적 클 것이다. 이 경우 각 부문으로부터 교차기능팀(cross-functional team)이나 태스크 포스(task force)를 구성해 문제를 해결하는 것이 효과적이다.

2.3 문제와 의사결정의 유형, 및 조직계층의 수준

〈그림 7-4〉는 경영자들이 직면하는 문제의 유형 및 의사결정의 유형과 조직계층의 수준 사이의 관계를 보여 준다. 조직계층 상으로 보면, 하위계층의 경영자들은 자신에게 익숙한 반복적인 문제에 직면하는 경우가 많기 때문에, 이들은 주로 조직의 정책이나 규칙 또는 **표준업무절차**(Standard Operating Procedure: SOP)에 따라 의사결정을 내린다. SOP는 일반적으로 프로그램화된 의사결정에 이용되는 방법으로서, 어떠한 일이 어떤 단계를 밟아 어떻게 수행되어야 하는가를 상세히 규정해 놓은 절차이다. 반면에, 조직계층이 높아질수록 경영자들은 비정형화된 문제들을 다루어야 하는 경우가 많아진다.

여기서 중요한 것은 프로그램화된 의사결정을 이용하면 효율이 향상될 수 있다는 점이다. 오늘날 많은 조직들이 SOP를 개발하고 의사결정의 프로그램화를 시도하는 이유도 여기에 있다. 의사결정의 프로그램화가 바람직한 것은 인간의 판단력에 한계가 있기 때문이다. 문제의 해결에 이용할 수 있는 규칙이나 기법 혹은 절차가 없이 단순히 개인의 재량이나 능력에 의존해 비프로그램화된 의사결정을 내릴 경우, 경영자들에게는 엄청난 비용이 초래될 위험이 있다.

〈그림 7-4〉 문제의 유형, 의사결정의 유형 및 조직계층의 관계

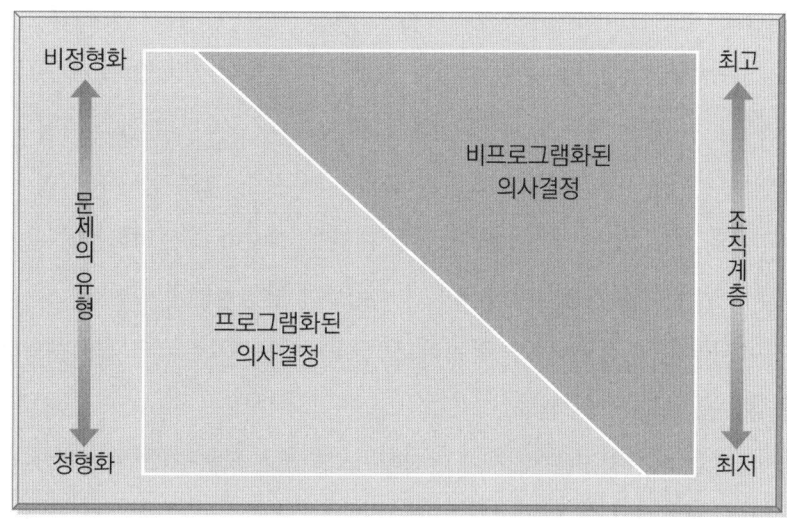

- **계획에 관한 그레샴의 법칙**: 경영자들은 일반적으로 프로그램화된 의사결정 문제를 우선적으로 해결하느라 비프로그램화된 문제를 소홀히 하는 경향이 있다. 즉, 해결해야 할 몇 가지 문제가 있을 때, 깊이 생각해야 할 복잡한 문제를 제쳐두고 일상적이고 반복적인 문제의 해결부터 시도할 가능성이 있다. 그러다 보면 시간적 압박 때문에 정작 중요하고 어려운 의사결정 문제를 놓치는 경우가 생긴다. 이러한 경향을 **계획에 관한 그레샴의 법칙**(Gresham's law of planning)이라 한다. 이 법칙은 의사결정의 적시성(timeliness)을 강조하는 개념이다. 조직 내에 기획조정실이나 기획실을 두어 중요하고 특별한 문제의 해결을 전담하게 하는 이유도 여기에 있다.

3. 개인적 의사결정과 집단적 의사결정

의사결정은 의사결정의 주체가 개인이냐 집단이냐에 따라 개인적 의사결정과 집단적 의사결정으로 나뉜다. **개인적 의사결정**(individual decision making)은 경영자나 종업원 등, 한 개인이 의사결정을 내리는 것을 말한다. 반면에 **집단적 의사결정**(group decision making)은 위원회, 태스크 포스, 스터디 그룹, 혹은 기타 형태의 집단을 통해 의사결정을 내리는 것을 의미한다. 기업에 따라 정도의 차이는 있으나, 조직에 관한 의사결정을 특정의 개인에게 의존하는 것이 아니라, 전문가

적 식견과 경험이 축적된 집단에게 의뢰하는 경우가 많다. 집단적 의사결정이 개인적 의사결정에 대해 가지고 있는 장점은 무엇일까?

첫째, 집단은 일반적으로 개인보다 더 완전한 정보와 지식을 가지고 있기 때문에, 이들은 개인이 가져올 수 없는 다양한 전문지식과 관점을 토대로 더 나은 의사결정을 내릴 수 있다. 둘째, 집단은 개인보다 더욱 다양한 정보를 가지고 있기 때문에, 이로 인해 조직이 선택 가능한 대안도 더욱 다양해진다. 셋째, 구성원들이 직접 대안을 개발하고 선택하는데 관여하기 때문에, 선택된 최적대안의 수용 가능성이 높아진다. 끝으로, 구성원들은 일반적으로 집단이 내리는 결정이 개인이 내리는 결정보다 합법적이라고 느끼기 때문에, 추후 문제가 발생하더라도 의사결정의 합법성(legitimacy)이 확립된다.

반면에, 집단에 의한 의사결정은 몇 가지 단점이 있다. 첫째, 집단적 의사결정에는 많은 시간이 소요된다. 둘째, 목소리가 큰 몇몇이서 전체 분위기를 주도함으로써 그릇된 결과를 도출할 수 있다. 셋째, 이른바 **집단사고**(groupthink)의 폐단으로서, 집단 내에서는 비판적 사고가 제약을 받음으로써, 최종적 의사결정의 질이 떨어질 수 있다. 넷째, 집단 내에서 외형상 구성원 모두가 책임을 공유하지만, 각 구성원들의 책임 한계가 분명하지 않다.

집단적 의사결정과 개인적 의사결정 중 어느 것이 더 효과적인지는 유효성의 평가기준에 따라 달라진다. 다시 말하면, 결정의 정확성, 결정의 독창성 및 결정 결과의 수용 가능성이 중요시되는 경우 집단적 의사결정이 효과적이다. 반면에 결정의 신속성과 효율성이 중요한 경우에는 개인적 의사결정이 낫다. 덧붙여, 집단 크기 또한 의사결정의 유효성에 영향을 미친다. 집단이 크면, 보다 다양한 정보와 지식을 통해 다양한 대안들이 개진될 수 있는 반면, 각자의 의견을 여과하고 조정하는데 많은 시간이 소요될 수 있다. 일반적으로 의사결정을 내리는데 가장 효과적인 조직 크기는 5 ~ 7명이다. 그러나 이 수치는 구성원들의 기본적인 역량과 의사결정 참여의 적극성에 따라 달라진다. 구성원들이 역량이 좋고, 적극적으로 의사결정에 참여하는 성향이 강하면 소수의 인원으로도 충분하겠지만, 그 반대의 경우에는 더 많은 인원을 필요로 한다.

제3절 의사결정 모델

경영자들이 의사결정을 내리는 데 이용하는 접근법은 두 가지이다: 고전적 모델과 관리적 모델. 의사결정을 내릴 때 어떤 모델을 따를 것인가는 경영자의 개인적 성향, 의사결정의 프로그램화 여부 및 의사결정 상황의 불확실성 정도에 따라 달라진다.

1. 고전적 모델

의사결정에 관한 **고전적 모델**(classical model)은 경제적 가정에 따라 의사결정을 내린다는 점에서 **합리적 모델**(rational model)이라고도 한다. 이 모델은 경영자들이 조직에 최대의 경제적 이익을 제공하도록 논리적이고 합리적인 의사결정을 내릴 수 있다는 가정에 입각한다. 〈그림 7-5〉는 의사결정에 관한 고전적 모델의 관점을 보여준다. 이 모델은 구체적으로 다음과 같은 가정을 전제로 한다.

첫째, 경영자는 의사결정의 상황과 선택가능한 의사결정 대안에 대해 완전한 정보가 있다.

둘째, 경영자는 선택가능한 대안의 종류와 각 대안의 결과에 대해 완전한 정보가 있다.

셋째, 경영자는 논리적, 합리적 방법으로 모든 대안에 대해 우선순위를 부여할 수 있다.

〈그림 7-5〉 의사결정의 고전적 모델

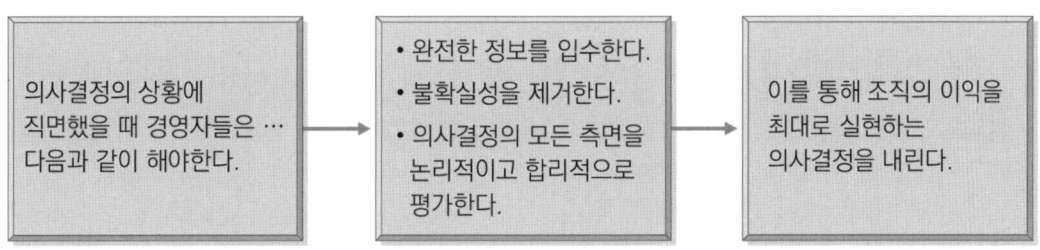

고전적 의사결정 모델은 의사결정자가 어떻게 결정을 내려야 하는가를 규정하고, 이상적인 결과에 도달하기 위해 따라야 할 지침을 제공해 준다. 이와 같은 관점에서 이 모델을 **규범적 접근**(normative approach) 혹은 **처방적 접근**(prescriptive approach)이라 한다. 다음 절에서 다루게 될 의사결정의 일반적 과정은 고전적 모델에 기반을 둔다. 근래에는 계량적 의사결정 기법의 진전과 더불어 IT를 활용한 정보시스템의 발전으로 고전적 모델이 더욱 각광을 받고 있다. 이와 같은 의사결정 기법의 발전에는 통계학, 경영과학 및 계량경제학의 기여가 크다.

2. 관리적 모델

의사결정에 관한 **관리적 모델**(administrative model)은 주로 사이먼(H. Simon)과 마치(J. March)의 연구 성과를 토대로 하는 모델이다. 노벨 경제학상을 수상한 이들은 고전적 모델의 한계를 비판하면서, 어떻게 의사결정이 이루어져야 하는가에 대한 처방을 제시하는 대신, 의사결정이 실제로 어떻게 이루어지고 있는가에 논의의 초점을 두었다. 〈그림 7-6〉은 사이먼과 마치의 관리적 모델을 보여준다. 이 모델은 다음과 같은 가정을 전제로 한다.

첫째, 경영자들은 완전하지 않은 정보를 통해 의사결정을 내린다.

둘째, 경영자들은 논리적, 인지적 한계로 인해 합리성을 추구하는데 제약이 있다.

셋째, 경영자들은 의사결정을 내릴 때 최적해보다는 만족해를 추구한다.

〈그림 7-6〉 의사결정의 관리적 모델

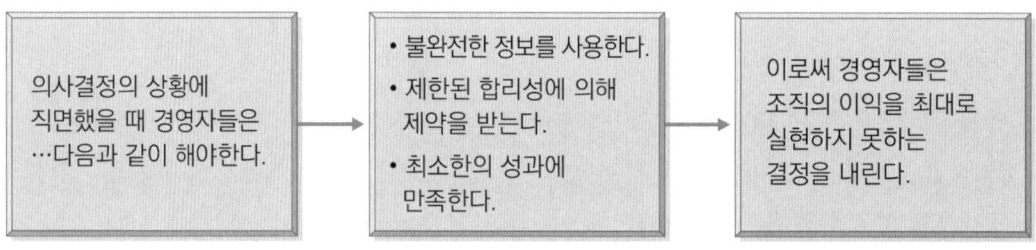

사이먼과 마치가 내세우는 주장은 실제의 경영문제들은 완전한 계량화나 프로그램화가 가능한 경우가 많지 않고, 또한 인지적·정보적 제약 때문에 경제적 관점에서 합리적 의사 결정을 내리기가 쉽지 않다는 것이다. 이런 관점에서 관리적 모델을 **기술적 접근**(descriptive approach)이라 한다. 관리적 의사결정 모델은 다음 세 가지 중요한 개념에 그 토대를 둔다.

2.1 제한된 합리성

인간은 세 가지 인지적 제약이 있다: 정보 해석능력의 부족, 정보 처리능력의 부족 및 정보 이용능력의 부족. 이러한 인지적 제약으로 인간의 의사결정 능력에는 한계가 있을 수밖에 없다. 인지적 제약에 관한 이러한 상황을 **제한된 합리성**(bounded rationality)이라 한다.

2.2 불완전한 정보

설령 경영자들의 정보처리 능력이 충분하다 하더라도 이들은 최적 의사결정에 도달할 수는 없다. 이들이 의사결정의 토대로 삼는 정보는 **불완전한 정보**(incomplete information)에 불과하기 때문이다. 정보가 불완전한 이유는 선택가능한 의사결정 대안의 종류가 알려져 있지 않을 뿐만 아니라, 알려진 각 대안을 실행했을 경우의 결과도 불확실하기 때문이다.

2.3 만족해

제한된 합리성과 불완전한 정보라는 현실적 제약으로 인해 경영자들은 모든 대안들의 탐색을 시도하지 않는다. 즉, 모든 잠재적 대안들 중 자신의 수중에 있는 한정된 대안들만을 탐색해 의사결정을 내리는, 만족화(satisficing)의 전략을 추구한다. 이는 경영자들이 어떤 문제나 기회에 직면했을 때 최적해를 고수하는 것은 무리라고 보고, 주어진 상황 하에서 선택가능하면서도 만족할 만한 대안, 즉 **만족해**(satisfactory solution)를 추구함을 의미한다. 예를 들어 자동차 제조회사가 부품 공급업체를 선택하고자 할 때, 자사의 조건에 맞는 몇 개의 업체들을 상대로 견적서를 받아 이 중 한 업체를 선택한다면, 구매관리자의 입장에서는 합리적 결정이 될지 몰라도, 회사 전체적 입장에서 보면, 더 우수한 공급업체가 선택대상에서 제외됨으로써 최적 의사결정이 이루어지지 않을 수 있다.

마치와 사이먼은 경영 의사결정은 과학이 아닌 기술(art)의 성격이 강하다는 점을 강조한다. 이들의 주장에 의하면, 실세계의 불확실성과 모호성에 직면해 경영자들은 자신의 직관, 경험 및 판단에 의존해 자기 나름의 최선의 결정을 내려야만 한다.

제4절 의사결정의 절차

여기서는 먼저 의사결정 문제들이 기본적으로 어떤 요소로 구성되어 있는지 설명한 후, 의사결정의 기본절차를 살펴보기로 한다.

1. 의사결정 문제의 기본요소

의사결정 문제는 일반적으로 의사결정 대안, 발생 가능한 상황 및 성과의 세 가지 기본요소로 이루어진다.

1.1 의사결정 대안

경영자들이 의사결정을 내릴 때는 주어진 문제의 해결을 위해 이용할 수 있는 **의사결정 대안**(decision alternatives)을 탐색한다. 여유자금을 어디에 투자할 것인가, 새로운 공장을 어디에 건립할 것인가, 혹은 주어진 자금을 어떤 주식에 투자할 것인가와 같은 문제는 의사결정 문제의 예이다. 이러한 문제에 직면해 경영자는 선택 가능한 대안들을 탐색한 후, 복수의 대안들 중 목표의 달성에 가장 적합한 대안을 최적대안으로 선택한다. 그러나 대부분의 경우, 경영자들이 모든 대안들을 고려하는 경우는 드물며, 현실적으로는 한정된 범위 내에서 선택 가능한 대안들을 탐색한다.

1.2 발생가능 상황

발생가능 상황(state of nature)은 주어진 자연의 상태를 뜻하는 것으로서, 의사결정자가 통제할 수 없는 자연환경이나 경제적·정치적·사회적 상황을 의미한다. 의사결정은 주어진 상황에서 일정한 목표를 달성하기 위해 최적대안을 선택하는 과정이다. 발생가능한 상황은 앞서 의사결정의 분류에서 설명한 바와 같이 확실한 상황, 위험한 상황 및 불확실한 상황 등으로 분류된다. 이 중에서 특히 경영자들이 관심을 갖는 것은 확실한 상황과 위험한 상황이다.

1.3 성과

성과(payoff)는 특정 대안과 특정 상황의 결합으로 실현되는 이익이나 비용을 말한다. 이는 특정의 상황에서 특정의 대안을 선택함으로써 발생하는 성과이기 때문에, **조건부 성과**(conditional payoff)라 할 수 있다. 〈그림 7-7〉은 의사결정 문제의 기본구조를 보여준다. 이 표의 각 셀은 특정의 대안을 선택했을 때, 발생 가능한 각 상황 하에서 의사결정자가 얻게 되는 성과를 나타낸다.

〈그림 7-7〉 의사결정 문제의 성과표

의사결정 대안	발생가능 상황			
	s_1	s_2	$\cdots$	s_n
a_1	u_{11}	u_{12}	$\cdots$	u_{1n}
a_2	u_{21}	u_{22}	$\cdots$	u_{2n}
$\vdots$	$\vdots$	$\vdots$		$\vdots$
a_m	u_{m1}	u_{m2}	$\cdots$	u_{mn}
상황발생 확률	p_1	p_2	$\cdots$	p_n

2. 의사결정의 절차

의사결정을 내릴 때에는 일반적으로 다음과 같은 절차를 거치는 것이 바람직하다. 이는 기본적으로 고전적 의사결정 모델에 기반을 둔 절차이다.

2.1 의사결정 상황의 인식

의사결정자는 결정을 내려야 할 **상황**(situation)이 발생했다는 사실을 인식함으로써 의사결정의 제 과정을 시작한다. 여기서 의사결정 상황의 발생이란 기업의 경영활동에 영향을 미치게 될 기회요인이나 위협요인이 발생했음을 의미한다. 이 중 **기회요인**(opportunity)은 경영자가 현재보다 더 나은 상태에 도달할 수 있는 기회를 제공하는 상황을 말한다. IBM의 경우, 하드웨어에만 의존하던 회사의 영업력에 한계를 느끼던 1990년대 초, 유통경로가 물리적 시장에서 인터넷 공간으로 이동하고 있음을 인지했다. 이는 IBM에 기회요인으로 작용했다. 즉, 처음에는 애플이나 델에 비해 소프트웨어 분야에 취약점이 있었지만, 유통경로의 변화가 회사의 기회요인으로 작용함으로써, 그 약점을 보완하는 계기가 되었다.

반면에 **위협요인**(threat)은 자사가 처한 현재의 상태와 바람직한 상태 사이에 갭이 있어 이것이 타 회사와의 경쟁을 불리하게 만드는 상황을 뜻한다. 앞의 IBM 사례에서 이 회사가 소프트웨어의 수요를 감당할 수 없을 정도로 모든 자원과 생산능력이 하드웨어에만 치우쳐 있었다면, 이는 극복하기 어려운 위협요인으로 작용했을 것이다.

2.2 의사결정 대안의 확인

의사결정의 목표와 기준이 확립되면 바람직한 결과를 산출할 수 있는 **대안**(alternatives)들을 확인하는 일이 중요하다. 이 경우 현재의 상황이 과거와 비슷하다면, 과거의 자료들이 중요한 정보로 작용하겠지만, 환경의 변화로 상황이 바뀌었다면, 현재의 환경을 토대로 한 새롭고 창조적인 아이디어가 훌륭한 정보가 된다.

일반적으로, 중요한 의사결정일수록 대안을 탐색하는데 더 큰 관심과 시간 및 비용을 필요로 한다. 특히 거액의 비용을 요하는 의사결정은 많은 시간과 전문지식을 투입해 대안을 탐색해야 한다. 제너럴 일렉트릭이 본사를 보스턴에서 전원도시 코네티컷으로 이전한 사례가 그 예이다. 반면에, 회사의 동호인 모임인 소프트볼 팀의 복장 색깔을 선택하는 데는 그리 많은 노력이나 전문지식을 요하지 않는다.

경영자들이 의사결정을 내릴 때 고려해야 할 것이 곧 대안의 탐색에 가해지는 다양한 제약요인들이다. 공통적인 제약요인으로는 법적 제약, 도적적·윤리적 제약, 기술적 제약, 경제적 제약 및 사회적 규범 등이다. 월마트가 국제시장에 진출할 때, 우리나라를 비롯해 아르헨티나, 중국, 멕시코 및 러시아가 중요한 후보 지역들이었으나, 이들에 내재된 다양한 제약으로 인해 큰 어려움에 처할 수밖에 없었다.

2.3 대안의 평가

의사결정에 필요한 주요 대안들이 탐색되었으면, 각 대안들의 장·단점을 평가해야 한다. 〈그림

7-8〉은 상이한 대안들을 평가하는데 이용될 수 있는 대안 평가과정이다. 여기서 중요한 것이 각 대안에 대한 평가기준이다. 대안의 평가기준은 매출액, 수익성, 비용, 시장점유율, 종업원 복지, 사회적 책임, 경영윤리 등, 조직이 지향하는 목표에 의해 영향을 받겠지만, 조직에 관계없이 공통적으로 적용해야 할 세 가지 기준이 있다: 실행가능성, 만족성 및 시스템적 결과.

〈그림 7-8〉 의사결정 절차에 있어서의 각 대안 평가과정

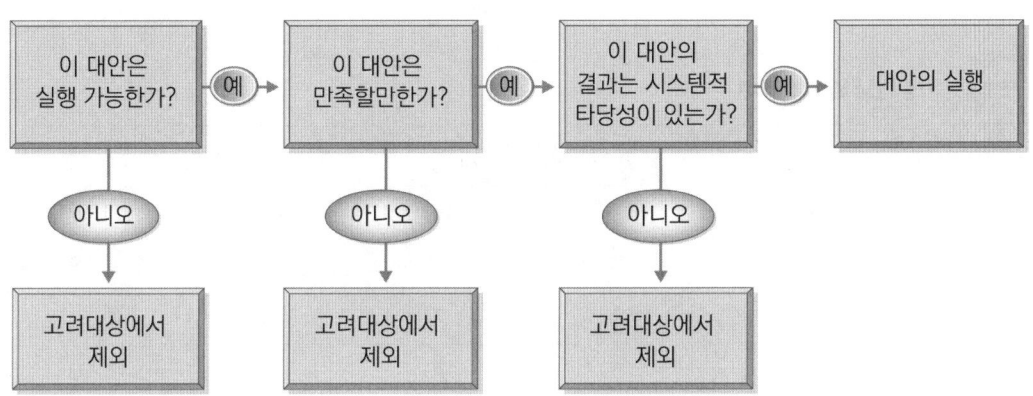

먼저, **실행가능성**(feasibility)은 그 대안이 확률과 현실성의 측면에서 얼마나 실행가능한지에 관한 것이다. 예컨대, 소기업에서 대규모 재정지출을 요하는 대안은 실행가능성이 부족하다. 실행가능성 기준을 충족한 대안에 대해서는 다음 단계로 **만족성**(satisfactoriness)을 충족시키는지 여부를 평가해야 한다. 생산능력을 2배 증대시키고자 하는 기업에서 특정의 대안이 10%의 생산능력 증대를 가져오는데 그친다면, 이 대안은 폐기되어야 할 것이다. 마지막으로, 이 대안이 조직의 다른 부분에 어떤 영향을 미치는지, 시스템적 결과의 관점에서 그 타당성을 평가해야 한다. 예컨대, 가격인하를 통해 매출증대를 꾀하는 대안은 현금흐름을 저하시키고, 새로운 홍보활동, 및 판매원들의 행동 패턴 변화를 요한다. 또한 기업의 정체성과 이미지에 영향을 줄 수도 있다.

2.4 최적대안의 선택

평가기준에 의해 실행가능한 모든 대안들의 장단점을 평가한 다음에는 **최적대안**(best alternative)을 선택한다. 이를 위해서는 각 대안에 대한 평가를 계량화하는 것이 효과적이다. 한 가지 평가 방법이 **가중평균 평점법**(weighted average scoring)이다. 이는 앞서의 의사결정 기준들에 대해 그 중요도에

따라 가중치를 부여하고, 각 대안에 대해 평점을 부여한 다음, 각 대안에 대한 가중평균을 산출해 최적 대안을 결정하는 방법이다. 예를 들어 어느 기업의 마케팅 팀에서 영업사원 한 명을 채용할 때, 세 명의 지원자들 중 한 사람을 선택한다고 하자. 또, 다음과 같은 의사결정 기준과 가중치, 및 각 후보자에 대한 평가기준별 평점이 주어졌다고 하자. 이 예에서는 가중평점 72점을 획득한 B가 최적대안이 된다. (〈표 7-1〉 참조)

- 대안 B의 가중평점: $60(0.2) + 90(0.2) + 70(0.4) + 70(0.2) = 72$

〈표 7-1〉 가중평균 평점법의 예

대안	의사결정 기준				가중평점
	대인관계(0.2)	화술(0.2)	성실성(0.4)	주변환경(0.2)	
A	80	70	50	40	58
B	60	90	70	70	72
C	60	60	70	80	68

* 각 대안에 대한 평점은 100점 만점, ( )안은 가중치임

2.5 최적대안의 실행 및 사후확인

최적대안이 선정되면 이를 실행에 옮긴다. 중요한 것은 실행의 과정을 계속적으로 점검하면서 성과를 평가하는 일이다. 이는 경영의 네 가지 기능 중 통제에 해당하는 것으로서, 실행 결과 나타나는 성과가 의사결정의 목표 및 기준과 얼마나 부합하는가를 평가하는 작업이다. 만약 실행과정에 문제가 나타나면, 그 원인을 분석하고, 이를 시정조치 해야 한다.

제5절 의사결정을 위한 계량적 접근

1. 계량적 접근의 의의와 기원

공간-시간 기하학에 있어서의 연구결과를 토대로, 어느 비행사가 "역 피라미드"라는 이 회사 고유의 탑승 프로세스를 개발해 최소 2분의 탑승시간을 절약할 수 있었다고 한다. 이는 의사결정을 위한 계량적 접근의 전형적인 예로 알려져 있다. **계량적 접근**(quantitative approach)은 2차대전 중 군사문제의 해결을 위해 개발된 수리적·통계적 해법에 기원을 둔다. 전쟁 종료 후, 군사문제에 적용된 이 계량적 접근들 중 많은 것들이 기업경영을 위해 적용되고 있다. 예로서, "Whiz Kids(신동)"라는 닉네임을 가진 군 장교 그룹은 1940년대 중반 포드 자동차회사에 합류해 통계적 기법과 계량적 모델을 사용하여 의사결정 과정을 크게 개선했다.

계량적 접근이란 통계학, 최적화 모델, 컴퓨터 시뮬레이션(simulation) 및 기타의 계량적 기법을 경영활동에 적용해 경영현상을 설명하거나 경영 문제를 해결하는 것을 말한다. 오늘날은 **경영과학**(management science) 분야에서 계량적 접근을 통한 의사결정을 다루고 있다

2. 계량적 접근의 적용분야

위에서 예시된 항공기 탑승 시간 사례는 컴퓨터 시뮬레이션에 의한 경영 의사결정의 사례이다. 계량적 접근의 가장 대표적인 기법인 **선형계획법**(Linear Programming)은 자원할당의 최적화를 위해 사용된다. **PERT**(Program Evaluation and Review Technique)와 **CPM**(Critical Path Method: 주공정법)을 이용하면, 작업일정계획을 효율적으로 실행하고 통제하는데 도움이 된다. **EOQ**(경제적주문량) 모델은 최적 재고수준을 결정하는데 도움을 준다. 이러한 기법들은 모두 경영 의사결정을 향상시키는데 효과적으로 이용될 수 있는 계량적 접근들이다.

계량적 접근이 널리 적용되는 또 다른 분야가 **TQM**(Total Quality Management), 즉 총체적 품질경영이다. TQM은 경영의 모든 과정에 대한 지속적 개선(continuous improvement)에 몰입하고, 고객욕구와 기대에 부응하기 위한 경영철학이다. 이는 1980년대와 1990년대에 산업체와 공공부문에서 돌풍을 일으킨 일종의 품질혁명이라 할 수 있다. 이 혁명의 선두주자는 데밍(W. Edwards Deming)과 쥬란(Joseph M. Jurna)이다. 1950년대에 이들이 개발한 아이디어와 기법들은 미국에서는 거의 호응을 받지 못했지만, 일본 산업계에서 열광적인 지지를 받았다. 그러나 일본 기업들이 품질 경쟁에서 미국기업들을 압도하기 시작하자, 곧장 서구의 기업들이 데밍과 쥬란의 아이디어와 기법들을 심각하게 바라보면서, 이것이 오늘날의 품질경영 이론에 대한 기초가 되었다.

계량적 접근은 특히 계획과 통제 기능에 관한 의사결정을 내리는데 직접적으로 기여한다. 예를 들어, 경영자들이 예산편성, **대기행렬 관리**(queuing management), 일정계획 수립, **품질관리**(quality control), 및 기타의 유사한 의사결정 문제에 직면할 때, 이들은 이 접근을 통해 효과적으로 해를 도출할 수 있다. 오늘날은 전문화된 정교한 소프트웨어의 개발로, 계량적 접근을 통한 의사결정이 한층 고도화하고 있다. 그러나 경영자들은 아직도 계량적 접근에 의한 의사결정에 상당한 두려움을 느끼는 것이 사실이다. 이는 대부분의 계량적 모델들이 현실성이 결여된 제 가정들을 전제로 만들어져 있어, 경영자들이 이 모델들로부터 도출된 해의 실제적 적용 가능성에 확신을 갖지 못하기 때문이다.

제6절 의사결정의 장애요인 및 개선방안

의사결정을 올바르게 내리는 데는 여러 가지 장애요인들이 있다. 경영자들은 이러한 장애요인들을 극복하는데 어려움을 겪는다.

1. 의사결정의 장애요인

1.1 인지적 편의

앞에서 살펴본 바와 같이 의사결정자들은 제한된 합리성의 한계를 극복할 수 없기 때문에, 의사결정 과정을 단순화하기 위해 이른바 **휴리스틱 접근**(heuristic approach)을 시도한다. 휴리스틱 접근이란 일종의 주먹구구식 접근으로서, 수리적 모델을 이용한 계량적 접근과 같은 과학적인 방법론과 대조되는 개념이다. 이 접근은 의사결정자들이 복잡하고 불확실하고 애매한 정보를 이해하는데 도움이 되기 때문에 유용한 경우가 많다.

그러나 휴리스틱 접근은 의사결정자들이 대안들에 관한 정보를 처리하고 의사결정을 내릴 때 **체계적 오류**(systemic error)를 범할 수 있기 때문에 문제가 된다. 체계적 오류란 동일하거나 유사한 문제에 대해 반복해서 오류를 범함으로써, 그릇된 의사결정을 내리도록 하는 것을 말한다. 인지적 편의(cognitive bias)는 바로 이 체계적 오류가 원인이 되어 나타나는 현상이다. 아무리 유능한 경영자라도 인지적 편의(偏倚)에 사로잡히면 그릇된 의사결정을 내릴 수밖에 없다. 경영자들이 의사결정을 내리는 데 부정적으로 작용하는 인지적 편의의 원천은 선험적 가설, 대표성, 통제의 환상, 및 몰입의 가속화 등이다. 〈그림 7-9〉는 이러한 인지적 편의의 원천을 보여준다.

〈그림 7-9〉 개인 및 집단 차원에서의 인지적 편의의 원천

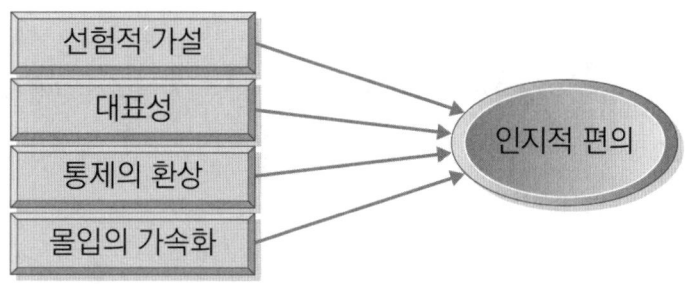

이들 중 **선험적 가설**(prior hypothesis)은 의사결정자가 선험적으로 가진 신념이 비록 경험적 증거에 의해 그릇된 것으로 판명되었다 하더라도, 그가 이 신념에 대한 의존이 워낙 강해서 오직 이 신념을 토대로 의사결정을 내리게 되는 **편의**(bias)를 의미한다.

대표성(representativeness)은 조그만 표본에서 나온 결과를 모집단 전체를 대표하는 것으로 단정 짓거나, 어느 일회성 사건이 앞으로도 계속 발생할 것으로 확신하는 것처럼, 그릇된 일반화를 통해 의사결정을 내리게 되는 편의를 뜻한다. 2차대전 직후 미국 몽고메리워드사의 CEO인 S. Avery는 전쟁 종료 후 경제불황이 있을 것으로 추정하고, 전국적 사세확장 계획을 전면 백지화했다고 한다. 이는 1차대전 후의 세계 대공황을 근거로 한 것이었다. 그러나 2차대전 후 공황은 일어나지 않았다. 애버리의 그릇된 결정은 경쟁사인 시어즈를 전국 제1의 소매업자로 만든 원인이 되었다.

통제의 환상(illusion of control)은 사람들의 활동이나 사건에 대한 자신의 통제능력을 과대평가하려는 경향에서 비롯되는 인지적 편의이다. 특히 최고경영자들이 이런 편의에 빠지기 쉽다. 1980년대에 닛산은 가와마타라는 사람이 경영하고 있었다. 그는 자동차 회사를 자기 혼자서도 경영할 수 있다고 생각할 정도로 자기 환상에 빠진 독재적 경영자이었다. 자기 독단으로 중요한 의사결정을 내림으로써 큰 실패를 범하기 일쑤이었다. 회사의 이름도 다쑨에서 닛산으로 바꾸었다. 하지만, 그의

그릇된 의사결정들은 미국시장에서 닛산의 점유율을 현저히 떨어뜨리는 결과를 초래했다.

몰입의 가속화(escalating commitment)는 현재 어떤 일이 실패하고 있다는 증거가 제시되고 있음에도 불구하고, 오히려 이 일에 추가적 자원을 투입하는 성향을 말한다. 경영자에 따라서는 어떤 프로젝트나 투자안이 불법적이거나 비윤리적·비경제적, 혹은 비실용적이라는 사실이 드러났음에도 이를 중단하지 않고, 자금과 시간의 투입을 가속화하는 경우가 있다.

1.2 집단적 사고

집단적 사고(groupthink)는 집단 차원에서 의사결정을 내리게 되는 상황에서 구성원들 사이의 합의를 중시한 결과, 의사결정에 관한 현실적이고 정확한 정보를 토대로 모든 대안들을 제대로 평가하지 못하는 오류를 범하는 것을 의미한다.

경영자들이 집단적 사고의 오류에 빠지면, 이들은 대안들을 평가하는 데 적절한 의사결정 기준을 개발하지 못하고, 특정의 대안을 중심으로 논의를 시작한다. 보통은 집단 전체가 경영자 한 명에 이끌려 움직이게 된다. 1950년대 한국전쟁, 1960년대 말 베트남 전쟁, 2000년대 초 이라크 침공 등에서 미국 정치 지도자들이 보여 준 군사적 의사결정의 행태는 집단적 사고의 오류를 범한 대표적인 사례들이다.

2. 의사결정의 개선방안

개인적 혹은 집단적 차원의 의사결정을 내릴 때 나타나는 문제점을 극복하고 보다 나은 해를 도출하기 위한 대표적인 방법이 논의의 구조화(structured discussion)와 창의성의 자극(stimulating creativity)이다.

2.1 논의의 구조화

1) 악마의 변호인

악마의 변호인(devil's advocate)이란 어떤 사안에 대해 의도적으로 선의의 반대 의견을 개진하는 사람을 말한다. 이들의 역할은 모두가 찬성할 때 반대의 목소리를 내는 것으로서, 이는 토론을 활성화시키고 제시된 대안들 외에도 선택의 여지가 있는 기타의 대안이 있는지 확인하는데 목적을 둔다. 한국 자동차 회사들의 판매 부진에 대해 대부분의 한국 경영자들이 일본 차와 미국 차 수입에 그 원인을 돌린다고 하자. 여기서 만약 어떤 사람이 외제차 수입에 문제의 근본이 있다는 생각에 동조하면서도, 한국 자동차 회사들의 전략부재나 품질저하에 문제가 있다고 말하면서 다른 경영자들의 눈치를 살핀다면, 그는 곧 악마의 변호인이 된다.

2) 변증법적 탐구

변증법적 탐구(dialectical inquiry)에서는 먼저 두 그룹으로 이루어진 경영자들에게 특정의 문제를 제시하고, 각 그룹에게 문제의 해결 대안들을 평가해 이 중 하나를 선택하도록 요구한다. 이어서 최고경영자는 각 그룹이 선호하는 대안을 보고받은 다음, 각 그룹이 상대 그룹의 대안들을 비판하는 토의를 벌이도록 한다. 토의 도중 최고경영자는 각 그룹이 선호하는 해(解)의 잠재적 문제점을 찾아내도록 지시한다. 이러한 과정을 통해 조직이 선택 가능한 최선의 대안이나 해를 찾아낸다.

2.2 창의성의 자극

1) 브레인스토밍

브레인스토밍(brainstorming)은 해의 장단점은 문제시하지 않고 단시간 내에 최대한의 창의적 해를 도출하는 데 목적을 둔 의사결정 기법이다. 여기서는 특정의 그룹에게 구체적인 문제를 제시하고, 즉석에서 문제의 해결에 도움이 되는 아이디어를 각자 생각나는 대로 발표하도록 한다. 다른 사람들의 아이디어에 대한 비판은 자제함으로써, 아무 제약 없이 각자의 아이디어를 제시하는 분위기를 조성한다. 모든 아이디어가 대안으로 제시되면 각 대안의 장점과 단점을 평가하고, 이 중 어느 하나 혹은 몇몇 아이디어가 결합된 제3의 대안을 최적해로 선택한다.

2) 명목집단 법

명목집단법(Nominal Group Technique), 즉 NGT는 회의 참석자들의 의견이나 아이디어를 토론과정이 없이 서면에 게재하도록 하고 이를 취합함으로써, 타 참석자들로부터 반대나 비판을 받지 않고 다양한 의견을 수렴할 수 있는 의사결정 기법이다. 토론이나 비판이 허용되지 않는다는 점에서 '명목(名目)이라는 어휘가 수식어로 사용된다.

NGT에서는 먼저, 집단 구성원들이 테이블에 둘러앉아 토론 없이 각자 백지에 자기 아이디어를 기록한다. 다음, 한 사람씩 돌아가면서 자신의 아이디어를 발표한다, 여기서는 각 아이디어에 대한 토론은 억제된다. 다음, 진행자가 아이디어의 목록을 만든 다음, 제안자들이 각자 자기 아이디어에 대해 설명하도록 한다. 여기서는 각 아이디어에 대한 보완이나 부수적 설명은 허용하되 토론이나 비판은 제지된다. 끝으로, 참석자들이 각 아이디어를 평가해 순위를 부여한 후, 결과를 무기명으로 제출함으로써 최적 아이디어를 선택한다.

이 기법은 토론과 비판을 통제함으로써, 의사결정에 참여한 구성원 각자가 타인의 영향을 받지 않고 자신의 의견을 개진할 수 있기 때문에, 자유롭게 자기 아이디어를 제시할 수 있다는 것이 장점이다. 따라서 새로운 사실을 발견하거나 새로운 아이디어를 얻고자 할 때, 그리고 가능한 한 풍부한 정보를 토대로 의사결정을 내리고자 할 때 효과적이다.

3) 델파이 기법

델파이 기법(delphi technique)은 전문가 집단을 상대로 서면을 통해 문제에 대한 최적해를 도출하는 기법이다. NGT의 경우와는 달리 의사결정에 참여하는 전문가들로 위원회를 구성하고, 이들이 서로 비대면으로 의견을 개진해 의사결정을 내리도록 한다. 이들을 패널(panel)이라 한다. 먼저, 문제가 확인되면 패널들에게 정교하게 설계된 설문지를 보내 각자가 선호하는 잠정적인 해를 제시하도록 한다. 다음, 최초의 설문결과를 모든 패널들에게 보내 참고하도록 한 다음, 다시 한 번 이들의 의견을 수집한다. 이 때 각 패널은 원래의 의견을 수정해 새로운 해를 제시할 수 있다. 패널들의 의견이 일정한 해로 수렴할 때까지 같은 과정을 반복한다.

복습 및 연구문제

■ **복습하기**

1. 의사결정 문제와 방법에는 정형화된 문제와 프로그램화된 의사결정이 있고, 비정형화된 문제와 비프로그램화된 의사결정이 있다. 이 둘을 비교하라.
2. 의사결정은 상황의 확실성 여부에 따라 네 유형으로 분류된다. 각 유형에 대해 설명하라.
3. 의사결정에 대한 접근 중 고전적 모델과 관리적 모델을 비교·설명하라
4. 의사결정의 절차를 설명하라.
5. 의사결정에 대한 계량적 접근은 무엇을 말하는가?
6. 다음 사항에 대해 간략히 설명하라
   1) 계획에 관한 그레샴의 법칙
   2) 만족해와 제한된 합리성
   3) 인지적 편의
   4) 변증법적 토의
   5) 델파이 기법

■ **토론하기**

"그래, 파!" 1993년 10월 정주영 현대회장은 이렇게 두 마디를 던졌다. 그로부터 3년 뒤 현대중공업의 도크는 1백만 톤이 늘어나 세계 최대라는 입지를 계속 지킬 수 있었다. 당시는 국내외 모든 조선업체들이 유사한 문제로 고민하는 상황이었다. 누구도 성공을 확신할 수 없기 때문에 아무도 책임지지 않으려는 상황에서 정주영회장이 총대를 멨던 것이다. 놀랍게도 이것이 80년대까지만 해도 우리 산업의 애물단지였던 조선업이 1997년 외환위기 이후에도 불황을 모르는 효자산업으로 변신한 계기가 되었다. 오너(owner) 경영 체제에서는 이 같이 과감하고 신속한 의사결정이 가능하다. 한 사람의 판단력에 의존하는 것이 위험하기는 하지만, 시간이 곧 돈인 기업 간 전쟁에서는 장점이기도 하다. 이런 사례는 한국 재벌사에 수없이 많다. 이병철 삼성그룹 창업주가 80년대 초반 메모리 반도체 산업에로의 진출을 결정한 것도 마찬가지다. 잘못하면 그룹 전체가 휘청거릴 수 있는, 막대한 자금이 들어가는 사업인 만큼 오너가 아니면 쉽사리 결정할 수 없는 일이었다. 물론 전문경영자 체제라고 해서 과감한 의사결정이

불가능한 것은 아니다. 잘못하면 책임질 각오로, 이사회와 주주들에게 지금까지 자기가 내린 의사결정이 옳았다는 믿음을 심어주고, 이를 통해 의사결정의 권한을 위임받으면 전문경영인도 과감한 결정을 내릴 수 있다. GE의 잭웰치 회장은 오너가 아니면서도 1980년대 초부터 20년 동안이나 CEO로 있으면서 오너 못지않은 권한을 행사한 바 있다. 그는 GE를 세계 최고의 우량기업으로 키워냈다. (자료원: 한국경제 2004. 6. 5)

1. 전문경영자인 잭웰치가 바람직한 경영자 상으로 인식될 수 있었던 것은 오너의 신임에 의한 과감한 의사결정 탓일까? 아니면 의사결정 시 발휘하는 어떤 능력 때문이었을까?
2. 독자는 "정주영씨나 이병철씨는 오직 자신의 경험과 직관에 의존해 성공적인 의사결정을 내린 기업가들이다"라는 주장에 동의하는가?
3. 이 사례를 보면, 오너 경영(소유주 경영)과 전문경영인 경영 사이의 우월성에 대한 논란이 있을 수 있다. 이에 대한 당신의 생각은 어떤가?

■ 자기평가

독자에게 혹시 창의성에 대한 장애요인은 없는가? 창의적 의사결정을 내릴 수 있는 능력은 어느 정도인가? 다음은 독자가 창의성을 발휘하는 데 어느 정도의 장애요인이 있는가를 평가하는 설문이다. 각 항목에 대해 다음과 같은 5점 척도로 응답하라. 응답결과를 토대로 창의성에 대한 자신의 장애요인이 어느 정도인지 점검하고, 이를 토대로 각자의 창의성 향상방법을 도출해 보자.

1. 대체로 그렇지 않다 2. 약간 그렇지 않다 3. 보통이다 4. 약간 그렇다 5. 대체로 그렇다

1. 내 전문분야 이외의 문제에 대해서도 쉽게 몰입한다.( )
2. 사소하게 보이는 문제에 대해서도 언제나 최선의 노력을 기울인다.( )
3. 내 아이디어를 타인이 비판하더라도 그 아이디어의 유용성을 내 잣대로 평가한다.( )
4. 문제에 대해 실행가능한 해결책이 아니더라도 일단 실행해 본다)( ).
5. 친구나 동료들이 내 계획이나 아이디어를 공개적으로 비판할 때 이를 경청한다.( )
6. 한 문제에 대한 해결책을 모색하기 위해 다양한 방법을 찾는다.( )
7. 내 아이디어가 소수의견에 속하더라도 이를 발표하는 데 주저하지 않는다.( )
8. 문제에 대한 해법을 찾는 것을 흥미롭고 도전적인 일로 생각한다.( )
9. 타인들에 의해 폐기된 아이디어들도 수집해 보관한다.( )
10. 조직의 리더나 상사가 내 견해를 무시해도 체면이 손상되는 것으로 생각하지 않는다.( )

11. 조직의 목표, 정책, 가치관 및 아이디어들에 대해 자주 문제제기를 한다.(   )
12. 내 생각이 논리적이지 않더라도 이를 쉽게 버리지 않는다.(   )
13. 팀의 화합을 해치는 아이디어라도 가치가 있으면 이를 수용한다.(   )
14. 문제에 대한 해법이 독창적이면, 비록 실패가능성이 있어도 이를 실행하려 한다.(   )
15. 일상적인 업무라도 의식적으로 새로운 접근법을 모색하는 것이 몸에 배어 있다.(   )
16. 내 성장에 장애가 되는 환경은 바꾸려 노력하고, 안되면 조직을 떠날 수도 있다.(   )
17. 심포지엄이나 토론에 참여할 기회가 주어지면 기꺼이 참여한다.(   )
18. 내가 경험하는 대부분의 현상에 대해 이를 단순화하고 조직화하는 방법을 안다.(   )

● **평가방법:**

1) 각 문항별로 평점이 3점 이하이면, 창의성에 대한 장애요인이 있는 것으로 간주한다.
2) 총점 80점 이상 : 창의성 최우수
   75~80점 : 창의성 우수
   50~60점 : 창의성 보통
   50점 미만 : 창의성 불량

제8장 전략적 경영
Strategic Management

이 장에서는 전략적 경영이 무엇이며, 이것이 왜 중요한지, 경영전략에는 어떤 유형들이 있는지, 그리고 전략적 경영을 어떻게 실행할 것인지에 대해 논의한다.

제1절 전략적 경영의 의의

1. 전략적 경영의 의의

지난 20세기 후반에 미국 할인 소매업계의 두 선두기업 월마트와 K마트 사이에 벌어진 생존경쟁만큼 극적인 사건은 없을 것이다. 두 기업은 설립시기(1962년) 뿐만 아니라 점포 분위기, 상호, 목표시장 및 조직목적도 매우 유사하다. 그러나 초기에 보여 준 K마트의 시장 지배적 입지에도 불구하고, 1990년대 이후에는 영업성과와 재무성과에 있어 월마트가 K마트를 압도하게 되었다. 그 이유는 무엇일까? 무엇보다도 양사의 경쟁능력과 전략에 차이가 있었기 때문이다. 월마트가 K마트를 추월할 수 있었던 것은 올바른 전략 선택을 통한 뛰어난 경쟁력 확보의 덕택이었다.

전략적 경영의 개념을 이해하기 위해서는 먼저 전략(戰略)의 개념을 이해할 필요가 있다. 일반적으로 **전략**(strategy)이란 조직이 주어진 환경에서 내부자원을 활용하여 조직의 사명을 완수하고 목표를 달성함으로써, 경쟁에서 승리하기 위한 장기적 계획을 수립하고 이를 실행하는 과정을 말한다. 또한 **전략적 경영**(strategic management)은 기업이 처한 광범위한 경영환경 하에서 기업의 내부자원을 통합적으로 관리해 조직의 사명을 완수함으로써 타 기업들과의 경쟁에서 이기기 위한 장기적 경영과정이라 정의된다. 경영전략의 수립과 실행에는 주로 기업의 최고경영층이 깊이 관여한다. 따라서 전략적 경영의 필수요소는 네 가지이다: ⅰ) 경쟁 및 환경의 관점, ⅱ) 사명 및 목표의 지향, ⅲ) 장기적 관점, ⅳ) 최고경영층의 영역

2. 전략적 경영의 중요성

1970년대 초 이전만 해도 경영자들은 미래는 과거의 단순한 연장에 불과하다고 생각하는 경향이 있었기 때문에, 미래를 낙관적으로 전망하는 것이 일반적이었다. 그러나 그후 오일쇼크, 급속한 기술변화, 산업활동에 대한 국내외의 규제강화 및 국제경쟁의 심화와 같은 환경적 충격들로 인해 기업활동에 대한 장기계획의 중요성이 크게 부각되었다. 게임의 법칙과 경쟁방식의 변화는 경영자들로 하여금 환경을 분석하고 조직의 강점과 약점을 평가하며, 조직에게 경쟁우위를 제공하는 핵심역량을 구축하기 위한 장기적 전략을 마련하도록 요구하고 있다.

오늘날 대부분의 기업에서 경영자들이 내리는 의사결정의 주요 부분은 전략적 경영과 관련을 갖는다. 기업들은 전략적 경영이 자신들에게 구체적인 목표를 부여하고 일관성 있는 비전을 갖도록 해 준다는 점에서 매우 중요하다고 생각한다. 실제로, 정형화된 전략적 경영 시스템 하에서 움직이는 기업들이 그렇지 않은 기업들보다 일반적으로 높은 재무적 성과를 올리는 것으로 나타난다. 오늘날 전략적 경영은 영리 목적의 기업조직을 넘어 병원, 정부기관과 같은 비영리조직까지 그 적용범위가 확대되고 있다.

제2절 전략적 경영의 절차

〈그림 8-1〉에서 볼 수 있는 바와 같이 전략적 경영은 일반적으로 6단계의 과정을 거쳐 수행된다. 이 중 앞의 4단계는 전략의 계획과 관련된 내용이고, 마지막 5단계와 6단계는 각각 전략의 실행 및 통제와 관련된 내용이다.

〈그림 8-1〉 전략적 경영과정

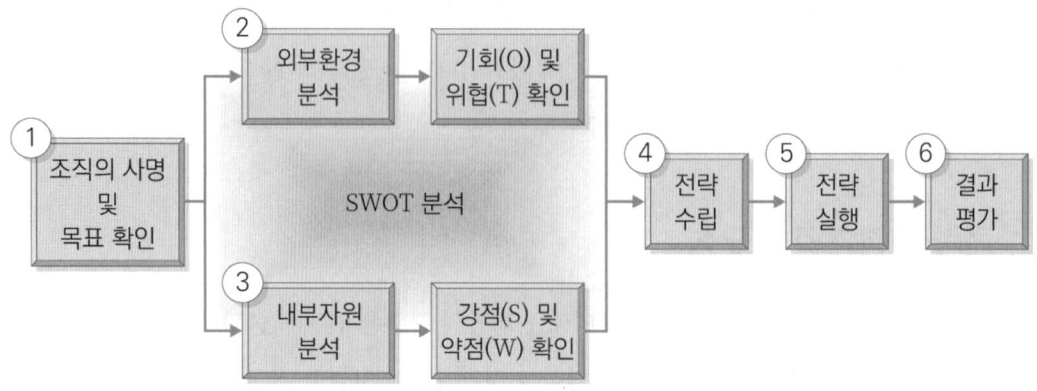

1. 조직의 사명 및 목표 확인

모든 조직은 사명을 필요로 한다. **사명**(mission)이란 조직의 존립목적을 분명히 밝히는 것을 말한다. 즉, 사명(使命)은 "현재의 사업에 종사하는 근본적 이유가 어디에 있는가?"를 규정한다. 조직의 사명을 정립하는 것은 그 조직이 제공해야 할 제품이나 서비스, 그리고 그가 대상으로 삼고 있는 소비자의 범위를 설정하는 문제와 직결된다. 월마트의 경우 처음에는 남부의 소도시에 점포의 입지를 집중시키고 소도시에 맞는 저가의 제품에 집중한 반면, K마트는 처음부터 전국에 걸쳐 대도시에 주로 고가의 제품을 취급하는 점포를 개설하는 전략을 추구했다. 동시에 K마트는 규모의 경제를 통한 원가절감을 목표로 매장이나 물량 등의 크기와 양을 키우는 경쟁방식을 선택했다.

경영자들이 조직의 사명을 완수하기 위해서는 현재 설정된 목표를 확인해야 한다. 조직의 목표는 구성원들이 도달하기 위해 추구해야 할 측정가능한 성과수준이다. 여기서 목표는 설정된 사명을 측정가능하고 실행 가능한 구체적 수준으로 변환시킨 것이다.

2. 외부환경 분석

외부환경(external environment)은 경영활동에 영향을 미치는 제약요인이다. 외부환경을 분석하는 것은 중요한 전략수립 과정의 하나이다. 조직이 경쟁에서 승리하기 위해서는 경쟁회사는 현재 어떤 일을 하고 있고, 의회에 계류 중인 법안은 조직에 어떤 영향을 미치게 될 것이며, 제조공장이 입지한 지역의 노동시장 움직임은 어떤가와 같은 환경요인의 동향을 분석해야 한다.

환경분석에 있어 경영자들은 자기 사업에 직접적 영향을 미치는 **과업환경**(task environment)은 물론 장기적으로 간접적인 영향을 미치는 **일반환경**(general environment)의 변화를 동시에 파악해야 한다. 예를 들어, 스포츠화 제조업체의 경우, 신발 자재의 수급 및 가격동향, 경쟁사의 움직임, 스포츠화의 패션 변화 등은 물론이고, 노사문제, 법률, 지역사회의 동향, 기술수준의 변화, 소비자들의 라이프 스타일 추이 등도 파악해야 한다. 여기서 신발 원자재의 가격상승은 자재 공급업체에게는 기회가 되지만, 제품 생산업체에게는 위협으로 작용한다. 그러나 원자재 가격이 계속 상승하면, 제품 생산업체가 대체적 공급원을 찾아 나설 수도 있기 때문에, 원자재 가격의 상승은 장기적으로는 자재 공급업체에게 위협이 될 수도 있다.

3. 내부자원 분석

외부환경의 분석이 끝나면 조직이 보유하고 있는 **내부자원**(internal resources)을 분석해야 한다. 종업원들은 어떠한 기능(skill)과 능력을 보유하고 있는가, 조직은 어떠한 기술과 자재를 얼마나 보유하고 있는가, 기업의 재무상태는 어떠한가, 소비자들은 우리 회사에 대해 어떠한 이미지를 가지고 있으며, 우리 회사 제품에 대해 어떠한 평가를 내리고 있는가, 연구개발 능력은 어느 정도인가, 우리 회사의 정보 시스템은 완벽하게 구축되어 있는가 등이 내부자원 분석의 대상이다.

조직이 보유하고 있는 내부의 자원들 중 경쟁사와 비교해 특별한 것이거나 모방이 힘들 정도의 특수성을 지니고 있을 때, 이를 조직의 **핵심역량**(core capability)이라 부른다. 핵심역량은 조직의 중요한 경쟁무기로서, 독특한 가치창출 기능, 특출한 인적자원, 특별히 저렴한 자재 공급원, 특수한 제조공법 및 마케팅 노하우 등이 이에 해당한다. 핵심역량은 경쟁사에 대한 경쟁우위의 원천이다.

내부자원에 대한 분석이 끝나면, 조직이 현재의 환경 하에서 타사와 경쟁하는 데 강점이 되는 부분과 약점이 되는 부분을 확인할 수 있다. 조직의 **강점**(strength)은 경쟁적 관점에서 타사보다 특히 잘할 수 있는 경영활동이나 자사가 보유한 독특한 자원을 뜻한다. 반면에 **약점**(weakness)은 경쟁적 관점에서 타사에 비해 불리한 경영자원, 혹은 필요하면서도 가지고 있지 못한 자원을 뜻한다.

• **SWOT 분석**: 조직 외부의 환경분석과 조직 내부의 자원분석의 결과를 토대로, 경쟁적 관점에서 기회요인(O)과 위협요인(T), 조직의 강점(S)과 약점(W)을 평가하는 작업을 **SWOT 분석**(SWOT Analysis)이라 한다. 이 분석을 통해 경영자들은 조직이 활용할 수 있는 전략적 틈새를 확인할 수 있다. 〈그림 8-2〉는 어느 기업에 대한 SWOT 분석의 예를 보여 준다.

〈그림 8-2〉 SWOT 분석의 예

강 점(S)	약 점(W)
시장주도력	과잉재고
강력한 연구개발	시장에 대한 과잉능력
제품 품질	높은 이직률
원가 우위	부정적 시장 이미지
특허의 보유	경영의 전문성 결여
기 회(O)	위 협(T)
새로운 해외시장	시장의 포화상태
무역장벽의 와해	시장잠식 및 기업 흡수
경쟁자의 몰락	저원가 해외 경쟁사의 위협
시장의 다양화	시장성장 속도의 둔화
경기 회복	정부규제의 강화

4. 전략 수립

외부의 환경분석과 내부의 자원분석이 끝나면, 경영자들은 이를 토대로 조직목표를 달성할 수 있는 전략을 수립하게 된다. 전략의 수립은 제7장에서 설명한 의사결정의 과정과 유사한 과정을 거친다. 경영자들은 선택 가능한 전략적 대안들을 탐색한 다음, 환경의 기회요인과 자원의 강점을 최대한 활용할 수 있고, 또 기업이 선택한 복수의 전략들이 서로 지원하고 보완해주는 상태가 되도록 일련의 전략들을 수립해야 한다. 선택된 전략들은 경쟁사에 비해 지속적 경쟁우위를 제공할 수 있어야 한다.

경쟁우위(competitive advantage)는 한 조직이 다른 경쟁 조직들보다 고객의 입장에서 더 바람직한 제품이나 서비스를 더 효과적이고 효율적으로 제공할 수 있는 능력을 의미한다. 조직의 경쟁우위가 지속적으로 유지될 때 이를 **지속적 경쟁우위**(sustainable competitive advantage: SCA)라 한다. 지속적 경쟁우위를 구축하는 데는 다른 경쟁기업에 비해 탁월한 **차별적 능력**(distinctive competency)이 필요하다. 차별적 능력이란 경쟁에 필요한 네 가지 기본조건, 즉 효율성, 품질, 혁신 및 고객 반응성(customer responsiveness)을 말한다.

5. 전략 실행

아무리 훌륭한 전략이라도 효과적으로 실행할 수 없는 전략은 무용지물이다. 전략이 효과적으로 실행되기 위한 첫 번째 요건은 조직구조를 전략실행에 적합하도록 개편하는 일이다. 가령 구성원들의 동기를 유발하고 경영자의 리더십을 극대화하기 위해서는 **이익 중심점**(profit center)의 개념이 실현될 수 있도록 조직을 **전략적 사업단위**(strategic business unit)로 편성하는 것이 좋다. 사업부제 조직이나 팀 조직이 그 예이다. 각 사업단위는 독자적인 책임과 권한을 가지고 경영활동을 수행하며, 최고경영자는 조직의 최고 목표가 최대한 달성될 수 있도록 각 사업단위의 활동을 조정하는 역할을 수행한다.

전략의 효과적 실행을 위한 두 번째 요건은 적합한 보상 시스템의 구축이다. 보상 시스템이 적합하지 않으면 경영자의 리더십과 종업원들의 동기부여가 제대로 이루어지지 않기 때문이다. 효과적 전략 실행의 세 번째 요건은 바람직한 조직문화의 구축이다. 조직문화는 보상 시스템과 더불어 구성원들의 동기를 유발하고 경영자의 리더십이 효과적으로 발휘되기 위한 관건이다.

6. 결과 평가

전략적 경영의 마지막 단계는 전략의 실행결과를 평가하는 일이다. 현재의 전략들은 얼마나 효과적으로 수행되고 있는가? 전략이 더욱 효과적으로 실행되기 위해서는 조직 내에 어떠한 조정과 변화가 필요한가? 이와 같은 평가결과는 경영활동에 피드백되어 현재의 전략에 대한 수정과 향후의 전략수립 과정에 반영된다.

제3절 경영전략의 유형

조직이 선택 가능한 전략은 조직계층상의 수준에 따라 기업수준 전략, 사업수준 전략 및 기능수준 전략의 세 가지 유형으로 분류된다(〈그림 8-3〉 참조). 이 중 기업수준 전략은 주로 최고경영층이 담당하는 전략이고, 사업수준 전략은 중간경영층이, 그리고 기능수준 전략은 하위경영층이 담당하는 전략이다.

〈그림 8-3〉 조직계층의 수준에 따른 경영전략의 유형

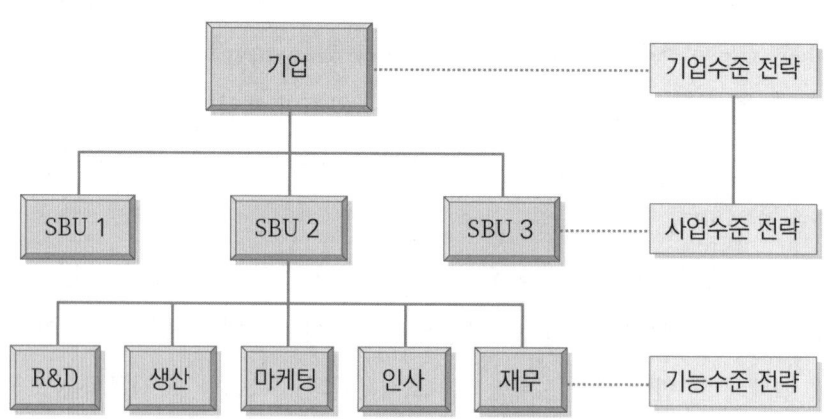

1. 기업수준 전략

기업수준 전략(corporate level strategy)은 조직이 지향해야 할 기본방향과 이 방향을 추구하는 데 있어 각 사업단위가 수행해야 할 역할을 결정하는 전략이다. 즉, 기업이 어떠한 사업에 참여해야 하는가를 결정하는 전략이다. 미국 펩시코(PepsiCo)의 기업수준 전략은 소프트 음료(펩시콜라 등), 스낵(프리토레이 등), 기타 음료(립톤 차 등)와 같은 여러 사업 단위의 전략들을 통합하는 역할과 관련이 있다. 한때 펩시코의 조직에는 피자 헛, KFC와 같은 레스토랑 사업부도 포함되어 있었으나, 패스트푸드 산업에 있어서의 경쟁 격화와 함께 회사에 대한 이 사업부의 기여도 저하로, 결국 소다 음료와 스낵 푸드 사업에만 치중하기로 기업수준 전략을 변경했다. 또한 레스토랑 사업부를 조직에서 분리

해 "Tricon Global Restaurants"이라는 별도의 사업체를 설립하는 **스핀옵**(spin-off)을 단행했다.

조직이 어떠한 기업수준 전략을 도입하는가를 설명하는데 가장 널리 알려진 두 가지 접근법이 **총괄적 전략 틀**(grand strategy framework)과 **포트폴리오 전략**(portfolio strategy)이다. 그 중 총괄적 전략 틀은 SWOT 분석과 관련해 기업의 환경과 내부자원이라는 조건 하에서 기업이 취할 수 있는 포괄적인 전략을 나타낸다(〈그림 8-4〉 참조). 반면에, 포트폴리오 전략은 기업이 위험의 분산을 목적으로 여러 가지 사업으로 이루어진 포트폴리오를 구성해 기업을 경영하는 전략을 의미한다.

〈그림 8-4〉 SWOT 분석과 총괄적 전략 틀

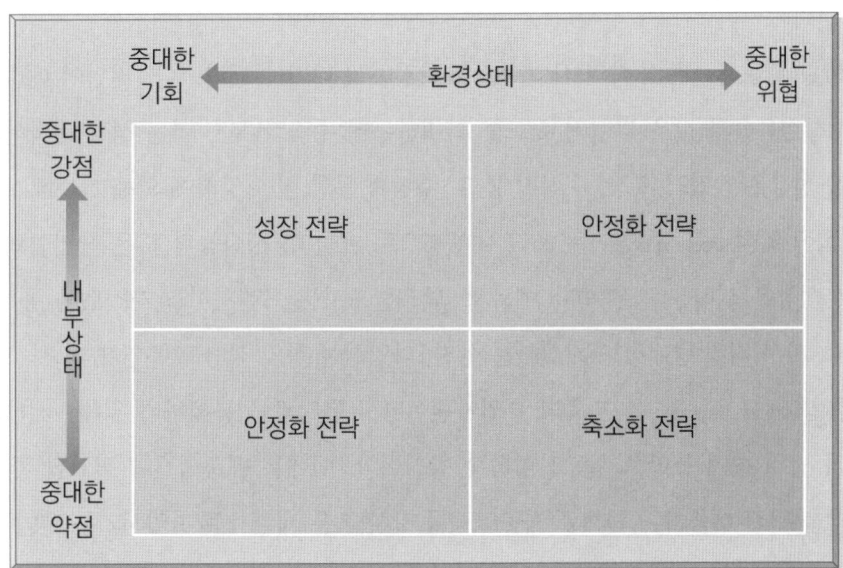

1.1 총괄적 전략 틀

1) 안정화 전략

안정화 전략(stability strategy)은 조직에 대해 별다른 변화를 시도하지 않는 기업수준 전략이다. 기존의 제품이나 서비스를 그대로 제공하고 현재의 시장점유율 유지에 만족하며, 현재의 투자수익률 유지를 목표로 설정해 현재의 고객만을 공략대상으로 삼는다면, 이는 안정화 전략이다. 경영자들이 안정화 전략을 추구해야 하는 경우는 언제일까?

환경의 변화가능성이 적어 안정적이고 지금까지의 조직성과가 만족스러워 굳이 조직변화의 필요성이 느껴지지 않는다면, 안정화 전략을 추구하는 것이 좋다. 특히 중소기업 경영자들일수록 안정화 전략을 지향할 가능성이 높다. 미국의 식료업체인 Kellog는 현 상태에 안주한 나머지 안정화 전략을 추구하는 대표적인 기업이었다. 그러나 시리얼 산업에 있어서의 국제적 경쟁 격화로 자사의 전통적 시장들이 타사들에 의해 잠식당하는 등, 산업 선두주자로서의 입지가 위협을 받게 되자, 이 회사는 안정화 전략을 포기하고 육류식품, 쿠키 및 스낵식품에 이르기까지 제품믹스를 확장하기에 이르렀다.

2) 성장 전략

성장 전략(growth strategy)은 조직의 사업수준을 확장시켜 나가는 전략이다. 기업이 매출액, 종업원 수 및 시장점유율과 같은 외형적 척도를 확대하는데 주력한다면, 이는 성장 전략이다. 이와 같은 외형적 성장은 직접적 확장, 수직적 통합, 수평적 통합 및 다양화에 의해 가능해진다.

그 중 **직접적 확장**(direct expansion)은 조직 내부적으로 매출액, 생산능력 혹은 작업인력 등을 증대함으로써 성장을 꾀하는 경우이다. 예로서, 맥도날드사는 프랜차이즈 시스템을 통해 유통망을 확대했고, 자사 직영 판매점도 개설하는 한편, 다양한 유형의 식당도 운영했다.

수직적 통합(vertical integration)은 제품의 투입자원이나 유통경로를 통제하기 위해 관련 업체들을 자사 조직의 범위 속에 통합시키는 사업확장 방식이다. 이에는 제품생산에 필요한 투입자원의 통제권 장악을 위해 부품이나 원재료 제공업체를 자사 혹은 계열사로 편입시키는 **후방적 수직통합**(backward vertical integration), 생산제품의 유통에 대한 통제력 장악을 위해 유통경로의 일부를 자사나 계열사로 편입시키는 **전방적 수직통합**(forward vertical integration), 및 이 두 가지를 병행하는 **혼합적 수직통합**(mixed integration)의 세 가지가 있다. 기내 식품을 납품받아 온 유나이티드 항공이 식품 관련 자재 공급업체를 인수한 것은 후방적 수직통합의 예이다.

수평적 통합(horizontal integration)은 동일산업 내의 다른 경쟁업체와 결합함으로써 이 산업에 대한 자사의 경쟁력을 강화하기 위한 성장전략이다. 식품회사인 Heinz사가 유아식품의 경쟁력 강화를 위해 Earth's Best라는 유아용 유기식품 전문 업체를 인수한 것은 수평적 통합의 사례이다.

끝으로, **다양화**(diversification)는 제품믹스나 사업의 범위를 확대하는 성장전략이다. 이에는 관련 다각화와 비관련 다각화의 두 가지가 있다. **관련 다각화**(related diversification)는 품목이 다르면서도 서로 관련성이 있는 산업에 속한 다른 기업을 인수(acquisition)하거나 합병(merger)함으로써 조직의 규모를 확대시키는 성장 전략을 말한다. 반면에 **비관련 다각화**(unrelated diversification)는 산업의 종류도 다르고 서로 아무런 관련이 없는 이종 산업의 기업을 인수하거나 합병 함으로써 조직의 규모를 확대시키는 성장 전략이다. 제일제당이 홈쇼핑에 진출하거나 영화산업에 투자한 경우는 비관련 다각화의 전형적인 사례이다. 아울러, 다른 기업을 인수하거나 합병하여 기업 규모를 성장시키는 전략을 M&A(mergers&acquisitions)라 한다.

3) 축소 전략

축소 전략(retrenchment strategy)은 성장 전략과는 반대로, 기업의 경쟁력이 약화되어 자사의 성과가 하락하고 있을 경우 경영활동의 범위와 수준을 축소시키는 전략이다. 세계적으로 유명한 기업들도 자사의 체질개선을 위해 이러한 축소 전략을 도입하는 경우가 많다. P&G, AT&T, 코닥, IBM, 리복, 도요타 자동차, 미쓰비시, 다임러 크라이슬러 등이 그 예이다. 기업이 우려할만한 수준의 성과하락을 겪을 때 축소 전략을 도입하면, 경영의 안정화를 꾀할 수 있을 뿐만 아니라 자원 및 역량의 재활성화를 기하는 데 도움이 되어 재도약을 위한 에너지를 비축할 수 있다.

1.2 포트폴리오 전략

조직이 추진가능한 사업들이 여러 가지가 있을 경우 경영자는 기업 포트폴리오 매트릭스(corporate portfolio matrix)를 바탕으로 사업 포트폴리오를 구성해 기업을 경영할 수 있다. 이를 **포트폴리오 전략**(portfolio strategy)이라 한다. 대표적인 포트폴리오 매트릭스가 보스턴 컨설팅 그룹이 개발한 **BCG 매트릭스**(BCG matrix)이다. BCG 매트릭스의 기본 아이디어는 기업이 취급하는 사업들을 성과의 수준 혹은 기업에 대한 기여도를 기준으로 평가하여 2×2 행렬(매트릭스) 상에 표시함으로써, 잠재력이 큰 사업은 무엇이고, 자원을 잠식하는 사업은 무엇인지를 한눈에 볼 수 있도록 하자는 것이다. 매트릭스의 횡축은 시장점유율, 종축은 예상 성장률을 나타낸다. 이 두 평가기준에 따라 기업이 추진하고 있는 사업들을 평가하면, 각 사업들은 〈그림 8-5〉에서 볼 수 있는 바와 같이, 다음 넷 중 어느 하나의 범주에 들어가게 된다.

〈그림 8-5〉 BCG 매트릭스

- **캐쉬 카우(Cash Cow)**: (저성장-고점유율) 이 범주에 해당하는 사업은 현재는 많은 현금을 창출하지만, 미래의 성장전망은 밝지 않다. 창출된 현금은 주로 퀘스천 마크와 스타에 지원된다.
- **스타(Star)**: (고성장-고점유율) 이 범주는 빠르게 성장하는 시장에서 주도적 입지를 점유하고 있는 사업이다. 미래의 성장 잠재력이 크기 때문에, 창출된 현금과 축적된 이윤을 이 사업에 재투자할 필요가 있다.
- **퀘스천 마크(Question Mark)**: (고성장-저점유율) 이 범주는 신 벤처사업과 같이 시장의 성장가능성은 높으나, 위험성이 큰 사업이다. 현재로서는 시장의 점유율이 낮다. 스타가 될 수도 있으나, 실패할 수도 있다.
- **독(Dog)**: (저성장-저점유율) 이 범주는 성과가 저조하며, 성장의 속도가 느린 시장에서 시장점유율이 낮은 사업이다. 더 이상의 자금투자를 필요로 하지 않는다. 현금과 이윤창출 능력이 없어, 시장에서 철수해야 할 사업이다.

이상과 같은 BCG 매트릭스 모델이 경영자들에게 제시하는 전략적 의미는 무엇일까?

첫째, 캐쉬 카우 사업들로부터는 가능한 한 많은 현금을 짜내되, 이들에 대한 더 이상의 투자는 신중을 기할 필요가 있다.

둘째, 기업에 유입되는 현금은 스타 사업들과 시장점유율 성장의 잠재력이 있는 일부 퀘스천 마크 사업들에 최대한 투자되어야 한다. 특히 스타 사업에 대한 투자는 성장 가능성이 높은 시장에서도 여전히 높은 점유율을 유지하도록 함으로써, 조직목표의 달성에 크게 기여할 수 있다. 다만, 스타 사업들도 시장이 성숙기에 접어들어 매출액의 증대 속도가 둔화함에 따라 결국 캐쉬 카우로 퇴보하는 것이 일반적이라는 사실에 유의해야 한다.

셋째, 퀘스천 마크 사업에 대해서는 경영자들이 특히 세심한 주의를 기울여야 한다. 즉 이 범주에 속하는 사업들을 면밀히 분석한 다음, 아무런 가능성이 없다고 판단되는 사업은 과감히 포기하고, 스타로 성장할 가능성이 있는 사업에 집중적으로 투자하는 전략을 채택하는 것이 좋다.

넷째, 독(dog)에 속하는 사업은 성장가능성이 별로 없는 산업인데다 점유율조차 낮은 상태이기 때문에, 매각이나 청산을 통해 시장으로부터의 철수나 수확 절차에 들어가는 것이 좋다.

2. 사업수준 전략

2.1 사업수준 전략의 의의

사업수준 전략(business level strategy)은 조직이 수행하는 각 사업에 대해 어떻게 경쟁해야 하는가에 관한 전략이다. 일반적으로, 한두 가지 사업에 종사하는 중소기업의 경우와 대기업이라 하더라도 다양한 사업을 취급하지 않는 경우, 별도의 사업수준 전략이 없이 기업수준 전략이 이를 대체한다. 그러나 다양한 사업에 종사하는 대기업의 경우, 각 사업부별로 어떠한 제품이나 서비스를 제공할 것인가, 어떠한 고객을 목표로 할 것인가 등의 문제에 관해 독자적인 사업수준 전략을 수립하게 된다. 루이뷔통은 크리스천 디올 의류, 가죽제품, 향수, 프레드 졸라 귀금속, 헤네시 샴푸와 코냑, 및 기타의 사치성 제품 등, 각 사업별로 상이한 사업수준 전략을 개발한다. 각 사업부는 독자적인 전략에 따라 관련 산업 내에서의 경쟁에서 이기기 위해 노력한다.

2.2 사업수준 전략의 기본유형

경영전략가인 포터(M. Porter)는 모든 소비자들에 대해 만능이 되고자 하면 결코 성공할 수 없다고 강조한다. 조직은 사업수준에서 도입 가능한 여러 가지 전략들 중 자기 조직에 최대의 경쟁우위를 제공할 수 있는 전략을 선택해야 한다는 뜻이다. 경영자들이 선택할 수 있는 기본적 경영전

략은 세 가지이다: 저원가, 차별화 및 집중화. 어떠한 전략을 선택할 것인가는 조직의 강점과 핵심 역량 및 경쟁자의 약점에 따라 달라진다.

1) 저원가 전략

제품의 원가를 낮추어 기업의 경쟁력을 높이고자 한다면, 이는 **저원가 전략**(low cost strategy) 혹은 원가선도 전략(cost leadership strategy)이다. 저원가 전략을 채택하는 기업의 경우 비용의 발생은 최대한 억제되며, 원가절감이 가능하다면 어떤 일이든 적극적으로 수행한다. 저원가 전략을 추구하는 조직에서는 사무실에도 값비싼 장식이나 비품 대신, 단순하더라도 기능성이 좋은 것들을 들여놓는다. 월마트의 본사나 매장을 가면 이를 확인할 수 있다. 그러나 이 전략이 무조건 원가절감만을 지향한다는 의미는 아니다. 저원가 전략은 제품이나 서비스의 품질이 적어도 소비자들에 의해 받아들여질 만한 수준은 유지되어야 한다는 것을 전제로 한다. 이 전략을 추구하는 기업은 월마트 외에도 현대 자동차, 사우스웨스트 항공사 등이 있다.

2) 차별화 전략

고객들에게 탁월한 제품이나 서비스를 제공함으로써 타 기업들과의 경쟁에서 이기고자 한다면 **차별화 전략**(differentiation strategy)을 사용하는 것이 좋다. 차별화 전략은 어느 기업의 제품이나 서비스를 경쟁자들과 구별되도록 하는 전략을 말한다. 차별화 요인은 고품질, 고성능, 내구성, 양질의 서비스, 혁신적 디자인, 탁월한 기술, 기업 명성과 제품 평판 및 고품격 브랜드 이미지 등이다. 이 전략을 채택했을 경우, 어떤 특성이 차별화의 대상으로 선택되었다면 이 특성으로 인해 자사 제품이 경쟁사들 제품과 확연히 구별될 수 있어야 하며, 차별화에 따른 비용을 초과하는 프리미엄 가격을 설정했을 때 고객들이 그 당위성을 받아들일 수 있어야 한다.

실제로 성공적인 제품을 생산하는 기업들을 보면 차별화 전략을 추구하는 경우가 많다. 노드스트롬사의 고객 서비스, 소니의 고품질과 혁신적 디자인, 구찌 핸드백의 혁신적 설계와 탁월한 브랜드 이미지 등이 그 예이다.

3) 집중화 전략

경쟁전략들 중 앞서의 저원가 전략과 차별화 전략은 시장규모가 큰 경우에 경쟁우위를 획득하기 위한 전략들이다. 반면에 **집중화 전략**(focus strategy)은 자사의 한정된 자원과 역량의 부족으로, 시장 전체보다는 특정의 세분시장(market segment)에 조직의 노력을 결집하고자 하는 전략이다. 집중화 전략에도 **저원가적 집중화**와 **차별화적 집중화**의 두 가지가 있다. 전자는 국부적인 세분시장 안에서 저원가를 통한 경쟁우위를 획득하는데 목적을 두고, 후자는 차별화를 통한 경쟁우위를 획득하는데 목적을 둔다.

일반적으로 집중화 전략은 중소기업에 효과적인 전략이다. 중소기업의 경우 규모의 경제를 누리기 어려울 뿐만 아니라, 저원가나 차별화와 같은 전략을 성공적으로 수행할 만큼 충분한 내부자원과 역량을 보유하고 있지 못하기 때문이다.

● **저원가 전략과 차별화 전략의 양립가능성**: 사업수준 전략에 있어서 중요한 이슈들 중 하나는 저원가와 차별화 전략의 양립 가능성 여부이다. 직관적으로 보면, 일반적으로 품질, 성능, 수명, 디자인 등과 같은 차별화 요인들은 원가의 상승을 유발하고, 원가의 절감은 차별화를 저해할 가능성이 크다. 그러나 적어도 이론상으로는 차별화를 추구하면서도 저원가를 실현할 수 있다. 즉, 저원가 전략과 차별화 전략은 양립가능하다. 이 두 전략을 동시에 실행할 수 있다면 조직의 성과는 그만큼 높아진다. 예컨대 품질 향상은 불량의 발생을 줄임으로써 생산성을 올리고 이를 통해 원가절감을 기할 수 있다. 또, 고품질, 고성능의 제품을 생산하면 소비자들에 대한 소구력을 향상시켜 제품의 수요가 증대할 수 있다. 제품의 수요 증대는 대량생산을 통한 원가절감을 가능하게 한다. 이렇게 볼 때, 차별화와 저원가는 꼭 상반되는 전략은 아니며, 경쟁우위를 제공하는 양립 가능한 두 축이라 할 수 있다. 미국의 페더럴 익스프레스, 인텔, 코카콜라와 같은 기업들은 제품을 차별화하면서도 저원가를 실현하는 대표적인 기업들이다.

2.3 사업수준 전략과 관련된 주요 이슈

1) 전략적 사업단위(SBU)

공식적으로 사업수준 전략을 시도한 최초의 기업은 GE(제너럴 일렉트릭)이다. 이 회사는 1960년대에 취급품목의 수가 점점 증가함에 따라 전 제품들을 상호관련성이 깊은 제품끼리 묶어 몇 개의 사업군으로 나누고, 각 사업군을 기본 조직단위로 하는 조직개편을 단행했다. 이들 각 사업군에게는 자율적인 의사결정권이 부여되었다. GE는 사업군의 개념을 토대로 한 이와 같은 공식적 조직

단위를 **전략적 사업단위**(strategic business unit: SBU)라 했다. 전략적 사업단위는 상호 독립성을 유지하면서 각자의 책임과 권한 하에서 독자적 전략을 개발해 관련 산업 내에서의 경쟁에 대응해 나가는 사업군을 의미한다. 〈그림 8-6〉은 전략적 사업단위(SBU) 조직의 한 사례이다.

〈그림 8-6〉 전략적 사업단위(SBU)

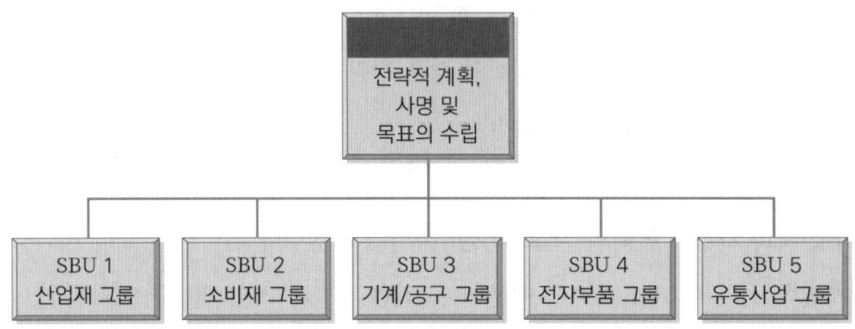

2) 핵심역량과 차별적 능력

어떤 조직은 성공적이고 다른 조직은 그렇지 못한 이유는 무엇일까? 어떤 프로야구 팀이 페넌트레이스는 물론 플레이오프나 한국 시리즈에서 꾸준히 탁월한 성적을 거두면서 관중들을 몰고 다니는 이유는 어디에 있을까? 어느 기업이 매출액과 순이익 등 모든 면에서 항상 최고의 기업으로 추앙받는 이유는 무엇일까? 특정의 대학이나 학과가 매년 경쟁률이 매우 높은 이유는 무엇일까?

조직이 경쟁에서 이기기 위해서는 치열한 경쟁시장에서 효과적으로 대응할 수 있는 몇 가지 강력한 수단, 즉 자원이나 자산이 있어야 한다. 이를 **핵심역량**(core capability)이라 한다. 첨단기술과 시설, 고급 인력, 마케팅 능력, 자금력, 브랜드 이미지와 명성 등이 그 예이다. 또한 자기 조직의 경쟁력을 지속적으로 유지하기 위해서는 경쟁조직이 자사를 따라잡을 수 없는 차별화된 능력을 보유하고 있어야 한다. 경쟁조직과 비교해 자사가 보유한 고유의 능력을 **차별적 능력**(distinctive competency)이라 한다. 효율, 품질, 혁신성 및 고객반응성이 그 예이다.

월마트는 최첨단 정보 시스템을 토대로 재고상태나 공급업체 관계를 경쟁사들보다 더욱 효과적으로 감시하고 통제할 수 있어, 이것이 이 회사가 경쟁우위를 점할 수 있는 원동력이다. 반면에, 나이키와 코카콜라는 국제적 명성이 있는 상표를 보유하고 있기 때문에, 자사 제품에 대해 높은 가격을 제시해도 소비자들이 기꺼이 구매하는, 이른바 프리미엄 가격을 설정할 수 있어 이것이 경쟁우위의 원천이 된다.

3) 산업 내 경쟁우위 요인: 포터의 경쟁 5요인 모델

마이클 포터(Michael Porter)는 전략적 경영에 관해 많은 이론을 개발했다. 그러나 경영전략 부문에서 포터가 끼친 가장 큰 공로는 조직이 경쟁우위를 창출하고 지속하는 데 이용 가능한 정교한 분석 틀을 제시했다는 사실이다. 분석 틀의 핵심요소는 산업분석이다. 포터는 어떤 산업은 본질적으로 다른 산업들보다 수익성이 좋아 이 산업에 진입하는 것이 매력적이라고 한다. 예로서, 제약산업은 전통적으로 수익성이 높은 산업인 반면, 항공산업은 수익성이 높지 않은 산업이다. 그러나 수익성이 높은 산업에서 망하는 기업이 있는가 하면, 수익성이 낮은 산업에서 성공하는 기업이 있다. 성공과 실패의 관건은 경쟁우위 요인의 확보 여부이다.

포터는 경쟁의 법칙을 지배하는 5가지 요인을 제시했는데, 이를 **경쟁 5요인 모델**(five forces of competition model)이라 한다. 경영자들은 특정의 산업에 대해 이 5가지 경쟁 요인들을 기준으로 자사에 대한 기회와 위협요인들을 평가하고, 이를 토대로 그 산업에의 진입여부와 여기서 취할 경쟁전략을 결정해야 한다(〈그림 8-7〉 참조).

〈그림 8-7〉 경쟁 5요인 모델

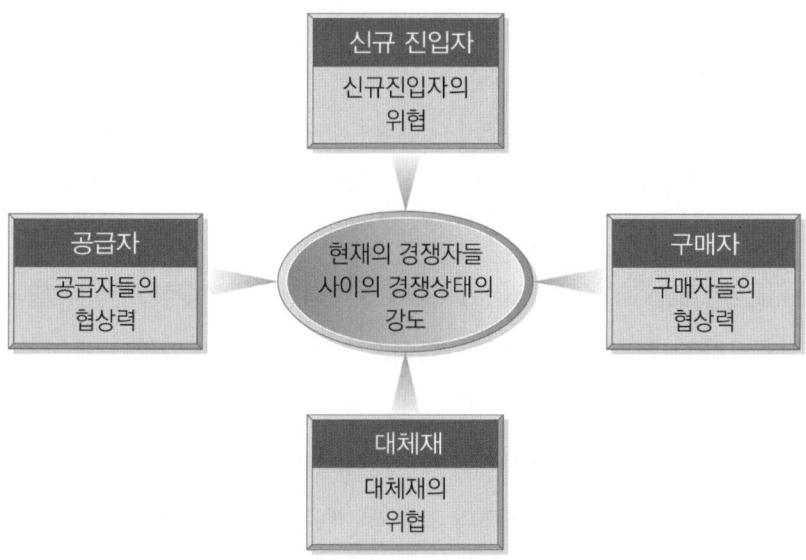

① **신규진입자의 위협**: 규모의 경제, 상표 충성도 및 소요 자본의 규모와 같은 요인들은 특정의 산업에 새로운 경쟁자가 진입하는 데 얼마나 어려움이 있는가를 결정짓는 경쟁요인들이다.

② **대체재의 위협**: 교체비용, 즉 다른 제품으로 바꾸는 데 드는 비용과 상표 충성도는 고객들이 대체적 제품을 구매할 가능성에 영향을 미치는 경쟁요인들이다.

③ **구매자들의 협상력**: 구매자의 수, 고객정보 및 대체재의 이용가능성과 같은 요인들은 특정의 산업에서 구매자들이 공급자들에게 행사하는 영향력의 수준을 결정짓는 경쟁요인들이다.

④ **공급자들의 협상력**: 공급의 집중도, 즉 제품생산을 위한 투입물의 공급능력이 공급자들 사이에 분산되어 있지 않고 일부 공급업지에 집중되어 있는 정도와 대체적 투입물의 이용가능성은 특정의 산업에서 공급자들이 생산기업에 대해 행사할 수 있는 권력의 수준을 결정짓는 경쟁요인들이다.

⑤ **현재의 경쟁상태**: 산업의 성장률, 수요의 증감률, 및 제품차이와 같은 요인들은 한 산업에 있어서 기존 기업들 사이의 경쟁상태가 얼마나 치열한가를 결정짓는 경쟁요인들이다.

4) 제품수명주기(PLC) 전략

제품수명주기(product life cycle) 모델은 특정의 제품이 시장에 출현한 후, 시간의 경과에 따라 제품의 수명주기 상 어느 단계에 위치하느냐에 따라 매출액이 어떻게 변화하는지를 보여주는 이론이다. 이 모델을 기반으로, 기업의 제품이 수명주기의 어디에 있느냐에 따라 그 제품에 관한 사업전략을 달리하는 것을 **제품수명주기 전략**(product life cycle strategy)이라 한다. 제품수명주기는 어떤 제품이냐에 따라 약간의 차이는 있으나, 일반적으로 4단계로 나뉘는 것으로 본다: 도입기, 성장기, 성숙기 및 쇠퇴기. 〈그림 8-8〉은 제품수명주기의 전형적인 패턴을 보여준다. 제품수명주기 상에서 각 단계의 특징 및 각 단계별로 기업이 채택해야 할 사업수준 전략은 다음과 같다.

① **도입기**(introduction stage): 신제품이 처음 시장에 출시되면 그 수명주기가 시작된다. 제품수명주기 상 이를 도입기라 한다. 이 단계에서는 제품의 수요가 그리 높지 않지만, 초기 수용자들(early adopters)의 수요를 효과적으로 자극할 경우 수요가 기업의 공급능력을 초과하는 경우도 있다. 따라서 경영자들은 품질이 양호한 상태로 제품을 시장에 진입시키는데 노력을 집중해야 한다. 제품의 홍보와 판촉에 주력하면서, 신규 인력의 확충 및 제품의 재고와 현금흐름의 관리를 통해 수

<그림 8-8> 제품수명주기

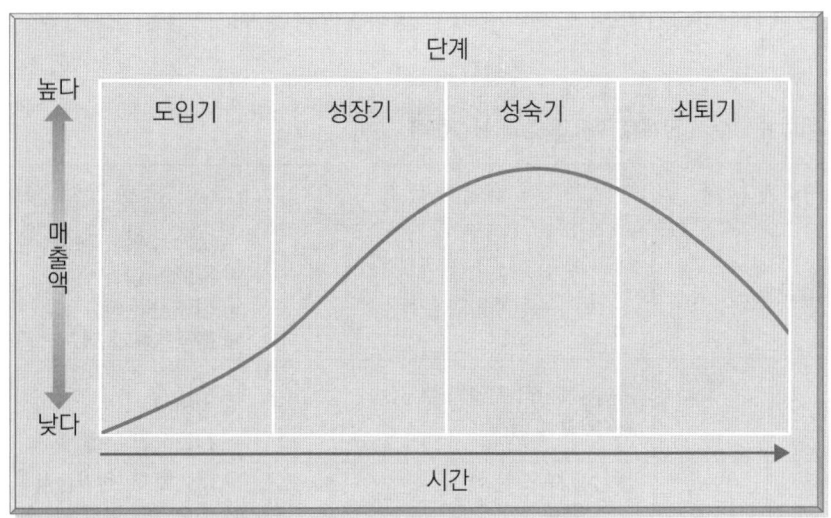

요의 성장에 대비하는 것이 경영자들의 주요 전략적 과제이다.

② **성장기**(growth stage): 도입기가 지나면, 더욱 많은 기업이 이 제품을 취급하기 시작함으로써, 시장에서 제품의 매출액이 급증한다. 경영자들의 주요 과제는 품질 향상, 적시배달 및 경쟁사 제품과의 차별화를 통해 매출을 촉진하는 일이다. 성장기의 산업에 경쟁사가 진입하는 것은 자사의 경쟁우위를 위협하는 요인이 되므로, 진입장벽의 구축이 경영자들의 주요 전략이 된다.

③ **성숙기**(maturity stage): 성장기가 지나면, 제품 매출액의 성장 속도가 둔화하며, 제품에 대한 전반적인 수요가 정체상태에 이른다. 제품수명주기 상 이 단계를 성숙기라 한다. 같은 제품을 생산하는 새로운 기업의 수가 줄어들고, 이 제품을 생산하는 기존 기업의 수 또한 줄어들기 시작한다. 기업의 장기적 존속을 위해서는 성숙기의 장기적 유지가 필수적이다. 이를 위해 제품의 차별화가 중요한 과제이지만, 수요와 공급의 지속적 유지를 위해 원가절감 노력을 계속하면서, 서서히 신제품 개발을 준비하는 것이 바람직하다.

④ **쇠퇴기**(decline strategy): 성장기가 지나면, 제품의 수요가 감소하고, 이 제품을 생산하는 기업의 수도 격감하며, 그에 따라 산업 전체의 매출액이 크게 떨어진다. 수명주기 상 이를 쇠퇴기라 한다. 여기서 초기 단계에 미리 제품의 쇠퇴기를 예상해 그에 대비하지 못한 기업은 산업계에서 퇴출된다. 쇠퇴기에 자사 제품을 차별화하고, 저원가를 유지하며, 연구개발(R&D)의 강화와 신제

품 개발을 서두르는 기업은 시장에서의 선도적 입지를 유지한다.

〈표 8-1〉은 제품수명주기의 각 단계의 주요 특징과 단계별 주요 사업전략을 정리한 것이다.

〈표 8-1〉 제품 수명주기 단계별 주요 특징과 사업전략

제품수명주기 단계	주요 특징	주요 사업 전략
도입기	- 전반적 수요 미진 - 초기 수용자들의 준동	- 초기 수용자들의 수요 자극 - 홍보와 판촉 - 신규인력 확충 - 현금흐름과 재고의 관리
성장기	- 시장진입 기업의 수 급증 - 매출액 급증	- 고품질, 적시 인도 - 차별화 - 진입장벽 구축
성숙기	- 성장속도 둔화 - 제품수요의 정체 - 제품 취급 기업의 수 감소	- 차별화 및 원가절감 - 성숙기의 장기적 유지 - 신제품 개발 준비
쇠퇴기	- 제품수요와 시장 매출액 감소 - 기업의 수 격감 - 역량 부족 기업의 시장 퇴출	- 차별화와 저원가 - R&D 및 신제품 개발

3. 기능수준 전략

기능수준 전략(functional level strategy)은 "사업수준 전략을 어떻게 지원할 것인가?"의 문제를 해결하기 위한 전략이다. 기능수준 전략이 제대로 수립되어야 사업수준 전략이 성공적으로 실행될 수 있다. 예를 들어 생산, 마케팅, 인적자원, 재무 및 연구개발과 같은 전통적 기능부문들로 구성된 조직의 경우, 각 기능부문들은 각자의 기능적 활동에 관한 고유의 전략을 수립해야 한다. 이러한 각 전략들은 상호 독립적으로 추진되는 것이 아니라 상호 보완, 협력, 조정 및 통합의 원칙 하에서 상위계층의 전략인 사업전략이 효과적으로 실행되는데 기여할 수 있어야 한다.

시카고에 본사를 둔 인쇄업체인 R. R. Donnelley & Sons는 첨단 디지털 인쇄공법에 방대한 자금을 투자하기 위한 사업수준 전략을 구상했다. 여기서 마케팅 부서는 새로운 판매 및 촉진계획을 수립했고, 생산부서는 인쇄공장에 디지털 장비를 도입했으며, 인적자원 부서는 새로운 종업원 선발 및 훈련 프로그램을 수립했다.

제4절 전략적 경영의 실행

경영자들은 전략을 개발한 다음 그 실행과정을 꼼꼼히 점검해야 한다. 실무 경영자들은 "전략은 쉬우나, 그 실행은 어렵다"고 말한다. 많은 전략 전문가들이 전략의 실행은 전략적 경영의 가장 중요하면서도 어려운 과정이라는데 동의한다. 연구조사에 의하면, 모든 정보기술(IT) 개발 프로젝트 중 40%가 완료 전 폐기됨으로써 조직에 막대한 손실을 초래했으며, 실패의 일차적 원인은 비효과적 전략 실행에 있다고 한다. 맥킨지 회사(McKinsey & Company)의 조사결과는 모든 변화 프로그램과 혁신 노력의 약 70%가 의도된 결과를 달성하는데 실패했다고 한다.[1]

〈그림 8-9〉 전략실행 실패의 주요 요인

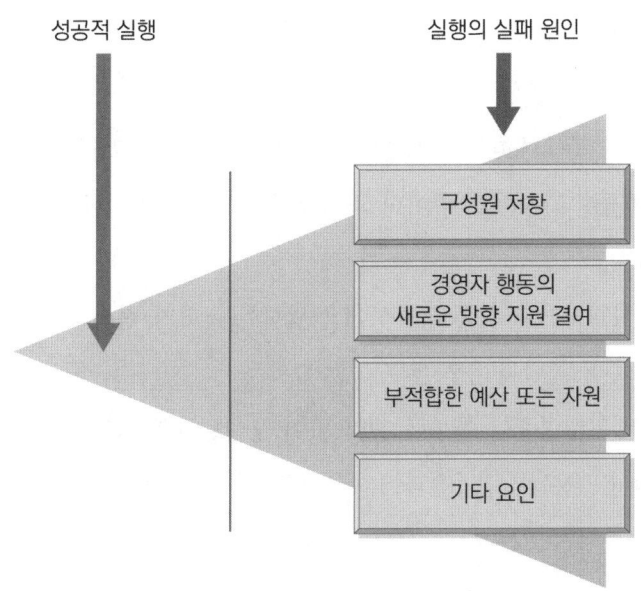

〈그림 8-9〉는 전략의 실행을 어렵게 하는 주요 요인을 보여준다. 이에 따르면, 전략실행의 가장 큰 장애요인은 자원이나 계획의 미흡보다는 새로운 현상의 수용에 대한 구성원들의 의지와

---

[1] Reported in Homayoun Hatami, Sara Prince, and Maria Valdiieso de Uster, "Sales Growth Through Strategic Leadership," *Leader to Leader* (Spring 2013): 57-62.

능력의 부족이다. 일반적으로, 조직의 전략이 성공을 거두기 위해서는 세 가지 조건이 필요하다. 즉, 조직 시스템이 전략적 경영에 적합해야 하고, 전략 실행에 대한 구성원들의 적극적 참여가 필요하며, 전략을 실행하는데 효과적인 리더십이 발휘되어야 한다.

1. 조직 시스템의 전략적 적합성

조직의 전략은 기업수준 전략, 사업수준 전략 및 기능수준 전략의 형태로 계층성을 띤다. 이들 전략은 모두가 조직 구성원들이 직접 실행에 옮길 수 있을 정도로 그 내용이 구체적인 것은 아니며, 조직계층을 따라 내려가면서 실행 가능한 세부적인 전략으로 구체화된다. 따라서 전략적 경영이 성공을 거두기 위해서는 하위 수준의 전략들이 상위수준의 전략을 효과적으로 지원할 수 있도록 조직 시스템에 대한 재정비가 필요하다. 이를 위해서는 조직 시스템이 다음과 같은 요건을 충족해야 한다.

① **조직구조**: 조직이 전략의 효과적 실행에 적합한 구조를 가지고 있는가?
② **구성원**: 구성원들이 각자에게 주어진 과제를 수행하는데 적절한 기술, 기능 및 능력을 보유하고 있는가?
③ **문화**: 모든 구성원들이 조직목표 달성에 몰입하는 문화가 형성되어 있는가? 조직 문화는 조직의 변화를 수용할 만큼 유연한가?
④ **통제 시스템**: 최고경영층이 아무런 제약 없이 구성원들의 성과를 평가할 수 있는 제도적 장치가 마련되어 있는가? 평가결과에 따라 성과에 대해 적절히 보상할 수 있는 합리적 보상 시스템이 구축되어 있는가?

2. 구성원 참여

전략은 종업원들이나 관련 부서에게 철저히 팔려야 한다. **내부 마케팅**(internal marketing)을 통해 전략이 구성원들에게 수용되도록 하는 것은 전략적 경영의 필수적 성공 요소이다. 새로운 전략은 변화를 의미하며, 사람들은 다양한 이유로 인해 변화에 저항하려는 경향을 보이기 때문이다. 따라서 훌륭한 전략가일수록 전략의 "판매(selling)"에 능통하다.

특히 중간관리자들이 전략에 몰입하는 것은 전략의 성패를 가름하는 관건이다. 변화에 대한 중간경영자들의 저항은 훌륭한 전략적 경영 프로그램을 망칠 수 있다. 저항은 주로 경영자들 자신의 이해관계 때문이다. 아무리 훌륭한 전략이라 하더라도 이를 중간 경영자들이 자신의 이익에 반하는 것으로 판단하면, 이 전략의 실행에 적극적으로 참여하기를 주저함으로써, 전략실행의 효율을 기대하기 어려워진다. 특히 동태적인 경영환경 하에서는 전략적 계획에 대한 신속한 실행이 필요하기 때문에, 전략에 대한 중간 경영자들의 적극적 참여가 더욱 중요시된다. 전략에 대한 적극적 참여를 유도하기 위해서는 참여적 경영 시스템을 도입하고, 이들에게 영향력을 행사할 수 있는 리더십 발휘와 동기부여 등, 다양한 전술적 시도가 필요하다.

3. 효과적 리더십

"만약 당신이 배를 건조하려 한다면, 사람들을 모아 목재를 채집하도록 하거나, 일을 분담하도록 하거나, 혹은 지시를 내리지 말라. 대신에, 이들이 광활하고 끝없는 바다를 동경하도록 가르쳐라." '어린 왕자(The Little Prince)'의 저자 생텍쥐페리(1900-1944)의 말이다. 경영자의 리더십에 관한 교훈을 주는 표현이 아닌가 생각한다. 경영자들이 전략을 효과적으로 실행하기 위해서는 효과적인 리더십을 발휘하는 것이 중요하다. 〈그림 8-10〉은 기업의 전략을 실행하는데 필요한 네 가지 리더십 수단을 보여준다.

① **가시적 리더십**: 리더는 구성원들에 대한 설득과 동기부여, 및 새로운 전략을 지원하는 조직문화와 가치관 정립을 통해 구성원들이 전략 실행에 필요한 행동방법을 수용하고 실천하도록 영향을 미쳐야 한다. 특히 중요한 것이 경영자들 자신의 '행동에 의한 모범(example by action)'이다.

② **역할, 권한 및 책임의 명확화**: 경영자들은 조직구조의 재설계를 통해 구성원들이 수행해야 할 역할, 권한 및 설명의무(accountability)를 명확히 제시해야 한다.

③ **개방적 의사소통**: 경영자들은 열린 자세로 자신의 전략적 아이디어를 구성원들에게 전파하는 한편, 이들의 의견에 귀를 기울이고 자유로운 토론을 통해 반대의견을 수용해야 한다. 개방과 정직을 지향하는 조직문화의 정착으로 계층 간·부서 간 경계를 초월하는 팀워크를 도출한다. 나아가 주주, 고객 및 기타 이해관계자들과의 소통도 활발히 전개한다.

④ **적합한 인적자원**: 효과적 전략 실행을 위해서는 조직의 인적자원이 조직이 지향하는 전략과 부합해야 한다. 따라서 경영자들은 새로운 전략을 수용하고 실천하는데 적합한 인적자원을 채용해 교육훈련을 실시하고, 기존 종업원들의 부서 간 이동 및 재배치를 통해 전략의 실행에 최적화된 인적자원 체계를 구축할 필요가 있다.

〈그림 8-10〉 효과적 전략 실행을 위한 리더십 수단

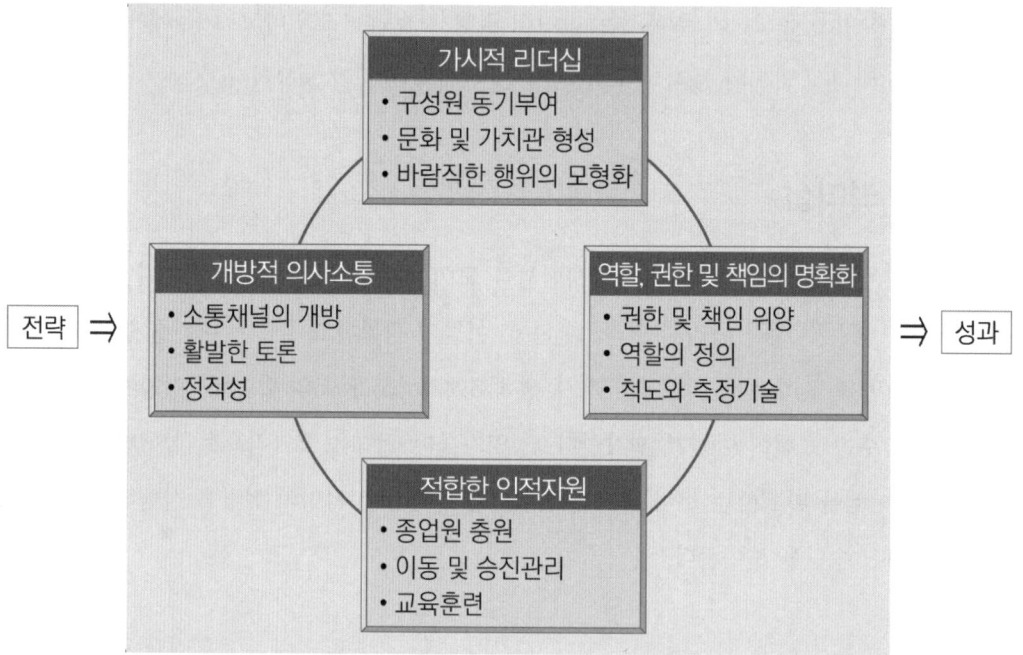

• **전략의 성공을 위한 7S 모델**: 수립된 전략을 효과적으로 실행하는 데 유용하게 적용할 수 있는 이론적 틀 중의 하나가 맥킨지 컨설팅이 제시한 7S 모델이다. 이 모델의 기본 아이디어는 어떤 전략이 성공을 거두기 위해서는 조직 내에 S자로 시작하는 다음 7가지 요인들이 구축되어 있어 이들이 효과적으로 상호작용을 해야 한다는 것이다: Strategy, Structure, Shared value, System, Skill, Style, 및 Staff. 〈그림 8-11〉은 7S 모델의 기본개념을 보여준다. 각 S의 의미는 다음과 같다.

<그림 8-11> 맥킨지의 7S 모델

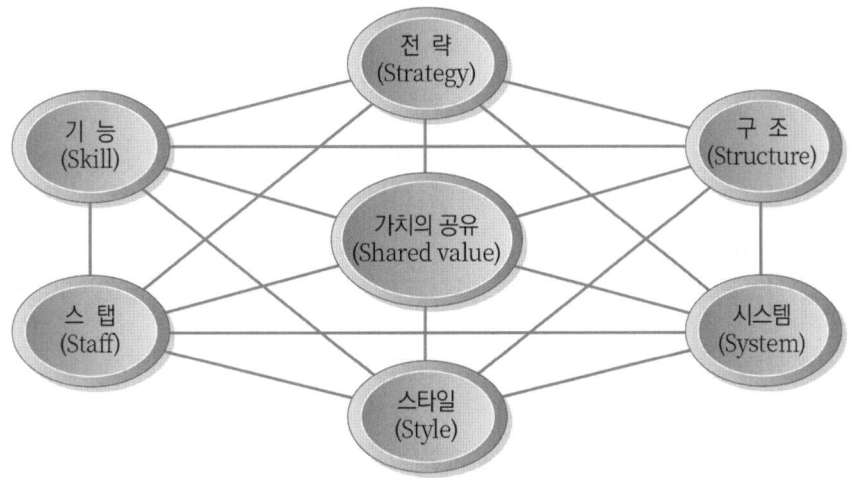

① **Strategy**(전략): 조직의 목표 달성을 위한 자원 할당계획
② **Structure**(구조): 사람과 과업, 조직과 조직이 연계되어 있는 상태
③ **Shared value**(가치의 공유): 조직의 목표설정을 주도하는 중대한 가치나 개념의 공유
④ **System**(시스템): 경영통제 시스템, 성과평가 및 보상 시스템, 계획 및 예산 시스템
⑤ **Skill**(기능): 경영기법, 개인적·기술적 능력과 같은 조직 내 구성원들의 능력과 역량
⑥ **Style**(스타일): 경영자의 리더십 및 조직 전반적 경영 스타일
⑦ **Staff**(스탭): 종업원의 충원, 선발, 승진 및 교육방법

맥킨지에 의하면, 조직이 새로운 전략을 효과적으로 실행할 수 없는 이유는 7S와 같은 조직 변수의 내용이 바뀌지 않은 상태에서 전략의 실행을 시도하기 때문이라고 한다. 즉, 조직의 주요 변수에 관한 종전의 진부한 패턴은 새로운 전략과 결코 부합할 수 없다는 것이다. 맥킨지가 강조하는 또 하나의 주장은 각 S가 그 자체로서 모두 중요하지만, 더욱 중요한 것은 모든 S들 사이의 조화와 균형이라는 점이다.

복습 및 연구문제

■ **복습하기**

1. 전략 및 전략적 경영의 의의
2. 전략적 경영의 절차
3. 기업수준 전략에는 어떤 것들이 있는가?
4. 사업수준 전략 세 가지는 무엇인가?
5. BCG 매트릭스에서 성장성과 시장점유율을 기준으로 한 캐쉬카우 및 퀘스천마크에 대해 설명하라
6. 전략의 실행을 위한 성공요인을 들어라.
7. 다음 사항에 대해 간단히 설명하라
   1) 전략적 사업단위(SBU)
   2) 차별적 능력
   3) 제품수명주기 전략
   4) 7S 모델

■ **토론하기**

　E 랜드에서 실시해 오고 있는 장미축제에 6시그마 기법을 적용해 방문객을 늘린 것은 서비스 업종의 대표적인 6시그마 성공사례 중 하나이다. 이 축제는 지난 1985년부터 시작해 E 랜드를 단순한 놀이공원에서 이벤트 공원으로 탈바꿈시킨 주역이다. 그러나 외환위기 이후 입장객 회복이 다른 매장보다 뒤떨어지자, 지난 2001년 봄, 본격적인 대책마련에 나섰다. 이를 위해 먼저 장미축제 방문객들을 유형별로 분석한 결과, 구성비가 가장 높은 방문객인 개인고객이 97년 수준의 60%에 머물러, 이것이 전체적 영업부진의 주 원인임이 밝혀졌다. 특히 평일과 토요일의 야간 방문객이 38% 수준으로 대폭 감소했다. 장미정원의 면적이 37%에 불과하고, 장미의 품종도 연간 1회 개화하는 넝쿨장미가 41%나 차지하는 것도 문제점으로 지적되었다. 또한 장미축제에 대한 고객들의 요구사항을 분석한 결과, '방문 비용 경감', '축제에 대한 만족도 향상', '커뮤니케이션 확대 및 차별화' 및 '교통 편리성 확보'가 그 핵심을 이루었다. 이와 같은 분석결과를 토대로 E 랜드는 장미축제에 대한 전략수정에 나섰다. 우선 연령 타겟을 기존의 30대 위주에서 20대까지로 확대하고, 꽃과 함께 테마성 이벤트가 어우러진 '테마축제'로 차별화하는 전

략을 도입했다. 나아가 축제의 주 콘셉트를 '사랑의 프러포즈'로 정하고, 그에 맞는 다양한 이벤트, 행사, 공연 등을 개발했다. 그 결과 축제기간 개인 방문객은 전년대비 10% 증가했고, 그 중 타겟으로 삼은 평일과 토요일 야간 입장객이 32%나 늘었다. (자료원: 한국경제 2003. 3. 3)

1. E 랜드가 실시한 새로운 전략수립의 절차를 다음과 같은 순서로 확인해 보자.
   (1) 목표 및 사명의 확인   (2) SWOT 분석
   (3) 핵심역량의 확인   (4) 새로운 전략의 도출
2. E 랜드는 지속적 경쟁우위(SCA)를 누릴 만큼 차별적 능력을 지니고 있는가? SCA의 4가지 원천(품질, 효율, 혁신성, 고객대응성)별로 이 회사의 능력을 평가해 보라.
3. 6시그마 기법을 서비스업에 대한 품질경영에 적용하는 방법에 대해 토의해 보자.

■ 자기평가

당신은 위험선호형인가? 전략의 수립 및 실행에는 일반적으로 위험의 수용이 수반된다. 전략적 경영자로서 당신은 위험한 상황을 회피하는 편인가, 아니면 이를 선호하는 편인가? 만약 당신에게 10억 원이 있다면, 은행에 예치하겠는가, 아니면 친구의 벤처사업에 투자하겠는가? 다음 각 문항에 대해 사실이면 T, 사실이 아니면 F로 대답하라.

1. 나는 다른 사람을 위해 일하느니 내 자신의 사업을 시작하겠다.( )
2. 나는 자주 출장을 다니는 직업은 원하지 않는다.( )
3. 내가 만약 도박에 참여한다면, 공격적으로 배팅하겠다.( )
4. 나는 아이디어의 변화와 개선을 추구한다.( )
5. 나는 새로운 직업이 확정되기 전에는 절대로 현재의 직업을 포기하지 않겠다.( )
6. 나는 투기성이 강한 주식에는 절대로 투자하지 않겠다.( )
7. 나는 단지 내 관점을 넓히기 위해 위험을 수용할 용의가 있다.( )
8. 나는 주식 투자만 생각하면 흥분된다.( )
9. 나는 어떤 사업이 실패할 가능성이 있으면, 아무리 잠재력이 큰 사업이라도 투자하지 않겠다.( )
10. 나는 일생동안 최대한으로 다양한 경험을 하고 싶다.( )
11. 나는 흥분이나 긴장이 내 삶이나 투자에 장애요인이라 생각하지 않는다.( )
12. 나는 정력이 왕성하고 내 관심사에 열정적이다.( )
13. 나는 돈을 벌게 하는 다양한 아이디어를 쉽게 창출한다.( )

14. 나는 어떤 사업에도 가진 돈 이상으로는 절대 배팅하지 않겠다.( )

15. 나는 상사 등, 다른 사람들의 반응을 따지지 않고 새로운 아이디어를 과감히 제안한다.( )

● **평가방법:**

1) 문항 1, 3, 4, 7, 8, 10, 11, 12, 13, 15의 경우에는 T로 응답했으면 1점을, F로 응답했으면 0점을 부여하고, 2, 5, 6, 9, 14의 경우에는 T로 응답했으면 0점을, F로 응답했으면 1을 부여한다. 이어서 모든 문항에 대한 점수의 합을 구한다.

2) 산출된 총점을 기준으로 다음과 같이 평가한다.

    13점 이상: 위험선호형

    4점 이하: 위험회피형

    5점~12점: 중간형

제4부
경영 조직화
Management Organizing

여기서는 성공적 기업경영을 위해 경영조직을 어떻게 설계하고, 조직 유효성의 극대화를 위해 인적자원을 어떻게 관리할 것인가, 그리고 조직의 경쟁력 유지를 위해 조직변화와 혁신을 어떻게 관리할 것인가를 중심으로 논의한다.

제9장 경영조직의 설계
제10장 인적자원 관리
제11장 조직변화와 혁신

제9장 경영조직의 설계
Design of Management Organization

이 장에서는 경영의 조직화 기능 중 조직화의 기초로서의 조직설계 문제를 다룬다. 특히 부문화, 조정, 지휘계통 및 조직구조의 설계 방법을 다룬 다음, 조직의 설계에 관한 주요 이슈를 논의한다.

제1절 조직화와 조직설계

계획에 이어 경영자가 수행하는 두 번째 기능은 조직화이다. 조직화란 무엇을 의미하고, 조직화의 주요 요소인 부문화, 조정, 지휘계통 및 조직구조는 어떻게 설계할 것인가?

1. 조직화의 의의

조직의 목표를 달성하기 위해 계획이 수립된 다음, 경영자는 이를 실행에 옮기는 작업에 들어간다. 이를 위해서는 조직을 필요로 한다. **조직화**(organizing)란 계획을 실행하는데 필요한 조직의 틀, 즉 조직의 구조(structure)나 체계를 확립하는 것을 뜻한다. 조직화는 대기업이나 중소기업과 같은 영리조직이나 비영리조직은 물론, 경영의 개념이 존재하는 모든 상황에서 우리가 접할 수 있는 현상이다. 일상생활에서도 우리가 흔히 경험하는 것이 조직화이다. 인간은 자신의 삶을 경영하는

'호모 이코노미쿠스', 즉 경제인이기 때문이다. 조직화의 개념을 설명하기 위해 일상생활 가운데 하나의 예를 들어보기로 한다.

동창회(조직)에서 중국여행을 가기로 결정하고, 독자를 행사 책임자(경영자)로 임명했다고 하자. 여기서 독자에게 부여된 임무(사명)는 중국여행의 성공(목표)을 위해 계획을 세우고(계획), 계획의 실행을 위해 해야 할 일들(과업)을 구상해 이를 임원들에게 할당(조직화)한 다음, 여행을 마칠 때까지 성공적인 행사(목표의 달성)가 되도록 모든 과정이 계획과 차질 없이 진행되는지 체크하는 일(통제)이다. 조직화의 경우, 여행준비 작업을 몇 가지 과업으로 나누고(부문화), 여행사 접촉과 숙식 문제는 섭외부장, 여행 스케줄은 총무부장, 그리고 회비거출과 경비지출은 재무에게 일임(과업할당)하고, 이들에게 각 과업에 관한 모든 권한과 책임을 부여했다(권한 위양).

모든 조직은 이와 같은 조직화 과정을 통해 조직구조가 형성된다. **조직구조**(organizational structure)는 수행되어야 할 직무나 과업들을 세분화하거나 그룹화하고 조정하는 공식적 체계를 의미한다. 조직화의 목적은 구성원들이 각자의 과업을 효과적으로 수행할 수 있도록 조직구조를 설계하는데 있다. 조직화의 주요 내용을 열거하면 다음과 같다.

첫째, 수행되어야 할 작업을 구체적인 세부적 직무들로 분할한다.
둘째, 세분화된 직무들을 서로 관련된 유사한 직무들끼리 묶어 부문화한다.
셋째, 상이한 과업들이 공통적 조직목표의 달성을 위해 일원화되도록 상호 조정한다.
넷째, 직무에 관한 공식적 권한/책임 관계를 정립한다.
다섯째, 지휘체계, 즉 명령계통을 확립한다.
여섯째, 조직의 인적·물적 자원을 각 부문과 과업에 할당한다.

2. 조직설계의 주요 요소

조직설계(organizational design)는 조직의 목표달성에 최대한 기여할 수 있도록 조직구조를 개발하고 이를 변화시키는 의사결정이다. 조직설계의 기본 요소는 다음과 같다: 부문화, 조정, 지휘계통 및 조직구조. 여기서는 조직구조의 개발과 관련하여 각 요소들을 어떻게 설계할 것인가를 다루고, 조직구조의 변화는 제11장에서 상세히 다루기로 한다.

제2절 부문화

1. 직무의 전문화

조직설계의 첫 번째 작업은 직무의 전문화이다. **직무 전문화**(job specialization)는 분업의 원리에 따라 조직의 전반적 과업을 기초적 직무단위로 세분화하는 것을 말한다. 이는 규모의 경제를 통한 원가의 절감과 직무수행의 효율화를 위해 필수적인 기능을 수행한다. 일반적으로, 개인이 단독으로 사업을 시작하거나 창업 초기 소규모의 인력으로 조직이 출발할 때에는 전문화의 수준이 약하지만, 기업이 점차 성장하면서 인력규모가 증대함에 따라 전문화의 수준이 고도화된다.

Walt Disney는 회사를 창업할 때, 만화 원고, 그림, 캐릭터 음성 및 영화 배급에 이르기까지 모든 일을 혼자 수행했다. 그러나 사업이 성장하면서 직무를 분화해 각 분야별로 전문가를 배치했으며, 그후 여럿이 같은 기능을 수행하거나, 과업 전체를 더욱 세분화함으로써 전문화의 수준을 고도화했다. 지금은 수많은 전문가들이 수천 가지의 전문화된 직무를 수행한다.

2. 직무의 부문화

직무의 전문화를 통해 전체 과업이 세분화된 다음에는 모든 직무들을 일정 수의 부문(department)으로 분류한다. 즉, 서로 공통성, 유사성, 혹은 물리적 연관성이 있는 직무들끼리 모아 각 부문에 할당하는, 그룹화(grouping) 과정을 진행한다. 이와 같이 모든 직무를 각 부문별로 할당하는 것을 **부문화**(departmentalization)라 한다. 조직이 작고 인력이 소수일 때에는 소유 경영자가 직접 모든 종업원들의 직무를 감독하고 조정하지만, 조직이 커지고 종업원들이 많아짐에 따라, 모든 직무에 대한 효과적 감독과 조정을 위해 새로운 부문과 직책의 증설이 필수적이다.

부문화가 이루어지면, 조직 내에 경영의 각 기능을 담당할 부문 혹은 부서들이 구체화되는 조직구조가 도출된다. 부문화의 기본 유형은 네 가지이다: 기능별 조직, 제품별 조직, 지역별 조직 및 고객별 조직.

2.1 기능별 조직

기능별 조직(functional organization)은 수행되는 기능에 따라 조직의 직무를 그룹화하는 부문화 방법이다. 이 방법은 어느 조직에서도 사용할 수 있으나, 조직의 목표와 작업활동에 따라 조직이 수행하는 기능이 달라지기 때문에, 단위 부문의 종류와 내용은 조직에 따라 차이가 있다.

1) 장 점
   ① 공통의 기능(skill)이나 지식을 가진 사람들과 전문성이 유사한 직무들끼리 묶어줌으로써 조직의 효율을 증대할 수 있다.
   ② 각 기능부문 내에서 직무들 사이의 조정이 용이하다.
   ③ 전문화의 깊이를 더할 수 있다.
2) 단 점
   ① 기능부문 간 커뮤니케이션이 제대로 안 된다.
   ② 기능부문 간 목표의 차이로 조직목표에 대한 시야가 좁아지고, 이해관계의 차이로 부문 간의 갈등이 빚어질 수 있다.

2.2 제품별 조직

제품별 조직(product organization)은 제품별로 직무를 그룹화 하는 부문화 방법이다. 여기서는 각 제품 부문마다 생산, 마케팅, 재무, 인사와 같은 경영기능들을 독자적으로 수행하며, 각 부문이 독립적 이익 중심점(profit center)이 된다.

1) 장점
   ① 각 제품에 대한 전문화를 통해 규모의 경제가 실현될 수 있다.
   ② 주어진 제품에 대해 각 경영기능 간 조정이 용이하다.
2) 단점
   ① 인적 및 물적 자원의 중복 배치로 자원 활용의 효율이 저하된다.
   ② 제품부문 간 조정이 어려워 조직의 전반적 최적화가 힘들다.

제품별 조직의 연장 내지 변형으로서 **사업부 조직**(division structure)이 있다. 이는 상호 관련이 깊은 제품들을 하나의 제품군, 즉 사업부로 묶어 이 제품군별로 조직단위를 구성하는 부문화 방식이다.

조직을 반도체 사업부, 음향 사업부, 엘리베이터 사업부 등으로 부문화하면, 이는 사업부 조직의 한 유형이다. 이 방식은 제품별 조직의 단점인 자원의 중복을 줄이고, 제품 부문 간 조정이 용이하다는 장점이 있다.

2.3 지역별 조직

지역별 조직(geographical organization)은 국내기업의 경우 경기, 중부 및 남부로, 그리고 국제기업의 경우 미국, 유럽 및 동남아로 나누는 등, 한 기업이 사업대상으로 삼고 있는 지역에 따라 직무를 그룹화 하는 부문화 방법이다.

1) 장점
① 특정의 지역적 이슈를 효과적이고 효율적으로 다룰 수 있다.
② 지리적 특성이 독특한 시장들의 요구를 잘 충족시킬 수 있다.
2) 단점
① 기능의 중복 가능성이 있다.
② 다른 지역 부문으로부터의 격리 가능성이 있다.

2.4 고객별 조직

고객별 조직(customer organization)은 전문가만이 제대로 해결하거나 충족시킬 수 있는 공통의 문제나 욕구를 가진 공통된 고객집단이 있을 때, 이 고객집단들을 토대로 직무를 그룹화 하는 부문화 방법이다. 고객들을 소비용품 고객, 산업용품 고객 및 군납용품 고객으로 분류해 이를 조직구조의 설계에 반영하는 경우가 그 예이다.

1) 장점
① 고객 유형별로 이들의 요구와 문제가 그 분야 전문가들에 의해 효과적으로 해결된다.
② 고객부문별로 각 기능 간 및 지역 간 조정이 용이하다
2) 단점

① 다양한 부문들의 활동을 통합하기 위해 많은 전문 스텝을 필요로 한다.
② 전체 고객들을 일정 수의 고객집단으로 분류하는 것이 반드시 필요할 경우에 한해 이 방식을 도입해야 한다.

제3절 조정

1. 조정의 의의와 필요성

직무 전문화와 부문화를 통해 과업을 세밀한 작업단위로 세분화하고, 세분화된 직무들을 다시 관련 부문으로 할당한 다음에는 각 부문의 활동들이 조직 전체의 목표를 달성하는데 최대한 기여하도록 체계적으로 조정되어야 한다. **조정**(coordination)이란 조직 전체의 공통된 목표가 달성될 수 있도록 서로 관련이 있는 개인들, 팀들 혹은 부문들의 활동을 일원화 하는 과정을 말한다. 조정이 필요한 이유는 크게 두 가지이다. 첫째는 각 개인, 팀 혹은 부문마다 목표와 이해관계가 다르기 때문이다. 제조부서는 제조원가의 절감을 위해 재고의 최소화라는 목표를 설정하고, 마케팅 부서는 매출 극대화를 위해 최대한의 재고 확보를 목표로 할 수 있다. 한 부문 내에서도 각 개인들의 이해관계가 상충될 수 있다. 개인마다 목표가 다르고 타인들을 경쟁관계로 인식하기 때문이다. 목표와 이해관계의 상충은 결국 조직의 **전반적 최적화**(overall optimization)보다는 어느 한 부문의 최적화, 즉 **준최적화**(sub-optimization)만이 가능하게 되는 결과를 초래한다. 조정이 필요한 이유는 조직이 준최적화가 아닌 전반적 최적화를 달성하자는 것이다.

둘째는 부문들 사이 및 작업집단들 사이에 **상호종속성**(interdependence)이 있기 때문이다. 이들은 각자의 활동을 수행하는데 필요한 정보와 자원을 서로에 의존한다. 부문들 간 상호종속성이 강할수록, 각 부문이 효과적 과업수행을 위해 더 많은 조정을 필요로 한다.

조정의 수준은 부문화의 유형에 따라서 차이가 있다. 기능별 조직에서는 부서 간 상호 종속성이 강하기 때문에 부서들 사이의 강력한 조정이 필요하다. 반면, 각 사업부 내에 독자적인 기능단위들이 설치되어 있는 사업부 조직에서는 이들이 제조, 마케팅, 재무 등과 같은 경영기능들을 수행하면서 독립채산의 형태로 운용되기 때문에, 상대적으로 각 사업부들 간의 조정을 크게 필요로 하지 않는다. 이는 사업부 조직이 갖는 장점이기도 하다.

2. 조정의 방법

그렇다면 경영자들이 개인 간, 팀 간, 혹은 부문 간의 조정을 위해 사용할 수 있는 방법에는 어떤 것들이 있는가? 조정의 주요 방법을 소개하면 다음과 같다.

2.1 상호조정

가장 직선적인 조정은 상호조정이다. **상호조정**(mutual coordination)이란 개인들이 대면접촉을 통해 자신들의 행동을 조정하는 것을 말한다. 두 사람이 큰 돌을 들어 올리는 작업을 할 때 한 사람이 "하나, 둘, 셋!"과 같은 구령을 붙이면 효과적인데, 이는 대면접촉에 의한 상호 조정의 예이다.

2.2 규칙 및 절차

미리 작업에 대한 계획을 세울 수 있다면 구성원들이 어떤 일을 어떻게 수행해야 할 것인지를 사전에 결정할 수 있다. **규칙**(rule)과 **절차**(procedure)는 일상적이고 반복적인 활동을 조정하는 데 특히 유용하다. 이들은 특정의 상황이 발생할 때 종업원들이 어떠한 행동과정을 따라야 하는지를 제시해준다. 가령 매니저와 도우미를 스탭으로 두고 있는 식당의 사장은 손님이 식사를 마치면 도우미가 일정한 절차를 밟아 곧바로 식탁을 치워야 한다는 규칙을 정할 수 있다. 식탁을 치워야 매니저가 새로운 손님을 맞아 자리를 배정하고 주문을 받는 작업을 원활히 수행할 수 있기 때문이다. 여기서 매니저와 도우미의 작업은 규칙과 절차에 따라 직무가 상호 조정되고 있는 상태이다.

2.3 개인적 감독

개인적 감독(personal supervision)은 상사가 지시를 내리고 작업의 과정과 결과를 감시하면서 부하들의 작업을 감독하는 조정의 방법이다. 규칙이나 절차에 의해 해결되지 않는 문제가 발생하면, 일반적으로 부하들은 이 문제를 상사에게 가져가 해결하도록 훈련된다. 이 때 상사들은 명령계통을 이용한 직접적 감독을 통해 조정의 기능을 수행한다.

2.4 독립적 조정기구

기업은 조직 내에 별도의 **조정기구**(coordination mechanism)를 두어 조정기능을 수행하도록 할 수 있다. 주요 조정기구에는 보조 스탭, 연락책, 독립적 통합책, 팀 및 위원회가 있다.

먼저, 경영자는 조직 내에 **보조 스탭**(assisting staff)을 두어 부하들의 작업에 대한 조정 문제를 해결하는 데 도움을 받을 수 있다. 보조 스탭은 문제에 관한 정보를 수집, 정리 및 분석하여 문제해결 방안을 경영자에게 제공한다.

기업에 따라서는 부서들 사이의 상호작용이 잦아지면서 **연락책**(liaison)이라는 특별기구를 만들어 부서들 사이의 조정이 원활해지도록 한다. 판매관리자가 판매원들 중 한 직원을 생산부서와의 연락책으로 임명하는 경우가 그 예이다. 이 직원은 수시로 공장을 방문해 생산일정과 재고현황을 파악해 판매관리자에게 보고한다. 만약 판매부서에 주문이 들어오면, 판매관리자는 생산일정과 재고 수준을 검토해 제품의 수주여부를 결정한다.

조직에 따라서는 또 다른 조정기구로서 **독립적 통합책**(independent integrator)을 두기도 한다. 이 기구는 상호 독립적인 개별 부서들의 활동을 공통의 목적을 위해 통합하는 역할을 수행한다. 통합책은 연락책과는 달리 어느 한 부서에 소속되어 있지 않으며, 각 부서와의 독립성을 유지한다. 이는 상호작용이 잦은 부서들 사이의 활동을 조정해야 하는 하이테크 기업들에게 매우 유용한 조정 메커니즘이다. 예를 들어, 플라스틱 산업의 경우 경쟁자들이 끊임없이 혁신적 신제품을 내놓고 있는 상황 하에서 연구개발, 엔지니어링, 판매 및 생산부서들 사이의 긴밀한 조정이 중요시될 수밖에 없다. 여기서 어떤 기업은 별도의 신제품 개발부서를 신설해 신제품의 개발 및 출시에 필요한 연구조사, 기술적·경제적 타당성 분석, 마케팅 분석, 공정설계, 및 생산과 같은 활동들을 조정 및 통합하는 역할을 수행하도록 한다.

한편, 많은 기업들이 **팀**(team)이나 **위원회**(committee)를 구성해 조정의 목적을 달성하기도 한다. 교차기능 팀, 태스크 포스, 혹은 조정위원회가 그 예이다. 이 조정기구들은 상호 종속적인 부서들을 대표하는 사람들로 구성된다. 이들은 각각 정기적 회합을 통해 상호 조정되어야 할 공통의 문제에 대해 토의하면서 부문 간 조정을 실시한다.

2.5 표준화

기업은 또한 종업원들의 활동들을 **표준화**(standardization)함으로써 조정의 목표를 달성 할 수 있다. 표준화의 주요 대상은 다음과 같다.

첫째, 종업원들이 달성해야 할 목표(goal)를 표준화한다. 예로서 판매, 재무 및 생산관리자들에게 각자의 목표를 할당해 주면, 서로의 목표를 달성하기 위해 판매를 중심으로 재무와 생산기능이 이를 지원함으로써, 세 가지의 기능은 합리적으로 조정될 수 있다.

둘째, 기능(skill)을 표준화한다. 종업원들이 수행해야 할 기능을 표준화하고 이들을 잘 훈련시키면, 전문화된 작업구조 하에서 자기 직무가 타인의 직무들과 어떤 관련이 있고, 어떻게 작업을 수행해야 하는지 잘 알게 되기 때문에, 작업집단 외부에 의한 조정이 불필요하다.

셋째, 공유가치(shared value)를 표준화한다. 대표적인 예가 Unilever이다. 이 회사에서는 매년 300~400명의 경영자들을 중역개발센터로 보내 교육시키기도 하고, 해마다 장래가 밝은 해외 경영자들 중 100~150명씩 국내로 불러들여 본사에서 경영수업을 받도록 한다. 이러한 제도는 이들이 Unilever의 전략적 비전과 가치를 공유하는 강력한 계기로 작용함으로써, 외부에 의한 조정이 없이도 경영자들이 자발적으로 기업목표의 달성을 위해 매진하게 된다.

2.6 디지털화

근래에 **전자적 정보기술**(electric information technology)의 발전은 기업들에게 디지털 방식의 조정 메카니즘을 제공하고 있다. e-메일과 문자 메시지의 일반화로 사람들 사이의 소통이 훨씬 수월해졌으며, 이는 조직 내의 조정기능을 진일보시켰다. 또한, 작업자들은 일정계획을 디지털화하고 있다. 만약 한 작업자가 동료들과 회합 약속을 잡고자 하면, 온라인상에서 이 동료들의 가상 스케줄을 점검해 이들과의 약속이 가능한지 확인하고, 자신의 스케줄을 조정할 수 있다. 유사한 사례로 코비드-19 팬데믹 중에는 온라인을 통한 미팅과 회의가 더욱 잦아졌으며, 다양한 디지털 수단을 이용해 먼저 스케줄을 세운 다음 미팅이나 회의를 진행시키는 현상이 두드러졌다.

Bechtel사는 자사의 계약자들, 하청업체들 및 공급업체들과 공통의 웹기반 소통 시스템을 이용해 각 사의 수많은 활동들을 더욱 효과적으로 조정하도록 요구했다. 향상된 조정기술을 통해 이 회사는 건설 프로젝트를 수행할 때 수천 달러의 조정비용을 절감할 수 있다고 한다. 요즘 식당에서는 고객이 식탁에 설치된 모니터 상에서 주문과 결제를 진행하면, 주방의 영상 스크린에 정보가 전달되어 주문을 처리하는 시스템을 운영한다. 디지털화 된 조정의 예이다.

제4절 지휘계통의 확립

조직화의 세 번째 요소는 지휘계통을 확립하는 일이다. **지휘계통**(chain of command)은 명령계통 혹은 보고계통(chain of reporting)이라고도 한다. 지휘계통은 조직의 최상위 계층에서 최하위 계층에 이르기까지의 직무의 권한, 명령 및 보고에 관한 체계적 계통을 말한다. 이 계통에 의해 각 직무가 누구에게 권한이 있고, 누구의 명령이나 지휘를 받아 직무를 수행해야 하며, 직무수행의 결과를 누구에게 보고해야 하는지가 정해진다. 지휘계통과 관련된 주요 개념에는 권한과 책임, 라인과 스탭, 명령의 일원화, 통제의 폭, 권한의 위양 및 직무의 공식화가 있다.

1. 권한과 책임

권한(authority)은 자신이 의사결정을 내리거나 행동하며, 다른 사람들에게 특정의 행동을 지시할 수 있는 권리(right)를 뜻한다. 경영자들은 지휘계통에 따라 자신들의 책임을 완수하기 위해 일정한 권한을 부여받는다. 권한은 공식적으로 개인이 조직에서 차지하고 있는 지위로부터 나오기도 하지만, 비공식적으로 개인적 특질이 권한의 원천이 되기도 한다. 특별한 카리스마가 있거나, 특정 분야에 전문지식을 가진 경우가 이에 해당한다. 한편, 조직의 구성원들은 특정의 직위에서 특정의 직무를 수행할 권한을 부여받는 반면, 이 직무를 제대로 수행하고, 그 결과를 상사에게 보고해야 할 의무가 있다. 이처럼 특정의 직무를 수행하고 보고해야 할 의무를 **책임**(responsibility)이라 한다. 일반적으로 직무에 대한 권한이 부여되면, 그에 따른 책임도 부여된다.

2. 라인과 스태프

조직에서는 권한과 관련해 경영자들을 라인과 스텝으로 구분한다. **라인 경영자**(line manager)는 사장, 생산관리자, 판매관리자 등과 같이 생산, 판매와 같은 기본적 경영기능과 관련된 활동에 책임이 있는 경영자를 말한다. 반면에 **스텝 경영자**(staff manager)는 라인 경영자들을 지원하고 이들에게 정보를 제공하거나 조언하는 기능을 담당하는 경영자를 말한다. 스텝은 특별한 경우가 아니면 라인에게 명령을 내릴 수 없다. 인적자원 담당이사가 자신보다 직급이 낮은 생산부장에게 생산직 채용시험에 관해 조언을 할 수는 있지만, 채용방법에 관한 지시를 내리지는 못한다. 생산부장은 자신의 직계 상사인 생산담당 이사로부터의 지시만을 수용할 뿐이다.

3. 명령의 일원화

명령의 일원화(unity of command)는 페욜이 제시한 14가지 경영원칙의 하나로서, 권한계통의 연속성이 유지되는 데 필요한 조직화 원칙이다. 각 구성원은 오로지 한 명의 상급자로부터 지시를 받고, 반드시 그에게 자신의 직무수행 결과를 보고해야 한다는 것이 곧 명령의 일원화이다. 명령의 일원화가 지켜지지 않으면, 둘 이상의 상사로부터 지시를 받아 과업수행에 관한 우선순위의 혼란이 발생함으로써 중대한 문제가 야기될 수 있다.

4. 통제의 폭

경영자 한 사람이 효과적으로 관리할 수 있는 종업원의 수는 얼마나 될까? 이는 **통제의 폭**(span of control)에 관한 문제이다. 통제의 폭은 상하 조직계층의 두께와 총 경영자의 수를 결정해 준다. 통제의 폭이 크면 조직계층의 두께가 얇아지고, 필요로 하는 경영자의 수 또한 줄어든다. 따라서 비용의 관점에서 볼 때 통제의 폭이 크면, 이는 그 조직이 효율적인 조직임을 의미한다.

그렇다면 통제의 폭은 클수록 바람직한가? 반드시 그렇지는 않다. 통제의 폭이 크면 조직의 유효성이 떨어질 수 있다. 다시 말해, 통제의 폭이 너무 크면, 경영자들이 종업원들에게 적절한 리더십을 발휘할 시간이 줄어들어 종업원들에 대한 통제가 쉽지 않아진다.

그러면 조직의 유효성을 높이는데 적합한 통제의 폭은 어느 정도일까? 경영자들이 효과적으로 관리하기에 적합한 통제의 폭은 여러 요인에 의해 영향을 받는다. 우선, 종업원들의 능력이 탁월하고 훈련이 잘 되어있으며, 경험이 풍부할수록 경영자들은 이들의 직접적 감독이나 통제를 덜 필요로 한다. 이 경우 경영자의 통제의 폭은 커진다. 또한 수행 과업들의 유사성, 과업들의 복잡성, 종업원들의 물리적 근접성, 표준화된 절차의 존재, 조직 내 정보시스템의 정교성, 조직문화의 깊이 및 선호되는 경영자의 스타일 등이 적합한 통제의 폭에 영향을 미친다.

근래에는 통제의 폭이 확대되는 추세이다. 이는 정보기술의 발달, 컴퓨터의 보편화, SNS의 발전 및 종업원에 대한 권한 부여로 비용이 절감되고 신속한 의사결정이 가능하며, 조직의 유연성이 커지고 고객에의 접근성이 향상된데 원인이 있다. 그러나 통제의 폭이 커지면 종업원들의 성과저조를 초래할 수 있다. 이로 인해 많은 조직들이 종업원 교육훈련에 적극 투자함으로써 통제의 폭 확대에 따른 부작용을 최소화하고자 한다.

5. 권한의 위양

어떤 조직은 모든 결정을 최고경영자들이 내리고, 하위직 경영자들과 종업원들은 단순히 이들의 결정을 따르기만 하는가 하면, 또 다른 조직은 의사결정의 권한이 실제의 과업과 가장 밀접한 관련이 있는 현장관리자들에게 대폭 위양되는 것을 볼 수 있다. **권한의 위양**(delegation of authority)이란 권한을 상위계층에서 하위계층으로 내려 보내는 것을 말한다. 통제의 폭이 확대되는 오늘날의 경우, 권한의 위양은 더욱 보편화하고 있다.

권한이 위양될 때 책임도 위양될 수 있을까? 책임은 권한과는 달리 위양이 불가능하다. 물론 경영자가 부하에게 과업을 할당할 수는 있다. 그러나 이 경우 과업이 제대로 완수되지 못하면, 그 책임은 어디까지나 경영자 자신에게 있다. 상사가 이처럼 자신과 관련된 모든 직무에 대해 궁극적인 책임을 지기 때문에, 권한의 위양에는 언제나 **설명의 의무**(accountability)가 수반된다. 부하들은 자신에게 할당된 과업의 성과에 대해 상사에게 설명해야 하는 의무를 진다.

- **의사결정의 집권화와 분권화**: 권한위양의 수준에는 집권화와 분권화의 두 가지 유형이 있다. **집권화**(centralization)는 의사결정의 권한이 조직의 어느 한 곳에 집중되어 있는 경우를 의미한다. 만약 최고경영자가 자신의 마음대로 조직의 주요 의사 결정을 내린다면 이 조직은 집권화된 조직이다. 반면에 **분권화**(decentralization)는 의사 결정의 권한이 현장관리자들이나 종업원들에게까지 광범위하게 분산되어 있는 경우를 의미한다. 만약 하위직 관리자들이나 종업원들이 의사결정의 과정에 참여하거나 직접 의사결정의 권한을 갖는다면, 이는 분권화된 조직이다.

근래에는 환경변화에 효과적으로 대처할 수 있도록 조직을 보다 유연성 있게 만들기 위한 목적으로 의사결정을 분권화하려는 경향이 뚜렷하다. 특히 대기업으로 갈수록 분권화의 경향이 강하다. 하위 관리자들이 현장문제에 대해 더욱 정확한 정보를 가지고 있고, 문제 해결을 위한 최선의 방법을 잘 알고 있는 경우가 많기 때문이다. 대표적인 예가 총 1,164개의 지점을 236개의 '공동체

(community)'로 조직화한 캐나다의 몬트리올 은행이다. 공동체란 일정 지역 내에 소재한 지점들의 집합을 의미한다. 각 공동체는 모든 지점으로부터 20분 이내의 운전 거리에서 일하는 지역관리자가 관리한다. 이 관리자는 자신의 공동체에 관한 한 대부분의 권한을 위양받기 때문에, 만약 소속 공동체에 문제가 발생할 경우 신속하게 대처할 수 있다.

6. 직무의 공식화

공식화(formalization)는 직무에 관한 조직 내의 규칙과 절차가 얼마나 표준화되어 있고, 종업원들의 행동이 이 규칙과 절차에 의해 얼마나 규제를 받는가를 말한다. 직무가 공식화될수록 작업자는 직무의 내용, 수행시기 및 방법에 대한 재량권을 상실한다. 직무가 공식화되면, 종업원들은 같은 직무는 같은 방법으로 수행해야 하며, 작업결과 언제나 정해진 성과를 산출할 것으로 기대된다. 공식화 수준이 높은 조직의 경우 일반적으로 작업에 관한 직무명세서, 작업 규칙 및 절차가 명시되어 있다. 반대로 공식화의 수준이 낮은 조직의 경우 작업에 대한 규칙과 절차가 덜 정형화되어 있고, 종업원들은 자기 작업방법에 대해 많은 재량을 가지게 된다.

제5절 조직구조의 설계

조직구조를 설계하는 데는 기본적으로 두 가지 접근이 있다. 기계적 조직구조 설계와 유기적 조직구조 설계가 그것이다. 전통적으로는 기계적 설계가 조직구조 설계의 기초를 이루어 왔으나, 지금은 많은 조직이 유기적 설계를 지향하고 있다. 어떤 구조로 조직을 설계할 것인가는 조직의 상황요인에 따라 달라진다.

1. 기본적 조직 구조 설계의 유형

1.1 기계적 조직구조 설계

조직구조를 설계할 때 경영자들은 전통적으로 조직목표를 효율적이고 효과적으로 달성하는 데 도움이 되도록 기계적 조직구조를 지향해 왔다. **기계적 조직**(mechanistic organization)은 엄격하게 통제되는 경직된 구조로서, 다음과 같은 특징을 갖는다.

- 전문화의 수준이 높고, 세밀하게 부문화되어 있다.
- 통제의 폭이 좁으며, 고도로 공식화 · 표준화되어 있다.
- 정보채널이 한정되어 있고, 하향식 의사소통이 이루어진다.
- 하위관리자들이나 종업원들의 의사결정에 대한 참여기회가 적다.

기계적 조직구조는 마치 '효율 기계'와 같아서 규칙, 규제 및 표준화와 같은 통제 장치에 의해 과업이 수행된다. 여기서는 개성, 판단력 및 모호성과 같은 인간적 특질의 영향을 최소화하려고 노력한다. 이 특질들은 비효율적일 뿐 아니라 일관성을 결여하는 것으로 간주되기 때문이다. 실세계에 순수한 형태의 기계적 조직이 존재하는 것은 아니지만, 많은 대기업과 정부기관들이 아직도 상당부분 기계적 조직의 형태를 띤다. 기계적 조직은 조직이 성장함에 따라 단순구조에서 기능별 구조 및 부문별 구조로 발전하는 것이 보통이다.

단순구조(simple structure)는 부문화의 수준이 낮고 통제의 폭이 좁으며, 공식화의 수준도 낮은 조직설계 방식을 말한다. 이는 소유주와 종업원 몇 명으로 구성된 벤처기업 혹은 소유주와 경영자가 한 사람인 중소기업에서 볼 수 있는 조직구조이다.

기능별 구조(functional structure)는 유사하거나 상호 관련된 전문화된 기능들을 한데 묶어 부문화 하는 조직구조이다. 전통적 조직설계의 중요한 특징은 주로 기능별 구조를 취한다는 점이다. 경영자들이 효율과 유효성에 무게를 두기 때문이다.

부문별 구조(divisional structure)는 별도의 독립된 사업단위나 부문(division)들로 구성된 조직구조를 말한다. 이 조직설계에서는 각 사업단위나 부문에 상당한 자율권이 부여된다. 각 부문의 경영자는 부문에 대한 전략적 권한과 업무적 권한을 가짐과 동시에 부문의 성과에 대한 책임을 진다.

1.2 유기적 조직구조 설계

오늘날의 경영자들은 전통적 조직구조인 계층적 · 기계적 조직구조로는 동태적이고 복잡한 조직환경에 민감하게 대응할 수 없다는 사실을 인식하고 있다. 조직의 유연성이 있어야 고객, 종업원 및 기타 환경 요인들의 요구에 효과적으로 대처할 수 있다는 것이다. **유기적 조직**(organic organization)은 앞서의 기계적 조직과 반대되는 조직 형태이다. 기계적 조직이 장중하고 안정적인 조직구조를 갖는 반면, 유기적 조직은 탄력적이고 유연한 조직구조를 갖는다. 분업의 이점을 살리기 위해 작업을 전문화하기는 하지만, 환경이 요구하면 신속히 변화할 수 있도록 직무의 표준화나 공식적 규칙의 제정은 최소화된다. 종업원들은 고도의 교육과 훈련을 받고 다양한 직무와 문제를 다룰 수 있도록 권한과 자율성이 부여된다. 유기적 조직의 대표적인 유형으로는 팀 중심 조직구조, 매트릭스 조직구조 및 무경계 조직 등이 있다(이들에 대해서는 후술함).

2. 조직구조 설계에 대한 상황적 접근

웨버(Weber)는 **관료적 조직**(bureaucratic organization)이 가장 이상적이라고 주장했다. 뒤이어 다른 전문가들은 어떤 상황에서나 적용가능한 조직 구조들을 제시하기 시작했다. 그러나 분명한 사실은 이들이 조직설계에 관해 보편성 있는 어떤 모델도 찾아내지 못했다는 것이다. 전문가들은 이제 조직구조에 관한 한 최상의 모델은 존재하지 않는 것으로 인식한다. **상황적 접근**(situational approach)은 주어진 조직에 가장 적합한 조직구조는 관련된 상황요인(situational factor)에 따라 달라진다는 가정에 토대를 둔다. 특히 조직의 전략, 조직크기, 생산방식 및 환경의 불확실성이라는 4가지 상황요인이 적합한 조직구조의 유형에 영향을 미치는 것으로 본다.

2.1 조직의 전략

조직의 구조는 그 조직이 지향하는 전략을 수행하는데 적합하도록 설계되어야 한다. 만약 조직의 전략이 수정되면 경영자는 변화된 전략을 수용하고 지원할 수 있도록 조직구조를 변화시켜야 한다. 그러면 전략과 조직구조는 구체적으로 어떻게 연계되어야 하는가? 일반적으로 조직이 지향하는 전략적 틀은 다음 세 가지 차원에 목표를 둔다.

- **혁신**: 자기 조직만의 독특하고 의미 있는 혁신을 추구한다.
- **비용 최소화**: 비용을 엄격히 통제함으로써 효율과 원가절감을 추구한다.
- **모방**: 시장 선도기업의 경영방식을 창조적으로 모방함으로써, 위험의 최소화와 수익창출 기회의 최대화를 추구한다.

일반적으로, 혁신 지향적 기업은 유연성과 정보의 자유로운 흐름을 요하기 때문에 유기적 조직구조가 적합한 반면, 비용 최소화 지향적 기업은 효율, 안정성 및 통제기능을 중시하기 때문에 기계적 조직구조가 적합하다. 모방 지향적 기업은 이 두 가지 유형의 조직구조의 특성이 혼합된 조직구조가 바람직하다. 즉 엄격한 통제와 저비용을 유지하기 위해서는 기계적 조직구조가 필요하고, 새롭고 혁신적인 방향으로 가고자 할 때에는 유기적 조직구조가 필요하다.

2.2 조직크기

조직크기 역시 조직이 취해야 할 조직구조에 영향을 미친다. 가령 대기업은 중소기업에 비해 전문화, 부문화, 집권화, 및 규칙과 규제의 수준이 높은 것이 보통이다. 그러나 조직크기와 조직구조의 관계가 반드시 직선적인 것은 아니다. 다시 말하면 조직크기는 조직구조에 영향을 미치되, 조직크기가 어느 정도 이상이 되면 그 영향은 별로 없어진다. 일반적으로 종업원이 2,000명 정도에 이르면, 그 자체로서 조직은 이미 어느 정도 기계적 구조를 띠게 된다. 이러한 수준의 기업에 500명의 종업원이 추가되어도 조직구조는 변하지 않는다. 그러나 현재 300명 정도의 기업에 500명의 종업원이 추가되면, 기존의 조직형태에 관계없이 기계적 조직구조로 변형될 가능성이 크다.

2.3 생산방식

조직은 일정한 생산방식을 사용해서 투입자원들을 제품이나 서비스로 변환시킨다. 예를 들어 산업용품 제조회사에서는 개별 고객들의 주문에 맞추어 제품을 제작하는 맞춤 생산을 실시하는 반면, 제약회사에서는 약품의 생산을 위해 연속 흐름형 생산라인을 사용한다. 이처럼 생산방식의 차이에 따라 조직이 선택해야 할 조직구조도 달라진다. 생산방식이 반복적이고 정교한 기술을 요하지 않으면 조직은 표준화된 기계적 구조를 취하는 것이 좋다. 반대로 비반복적이고 정교한 기술을 요하는 생산방식을 사용하는 조직은 유기적 구조를 취하는 것이 효과적이다.

2.4 환경의 불확실성

환경의 불확실성이 클수록 조직은 유연해야하기 때문에 유기적 조직구조로 설계되어야 한다. 기업 간 경쟁이 심화되고, 경쟁자들에 의해 신제품 개발이 가속화되며, 고품질과 신속 배달에 대한 고객욕구가 증대하고 있는 동태적 기업환경 하에서는 조직계층이 얇고 유연하며 분권화된 조직구조가 바람직하다. 반대로, 안정적이고 단순한 환경이라면 기계적 조직설계가 효과적일 수 있다.

3. 조직구조 설계의 유형

앞서 확인한 바와 같이, 다양한 상황요인들이 조직구조의 설계에 영향을 미치기 때문에, 조직구조는 상황에 따라 다양한 형태를 띨 수 있다. 조직구조는 기본적으로 4가지 중 하나의 형태를 취할 수 있으며, 이들 중 둘 이상의 기본 형태들을 결합시킨 혼합형 설계도 가능하다.

3.1 기능별 설계 (U-형)

전통적 조직구조 설계의 주요 특징들 중 하나는 주로 기능별 구조를 선택한다는 점이다. **기능별 설계**(functional design)는 유사하거나 서로 관련된 전문화된 기능들을 한데 묶어 부문화 하는 조직구조 설계방식이다. **단위적 접근**(Unitary approach)이라는 의미에서 **U-형 설계**라고도 한다. 전통적 조직구조 설계에서 이러한 조직구조를 선호한 이유는 경영자들이 일반적으로 효율과 유효성에 무게를 두기 때문이다. U-형 설계에서는 조직 구성원들과 기능 단위들이 생산, 마케팅, 재무와 같은 기능부문별로 그룹화된다. 〈그림 9-1〉은 중소 제조기업에 도입되는 U-형 설계의 예이다.

〈그림 9-1〉 중소제조업체의 기능별(U-형) 조직구조

기능별 조직구조 하에서 조직이 효율적으로 과업을 수행하기 위해서는 부문들 사이의 긴밀한 조정과 통합을 필요로 한다. U-형 조직에서는 다른 기능부문과의 협력이 없이는 어느 부문도 존속할 수 없다. 예로서, 마케팅 부문은 판매해야 할 제품을 제조부문으로부터 공급받아야 하며, 제품 광고를 위해 재무 부문으로부터 자금을 공급받아야 한다.

기능별 설계는 주로 중소기업에서 도입되는 조직설계 방식이다. CEO 자신이 직접 전체 조직을 감독하고 조정할 수 있기 때문이다.

3.2 복합적 설계 (H-형)

복합적 설계(conglomerate design)는 서로 관련이 없는 사업들로 구성된 조직에서 도입되는 설계방식이다. H-형 설계라고도 한다. 일종의 비관련 다각화 형태로 사업 포트폴리오를 구성한 기업의 경우이다. 지주회사가 그 대표적인 예이다. H-형 설계의 H는 지주회사(Holding company)의 의미이다. 이 설계는 앞서의 부문화에 대한 설명에서 제품별 조직과 그 맥을 같이 한다. 각 사업단위는 이윤이나 손실과 같은 사업성과에 책임이 있는 전반경영자에 의해 관리된다. 각 전반경영자는 다른 사업단위들과는 독립적으로 사업을 경영한다. 우리나라의 경우 삼성전자가 H-형 조직설계를 도입하고 있다(〈그림 9-2〉 참조).

〈그림 9-2〉 복합적 조직구조

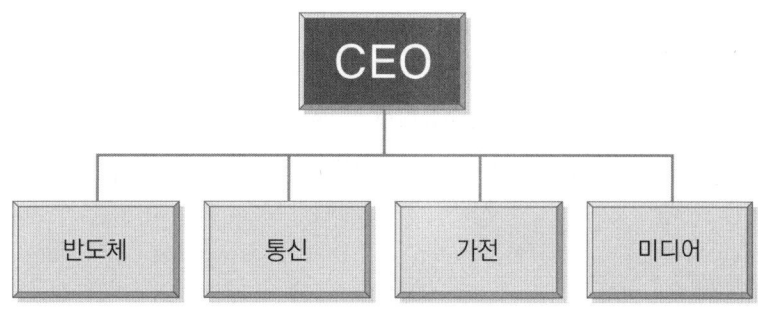

3.3 부문별 설계 (M-형)

부문별 설계(divisional design)는 복수의 독립된 사업단위, 즉 사업부문(division)들로 구성된 조직구조로 조직을 설계하는 것을 말한다. **복수부문별 접근**(Multidivisional approach)이라는 의미에서 **M–형 설계**라고도 한다. 이 설계에서는 대규모 조직적 틀 안에서 운영되는 상호 관련된 여러 사업들을 바탕으로 조직구조가 설계된다. 이른바 관련 다각화(related diversification)의 전략에서 파생되는 조직설계 방식이다. 〈그림 9–3〉은 힐튼호텔에서 도입하는 부문별 조직설계이다.

〈그림 9–3〉 부문별 조직구조 (힐튼호텔)

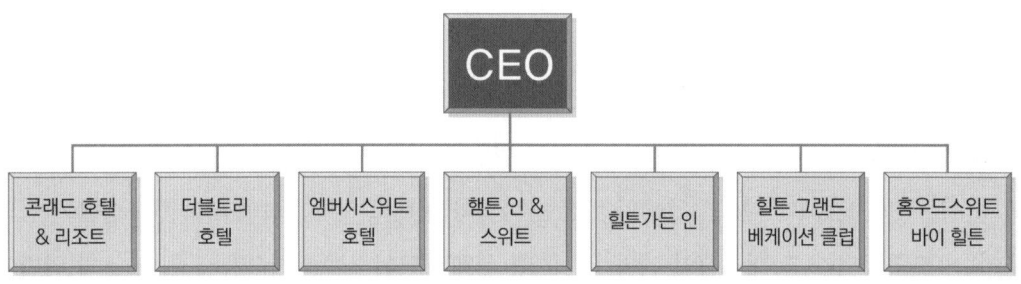

부문별 설계에서는 어떤 활동은 최상위계층에서 각 사업부문으로 직무권한이 분권화되는 반면, 어떤 활동은 최고위층에 직무권한이 집중되기도 한다. 각 사업부는 CEO의 지휘를 받아 직무의 조정이 이루어지지만, 사업부마다 제한적으로 자율성이 부여된다. 월트 디즈니도 테마공원, 영화, TV, 상품사업 등, 상호 관련된 사업부문들이 조직단위를 구성하는 부문별 설계를 도입하고 있다.

M–형 설계의 장점은 부문 간 조정 및 자원공유의 가능성이 크다는 점이다. 이 설계의 목표는 내부적 경쟁과 협력을 최적화하는데 있다. 부문들 사이의 자원에 대한 경쟁은 조직의 유효성을 증대시키지만, 협력 또한 조직의 성공을 위해 필수적이다. 이와 같이 경쟁과 협력 사이의 균형이 유지된다면, 부문별 설계는 기능별 설계나 복합적 설계보다 훨씬 나은 성과를 거둔다.

3.4 매트릭스형 설계

현대적 조직설계의 중요한 특징들 중 하나가 매트릭스형 설계이다. **매트릭스 조직구조**(matrix structure)는 조직이 수행해야 할 프로젝트가 몇 개 있을 때, 상이한 기능부서들로부터 각각 일정 수의 전문가들을 선발해 각 프로젝트에 투입하는 조직구조를 말한다. 매트릭스라는 용어는 이것이 수학의 행과 열로 이루어진 행렬(matrix)의 모양을 띠고 있어 붙여진 말이다. 이 조직설계에서는 프로젝트가 완료되면 각 팀의 구성원들은 원래 소속된 기능부서로 복귀한다. 〈그림 9-4〉는 S항공사에서 도입하고 있는 매트릭스 조직의 예이다.

〈그림 9-4〉 S 우주항공사의 매트릭스 조직

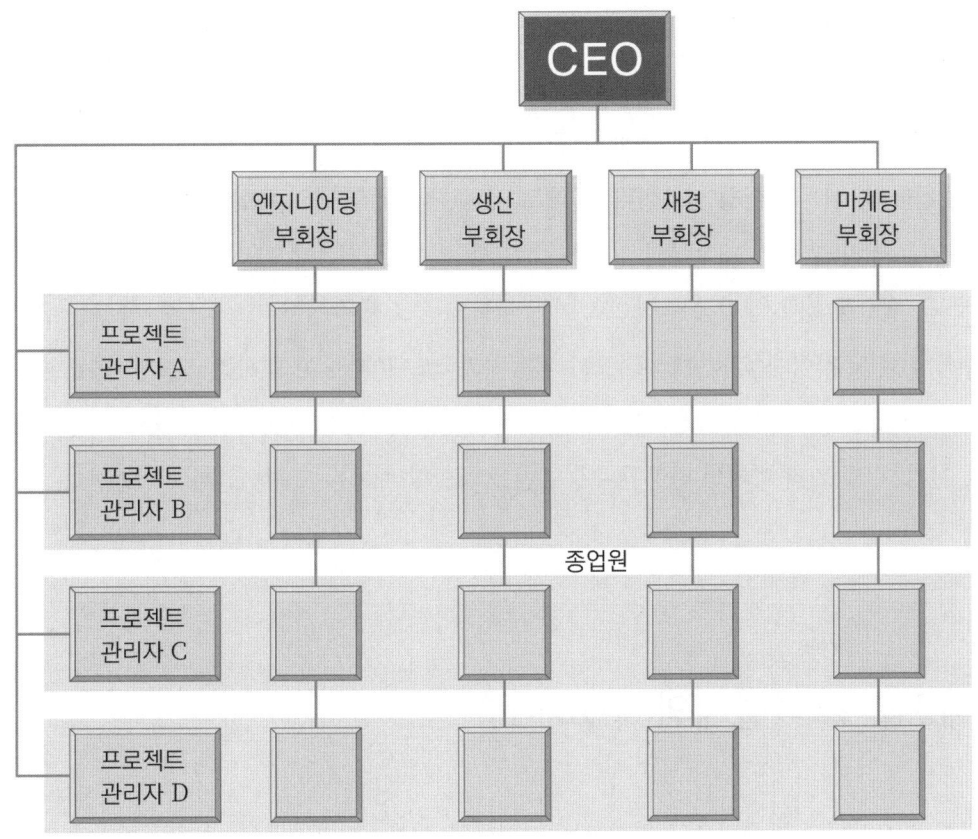

매트릭스 조직구조가 갖는 중요한 특징은 지휘계통이 이중화되어 있다는 점이다. 이중적 지휘계통의 이유는 각 구성원이 두 명의 상사를 두어야하기 때문이다. 이는 조직화 원칙인 명령의 일원화에 배치되는 현상이다. 두 명의 상사는 자신이 소속된 기능별 부서의 관리자와 새로 구성된 프로젝트 팀의 관리자이다. 여기서 프로젝트 관리자는 프로젝트의 직무와 관련된 문제에 대해 팀 구성원들에게 권한을 행사할 수 있지만, 승진, 급여, 및 성과급 결정과 같은 문제는 기능부서 관리자들의 책임 하에 있다. 조직의 특성상 매트릭스 조직은 갈등의 요소가 상존한다. 따라서 이 조직구조가 효과를 거두기 위해서는 프로젝트 관리자들과 기능부서 관리자들이 규칙적인 의사소통을 바탕으로 프로젝트 자체와 조직 전체의 과업에 대해 긴밀한 조정을 실시해야 한다.

3.5 혼합형 설계

조직에 따라서는 조직구조 설계의 기본 유형들 중 둘 이상의 유형을 혼합해서 조직구조를 설계하기도 한다. 이러한 조직구조 설계를 **혼합형 설계**(hybrid design)라 한다. 예로서, 한 조직이 몇 개의 관련된 사업부문과 몇 개의 비관련 사업부문으로 구성되어 있어, M-형과 H-형이 교차된 조직구조를 띠게 된다면, 이는 혼합형 설계이다. 실제로, 순수한 형태의 단일 유형 설계로 조직구조를 형성하는 기업은 많지 않으며, 대부분의 기업은 주력 사업을 경영하는데 필요한 기본 유형의 조직구조를 갖추되, 필요할 경우 전략적 목적으로 어느 정도의 구조적 수정이 가능하도록 충분한 유연성(flexibility)을 갖춘 조직설계를 지향한다. 포드 자동차가 그 예이다. 이 회사는 신모델 재설계 프로젝트를 위해 매트릭스 조직을 활용하는 반면, 기본적으로는 U-형 조직을 유지함으로써, 자율운행 차량, 전기차, 및 기타 형태의 다양한 수송수단을 개발할 때에는 M-형 설계로 전환한다.

제6절 조직설계의 주요 이슈

오늘날처럼 복잡하고 계속적으로 변화하는 기업환경에서는 경영자들이 새로운 형태의 조직설계를 탐색하고 실험하는 것은 전혀 놀라운 일이 아니다. 많은 조직들이 변화하는 환경과 상황에 적응할 수 있는 능력을 배양할 수 있는 조직설계 방법을 강구하고 있다. 이 절에서는 조직의 유효성과 관련해 제기되고 있는 주요 이슈들을 살펴본다.

1. 직무 전문화

18세기 후반 아담 스미스는 분업의 개념을 처음으로 개발하고 이것이 작업장의 생산성을 증대하는 데 기여한다고 주장했다. 20세기 초 헨리 포드는 자동차 조립라인에 전문화의 개념을 도입해 모든 작업자들 각자에게 특수하고 반복적인 과업을 수행하도록 했다. 포드는 숙련되지 않은 작업자들을 이용해 10초마다 한 대의 자동차를 생산함으로써 규모의 경제를 누릴 수 있었다.

분업의 원리와 마찬가지로, **직무 전문화**(job specialization)의 본질은 전체 직무를 한 개인이 단독으로 수행하는 대신 여러 단계로 분리해 각 단계마다 상이한 사람이 수행하도록 한다는 것이다. 20세기 전반까지만 하더라도 경영자들은 이러한 직무 전문화를 무한한 생산성 증대의 원천으로 보았다. 적어도 직무 전문화가 다양한 분야에 광범위하게 도입되지 않은 시기에는 이 기법이 종업원의 생산성 향상에 큰 기여를 한 것이 사실이다. 그러나 1960년대에 이르러 사람들은 그처럼 좋은 아이디어도 장점 못지않은 부작용을 초래하게 됨을 깨달았다. 직무 전문화로 인한 **인적 비경제**(human diseconomy), 즉 피로, 권태, 스트레스, 품질 저하, 결근 및 이직과 같은 부정적 요인들이 때로는 생산성 증대와 같은 경제적 이점을 상쇄한다는 것이다.

인적 비경제를 방지하기 위해 경영자들은 새로운 조직설계를 시도하고 있다. 즉, 작업자들이 수행하는 직무의 범위를 축소하기보다는 오히려 확대함으로써 조직의 유효성이 증대할 수 있다는 것이다. 이와 같은 새로운 조직 설계를 **직무 확대**(job enlargement)라 한다. 또한 인적 비경제의 또 다른 대응책으로서, 경영자들은 작업자들이 자기 직무에 대한 권한과 책임을 가지고 직무의 계획, 직무 수행 방법 및 직무의 통제에 이르는 전 과정을 자율적으로 수행하도록 한다. 이를 **직무 충실화**(job enrichment)라 한다. 오늘날은 많은 조직이 아직도 직무 전문화를 통한 생산성 증대를 꾀하는 반면, 어떤 조직들은 직무의 확대나 충실화에 점점 큰 관심을 보이고 있다. 가령 맥도날드는 패스트푸드 제품을 효율적으로 만들고 판매하기 위해 고도의 직무 전문화를 추구한다. 반면에 Hall Mark와 Ford Australia는 직무 전문화를 탈피해 직무의 범위를 확대함으로써 성공을 거두고 있다.

2. 팀 조직

많은 조직은 오늘날 팀 조직을 사용한다. **팀 조직**(team organization)이란 기능적 계층이 별로 없이 거의 프로젝트 팀과 유사한 형태의 집단들을 구성해 조직을 운영하는 접근법이다. 이러한 조직에서는 사람들이 개인적인 기능(skill)과 프로젝트의 요구조건에 따라 그때그때 프로젝트를 이동해 다닌다. Cypress 반도체 회사가 그 예이다. 이 회사에서는 팀 중심으로 조직을 구성한 다음, 어느 한 팀의 규모가 너무 커지면, 이 팀을 더 작은 세부 단위로 쪼갠다. 팀이 너무 크면 그 기능을 효율적으로 수행하기 어렵기 때문이다. 이러한 접근은 상황의 변화에 따라 팀의 방향을 변경하고, 새로운 아이디어를 탐색하며, 새로운 방법을 시도하는데 도움을 준다. 이러한 관점에서 팀 조직은 경직된 관료적 조직구조와 배치되는 개념이다. 애플, 제록스 및 아마존은 팀 중심 조직설계를 중시하는 대표적인 기업들이다.[1] COVID-19 팬데믹 기간 우리는 평소 팀 조직 설계를 별로 도입하지 않은 기업들도 코로나에 대처하기 위해 이 접근을 광범위하게 이용하는 것을 볼 수 있었다.

3. 가상조직

팀 조직과 긴밀한 관계가 있는 조직설계 형태가 **가상조직**(virtual organization)이다. 이는 공식적 구조나 체계가 거의 없는 유형의 조직이다. 이 조직은 일부의 영구직 종업원들과 몇 명의 스텝, 및 본사의 소규모 관리시설만을 보유하는 것이 일반적이다. 프로젝트의 착수를 위해 조직이 필요해지면, 경영자는 임시직 작업자들을 고용하고 시설을 임대하며, 기본적 지원 서비스들을 아웃소싱(outsourcing), 즉 외부에 하청한다. 프로젝트가 완료되거나 조직의 필요성이 사라지면, 고용된 인력은 내보내고 임대된 시설과 지원 서비스들도 원래의 위치로 반환한다. 결국 가상조직은 필요시 구성되어 필요가 없어지면 해체되는 조직이다. 이와 같은 특성 때문에 이 조직은 주로 온라인상에서 대부분의 사업을 경영하는 것이 보통이다.

4. 무경계조직

현대적 조직설계의 또 다른 이슈는 무경계조직이다. **무경계조직**(boundaryless organization)이란 전통적 조직구조에 일반화되어 있는 수평적, 수직적 경계 및 내·외부 경계를 제거하거나 완화한 조직설계 유형이다. 명령 계통이 없고, 통제의 폭에도 한계가 없다. 일반적으로 부서는 팀으로 대체된다. 앞서의 가상조직은 무경계조직의 한 형태이다.

무경계조직을 제대로 이해하기 위해서는 '경계(boundary)'의 개념을 이해할 필요가 있다. 조직의 경계에는 수평적 경계, 수직적 경계 및 내·외부 경계의 세 가지가 있다. 수평적 경계는 작업 전문화에 의해 형성되는 현상이고, 수직적 경계는 종업원들의 조직계층에 따라 형성되는 경계이다. 또

---

1) Griffin, op. cit., pp. 165-166.

한 내·외부 경계는 조직과 외부환경 사이의 경계를 의미한다. 조직구조와 관련된 '경계'는 원래 GE의 잭 웰치에 의해 붙여진 용어이다. 그는 GE의 조직 내에 수직적·수평적 경계를 제거하고, 기업과 고객 및 공급업체 사이의 장벽을 허물고자 노력했다.

무경계 조직에서는 우선 교차기능 팀이나 참여적 의사결정과 같은 구조적 접근을 통해 수직적 경계를 제거함으로써 조직계층을 평편하게 만든다. 이어서 기능중심이 아닌 과정 중심으로 과업 활동을 조직화함으로써 수평적 경계를 최소화한다. 또한 공급업체들과의 전략적 제휴를 도모하고, 고객들과 조직의 연계를 극대화하는 **가치사슬 경영**(value chain management)을 실시한다. 장점은 상황의 변화에 유연하게 대처할 수 있고, 새로운 재능이나 자원이 발견될 경우 이를 최대한 활용할 수 있다는 것이다. 반면에, 통제력 부족과 의사소통의 어려움이라는 단점이 있다.

5. 학습 조직

학습조직은 구체적인 조직설계의 방법을 의미하는 개념은 아니다. 이는 조직설계에 관한 하나의 아이디어 혹은 철학이다. **학습조직**(learning organization)이란 작업과 관련된 문제들을 해결하는 데 모든 구성원들이 적극적인 역할을 수행함으로써, 환경변화에 대응해 스스로 변화하고 적응해 나가는 능력을 기르는 조직을 말한다. 여기서는 구성원들이 끊임없이 새로운 지식을 습득하고 공유할 뿐 아니라, 이 지식을 이용해 작업과 관련한 문제를 해결함으로써, 이른바 **지식경영**(knowledge management)의 실천에 기여한다. 조직설계론자들은 학습조직을 통한 지식경영의 실천이야말로 지속적 경쟁우위의 중요한 원천이라고 주장한다. 학습조직이 구현되기 위해서는 〈그림 9-5〉와 같이 4가지 요소가 충족되어야 한다: 조직설계, 정보공유, 리더십 및 조직문화.

첫째, 환경변화에 신속하게 적응할 수 있도록 조직구조가 설계되어야 한다. 기존의 구조적·물리적 경계를 제거해야 하며, 팀 시스템의 도입이 필수적 요건이다. 구성원들에 대한 권력부여(empowerment) 또한 학습조직 성공의 필요조건이다. 지휘와 통제에 관한 상사의 역할은 사라지고, 경영자는 팀의 지원자 혹은 조언자로서의 역할을 담당한다.

둘째, 정보가 없이는 학습이 안되기 때문에, '학습'을 위한 구성원들 사이의 정보공유가 필수적이다. 학습조직에서는 구조적·물리적 경계를 허물고, 광범위한 정보공유를 도모해야 한다.

셋째, 리더의 효과적인 리더십이 필요하다. 조직의 리더는 무엇보다도 구성원들이 조직의 미래에 대한 비전을 공유하고, 이 비전을 향해 몰입하도록 유도해야 한다. 리더는 또한 학습에 도움이 되는 지원적 환경을 조성해 주어야 한다.

넷째, 학습조직의 구현에 적합한 조직문화가 형성되어야 한다. 학습조직에 적합한 문화는 모든 구성원들이 비전의 공유에 참여하고, 강력한 공동체 의식 하에 서로를 신뢰하는 문화이다.

〈그림 9-5〉 학습조직의 특성(구현조건)

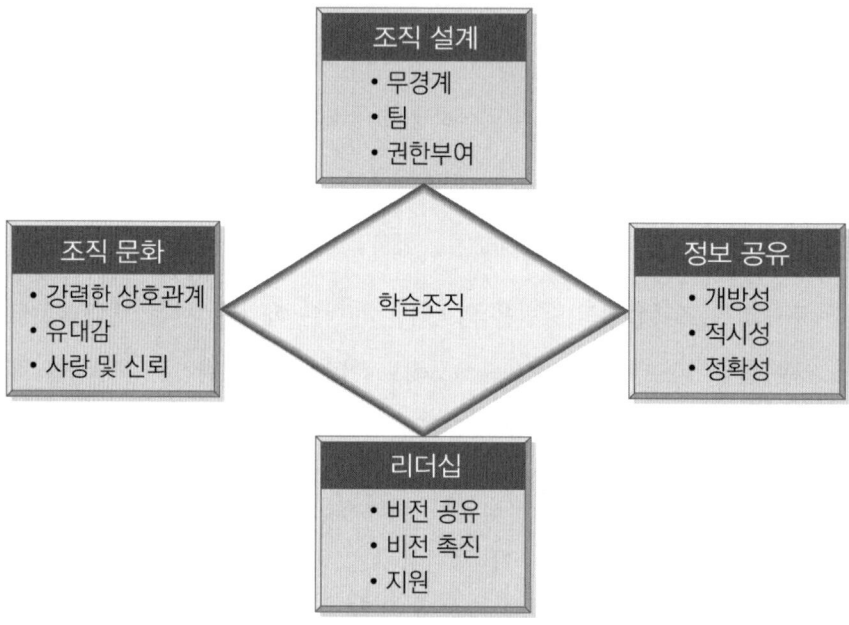

복습 및 연구문제

■ **복습하기**

1. 전문화란 무엇인가? 전문화의 장·단점을 제시하라.
2. 집권화와 분권화를 비교·설명하라
3. 조직설계의 기본 유형은 무엇인가? 각 유형의 장·단점은 무엇인가?
4. 매트릭스 조직과 팀 조직의 유사점과 차이점은 무엇일까?
5. 가상조직과 무경계조직을 비교·설명하라
6. 다음 사항에 대해 간략히 설명하라
   1) 명령의 일원화   2) 통제의 폭   3) 유기적 조직구조
   4) H-형 설계   5) 학습조직

■ **토론하기**

    Alshaya는 중동을 비롯한 19개국 이상의 나라에서 4,500개 이상의 점포를 운영한다. 120개의 다른 국적을 가진 60,000명의 직원이 일하고 있다. 이 회사는 점포들의 인력 충원을 위해 특유의 훈련 아카데미를 운영한다. Alshaya는 이제 원래의 부동산 사업과 건설 사업을 근래의 성공사업들과 통합하고자 시도하고 있다. 지금은 소매업과 프랜차이즈 식료품업은 물론 호텔사업에까지 진출에 막강한 위용을 과시한다. 여기서 Alshaya가 다양하고 광범위한 소매사업 경영을 위해 설계한 조직구조는 매트릭스 조직이다. 조직의 기본구조는 7개의 사업단위이다: 패션 및 양말, 식품, 건강 및 미용, 의약품, 광학, 가구, 및 사무용품. 이 회사의 매트릭스는 초국경 기능팀들로 구성되며, 이들은 인적자원, 재무, 법, 자산, 공급망, 감사, 정보기술, 및 전문적 고객처리와 같은 기능들을 수행한다. 이러한 조직설계의 논리는 이 구조가 Alshaya에게 공통적 척도와 정책 및 보고 시스템을 통해 일관성 있게 수행 사업들을 통제할 수 있다는 것이다. 이 회사의 매트릭스 구조는 그처럼 복잡한 조직에 매우 적합한 것으로 보인다. (자료원: Griffin, ibid, 2022)

1. 이 시나리오를 토대로 Alshaya의 조직도를 그려 보라.
2. 이 회사의 조직설계에 가장 직접적인 영향을 미친 상황요인은 무엇인가?

3. Alshaya에 있어 매트릭스 조직이 가진 구체적 장점과 단점은 무엇일까 생각해보라.
4. 이 회사가 앞으로 계속 성장하면서 현재의 매트릭스 조직 구조를 다른 조직구조로 바꿀 필요가 있는지, 아니면 그대로 유지할 것인지 토론해 보자.

■ **자기평가**

권한 위양에 대한 당신의 생각은? 본 설문은 조직 내에서 당신이 자신의 권한이나 작업을 다른 사람들에게 위양하고자 하는 의향이 어느 정도인지를 평가하는 데 목적을 둔다. 각 문항은 인간의 본성에 대해 당신이 가진 믿음이나 가정을 이해하는 데 도움이 되도록 설계되어 있다. 각 문항에는 상반된 두 문장이 제시된다. 각 문장을 읽고 그에 대해 자신이 가진 신념의 강도를 최고 10점에서 최저 0점까지 제시하라.

1. a) 사람이 될 수 있는 한 일을 조금 하려는 것은 인간의 본성일 뿐이다.( )
   b) 사람이 일을 회피할 때는 일반적으로 자신의 일이 아무런 의미가 없기 때문이다.( )
2. a) 종업원들이 만약 자신의 직접적 과업을 수행하는 데 필요한 이상의 정보를 가질 수 있다면, 이들은 이 정보를 남용하거나 오용할 것이다.( )
   b) 종업원들이 만약 자신이 원하는 정보를 가질 수 있다면, 이들은 더 나은 자세로 책임감 있게 행동하려는 자세를 보일 것이다.( )
3. a) 종업원들은 사물에 대한 시야가 좁기 때문에 이들에게 아이디어의 제시를 요구하는 것은 조직에 도움이 되지 않는다.( )
   b) 종업원들에게 아이디어의 제시를 요구함으로써 이들의 시야가 넓어질 수 있을 뿐만 아니라, 여기서 조직에 유용한 아이디어가 창출될 수 있다.( )
4. a) 만약 사람들이 직무에 대해 상상력과 독창력을 발휘하지 못한다면, 대부분의 사람들이 그러한 재능을 지니고 있지 않기 때문이다.( )
   b) 대부분의 사람들은 상상력이 풍부하고 창의적이지만, 이들이 그러한 재능을 보이지 못하는 것은 상사의 압력이나 직무 자체의 본질적 성격 때문이다.( )
5. a) 만약 자신의 실수와 비행에 대해 처벌이나 불이익이 가해지지 않으면, 사람들은 자신의 성과 목표를 스스로 낮추고자 할 것이다.( )
   b) 자신의 행위에 대해 책임을 지고 자신의 실수를 바로잡을 권한이 부여되면, 사람들은 자신의 성과 목표를 스스로 높이고자 할 것이다.( )

6. a) 대부분의 종업원들은 사실상 좋은 소식만을 듣고 싶어 하기 때문에, 회사에 관한 좋지 않은 소식은 전해 주지 않는 것이 좋다.( )

   b) 대부분의 종업원들은 좋든 나쁘든 전체적인 이야기를 알고 싶어 하기 때문에, 회사에 관한 좋고 나쁜 소식을 모두 전해 주는 것이 좋다.( )

7. a) 조직 내에서 상사가 부하들보다는 더 많은 존경을 받을 자격이 있기 때문에, 자신이 틀렸고 부하가 옳다고 고백하는 것은 상사의 위상을 손상시키는 일이다.( )

   b) 조직의 모든 구성원들은 똑같이 존경받을 자격이 있기 때문에, 부하가 옳고 자신이 틀렸다고 고백함으로써 상사의 위상이 더 높아질 수 있다.( )

8. a) 만약 종업원들에게 더 많은 경제적 보상을 제공하면, 이들은 권한과 책임, 인정감 같은 비경제적 요인들에 대해서는 무관심할 것이다.( )

   b) 만약 종업원들에게 흥미롭고 도전적인 일거리를 제공하면, 이들은 경제적 요인들에 대해 불만이 적어질 것이다.( )

9. a) 만약 종업원들에게 자신의 목표와 성과표준을 정하도록 허용한다면, 이들은 상사의 기대보다 낮은 목표와 표준을 설정하려 할 것이다.( )

   b) 만약 종업원들에게 자신의 목표와 성과표준을 정하도록 허용한다면, 이들은 상사의 기대보다 더 높은 목표와 표준을 설정하려 할 것이다.( )

10. a) 종업원들이 자신의 직무에 관해 더 많은 지식과 자유를 가지게 될수록 이들에게는 더 많은 통제를 가할 필요가 있다.( )

    b) 종업원들이 자신의 직무에 관해 더 많은 지식과 자유를 가지게 될수록 만족할 만한 성과의 창출을 위해 이들에 대한 통제수준을 줄일 필요가 있다.( )

● **평가방법:**

10개의 문항에 대해 a) 각 문장에 대한 응답점수의 합계를 계산해 X에 표기하고, b)에 대한 응답점수의 합계를 계산해 Y에 표기한다. 여기서 X에 표기된 점수는 맥그리거의 X이론에 대한 당신의 신념을 나타내고, Y에 표기된 점수는 맥그리거의 Y이론에 대한 당신의 신념을 나타낸다. X 점수가 높을수록 당신은 권한이나 과업의 위양을 회피하는 경향이 강하고, Y 점수가 높을수록 권한이나 과업의 위양을 선호하는 경향이 강함을 의미한다.

X: ( )점   Y: ( )점

제10장 인적자원 관리
Human Resource Management

이 장에서는 인적자원관리의 과정과 내용을 중심으로 공부하되, 성과보상과 경력개발 문제도 함께 다룬다.

제1절 인적자원 관리의 의의와 과정

1. 인적자원 관리의 의의

사람을 관리하는 일은 오랫동안 경영과정의 중요한 부분으로 간주되어 왔다. 이와 같이 사람을 관리하는 경영기능을 종전에는 **인사관리**(personnel management)라 했다. 전통적인 인사관리의 기능은 주로 충원이나 인력 선발에 역점이 주어져 있었다. 그러나 경영환경이 복잡해지고 조직구조가 더욱 정교해짐에 따라 조직의 자원들 중 특히 인적자원의 중요성이 부각되면서, 인사관리 대신 **인적자원 관리**(human resource management)라는 명칭을 쓰는 것이 일반화되고 있다.

인적자원관리는 조직의 목적을 달성하기 위해 인력(workforce)을 채용하여 적소에 배치하고, 이들의 능력을 개발 및 운용하며, 적절한 평가와 보상을 통해 최상의 인적자원을 유지하기 위한 조직적 활동이다. 전통적으로 인사관리는 주로 빈자리의 사람을 채용하는, 선발내지 충원(recruitment)에 초점이 맞추어져 있었다. 반면에 인적자원 관리는 인적자원을 통해 조직목표를 달성한다는 인식 하에, 선발이나 충원은 물론이고, 채용 후의 교육훈련, 평가 및 보상, 경력개발,

및 인적자원 유지에 이르기까지의 전 과정을 총체적으로 관리하는 것을 목표로 한다.

2. 인적자원 관리의 중요성

성공한 경영자들은 일반적으로 종업원들을 조직의 중요한 자원으로 간주하는 사람들이다. 미국의 세계적 특송업체 페더럴 익스프레스의 설립자인 스미스(F. W. Smith)는 언제나 자기 종업원들을 맨 먼저 생각하는 것으로 유명한데, 이것이 이 회사가 번창하는 데 중요한 요소로 작용했다고 한다. 스미스는 자기 시간의 3분의 1을 작업자 불만처리 등 종업원 문제를 다루는 데 소비했다.

조직이 종업원들을 소중히 생각하고 존엄성 있게 다루면, 이들은 반드시 자신이 받은 대가만큼 조직에게 되돌려 준다는 것이 학자들의 견해이다. 가령 원가절감, 효율 및 규칙 준수에 가치를 두는 통제 지향적 조직과, 신뢰와 참여의 분위기가 충만한 동기 지향적 조직을 비교하면, 후자가 전자보다 생산성이 높고, 자재 폐기율도 낮으며, 이직률 또한 낮다는 것이 정설이다. 조직의 인적자원은 경쟁우위의 중대한 원천이 된다. 경쟁에서 승리하기 위해서는 경영자들이 종업원들 및 작업관계를 보는 관점을 바꾸어야 한다. 즉, 사람들을 비용 최소화 혹은 비용회피의 대상으로 보는 자세에서 벗어나, 자신과 대등한 동반자로서 사람들과 더불어 과업을 완수하고, 사람들을 통해 목표가 성취된다는 인식이 필요하다.

인적자원 관리와 조직성과의 관계에 관한 연구들을 보면, 인적자원에 관한 정책이 조직의 성과에 중요한 영향을 미친다는 사실이 입증되고 있다. 인적자원 정책을 개선하면, 조직의 시장가치도 향상된다는 것이다. 개인적 및 조직적 차원에서 높은 성과를 가져오는 인적자원 관련 주요 정책을 예시하면 다음과 같다. 이러한 정책을 추구하는 조직의 공통적 특징은 구성원들의 지식, 기술 및 능력의 향상과, 이들의 동기유발에 집중적인 노력을 기울인다는 점이다.

① 자율적 작업 및 문제해결　　② 직무 로테이션
③ 집중적 교육훈련　　　　　　④ 총체적품질경영(TQM)
⑤ 혁신적/창조적 행동 권장　　⑥ 종업원 참여의 확대
⑦ 종업원 제안제도　　　　　　⑧ 성과급 제도

⑨ 상사의 지도 및 조언　　　⑩ 정보의 공유
⑪ 종업원 태도 조사　　　　⑫ 기능부서 간 통합
⑬ 모집 및 선발의 체계화

3. 인적자원 관리의 과정

구성원들과 조직의 성과가 극대화되도록 인적자원을 관리하기 위해서는 〈그림 10-1〉과 같은 3단계의 과정을 거치는 것이 바람직하다. 인적자원 관리의 3단계는 다음과 같다.

〈그림 10-1〉 인적자원 관리의 과정

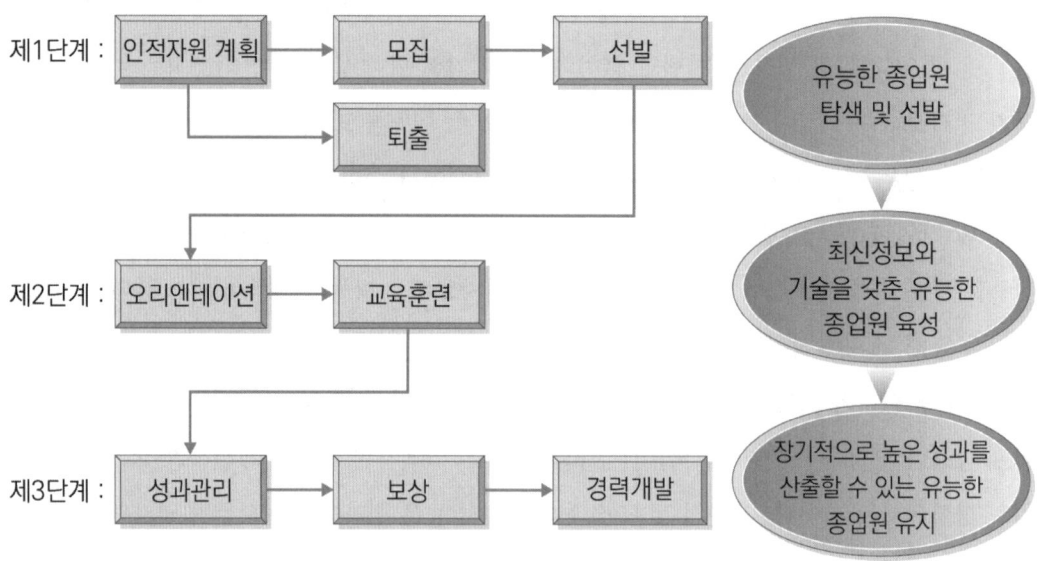

제1단계: 〈인적자원 선발〉 능력 있는 종업원들을 탐색하고 선발한다.

제2단계: 〈인적자원 육성〉 종업원들을 최신 정보와 지식, 및 기술을 갖춘 능력 있는 인적자원으로 육성한다.

제3단계: 〈인적자원 유지〉 장기간 높은 성과를 산출하는 능력 있는 인적자원을 유지한다.

제2절 인적자원 계획

인적자원 계획(human resource planning)은 조직이 각자에게 부여된 과업을 효과적이고 효율적으로 수행할 수 있는 유능한 사람들을 적절한 장소와 시기에 적절한 수만큼 보유하기 위한 계획을 수립하는 것을 말한다. 이를 위해서는 다음 두 가지 작업이 수행되어야 한다: 보유 인적자원 평가, 인적자원 수요 추정.

1. 보유 인적자원 평가

인적자원 계획의 시작은 현재 조직이 보유한 인적자원의 현황을 평가하는 일이다. 인적자원 현황에는 종업원의 성명, 학력, 교육훈련 상태, 경력, 언어, 특기 및 전문 기능 등의 내용이 포함된다. 보유 인적자원의 평가를 위한 또 다른 작업은 직무분석이다. **직무분석**(job analysis)은 수행되어야 할 직무를 정의하고, 이를 수행하는 데 필요한 활동의 내용을 규정하는 작업이다. 영업사원의 직무를 예로 들면, 영업을 수행하는 데 필요한 최소한의 지식, 기능(skill), 및 이 직무를 적절히 수행하는 데 필요한 능력은 무엇인가를 직무분석을 통해 규정한다. 직무분석에 필요한 정보는 다음 방법을 통해 수집한다.

- 직무를 수행하는 종업원들에 대한 직접적 관찰
- 종업원들에 대한 개인면접 혹은 집단면접
- 종업원 설문조사
- 전문가에 의한 직무의 분석
- 종업원 자신들이 일상적 활동에 대해 직접 작성한 일지나 메모

직무분석의 결과는 직무기술서와 직무명세서를 작성하는 데 이용된다. **직무기술서**(job description)는 작업자가 무엇을 수행하고, 어떻게 수행하며, 직무수행 목적은 무엇인가를 문서로 기술한 것이다. 직무기술서를 보면 직무의 내용, 직무환경 및 작업자 채용의 조건을 알 수 있다. **직무명세서**(job specification)는 개인이 주어진 직무를 성공적으로 수행하기 위해서 보유해야 할 최

소의 자격요건을 문서로 명시한 것이다. 이 명세서를 보면 해당 직무를 효과적으로 수행하는 데 필요한 지식, 기능 및 태도를 확인할 수 있다. 직무기술서와 직무명세서는 경영자들이 인력을 충원하거나 선발할 때 반드시 검토해야 할 중요한 문서들이다.

2. 인적자원 수요 추정

인적자원의 수요는 조직의 목표와 전략에 따라 달라진다. 또한 조직의 제품이나 서비스의 수요에 따라서도 달라진다. 즉 조직이 달성 가능한 목표 매출액을 토대로 어떠한 인력을 얼마나 필요로 하는지 추정할 수 있다. 여기서 만약 목표달성을 위해 필요로 하는 인력을 제대로 공급받을 수 없다고 판단되면, 목표 매출액 자체를 수정해야 한다.

인적자원의 보유현황 파악과 인적자원 수요의 추정이 끝나면, 각 분야별로 향후 인적자원의 과부족 현황을 추정한다. 이는 향후의 충원(모집)을 위한 중요한 정보가 된다.

제3절 모집 및 퇴출

경영자들이 조직의 인적자원 현황을 파악하고 미래의 인적자원 수요를 추정하고 나면, 인적자원에 관해 조직이 직면하고 있거나 앞으로 직면하게 될 문제들에 대한 조치를 취할 수 있다. 경영자가 취할 수 있는 조치는 모집 혹은 퇴출의 두 가지이다. **모집**(recruitment)은 인력이 투입되어야 할 직무를 파악해 이 직무에 대한 적임자를 유치하는 과정이다. 충원이라고도 한다. 반면에 **퇴출**(decruitment)은 인적자원의 과잉보유로 조직의 인력규모를 축소하는 과정이다. 모집이나 퇴출을 위해서는 직무분석을 통해 입수된 정보를 충분히 활용해야 한다.

1. 모집

조직은 필요로 하는 인력을 다양한 방법으로 모집할 수 있다. 〈표 10-1〉은 모집 시 사용 가능한 방법들이다. 각 방법은 장·단점이 있어 조직이 처한 상황에 따라 적절히 선택해야 한다. 어느 것을 선택하느냐는 다음 세 가지 요인에 따라 달라진다.

〈표 10-1〉 인력자원의 모집방법

정보원	장 점	단 점
내부 충원	저비용, 구성원 사기 앙양, 조직 친화적 인력선발	한정된 모집단
미디어·인터넷 광고	광범위한 모집단	부적격 후보자 선발 가능
구성원 조회	조직에 적합한 인력 선발, 저비용	한정된 모집단
인력공급 조직	세심한 접촉 및 여과, 시간단축	고비용
학교	잠재력 있는 다양한 인력선발	무경력 후보자 선발, 고비용 교육훈련
타 조직 인력 대여	급박한 인력수요 충족, 프로젝트 수행 시 적합	선발 후 조직의 다른 문제에 무관심

- 노동시장의 크기: 규모가 큰 노동시장에서 충원하는 것이 바람직하다.
- 조직의 크기: 조직의 규모가 클수록 선발에 대한 지원자가 풍부해 충원이 용이하다.
- 직무의 형태와 정보원 수준: 전문화된 직무일수록 전국 수준의 정보원을 통해 후보자를 탐색하는 것이 좋다.

2. 퇴출

지난 20세기 말, 전 세계에 걸쳐 **구조조정**(restucturing)이라는 광풍이 산업계를 강타했다. 미국의 GM, IBM, 및 스위스의 ABB 등이 그 대표적인 예이다. 우리나라도 예외는 아니다. 이와 같은 구조조정은 조직 내 기존인력을 퇴출시킨다. **다운사이징**(downsizing)이나 기업 간 합병 또한 마찬가지이다.

인적자원 퇴출에는 여러 방법이 있다. 가장 강력한 퇴출은 해고이다. 그 외에도 정직, 빈자리 미충원, 전보, 시간제나 일용직으로의 전환, 조기퇴직 및 다자간 직무공유 등의 방법이 있다. 어떤 방법을 선택하느냐에 따라 퇴출 당사자에게 주는 충격이 달라진다.

제4절 선발

모집을 통해 잠재적 인적 자원 후보자들을 확보한 다음에는 해당 직무에 적합한 사람을 선택해야 한다. 선발(selection)이란 가장 적합한 후보자가 채용될 수 있도록 지원자들을 여과(screening)하는 과정을 말한다.

1. 선발 오류

"선발은 예측이다"라는 말이 있다. 이는 채용 후 회사에 근무할 때, 어떤 지원자가 가장 성과가 좋을지를 예측하는 것이 가장 중요하다는 뜻이다. 가령 영업사원을 채용할 경우, 선발 과정에서 어떤 지원자가 최고의 영업실적을 올릴 수 있을지 예측해야 하고, 네트워크 관리자를 채용할 경우, 어떤 지원자가 조직의 전산망을 가장 효과적으로 구축, 운용 및 관리할 수 있을지 예측해야 한다. **선발 오류**(selection error)는 선발 후보자들의 채용 후 직무성과를 잘못 예측함으로써 선발에 관한 잘못된 의사결정을 내리는 것을 말한다. 〈표 10-2〉는 선발의 수용 여부와 선발 후의 직무성과라는 두 차원을 조합해 선발에 관한 의사결정의 옳고 그름을 평가하는 내용이다.

〈표 10-2〉 선발결정의 결과와 선발오류

선발 후 직무성과	선발 결정	
	선발 수용	선발 기각
성공적	올바른 결정	기각 오류
비성공적	수용 오류	올바른 결정

여기서 만약 채용되면 실제로 성공할 사람을 성공할 것으로 예측해 선발을 수용하거나, 실제로 성공하지 못할 사람을 성공하지 못할 것으로 예측해 선발을 수용하지 않는다면, 선발에 관한 의사결정은 올바른 결정이다. 전자는 지원자의 선발을 성공적으로 수용한 경우이고, 후자는 지원자의 선발을 성공적으로 기각한 경우이다. 문제가 되는 경우는 선발했으면 해당 직무를 성공적으로 수행할 수 있는 지원자의 선발을 수용하지 못하고 기각하는 오류(기각오류)를 범하거나, 채용해 보

니 결국 직무수행 성과가 저조한 지원자의 선발을 수용하는 오류(수용오류)를 범하는 경우이다. 기각오류 중에는 성, 인종, 연령, 학력, 혹은 지역별 차별화에 따른 선발의 고의적 회피가 포함된다.

선발에 관해 발생하는 두 가지 오류로 인한 손실은 최선의 결정을 내리지 못함에 따른 일종의 **기회손실**(opportunity loss)이다. 이러한 기회손실을 추정한다는 것은 물론 어려운 일이지만, 일반적으로 오류의 발생으로 인한 기회손실은 매우 심각하다. 특히 기각오류가 수용오류보다 더욱 심각한 손실을 초래할 수 있다. 따라서 선발과정은 기각오류나 수용오류가 발생할 확률을 줄이고 올바른 결정을 내릴 확률을 증대시키는 데 목표를 두어야 한다. 신뢰성 있는 정보를 토대로 객관적이고 투명한 절차를 거침으로써 타당성 있는 선발이 되도록 노력하는 것이 최선의 방법이다.

2. 선발수단의 타당성 및 신뢰성

경영자가 어떠한 선발 방법을 사용하든 이 방법은 타당성을 가져야 한다. 선발 수단이 **타당성**(validity)이 있다는 것은 이 수단과 직무성과 사이에 일정한 관계가 있음이 입증되어야 함을 의미한다. 가령, 토익점수로 인력을 선발한다고 할 때, 이 점수가 높은 사람이 낮은 사람보다 직무와 관련한 성과가 높다는 명백한 증거가 없다면, 토익성적은 타당성 있는 선발 수단이 아니다.

경영자가 사용하는 선발수단은 또한 신뢰성을 갖춰야 한다. **신뢰성**(reliability)이란 특정의 장치가 동일한 사물이나 현상을 일관성 있게 측정함을 의미한다. 가령, 토익시험의 경우 이 시험이 측정의 목표로 삼고 있는 개인의 특성(예: 영어소통 능력)이 일정하다고 가정할 때, 한 개인의 성적이 시간이 경과하더라도 어느 정도 안정적이라면, 이 시험성적을 이용한 인력 선발의 방법은 신뢰성이 있다고 간주된다. 어떠한 선발수단도 신뢰성이 낮으면 효과적일 수 없다. 이는 마치 고장난 저울로 매일 체중을 재는 것과 마찬가지이다.

3. 선발장치의 유형

경영자들은 선발에 관한 수용오류와 기각오류를 줄이기 위해 여러 가지 장치를 사용할 수 있다. 일반적으로 사용되는 선발장치에는 입사원서 평가, 필기전형, 면접, 성과-모의시험, 배경조사 및 신체검사 등이 있다. 〈표 10-3〉은 각 장치의 장단점을 열거한 것이다.

3.1 입사원서 평가

거의 모든 조직은 지원자에게 입사원서를 제출하도록 요구한다. 이 원서는 지원자의 성명, 주민등록번호, 주소 및 전화번호는 물론, 학력, 직무경력, 포상경력 등과 함께 취미, 기호, 적성을 포함한 개인의 종합적인 정보를 포함한다. 근래에는 입사원서에 학력과 본적 란을 없애는 회사들이 늘어나고 있다. 이는 선발권자들이 편견을 갖도록 함으로써 유능한 인재를 선발에서 배제할 가능성을 줄이기 위해서이다.

〈표 10-3〉 선발장치의 장단점

구 분	장 점	단 점
입사원서 평가	-지원서 상의 개인적 정보와 이력사항은 그 신빙성이 객관적으로 입증될 수 있다면 직무성과에 관한 타당성 있는 척도가된다.	-지원서 상의 각 항목에 대한 상대적 중요도를 계량화하여 평가한다는 것은 어려울 뿐만 아니라 비용도 많이 든다.
필기전형	-지적 능력, 공간적·기계적 능력, 지각적 정확성 및 역동성에 대한 평가는 직무에 대한 성과평가의 척도가 된다.	-지적 능력을 평가하기 위한 필기시험은 실제의 직무성과와 동떨어진 결과를 산출할 가능성이 있다.
면 접	-잘 구조화되고 조직화된 면접은 직무성과에 대한 효과적 척도가 된다. 특히 면접자가 공통적인 질문내용과 기법을 사용하면 더욱 효과적이다.	-면접자가 편의에 치우치게 되면 채용오류를 범하기 쉽다. 특히 면접내용이 잘구조화되고 조직화되지 못할 경우 더욱 그렇다.
성과-모의시험	-직무분석 결과를 토대로 함으로써 직무관련성의 요건을 충족시키기 쉽다. 직무성과에 대한 타당성 있는 척도가 된다.	-많은 비용이 소요된다.
배경조사	-개인의 배경에 관한 정보를 확인하는 것은 채용의 적합성에 대한 중요한 척도가 될 수 있다.	-배경조사 결과를 선발의 주요 장치로 활용할 경우 종종 그릇된 결과를 초래한다.
신체검사	-신체가 건강할수록 근무성과가 좋을 뿐만 아니라 산업재해, 보험과 같은 부대비용의 발생을 최소화할 수 있다.	-신체적 조건은 직무와 관련된 것이어야 하나, 그렇지 못한 경우가 많으며, 차별화의 수단으로 악용될 소지가 있다.

3.2 필기전형

기업에서 실시하는 필기전형은 전통적으로 지원자의 지식, IQ, 적성, 기술적 능력 등을 테스트하는 데 목적을 두었다. 그러나 근래에는 지적, 기술적 능력보다는 개인의 성격, 행동패턴, 적성, EQ(감성지수) 등을 평가하는 데 주안점을 두는 경우가 많다. 필기전형은 잘만 설계하면 해당 직무의 적임자를 선택하는 데 큰 도움을 준다. 다만 경영자들은 채용오류의 발생가능성을 최소화하면서 타당성과 신뢰성을 겸비한 선발이 되도록 필기전형의 내용을 설계하는데 최선을 다해야 한다.

3.3 면접

면접(interview)은 입사원서와 함께 일반화되어 있는 선발의 중요한 장치이다. 직장에 다니는 사람들 중 면접을 거치지 않은 사람은 별로 없다. 그러나 선발장치로서의 면접이 지니는 가치에 대해서는 논란이 많다. 그러므로 타당성 있고 신뢰성 있는 면접이 되기 위해서는 면접의 설계와 시행에 세심한 주의를 기울여야 한다. 〈표 10-4〉는 성공적인 면접이 되기 위한 몇 가지 지침들이다.

〈표 10-4〉 성공적 면접의 지침

구분	지침
1	모든 지원자에게 동일한 문항들을 제시함으로써 면접을 구조화하고 조직화 할 것
2	지원자가 희망하고 있는 직무에 대하여 충분한 정보를 가지고 면접에 임할 것
3	가급적 지원자의 배경, 경험, 흥미, 출신지역 및 학교성적과 같은 개인적 특성을 모른다고 가정하고 중립적인 입장에서 면접에 임할 것
4	지원자들에게 실제 직무상황을 제시하고 이 상황에서의 행동패턴을 파악할 수 있는 질문을 할 것
5	지원자가 자기 생각을 충분히 표현하도록 분위기를 조성하고 지원자의 답변을 끝까지 청취할 것
6	면접자에게 죄인 심문하듯 하거나 풍자적·비판적 태도를 취하지 말고, 과잉 친절하거나 무관심한 태도를 보이지 말 것
7	면접자가 면접분위기를 압도하거나 지원자가 장황한 답변을 제시하지 못하도록 할 것
8	단순히 '예'나 '아니오'라고 답할 수 있는 질문이나 성급한 결정을 유도하는 짧은 질문은 피할 것
9	지원자가 면접자에게 친밀한 관계를 느낄 수 있도록 분위기를 조성할 것
10	몸짓이나 눈짓으로 지원자에게 의도된 답을 암시하지 말 것

면접의 설계 시 또 한 가지 유의해야 할 것은 개인의 사생활에 관한 내용은 가급적 질문을 삼가고, 질문이 불가피할 경우에는 신중을 기해야 한다는 점이다. 개인의 사생활에 관한 질문은 법적

으로도 문제가 될 가능성이 있기 때문에 조심할 필요가 있다. 다음은 면접자들이 세심한 주의를 기울여야 할 개인적 질문을 예시한 것이다.

- 당신의 생년월일은 언제인가?
- 당신의 출생지는 어디인가?
- 당신의 모국어는 무엇인가?
- 당신의 종교는 무엇인가?
- 당신은 주택을 소유하고 있는가?
- 당신은 자녀가 있는가? 아이를 낳을 계획은 없는가?
- 당신은 직무수행에 지장을 줄만한 신체적·정신적 장애가 있는가?

3.4 성과-모의시험

성과-모의시험(performance-simulation test)란 실제의 직무상황을 설정하고, 특정의 지원자가 이 직무에 대해 어느 정도의 성과를 달성할 수 있을 것인가를 평가하는 실험이다. 이에는 워크 샘플링과 경영평가 센터의 두 가지 방법이 있다. **워크 샘플링**(work sampling)은 지원자들에게 직무의 축소형 모델을 제시하고, 이들이 실제로 이 직무와 관련된 특정의 과업을 수행하도록 함으로써, 지원자들의 직무수행에 필요한 기술과 능력을 테스트하는 기법이다. 이 기법은 일상적이고 반복적인 직무에 대한 인적자원을 선발하는데 적합하다.

경영평가 센터(management assessment center)는 지원자들의 경영 잠재력을 평가하기 위해 설치한 특수 시설이다. 여기서는 10여 명의 지원자들이 이 시설에 들어가 실제 경영현장과 유사한 상황에서 특정의 경영과업을 수행하도록 함으로써 회사의 중역이나 심리학자 등의 전문가들이 그 과정과 결과를 심사한다. 여기서 평가하는 것은 주로 지원자의 문제해결 및 의사결정 능력이며, 이를 위해 면접, 프레젠테이션, 필기시험, 비즈니스 게임 및 집단토의 등을 실시한다.

3.5 배경조사

대부분의 조직에서는 인력을 선발할 때 지원자에 대한 배경조사를 실시한다. **배경조사**(background investigation)는 지원자의 과거 이력과 현재의 개인적 상황에 관한 정보를 조사하는 것을 말한다. 배경조사의 내용에는 가족관계, 직업적 이력 및 사회적 배경에 대한 조사와 지원자에 대한 신원조회가 포함된다. 조사를 위해서는 과거 직장의 상사나 친지 등에게 전화나 편지를 보내어 조사하기도 하지만, 신원조회의 경우처럼 공적 기관을 통해 조사를 의뢰하는 경우도 있다.

배경조사의 목적은 크게 두 가지이다. 첫째는 지원자가 입사원서 상에 표기한 자신에 관한 정보의 정확성을 입증하기 위함이고, 둘째는 범죄경력, 신용불량, 운전면허 취소 등, 입사 후 직무수행에 직·간접적으로 영향을 미칠 수 있는 개인에 관한 부정적인 정보를 확인하기 위함이다. 특히 전자의 경우는 인적자원 선발의 성패를 좌우할 수 있는 중요한 기능을 수행하기도 한다. 사람은 자신에 관한 부정적인 비밀은 가급적 은폐하거나 축소하고, 긍정적인 정보는 과대 포장하려는 경향이 있기 때문이다.

3.6 신체검사

거의 모든 조직은 신입사원을 선발할 때 신체검사를 실시하거나 채용서류에 건강진단서를 첨부하도록 한다. 건강하지 않으면 아무리 지적·기술적 능력이 뛰어나다 하더라도 채용 후 소기의 성과를 기대할 수 없기 때문이다. 특히 생산현장의 기능직과 같이 건강한 신체가 요구되는 경우는 신체검사가 채용의 가장 중요한 절차가 되기도 한다. 오늘날 산업재해 문제가 중대한 경영이슈로 등장하면서, 지원자가 과거 중요한 병력이 있거나 현재 신체상의 결함이 있는지의 여부를 조사하는 일은 더욱 중요한 채용절차가 되고 있다.

제5절 오리엔테이션 및 교육훈련

조직의 필요한 자리를 메우기 위해 인적자원을 선발한 다음, 조직은 이들이 각자의 직무에 대해 사전준비를 하도록 도와야 한다. 오리엔테이션과 교육훈련은 이러한 준비의 일환이다.

1. 오리엔테이션

1.1 오리엔테이션의 의의

독자들은 누구나 대학에 입학했을 때, 대학생활 전반을 소개하는 조직화된 프로그램인 **오리엔테이션**(orientation)에 참여했을 것이다. 간단히 오티(OT)라 부르기도 한다. 여기서는 학칙, 교과과정(커리큘럼), 등록절차, 수강신청, 교수진 등과 같은 대학생활에 필수적인 정보들을 제공한다. 기업의 경우 오리엔테이션은 새로 선발된 종업원들에게 조직의 정책, 근무수칙, 조직의 개요 등, 조직에 관한 기본적 정보를 제공하는 프로그램을 의미한다.

오리엔테이션에는 기본적으로 두 가지 유형이 있다. 조직 오리엔테이션과 근무부서 오리엔테이션이 그것이다. **조직 오리엔테이션**(organization orientation)은 조직 수준에서 실시하는 오리엔테이션으로서, 신입사원들에게 조직 전반에 관한 내용을 소개한다. 특히 조직의 목표, 역사, 경영철학, 작업절차 및 근무수칙 등이 대표적인 예이다. 인사관리 정책, 정규 작업과 잔업은 물론, 유급휴가, 보험, 연금 등의 부가급여(fringe benefit)를 소개하는 것도 조직 오리엔테이션의 내용이다. 때로는 신입사원들을 인솔해 조직의 주요 시설에 대한순회탐방을 실시하기도 한다. 반면에 **근무부서 오리엔테이션**(work unit orientation)은 신입사원이 근무하게 될 부서가 주관이 되어 실시하는 오리엔테이션으로서, 여기서는 종업원들에게 소속 부서의 작업 목표를 제시하고, 자기 직무가 소속 부서의 목표달성에 어떻게 기여하는가를 설명하며, 동료 작업자들을 소개하는 시간도 갖는다.

1.2 오리엔테이션의 기대효과

오리엔테이션을 통해 기대하는 효과는 무엇일까? 첫째는 경영자들이 오리엔테이션을 통해 조직의 사기가 높아지도록 신입사원들을 하나로 통합하는 일이다. 둘째는 신입사원들이 조직목표의 달성에 조속히 몰입하도록 동기를 부여하는 일이다. 셋째는 신입사원들이 가능한 한 빨리 새로운 환경에 적응하여 긴장하지 않고 편안한 자세로 각자의 과업에 임할 수 있도록 돕는 일이다. 이렇게 볼 때, 오리엔테이션은 결국 신입사원들을 조직의 아웃사이더 신분으로부터 인사이더 신분으로 이행시키는 절차라 할 수 있다.

2. 교육훈련

미국 기업들은 작업자들의 숙련기능을 증대시키는 데 연간 60조 원 이상의 비용을 투자하고 있다고 한다. 경영자들은 종업원들에게 어떤 기능에 대한 **교육훈련**(education & training)을 언제, 어떻게 실시할 것인가에 관한 의사결정을 내려야 한다.

2.1 종업원 소요 기능의 유형

종업원들이 지녀야 할 기능(skill)은 기술적 기능, 대인관계 기능 및 문제해결 기능의 세 가지로 나뉜다.

- **기술적 기능**: 대부분의 교육훈련은 종업원들의 **기술적 기능**(technical skill)을 향상시키는 데 초점을 둔다. 기술적 기능에는 읽고, 쓰고, 수학적 계산을 하는 등의 지적 기능과 직무관련 전문기능이 포함된다. 오늘날은 공장 및 사무자동화, 장치의 디지털화, 및 SNS와 같은 인터넷에 의한 의사소통의 보편화로 과거에 비해 종업원들에게 더 큰 수리적 능력, 정보 해독력 및 컴퓨터 처리능력을 요구하고 있다.
- **대인관계 기능**: 종업원들은 집단 속에서 작업하기 때문에, 이들의 작업성과는 자연히 동료들이나 상사들과의 인간관계를 얼마나 유효적절하게 유지하느냐에 의해 큰 영향을 받는다. 종업원들이 교육훈련을 통해 향상시켜야 할 **대인관계 기능**(human-relational skill)에는 타인의 의견을 경청하는 습관, 자신과 타인의 생각을 효과적으로 전달하고 청취하는 능력, 및 타인과의 갈등을 최소화하는 능력 등이 포함된다.
- **문제해결 기능**: 종업원들은 자신들의 직무와 관련된 문제를 스스로 해결할 수 있어야 한다. 종업원들이 교육훈련을 통해 향상시켜야 할 **문제해결 기능**(problem solving skill)에는 논리력, 추리력, 문제의 본질 파악능력 등이 있다.

2.2 교육훈련의 방법

교육훈련의 방법에는 일반적으로 **현장 교육훈련**(On-the-Job Training: OJT)과 **비현장 교육훈련**(Off-the-Job Training: Off-JT)의 두 가지가 있다. 이 중 실행이 용이하고 비용이 저렴한 방법이 OJT이다. 그러나 이 방법은 현장의 작업을 방해할 뿐 아니라 현장에서 학습하기에는 지나치게 복잡한 경우가 많다. 이 경우에는 Off-JT에 의존해야 한다.

OJT의 예로는 직무 로테이션과 시범교육이 있다. 전자는 신입사원들끼리 직무를 바꾸어 가면서 수행하는 방법이고, 후자는 숙련된 기능공이나 조교를 통해 시범을 보이도록 함으로써 신입사원들이 필요한 기능을 배우게 하는 방법이다. Off-JT의 예로는 강의실 강의, 영화/비디오 강의 및 시뮬레이션 훈련이 있다. 이 중 시뮬레이션 훈련은 실제 상황과 동일한 작업조건 하에서 실제의 작업도구와 장비를 사용해 직무를 학습하는 훈련이다.

제6절 성과관리

종업원들이 지속적으로 자신들의 직무를 효과적이고 효율적으로 수행하도록 하기 위해서는 각 종업원들의 성과를 적절히 평가하고, 성과평가의 결과를 토대로 공정한 보상을 실시해야 한다. 이를 위해서는 효과적인 성과관리 시스템의 구축이 필수적이다.

1. 성과평가

성과평가의 주요 방법은 다음과 같다.
- **문서 기록법**: 평가자가 종업원들의 장점과 단점, 과거의 근무성적 및 잠재력을 평가해 문서로 기록해 두는 방법이다. 사용이 용이하지만, 평가자의 주관과 문서작성 능력에 좌우될 수 있다는 단점이 있다.
- **핵심사건 기록법**: 종업원들의 전문기술, 업무수행 능력, 근무상태 등을 특징적으로 확인시켜 주는 특정의 사건이나 일화를 기록해 두는 방법이다. 이 방법도 문서기록법과 마찬가지로 평가자의 주관이 개입할 수 있다는 것이 단점이다.
- **평가 체크리스트법**: 이는 작업의 질과 양, 직무지식, 협력수준, 직무 충성도, 직무 집중도, 정직성 및 창의성과 같은 평가요인에 관한 체크리스트를 작성하고, 각 요인에 대해 리커트 5점 척도 등의 평가척도에 따라 각 개인을 평가하는 방법이다.

- **행동중심 평가척도법**: 최근에 이용 빈도가 증가하고 있는 평가방법으로서, 흔히 BARS(Behaviorally Anchored Rating Scales)라고 한다. 핵심사건 기록법과 평가 체크리스트법을 연계시킨 평가방법이다. 평가자는 각 종업원들을 계량적 척도에 따라 평가하지만, 작업현장에서 종업원들이 각 평가항목에 관해 보여주는 실제 행동을 기준으로 평가한다는 점이 특징이다.
- **복수 종업원 비교법**: 각 개인의 성과를 다른 사람들의 성과와 비교해 평가하는 방법이다. 절대적 평가도구가 아닌 상대적 평가도구라는 특징이 있다.
- **목표관리 평가법**: 각 팀이 자율적으로 목표를 설정하고 스스로 성과를 평가하도록 하는 방법으로서, 주로 경영자들이나 전문직 종업원들을 평가하는데 이용되는 기법이다.
- **360도 피드백법**: 팀 내의 종업원들이나 다른 동료 종업원들, 부하 및 상사 등, 각 개인과 상호작용하는 모든 계층의 구성원들로부터 입수한 정보를 토대로 하는 성과평가 기법이다. 미국의 AT&T, 듀퐁, 리바이 스트라우스 등에서 시행하고 있는 평가방법이다.

2. 보상

조직의 보상 시스템에는 기본급여, 수당, 상여금, 기타의 인센티브 및 각종의 편익 등이 포함된다. 적절하고 효과적인 보상 시스템은 유능한 종업원들을 그 조직에 유치하고 이들을 묶어두는 데 큰 도움을 준다. 조직의 보상 시스템은 그 조직의 전략적 성과에 중요한 영향을 미친다는 것이 학자들의 공통된 인식이다.

종업원들에게 동기를 부여해 이들이 조직목표의 달성에 자발적으로 기여하도록 유도하기 위해서는 변화하는 직무환경과 조직의 특성이 반영된 보상 시스템을 갖추어야 한다. 〈표 10-5〉는 각 종업원들에 대한 보상수준에 영향을 미치는 요인들을 요약한 것이다. 이들 중에는 직무와 관련된 요인들도 있고 사업, 산업 및 조직과 관련된 요인도 있다.

성과에 대한 보상 방법에는 개인별 성과급, 팀별 성과급, 및 이 둘을 결합한 혼합형 성과급이 있다. 이 중 혼합형 성과급을 도입하는 기업이 많다. 또한 종업원들이 지닌 전문기능과 숙련도가 작업의 효율과 유효성에 영향을 미치기 때문에, 많은 기업들이 **기능중심 급여제도**(skill-based pay system)를 도입하기도 한다. 실례로, 미국의 폴라로이드는 기계 운전공이 자재 재고조사, 설비

〈표 10-5〉 보상 수준에 영향을 미치는 요인

영향 요인	내 용
근무경력 및 성과	얼마나 오래 근무했으며, 지금까지의 성과는 어떠했는가?
기업의 규모	기업의 규모는 어느 정도인가?
직무의 성격	자신의 직무가 어느 정도의 전문성과 숙련기능을 요하는가?
기업의 수익성	기업이 얼마나 수익을 올리고 있는가?
사업의 유형	어떤 산업에 종사하고 있는가?
지리적 위치	기업이 어떠한 지리적 위치에 입지하고 있는가?
조직의 일원화	조직의 일원화 혹은 통합의 수준은 어떤가?
경영철학	보상 시스템에 대하여 경영자는 어떤 철학을 지니고 있는가?
노동집약도/자본집약도	현재의 사업은 어느 정도로 노동집약적 혹은 자본집약적인가?

유지보수 및 품질검사에 이르기까지 자신의 직무범위를 확대할 경우 10%의 프리미엄 수당을 지급한다.

제7절 경력개발

1. 경력개발의 의의

경력(career)이란 개인이 직무와 관련해 지금까지 거쳐 온 일련의 직위를 의미한다. 또한 **경력개발**(career development)은 미래의 불확실성에 대비해 조직의 주도 하에서나 개인 스스로 여러 가지 직무수행 능력을 터득하는 것을 말한다.

경력개발 프로그램은 원래 특정의 기업 내에서 조직이 주도해 구성원들의 작업활동과 근무생활을 향상시키는 데 주안점을 두는 것이 일반적이었다. 이러한 프로그램은 구성원들이 경력에 관한 목표를 실현하는 데 필요한 정보를 제공하고, 이들의 직무기능을 평가하며, 목표의 달성을 위한 교육훈련을 실시하는 것을 주요 내용으로 한다. 그러나 다운사이징, 리스트럭쳐링, 아웃소싱 등과 같은 조직변화는 경력개발의 목표와 내용을 변화시키고 있다. 가장 중요한 변화는 각자의 경력에 대해 조직이 아닌 개인이 책임을 진다는 것이다. 지금은 구성원 각자가 자기 경력을 설계하고 개발해야 하는 시대이다.

2. 경력관리

2.1 경력관리의 의의

현대인들은 이른바 '**경계 없는 경력**(boundless career)'의 세계에 산다. 이들이 직면하는 새로운 도전은 새로운 환경 속에서 조직 내에 이들의 경력을 이끌어 줄 어떠한 정책이나 지침도 존재하지 않는다는 사실이다. 이들은 스스로 자신의 경력을 관리해야 한다. **경력관리**(career management)란 경력을 선택하고 직무를 탐색한 다음, 현재의 직무를 유지하면서 새로운 경력을 개발하는 것을 말한다. 경력개발은 경력관리의 한 과정이다.

2.2 경력관리의 단계

경력관리의 첫 번째 단계는 경력의 선택이다. 경력을 선택할 때에는 자신의 관심, 능력 및 시장성을 고려하되, 해당 경력이 자신이 지향하는 생활과 조화를 이루도록 선택하는 것이 중요하다. 특히 직장생활과 개인생활 사이의 균형과 조화는 경력관리 성패의 관건이 된다. 〈표 10-6〉은 대학 졸업생들이 직장을 선택할 때 중요시하는 10가지 고려사항이다.

〈표 10-6〉 직장 선택 시 고려사항

1. 직무수행의 즐거움	6. 전문기능과 능력의 활용 기회
2. 자기개발의 기회	7. 직장에서의 해당 직무의 중요성
3. 제공되는 편익	8. 훌륭한 성과 산출 시 타인으로부터의 인정
4. 동료들과의 우호적 관계	9. 직무의 입지
5. 보수	10. 팀워크

경력관리의 두 번째 단계는 직무의 탐색, 즉 직장의 선택이다. 이를 위해서는 직무 사냥(job hunting), 이력서 작성 및 성공적 면접을 위한 철저한 준비가 필요하다.

경력관리의 마지막 단계는 직장에서의 생존과 성장을 위해 자신의 경력을 유지하고, 더 나아가 새로운 경력의 개발에 최선을 다하는 일이다. 〈표 10-7〉은 성공적 경력관리를 위한 주요지침이다.

〈표 10-7〉 성공적 경력관리의 지침

1. 최초의 직장을 신중히 선택한다.	7. 네트워크를 구축한다.
2. 자신의 숙련기술과 전문기능을 향상시킨다.	8. 유동성을 유지한다.
3. 상사를 지원한다.	9. 조언자를 찾는다.
4. 비전을 유지한다.	10. 조직자원을 장악한다.
5. 권력구조를 파악한다.	11. 좋은 이미지를 제공한다.
6. 직무를 훌륭하게 수행한다.	12. 이직에 신중을 기한다.

복습 및 연구문제

■ 복습하기

1. 종업원 모집방법 중 내부 충원, 구성원 조회 및 인터넷 광고의 장·단점을 설명하라.
2. 선발의 오류에 대해 설명하라.
3. 교육훈련 시 역점을 두어야 할 종업원 기능은 무엇인가?
4. 경력개발의 의의를 논하라.
5. 다음에 대해 간략히 설명하라.
   (1) OJT와 Off-JT   (2) BARS   (3) 360도 피드백법

■ 토론하기

잭 웰치는 1981년 GE 회장으로 취임한 후 무려 19년째 회사를 이끌면서 GE를 '미국에서 가장 존경받는 기업'으로 성장시킨 인물이다. 가전·금융 등 11개 사업부문에서 29만 명의 직원을 거느리는 그의 첫 번째 인사 비법은 꼼꼼한 능력평가와 그에 따른 적절한 보상이다. 그는 중간 간부 이상 8만 5천여 명의 '성적표'를 만드는 일에 업무의 50%를 할애할 정도로 인사관리에 공을 들인다. 실적에 따라 5등급으로 나누되, 1등급과 5등급은 각각 전체의 10%, 2등급과 4등급은 각각 15%, 3등급은 50%을 배정하여 포물선 형태의 등급을 매긴다. 일단 등급이 매겨지면 e메일을 통해 평가등급과 개개인의 장·단점을 직원들에게 통보한다. 5등급에 해당하는 직원은 과감하게 해고하고 새 인력을 채용, 자연스럽게 조직을 혁신해 나간다. 잭 웰치가 도입한 인사 5원칙은 다음 표와 같다. (자료 : 한국경제 1999. 6. 23)

잭 웰치의 인사 5원칙
1. 사원들이 자기가 희생당한다는 생각을 갖지 않게 하라.
2. 능력에 따라 보상하고, 능력이 최악인 사원은 퇴출하라.
3. 정확한 평가를 통해 사원들을 포물선 형태로 등급을 매겨라.
4. 목표를 강요하지 말고 사원들의 아이디어를 수용하라.
5. 칭찬과 더불어 물질적 보상을 실시하라.

1. 종업원들에 대한 성과평가와 보상/처벌은 종업원들의 동기유발이라는 관점에서 이루어져야 한다. 이런 측면에서 젝웰치가 바람직한 방식을 도입하고 있는지 토론해 보자.
2. "목표를 강요하지 말고 사원들의 아이디어를 수용하라"는 지침의 진정한 의미는 무엇일까? 목표관리(MBO), 상향식 의사결정, 민주적 리더십 등, 인적자원 관리에 관한 다양한 이론들을 종합하여 설명하라.
3. 지금 젝웰치는 경영일선에서 물러나 있으나, 그의 경영철학은 학계와 실무계에서 광범위하게 연구 및 인용되고 있다. 인적자원 관리를 중심으로 하여 이 사례에서 언급되지 않은 젝웰치의 다른 경영철학들을 조사해 보자.

■ 자기평가

당신의 인간관계능력은? 본 설문은 조직 내에서 다른 사람들과 비교하여 당신이 지니고 있는 인적기술(human skill), 즉 인간관계능력을 평가하는 데 목적을 둔다. 각 문항에 대해 5점 척도로 답한 다음, 총점을 계산하고, 자신의 인적 기술이 어느 정도인지 평가해 보라.

1. 대체로 그렇지 않다 2. 약간 그렇지 않다 3. 그저 그렇다 4. 약간 그렇다 5. 대체로 그렇다

(1) 학교, 직장 혹은 지역사회에서 리더의 자리에 선출된 적이 많다.(   )
(2) 완벽에 가까운 매너로 인해 다른 사람들이 나의 예의바른 행동에 대해 칭찬이 자자하다.(   )
(3) 옛것을 사랑하고 시를 좋아하며, 시골에 가거나 혼자 있기를 즐긴다.(   )
(4) 음주 후 고성방가 하기, 도로 한가운데 꽁초 버리기, 불필요한 자동차 경적 울리기 등과 같은 무례한 행동을 한 사람을 혼내 줄 수 있다.(   )
(5) 다른 사람을 칭찬하고 신뢰하는 데 인색하지 않다.(   )
(6) 사람을 끌어들이는 천부적인 마력이 있다.(   )
(7) 처음 접하는 사회적 상황에서도 자세가 흐트러지지 않고 확신에 찬 모습을 유지한다.(   )
(8) '나'라는 상품을 다른 사람에게 판매하는 실질적 역량을 가지고 있다.(   )
(9) 다른 사람들로부터 비웃음 당하는 것을 아주 싫어한다.(   )
(10) 다른 사람들에게 자연스러운 친근감과 따스함을 보여 준다.(   )
(11) 다른 사람의 인간적인 무지와 무능을 보고 그냥 넘어가지 않는다.(   )
(12) 상대방이 어떻게 받아들일지 생각하지 않고 그냥 말하는 경우는 드물다.(   )
(13) 친구가 나가자고 할 때, 웬만하면 내 일을 제쳐두고 같이 나간다.(   )

⒁ 분위기가 딱딱하면 긴장이나 갈등을 풀 수 있는 재능이 있다.( )
⒂ 내 일이 끝나면 다른 사람의 일을 도울 자세가 되어 있다.( )
⒃ 낯선 사람과 마주치면 내가 먼저 자신을 소개하고 그와 대화를 시작한다.( )
⒄ 환경이 바뀌면 언제라도 내 생각을 바꾸어 새로운 가치를 수용할 준비가 되어 있다.( )
⒅ 다른 사람들 대부분이 간과하는 소재에서 유머를 찾아낸다.( )
⒆ 다른 사람들이 나를 같이 지내고 함께 일하기 좋은 사람이라고 평가한다.( )
⒇ 다른 사람이 뭔가 잘못이라는 생각이 들면 주저 없이 일깨워준다.( )
(21) 민감한 문제에 대한 의견 개진을 요구받으면 보통 중간적 입장을 취한다.( )
(22) 누구하고나 잘 지낼 수 있는 전천후 인간이다.( )
(23) 좌중에서 타인의 이목을 피하기 위해 일부러 수줍어하거나 침묵을 지키는 경우가 많다.( )
(24) 사람을 확실히 알게 될 때까지는 그 사람을 가까이 하지 않는다.( )
(25) 중요한 문제라고 생각하면 반드시 다른 사람의 조언을 듣고 상담한다.( )
(26) 내가 싫어하는 사람의 어리석은 생각과 행동을 그때그때 꾸짖고 비판한다.( )
(27) 출세하는 데는 상사와 동료를 길들이거나 개화시키는 것이 필요하다고 생각한다.( )
(28) 나와 다른 다수 의견에 동조하고 이를 따르는 데 어려움이 없다.( )
(29) 다른 사람과 다툼이 생기면 내가 먼저 포기한다.( )
(30) 뭔가 원하는 것이 있으면 정치력을 발휘하는 탁월한 재능이 있다.( )

● **평가방법:**

  총점 135점 이상: 인간관계능력 최우수
  120~135점: 인간관계능력 우수
  90~120점: 인간관계능력 보통
  90점 미만 : 인간관계능력 불량

제11장 조직변화와 혁신
Organization Change and Innovation

이 장에서는 환경의 변화에 따른 조직 변화와 혁신에 대해 논의한다.

제1절 조직변화의 의의와 유형

1. 조직변화의 의의

"변화는 불가피한 현상이다." 이는 진부한 표현이면서도 평범한 진리이다. 오죽하면 그리스 철학자 헤라클레이토스가 "세상에 있는 것 중 변하지 않는 것은 아무것도 없다"는 말 외에 어떠한 진리도 존재하지 않는다고 했겠는가? **조직변화**(organizational change)는 조직 내의 사람, 구조 및 기술을 바꾸는 것을 말한다. 간단히 OC라고 한다. 물론 미래의 환경이 확실하거나 변화하지 않는다면, 조직변화 또한 불필요하고 그만큼 경영도 수월할 것이다. 그러나 소비자, 기술, 경쟁기업, 공급업자, 정부 및 지역사회와 같은 환경의 불확실성과 변화는 불가피하므로, 조직변화는 경영자들에게 큰 도전이자 과업이다. 과거보다 변화의 속도가 한층 더 빨라진 오늘날의 경우 더욱 그렇다.

일반적으로 변화에 대한 자극이 되는 것은 〈그림 11-1〉과 같이 기존 환경에 대한 불만족이 고조되어 명백한 위기상황이 인지될 때이다. 이러한 위기상황이 아니면 대부분의 사람들은 현상(現狀)을 그대로 받아들이는 경향을 보인다. 따라서 경영자들은 처음에는 눈에 띌만한 차이가 나지 않을 만큼 서서히 조직변화를 시도하다가, 일정한 시점이 되어 문제가 심각해지면 급진적 변화과정에 돌입한다.

〈그림 11-1〉 변화에 대한 자극

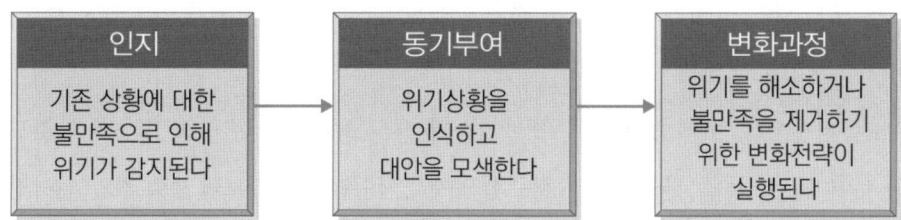

1990년대 이전, 미국의 자동차 회사들은 경쟁이 심화되자 모델 변경, 외양 변화 등을 통해 조금씩 변화를 시도했다. 그러다가 오랜 시간 잠재해 온 크고 작은 문제들이 들불처럼 산업 전반으로 번졌다. 외국 경쟁회사들이 밀려와 미국 자동차 시장을 크게 잠식하고, 심각한 에너지 부족으로 대형차에 대한 수요가 격감하기 시작했다. 견디다 못한 미국 회사들은 조직 재정비, 신기술과 신공정 도입, 새로운 제품 디자인 개발 및 혁신적 마케팅 활동과 같은 전략적 변화에 착수했다. 지난 세기 말에 시작한 이 변화들이 금세기 이후 그 결실을 보는 중이다.

2. 조직변화의 자극 요인

조직변화를 자극하는 요인에는 조직 내적 요인과 조직 외적 요인이 있다. 이 중 외적 요인이 내적 요인보다는 조직변화에 더 강한 자극을 준다.

2.1 외적 요인

첫째는 기술이다. 21세기 디지털 경영시대에서 정보기술의 발전은 전통적인 아날로그형 경영방식을 진부화시켰다. 고가의 첨단 의료장비의 출현은 병원의 조직과 규모를 변화시켰으며, 공장 조립라인의 전산화 및 자동화 기술은 조직의 인적자원을 산업용 로봇으로 대체시키고 있다.

둘째는 경쟁이다. 글로벌 사회에서 날로 심화되는 경쟁은 환경변화에 적응하지 못하는 기업들을 시장에서 도태시킨다. 한때 미국 TV 시장 1위를 달리던 패커드 벨은 1980년대 초 파산 위기에 처했다. 새로운 소유주는 주력 제품을 TV에서 PC로 전환했다. 이 회사는 컴팩이 복제 시스템의 보편화로 고전하는 사이, 저가 PC에 대한 공격적 마케팅을 통해 재활에 성공하고 PC 시장에서 컴팩을 추월했다.

셋째는 경제적 여건이다. 석유자원의 고갈 및 유가 인상은 기업에게 새로운 대체 에너지의 개발을 촉구한다. 이자율의 불확실성, 정부의 재정적자 누적으로 인한 공공투자의 감소 등과 같은 경제적 요인들도 조직의 변화를 강요한다.

넷째는 노동시장이다. 한때 생명공학, 정보기술과 같은 첨단 분야에 대한 수요가 급증하자 기업들은 관련 분야 전문가들을 사냥하느라 분주했으며, 전문 인력의 확보야말로 기업 인사정책의 최대 과제로 부상했다.

마지막으로는 정부규제 및 관련 법규이다. 공정거래법, 내부거래 규제, 최저임금제 및 세제와 같은 각종의 법규와 제도가 제정되거나 변경되면, 기업은 조직변화를 통해 새로운 경영 콘셉트와 경영방식을 도입하지 않을 수 없게 된다.

2.2 내적 요인

조직변화를 자극하는 기업 내적 요인은 대부분 기업의 경영성과나 외적 변화의 영향으로 발생한다. 그 첫째는 조직의 전략변경이다. 기업이 환경변화나 목표수정에 맞추어 조직의 기본전략을 변경하면, 이를 뒷받침하도록 조직의 모든 인적·물적 자원을 재배치하게 된다. 예로서, 오토바이 제조회사인 Harley-Davidson은 생존을 위해 기존 전략을 180도 수정하는 유턴 전략으로, 엄격한 품질관리와 철저한 공장 현대화를 비롯한 많은 조직변화를 실시했다.

둘째는 노동력의 가변성(variability)이다. 우리나라 기업들에 선진국형 산업 근대화가 정착되면서 사내 노동조합이 경영활동에 미치는 영향력이 증대하고, 그에 따라 임금인상, 주 5일 근무제와 같은 문제들이 대두됨으로써, 자칫 대외적 경쟁력 약화를 초래할 수도 있다. 기업들이 이러한 문제에 효과적으로 대처하기 위해 조직변화를 서두르는 것은 어쩔 수 없는 일이다.

셋째는 새로운 장비의 도입이다. 기업에 장비가 새로 도입되면 종업원들의 직무가 재설계되어야 하고, 새 장비의 운전방법에 대해 훈련을 받아야 하며, 작업집단 내에서 작업자들 사이에 새로운 상호작용 패턴이 정립되어야 한다.

넷째는 종업원 태도이다. 직무 불만족과 같은 종업원 태도는 결근, 이직 및 파업과 같은 사태를 초래할 수 있다. 굴착기 제조회사인 Caterpillar는 1990년대, 전사적 고품질 드라이브 정책으로 예전의 경쟁적 지위를 되찾기 위해, 인건비를 줄이고 첨단기술과 장비를 도입하는 공격적 경쟁전략에 돌입했다. 덕분에 매출과 수익성이 크게 향상되었으나, 지나친 인력감축은 1991년에서 1992년까지의 대규모 파업을 야기했다. 조직변화는 구성원들의 태도와 양립 가능해야 함을 시사한다.

마지막으로, 수익성과 생산성 등, 기업의 존립에 근본적인 영향을 미치는 문제가 발생하면 조직변화가 불가피해진다. 1990년대 초 몰아친 IBM과 GM을 중심으로 한 대량 해고와 다운사이징은 역사 상 최악의 수익성과 원가상승에 대응하기 위한 거대 글로벌 기업들의 고육지책이었다.

3. 조직변화의 유형

D. Nadler와 M. Tushman은 〈표 11-1〉과 같은 조직변화의 네 가지 유형을 제시했다. 이 표의 행은 변화의 예상 여부를 기준으로, 조직변화를 예기적 변화와 반응적 변화의 두 범주로 나눈다. 이 중 **예기적 변화**(anticipatory change)는 예상되는 상황변화에 대비해 체계적으로 계획된 조직변화이다. 반대로, **반응적 변화**(reactive change)는 예기치 않은 환경적 압력이나 사건에 의해 사후적으로 수행되는 조직변화이다. 이 표의 열은 변화의 범위를 기준으로, 조직변화를 점진적 변화와 전략적 변화의 두 범주로 구분한다. 이 중 **점진적 변화**(incremental change)는 미리 정해진 조직의 방향과 내용은 그대로 유지하고, 하위 시스템만을 차근차근 변화시키는 것을 말한다. 반면에 **전략적 변화**(strategic change)는 조직의 기본 내용과 방향을 전반적으로 수정하는 것을 말한다. 가령, 예기치 않은 수요증가에 대응해 야간교대근무 제도를 실시한다면, 이는 점진적 변화이자 반응적 변화이다. 삶의 편의를 중시하는 젊은이들의 주거수요에 대비해 주력사업을 단독 주택건설에서 아파트 건설로 전환한다면, 이는 전략적 변화이자 예기적 변화이다. 이상과 같은 두 가지 차원을 적용해 조직변화를 분류하면 다음 네 가지가 된다.

〈표 11-1〉 조직변화의 네 가지 유형

변화의 예기성 \ 변화의 범위	점진적	전략적
예기적	조율	방향전환
반응적	적응	재창조

- **조율**: 가장 일반적이고 강도가 약한, 따라서 가장 덜 위험한 변화 방법이 **조율**(tuning)이다. 이는 지속적 개선의 의미로서, 미래의 상황을 예상해 점진적으로 조직변화를 시도하는 것을 말한다. 조율을 위해서는 상황이 나빠져 갈 때, 이 상황을 적극적으로 예측해서 발생 가능한 문제를 사전에 제거해야 한다. 듀퐁사는 'Adopt-A-Customer(고객 한 사람을 수용하라)'라는 프로그램을 개발했다. 공장의 작업자들이 매월 한 번씩 한 명의 고객을 방문해 그의 욕구와 불만을 파악하고, 생산현장에서 이 고객을 대변해 과업을 수행하는 프로그램이다. 이는 고객 불만이 접수될 때까지 기다렸다가 그 처리방법을 강구하는 전통적 마케팅 방식의 대안으로서, 고객들에게 신선한 충격을 준 바 있다.

- **적응**: 조율과 마찬가지로 **적응**(adaptation) 역시 점진적 변화를 지향하지만, 이는 외부환경으로부터 발생하는 문제, 사건, 혹은 압력에 대응하기 위해 변화를 추구한다는 점에서 조율과 다르다. 예로서, 포드 자동차가 공기공학적 외장으로 성공을 거두자, GM과 크라이슬러도 그와 유사한 제품 디자인을 개발했다. 얼마 후 크라이슬러가 미니밴으로 선풍적인 인기를 끌자, 포드와 GM도 그에 맞추어 제품계열을 확장했다.

- **방향전환**: **방향전환**(reorientation)은 환경의 변화를 미리 예상해 계획적으로 전략적인 전환을 추구하는 조직변화이다. 독일의 메르세데스-벤츠는 1990년대 후반 이후 다임러 크라이슬러와 합병하고 제품계열의 혁신적 다양화를 추구하는 등, 국제적 경쟁력을 갖추기 위한 전략적 변화를 꾀했다.

- **재창조**: **재창조**(re-creation)는 예기치 않은 환경의 변화에 대응해 전략적으로 조직변화를 꾀하는 경우이다. 경쟁적 압력으로 야기되는 이 변화는 강도가 가장 높고, 따라서 큰 위험이 동반되는 조직변화이다. 대표적인 예가 소프트웨어의 거인 마이크로소프트이다. 빌 게이츠는 잠깐 스쳐 지나가는 한때의 유행 정도로 치부했던 '인터넷'에 회사의 미래를 맡기기로 결정했다. 이와 같은 조직의 기본 틀에 대한 파괴적 변화가 마이크로소프트의 전략과 인터넷 관련 제품들을 재창조함으로써 큰 성공을 거두는 원동력이 되었다.

제2절 조직변화의 관리

급변하는 현대의 경영환경에서 경영자들은 소극적인 방관자가 되거나 환경의 희생물이 되지 않고, 적극적인 **변화담당자**(change agent)가 되어야 한다. 변화 담당자의 역할을 수행하기 위해서는 예견력, 대응성, 융통성 및 적응력을 갖추어야 한다. 환경변화에 맞추어 조직을 이상적인 방향으로 재개발해야 하며, 무엇보다도 조직문화 자체에 대한 근본적인 변화가 있어야 한다. 조직변화의 과정에서 변화에 대한 구성원들의 저항을 극복하는 것도 변화담당자의 중요한 과제이다.

1. 변화의 방법

조직의 변화를 꾀하는 데는 일반적으로 세 가지 접근법이 있다: 하향식 변화, 상향식 변화 및 참여적 변화.

1.1 하향식 변화

동서양을 막론하고 조직의 일반적인 의사결정은 물론, 조직변화에 관한 의사결정 역시 주로 고위계층에서 결정해 그 결과를 하위계층으로 내려 보내는 **하향식 변화**(top-down change)가 일반적이었다. 크라이슬러의 전설적 경영자인 아이와 코카는 자기 독단으로 회사에 대한 대대적 조직개편을 단행해 성공을 거둠으로써 명성을 얻었다. GE의 경영철학을 송두리째 바꿔놓은 혁신적 변화과정에도 회사의 소수 임원들만이 관여했다.

하향식 변화는 조직의 변화를 실행하는 데 신속하고도 효율적인 방법이다. 그러나 종업원들과 하위경영자들이 지시적 리더십 스타일에 적응되어 있지 않을 경우, 하향식 접근에 의한 조직변화는 창조적이기보다는 파괴적일 수 있다.

1.2 상향식 변화

상향식 변화(bottom-up change)는 구성원들이 주도권을 가지고 변화과정에 참여하는 접근법이다.

변화에 대한 권한과 책임이 하위계층으로 위양된다. 미국의 휼렛-패커드, 존슨 & 존슨, 제록스, 디즈니, 아메리칸 익스프레스, 델타 항공, 3M 등 많은 기업들이 이러한 변화방식을 도입한다. 특히 3M은 매년 200개 이상의 신제품을 출시하고 있다. 이는 연구개발 기술자와 엔지니어들이 제품개발의 성패는 따지지 말고 자신의 근무시간 중 1/4을 새로운 아이디어의 개발과 실험에 할애하게 하는 회사정책에 기인한다.

상향식 변화가 조직변화에 대한 구성원들의 주도권을 강조하는 것은 사실이지만, 이것이 참여적 의사결정을 의미하는 것은 아니다. 이 접근법은 구성원들의 창의력을 중요시하는 반면에, 조직의 공식직 권한체계는 여진히 계층화된다. 따라서 만약 기업이 구성원들이 주도하는 변화에 대한 효과적 실행방법을 터득하지 못하거나, 경영자들이 건설적 변화를 지원하는 과업환경을 제공하지 못할 경우, 변화에 대한 구성원들의 주도권은 그 의미를 상실할 수 있다.

1.3 참여적 변화

참여적 변화(participative change)는 협력적 과업수행, 팀 의사결정 및 집단적 주도권 행사를 통해 모든 구성원들이 조직 변화에 참여하는 통합적 변화 방법을 말한다. 참여적 의사결정론자인 Edward E. Lawler는 참여적 변화를 위한 세 가지 모델을 제시하고 있다: 제안, 직무관여 및 고관여.

- **제안:** 제안(suggestion) 모델에서는 전통적 권한구조 하에서 변화에 관한 구성원들의 제안이 적극 권장된다. 종업원 제안은 그룹미팅, 그 중에서도 특히 조직계층 내의 공식적 품질 분임조 등을 통해 가능하다.
- **직무관여:** 직무관여(job involvement) 모델에서는 전통적 권한구조 하에서 구성원들이 직무충실화(job enrichment)의 개념을 통해 과업달성 방법을 자율적으로 통제한다. 조직 내에 품질 분임조와 같은 공식집단이 존재하지 않더라도 팀 성과가 강조되고, 구성원들의 성장과 개발이 장려되는 인사정책이 도입된다.
- **고관여:** 고관여(high involvement) 모델에서는 구성원들이 작업방법에 관한 결정을 내리고, 전략적 의사결정을 위한 정보를 제공하며, 주요 경영문제를 해결하기 위한 태스크포스에도 관여한다. 따라서 가장 고도화된 참여적 변화의 모델이다.

변화방법의 선택

의사결정과정에 종업원들을 참여시키고 조직변화에 이들의 지지를 구하는데 팀 콘셉트의 구축이 효과적인 방법이라고 인식되기 시작한 것은 1970년대 초의 일이다. 1980년대 초에는 일부 기업들 사이에 조직변화를 실행하는데 자율관리 팀이 이용되기 시작했다. 1990년대 초에 이르러서는 더욱 많은 기업들이 경영과정에 팀 콘셉트를 도입했으며, 때로는 공장 전체에 팀 콘셉트가 적용되기도 했다.

이처럼 종업원들이 기업의 주요 의사결정과 조직 변화 과정에 참여하는 참여적 변화 혹은 상향식 변화의 도입 추세는 앞으로도 지속될 것으로 전망된다. 다만, 참여적 변화나 상향식 변화가 실제의 경영 과정에 도입되기 위해서는 그에 적합한 작업환경이 조성되어야 한다. 그렇지 않고서는 이러한 접근법이 오히려 역효과를 거둘 수도 있음을 유의해야 한다.

크라이슬러의 아이아코카는 후임들에게 강력하고 중앙집권적인 의사결정의 유산을 남겨 놓았다. 이 회사의 가장 오래된 공장들 중 하나이면서 지저분하기로 유명한 뉴캐슬의 공장은 얼마 전만 해도 종업원들이 경영자들의 리더십을 거부하는 것으로 정평이 나 있었고, 작업자들은 조직변화를 고의로 방해한다는 비난을 받기도 했다. 그러나 지금은 공장의 대부분이 자율관리 팀에 의해 움직인다. 아예 시간기록계도 치워졌고, 작업자들은 자율적으로 과업을 할당하고 문제를 공동으로 해결하며, 노사 공동으로 구성된 협의체에서 공장에 관한 모든 의사결정에 관여한다. 그 결과 공장은 청결해졌고, 7%를 넘던 결근율이 3% 아래로 떨어졌다. 이 공장은 현재 크라이슬러 회사 전체의 품질을 선도하고 있다.

2. 조직개발

2.1 조직개발의 목적

조직개발(organizational development: OD)은 병든 조직을 건강하게 만들고, 건강한 조직은 더욱 건강하게 만들기 위한 일련의 기법과 절차로서, 조직 변화에 효과적인 접근법이다. 간단히 OD라고 부르는 조직개발은 "구성원들과 조직이 더욱 효과적으로 그 기능을 수행하도록 돕는 데 목적을 둔 계획된 변화 프로그램"이라 정의된다.

OD는 통일되고 일관성 있게 포장된 광범위한 경영기법들을 적용함으로써, 경영자들이 체계적으로 조직변화를 실행하는데 효과적인 장치이다. OD는 개인, 집단 및 조직의 모든 수준에서 유효성이 증대되도록 한다는 것이 OD 옹호론자들의 주장이다. OD는 구체적으로 다음과 같은 7가지 목적을 지향한다.

- 조직에 관한 목적이나 비전을 심화시키고 개인의 조직생활을 이들과 일치시킨다.
- 개인 간의 신뢰, 의사소통, 협력 및 지원을 강화한다.

- 문제에 대해 회피적 접근이 아닌 해결적 접근을 선호하도록 유도한다.
- 구성원들이 작업에 대한 열정을 쏟을 수 있도록 만족할 만한 작업경험을 쌓게 한다.
- 공식적 권한 대신 개인적 지식과 기술을 기반으로 부여되는 권한을 중시한다.
- 계획과 실행에 대한 개인적 책임을 증대시킨다.
- 변화를 향한 개인적 열의를 북돋운다.

OD는 일반적으로 행동조사를 기반으로 한다. **행동조사**(action research)란 외부의 전문가들이 집단, 부서, 혹은 조직에 관한 자료를 수집한 다음, 이 자료를 구성원들에게 피드백하면, 구성원들 스스로 자료의 분석을 통해 그 집단에 발생 가능한 문제와 그 해결방법을 도출하도록 하는 것을 말한다.

2.2 조직개발의 과정

조직개발은 일반적으로 3단계의 과정을 거쳐 이루어진다. 해빙, 변화, 및 재결빙이 그것이다. 먼저 **해빙**(unfreezing) 단계에서는 조직개발에 관한 진단이 이루어진다. **변화**(changing) 단계에서는 해빙에서의 진단결과를 토대로 조직에 대한 변화를 시도하는데, 이는 조직의 상황과 진단결과에 맞춘 조직적 개입을 통해 이루어진다. **재결빙**(refreezing) 단계에서는 조직개발로 인한 종업원 불만이나 저항과 같은 예기치 않은 부작용을 처리함으로써 조직개발을 마무리한다. 〈그림 11-2〉는 이러한 조직개발의 3단계를 보여준다.

〈그림 11-2〉 조직개발의 3단계

모든 조직계층 상의 변화담당자들에게 OD에 관한 아이디어를 행동으로 옮기는 데 훌륭한 로드맵으로 활용할 수 있는 것이 5P 체크리스트이다. 이 기법은 조직변화에 관심이 있는 사람은 누구

나 기억하기 쉬운 내용으로서, 다음 5개의 문항으로 구성되어 있다.

- **준비**(preparation): 문제나 콘셉트가 명확히 정의되어 있나? 문제에 관한 가정들이 현실성을 갖추고 있나? 최종 결과는 집단적으로 투입되는 시간, 노력 및 비용에 비추어 가치가 있을 것으로 기대되는가? 변화의 시작을 계기로 또 다른 변화노력을 시도하여 조직개발의 성공가능성을 높일 것인가, 아니면 그 단계로 마칠 것인가? 조직 내에 계획된 변화의 전 과정을 열정과 끈기로 추진할만한 열정적인 구성원들이 충분히 존재하는가?
- **목적**(purpose): 변화의 목적을 명확하고 측정 가능한 방법으로 표현할 수 있는가? 구체적인 조직개발의 로드맵과 주요 거점은 명확하게 설정되어 있는가?
- **참여**(participation): 조직에 대한 개인적 소속감과 변화를 향한 투쟁심을 가질 만큼 조직의 핵심 인사들이 변화를 가다듬고 완성하는데 주도적으로 참여하고 있는가? 조직 내에 변화를 강력히 찬성하고 지지하는 사람들이 자리 잡고 있는가? 변화의 저항자들에게도 변화과정에 참여할 기회가 부여되어 있는가?
- **진척**(progress): 변화실행의 로드 맵과 주요 중간 거점은 제대로 설정되어 있는가? 그렇지 않다면 그 원인과 대책은 무엇인가? 예기치 않은 장애물에 봉착하지는 않는가? 이 장애물의 제거 방법은 무엇인가?
- **지탱**(persistence): 변화과정에 포함된 모든 사람들이 어느 정도의 긴박감을 가지고 변화에 임하는가? 시간이 지남에 따라 팀이 변화가 지향하는 원래의 목적에서 이탈하지는 않는가? 구성원들이 변화가 진행되는 동안 자신이 직면하는 개인적 어려움을 감내할 수 있는가? 구성원들은 변화결과 유지되는데 필요한 자세와 역량을 갖추고 있는가?

2.3 조직개발의 방법

조직개발의 방법에는 네 가지가 있다. 이들은 모두 행동조사를 토대로 하는 기법들이다.

1) 인적 과정적 기법

인적 과정적 기법(human process technique)은 종업원들이 개인 간 및 집단 간의 문제를 더욱 합리적으로 해결하는 능력을 배양하는 데 목적을 둔다. 여기에도 몇 가지 기법이 있다. 첫째는 **감응성 훈**

련(sensitivity training)이다. 훈련 집단 내에서 참가자들이 자신의 감정을 공개적으로 표출하도록 조장함으로써 자신과 다른 사람들의 행동에 대한 통찰력을 얻도록 하는 기법이다. 이를 위해 10~15명의 종업원들이 직장 이외의 공간에서 만나, 과거의 경험적 관점에서가 아니라 현재의 집단적 상황에서 자기 자신을 자유롭게 표현하도록 한다.

둘째는 **팀 빌딩**(team building)이다. 행동조사에 의한 OD의 특징이 가장 선명하게 반영된 기법으로서, 팀의 유효성을 증진시키는 과정에 초점을 둔다. 여기서는 팀 미팅을 시작하기 전, 컨설턴트가 성과에 관한 광범위한 자료를 수집하고, 리더 및 구성원들과의 면담을 통해 이들이 성과창출에 장애가 되는 문제들을 파악한다. 팀 미팅이 시작되면 컨설턴트는 팀 성과와 문제점에 관해 수집한 자료를 참가자들에게 피드백한다. 참가자들은 이 자료를 정리, 분석 및 해석한 후 팀의 문제해결을 위한 해와 구체적 행동계획을 수립한다.

셋째는 **서베이 조사**(survey research)이다. 여기서는 전체 구성원들에 대한 태도조사를 통해 자료를 수집한 다음, 이를 각 작업집단에 피드백한다. 작업집단들은 이 자료를 토대로 문제에 대한 해답과 행동계획을 도출한다. 서베이 조사는 현재 조직이 처한 문제가 무엇인가를 명료하게 제시해 줌으로써, 경영자들과 종업원들을 해빙시켜 변화의 계기를 마련하는 데 널리 이용된다.

2) 기술구조적 기법

기술구조적 기법(technostructural technique)은 인적 과정적 기법과는 달리 주로 조직구조, 의사결정과 문제해결 방법 및 직무설계 등과 같은 기술구조적 부문을 변화시킴으로써 생산성과 효율을 향상시키는 데 초점을 두는 기법이다. 대표적인 것이 공식구조 변화 프로그램이다. 여기서는 종업원들이 공동으로 기존의 조직구조에 관한 자료를 수집 및 분석하고, 보다 생산적이고 효율적인 조직구조로 재설계한다. OD 전문가들은 이 외에도 품질 분임조와 직무 재설계를 포함한 다양한 종업원 참여 프로그램의 도입을 권장한다.

3) 인적자원 관리적 기법

인적자원 관리적 기법(human resource management technique)은 종업원들이 인적자원 관리에 관한 기존의 제도와 관행을 분석하고 이를 변화시키는 데 초점을 두는 기법이다. 변화의 주요 대상은 성과평가 시스템과 보상 시스템이다. 다양한 기능을 갖춘 구성원들 사이의 협력을 통해 조직의 시너지를 증대하기 위한 인적자원 다양화 프로그램 또한 이 기법에 속한다.

4) 전략적 기법

전략적 기법(strategic technique)은 기업의 전략, 구조, 문화 및 외부 환경 사이에 갭이 발생하지 않도록 조직의 전반적인 전략에 변화를 가하는 기법이다. 이 기법의 기본 배경에는 기업의 환경, 전략, 조직구조 및 조직문화는 상호 밀접한 관련을 갖는 변수들로서, 이들 사이에 일관성이 있을 때 조직성과와 유효성이 극대화될 수 있다는 아이디어가 깔려있다. 이 기법을 위한 대표적 접근이 **통합적 전략경영**(integrated strategic management) 모델이다. 이 접근은 다음 4단계로 구성된다.

- 1단계: 현재의 전략과 조직설계를 분석한다.
- 2단계: 현재의 기업환경에 바람직한 전략과 조직설계를 선택한다.
- 3단계: 전략적 변화를 실행하기 위한 계획을 수립한다.
- 4단계: 변경된 전략을 실행에 옮긴다.

2.4 조직문화의 변화

조직변화를 위해서는 **조직문화**(organizational culture)를 변화시키는 것이 필수적이다. 다만 조직문화는 변화가 어렵다는 특성이 있어서, 이를 변화시키려면 구성원들의 저항을 받기 쉽다. 대부분의 경우 종업원들은 지금까지의 작업방법과 사고방식을 고수하려하기 때문이다. 그러나 다음과 같은 상황이 발생할 경우 조직문화는 변화의 가능성이 높고, 따라서 이러한 상황이 되면 문화적 변화를 꾀하는 것이 바람직하다.

- **심각한 위기 발생**: 현재의 상태를 위협하는 충격이 발생하면 사람들은 현 문화의 적절성에 대해 강한 우려를 나타내면서 문화적 변화를 고려하게 된다. 재무구조의 악화, 대형 고객의 상실 및 경쟁자의 기술혁신 등이 이러한 상황의 예이다.
- **리더의 교체**: 조직에 새로운 핵심가치를 제공할 수 있는 사람으로 조직의 리더가 바뀌면, 구성원들은 새로운 리더로부터 조직문화의 변화를 기대하게 된다.
- **젊거나 작은 조직**: 조직이 젊을수록 그 조직의 문화는 외부의 변화에 취약하다. 또한 대기업보다는 소기업의 종업원들이 새로운 가치를 쉽게 받아들인다.

- **취약한 기반의 조직문화**: 현재의 조직문화가 지향하는 가치가 종업원들 사이에 광범위하고도 확고하게 퍼져 있을 경우, 조직문화의 변화는 그만큼 힘들어진다. 반대로, 현재의 조직문화의 기반이 취약할수록 그에 대한 변화가능성은 커진다.

독자가 험담과 투기(妬忌), 관료적 사고로 찌든 어느 조직의 CEO로 임명되었다면, 조직의 문화를 변화시키기 위해 어떠한 조치를 취하겠는가? 경영전문가 Edgar Schein은 조직문화를 변화시키는데 효과적으로 이용할 수 있는 1차적 구현 메커니즘(primary embedding mechanism)과 이를 효과적으로 실행하는데 필요한 2차적 강화 메커니즘(secondary reinforcing mechanism)을 제시했다. 〈표 11-2〉는 이를 정리한 것이다.

〈표 11-2〉 E. Shein의 조직문화 변화 메커니즘

1차적 구현 메커니즘	2차적 강화 메커니즘
1. 종업원들에게 경영자가 관심 있게 측정하고 평가하는 성과척도를 전달한다. 2. 종업원들에게 조직 내 중대 사건과 위기상황에 대한 대응방법을 교육한다. 3. 종업원들에게 조직이 중시하는 가치를 가르치고 경영자가 이 가치를 몸소 실천한다. 4. 종업원들에게 보상과 처벌을 통해 다수의 과업에 대한 경영자의 우선선위를 전달한다. 5. 인적자원 관리의 절차가 경영자의 가치와 신념에 일치하도록 한다.	1. 조직구조를 재설계한다. 2. 새로운 제도와 절차를 도입한다. 3. 공장과 사무실의 건물, 외관 및 물리적 공간을 재설계·재배치한다. 4. 종업원들에게 조직 내 성공한 사람들과 중요한 사건들을 주입한다. 5. 조직의 철학, 신조 및 강령을 공식적으로 천명한다.

2.5 변화에 대한 저항의 극복

변화를 관리하는 것은 **저항**(resistance)을 관리하는 것과 같다고 할 수 있을 정도로, 변화에 대한 저항을 극복한다는 것은 쉽지 않다. 조직변화는 1990년대 초 인터넷의 경우처럼 자신들에게 아직 익숙지 않은 새로운 기술일 수도 있고, 조직 재편성, 합병, 새로운 급여제도, 혹은 새로운 성과평가 시스템일 수도 있다. 어떤 것이든 조직변화는 잔잔한 호수에 던져지는 돌멩이와 같다. 조직에 가해지는 최초의 충격은 그 파문을 사방에 번지도록 하면서, 예기치 못한 결과를 몰고 오기도 한다. 이성적이든 감정적이든 저항은 전진하는 수레바퀴를 멈추게 할 수도 있다. 변화에 대한 저항을 극

복하는 방법은 다음과 같다.

① **교육:** 교육은 무엇보다도 설득력이 있는 저항관리 방법이다. 치료보다는 예방을 강조하는 방법이기 때문이다. '사후약방문(死後藥方文)'이 되지 말자는 뜻이다. 이 방법의 기본 아이디어는 종업원들이 변화 뒤의 숨은 논리와 진정한 변화의 필요성을 이해하도록 돕자는 것이다. 이를 위해 토론, 설명회, 보고서나 간행물 등, 다양한 수단이 동원될 수 있다.

② **참여:** 개인이 참여를 통해 변화과정에 관여하는 것은 작업장의 변화에 관한 이성적·정서적 두려움을 해소할 수 있는 효과적인 방법이다. 변화에 대한 설계와 실행에 참여함으로써 구성원들은 변화의 성공 여부에 각별한 관심을 가질 수 있다.

③ **촉진:** 종업원들이 두려움이나 공포 때문에 새로운 방법에 의한 작업수행에 저항할 때에는 경영진이 특별교육, 직무 스트레스 상담 및 보상휴가와 같은 정책을 통해 정서적 안정을 꾀함으로써, 변화의 수용이 원활해지도록 지원하는 것이 바람직하다.

④ **협상:** 때로는 조직변화에 대한 협조의 대가로 종업원들에게 무엇인가 가치 있는 것을 제공함으로써 잠재적 혹은 실재적 저항을 잠재울 수 있다.

⑤ **조작:** 경영자들이 조직의 변화에 관한 정보들 중 어떤 것은 은폐하고 어떤 것은 종업원들과 공유하거나, 변화가 성공할 수 있도록 고의로 특정의 사건을 일으키는 것을 말한다. 조작은 저항에 대한 신속하고도 저렴한 대안일 수는 있으나, 종업원들이 인위적으로 조작되고 있다는 사실을 인지할 경우 심각한 문제를 야기할 수 있다.

⑥ **강제:** 이상의 방법이 여의치 않으면, 경영자들은 급여삭감, 승진기회 박탈, 인사 이동, 퇴출 등의 조치로 종업원들을 위협함으로써 변화의 대열에 동참하도록 강요할 수도 있다.

제3절 조직 혁신

쿠어스(Coors) 회사는 오랫동안 기술혁신으로 그 이름이 잘 알려져 있다. 쿠어스는 제품을 포장하는 데 알루미늄 캔을 사용한 최초의 회사이자, 냉각여과 방식으로 제품을 생산한 최초의 회사이다. 그러나 이 회사는 결코 과거의 성공에 안주하지 않으며, 제품과 제조공정에 대한 지속적 혁신을 도모한다. e비즈니스와 글로벌 경쟁이 보편화된 동태적 세계, 혼돈의 세계를 살고 있는 오늘의 경영자들이 성공적으로 경쟁하기 위해서는 조직구조, 제품, 제조공정, 업무절차, 고객 서비스 등, 다양한 분야에서 혁신을 시도해야만 한다. 혁신에 성공한 기업의 제품 하면 떠오르는 것이 소니의 워크맨, 3M의 포스트잇 및 인텔의 마이크로 칩이다. 이러한 혁신 챔피언들의 성공비결은 무엇일까? 무엇이 이 기업들의 경영자들을 다른 조직들보다 더 혁신적이도록 만들었을까?

1. 혁신의 의의

슘페터는 **혁신**(innovation)을 '창조적 파괴(creative destruction)'라 정의한 바 있다. 혁신이 되기 위해서는 우선 현상(status quo)을 과감히 파괴할 수 있어야 하고, 파괴는 다시 새로운 창조로 이어져야 한다는 뜻이다. 혁신(革新)의 개념은 창조성 혹은 창의력이라는 용어와 밀접한 관련이 있다. **창의력**(creativity)은 여러 아이디어들을 독특하고 특수한 방법으로 연결시키는 능력을 의미한다. 혁신은 창조적인 아이디어를 도출하여 이를 유용한 제품, 서비스, 혹은 작업방법으로 전환시키는 과정이다. 따라서 혁신적 조직은 창의력을 유용한 결과로 전환시킬 수 있는 능력이 크다.

〈그림 11-3〉은 혁신의 과정을 시스템적 관점에서 설명한 것이다. 그림에 의하면 혁신을 통해 바람직한 **산출**(output), 즉 독창적이고 혁신적인 제품과 작업방법을 얻어내기 위해서는 먼저 혁신을 위한 투입이 중요하다. **투입**(input)이란 혁신적이고 창의력이 풍부한 사람과 집단 및 조직을 의미한다. 이 장 끝 부분 연구문제에 제시된 자기평가를 통해 독자는 자신에게 혁신적 자질이 얼마나 있는지 평가할 수 있다.

〈그림 11-3〉 혁신에 대한 시스템적 관점

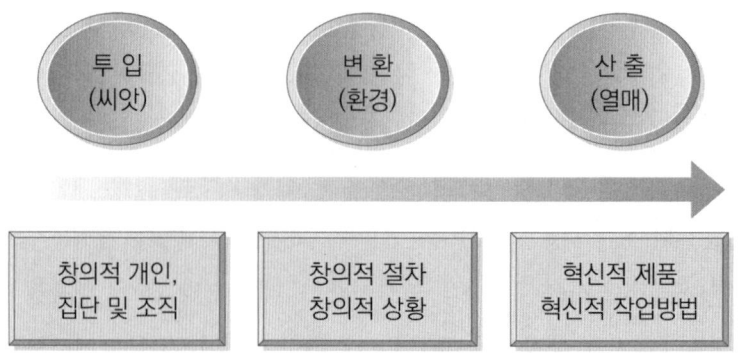

그러나 혁신을 일구어내는 데는 창의적이고 혁신적인 자질을 갖춘 사람들의 투입만으로는 부족하다. 혁신적인 사람들은 혁신적인 제품과 작업방법이라는 열매를 생산하기 위한 씨앗에 불과하다. 이 씨앗에서 혁신의 싹이 트고 꽃을 피워 이것이 열매를 맺을 만큼 성장하기 위해서는 싹이 열매로 바뀌는 변환(transformation)의 단계를 거쳐야 한다. 여기서 변환이 제대로 이루어져 경영자의 의도대로 혁신적 제품과 혁신적 작업방법이 수확되기 위해서는 혁신을 성취하는 데 바람직한 환경이 필요하다. 혁신환경(environment of innovation)은 혁신의 씨앗에 자양분을 공급해 줌으로써 맛있고 영양이 풍부한 열매를 맺도록 해 주는 토양, 거름, 물, 햇빛 등과 같은 것들이다. 조직의 환경이 혁신에 적합한 환경이 되려면, 먼저 조직 내에 문제를 해결하거나 의사결정을 내리는 데 필요한 창의적 절차가 구축되어 있어야 한다. 또한 창의적 아이디어를 개발해 혁신적 제품과 작업방법으로 전환시키는 데 적합한 여건의 조성도 필수적이다. 쿠어스, 소니, 3M 및 인텔은 이러한 창의적 절차와 창의적 여건을 갖춘 조직들이다.

2. 혁신의 주요 변수

조직이 혁신을 자극하고 이 혁신이 성공을 거두기 위해서는 세 변수들의 조합이 필요하다. 조직구조, 조직문화 및 인적자원이 그것이다. 이 변수들은 모두 혁신을 자극해 열매를 맺도록 하는 요소들이다. 〈그림 11-4〉는 이를 시스템적인 관점에서 설명하고 있다.

2.1 조직구조

조직구조(organizational structure)가 혁신에 미치는 영향은 다음과 같다. 첫째, 유기적 구조(organic structure)는 혁신에 긍정적인 영향을 미친다. 이 형태의 조직은 공식화, 집권화 및 작업 전문화의 수준이 낮기 때문에, 혁신에 필요한 융통성, 적응력 및 부문 간 협력적 연계를 용이하게 한다.

둘째, 풍부한 자원의 이용가능성은 혁신을 위한 핵심적 조건이 된다. 자원이 풍부하면 경영자들은 외부에서 개발된 혁신을 사들일 수도 있고, 혁신의 실행에 필요한 자금의 지출도 용이하며, 혁신의 시도가 실패했을 경우 그 충격을 완화할 수도 있다.

셋째, 부문 간 의사소통이 활발할수록 혁신에 대한 장애요인을 극복하기가 용이하다. 교차기능 팀, 태스크 포스와 같은 조직형태는 기능부문 간 상호작용을 원활하도록 하기 때문에, 혁신적 조

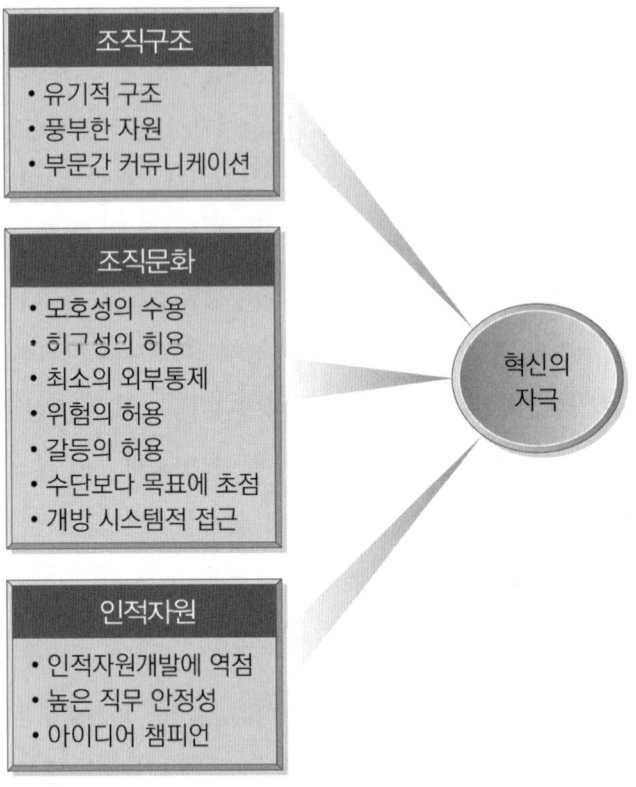

〈그림 11-4〉 혁신에 대한 시스템적 관점

직들에서 널리 이용되는 조직설계 방법이다. 예로서, 3M은 고도로 분권화된 조직구조 하에서 규모가 작은 조직들이 갖는 유기적 특징들을 갖추고 있어, 부문 간 활발한 소통과 상호작용을 통해 환경변화에 유연하게 대처한다.

2.2 조직문화

혁신적 조직문화(organizational culture)는 일반적으로 다음과 같은 특징이 있다.

- **모호성의 수용**: 지나친 객관성과 구체성은 창의력을 구속하므로, 어느 정도의 모호성은 수용한다.
- **허구성의 허용**: "what-if(...한다면, 어떻게)?" 형태의 문제에 대해 비현실적이고 어리석은 답변을 제시하는 사람들의 의견도 묵살하지 않는다. 얼핏 허구적인 것으로 보이는 것도 혁신

적인 결과를 산출할 수 있기 때문이다.
- **조직적 통제의 최소화**: 규칙, 규제, 정책 및 유사한 형태의 조직적 통제를 최소화한다.
- **위험의 수용**: 구성원들에게 실패를 무릅쓰고 실험에 도전하도록 권장한다. 실패를 학습의 기회로 간주한다.
- **갈등의 허용**: 의견의 다양성을 존중한다. 개인 간 혹은 부문 간의 조화와 합의만이 높은 성과의 조건으로 간주되지는 않는다.
- **수단보다 목표에 초점**: 명확한 목표가 설정되며, 목표의 달성을 위해 다양한 대안들을 고려한다. 주어진 문제에 대해 다양한 해(解)가 존재할 수 있음을 인식한다.
- **개방 시스템적 접근**: 환경의 변화를 면밀히 감시하고 변화가 발생하면 창조적으로 대응한다.

2.3 인적자원

인적자원(human resources)의 관점에서 볼 때, 혁신적 조직은 구성원들의 훈련과 개발을 적극적으로 추진함으로써 이들의 지식과 기술이 끊임없이 최신화되고, 실수로 인한 해고의 두려움이 없이 모두가 변화를 향한 '아이디어 챔피언'이 되도록 장려한다. **아이디어 챔피언**(idea champion)이란 새로운 아이디어를 적극적으로 지지하고 저항을 극복하면서 혁신이 확실하게 실행될 수 있도록 조직 내에서 주도적 역할을 수행하는 사람을 말한다. 아이디어 챔피언은 조직 내의 다른 사람들과 구별되는 몇 가지 특징을 지닌다.

첫째, 독특한 개성을 지닌다. 극도의 자신감, 인내력, 활력 및 모험정신은 이들의 전형적인 특성이다.

둘째, 동태적 리더십과 관련된 특성을 갖는다. 혁신의 잠재력에 대한 비전과 자신의 사명에 대한 확신을 가지고 다른 사람들이 혁신에 참여하도록 독려한다.

셋째, 조직이 이들에게는 의사결정의 재량을 부여한다. 이를 통해 혁신 챔피언들은 조직이 혁신을 도입하고 실행하는데 선도적 역할을 수행한다.

화성표면을 탐사한 우주자동탐사기 'Sojourner'호는 D. L. Shirley의 도전정신이 없었으면 탄생하지 못했을지도 모른다. Shirley는 1980년대 초 이후 NASA의 화성탐험 팀의 리더로서, 화성 탐사장치의 개발 아이디어에 몰입하고 있었다. 그는 NASA의 재정적 지원 부족으로 프로젝트 착수에 난항을 거듭했지만, 아이디어 챔피언으로서의 역할을 포기하지 않고, 결국 1990년대 초 정부로부터 이 프로젝트 착수의 승인을 받아내는 데 성공했다.

3. 혁신의 유형과 기법

혁신은 새로운 아이디어를 창출하고 실행하는 과정이다. 새로운 아이디어는 여러 가지 형태를 띠기 때문에 혁신에도 여러 가지 유형이 있을 수 있다.

첫째는 **기술 혁신**(technical innovation)이다. 이는 새로운 제품이나 서비스를 개발하는 것을 말하며, 혁신의 가장 중요한 부분을 이룬다.

둘째는 **과정 혁신**(process innovation)이다. 이는 제품의 제조공정, 서비스의 산출 및 제공 절차, 판매 및 유통 과정 등, 제품과 서비스의 생산 및 분배에 관한 새로운 방법을 도입하는 것을 말한다.

셋째는 **관리 혁신**(administrative innovation)이다. 이는 조직환경의 변화에 능동적으로 대응할 수 있도록 조직구조를 재설계하고, 조직의 인적자원 관리를 혁신하는 것을 말한다. 태스크 포스, 교차기능 팀, 가상 팀(virtual team) 등을 적극적으로 도입하거나, 개인 중심이 아닌 팀 중심의 보상을 실시한다면, 이는 관리적 혁신에 해당한다.

동태적 기업환경에 효과적으로 적응하기 위해 기업들이 도입하는 주요 혁신기법은 다음과 같다.

3.1 TQM

TQM, 즉 종합적 **품질경영**(Total Quality Management)은 제품과 서비스에 대한 고객 욕구의 만족을 통해 기업 전체의 경쟁력을 향상시키고자 하는 경영철학이다. 여기서는 최고의 품질을 위해 제조공정은 물론 기업의 전반적 프로세스에 대한 **지속적 개선**(continuous improvement: CI)을 추구한다. 이를 위해 종업원들에 대해 끊임없는 교육훈련을 실시하고, 공급업자와의 장기적 협력관계를 구축한다. TQM을 위해서는 최고경영자의 적극적 리더십과 전 구성원의 참여, 및 모든 부문 간의 긴밀한 협력이 필요하다. TQM 철학의 구현을 위해서는 〈표 11-3〉과 같이 조직구조, 기술, 구성원 및 변화담당자의 네 가지 요소가 충족되어야 한다.

〈표 11-3〉 지속적 개선을 위한 TQM 구성요소

구 조	기 술	구성원	변화담당자
- 분권화 - 팀워크 지향 - 전문화 지양 - 통제의 폭 확대	- 유연성 있는 작업 절차 및 공정 설계 - 가치사슬 전체에서의 고품질 지향	- 품질의식이 투철한 인력 선발 - 교육훈련 - 지원적 성과평가 및 보상 시스템	- 독특한 개성적 특질 소유 - 최고경영층의 적극적 리더십 및 지원

3.2 리스트럭처링

이론 상 **리스트럭처링**(restructuring)은 조직에 구축된 권한, 책임 및 통제의 구조를 재구성하는 것을 말한다. 구조조정의 두 유형인 조직 구조조정과 사업 구조조정 중 조직 구조조정에 가까운 개념이다. 그러나 현실적으로는 리스트럭처링이 전체적인 사업 구성을 재편하는 사업 구조조정을 의미하는 경우가 많다. 사업 구조조정에도 기업 내에 새로운 사업이나 사업부를 추가하는 **사업다각화**(business diversification), 기업의 한 사업부를 새로운 조직으로 독립시키거나 투자자에게 매각하는 **스핀오프**(spin-off) 등이 있다. 특히 스핀오프는 해당 사업부가 수익성이 높아 주식시장에서 투자자들이 이 사업을 대상으로 한 신주발행에 매력을 느낄 때 실시하는 것이 바람직하다. 실례로, 시어즈 로박(Sears, Roebuck & Company)은 리스트럭처링을 단행하면서 보험, 부동산 및 금융 부문의 지분을 매각했다. 목적은 원래의 사업 분야인 머천다이징과 유통분야에 치중하기 위해서이다.

기업은 보통 여러 가지 분석을 통해 리스트럭처링의 대상을 평가한다. 종업원 수 대 매출액, 스텝 수 대 작업자 수, 경영자의 통제의 폭(span of control) 등이 그것이다. 그러나 리스트럭처링이 좋은 결과를 가져온다는 보장은 없으며, 오히려 경영성과를 악화시키기도 한다. 특히 종업원 해고를 주요 내용으로 하는 리스트럭처링은 장기적으로는 효과적일 수 있으나, 내보내는 기업, 나가는 사람 및 남아 있는 사람 모두에게 고통을 준다.

3.3 리엔지니어링

리엔지니어링(reengineering)은 기업의 생산성과 재무적 성과를 향상시키기 위해 작업이나 업무처리의 절차를 근본적으로 재설계하는 것을 말한다. 이는 작업이나 업무처리에 대한 지금까지의 절차와 방법을 무시하고, "원점에서 출발한다고 하면 현 시점에서 가장 효율적인 절차나 방법은 무엇인가?"의 관점에서 조직구조, 사람 및 기술에 대한 근본적 변화를 시도하는 혁신기법이다. 스웨덴의 ICA Handlarnas는 작업과정에 대한 리엔지니어링을 통해 3,350개에 달하는 기업의 전 소매점을 하나의 메인 프레임 데이터베이스에 연결시킴으로써, 경영자들이 재고에 관한 모든 정보를 즉시 입수할 수 있도록 했다.

리엔지니어링은 지향하는 목표는 TQM과 유사하나, 내용에서는 차이가 있다. 〈표 11-4〉는 TQM과 리엔지니어링을 비교한 것이다.

〈표 11-4〉 TQM과 리엔지니어링의 비교

비교기준	TQM	리엔지니어링
변화의 속도	지속적,점진적 변화	급진적 변화
변화의 형태	교정 및 개선	새 출발-재설계
변화의 범위	대부분 "있는 그대로"	"할 수 있는 것은 모두"
변화의 방향	상향식 변화	하향식 변화

3.4 다운사이징

다운사이징(downsizing)은 계획적으로 특정의 직책을 없애고 종업원들을 해고함으로써 인력의 규모를 축소하는 조직변화 방법이다. 이는 1990년대의 전형적인 조직구조 변화 전략이다. 노동시장 분석가들의 보고에 의하면, 1990년에서 1996년 사이 미국 노동자들 중 약 천4백만 명이 해고되었다고 한다. 다운사이징의 가장 중요한 이유는 생산성 향상이다. 글로벌화된 경쟁환경에서 기업의 생존 방법은 작업자의 생산성 향상을 통한 경쟁력 제고이다. Digital Equipment를 비롯, McDonnell-Douglas, 제너럴 일렉트릭, 시어즈 등 다운사이징을 단행한 대기업들이 30% 가까운 생산성 향상을 올린 바 있다.

다운사이징의 부작용은 무엇보다도 인간성 소외이다. 또한 종업원들의 사기 저하와 경영진 불신을 초래한다. 따라서 기업은 다운사이징의 여파를 최소화하기 위해 노력해야 한다. 종업원들을 상대로 한 다운사이징의 불가피성 설득, 해고의 대가로 충분한 경제적 보상이나 편익 제공, 해직자에 대한 구직 알선 및 구직 방법 제안, 및 생존자들의 정서적 안정과 동기부여 등이 그 노력의 일환이다.

3.5 EVA(경제적 부가가치) 경영

EVA, 즉 경제적 부가가치 경영(economic value-added management)이란 기업이 구조조정, 사업투자 결정, 사업부 업적평가 및 임직원 인사고과와 같은 중요한 결정을 내릴 때, 경제적 부가가치를 의사결정 기준으로 삼는 경영방식을 말한다. 여기서 경제적 부가가치(economic value-added)는 법인세 공제 후 영업이익에서 타인자본비용(금융비용)과 자기자본비용(주주의 기대수익)을 차감하고 남은 이익으로서, 영업활동을 통해 창출된 수익이 투하된 자본의 비용을 초과하는 금액을 뜻한다. 즉, 기업이 투자자들과 채권자들에게 일정 수준의 수익을 제공한 후 어느 정도의 부가가치를 창출했는가를 평가하는 지표이다. EVA는 다음 공식에 의해 산출된다.

- EVA(경제적 부가가치) = 법인세 공제 후 영업이익 - 자본비용
  = (영업이익 - 법인세) - (타인자본비용 + 자기자본비용)

EVA 경영이 대두된 것은 단순한 이익을 중심으로 한 종전의 경영활동 평가기준인 EPS(주당 순이익), PER(주가수익률), ROE(자기자본순이익률) 등이 기업의 안정성이나 흑자도산 가능성을 제대로 보여주지 못한다는 단점이 있기 때문이다. 그에 비해 EVA는 현금흐름에 초점을 맞추고, 각종 회계지표와는 상관없이 실제로 기업이 장기적 수익성을 안정적으로 창출하고 있는지, 그리고 충분한 기업가치를 실현하고 있는지에 관한 정보를 제공한다. 이와 같은 경제적 부가가치를 주요 문제에 대한 의사결정기준으로 도입한 대표적인 회사로는 GE(제너럴 일렉트릭), AT&T, 코카콜라 등을 들 수 있으며, 이들은 EVA 경영을 통해 수익성이 향상되고, 주가 또한 상승했다. 우리나라에서도 포스코, KT, 삼성 등을 필두로 EVA 경영을 시도하고 있다.

제4절 창의성 개발

조직변화나 조직개발에 있어 경영자들이 관심을 가져야 할 이슈들 중 하나가 구성원들의 창의성 개발 및 유지이다. 창의성이란 무엇인가? 무엇이 개인을 창의적으로 만드는가? 창의적 과정은 어떻게 이루어지는가? 어떻게 조직을 창의적으로 변화시킬 수 있는가?

1. 창의성의 의의와 영향요인

1.1 창의성의 의의

창의성(creativity)이란 새로운 아이디어를 창출하거나 기존 아이디어에 대해 새로운 관점을 취하는 개인적 능력을 말한다. 창의성은 동태적인 기업환경에 창조적으로 대응하는데 필요한 핵심 요소이다. 실패를 두려워하지 않는 3M, 인텔, 마이크로 소프트 등은 창의적 사고를 조직의 핵심 가치로 삼는 기업들이다.

1.2 창의성의 영향요인

창의적인 사람들은 공통적인 특징이 있다. 공통적인 특징은 일반적으로 세 가지이다.

① **개인적 특질**(personal trait): 개인이 가진 특질에 따라 창의성이 달라질 수 있다. 창의적인 사람들의 대부분이 공유하는 특질은 개방성, 복잡성의 수용, 에너지와 열정, 독립성, 자율성, 자기 확신 등이다. 이러한 특질을 소유한 사람은 그렇지 않은 사람들보다 창의적일 가능성이 크다. Twitter와 테슬라(Tesla)의 회장 Elon Musk는 자기 효능감(self-efficacy)과 자아존중이 높기로 유명하다. 이러한 특질은 창의력 추구의 원천으로 작용한다.

② **인지능력**(cognitive ability): 인지적 능력은 지적으로 생각하고, 주어진 상황과 데이터를 체계적으로 분석할 수 있는 능력을 말한다. 지성(intelligence)은 개인의 창의성에 대한 전제조건이다. 물론 지성이 높은 사람이 반드시 창의적인 것은 아니지만, 창의적이려면 어느정도 지성이 높아야 한다. 창의성은 확산적 사고와 수렴적 사고의 능력과 관련이 있다. **확산적 사고**(divergent thinking)는 개인으로 하여금 다양한 상황, 현상 혹은 사건들을 보고 그들 사이의 차이를 발견하는 기술을 갖도록 하고, **수렴적 사고**(convergent thinking)는 다양한 상황, 현상 혹은 사건들을 보고 그 유사성을 발견하는 기술을 갖도록 한다. Elon Musk는 소프트웨어 개발, 금융경영, 우주탐험, 채광, 및 자동차 생산과 같은 다양한 분야에 지극히 조예가 깊은 것으로 잘 알려져 있다.

③ **경험적 배경**(background experience): 일반적으로, 창의적인 사람들은 창의성이 배양되는 환경에서 자란 사람들이라는 것이 연구결과로 밝혀지고 있다. 모차르트는 음악인 가족에서 자

라 6세에 작곡과 연주를 할 수 있었다. 위대한 과학자들인 퀴리 부부는 딸 Irene을 키워 노벨 화학상을 받도록 했다. 에디슨의 창의력은 자기 어머니로부터 배양된 것으로 알려져 있다. 12세의 나이에 컴퓨터 프로그래밍 소유권을 비디오 게임회사에 판매한 Elon Musk 또한 어머니로 인해 프로그래밍 능력을 배양할 수 있었다고 한다.

2. 창의성 개발과정

일반적으로 창의성은 대부분 다음 4단계를 거쳐 개발된다.

① **준비**(preparation): 창의성은 일정한 준비기간이 지나 싹트기 시작한다. 사업가가 기업경영에 기여하기 위해서는 관련 사업분야에 대한 교육 및 훈련과정을 필요로 한다. 교육훈련은 특히 연구조사나 정보수집에 능숙해지는데 가장 효율적인 방법이다. 학부와 석사과정에서의 공교육은 스피드와 창의성 함양에 효과적인 과정이다. 공교육을 마치고 경영자들이 받는 직무훈련 또한 창의성 생성에 기여한다. 공식적 교육훈련은 경영자들의 사업경력이 종료될 때까지 끊임없이 지속되어야 한다. 약물 리피토(Lipitor)의 발명가 Bruce Roth는 대학에서 화학 박사학위를 취득한 다음 그 분야의 전문경험과 지식을 쌓기 위해 다년간 제약회사에 근무했다.

② **보육**(incubation): 보육은 준비 단계에서 축적한 지식, 정보 및 아이디어가 더욱 성숙화하고 진화하는 단계이다. 기울이는 노력의 의식수준과 집중도는 준비단계보다 약하다. 이 단계의 흥미 있는 측면은 합리적 사고의 집중을 멈추는 것이 때로는 창의성 배양에 도움이 된다는 것이다. 대신에 조깅, 수영 혹은 운동과 같은 물리적 활동을 하면서, 사고를 멈추고 휴식을 취하는 것이 바람직하다. 음악을 듣거나 독서를 하거나, 혹은 수면을 통해 휴식을 취하는 것도 좋다. Bruce Roth는 체내의 콜레스테롤 조절을 위해 제약회사 Warner-Lambert에 근무한 적이 있으며, 틈나는 대로 추리소설을 읽고 산행을 즐겼다고 한다. 그는 이 때가 자기 사고의 절정의 시기이었다고 술회한다. 빌게이츠 또한 마이크로소프트를 경영할 때, 일 년에 두 번 외딴 곳 목재 오두막에 기거하면서 향후의 기술 추세를 숙고했다고 한다. 그는 마이크로소프트가 나아가야 할 방향에 대한 최고의 통찰력을 얻은 시기가

바로 이 때이었다고 회고한다.[1]

③ **통찰력**(insight): 일반적으로, 창의적인 사람이 준비와 보육 단계를 지나면, 자연발생적 도약, 즉 통찰력의 단계에 들어간다. 여기서 그는 어떤 문제나 상황에 대해 새롭게 이해하게 된다. 통찰력은 보육 기간 중 성숙해진 여기저기의 산만한 생각들과 아이디어들을 한데 모아 종합시키는 능력을 말한다. 이는 새로운 경험, 새로운 데이터나 정보와의 만남, 심리적 진화 및 논리력 향상 등과 같은 요인에 의해 발생한다. 어느날 Bruce Roth는 종전의 연구들을 조사하고, 현재 개발 중인 신약이 기존의 다른 의약품들보다 더 효과적임을 발견하였다. 여기서 그는 종전의 연구에서 확인되지 않은 의미 있는 통계적 패턴을 찾아내었다. 이러한 조사들은 신약 개발에 중대한 진전을 가져 온 계기가 되었다.

④ **검증**(verification): 일단 통찰력이 생기면, 이 통찰력의 타당성이나 진위 여부에 대한 검증에 돌입한다. 검증단계에서는 제시된 창조적 아이디어들에 대한 과학적 실험을 토대로 이 통찰력이 실제로 예상된 결과를 도출하는지 규명한다. 신제품 개발에 관한 아이디어에 대해 기술적, 경제적 타당성을 검증하는 것이 그 예이다. Bruce Roth와 그 동료들은 신약의 약효에 대한 표본실험을 실시하고, 이를 토대로 신약에 대한 FDA(미식약청) 승인을 받았다. Lipitor라는 이름의 이 신약은 제약 사상 최대의 판매량을 기록하였다.

3. 조직의 창의성 향상 방법

경영자들이 자기 조직의 창의성을 향상시키는 방법은 여러 가지이나, 가장 효과적인 방법은 두 가지이다. 첫째는 조직문화를 이용하는 방법이다. 창의성을 향상시키기 위해서는 무엇보다도 창의성을 지향하는 조직문화를 구축하는 것이 좋다. 특히 창의성 향상을 목표로 삼는 조직문화의 경우 더욱 효과적이다. Google과 3M은 미래 수익의 일정한 비율을 신제품으로부터 창출한다는 목표를 설정하고 있다. 이는 창의성을 통한 혁신이 매우 중요시된다는 시그널이다.

둘째는 창의적 성공에 대해서는 보상을 실시하되, 창의적 실패에 대해 처벌하지 않는 방법이다. 실세계에는 이론상 가치 있는 아이디어 같았으나, 결국 실패하는 사례가 많다. 만약 실패한 아이

---

[1] Robert A. Guth, "In Secret Hideaway, Bill Gates Pondered Microsoft's Future," *Wall Street Journal*, March 28, 2005, www.wsj.com on April 15, 2020.

디어를 제시한 사람이 징계를 받으면, 나머지 사람들은 아이디어의 제시에 신중을 기할 수밖에 없어, 조직 전반적으로 아이디어의 창출이 위축된다. 스티브 잡스는 논쟁을 중시하는 애플 특유의 토론문화를 정착시키고, 새로운 아이디어를 자유로이 개진 및 토론하는 과정에서 구성원들의 피동적, 공격적 태도나 행위를 제지하였다.

제5절 기업지배구조 개선

조직변화나 혁신과 관련해 1990년대 이후 학계와 산업계의 큰 관심을 끌고 있는 이슈가 기업지배구조이다. 여기서는 기업지배구조 문제의 본질과 개선방향을 논의하고자 한다.

1. 기업지배구조의 의의와 유형

1.1 기업지배구조의 의의

기업지배구조(corporate governance structure)는 조직변화나 혁신과 관련해 대두되는 문제로서, 1990년대 이후 학계의 큰 관심을 끌고 있는 이슈이다. 이는 기업구조와 관련하여 대주주, 소액주주, 채권자, 경영자 및 종업원 등, 기업 이해관계자들의 역학관계를 총칭하는 표현으로서, 기업 경영을 다스리는 조직구조가 어떻게 형성되어 있느냐를 뜻한다.

기업의 지배구조 문제는 기업에 대한 **소유의 집중**(concentration of ownership)과 깊은 관련이 있다. 소유의 집중은 **소유와 경영의 분리**(separation of ownership and management)에 따라 경영자가 주주들을 대신해 기업을 경영함으로써 발생하는 **대리인 비용**(agency cost)을 없앨 수 있다는 점이 그 타당성의 근거이다. 그러나 실제로는 주주들과 경영자의 이해관계를 일치시킴으로써, 소수의 대주주와 경영자의 지배권 보호라는 목적으로 소유의 집중이 악용되는 것이 현실이다.

1.2 기업지배구조의 유형

이론 상 기업의 지배구조는 크게 두 가지 유형으로 나뉜다. 하나는 **주주 자본주의 모델**(shareholder capitalism model)로서, 기업을 주주의 재산적 집합체로 보아 주주의 가치가 극대화되는 방향으로 지배구조가 형성되는 경우이다. 미국, 영국 등 주식시장이 발달한 지역에서 일반화된 모델이다. 다른 하나는 **이해관계자 자본주의 모델**(stakeholder capitalism model)로서, 기업의 다양한 이해관계자들의 가치가 극대화되도록 지배구조가 형성되는 경우이다. 주식시장이 별로 발달하지 않은 독일, 일본 등에서 일반화된 모델이다. 한국의 경우 특수한 형태의 지배구조로서, 전통적으로 소유주의 이익이 중시되는 지배구조가 형성되어 있다. 이는 성장 위주의 경제정책과 기업에 대한 정부의 개입 및 지원이라는 한국경제의 독특한 특성의 부산물이다.

2. 기업지배구조 문제의 중요성

기업은 주주를 비롯한 채권자, 종업원, 소비자, 자재 공급업자, 지역사회 등 모든 이해관계자들의 가치증대를 위해 최선을 다해야 한다는 윤리적 책임이 있다. 그러나 우리나라의 경우 회사 설립자의 친인척을 비롯한 특수 관계자들의 지분율이 높은데다가 계열사 간 상호출자를 통해 이들의 실질적 지분율을 더욱 높이고 있다. 이로 인해 소수의 소유 주주 및 이들이 임명한 경영자들이 기업경영을 지배함으로써 기업이 다양한 이해관계자들의 이익을 보호하지 못할 뿐 아니라, 국내외에서 기업의 경쟁력 약화를 초래하기도 한다.

반면에 미국, 일본, 독일과 같은 선진국들의 경우 기업의 지배구조가 기업경쟁력의 중요한 요인이라는 것이 일반적인 인식이다. 자본시장이 글로벌화하면서, OECD 또한 각국의 상이한 기업지배구조가 기업의 자유로운 투자와 자본조달에 제약요인으로 작용한다는 인식하에, 1995년 이후 기업지배구조에 대한 국제적 규범의 마련을 서둘러 오고 있다.

3. 기업지배구조의 개선방향

대기업을 중심으로 한 그릇된 기업지배구조에 대해 지금까지 제시된 몇 가지 개선방안을 소개하면 다음과 같다(〈그림 11-5〉 참조).

3.1 계열기업 간 상호거래 규제

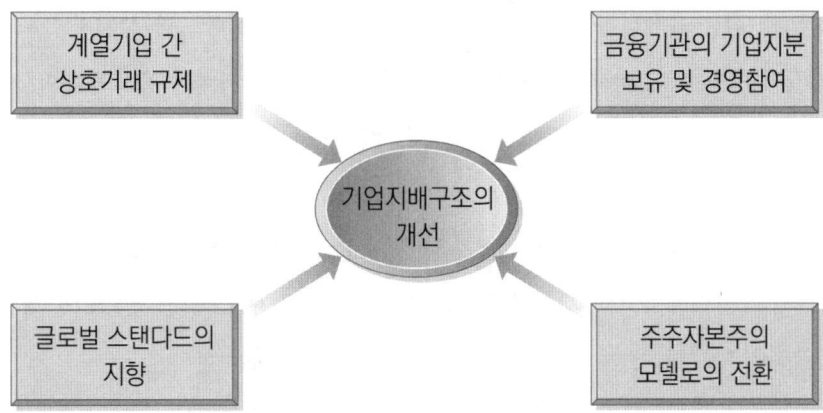

〈그림 11-5〉 기업지배구조의 개선방향

대기업들은 계열기업 간 상호출자를 통해 기업경영에 대한 실질적 지분 확대를 꾀한다. 이러한 소유의 집중은 계열기업 간 내부거래(internal transaction)를 통해 거래의 불공정성, 투명성 및 비효율성을 초래한다. 또한 자금조달의 편의를 목적으로 계열기업 간 상호지급보증을 관행화함으로써, 자본투자의 비효율성과 과잉투자는 물론, 지급불능으로 인한 연쇄도산의 위험이 도사리고 있다. 따라서 이러한 문제의 해소를 위해 엄격한 공정거래법 적용, 광범위한 사외이사 제도 도입, M&A 시장 활성화, 계열기업 전체의 연결재무제표 작성과 같은 제도적 장치가 구축되어야 한다.

3.2 금융기관에 의한 내부통제

금융기관의 기업지분 보유와 경영참여를 허용함으로써 기업경영에 대한 은행의 **내부통제**(internal control) 기능을 강화해야 한다. 우리나라 금융기관은 법적·제도적으로 기업경영에 대한 감시나 통제의 기능을 제대로 수행하기 어렵다. 국제적으로 보면, 미국은 국내기업에 대한 은행의 주식취득을 법으로 금지하는 반면, 일본과 독일은 금융기관이 기업의 주주로서 장기적 지분보유를 할 수 있다. 이 경우 주거래은행은 자본투자는 물론 계열기업 경영에 대한 감시 및 통제 기능을 수행한다. 금융기관의 이와 같은 기능은 주주들의 대리인(agency cost) 감소와 더불어 지급불능으로 인한 파산비용 예방의 효과가 있다.

3.3 글로벌 스탠다드의 지향

기업지배구조와 관련해 새롭게 등장한 것이 **글로벌 스탠다드**(global standard)이다. 1980년대에 미국이 서비스 산업을 집중 육성하고, 자국의 서비스 상품을 국제시장에 진입시키자 노력했으나 각국의 법규와 제도가 걸림돌이 되자, 국제경제기구를 통해 이들을 미국식으로 표준화하고자 시도하면서 대두된 것이 글로벌 스탠다드이다. 이 표준의 기본원칙은 공정성, 투명성, 보고의무 및 책임성의 4가지이다.

기업이 글로벌 경쟁에서 승리하기 위해서는 기존의 한국식 표준에서 글로벌 표준으로 전환해야 한다. 이를 위해 기업지배구조의 개선과 함께 회계기준, 재무제표 및 공시제도의 개선을 통해 회계정보의 객관성을 확보하고, 기업에 대한 정부규제를 최소화해야 한다.

3.4 주주 자본주의 모델로의 전환

무엇보다도 기업들이 스스로 한국형 지배구조 모델에서 미국식 **주주 자본주의 모델**(shareholder capitalism model)로 전환하도록 노력해야 한다. 소유경영 중심의 지배구조로는 글로벌 경쟁에서 이기기 어렵다. 다만 주주들의 이익을 중시하는 미국식 지배구조의 무조건적 도입은 우리나라의 토착적 기업문화나 제도와 충돌함으로써 역효과가 발생할 수 있으므로, 미국식 모델과 한국형 모델을 절충한 혼합형 모델을 도입하는 것도 바람직하다.

IBM, 웨스팅하우스는 조직에 별도의 위원회를 구성, 이를 통해 주주들의 관심사를 경영에 반영하고 지배구조의 통제에 관한 문제도 논의한다. 또한 록히드는 자본시장 정책과 같은 중요한 경영정책을 시행하기 전에 미리 주주들과 협의하는 것을 상례화하고 있다.

복습 및 연구문제

■ **복습하기**

1. 조직변화의 외적 요인과 내적요인을 들어라.
2. Lawler가 제시한 참여적 조직변화의 세 가지 유형
3. 변화에 대한 저항의 극복방법은 무엇인가?
4. 혁신이란 무엇을 의미하는가?
5. 기업지배구조의 개선방안은 무엇인가?
6. 다음 사항에 대해 간단히 설명하라.
   (1) 조직변화
   (2) 조직개발
   (3) 인적 과정적 조직개발
   (4) TQM
   (5) EVA(경제적 부가가치 경영)

■ **토론하기**

 지금까지 국내 기업들이 벌여온 혁신은 최고경영자의 결단에 의한 것이 대부분이다. 삼성전자, LG전자, 현대자동차 등 초일류를 지향해온 기업들은 "혁신하면 과거보다 나아질 수 있다"는 믿음을 바탕으로, 지금은 손해를 보더라도 장기적 역량의 강화를 위해 다양한 혁신을 추진해 왔다. 혁신은 생산성과 품질 향상으로 이어졌고, 이를 통해 기업의 경쟁력을 한 차원 끌어올렸다. 수출 증대도 이 같은 경영 혁신의 산물이라 할 수 있다. 혁신 마인드를 지닌 최고경영자들이 우리 경제를 이끌어온 것이다. 그러나 이제 최고경영자의 결단에 의한 혁신만으로 급변하는 세계 경영 환경에서 살아남기 어렵다. 경쟁자들이 기업의 목표와 경쟁우위 역량을 손쉽게 복제할 수 있기 때문이다. 단순히 상대적 경쟁우위를 지키는 존속적 혁신이 아닌, 사고의 기본 틀까지 바꿀 수 있는 와해성 혁신의 필요성이 커지게 된 것이다. (자료원: 한국경제 2005. 1. 3)

1. 혁신을 위해서는 변화담당자의 역할이 중요하다. 우리나라 대기업들처럼 주로 최고경영자에 의해 혁신이 추진되는 것은 과연 바람직한 일일까?
2. 와해성 혁신이란 어떤 의미와 내용이며, 구체적인 예를 들어 보자.
3. 이 장의 본문에서 소개된 혁신기법들 중 A사에서 적용한 기법들을 열거하라.

■ 자기평가

당신은 얼마나 혁신적인가? 본 설문은 자신이 얼마나 혁신적인지 평가하는데 목적을 둔다. 각 항목에 대해 다음 5점 척도로 응답한 다음, 총점을 산출함으로써 자신의 혁신성을 점검하고, 개선방법을 생각해보라.

1. 대체로 그렇지 않다 2. 약간 그렇지 않다 3. 그저 그렇다 4. 약간 그렇다 5. 대체로 그렇다

(1) 나는 새로운 아이디어와 접근법을 이용하여 문제를 해결하고자 노력한다.( )
(2) 나는 모든 사물이나 상황을 분해하거나 분석하기를 좋아한다.( )
(3) 나는 친구나 동료에게 주저 없이 부탁해 기존의 기계나 설비 혹은 방법에 대한 새로운 용도를 찾는다.( )
(4) 나는 일반적으로 친구나 동료들 중 새로운 아이디어나 방법을 찾아내어 시도하는 첫 번째 사람이다.( )
(5) 나는 나 자신의 창의력을 남들 앞에서 자랑스럽게 표현한다.( )
(6) 나는 다른 사람들을 어렵게 만드는 문제에 대해 고민하고 해결하기를 즐긴다.( )
(7) 나는 기발한 아이디어를 개발하기 위해 시간과 자금을 투자할 용의가 있다.( )
(8) 내 친구들한테 물으면 이들은 서슴없이 내가 아이디어맨이라고 답한다.( )
(9) 나는 좀처럼 원칙이나 표준을 고수하지 않는다.( )
(10) 나는 기회가 주어지면 위험한 상황에 도전하고 싶다.( )

● 평가방법:

  총점 45점 이상: 혁신적
  25~45점: 중간
  25점 미만: 비혁신적

제5부
경영지휘
Management Leadership

여기서는 경영기능들 중 지휘에 관한 내용을 다룬다. 주요 내용은 경영자들이 조직 내에서 구성원들을 지휘하기 위해 이해해야 할 이론들로서, 조직 내 개인의 행동, 집단 역학, 동기부여, 리더십 및 커뮤니케이션이다.

제12장 조직 내 개인행동
제13장 집단역학 및 팀 관리
제14장 종업원 동기부여
제15장 리더십
제16장 커뮤니케이션

제12장 조직 내 개인행동
Individual Behaviors in Organization

이 장에서는 조직이라는 상황에서 구성원들이 어떤 행동을 벌이는지 설명한다.

제1절 개인과 조직

오늘날의 경영세계를 살고 있는 사람들은 다양한 개성, 태도 및 행동에 의해 특징지워진다. 기업에 종사하는 많은 사람들은 건전하고 생산적인 개성을 바탕으로 윤리적이고 경제적인 방법으로 행동하는 반면, 그렇지 않은 사람들도 있다. 경영자와 종업원 개개인마다 서로 다른 다양한 특성을 지니고 있어, 이것이 조직에 대한 감정, 회사에 대한 태도와 직무 수행 방법에 영향을 미친다. 개인적 특성들에는 조직 내에서 개인들이 벌이는 행동, 즉 **조직행동**(organizational behavior)의 기본 요소들이 반영되어 있다. 경영자들이 이러한 개인의 조직행동을 이해하는 것은 종업원들에 대한 동기부여와 리더십을 통해 조직 목적을 달성하는데 필수적인 과업이다.

1. 개인적 차이의 본질

개인적 차이(individual difference)는 사람마다 달라지는 어쩔 수 없는 개인적 속성이다. 개인적 차이는 물리적일 수도 있고, 심리적일 수도 있고, 정서적일 수도 있다. 이러한 차이들이 종합되어 한 개인이 다른 사람들과 다른 고유한 특성을 갖도록 만든다. 그렇다면 이처럼 특정의 개인을 특징짓는 개인적 차이는 바람직한가? 이것이 성과에 미치는 영향은 무엇인가?

개인적 차이의 결과는 특정의 행동이 발생하는 **상황**(situation)에 따라 달라진다. 사람에 따라서는 주어진 작업조건에서는 매우 불만족해하고, 직무에 관여하지도 않거나 관심도 없으며, 직무 태도 또한 부정적이지만, 다른 작업조건에서는 매우 만족해하고, 직무에 적극적 관심을 가지고 관여하며, 직무 태도 또한 긍정적이다. 작업조건 외에도 동료들의 태도와 행동 및 상사의 리더십이 직무성과에 중요한 요인으로 작용한다.

따라서 경영자들이 종업원들과 효과적으로 심리적 계약을 맺고 사람과 직무의 최적조합을 찾고자 하면, 개인적 차이, 조직의 상황 및 조직의 유인(inducement)을 동시에 고려하는 것이 바람직하다. 많은 조직과 구성원들이 2020년 코비드19 팬데믹 중 작업 조건, 작업 스케줄 및 작업에 대한 기대감 변화에 따른 새로운 심리적 계약에 적응하는 것이 얼마나 중요하고 어려운 일인가를 깨달았다.

2. 심리적 계약

우리가 집이나 자동차를 사고 팔 때는 보통 구매자와 판매자 사이에 거래에 관한 합의 조건을 명시하는 계약을 체결한다. 심리적 계약은 법적 계약에 비해 공식적이지는 않지만, 여러 면에서 법적 계약과 유사하다. **심리적 계약**(psychological contract)은 개인이 조직에 무엇을 기여하고, 그 대가로 조직은 개인에게 무엇을 제공할 것인지에 대해 개인이 가지는 전반적 기대감들의 조합이다. 따라서 심리적 계약은 문서화되지도, 명시적인 협상 조건을 포함하지도 않는다. 〈그림 12-1〉은 심리적 계약의 본질적 성격을 보여준다.

〈그림 12-1〉 심리적 계약

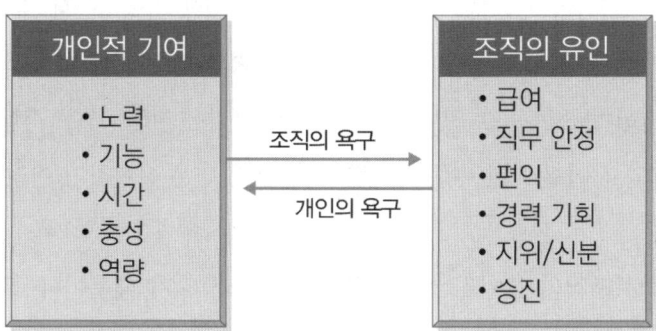

먼저, 종업원이나 경영자는 개인적으로 조직에 다양한 방법으로 기여한다. 노력, 기능(skill), 능력, 시간 및 충성 등이 그 예이다. 이러한 기여는 조직의 다양한 욕구, 기대감 및 요구조건을 충족시킨다. 다시 말해서, 조직은 특정의 개인을 예컨대 그의 능력을 보고 채용했기 때문에, 조직이 그가 장차 과업 수행 시 자기 능력을 최대한 발휘할 것으로 기대하는 것은 당연한 일이다.

이러한 개인적 기여의 대가로, 조직은 경영자나 종업원 개개인에게 일정한 **유인**(inducement)을 제공한다. 그 중 급여나 경력 기회는 유형의 유인이고, 직무 안정이나 신분은 무형의 유인이다. 개인의 기여는 조직의 욕구를 충족해야 하며, 조직의 유인은 개인의 욕구를 충족해야 한다. 만약 개인과 조직 양쪽이 두 당사들 사이의 심리적 계약이 공정하다고 느끼면 이들은 둘 간의 관계에 만족할 것이고, 두 당사자 중 하나가 계약상의 불공정을 인지하면 현 상황에 대한 변화를 꾀할 것이다.

예로서, 근로자가 처음에는 자기 급여와 지위에 만족하다가 오래도록 급여인상이나 승진이 안 되면, 그에 대한 시정을 요구하든지, 아니면 조직에 기여하고자 하는 노력을 철회하거나 다른 직장을 찾아 나설 것이다. 조직도 마찬가지이다. 만약 시간이 지나도 작업자의 능력과 기능이 향상되지 않으면 이 조직은 그에게 교육훈련, 직무 이동, 아니면 해고와 같은 변화를 시도할 수 있다.

3. 사람-직무 적합성

앞에서 논의한 심리적 계약과 관련해 경영자들이 고려해야 할 또 하나의 측면은 사람-직무 적합성이다. **사람-직무 적합성**(person-job fit)이란 개인이 조직을 위해 실현한 **기여**(contribution)가 조직이 개인에게 제공하는 **유인**(inducement)을 얼마나 충족하는지를 말한다. 이론상, 각 종업원마다 충족되기를 원하는 일련의 특별한 욕구들이 있고, 또 조직에 기여하는데 필요한 일련의 능력과 행동들이 있다. 따라서 만약 조직이 그러한 개인의 능력과 행동을 완벽히 이용할 수 있고, 개인의 욕구 또한 완벽히 충족시킬 수 있다면, 그 조직은 완벽한 사람-직무 적합성을 실현할 수 있게 된다. 물론, 그와 같이 완벽한 수준의 사람-직무 적합성은 실현하기 어려운 일이다. 다음 몇 가지 이유에서다.

첫째, 현실적으로 조직의 종업원 선발절차가 완벽하지 않기 때문이다. 조직은 선발에 관한 결정을 내릴 때 지원자의 기능수준이나 동기부여 및 잠재력을 어느 정도는 평가할 수 있으나, 객관적이고 타당성 있는 방법으로 성과 능력을 측정하기는 쉽지 않다.

둘째, 사람도 조직도 다 변화하기 때문이다. 사람은 보통 어떤 일에 완전히 능숙해지면 이 일이 지루하게 느껴져 새로운 자극과 흥미를 유발하는 일을 찾는다. 나아가 조직이 새로운 기술을 도입하면, 이 기술은 구성원들이 필요로 하는 기능(skill)을 변화시킨다.

셋째, 각 개인마다 고유의 특성이 있기 때문이다. 우선, 개인의 기능과 성과는 사람마다 다른데, 이를 측정하기가 대단히 어렵다. 개인의 욕구, 태도 및 개성 또한 제각기 다른데, 이를 측정하기는 더더욱 어렵고 복잡하다. 이와 같은 개인적 차이로 인해 개인과 직무를 연결시키는 것은 도전적인 과업으로 인식되고 있다.

제2절 개성과 개인행동

개성은 조직에 있어서의 개인 차이에 관한 가장 기본적인 요소들 중 하나이다. **개성**(personality)은 한 개인을 다른 사람들과 구별해 주는 안정적인 심리적 속성이다. 경영자들은 개성의 기본 속성과, 이것이 조직 상황에서 사람들의 행동과 조직에 대한 지각 및 태도에 어떻게 영향을 미치는지 이해해야 한다.

1. 개성 특질에 관한 "빅 5" 모델

심리학자들은 한 개인을 다른 사람들과 차별화하는 수많은 개성 특질들을 확인했으나, 그 중 조직에 특별한 관련이 있는 기본적 개성 특질은 5가지라고 한다. 개성을 구성하는 이 5가지 특질들을 **"Big 5" 개성 특질**(Big 5 personality traits)이라 한다. 〈그림 12-2〉는 개성에 관한 "Big 5" 특질 모델을 보여준다. 각 특질에 대한 설명은 다음과 같다.

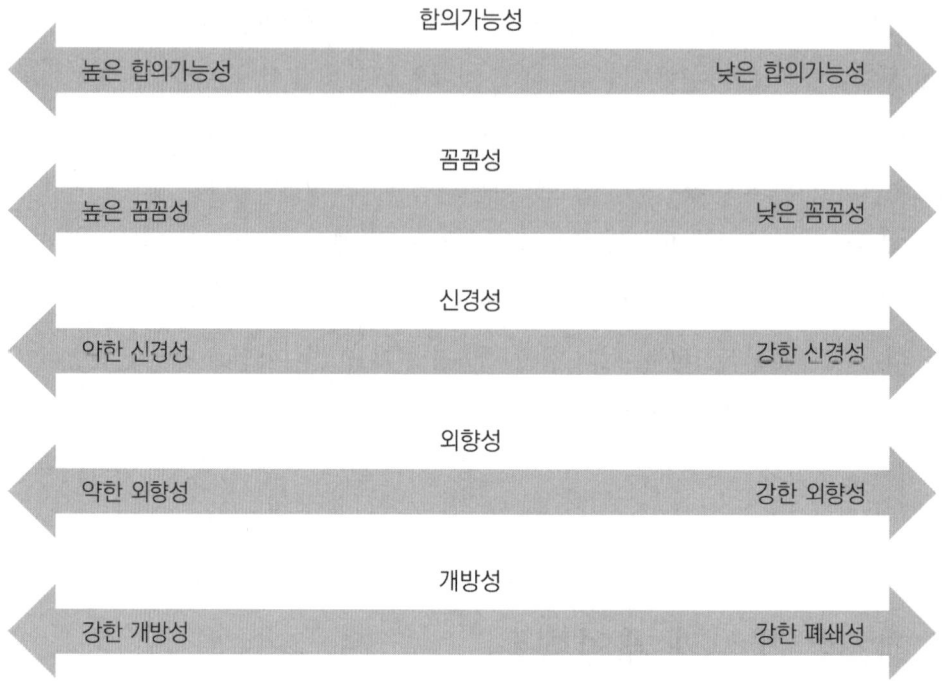

〈그림 12-2〉 "Big 5" 개성 특질 모델

- **합의 가능성**: 합의 가능성(agreeableness)은 다른 사람과 동행하는 삶을 유지할 수 있는 능력을 나타내는 개성특질이다. 이 특질은 남들에게 자신을 점잖고 이타적이고 관대하고 이해심 많은 모습으로 비치도록 한다.
- **꼼꼼성**: 꼼꼼성(conscientiousness)은 자신의 일을 얼마나 집중적으로 수행할 수 있느냐를 나타내는 개성특질이다. 꼼꼼성이 강해서 과업이나 프로젝트에 집중하는 사람은 매사에 주의 깊고 책임감이 강하며, 사고가 조직적이고 체계적이다. 꼼꼼성이 강한 사람이 약한 사람보다 일반적으로 생산성이 높다.
- **신경성**: 신경성(neuroticism)은 개인이 상황 변화에 얼마나 민감한 반응을 보이느냐에 관한 개성특질이다. 신경성이 낮은 사람은 상황변화에 침착하며, 환경의 자극에 탄력적으로 반응한다. 또한 직무로 인한 스트레스나 긴장감을 잘 헤쳐 나갈 수 있으며, 심리적 안정으로 남들에게 신뢰감을 준다.
- **외향성**: 외향성(extroversion)은 개인이 타인과의 관계를 얼마나 편하게 갖느냐에 관한 개성특

질이다. 외향적인 사람은 사교성이 좋고 말하기 좋아하며, 자기주장이 강하고 타인과 새로운 관계를 맺는데 적극적이다. 대체로 외향적인 사람이 내성적인 사람보다 직무 성과가 더 높고, 판매나 마케팅 부서처럼 대인 관계가 중시되는 직무에 더 매력적이다.
- **개방성**: 개방성(openness)은 자기 신념의 엄격성과 개인적 관심의 폭을 나타내는 개성특질이다. 개방성이 강한 사람은 사고와 행동에 유용성이 있어 변화의 수용 가능성이 높다. 새로운 아이디어를 경청하고, 자신의 아이디어, 신념 및 태도를 기꺼이 바꿀 수 있다. 호기심이 많고 상상력이 풍부해 창의적이다. 개방성이 강한 사람일수록 다른 사람들에 의한 수용 가능성이 높기 때문에, 이들로부터 더 큰 직무성과를 기대할 수 있다.

2. Myers-Briggs의 개성특질 모델

조직에서의 개성적 특질을 설명하는 또 다른 접근이 Myers-Briggs 모델이다. Carl Jung의 고전적 업적에 기초를 둔 이 모델은 4가지 차원으로 사람의 개성을 분류한다.

① **외향형**(E) 대 **내성형**(I): **외향형**(extrovert type)은 자기 에너지를 다른 사람들 주변에서 얻는 반면, **내성형**(introvert type)은 다른 사람들에 의해 에너지가 소진되고, 에너지 재충전을 위해서는 홀로 기거해야 한다.

② **감지형**(S) 대 **직관형**(I): **감지형**(sensing type)은 구체적인 것을 선호하는 반면, **직관형**(intuitive type)은 추상적인 개념을 선호한다.

③ **사고형**(T) 대 **느낌형**(F): **사고형**(thinking type)은 논리와 이성을 기반으로 의사결정을 내리는데 비해, **느낌형**(feeling type)은 느낌과 기분에 의사결정의 기반을 둔다.

④ **판단형**(J) 대 **지각형**(P): **판단형**(judging type)은 완료나 마무리를 좋아하지만, **지각형**(perceiving type)은 과정과 개방적 상황을 좋아한다.

Myers-Briggs가 제시한 개성특질을 기반으로 개발된 MBTI(Myers-Briggs Type Indicator)는 오늘날 기업이 인력선발 시 개성의 유형을 평가하는데 사용하는 인기 있는 설문조사이다. 매년 2백만에 달하는 사람들이 이 조사를 거치고 있다.

3. 조직에서의 기타 개성 특질

Big 5 모델과 Myers-Briggs 모델 이외에도 다음과 같이 조직에서 개인행동에 영향을 미치는 몇 가지 중요한 개성적 특질이 있다.

3.1 통제의 위치

통제의 위치(locus of control)는 개인이 자신에게 일어나는 일에 영향을 미쳐 이를 통제할 수 있다고 믿는 정도를 말한다. 통제의 위치가 자기 내부에 있어 성격, 지능, 태도 등과 같은 내적 요인들이 자신을 둘러싼 일들을 결정짓는다고 믿는 사람들을 **내재론자**(internals)라 한다. 반면에, 통제의 위치가 자기 외부에 있어 타인이나 운명 혹은 행운 등의 외적 요인들이 자신을 둘러싼 일들을 결정짓는다고 믿는 사람들을 **외재론자**(externals)라고 한다. 사회심리학이나 조직행동이론에 의하면, 일반적으로 내재론자들이 외재론자들보다 문제해결을 위해 더욱 적극적인 노력을 투입하며, 또한 직무만족도와 정서적 안정성이 더 높다고 한다.

예를 들어 어떤 사람은 열심히 일하면 성공하며, 실패는 자기 능력이나 동기부여의 부족 때문이라고 믿는다. 또 어떤 사람은 승진에 실패하면, 자신의 성과저조를 탓하지 않고, 정치적 편향이 큰 상사 탓이나 자기 운이 부족한 탓으로 돌리는 경우가 있다. 통제위치가 자기 내부에 있다고 보느냐, 외부에 있다고 보느냐의 차이이다.

3.2 자기 효능감

자기효능감(self-efficacy)은 특정의 과업을 수행할 수 있는 자신의 역량에 관한 개인적 믿음을 말한다. 자기효능감이 높은 사람은 자기가 특정의 과업을 잘 수행할 수 있을 것으로 믿는 반면, 그렇지 않은 사람은 자신의 과업수행 능력에 대해 자신감이 부족하다.

과업수행 능력에 대한 스스로의 평가가 자기효능감에 영향을 미치지만, 개인의 개성 또한 자기효능감에 영향을 미친다. 예를 들어 외향적이거나 개방적인 사람은 내성적이거나 폐쇄적인 사람보다 스스로를 타인보다 과업수행 능력이 크다고 평가한다. 직장에서 개인의 자기효능감은 중요한 개성특질들 중 하나이다. 과업을 더 효과적으로 수행할 수 있다는 자기 능력에 대한 믿음은 결국 자신감으로 이어져 성과에 더욱 집중할 수 있게 만든다.

3.3 권위주의

권위주의(authoritarianism)는 조직과 같은 계층적 사회에서는 권력과 신분 차별화가 바람직하거나 당연하다고 믿는 것을 말한다. 권위주의 성향이 강한 사람은 더 큰 권위를 가진 사람으로부터의 지시나 명령을 자연스러운 것으로 받아들인다. 그가 단지 상사라는 이유에서다. 반면에 권위주의의 성향이 약한 사람은 상사로부터의 합리적인 지시나 명령은 수용한다 하더라도, 자신의 과업에 대한 의구심을 표출하거나 직무와 관련해 상사와 다른 견해를 표명하기도 한다. 때로는 불합리한 일이라 판단되면 상사의 명령이나 지시의 수용을 거부할 수도 있다.

3.4 마키아벨리아니즘

개성에 관한 또 하나의 중요한 특질은 이른바 **마키아벨리아니즘**(Marchiabellianism)이다. 이는 16세기 이탈리아의 정치 철학자 마키아벨리의 이름을 따 붙여진 이념이다. 마키아벨리는 그의 저서 '왕자(The Prince)'에서 귀족들이 어떤 수단을 통해 권력을 수월하게 수중에 넣고 이를 사용하는지 설명했다. 오늘날 마키아벨리아니즘은 권력을 취하고 다른 사람들의 행동을 통제하는 행위에 초점을 두어 다루어진다.

일반적으로 마키아벨리아니즘의 특질이 강한 사람은 합리적이고 비정서적인 성향을 보인다. 충성심과 우의를 중시하지 않으며, 다른 사람들의 행동을 자기 뜻대로 제압하고자 한다. 때로는 자기 목표를 위해 거짓말을 마다하지 않는다. 이런 유형의 개성특질은 장기적으로 볼 때, 조직의 성과향상에 도움을 주지 못한다. American Apparel의 창업자이자 전 CEO인 Dov Charney는 마키아벨리아니즘이 아주 강한 사람이라고 한다. 그는 회사의 권력 서열 상 회사 자산과 종업원을 이용해 무슨 일이든 할 수 있다는 확고한 믿음을 가지고 있었다. 결국 그는 해고되고 말았다.[1]

3.5 자아존중

자아존중(self-esteem)이란 사람이 자기는 가치 있는 존재이며, 개인으로서 존중을 받을만하다고 믿는 것을 의미한다. 자아존중이 강한 사람은 높은 지위의 직책을 선호할 가능성이 크며, 높은 성과를 산출할 능력에 자신감을 가지고, 자기 성취로부터 **내재적 보상**(intrinsic reward)을 취하는 경향이 강하다. 이와 대조적으로, 자아존중이 약한 사람은 지위가 낮은 직책에 만족하고, 자기 능력에 대

---

[1] Susan Berfield "Dov Charney's Sleazy Struggle for Control of American Apparel," *Bloomberg rod* lsdl

한 확신이 부족하며, 주로 **외재적 보상**(extrinsic reward)에 더 치중하는 성향을 보인다.

3.6 위험 성향

위험 성향(risk propensity)은 개인이 얼마나 위험을 무릅쓰고 의사결정을 내리느냐에 관한 개성적 특질이다. 위험성향이 강한 경영자는 새로운 아이디어를 실험하고, 신제품에 승부를 걸고자 하는 의지가 강하다. 또한 환경변화에 대응해 조직을 새로운 방향으로 끌고 가려며, 혁신의 촉매 역할을 기꺼이 수행한다. 반면에 위험 성향이 낮은 경영자는 조직이 정체되어 있어도 이를 보수적인 방법으로 끌고 가거나, 안정적 경영을 통해 예측 불능한 조직 환경을 극복하는데 주력한다. 2020 Covid-19 팬데믹 기간 중, 위험 성향이 큰 사람들은 위험을 무릅쓰고 사회적 상호작용에 참여해 바이러스에 노출되는 모험을 감수하는 반면, 위험 성향이 낮은 사람들은 사회적 거리두기 지침을 준수하고 바이러스 노출이 심한 곳은 피하는 경향이 강했을 것이다.

4. 감성지능

개인의 개성에 관한 의미 있는 통찰력을 제공하는 것이 감성지능이다. EQ라 하는 **감성지능**(emotional intelligence)은 어느 정도로 자아인식이 강하고, 자기감정을 잘 통제하며, 스스로 동기가 부여되고, 다른 사람들의 정서에 공감하며, 사회적 기술(social skill)을 보유하고 있는지를 나타낸다. 감성지수에 대한 이 정의는 5가지 차원으로 구성되어 있다.

- **자아인식**(self-awareness): 이는 자신이 어떻게 느끼고 있는가를 알 수 있는 개인의 능력을 말한다. 사람들은 일반적으로 자아인식이 강할수록 자신의 삶과 행동을 더 바람직한 방향으로 끌고 간다. 다른 감성지능 구성요인들의 기초가 된다.
- **정서관리**(managing emotions): 이는 걱정, 두려움 및 화를 조절함으로써 이들이 자기 과업의 성취에 방해가 되지 않도록 다스리는 개인적 역량을 말한다.
- **자기 동기부여**(motivating oneself): 이 차원은 자신이 애로나 장애 및 실패에 맞서 낙관적인 자세를 유지하고 이들과의 싸움을 계속할 수 있는 개인적 능력을 말한다.
- **공감능력**(empathy): 이는 상대로부터 분명히 듣지 않고도 그가 지금 어떤 기분인지 이해하는 개인의 능력을 말한다.

- **사회적 기술**(social skill): 이는 다른 사람들과 같이 지내면서 긍정적인 관계를 유지하는 개인의 능력을 말한다.

일반적으로, EQ가 높으면, 다른 사람들보다 더 높은 직무성과를 올릴 수 있으며, 특히 개인 간 상호작용이 빈번하고 다른 사람들에게 작업을 지시하거나 이들의 작업에 영향을 미치는 직무에 종사하는 사람일수록 직무 성과가 높아진다. EQ는 타고나는 것이 아니라 성장과정에서 개발되는 개성적 특질이다.

5. 개성-직무 적합성 이론

경영자들이 만약 개성을 직무와 연결시켜 생각하면 더욱 성과가 좋고 직무만족이 큰 종업원들을 선발할 수 있다. 가장 설득력 있는 **개성-직무 적합성 이론**(persality-job fit theory)은 심리학자 John Holland에 의해 개발된 이론이다. 그는 종업원들의 직무 만족과 이직 가능성은 자기 개성이 직무 환경에 얼마나 적합한지에 달려 있다고 주장한다. 개성의 유형으로는 6가지를 들었다.[2]

〈표 12-1〉 Holland의 개성-직무 적합성 이론

개성의 유형	개성의 특징	적합한 직업
현실형: 기능, 힘 및 조정을 요하는 신체적 활동을 선호함	내성적, 순수한, 완고한, 안정적, 순응적, 현실적	기계공, 드릴 프레스공, 조립라인 작업자, 농부
조사형: 사고, 조직화 및 이해를 포함하는 활동을 선호함	분석적, 창조적, 호기심 많은, 독립적	생물학자, 경제학자, 수학자, 과학자, 기자, 연구원
사회형: 타인를 돕고 개발하는 일이 포함된 활동을 선호함	사교적, 친화적, 협력적, 이해심 많은	사회복지사, 교사, 상담사, 임상심리학자
보수형: 규칙에 의해 규제되고, 질서있고 명료한 활동을 선호함	순응적, 효율적, 실제적, 사무적, 비융통적	회계사, 기업 경영자, 은행 출납계, 파일 정리사
진보형: 타인에 영향을 미쳐 권력획득의 기회를 제공받는 활동을 선호함	자신감 있는, 모호한, 정력적, 독재적	변호사, P/R전문가, 부동산 중개인, 중소기업 경영자
예술형: 창조적 표현이 허용되는 모호하고 비체계적인 활동을 선호함	상상력 있는, 틀에 박히지 않은, 이상적, 정서적, 비현실적	화가, 음악가, 작가, 실내장식가

[2] J. L. Holland, *Making Vocational Choices : A Theory of Vocational Personalities and Work Environments*, 1997.

〈표 12-1〉은 Holland가 제시한 개성의 6가지 유형, 각 개성의 특징 및 각 개성에 맞는 직업의 예를 보여준다.

Holland에 의하면, 개인은 개성과 직업이 양립 가능할 때 직무 만족도가 높고, 이직률이 낮다고 한다. 이 이론의 요점은 세 가지이다: (1) 개인들 사이에는 개성의 내재적 차이가 뚜렷하다. (2) 직무의 유형은 다양하다. (3) 자기 개성의 유형에 적합한 직무 환경에서 작업하는 사람들은 그렇지 않은 사람들보다 더 만족하고, 자의적 이직 가능성이 낮다.

제3절 태도와 개인행동

1. 태도의 의의

조직 내 개인행동의 또 다른 중요 요소는 태도이다. **태도**(attitude)는 사람들이 특정의 아이디어나 상황 혹은 다른 사람들에 대해 가지는 신념(belief)과 느낌(feeling)의 복합체이다. 태도가 중요시되는 이유는 대부분의 사람들에게 태도는 자기 느낌을 표현하는 메커니즘이기 때문이다. 한 종업원이 회사로부터 과소한 급여를 받는다고 불평하면, 이는 자기 급여에 대한 태도의 예를 보여준다. 마찬가지로, 한 경영자가 새로운 광고 캠페인이 마음에 든다고 말하면, 그는 회사의 마케팅 노력에 대한 자신의 태도를 표출한 것이다.

2. 태도의 구성요소

개인의 태도는 세 가지 요소로 구성되어 있다. 감정적 요소, 인지적 요소 및 의도적 요소가 그 것이다. 이 요소들 사이에 갈등이 존재하면, 인지 부조화라는 현상이 발생한다.

2.1 감정적 요소

태도의 **감정적 요소**(affective component)는 개인이 어떤 대상이나 현상에 대해 가지는 **기분**(feeling)과정서(emotion)를 나타낸다. 여기서는 '좋아한다', '싫어한다', '기분이 나쁘다' '쾌적하다' '재미 있다', '불안하다', '만족한다' 등과 같은 인간의 감정이 표현된다. 예로서, 부정과 비리가 난무하는 정치판에서 특정의 후보를 좋아한다면, 이는 정치적 태도에 관한 감정적 요소를 표현한 것이다.

2.2 인지적 요소

태도의 **인지적 요소**(cognitive component)는 개인이 특정의 상황에 대해 가지는 지식으로부터 도출된다. **인지**(cognition)는 인식이라고도 하며, 이는 개인적 **지각**(perception)에 의해 형성된다. '알고 있다', '이해한다', '인식한다'와 같은 표현은 태도의 인지적 요소를 나타내는데 이용된다. 예를 들어, 어떤 사람은 특정의 정치적 후보가 다른 후보들보다 낫다고 지각하면 그를 그런 식으로 인식하게 되는 반면, 또 다른 사람은 그 반대의 지각을 통해 반대로 인식할 수 있다.

2.3 의도적 요소

마지막으로, 태도의 **의도적 요소**(intentional component)는 어떤 사람이 특정의 상황에서 일정하게 행동할 의도나 의향이 있는지의 여부를 나타낸다. 여기서는 '한다', '안 한다', '못하겠다'와 같은 표현이 나타난다. 선거에서 특정의 후보를 찍지 않겠다든지, 선거 자체를 기권하겠다고 한다면, 이는 의도적 요소가 포함된 표현의 예이다.

● **인지 부조화**: 사람들은 일반적으로 개인의 태도를 구성하는 이 세 요소들 사이에 일관성이 유지되기를 원한다. 그러나 때로는 이 요소들 사이에 갈등이 생길 수 있다. 개인이 자신의 태도들 사이에 갈등을 겪을 때, 이를 **인지 부조화**(cognitive dissonance)라 한다. 선거에서 어떤 후보를 좋아하면서도(감정적 요소) 이 사람을 찍지 않겠다든지(의도적 요소), 이 사람이 다른 사람보다 못하는 것으로 알면서도(인지적 요소) 이 사람을 찍겠다고 하면(의도적 요소), 이는 인지 부조화가 발생하는 경우이다.

어느 경영자가 새로운 공급업체로부터 회사에 필요한 물품들을 발주하고 이들을 수령했다고 한다. 그런데 주문품에 하자가 있어 공급업체에 전화를 걸어 문제제기를 했으나, 상대가 문제에 대한 해결책을 제시하지 않고 전화를 끊었다고 한다. 여기서 독자가 이 경영자에게 새로운 공급업체를 어떻게 생각하는지 물었다고 하자. 이 때 그가 "나는 이 회사를 안 좋아해"라고 하면, 이는 이 회사에 대한 태도 중 감정적 요소를 표현한 것이다. 만약 "이 회사는 내가 경험한 회사 중 최악의 회사야"라고 하면, 이는 인지적 요소에 해당한다. 반면에 "나는 앞으로 이 회사와 거래하지 않을 거야"라고 하면, 이는 의도적 요소를 나타낸다. 만약 "이 업체를 좋아하지는 않지만, 거래 관행 상 금년 상반기까지는 거래를 유지할거야"라고 한다면, 이는 인지 부조화가 일어난 경우이다.

3. 직무 관련 태도

조직 내에서 사람들은 여러 가지 일들에 대해 상이한 태도를 형성한다. 예를 들어, 종업원들은 자기 급여 수준, 승진 가능성, 자기 상사들, 종업원 편익, 구내식당의 음식, 회사의 기술 수준 및 회사의 야구팀 감독에 대해 일정한 태도를 갖는다. 이 태도들 중 어떤 것은 다른 것들보다 더 중요할 수 있다. 조직 내에서의 직무와 관련된 구성원들의 태도들 중 특히 중요한 것이 직무 만족, 조직 몰입 및 조직 관여이다.

3.1 직무만족

직무만족(job satisfaction)이나 **직무불만족**(job dissatisfaction)은 개인이 자기 작업이나 과업으로 인해 자신의 욕구가 충족되는지를 나타낸다. 직무만족에 관한 연구결과에 의하면 작업조건, 작업 관련 정책 및 보상은 물론, 개인의 욕구나 열망과 같은 개인적 요인들이 동료들 및 상사들과의 관계와 같은 조직적 요인들과 함께 직무만족 여부나 만족 수준과 같은 작업관련 태도를 결정짓는다고 한다.[3]

한편, 자기 직무에 만족하는 종업원들은 능동적으로 조직에 기여하기 위해 결근율을 최소화하고 조직에 오래 머물러 있고자 한다. 반대로, 직무에 불만족하는 종업원들은 결근을 자주 하고, 스트레스를 받아 동료들을 당황하게 하고, 결국은 새로운 직장을 찾아 나선다. 그러나 직무만족 수준이 높은 종업원들이 반드시 높은 직무성과를 산출하지는 않는다. 이는 직무만족도가

---

3) Peter Cappelli and John J. Clancy, "Is Loyalty Really Dead?", *Across the Board*, Jun. 1999, Vol. 36, pp. 14-19.

직무성과에 영향을 미치기는 하지만, 직무성과는 또 다른 요인에 의해 달라질 수 있음을 의미한다.

3.2 조직 몰입 및 조직 관여

조직 몰입(organizational commitment)은 구성원들이 자신을 조직 자체와 동일시하면서 조직에 대한 애착(attachment)을 가지고 조직에 녹아드는(involved)는 태도를 말한다. 유사한 개념으로서, **조직 관여**(organizational engagement)는 구성원이 자신을 조직의 일부로 생각하고, 적극적으로 조직에 기여하기 위해 노력하는 태도를 일컫는다. 조직 몰입과 관여도가 높은 종업원들은 '우리(we)'라는 개념을 사용하면서, 예컨대 "우리는 고품질의 제품을 만들어낸다"와 같은 개인적 표현을 즐겨 쓴다. 조직 몰입과 관여 수준이 높은 사람일수록 조직에 대해 사소한 불만이 있더라도 이를 감내하고, 자신을 조직의 진정한 구성원으로 생각하기 때문에, 이들이 타 직장으로 이직할 가능성은 낮아진다.

제4절 지각과 개인 행위

1. 지각의 의의

어느 심리학 교과서에 개인행동에 관해 다음과 같은 내용의 글이 소개되었다고 하자.

"시가코 대좋교의 ㅇ녀구에 딸_면, ㄱ- 을 익ㄹ는네 한 낱어에 그ㄹ자가 어ㄸㅓㄴ 숫녀로 배령되어 인쓴지는 벼ㄹ로 즈우ㅇ교하지 않ㄴ고, 초성과 옻성만 바ㄹㄱㅔ 쓰ㅁㅕㄴ ㅇ히ㅐ하ㄹ수 ㅇ씨다고 낳다." (시카고 대학교의 연구에 따르면, 글을 읽는데 한 단어에 글자가 어떤 순서로 배열되어 있는지는 별로 중요하지 않고, 초성과 종성만 바르게 쓰면 이해할 수 있다고 한다.)

만약 독자가 이 글을 이해하려 한다면 독자에게는 지금 지각과정이 작동되는 중이다. 지각

(perception)은 '개인이 경험하는 대상으로부터 받는 감각적 인상을 조직화하고 해석함으로써 자기 환경에 의미를 부여하는 과정'이라 정의된다. 개인들은 동일한 대상을 놓고 다르게 지각할 수 있다. 예로서, 어느 경영자는 자기 부하가 중요한 결정을 내리는데 일주일 걸린다는 사실을, 그가 의사결정 시 느리고 결단력이 부족한 증거로 해석할 수 있다. 또 다른 경영자는 같은 부하의 상태를 놓고, 신중하고 철저하며 꼼꼼한 사람이라는 증거로 해석할 수도 있다. 첫 번째 경영자는 이 부하를 긍정적으로 해석하는 경우이고, 두 번째 경영자는 부정적으로 해석하는 경우이다. 중요한 것은 누구도 현실을 있는 그대로 보기는 어렵다는 사실이다. 그러면서도 우리는 그것을 현실이라 부른다. 예에서 보듯이, 개인은 자기 지각 결과에 따라 해석하고 행동한다.

지각(知覺)은 대상에 대한 인식 혹은 인지의 출발점이다. 즉, 대상의 인지는 지각으로부터 시작된다. 태도의 중요한 요소들 중 하나는 그 태도가 형성되는 대상에 대한 개인의 지각이다. 지각은 개인이 환경에 관한 정보를 인식하고 해석하는데 필요한 장치이다. 지각은 작업장 내에서의 다른 개인행동에 영향을 미치기 때문에 경영자들은 개인의 지각과정을 이해할 필요가 있다.

2. 지각의 영향요인

사람들이 동일한 대상을 다르게 지각하는 것을 어떻게 설명할 수 있는가? 지각에 영향을 미치는 요인은 세 가지이다: 지각의 주체, 지각의 객체와 관찰배경, 및 지각의 상황.

먼저 개인, 즉 **지각 주체**(perceiver)가 대상을 관찰하고 이를 해석하고자 할 때, 자신의 개인적 특성이 이 해석에 영향을 미친다. 이 지각 주체의 특성에는 태도, 개성, 동기, 관심, 경험 및 기대가 포함된다. **지각 객체**(target), 즉 관찰되는 대상의 특성 또한 지각에 영향을 미친다. 한 집단에서 목소리가 큰 사람은 조용한 사람보다 눈에 띌 가능성이 크다. 사람의 매력이 얼마나 있느냐가 다른 사람들의 이목을 얼마나 끄느냐에 영향을 미치는 것과 같은 이치이다. 관찰 배경도 지각에 영향을 미친다. 서로 가까운 것이나 유사한 것들끼리 한데 묶고자 하는 성향에서 이를 볼 수 있다. 마지막으로, 우리가 대상이나 사건을 지각의 **상황**(environment)이나 맥락이 지각에 영향을 미친다. 대상이나 사건을 언제 보느냐, 어디서 보느냐, 그리고 빛, 열, 색깔 및 기타의 환경 요인이 어떠냐에 따라 지각의 결과가 달라진다.

3. 귀인(歸因) 이론

3.1 귀인 이론의 의의

사람에 대한 우리의 지각은 무생물에 대한 지각과 다르다. 우리는 무생물에 대해서는 별로 하지 않는 추론을 사람에 대해서는 자주 하기 때문이다. 무생물에게는 신념, 동기, 혹은 의도가 없지만, 사람은 그렇지 않다. 이로 인해 개인의 행동을 관찰할 때, 우리는 무생물을 관찰하는 경우와는 달리 그가 특정의 방법으로 행동하는 이유에 대한 설명을 시도한다. 개인의 행동에 대한 우리의 지각과 해석은 우리가 그 개인에 대해 세우는 가정들에 의해 의미 있는 영향을 받는다.

귀인 이론(attribution theory)은 한 개인의 행동을 관찰할 때, 우리는 그 행동이 내부적 원인이 작용해 행해지는지, 외부적 원인이 작용해 행해지는지를 판단해야 한다는 것이다. 내부적 원인에 의한 행동은 그 행위가 자신의 통제 하에 있기 때문에 개인의 의지에 따라 이 행위를 할 수도 안 할 수도 있다고 믿어지는 행동이다. 반면에 외부적 원인에 의한 행동은 외부의 요인으로 인해 일어나기 때문에, 개인이 통제 불가능한 상황에 의해 어쩔 수 없이 일어나는 것으로 믿어지는 행동이다.

3.2 귀인의 판단기준

귀인의 내부성(internality) 혹은 외부성(externality)에 대한 판단 기준은 세 가지이다. 특이성, 일반성 및 일관성이 그것이다.

특이성(distinctiveness)은 개인이 어떤 행동을 했을 때, 만약 상황이 달라지면 그가 다른 행동을 할 것인지의 여부를 말한다. 오늘 지각한 종업원이 다른 어떤 종업원들로부터 게으름뱅이라고 놀림당하는 바로 그 사람과 동일인인지의 여부가 궁금한 경우가 있다. 여기서 우리가 알고 싶은 것은 지각이라는 행동이 비범한 것인지의 여부이다. 만약 이것이 비범한 일이라면(예: 그는 평소에 지각을 해본 적이 없음), 관찰자는 그 행위를 외부적 요인, 즉 개인의 통제권 밖에 있는 무엇인가(예: 자동차 사고)에 그 원인을 돌릴(이를 귀인이라 함) 수 있다. 그러나 만약 그 행위가 비범하지 않다면(예: 평소 지각이 잦음), 그것은 아마 내부적 원인(예: 잘못된 생활습관)에 의한 것으로 돌릴 수 있을 것이다.

한편, 유사한 상황에 직면한 모든 사람이 동일한 방법으로 반응한다면, 우리는 이 행위에 **일반성**(consensus)이 있다고 말한다. 만약 같은 길로 출근한 종업원들이 모두가 지각했다면 그 종업원의 지각 행위는 이 기준, 즉 일반성을 충족시킨다. 귀인 이론으로 볼 때, 만약 지각이라는 행위가 일반성의 수준이 높으면, 우리는 종업원의 지각을 예컨대 도로공사나 교통사고와 같은 **외부적 귀인**(external attribution)에 의해 설명할 것이다. 그러나 만약 같은 길로 출근한 다른 종업원들이 정시에 출근했다면, 지각이라는 행위는 일반성을 결여하기 때문에, 우리는 지각행위의 원인이 종업원 내부에 있다고 보고, **내부적 귀인**(internal attribution)에 의해 이를 설명할 것이다.

마지막으로, 관찰자는 개인의 행동에 **일관성**(consistency)이 있는지 확인한다. 즉, 관찰 대상이 그 행위에 규칙적이고 일관성 있게 관여되는지를 따진다. 이를 따지는 한 가지 방법은 대상이 일정한 시간에 걸쳐 같은 방법으로 행동하는지를 관찰하는 것이다. 만약 10분 지각하는 것이 한 종업원에게는 특별한 사례로 간주되고(예: 그가 몇 달에 한번 지각함), 다른 종업원들에게는 일상적인 패턴의 일부로 간주되는 일이라면(예: 일주일에 두세 번 지각), 그가 직장에 10분 지각하는 것이 규칙적 혹은 일관적이라고 느껴지지는 않을 것이다. 대상의 행위에 일관성이 강할수록, 관찰자는 그 행위를 내부적 원인의 탓으로 돌리게 된다. 〈그림 12-3〉은 귀인 이론의 주요 요소를 보여 준다.

〈표 12-3〉 귀인 이론

관찰	해석	원인의 귀결
대상이 다른 상황에서도 이런 방법으로 행동하는가?	예 : 낮은 특이성 아니오: 높은 특이성	내부적 귀인 외부적 귀인
다른 대상이 유사한 상황에서 이와 동일한 방법으로 행동하는가?	예 : 높은 일반성 아니오 : 낮은 일반성	외부적 귀인 내부적 귀인
대상이 일관성 있게 이런 방법으로 행동하는가?	예 : 높은 일관성 아니오 : 낮은 일관성	내부적 귀인 외부적 귀인

3.3 귀인 오류

귀인 이론의 중요한 발견 중 하나는 오류나 편의(bias 偏倚)가 관찰자의 귀인을 왜곡시킨다는 사실이다. 한 예로, 다른 사람들의 행동에 대해 판단할 때, 우리는 외부적 요인들의 영향을 과소평가하고 내부적 혹은 개인적 요인들의 영향을 과대평가하는 경향이 있다. 이를 **기초적 귀인 오류**(fundamental attribution error)라 한다. 예컨대, 경쟁사의 제품계열 혁신으로 어느 영업사원의 판매실적이 저조한 것을 그 사람의 능력부족 탓으로 돌린다면, 이는 기초적 귀인 오류이다.

귀인 이론과 관련된 또 하나의 오류는 **이기적 편향**(self-serving bias)이다. 이는 자신의 성공이나 긍정적 결과는 능력이나 노력 등, 내부 요인의 탓으로 돌리고, 실패나 부정적 결과는 운이나 환경 등, 외부 요인의 탓으로 돌리는 성향을 말한다. 물론 이는 자신의 자존심을 방어하고자 하는 욕구 때문에 생기는 현상이다. 우리말에 "좋은 건 제 잘난 탓으로 돌리고, 나쁜 건 부모 탓으로 돌린다"는 말이 있는데, 이것이 곧 이기적 편향을 지칭하는 표현이다. 성과평가의 결과로 종업원들에게 제공되는 피드백이 적극적(보상)인지 소극적(처벌)인지에 따라 피드백에 대한 해석이 왜곡될 수 있다는 것이 이 오류의 예이다.

4. 지각적 왜곡

지금까지 논의했듯이 사람들은 지각과정을 통해서 대상이나 환경에 대한 인식과 해석을 하게 된다. 그러나 귀인 이론의 오류에서 보았듯이, 이 지각과정에서 사람들은 대상에 대한 인식이나 해석을 그르치는 오류를 범하기 쉽다. 이러한 지각적 왜곡 중 경영자들에게 특히 의미가 있는 것이 선택적 지각과 상동화(상동적 태도)이다. 〈그림 12-4〉는 이 두 지각과정을 그림으로 보여 준다. 지각적 왜곡에는 그 외에도 후광효과와 자기 유사성 가정이 있다.

〈그림 12-4〉 지각적 왜곡의 예

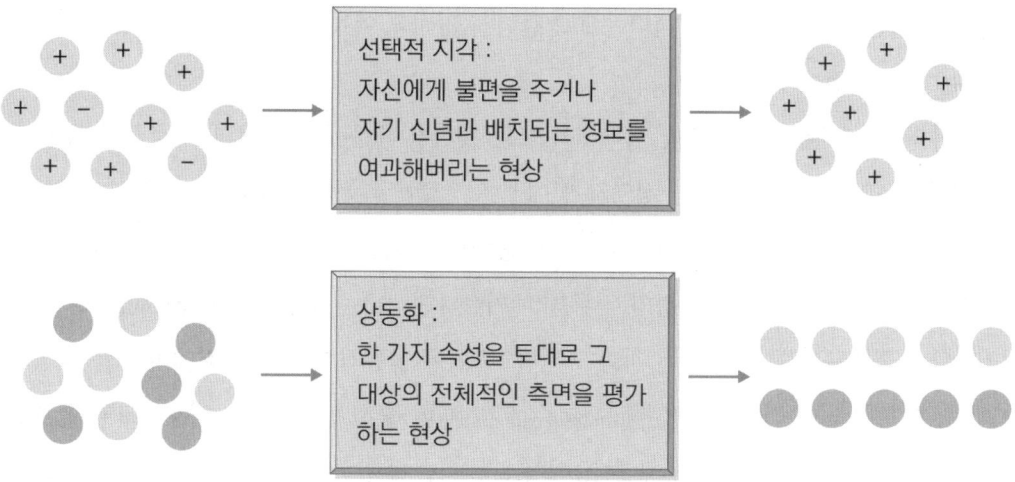

- **선택적 지각**: 자신을 불편하게 하거나 자기 신념과 배치되는 정보는 여과해 버리는 현상
- **상동화**: 한 가지 속성을 토대로 그 대상의 전체적인 측면을 평가하는 지각적 왜곡 현상

4.1 선택적 지각

선택적 지각(selective perception)은 대상이나 환경에 대한 지각 시 자신에게 불편하거나 자기 신념과 일치하지 않는 정보는 여과(screening out)해 버리는 심리적 현상을 말한다. 예를 들어, 어느 경영자가 특정의 종업원을 유별나게 높이 평가하고 있을 경우, 만약 이 작업자가 과업에 태만하고 있음을 목격했다 하더라도 그가 목격한 문제를 쉽게 잊을 수 있다. 반대로 만약 이 경영자가 어느 종업원을 극히 부정적으로 평가하고 있을 경우, 이 작업자가 어느 날 높은 성과를 올렸다 하더라도 이 성과를 쉽게 지나칠 수 있다.

선택적 지각은 경영자로 하여금 중요한 정보를 무시해 버리도록 함으로써, 조직에게 심각한 해악을 줄 수도 있다.

4.2 상동화

상동화(sterotyping)는 상동적 태도라고도 하며, 어떤 대상을 평가할 때 하나의 독특한 특성만으로 전체를 평가하는 지각적 편의나 왜곡을 말한다. 흔히 상동화에 이용하는 공통적인 속성에는 인종, 성별, 연령 등이 있다. 흑인이 백인보다 범죄율이 높다거나, 여성은 남 얘기를 많이 한다거나, 노인들은 정치성향이 고루하다는 고정관념을 가지고 이들을 부정적인 시각으로 바라본다면, 이는 상동화 현상이다.

상동적 태도는 대부분 부정확한 지각에서 오는 것이기 때문에, 조직에게 부정적인 영향을 미치는 경우가 많다. 예를 들어, 한 경영자가 여성은 오로지 특정의 직무만을 잘 할 수 있으므로, 다른 직무들은 남성들에게 맡겨야 한다는 태도를 가지고 있다 하자. 이 같은 상동화 현상으로 경영자가 성별을 고려해 종업원들의 직무를 배치한다면, 이는 종업원들의 소중한 재능을 희생시키거나 성차별 규제를 위반하는 결과가 된다. 반면에 상동적 태도는 조직에 이점을 제공하기도 한다. 어느 기업이 의사소통 기술(communication skill)이 좋은 신입사원을 채용하고자 할 때, 언어학 전공자를 선택하는 것이 그 예이다. 의사소통 기술에 관한 한, 언어학 전공자가 적합할 가

능성이 높기 때문이다. 이와 같이 한 변수가 다른 변수에 강하게 영향을 미치면, 경영자는 이러한 변수관계를 상동화 함으로써 의사결정에 도움을 얻을 수 있다.

4.3 후광효과

백화점에서 1층의 노른자위 코너는 대부분 루이뷔통, 구찌, 샤넬, 프라다 등, 명품 브랜드관으로 채워져 있다. 그중에서도 루이뷔통은 가장 높은 지명도를 자랑하고 있으며, 이 제품의 모노그램인 LV가 박힌 핸드백은 고가의 명품을 상징하는 세칭 '3초 백'으로 알려져 있다. 거리에서 3초마다 이 백을 든 여성을 볼 수 있다는 뜻이다. 그렇다면 과연 루이뷔통은 시계나 만년필도 명품일까?

명성 있는 기업들이 자사의 브랜드 이미지를 이용해 사업 영역을 확대하는 이유는 간단하다. 한번 브랜드 이미지가 형성되면, 소비자들은 그 브랜드의 모든 제품에 대해 충성하기 때문이다. 이와 같이 어떤 대상이 가진 한 가지 주된 특성으로 인해 다른 모든 특성에 대한 지각이 왜곡되는 현상을 **후광효과**(Halo effect) 혹은 **현혹효과**라 한다. 사람을 볼 때 지성, 사교성, 외모 등과 같은 어떤 특성 한 가지로 그 사람 전체에 대한 이미지가 좌우되는 경우가 그 예이다. 대학에서 교수에 대한 학생들의 강의평가 시, 교수가 강의에 특별한 열의를 보이면, 학생들은 열의라는 한 가지 특징에 경도되어 강의준비, 강의방법, 강의내용 등, 이 교수에 대한 전반적 평가가 상향되는 경우가 있다.

4.4 자기 유사성 가정

인간은 남들이 자신과 유사하다고 가정하는 경향이 있다. 즉, **자기 유사성 가정**(assumed similarity) 하에서 타인들을 판단하려는 경향을 보인다. 자기 유사화 효과('like me' effect)라고도 한다. 자기 유사성의 가정에 따르면, 상대의 특성 자체보다는 자기 자신의 특성에 더 큰 영향을 받아 상대를 지각하게 된다. 예를 들어 맹자의 성선설을 지지하는 사람은 모든 사람이 자기처럼 선하고 정직한 것으로 간주해 타인에게 돈을 빌려 주거나 빚보증을 쉽게 서준다. 조직에서 한 종업원이 자기 직무에 대한 도전과 책임을 수용한다면, 다른 종업원들도 같은 생각을 할 것으로 가정할 수 있다.

제5절 작업장 행위와 조직 유효성

작업장에서 구성원들이 어떤 행동을 하는가 하는 것은 경영자들이 조직을 경영하는데 중요한 의미를 갖는다. **작업장 행위**(workplace behavior)는 직·간접적으로 조직의 유효성에 영향을 미치는 조직 구성원들의 행동 패턴을 말한다. 중요한 작업장 행위는 성과 행위, 이탈 행위, 조직 공동체 행위 및 역기능 행위이다. 〈그림 12-5〉는 작업장 행위가 조직 유효성에 미치는 영향을 보여준다.

〈그림 12-5〉 작업장 행위와 조직 유효성

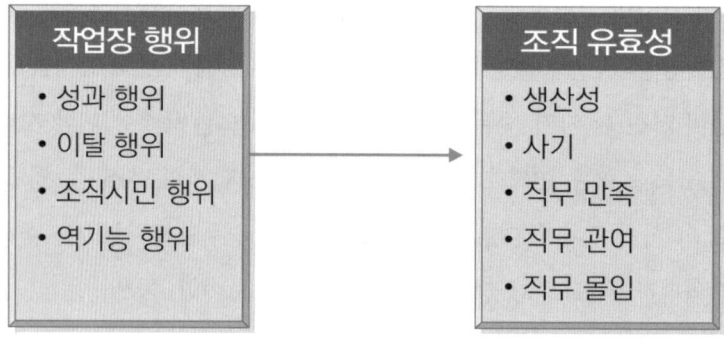

1. 성과 행위

성과 행위(performance behavior)는 조직이 개인으로부터 기대하는 작업 관련 행위의 전체적 조합을 말한다. 이 행위는 심리적 계약으로부터 파생된다. 어떤 직무의 경우는 성과 행위를 쉽고 간단하게 정의하고 측정할 수 있다. 예를 들어, 공장의 조립 라인에서 컨베이어 벨트가 지나갈 때 중간제품에 부품을 붙이는 작업을 하는 조립공은 작업이 단순해서 성과 행위가 많지 않다. 반면, 연구개발 업무를 담당하는 연구원들은 성과 행위가 훨씬 다양하고 성과의 측정이나 평가 또한 복잡하다. 연구원은 대학원에서 습득한 이론과 전문지식, 연구원 경력을 통해 축적한 경험과 노하우를 연구개발 과정에서 다양하게 활용하기 때문이다. 직관과 창조성 또한 그들의 중요한 자원이다.

경영자들이 종업원들의 동기부여를 통해 이들의 성과를 극대화하기 위해서는 성과의 측정 및 평가 메커니즘을 수행 직무에 잘 연결시킬 수 있어야 한다.

2. 이탈 행위

작업 관련 행위의 또 다른 유형은 종업원들이 근무현장을 이탈하는 행위이다. 이탈(withdrawal)의 전형적인 예가 결근과 이직이다.

결근(absenteeism)은 종업원이 작업장에 나타나지 않는 경우를 말한다. 결근의 이유는 질병, 부상, 가족의 사망 등과 같이 합법적일 수도 있고, 합법을 가장한 사적인 결근일 수도 있다. 멀쩡한 사람이 두통이 심하다고 직장에 빠지는 경우가 그 예이다. 종업원이 결근하면 직무가 수행되지 않거나, 임시로 다른 사람이 이 직무를 수행해야 하는데, 어느 경우든 실제 성과의 양이나 질이 떨어지기 쉽다. 조직의 목표는 위장된 결근을 최소화하는 일이다. 결근이 많은 것은 직무 불만족이나 사기 저하의 징후일 수 있다.

이직(turnover)은 직장을 떠나는 경우이다. 직장을 그만 둔 사람을 다른 인력으로 교체하는 것은 조직에게 큰 비용을 발생시킨다. 교체비용(신규 종업원 선발 및 교육에 소요되는 비용)은 물론 기회비용(작업 지연, 시장 기회 상실, 생산성 저하 등)도 발생한다. 생산성이 높은 종업원들이 이직하는 경우 더욱 그렇다. 이직은 직무나 조직, 작업자 개인 및 노동시장이 원인일 수도 있고, 가족의 영향일 수도 있다. 그 중에서도 **개인-직무 적합성**(person-job fit) 부족은 이직의 중요한 원인이다. 이직은 불가피한 현상이지만, 조직에게 바람직한 쪽으로 작용하기도 한다. 특히 인력감축을 통해 원가절감을 기하려 하는 경우, 종업원이 스스로 직장을 떠나는 것은 이직을 강요하는 것에 비해 훨씬 효과적이다. 이직 희망자의 생산성이 낮거나 직무 불만족이 클 경우 더욱 그렇다.

3. 조직시민 행위

조직시민 행위(organizational citizenship behavior)는 조직 전반에 걸쳐 기여하는 개인의 행위를 말한다. 예를 들어 생산의 양과 질이 양호한 작업자가 있다고 하자. 그러나 그는 정해진 시간 외에는 근무하지 않으며, 자기 직무 능력 이상의 성과도 올리고 싶어 하지 않는다. 결국 이 사람은 성과로 보면 괜찮은 작업자일 수 있지만, 좋은 조직 구성원으로 보기는 어렵다. 그는 조직시민정신이 부족한 사람이다. 조직에 적극적으로 기여하고자 하는 의지가 없기 때문이다. 반면에 또 다른 작업자는 성과수준은 보통이지만, 늘 일찍 출근하고 필요시 밤늦게 퇴근하며, 틈나는 대로 신입사원의 일을 돕기도 하면서 조직의 성공을 위해 헌신한다고 하자. 이 작업자의 작업장 행위는 조직시민 행위의 표본이다.

조직시민 행위는 개인적, 사회적 및 조직적 변수들의 복합체이다. 예를 들어 개인의 개성, 태도 및 욕구는 그의 조직시민 행위와 일치하는 경향이 있다. 또한 개인이 일하는 사회적 맥락이나 작업 집단은 조직시민 행위에 영향을 미친다. 따라서 기업이 만약 조직시민 행위가 조직의 성공에 중요한 요소라고 생각한다면, 조직 문화를 통해 시민정신이 발휘되는 구성원들이 행위를 조장하고, 이를 반영한 보상 시스템을 갖추는 것이 좋다. 조직시민 행위는 조직 유효성에 중요한 역할을 수행한다는 것이 많은 연구들의 결과이다.

4. 역기능 행위

작업 관련 행위 중에는 역기능적 행위가 있다. **역기능 행위**(dysfunctional behavior)란 조직성과를 저해하는 행위를 말한다. 결근, 지각 및 태업이 대표적인 예이다. 그 외에도 경영자들이 유의해야 할 역기능 행위가 많다. 역기능 행위는 조직에게 큰 손실을 줄 수 있다. 예컨대, 회사 자산의 도둑질이나 태업은 조직에게 직접적인 재무적 손실을 준다. 성 추행과 인종 차별은 조직에게 사기 저하, 유능한 종업원 축출과 같은 폐해를 줄 수 있다. 조직 내에서 타인들을 자기 의도대로 끌고 가고자 하는 정치적 행위나 악성 루머의 살포는 조직 분위기를 망칠 수 있다. 그 외에도 서구 산업사회를 중심으로 작업장 폭력이 점점 사회의 이목을 끌고 있다. 폭력의 주된 원인은 심리적 무질서, 타인으로부터의 멸시나 조롱, 혹은 왕따 등으로 인한 불만과 좌절이다.

경영자들은 직장 내에서 구성원들의 이와 같은 역기능 행위를 차단하고, 각자의 행동이 협력, 배려, 존중, 자율 및 책임을 통해 조직의 유효성 향상에 기여할 수 있도록 **순기능 행위**(functional behavior)를 조장해야 한다.

제6절 스트레스와 개인행동

1. 스트레스의 의의와 과정

조직행동의 또 다른 주요 요소는 스트레스이다. **스트레스**(stress)는 환경으로부터의 강한 자극에 대한 개인의 반응이다. 이 자극을 **스트레스원**(stressor)이라 한다. 스트레스는 일반적으로 〈그림 12-6〉에서 보여주는 **일반적 적응증상**(general adaptation syndrome: GAS)이라는 사이클을 따른다. 이 이론에 의하면, 개인이 처음 스트레스원을 만나면, GAS가 시작되어 첫 단계인 **경보**(alarm)가 발동된다. 여기서 그는 심리적 공황 상태에서 대처 방법을 모르고, 좌절감을 느끼기도 한다. 만약 한 경영자가 CEO로부터 경쟁사 사업체 인수 프로젝트를 위한 사업계획서를 3일 이내에 작성하라는 과제를 지시받았다고 하면, 이는 그에게 심각한 스트레스원이다. 그는 스트레스의 경보 단계에 진입한 것이다. 여기서 만약 스트레스가 너무 심하면, 이 경영자는 스트레스원과 싸울 수 없음을 느끼고, 좌절할 수도 있다.

〈그림 12-6〉 스트레스에 대한 일반적 적응 증상

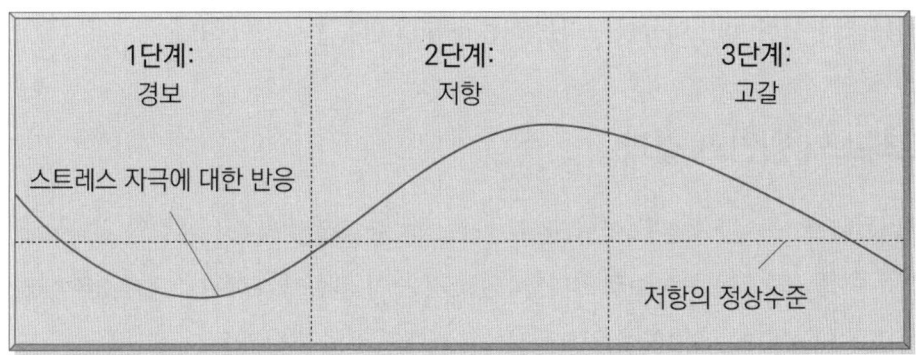

GAS의 두 번째 단계는 **저항**(resistance)이다. 경영자는 일정한 경보 기간을 거쳐 다시 에너지를 집중해 스트레스의 부정적 영향에 저항한다. 예컨대 그가 마감기일 이틀 전부터 밤 세워 사업계획서 작성에 들어간다면, 이는 스트레스에 대한 저항 행위이다. 여기서 개인이 만약 스트레스가 해소되지 않은 채 스트레스원에 끌려 다니기만 하면, 그는 결국 GAS의 3단계, 즉 **고갈**(exhaustion) 상태에 이르게 된다. 경영자가 결국 아무리 해도 마감시간 내에 과제를 끝낼 수 없음을 알고 사업계획서 작성을 포기하는 경우가 그 예이다.

2. 스트레스의 중요성

스트레스는 부정적인 측면만 있는 것일까? 물론 너무 많은 스트레스는 조직이나 개인에게 부정적인 결과를 초래한다. 직무 불만족, 생산성 저하, 결근 및 이직률 증대 등, 스트레스로 인한 부작용이 많기 때문이다. 그러나 스트레스가 너무 없어도 문제일 수 있다. 직무에 대한 긴장감이 없어 조직 내에서 구성원들이 무기력증 혹은 타성(inertia)에 젖을 수 있기 때문이다. 반대로 적정한 수준의 스트레스가 유지되면, 이것이 동기를 유발하고 박진감을 주기도 한다.

스트레스와 관련해 구성원들을 일반적으로 A 유형과 B 유형으로 나눌 수 있다. 경영자들은 특히 A 유형에 유의할 필요가 있다. A 유형은 지극히 경쟁적이고 과업에 몰두하며, 시간 관리에 투철하다. 타인들에 대해 공격적이며 인내심이 부족하다. 많은 동인(動因)을 가지고 있으며, 단기 내에 최대의 성과를 올리고자 한다. 반면에, B 유형은 비경쟁적이며 인내심이 강하고, 과업에 너무 얽매이지 않으며, 균형감 있게 자기 시간을 관리한다. 조직 내에서 B 유형이 A 유형보다 반드시 더 성공하는 것은 아니지만, 이들이 보다 스트레스를 덜 받을 가능성이 크다.

3. 스트레스의 원인과 결과

스트레스는 분명 단순한 현상은 아니다. 몇 가지 상이한 요인들이 스트레스의 원인이 된다. 〈그림 12-7〉은 이를 그림으로 보여주고 있다. 유의할 것은 이 그림에 제시된 스트레스의 원인들은 오직 작업관련 요인들이라는 점이다. 스트레스는 그 외에도 개인적 상황에 따른 결과일 수도 있다.

3.1 스트레스의 원인

작업 관련 스트레스는 4가지 범주 중 하나에 속한다: 과업 요구, 물리적 요구, 역할 요구 및 개인 간 요구.

〈그림 12-7〉 작업관련 스트레스의 원인

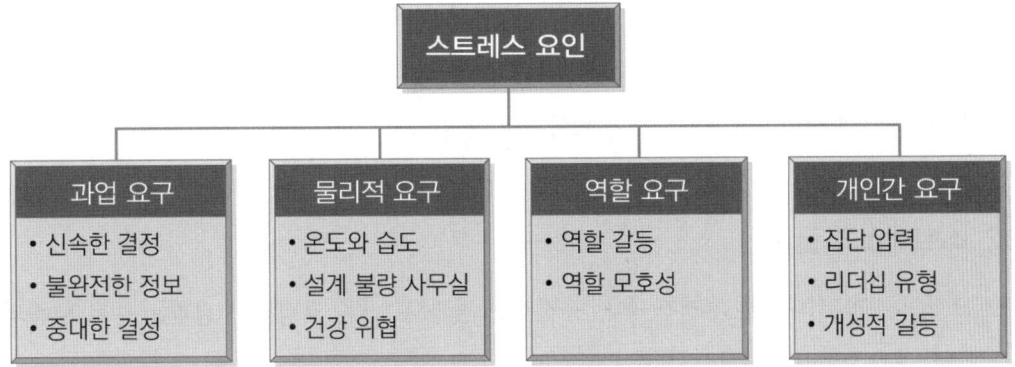

① **과업 요구**: 가장 스트레스를 많이 발생시키는 원인은 과업 요구(task demand), 즉 과업 자체와 관련된 요구이다. 어떤 직업은 본질적으로 다른 직업보다 스트레스를 많이 준다. 빠른 결정, 불완전한 정보에 의한 결정 및 중대한 결정을 내려야 하는 직업은 스트레스를 가중시킨다. 외과의사, 비행사 및 주식중개인은 내과의사, 승무원, 증권거래소 안내원보다 스트레스를 많이 주는 직업이다.

② **물리적 요구**: 물리적 요구(physical demand)는 직무 환경과 관련된 스트레스원이다. 실례로, 혹한이나 혹서에 실외에서 일하는 것은 스트레스의 원인이 된다. 안정적 수면패턴을 중시하는 사람에게는 교대근무가 큰 스트레스원이다. 더욱 심각한 스트레스원은 건강과 안전에 위협을 주는 과업이다. 석탄채굴, 가금류 가공, 유해 폐기물 처리, 청원경찰, 소방관 등이 그 예이다. 2020 팬데믹 상황에 코로나 진료와 백신 접종에 종사하는 많은 의료진들이 열악한 근무 여건 속에서 급증하는 물리적 요구에 큰 스트레스를 받은바 있다.

③ **역할 요구**: 역할 요구(role demand) 또한 스트레스를 일으킨다. 즉, 사람들이 집단에서 경험하는 **역할 갈등**(role conflict)이나 **역할 모호성**(role ambiguity)이 곧 스트레스원이다. 예로서, 상사가 더 오래 작업하기를 기대하는 작업자는 더 많은 시간을 같이 보내기를 원하는 가족들의 요구로 인해 역할 갈등을 겪음으로써 스트레스를 받는다. 마찬가지로, 신입사원이 회사의 오리엔테이션과 교육 프로그램이 잘못 설계되어 그에게 역할 모호성이 발생함으로써 스트레스가 유발되기도 한다.

④ **개인 간 요구**: 개인 간 요구(interpersonal demand)는 조직 내에서 사람들을 상대하면서 받게 되

는 스트레스원이다. 조직규범을 순응해야 한다는 집단 내 압력은 스트레스를 일으킨다. 리더십 스타일 또한 스트레스의 원천이다. 의사결정 참여에 대한 강력한 욕구가 있는 종업원에게 참여를 허용하지 않으면, 이 종업원은 스트레스를 느낄 수 있다. 성격적 갈등이 있는 두 작업자를 근접 배치하면, 이 또한 스트레스의 원인이 된다.

3.2 스트레스의 결과

스트레스의 결과는 대부분 부정적이나, 긍정적인 결과도 있다. 부정적인 결과는 주로 행동과학적, 심리적, 혹은 의학적 결과이다.

① **의학적 해악**: 예를 들어, 스트레스는 흡연, 알콜이나 마약 중독, 및 과식과 같은 의학적 해악을 가져 온다. 그 외에도 사고 빈발, 폭력과 폭언 및 식욕부진을 일으키기도 한다. 많은 사람들이 2020 코로나 팬데믹 중 자가방역 상황에서 스트레스에 따른 수면부족과 식욕부진 증상을 보인바 있다.
② **심리적 해악**: 스트레스는 심리적 해악을 유발한다. 특히 정신건강과 안위를 위협한다. 대표적인 해악이 수면 장애, 우울증, 가정불화 및 성기능 장애이다.
③ **성과 저하**: 스트레스는 경영 성과에 직접적인 영향을 미친다. 현장 근로자들에게는 스트레스가 작업의 질 및 생산성 저하로 이어진다. 직무만족, 사기 및 직무 몰입 또한 지장을 받는다. 스트레스로 다른 사람들과의 상호작용도 어려워져 결근이나 태근을 하기도 하고, 심지어 회사를 그만 두기도 한다. 경영자들에게는 스트레스가 그릇된 의사결정과 리더십 붕괴, 및 권한관계의 와해를 가져올 수 있다.
④ **에너지 고갈**: 스트레스의 또 다른 결과는 에너지 고갈(burnout)이다. 스트레스로 에너지가 소진되어 버리는 현상이다. 에너지 고갈은 개인에게 육체적 피로와 좌절을 가져온다. 엄격한 조직 생활에 따른 스트레스는 직장인들의 자신감 부족과 심리적 위축을 야기한다. 출근을 두려워하게 되고, 장시간을 작업에 투입해도 거두는 성과는 별로 없어진다.

4. 스트레스의 관리

스트레스의 잠재력으로 볼 때, 조직과 구성원들 모두가 스트레스의 양과 영향력을 최소화하는 데 깊은 관심을 가져야 한다. 스트레스 관리를 위해 경영자와 구성원들이 이용할 수 있는 주요 방법은 다음과 같다.

4.1 운동

스트레스를 관리하는 효과적인 방법들 중 하나가 **운동**(excercise)이다. 운동은 비단 조직이라는 맥락에 국한된 방법은 아니고 일상생활에 일반적으로 적용할 수 있는 스트레스 해소 방법이다. 규칙적인 운동에 적절히 시간을 투자하는 사람은 긴장과 심리적 압박이 덜하고, 자신감이 넘치며, 매사에 낙관적 태도가 강해지는 경향이 있다. 운동을 통해 육체적·정신적 건강도 도모할 수 있다.

4.2 휴식과 절제

또 다른 스트레스 관리방법은 긴장된 몸과 마음을 풀고 휴식을 취하는 것이다. **휴식**(relaxation)은 개인이 스트레스에 보다 잘 적응하고, 이를 통해 스트레스를 해소하는데 효과적으로 작용한다. 규칙적 여행이나 주말을 이용한 여가 및 취미활동이 대표적인 방법이다. 무리한 생활을 자제하는 **절제**(abstinence)나 금욕 또한 스트레스의 관리에 효과적이다. 과도한 흡연이나 음주를 피하고 여가활동으로 이들을 대체하는 것이 바람직하다.

4.3 시간관리

스트레스를 제어하는 데는 **시간관리**(time management)도 한 몫을 한다. 시간관리의 숨은 아이디어는 시간관리를 잘함으로써 일상적인 정신적 압박을 줄이거나 제거할 수 있다는 데 있다. 예컨대, 하루 일과를 시간별로 정리해 둔 다음, 과업을 시간에 쫓기지 않고 적시에 수행해 나가는 것은 시간관리의 효과적인 방법이다.

4.4 지지 그룹

사람들은 **지지그룹**(support group)을 통해 스트레스를 관리할 수도 있다. 지지그룹은 개인이 기대어 스트레스 해소에 도움을 받는 복수의 사람들을 말한다. 지지그룹은 가족의 일원, 친구, 친지 혹은 동료들로 간단히 구성할 수 있다. 퇴근 후 동료들과 그룹으로 스포츠나 영화 관람을 가거나, 동호회를 만들어 같이 여가를 즐기는 경우가 그 예이다. 요즈음에는 지자체나 지역사회의 다양한 사회단체에서 다양한 프로그램을 개발해 지지그룹을 모집하고 이들을 지원함으로써 직장인들이 스트레스를 해소하는데 도움을 준다.

4.5 종업원 지원

근래에는 회사마다 종업원들이 스트레스를 극복할 수 있도록 직장 내에 각종 제도적 장치를 마련한다. 종업원 복지 제도, 직장 보험 및 동호회 지원 등이 그 예이다. 이러한 **송업원 지원**(employee support) 제도의 이면에는 회사가 종업원들의 스트레스에 책임이 있으므로, 이를 해소하는데 앞장서야 한다는 주장이 깔려있다. 또 다른 이유로서, 현실적으로 스트레스는 직장인의 건강에 마이너스로 작용하고, 이는 다시 조직의 성과저조를 초래한다는 것이다.

제7절 학습

경영자들이 구성원들의 행동을 통해 조직목표를 달성하기 위해서는 이들이 바람직한 방향으로 행동할 수 있도록 학습시켜야 한다. 이를 위해서는 사람들이 어떻게 학습하는가를 이해해야 한다. **학습**(learning)이란 '개인의 경험적 결과 발생하는 것으로서, 장기간 지속되는 행동 변화를 일으키는 현상'이라 정의된다. 개인의 학습과 관련하여 경영자들이 이해해야 할 대표적인 이론이 조작적 조건화, 사회적 학습 및 행위의 조성이다.

1. 조작적 조건화

사람은 자신이 원하는 것을 얻거나 원하지 않는 것을 피하기 위해 어떻게 행동하는 것이 좋은지를 학습을 통해 배운다. 이처럼 인간의 행동을 학습의 함수로 보는 것이 **조작적 조건화** 이론(theory of operant conditioning)이다. 여기서 학습된 행동을 반복할 가능성은 그 행동에 대한 **강화**(reinforcement)의 수준에 의해 영향을 받는다. 즉, 적극적 강화의 제공은 특정의 행위를 강화시켜 이 행위의 반복 가능성을 증대시키는 반면, 적극적 강화가 없으면 그 행위의 반복 가능성은 감소된다.

가령, 사장이 사원에게 초과근무를 열심히 하면 인사고과에 반영한다고 약속해 놓고, 막상 인사고과를 수행할 때 급여인상이나 승진과 같은 적극적 보강을 실시하지 않는다면, 다음에 사장이 다시 초과근무를 요청할 때 이 사원은 적극적으로 반응하지 않을 것이다.

2. 사회적 학습

개인은 또한 자신의 직접적 경험에 의해서 뿐만 아니라 다른 사람에게 일어나는 일을 눈으로 보거나 귀로 들어서 학습할 수도 있다. 우리가 학습하는 것들 중에는 부모, 스승, 동료 그룹, 탤런트나 영화배우 및 기업 경영자와 같은 학습 모델들로부터 학습하는 경우가 많다. 이와 같이 타인에 대한 관찰과 자신의 직접 경험을 통해 학습할 수 있다는 것이 **사회적 학습 이론**(social learning theory)이다. 특히 타인의 영향이 사회적 학습 이론의 중심 요인이다. 역할 모델과 같은 타인의 행동이 개인에게 미치는 영향의 정도는 다음과 같은 과정에 의해 결정된다.

첫째는 **관심 과정**(attentional process)이다. 사람들은 패션모델을 볼 때, 이 모델의 중요한 특징에 주목하여 관심을 가지면서 학습하게 된다. 우리는 어떤 모델이 매력적이거나 중요한 인물로 생각되거나, 혹은 자신과 유사하면 특히 더 큰 영향을 받는다.

둘째는 **보유 과정**(retention process)이다. 모델의 영향력은 그 모델이 자신에게서 멀어져 그 모습이 잘 보이지 않을 때에도 그의 행동이나 태도를 얼마나 잘 기억하느냐에 따라 달라진다.

셋째는 **재생 과정**(motor reproduction process)이다. 개인이 모델을 관찰하는 도중 새로운 행위를 발견하면, 개인은 관찰된 이 모델화된 행동을 학습해 그대로 실행에 옮긴다.

넷째는 **강화 과정**(reinforcement process)이다. 만약 인센티브나 보상과 같은 긍정적 강화가 제공되면, 개인은 모델화된 행동을 보이고 싶은 동기가 유발된다. 강화된 행동은 더 많은 관심이 주어지고, 학습도 더 잘 되며, 행동 빈도도 잦아진다.

3. 행위의 조성

때로는 경영자들이 일련의 학습단계에 대한 체계적 강화를 통해 구성원들의 행동을 조직목표의 달성에 바람직한 방향으로 조성할 수 있다. **행위의 조성**(shaping behaviors) 행동의 조성 방법에는 적극적 강화, 소극적 강화, 처벌 및 소거의 네 가지가 있다.

첫째, **적극적 강화**(positive reinforcement)는 특정의 행위에 대해 쾌적한 방법으로 보상해 주는 행위의 조성 방법이다. 상사가 부하에게 일을 잘 했다고 칭찬하거나 상여금을 주는 경우가 그 예이다. 적극적 강화는 바람직한 행위가 반복될 가능성을 높여준다.

둘째, **소극적 강화**(negative reinforcement)는 특정의 행위에 대해 불쾌한 일이 발생되지 않도록 함으로써 바람직한 행위를 강화시켜 주는 행위의 조성 방법이다. 경영자가 부하에게 "앞으로 정시에 출근하면(바람직한 행위), 당신의 급여삭감 결정을 취소한다(소극적 강화)"고 통보하면, 이는 소극적 강화의 예이다.

셋째, **처벌**(punishment)은 바람직하지 않은 행위를 징계함으로써 이 행위의 발생을 방지하고자 하는 행위의 조성 방법이다. 상습적으로 지각하는 작업자를 꾸짖거나 일정 기간 정직(停職)의 징계를 가하는 것은 처벌의 예이다.

끝으로, **소거**(extinction)는 특정의 행위, 그 중에서도 특히 바람직하지 않은 행위가 유지될 가능성을 근원부터 봉쇄하는 것을 의미한다. 회의 도중 주제와 무관한 질문을 일삼거나, 엉뚱한 논쟁으로 분위기를 망치기 일쑤인 사람은 손을 들어도 발언 기회를 주지 않는다면, 이는 소거에 의한 행위 조성의 예가 된다.

적극적 강화와 소극적 강화는 둘 다 학습을 유발한다. 이들은 바람직한 행위를 강화함으로써 이 행위가 반복될 가능성을 높여준다. 처벌과 소거 또한 학습을 유발하지만, 바람직하지 않은 행위를 약화시킴으로써 그 발생빈도를 감소시키는 소극적 방법으로 특정의 행위를 조성한다.

복습 및 연구문제

■ 복습하기

1. "Big 5" 개성특질 모델이란 무엇인가?
2. Holland의 개성-직무 적합성 이론의 요점을 설명하라?
3. 작업 관련 종업원 태도의 세 가지 구성요소는 무엇인가?
4. 귀인이론의 의의를 설명하라.
5. 다음 사항에 대해 간단히 설명하라.
   (1) 심리적 계약   (2) 통제의 위치   (3) 마키아벨리아니즘
   (4) 인지 부조화   (5) 지각적 왜곡   (6) 조직시민행위

■ 토론하기

Ⅰ. 독자가 만약 경영자라면, 어느 종업원이 늘 팀의 다른 구성원들에게 영향을 미치는 부정적 감정을 표출한다고 할 때, 이를 어떻게 처리하겠는가? 귀인이론 등, 본문에 소개된 방법을 이용해 설명해보라.

Ⅱ. 연구결과에 의하면, 외향적인 사람들은 내성적인 사람들에 비해 팀에 대한 기여도가 부족하고, 남의 말을 제대로 청취하지 않는 경향이 있다고 한다. 반면에 다른 연구결과에 의하면, 이들은 오늘날과 같은 협력적, 팀지향적 작업장에서도 거액의 소득을 거둘 가능성이 크다고 한다. 이런 결과가 사실이라면, 그 이유에 대해 토론하라.

Ⅲ. 어느 종업원의 통제 위치(locus of control)가 내부인지, 외부인지를 이해하는 것은 경영자가 이 종업원과 소통하고, 그에게 동기부여하고, 그를 리드하는데 도움이 된다고 한다. 이에 대해 논의해 보라.

■ 자기평가

내 자신의 개성과 행위적 스타일은 어떠한가? 자기 개성의 평가를 위한 다음 각 문항에 대해 자신이 어떤 행위적 스타일인지 a, b 둘 중 하나를 선택하라. (자료원: Daft, ibid, 2016)

1. 나는: a. 새롭고 복잡한 문제를 해결하기를 좋아한다   b. 내가 전에 경험한 일만을 작업한다.
2. 나는: a. 조용한 곳에서 혼자 일하기를 좋아한다   b. 행동이 필요하면 어디든 간다.

3. 나는: a. 의사결정 시 기준을 설정해 적용하는 상사를 원한다   b. 개인적 욕구를 고려하고 예외를 인정하는 상사를 원한다.
4. 나는 프로젝트 수행 시: a. 완전히 종료 후 마감하기를 좋아한다   b. 수정가능성을 남겨둔다.
5. 나는 의사결정을 내릴 때 가장 중요시해야 할 요인은: a. 합리적 사고, 아이디어 및 자료라고 생각한다   b. 사람들의 감정과 가치관이라고 생각한다.
6. 나는 프로젝트를 수행할 때: a. 진행방법을 결정하기 전에 몇 번씩 검토한다   b. 일단 곧바로 시작한 후 진행상황을 봐가면서 다시 생각한다.
7. 나는 프로젝트를 수행할 때: a. 최대한 자기통제를 실시한다   b. 다양한 옵션을 시도한다.
8. 나는 작업할 때: a. 한 번에 여러 프로젝트를 수행함으로써 각 프로젝트에 대해 최대한 공부한다.   b. 도전적인 프로젝트 하나에 집중해 분주하게 움직인다.
9. 내가 어떤 일을 시작할 때는: a. 언제나 일의 목록과 계획을 작성하며, 중대한 계획변경을 싫어한다   b. 계획을 세우지 않고, 내 작업역량과 기술에 따라 작업이 진행되도록 놔둔다.
10. 내가 동료들과 어떤 문제를 논의할 때 내게는: a. 상황의 큰 그림을 보는 것이 편하다   b. 상황의 구체성을 파악하는 것이 편하다.
11. 나는 가정이나 사무실에서 전화 벨이 울릴 때 일반적으로 이를: a. 업무방해 요인으로 본다   b. 일일이 받아준다.
12. 나를 잘 표현하는 단어는: a. "분석적"이다   b. "공감적"이다.
13. 내게 어떤 주제제가 주어졌을 때 나는: a. 끊임없이 꾸준하게 작업한다   b. 중간 휴식을 취하면서 일할 때는 에너지를 집중한다.
14. 나는 누군가 한 주제에 대해 이야기 할 때: a. 내 자신의 경험과 관련지어 듣는다   b. 메시지 자체를 평가하고 분석한다.
15. 나는 어떤 새로운 아이디어가 떠오르면: a. 바로 실행하고자 노력한다   b. 이 아이디어에 대해 좀 더 심사숙고한다.
16. 나는 프로젝트를 수행할 때: a. 이 프로젝트의 정의가 명확해질 수 있도록 과업의 범위를 좁혀서 바라본다   b. 다양한 측면이 고려될 수 있도록 과업의 범위를 넓혀서 바라본다.
17. 나는 뭔가를 읽을 때면 보통: a. 내 생각을 거기에 쓰인 부분으로 한정시킨다   b. 행간(行間)을 읽고, 등장한 어휘들을 다른 아이디어에 접합시키려고 노력한다.
18. 나는 급한 의사결정을 내려야 할 때: a. 불안해 하면서 더 많은 정보가 없음을 아쉬워 한다   b. 현재 이용 가능한 자료를 이용해 의사결정을 내릴 능력이 있다.
19. 나는 회의가 있을 때: a. 내 아이디어에 대해 논의하면서 이 아이디어들의 정형화를 계속한다

b. 해당 이슈를 면밀히 숙고한 후에 내 의견을 발표한다.
20. 나는 작업에 관한 회의 시 주로: a. 아이디어에 대해   b. 사람에 대해, 이야기하는데 많은 시간을 보낸다.
21. 회의가 있을 때 내가 제일 괴로워하는 사람은 주로: a. 개략적인 아이디어를 가져오는 사람이다   b. 실질적이고 상세한 아이디어를 가져와 회의를 지연시키는 사람이다.
22. 내가 선호하는 인간형은: a. 아침형 인간이다   b. 밤 부엉이형 인간이다.
23. 회의준비에 임하는 나의 스타일은: a. 일단 들어가 반응을 봐가면서 토의하는 스타일이다
b. 완벽하게 준비해서 회의의 내용을 개괄적으로 설명하는 스타일이다.
24. 나는 회의 중: a. 자기 기분을 표현하는 사람을 선호한다   b. 과업지향적인 사람을 선호한다.
25. 내가 몸담고 싶은 조직은: a. 내 일이 지적 욕구를 자극하는 조직이다   b. 목표와 사명에 몰입하는 조직이다
26. 나는 주말에: a. 내가 앞으로 해야 할 일을 계획한다   b. 어떤 일이 일어나는지 보고 그때그때 결정한다
27. 나의 성격은: a. 외향적이다   b. 내성적이다
28. 나는: a. 새로운 아이디어로 가득한 상사를 위해   b. 실용적인 상사를 위해 일하고 싶다

● 행위적 스타일에 관한 다음 각 문항에 대해 a, b 중 자신의 스타일에 가깝다고 생각하는 하나를 선택하라.
29. a. 사회적   vs   b. 이론적
30. a. 창의적   vs   b. 실용적
31. a. 조직적   vs   b. 적응적
32. a. 능동적   vs   b. 집중적

● **평가방법:**

위 32개 문항은 개인을 (1) 내성적(Introvert)인지, 외향적(Extrovert)인지 (2) 감각적(Sensive)인지, 직관적(Intuitive)인지 (3) 사고형(Thinking)인지, 직감형(Feeling)인지 및 (4) 판단형(Judging)인지, 지각형(Perceiving)인지의 네 가지 기준으로 분류하는데 목적이 있다. 본문의 MBTI 평가와 유사하다. 먼저, 각 문항에 대해 다음 표를 참고해서 해당 응답란에 O표 한다. 예컨대 1번 문항에서 a로 응답했으면 직관형(I) 중 (1, 4)란에 O표를 한다. 다음, 8개의 유형별로 O표의 수를 센다. 다음, 위 (1)에서 (4)까지의 네 가지 유형별로

점수가 높은 유형을 선택한다. 마지막으로, 네 가지 고평점 유형을 결합하면 당신의 개성 및 행동 유형이 도출된다. 예를 들어 INTJ는 내성적이면서 직관적이고, 사고를 많이 하면서 판단력을 바탕으로 행동하는 스타일이다.

유형	내성형 (I)	외향형 (E)	감각형 (S)	직관형 (N)	사고형 (T)	직감형 (F)	판단형 (J)	지각형 (P)
	2 a	2 b	1 b	1 a	3 a	3 b	4 a	4 b
	6 a	6 b	10 b	10 a	5 a	5 b	7 a	7 b
	11 a	11 b	13 a	13 b	12 a	12 b	8 b	8 a
	15 b	15 a	16 a	16 b	14 b	14 a	9 a	9 b
	19 b	19 a	17 a	17 b	20 a	20 b	18 b	18 a
	22 a	22 b	21 a	21 b	24 b	24 a	23 b	23 a
	27 b	27 a	28 b	26 a	25 b	25 b	26 a	26 b
	32 b	32 a	30 b	30 a	29 b	29 a	31 a	31 b
합계								

● **각 유형의 특성과 적성:**

여러분의 개성 및 행동 특성이 ISTJ에서 ENTJ까지의 총 16가지 유형 중 어느 것에 해당하는지 점검하고, 가장 적합한 직무나 직업은 무엇인지 확인해 보라.

유형	특성	적성	유형	특성	적성
ISTJ	조직적, 신뢰성, 책임감, 믿음	검사원	ESTP	자생력, 군집성	해결사
ISFJ	조용함, 양심적, 헌신적, 세밀성	후견인	ESFP	사교성, 관대함, 웃기기	연예인
INFJ	인내, 영감적, 조용, 타인 돌보기	상담사	ENFP	상상력, 열정, 프로젝트 수행력	모험가
INTJ	독립적사고, 회의적, 이론적, 유능함	과학자	ENTP	재능, 흥미유발적, 루틴 배제	발명가
ISTP	침착성, 관찰력, 여유	기능인	ESTJ	지시, 구조, 실용성.	관리감독
ISFP	온화함, 감응성, 팀정신, 조화	예술가	ESFJ	인적 기술, 조화, 명성, 인류애	사회자
INFP	이상주의, 가치지향적, 학습형	귀족직	ENFJ	카리스마, 설득력, 웅변, 사교성	교육자
INTP	논리적, 개념적, 도전적	건축가	ENTJ	비전적 계획,책임감,감동적 연설	지도자

제13장 집단역학 및 팀 관리
Group Dynamics and Team Management

이 장에서는 집단이나 팀 내에서의 구성원 행동역학을 설명한 후, 집단이나 팀 내에서의 구성원 행동에 대한 통제방법을 논의한다.

제1절 집단역학의 본질

1. 집단의 의의와 종류

조직의 과업집단은 아무렇게나 모여 있는 단순한 군중이 아니다. 우리가 관심을 가지고 있는 **집단**(group)은 조직(organization)이라는 틀 안에서 함께 모여 작업하는 특수한 집단이다. 다시 말하면, 집단은 특수한 목표(goal)를 달성하기 위해 공통의 정체성(identity) 하에서 체계적으로 조직화되어 상호작용(interaction)을 하는 다수의 개인들(individuals)로 이루어진 실체이다. 〈그림 13-1〉은 이와 같은 집단의 생성원리를 보여준다. 경영자들은 집단들이 자신의 과업을 성공적으로 수행하기를 원한다.

조직의 맥락에서 중요시되는 집단에는 공식집단과 비공식집단의 두 종류가 있다. **공식집단**(formal group)은 구성원 각자에게 일정한 작업과 구체적인 과업을 지정해 주는 공식화된 과업집단이다. 공식집단은 구성원들의 재능이나 역량 혹은 조직목표에 따라서 타율적으로 조직되고 통

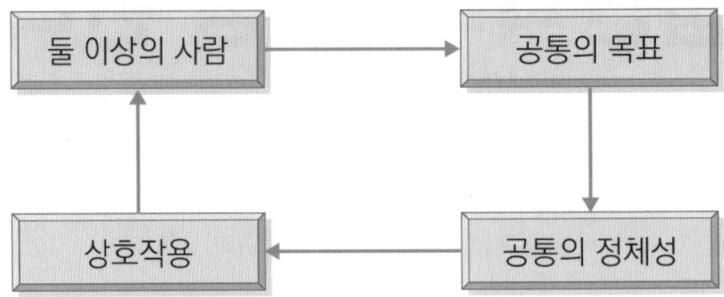

〈그림 13-1〉 집단의 생성원리

제되는 합리적 집단이다. 이 집단에서는 공식적인 상사-부하 관계가 형성되고, 구성원 각자에게 특정의 권한과 책임이 부여된다. 우리가 논의하는 대부분의 집단은 바로 공식집단을 말한다.

반면에, **비공식집단**(informal group)은 조직 내의 공식집단과는 별도로 사회적 목적 하에 자생적으로 형성되는 정서적 집단이다. 매슬로우(A. Maslow)가 지적한 것처럼, 사람은 귀속의 욕구와 함께 자기 존중의 욕구가 있어 이 두 가지가 강력한 동기부여의 유인으로 작용한다. 이 두 욕구를 충족시키기 위해 구성원들이 자율적으로 조직하는 것이 곧 비공식집단이다. 오늘날 대부분의 기업에 관심과 취미가 비슷한 사람들끼리 조직하는 다양한 형태의 동아리나 동호회를 볼 수 있다. 테니스회, 낚시회, 산악회, 바둑회 및 수석회 등이 그 예이다. 이들이 곧 비공식집단들이다.

2. 집단의 개발 과정

처음에는 여러 면에서 서투른 젊은이들이 나중에 유능한 어른으로 변모해 가듯이, 집단 역시 성숙화 과정을 거쳐 성공적인 집단으로 발전한다. 이처럼 개인에서 출발해 집단으로 성숙해 가는 집단개발 과정을 이해하는 것은 경영자가 집단의 유효성을 증대시키는 데 도움을 준다. 집단 개발 과정은 〈그림 13-2〉에서 볼 수 있는 바와 같이 6단계로 구성된다. 그 중 1~3단계에서는 구성원들이 집단화의 첫 번째 장애물인 권력 및 권한에 대한 불확실성을 극복하기 위해 노력한다. 이어서 4~6단계에서는 두 번째 장애물인 개인 간 관계에 대한 불확실성을 극복하고자 노력한다.

〈그림 13-2〉 집단개발의 6단계

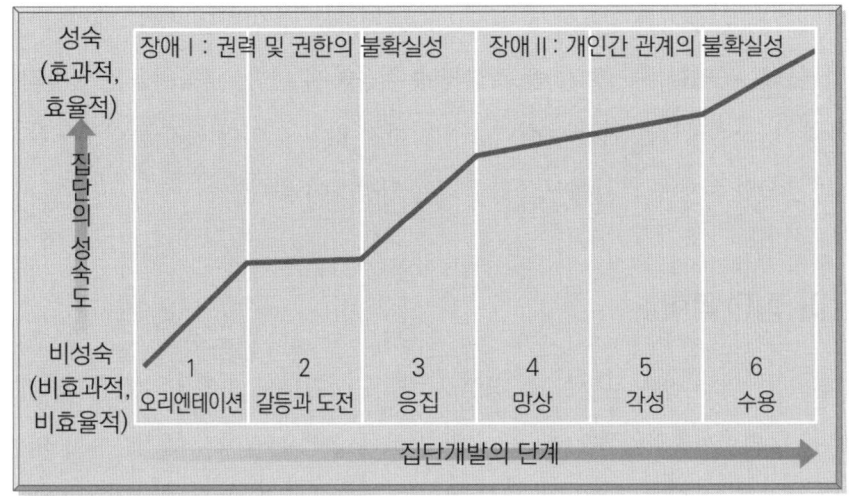

① **단계 1: 오리엔테이션**(orientation). 얼음을 깨는 단계이다. 집단의 초기에는 집단 내에 목표, 권력 및 개인 간 관계에 관한 불확실성이 팽배해 있다. 이 시점에는 구성원들이 일반적으로 리더십을 필요로 하고, 또 이를 수용할 태세가 되어 있다. 일시적으로 리더들이 출현해 이것이 마치 영구적 집단통제를 위한 자신의 기회인 것으로 착각한다.

② **단계 2: 갈등과 도전**(conflict and challenge). 일시적 리더들의 철학, 목표 및 전략이 명백해지면서 이들과는 상이한 대체적 행동패턴들을 옹호하는 개인이나 소집단들이 집단 통제를 위해 일시적 리더들과 대립한다.

③ **단계 3: 응집**(cohesion). 원래의 리더와 새로운 리더들 사이에 권한, 집단구조 및 절차에 대한 새로운 합의가 이루어지면서 2단계에서 시작된 권력이동 작업이 완료된다. 모든 구성원들의 진정한 몰입과 함께 '우리'라는 의식이 확고해진다.

④ **단계 4: 망상**(delusion). 3단계에서 성숙된 조직으로의 급격한 이동과정을 거친 후, 조직은 큰 고비를 넘겼다는 안도감이 팽배해진다. 구성원들은 어떻게 해서든 조화와 화합을 강화하는 데 몰두한다. 어려운 정서적 문제들이 모두 해소되었다는 믿음과 함께 구성원들의 참여의욕과 동료의식이 고조된다.

⑤ **단계 5: 각성**(disillusion). 망상이 약화되면서 소집단들이 자꾸 형성되며, 상황이 어떻게 전개될 것인지에 관한 각성의 분위기가 점증한다. 응집력과 몰입의 약화 징후로서 지각과 결근이 잦아진다.

⑥ **단계 6: 수용**(acceptance). 구성원들에게 신임이 두텁고 영향력도 큰 한 사람이 나타나 집단이 진일보하고 그 분위기가 갈등에서 응집으로 반전하는 데 앞장을 선다. 개인적인 상호이해를 통해 구성원들은 문제를 야기하지 않고 상황에 적응하게 된다. 구성원들은 전반적으로 권한체계를 수용하며, 소집단들은 집단 응집력을 위협하지 않고 상이한 문제들을 추구한다. 결과적으로 6단계의 집단들은 매우 효과적이고 효율적일 가능성이 높다.

3. 집단과 집단역학

그렇다면, 집단의 본질은 무엇이고, 경영자들과 구성원들이 과업을 수행할 때 집단을 필요로 하는 이유는 무엇일까? **과업집단**(work group)의 가장 중요한 본질이자 특징은 이들의 행동이 단순히 그 집단 내 모든 개인들의 행동을 합한 것과는 다르다는 점이다. 개인은 집단에 있으면 혼자 있을 때와 다르게 행동하기 때문이다. 예컨대, 네 명의 조사원들이 시장조사를 할 때 각각 따로따로 자기 역할을 수행하는 것보다 조사원 전원이 팀워크를 이루어 일하는 것이 더 큰 시너지를 창출할 가능성이 있다. 과업을 수행할 때 협업과 제휴(collaboration)가 필요한 이유가 여기에 있다.

집단역학(group dynamics)이란 집단 구성원들 사이의 상호작용 내지 상호의존성으로 인해 나타나는 심리적·사회적 현상, 혹은 이 현상을 연구하는 학문 분야를 일컫는다. 집단역학이 특히 관련을 갖는 현상은 구성원들의 행동과 태도이다. 다시 말해, 집단역학이란 일정한 목적을 지향하는 조직이라는 틀 속에서 구성원들 사이에 상호작용이 발생함으로써 나타나는 집단 고유의 행동과 태도를 말한다. 집단역학의 대표적인 예가 의사소통, 집단 순응성, 집단 응집력, 집단적 의사결정, 시너지, 및 구성원들 사이의 갈등이나 협력이다.

집단역학이 효과적으로 작동하면, 조직 전체의 시너지 효과가 더 많이 발생해 조직의 유효성이 증대할 수 있다. 반대로, 집단역학이 효과적으로 작동하지 않으면 조직의 유효성은 감소할 가능성이 높다. 따라서 경영자들이 집단의 성과 증대나 구성원 만족을 통해 기업의 목표를 달성하고자 한다면, 이러한 집단역학을 이해해야 한다.

4. 집단역학의 주요 개념

집단역학과 관련된 주요개념을 소개하면 다음과 같다. 이들은 그 집단의 집단역학에 영향을 미치거나 집단역학과 깊은 관련을 맺고 있는 개념들이다.

4.1 역할

역할(role)은 어떤 사회적 단위에서 특정의 지위를 차지한 사람에게 기대되는 일련의 행동 패턴을 말한다. 조직 내에서 역할과 관련해 나타나는 문제는 집단의 각 구성원은 다양한 구성원들로부터 상이한 기대를 받기 때문에, 상대가 누구냐에 따라 다양한 역할을 수행해야 한다는 점이다. 이처럼 개인이 상이한 **역할 기대감**(role expectancy)에 직면하게 될 때, 이를 **역할 갈등**(role conflict)이라 한다. 가령 대학의 한 교수가 동료 교수들로부터는 학과의 이미지 관리상 학점을 박하게 주라는 기대를 받고, 학생들로부터는 취업 목적상 학점을 후하게 달라는 기대를 받는다면, 그는 역할 갈등에 빠지게 된다.

4.2 규범

규범(norm)이란 집단 구성원들에 의해 공유되는 수용가능한 행동기준이나 기대감을 의미한다. 예컨대 직장의 출근시간이 오전 8시라면, 대부분의 종업원들은 8시 전에 출근해 외투, 가방, 혹은 도시락 등을 책상 아래 내려놓고 차를 마시면서 동료들과 대화한다. 이는 자신이 정시에 근무준비를 마쳤음을 알리는 일종의 시그널이다. 그런데 어떤 사람이 8시 이후에 출근해 앞서와 같은 행동을 할 경우, 그는 상사와 동료의 눈총을 받고 집단의 규범에 순응하라는 압력을 받을 것이다.

집단마다 집단 고유의 규범들이 있지만, 대부분의 조직에 공통된 규범들이 있다. 노력/성과 규범, 복장 규범 및 충성 규범이 그 예이다. 이 중에서도 가장 일반화된 규범이 노력/성과 규범이다. 이는 작업집단에서 작업자들이 얼마나 열심히 일하고 얼마나 휴식을 취하며, 어느 정도의 성과를 올려야 할 것인지에 대해 일정한 기준을 제시해 준다. 복장 규범 역시 구성원들의 직장생활에 상당한 제약을 가한다. 생산현장에 근무하는 사람이 지나치게 깔끔한 복장을 하거나, 고객접촉이 잦은 사람이 지저분한 복장을 하는 것은 복장 규범에 어긋나는 행실이다. 마지막으로 충성 규범은 자신보다 집단을 앞세워야 한다는 규범이다. 야간근무나 휴일근무를 충실히 수행하거나, 격지에 발령이 나더라도 이를 묵묵히 받아들이는 것은 충성규범을 준수하는 경우이다.

4.3 신분

신분(status)은 집단 내에서 개인에게 공식적으로 부여된 지위나 서열을 의미한다. 그러나 신분은 학력, 연령, 경험, 전문기술, 카리스마적 기질 등의 개인적 특성에 의해 비공식적으로 형성되는 평판, 위신, 명성 등의 개념도 포함한다. 개인은 자기 신분에 대해 자신이 느끼는 것과 다른 사람이 느끼는 것에 차이가 있다고 생각하면 행동으로 반응한다.

조직 내에서 공식적으로 부여되는 신분은 구성원들이 조직의 공식적 신분체계가 합당하다고 믿느냐가 중요하다. 만약 스스로 합당하다고 느끼는 신분과 조직이 부여하는 신분 사이에 차이가 느껴지면, 이를 **신분 부조화**(status incongruence)라 한다. 가령, 자기보다 지위가 낮은 사람이 사무실에서 좋은 공간을 차지하거나, 어느 사업부장에게 그룹 부회장인 자신은 없는 골프장 회원권을 주는 경우, 신분 부조화 현상이 발생할 것이다.

4.4 집단 순응성

개인은 자기가 속한 집단에 의해 받아들여지기를 원하며, 조직은 개인에게 집단의 규범에 순응하라는 압력을 가한다. 이러한 **집단 순응성**(group conformity)은 개인의 판단과 태도에 영향을 미친다. 예를 들어, 집단에 순응적인 사람은 특정의 문제에 대해 확실한 원인이나 해결책을 알고 있다 하더라도, 집단의 대다수가 다른 원인이나 해결책을 가지고 있으면, 자기의 소신을 버리고 다른 대다수의 대안을 거부하기가 어려워진다. 따라서 집단 순응성은 개인의 창조성과 조직의 유효성을 저해하는 결과로 이어질 수 있다.

집단 순응성과 관련해 또 하나의 중요한 개념이 **집단사고**(groupthink)이다. 이는 구성원들이 조직에 지나치게 순응하는 상황에서, 만약 한 개인이 다른 사람들과 현저히 다른 의견을 제시할 때, 이 개인의 의견이 아무리 훌륭하다 하더라도 다수의 횡포에 의해 희생되는 현상을 말한다.

4.5 집단 응집력

구성원들 사이에 불화가 많고 협력이 부족한 집단은 그렇지 않은 집단에 비해 자신들의 과업을 수행하는 데 유효성이 떨어질 수밖에 없다. **집단 응집력**(group cohesiveness)은 '구성원들이 얼마나 소속 집단에 몰입되어 어느 정도로 정체성(identity)을 가지고 그 집단의 목표를 공유하느냐'를 의미한다. 집단의 응집력이 강할수록 구성원들 사이의 협력이 원활하고 갈등은 줄어든다. 따라서 일반적으로, 응집력이 강한 집단일수록 **시너지 효과**(synergy effect)가 커져 집단의 성과나 생산성이 향상된다.

제2절 집단역학과 조직 유효성

많은 사람들은 영국의 비틀즈(Beatles)를 이 시대 최고의 보컬 그룹이라 생각한다. "비틀즈는 위대한 아티스트들이자 엔터네이너들이지만, 개인 하나하나를 보면, 여러 가지 면에서 이들은 네 명의 평범한 존재들이다. 이들은 하나의 그룹으로서, 특별한 예술적, 재정적 성공을 거두는 방법을 찾아냈고, 그런 가운데 함께 위대한 삶을 살았다. 기업의 모든 집단들이 이들의 이야기로부터 배울 것이 있다."[1] 경영자들이 집단 역학을 이해하는 것은 조직의 유효성을 증대하는데 필수적이다. 그렇다면, 구성원들이 집단이라는 테두리 안에서 보여주는 태도와 행동이 생산성, 효율과 같은 조직유효성에 미치는 영향은 무엇일까?

1. 집단 응집력과 생산성의 관계

집단역학과 관련해 경영학자들이 관심을 가지고 있는 문제들 중의 하나가 집단 응집력과 생산성의 관계이다. 물론 응집력이 강한 집단일수록 집단의 생산성이 크다는 데 이의를 제기하는 학자는 없다. 그러나 집단 응집력과 생산성 사이에는 반드시 일관성 있는 관계가 있는 것은 아니다. 다시 말하면, 두 변수 사이의 관계에 영향을 미치는 제 3의 변수, 즉 조절변수가 존재한다. 여기서 집단 응집력과 집단 생산성의 관계에 영향을 미치는 **조절변수**(moderator)는 '구성원의 태도가 집단 및 조직 목표와 부합하는 정도'이다.

〈그림 13-3〉에서 볼 수 있는 바와 같이, 만약 구성원들의 태도가 집단 및 조직 목표에 대해 우호적이면, 응집력이 강할수록 생산성 향상의 속도는 더욱더 커진다. 그러나 응집력이 강하다

---
1) Al Sobel, "The Beatles Principles," *Strategy & Business*, Spr. 2006, p. 42.

하더라도 집단 및 조직 목표에 대한 구성원들의 태도가 비우호적이면, 생산성 향상의 속도가 떨어지거나 생산성이 오히려 감소할 수도 있다. 반면에 응집력은 약하더라도 목표에 대한 구성원들의 태도가 우호적이면 생산성은 향상될 수 있지만, 생산성 향상의 속도는 응집력이 크고 목표에 대한 태도가 우호적인 집단에는 미치지 못한다.

〈그림 13-3〉 집단 응집력과 생산성 사이의 관계

집단·조직 목표의 부합성 구성원 태도와	응집력	약하다	강하다
	높다	저수준의 생산성 증대	고수준의 생산성 증대
	낮다	생산성에 대한 유의적 영향 없음	생산성 감소

2. 집단역학과 집단 성과/구성원 만족의 관계

왜 어떤 집단은 더 높은 성과와 구성원 만족을 실현하고, 다른 집단들은 그렇지 않은가? 이 문제에 대한 대답은 간단하지 않지만, 집단 성과(group performance)와 **구성원 만족**(employee satisfaction)에 영향을 미치는 집단역학 요인은 대략 다음과 같다: 외적 조건, 구성원 잠재력, 집단구조, 집단적 과정, 과업 특성. 〈그림 13-4〉는 집단의 성과와 구성원 만족에 영향을 미치는 주요 요인들을 보여준다. 이 요인들은 직접 집단의 성과와 구성원 만족에 영향을 미치는 것도 있고, 이 요인이 다른 요인들에 영향을 미침으로써 간접적으로 집단 성과와 구성원 만족에 영향을 미치는 것도 있다. 좀 더 구체적으로 설명하면, 먼저 구성원의 외적 조건이 집단 구성원들의 잠재적 자원과 집단 구조에 영향을 미치며, 이 두 요인은 다시 **집단적 과정**(group process)에 영향을 미친다. 이 집단적 과정이 어떠냐에 따라 집단의 성과와 구성원 만족 수준이 달라진다. 다만 여기서 집단적 과정이 집단 성과와 구성원 만족에 미치는 영향은 과업의 특성에 따라 달라진다. 이하에서는 〈그림 13-4〉의 각 구성개념에 대해 설명한다.

〈그림 13-4〉 집단성과/구성원 만족 모델

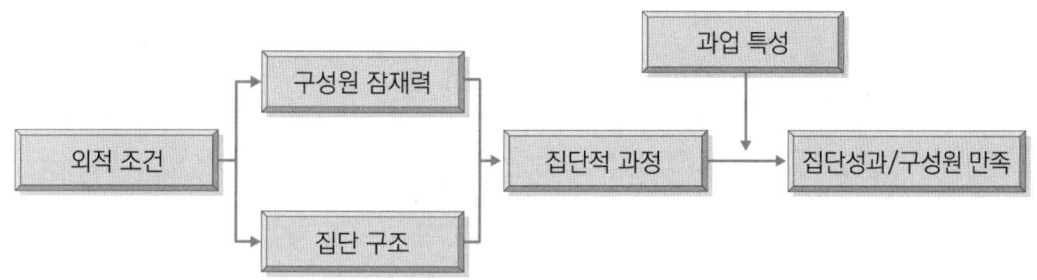

- **외적조건**: 외적 조건(external condition)은 개인의 외부에 존재하면서 개인의 태도와 행동에 영향을 미치는 요인들이다. 조직의 전략, 권한관계, 공식적 규칙과 규제, 자원의 가용성, 종업원 선발기준, 성과관리 시스템, 조직 문화, 및 물리적 작업공간과 장치 등이 그것이다. 작업집단은 자기 외적 조건에 의해 영향을 받으며, 외적 조건은 다시 집단적 과정과 조직성과 및 구성원 만족에 영향을 미친다. 예를 들어, 어떤 집단은 직무수행에 필요한 양질의 현대식 도구와 장비를 보유하고 있는 반면, 어떤 집단은 그렇지 못하다. 어떤 집단은 저원가를 추구하는 반면, 어떤 집단은 차별화를 추구한다.
- **구성원 잠재력**: 구성원 잠재력(member resources)이란 지식, 능력, 개인 간 관계 기능 및 개성적 특질 등과 같은 개인의 잠재적 자원을 말한다. 특히 개인 간 관계 기능(갈등관리 능력, 협동적 문제해결 및 의사소통 능력 등)과 개성적 특질(사교성, 자기의존성, 및 리더십 스타일 등)은 구성원들의 중요한 잠재적 자원들이다. 이러한 구성원 잠재력은 집단적 과정 혹은 집단역학에 영향을 미치기 때문에, 이 잠재력이 어느 정도이냐에 따라 집단의 성과와 구성원 만족이 달라진다.
- **집단구조**: 집단 구조(group structure)를 구성하는 요소는 집단 크기, 구성원 역할구조, 규범체계, 신분체계, 집단 순응성, 집단 응집력 및 리더십 등이다. 집단이 어떠한 구조로 구성되어 있느냐에 따라 집단적 과정과 집단성과 및 구성원 만족 수준이 달라진다.

- **집단적 과정**: 집단적 과정(group process)이란 작업집단 내에서 구성원들 사이에 이루어지는 의사소통, 의사결정 및 갈등 관리 등을 말한다. 이러한 집단적 과정은 집단성과와 구성원 만족에 긍정적인 영향을 미치기도 하고, 부정적인 영향을 미치기도 한다. 개별적으로 작업하는 것보다 집단적으로 작업할 때가 더 큰 생산량을 산출하는 집단은 전자의 경우이고, 여럿이 모이면 작업시간 중 잡담이 많고 서로 소통이 적거나 갈등이 잦은 집단은 후자의 경우이다.
- **과업특성**: 과업특성(task characteristic)에는 복잡성과 상호의존성이 있다. 〈그림 13-4〉에서 볼 수 있는 바와 같이, 과업 특성은 집단적 과정과 집단성과/구성원 만족 사이의 관계에 대한 조절변수 역할을 한다. 다시 말하면, 과업이 복잡하고 과업들의 상호의존성이 강할수록 집단적 과정이 집단성과/ 구성원 만족에 미치는 영향은 커지고, 과업이 덜 복잡하고 과업들의 상호의존성이 약할수록 집단적 과정이 집단성과/ 구성원 만족에 미치는 영향은 작아진다. 따라서 집단의 과업이 복잡하고 상호 의존적일 경우, 경영자들은 의사소통의 활성화, 갈등의 최소화 및 참여적 의사결정의 강화를 통해 높은 수준의 집단성과와 구성원 만족을 기대할 수 있다.

제3절 팀 관리

Gore, 볼보 및 Kraft Foods 같은 기업들이 제조공정에 처음으로 팀 시스템을 도입했을 때, 당시 다른 어떤 기업도 팀 개념을 도입하지 않고 있었기 때문에, 큰 화제가 되었다. 지금은 정반대이다. 팀을 이용하지 않는 조직이 화제의 대상이 된다. Fortune 500 기업의 약 80%가 적어도 종업원들의 절반 이상이 팀을 기반으로 작업하고 있다. 대부분의 기업들은 팀을 조직 성공의 핵심 요소로 간주한다.[2] 그 이유는 무엇일까? 이는 수행되어야 할 과업이 복합적 기능(skill)과 판단

---

[2] B. J. West, J. L. Patera, and M. K. Carsten, "Team Level Positivity: Investigating Positive Psychological Capacities and Team Level Outcomes," *Journal of Organizational Behavior*, Feb. 2009, pp. 249-267.

력, 및 경험을 필요로 할 경우, 일반적으로 팀이 개인들보다 더 큰 성과를 낼 수 있기 때문이다. 팀을 기반으로 하는 과업이 중시되는 또 다른 이유는 급변하는 과업환경 하에서 팀 중심의 조직구조가 전통적인 기능중심 조직구조보다 더 유연하고 반응 지향적이기 때문이다.

1. 팀의 의의

오늘날의 기업을 보면 작업 팀이 보편화되어 있다. 〈그림 13-5〉는 그 이유를 요약적으로 설명한다. 팀(team)이란 무엇을 말하는 것일까? 우리 주변에서 가장 흔히 볼 수 있는 팀은 스포츠 팀이다. 그러나 스포츠 팀이 작업 팀과 여러 가지로 동일한 특성을 지니고 있는 반면, 작업 팀은 스포츠 팀과는 다른 고유의 특질이 있다. 작업의 맥락에서 **팀**(team)은 '목표의 달성에 책임이 있는 상호의존적 구성원들로 이루어진 공식집단'으로 정의된다.

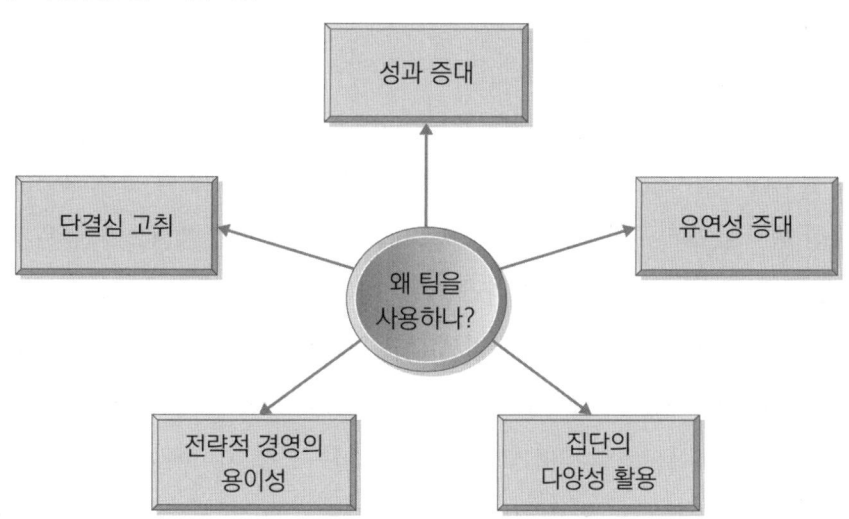

〈그림 13-5〉 작업 팀을 선호하는 이유

2. 팀의 유형

팀의 유형을 분류하는 한 가지 유용한 방법은 〈그림 13-6〉과 같이 팀의 목적, 팀 지속기간, 팀 구성방법 및 팀 구조라는 네 가지 특성을 기준으로 분류하는 방법이다.

〈그림 13-6〉 팀의 분류

　첫째, 팀은 여러 가지 목적이나 목표를 위해 구성된다. 제품개발, 문제해결 및 프로세스 리엔지니어링 등이 그것이다. 둘째, 팀은 지속기간에 따라 영구적일 수도 있고 잠정적일 수도 있다. 조직 내 공식구조의 일부 부문을 구성하는 회계 팀, 영업 팀 및 기획 팀 등은 영구적 팀에 해당한다. 특수한 목적을 띠고 구성되는 태스크 포스, 프로젝트 팀 및 문제해결 팀 등은 잠정적 팀들이다. 셋째, 팀은 팀원들의 구성방법에 따라 기능 팀과 교차기능 팀으로 나뉜다. 생산, 마케팅, 인사, 재무, 회계 등과 같은 각 기능 부문별로 팀을 구성하면, 이는 기능 팀(functional team)이 된다. **교차기능 팀**(cross-functional team)은 혁신, 협력, 목표 몰입 및 정예화를 위해 여러 기능부서에서 차출된 개인들로 구성되는 팀이다. 마지막으로, 팀은 팀 구조의 차이에 따라 분류된다. 즉, 팀은 감독의 지시 하에 운영될 수도 있고, 자율적으로 관리될 수도 있다. 전자는 목표의 설정, 작업활동의 수행 및 성과의 평가 과정에 경영자의 감독을 받는 경우이고, 후자는 감독 없이 목표설정에서 통제에 이르기까지 전 과정을 자율적으로 관리해 나가는 경우이다.
　오늘날의 조직에서 가장 관심을 끌고 있는 팀의 형태는 문제해결 팀, 교차기능 팀, 자율관리 팀 및 가상 팀이다.

- **문제해결 팀**: 조직 내에서의 팀 개념이 처음 기업들의 관심을 끌기 시작할 때, 대부분의 팀이 띤 유형은 문제해결 팀이었다. **문제해결 팀**(problem-solving team)은 작업 절차와 방법 상의 문제, 조직 성과의 하락, 소비자들의 불만 급증, 등 조직이 처한 중요한 문제를 해결하기 위해 구성되는 팀이다. 이 팀은 일반적으로 문제의 원인을 찾아 그 해결책을 제시할 뿐, 문제의 해결책을 직접 실행할 권한은 없다.
- **교차기능 팀**: **교차기능 팀**(cross-functional team)은 특수한 문제의 해결을 위해 다양한 기능분야의 전문가들로 구성되어 공동으로 작업하는 협력적 팀이다. 미국의 Hallmark Cards사에서는 작가, 아티스트, 편집인 및 생산 전문가들이 생산, 그래픽 디자인, 판매 및 유통 등, 다양한 부문의 종업원들로 팀을 구성하고, 신제품 아이디어의 개발에서 제품인도의 개선에 이르기까지 전 과정에 대해 공동으로 협업한다.
- **자율관리 팀**: 경영자로부터의 감독이 없이 자율적으로 작업하면서, 작업과정 전체에 대해 책임을 지는 조직 내의 공식적 팀이 **자율관리 팀**(self-managed team)이다. 이 팀에서는 계획, 작업일정계획, 과업할당, 작업통제, 생산 의사결정 및 문제에 대한 시정조치에 이르기까지 전 과정을 스스로 수행하고 관리 및 통제한다. 제록스, 제너럴 모터스, 펩시콜라, 휼렛-패커드, 페더럴 익스프레스 등, 많은 기업들이 이 제도를 도입하고 있다.
- **가상 팀**: **가상 팀**(virtual team)이란 컴퓨터 기술을 이용해 지리적·물리적으로 분산된 사람들을 연결하는 네트워크를 구성하여 공통의 목적을 달성하고자 하는 팀을 말한다. Boeing-Rocketdyne에서는 신제품을 개발하는데 가상 팀이 중심적인 역할을 수행한다. 이 팀에서는 구성원들이 광역망, 화상회의, 팩스, e-메일, 웹 사이트와 같은 통신망을 이용해 정보의 공유, 의사결정, 과업수행 등, 다른 형태의 팀이 할 수 있는 일들을 모두 다 수행한다.

3. 효과적 팀의 조건

과업 팀이 높은 성과를 거두기 위해서는 조직이 세 가지 요건이 갖추어야 한다. 사람과 관련된 요인, 조직과 관련된 요인 및 과업과 관련된 요인이 그것이다. 〈표 13-1〉은 팀의 성과를 결정짓는 요인들을 설명한다. 팀 성과의 주요 지표는 목표의 달성도, 혁신적 아이디어 창출 여부, 변화에 대한 적응 정도, 개인과 팀 수준에서의 직무몰입도 및 경영진에 의한 성과평가 등이다.

〈표 13-1〉 팀 성과의 결정 요인

사람 관련 요인	조직 관련 요인	과업 관련 요인
– 직무만족 – 상호신뢰와 팀 정신 – 원활한 의사소통 – 최소의 갈등과 권력투쟁 – 저 위협, 실패의 자유와 같은 안정적 작업환경	– 조직 안정성 – 참여적·지원적 경영체제 – 성과에 대한 인정과 보상 – 안정적 목표와 과업 우선순위 설정	– 명확한 목표, 방향 및 계획 – 적절한 기술적 지휘 및 지도 – 자율성 및 도전성 – 양질의 유 경험 인력 – 팀 참여와 프로젝트의 비전

제4절 갈등관리

조직이라는 맥락에서 구성원들 사이, 혹은 부서나 팀 및 집단들 사이에 갈등은 피하기 어려운 현상이다. 이해관계가 서로 다르기 때문이다. 갈등은 조직의 변화나 혁신을 저해하는 걸림돌이다. 조직 내에서 갈등이란 무엇인가? 갈등은 조직의 성과에 단지 부정적인 기능만을 수행하는가? 갈등이 일어나는 원인은 무엇인가? 갈등의 해소를 위해서는 어떻게 해야 하는가? 이 절에서는 이러한 문제를 중심으로 논의한다.

1. 갈등의 의의

집단이 자기에게 할당된 과업을 수행하는 과정에서 구성원들 사이에는 불화나 견해의 불일치가 불가피하다. D. Tjosvold는 갈등을 다음과 같이 정의한다. "갈등(conflict)은 한 사람과 다른 사람 사이에서 서로의 행동을 방해하고 공격하거나 그 행동의 효과를 감소시키는 양립불가능한 행위적 개념이다." 갈등이라는 용어는 일반적으로 반대, 노여움, 공격 등을 환기시킴으로써 강력한 부정적 의미를 함축하고 있다. 그러나 갈등이 반드시 부정적인 의미만을 갖는 것은 아니다.

2. 갈등에 대한 관점

갈등에 관한 관점은 일반적으로 세 가지이다. 첫째는 **전통적 관점**(traditional view)이다. 이는 갈등은 집단 내에 문제가 있음을 의미하는 것으로서, 경영자들은 이를 반드시 회피하거나 제거해야 한다는 관점이다. 둘째는 **인간관계적 관점**(human relations view)이다. 여기서는 어떤 조직에서든 갈등은 자연스럽고도 불가피한 현상으로서, 집단의 성과에 꼭 부정적인 영향을 미치는 것만은 아니고, 때로는 긍정적으로 기여할 가능성이 있다고 주장한다. 셋째는 **상호작용주의적 관점**(interactionist view)이다. 이 관점에서는 집단에 따라서는 갈등이 긍정적 역할을 수행할 뿐 아니라, 과업을 효과적으로 수행하는 데는 오히려 갈등이 반드시 필요하다고 주장한다.

3. 갈등의 유형

3.1 구성원 관계에 의한 분류

구성원들 사이의 관계로 볼 때, 갈등에는 경쟁적 갈등과 협동적 갈등이 있다. **경쟁적 갈등**(competitive conflict)은 역기능적 갈등(dysfunctional conflict)으로서, 집단의 분열을 가져오고 집단의 목표달성을 방해하는 부정적인 갈등이다. 당사자들이 직접적으로 상반되는 목표를 추구하면서, 이른바 'Win-Lose'의 자세를 갖는다. 반면에, **협동적 갈등**(cooperative conflict)은 순기능적 갈등(functional conflict)으로서, 집단의 목표달성을 위해 건설적인 역할을 수행하는 바람직한 갈등이다. 여기서는 당사자들이 서로의 총이익을 극대화하고자 노력함으로써, 서로를 보강해 주는 'Win-Win'의 자세를 취한다. 〈그림 13-7〉은 경쟁적 갈등과 협동적 갈등의 차이를 보여 준다.

〈그림 13-7〉 경쟁적 갈등과 협동적 갈등

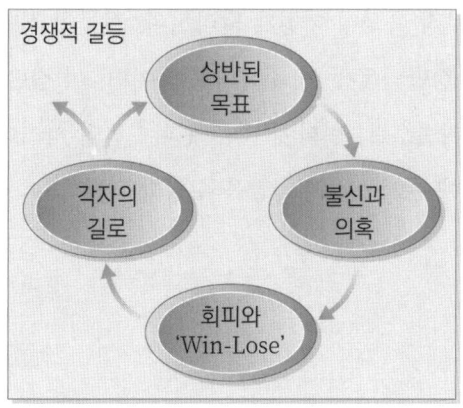
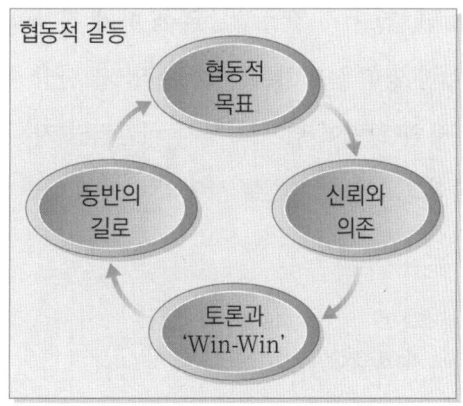

3.2 갈등의 원천에 의한 분류

갈등을 일으키는 원천이 무엇이냐에 따라, 갈등은 세 가지로 분류된다: 과업 갈등, 관계 갈등 및 절차 갈등. **과업 갈등**(task conflict)은 작업의 목표와 내용에 관해 구성원들이 견해를 달리함으로써 발생하는 갈등이다. **관계 갈등**(relationship conflict)은 구성원들 사이의 개인적 관계로 인해 발생하는 갈등이다. **절차 갈등**(process conflict)은 작업을 수행하는 방법과 과정에 구성원들의 견해가 달라서 생기는 갈등이다.

연구결과에 의하면, 관계 갈등은 언제나 역기능적이라고 한다. 만약 개인들 사이에 적대감이 있으면, 인격적 충돌이 불가피해 과업이 정상적으로 수행될 수 없기 때문이다. 반면에 과업 갈등과 절차 갈등은 그 수준이 지나치지만 않으면 순기능적일 수 있다. 우선, 과업 갈등은 갈등의 수준이 높지 않거나 중간 정도로 조절이 될 수 있다면, 순기능적이다. 약간의 과업 갈등은 과업의 목표와 내용에 관한 적극적 토론을 자극함으로써 훌륭한 아이디어의 산출을 통해 높은 집단성과를 도출할 수 있기 때문이다. 다음, 절차 갈등은 집단성과에 순기능적일 수는 있으나, 이 갈등이 생산적인 갈등이 되기 위해서는 갈등의 양이 최소화되어야 한다. 그렇지 않으면, 누가 무슨 일을 어떤 방법으로 어떤 과정을 밟아 작업해야 하는지에 대한 주장이 분분해져 효과적인 과업할당이 어려워지고, 과업수행 시간도 길어져 집단성과를 떨어뜨릴 수 있다.[3]

4. 갈등과 집단성과

일반적으로 갈등은 집단의 성과에 부정적인 영향을 미치지만, 상황에 따라서는 집단성과에 긍정적인 역할을 미치기도 한다. 〈그림 13-8〉은 갈등 수준과 집단성과의 관계를 보여준다. 그림을 보면, 집단 내 갈등의 수준에 따라 집단의 내부적 특성이 어떻게 달라지며, 갈등이 집단성과에 어떤 영향을 미치는지 알 수 있다. 만약 어느 집단의 갈등이 최적의 수준이면, 이 집단은 구성원들의 활력이 넘치고 자기 비판적인 자세를 기반으로, 변화에 대응해 혁신적인 아이디어를 도출함으로써, 구성원들 사이의 갈등이 집단성과에 순기능적인 역할을 수행하게 된다.

---

3) obinsons & Coulter, op. cit., p.452.

〈그림 13-8〉 갈등 수준과 집단성과

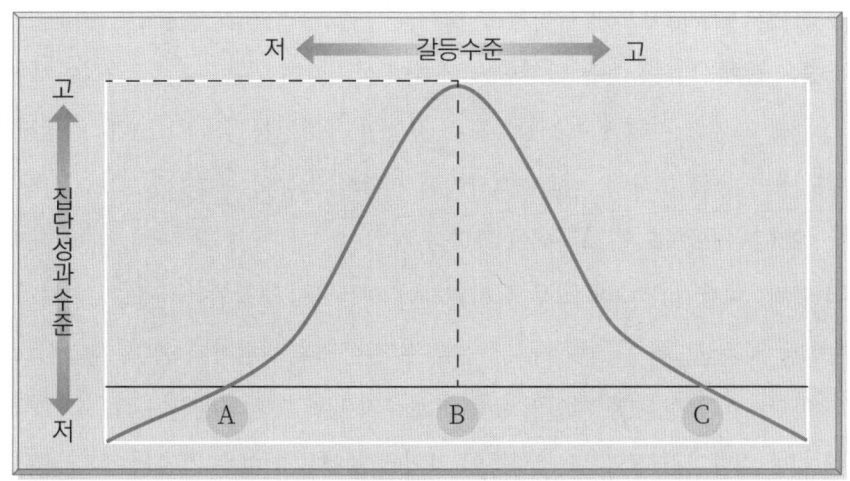

상 황	A	B	C
갈등 수준	낮거나 없음	최적 수준	높음
갈등 유형	역기능적	순기능적	역기능적
집단 내부 특성	무신경, 정체	활력, 자아비판	분열, 혼란
변화에의 반응	무반응	혁신	비협조
집단성과	낮음	높음	낮음

5. 갈등 유발요인

갈등을 유발하는 요인은 여러 가지이다. 갈등의 유발요인과 각 요인에 대한 대응 방법은 다음과 같다.

① **직무경계의 불분명**: 직무의 경계가 불분명하면 자원의 이용과 통제를 놓고 경쟁이 유발되기 쉽다. 여기서 만약 파괴적 갈등이 우려되면, 직무 재설계를 통해 직무경계를 명확히 규정하는 것이 바람직하다.

② **희소자원에 대한 경쟁**: 자금, 인력, 힘, 권한 및 정보와 같은 조직 내의 가치 있는 자원들은

구성원들 사이에서 경쟁의 대상이 된다. 희소한 자원들에 대한 경쟁적 갈등은 그 자원의 기반을 충분히 확보함으로써 극복될 수 있다.

③ **의사소통의 장애**: 의사소통은 다양한 장애물에 둘러싸여 있는 복잡한 과정이기 때문에, 소통의 상대를 제대로 이해하지 못함으로써 갈등이 유발되는 경우가 많다. 경영자들은 상사와 부하 사이, 동료들 사이, 팀과 팀 사이에 원활한 소통이 이루어질 수 있도록 다양한 의사소통 채널을 개발하도록 노력해야 한다.

④ **시간적 압박**: 마감시간 내에 직무를 완료해야 하는 등, 구성원들이 느끼는 시간적 압박은 직무수행을 서두르도록 하거나 파괴적인 감정적 반응을 유발하기 쉽다. 따라서 경영자들은 과업의 마감시간을 정할 때 개인의 능력과 보유자원을 고려해야 한다.

⑤ **과업에 대한 비합리적 제약**: 구성원들의 과업에 제약을 가하는 기업의 정책, 규칙, 절차 및 기준이 종업원들에 의해 합리적인 것으로 받아들여지지 않을 경우, 경영자들과 종업원들 사이에 역기능적 갈등이 발생한다. 경영자들은 이러한 제약요인들이 얼마나 현실적 타당성이 있는지 점검하고, 교육훈련을 통해 종업원들에게 회사의 정책, 규칙, 절차 및 기준에 순응하는 자세와 마인드를 심어 주어야 한다.

⑥ **개성의 충돌**: 직무에 관한 개인의 개성을 변화시키기는 매우 어렵다. 직무와 관련해 개인들의 개성이 충돌할 경우, 가장 현실적인 개선책은 경쟁관계에 있는 사람들의 한 편을 다른 직무로 재배치하는 방법이다.

⑦ **신분차이**: 업무조직이 계층적으로 형성되어 있는 한, 신분적 차이는 불가피하다. 경영자들은 부하들의 아이디어, 감정 및 가치관에 진지한 관심을 가지고, 역지사지(易地思之)의 입장에서 이들을 배려함으로써, 신분차이에 따른 파괴적 갈등을 최소화할 수 있다.

⑧ **기대감 미충족**: 갈등은 충족되지 않은 기대감의 부산물이다. 기대감의 미충족은 파괴적 갈등을 유발할 수 있다. 파괴적 갈등의 예방과 치유를 위해서는 경영자들이 종업원들과의 솔직한 대화를 통해 이들이 조직으로부터 무엇을 기대하는지 시간을 두고 확인해 가면서 그 충족을 위해 노력해야 한다. 만약 종업원들의 기대감에 현실성이 결여되어 있으면, 이것이 역기능적 갈등으로 표출되기 전에 적절히 처리되어야 한다.

6. 갈등관리 방법

아무리 훌륭한 경영자라도 부주의 때문이든 통제권 밖의 환경 때문이든 한 번쯤 파괴적 갈등의 소용돌이에 빠져 있는 자신을 발견하게 된다. 이 때 경영자가 취할 수 있는 가장 간단한 방법으로서, 하나는 아무 조치도 취하지 않는 '회피'가 있고, 다른 하나는 다른 사람들의 욕구와 관심을 자신의 욕구와 관심보다 우선시하는 '수용'이 있다. 그 외에도 경영자들이 현실적으로 취할 수 있는 갈등관리의 방법은 다음과 같다. 〈그림 13-9〉는 갈등의 조정이나 해소 방법이 갈증 당사자들과 얼마나 협력적(cooperative)인지, 그리고 갈등의 해소책이 얼마나 단정적(assertive)인지를 기준으로 갈등관리의 기법들을 분류한 것이다. 이 중 가장 바람직한 기법은 제휴와 타협이고, 강제나 회피는 바람직한 기법은 아니다.

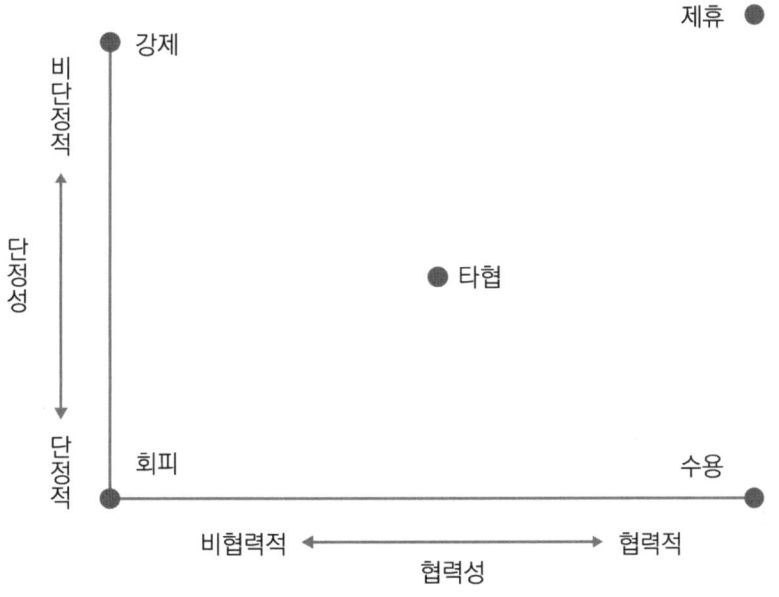

〈그림 13-9〉 갈등관리 기법

- **강제**: 강제(forcing)는 다른 사람들의 이익이나 욕구를 희생해서 자신의 이익이나 욕구를 충족시킴으로써 갈등을 해소하는 방법이다. 마감시한이 다가와 시간이 부족할 때 이 방법이 설득력을 갖는다. 강제에 의한 갈등 해소는 공식적 권한과 계층의 힘에 의존하는 것이 그 핵심이다.

그러나 강제는 갈등해소를 위한 최후의 보루일 뿐이다.
- **제휴**: 제휴(collaboration)란 갈등의 당사자들이 상호 협력해서 원인을 확인하고 객관적 정보를 바탕으로 당사자들 모두에 유익한 해법을 찾는 것을 말한다. 시간이 많이 소요된다는 단점은 있으나, 문제가 악화되기 전에 갈등이 해소된다면 이 기법의 가치는 시간적 손실을 상쇄하기에 충분하다.
- **타협**: 갈등 해소에 중요한 기법이 **타협**(compromising)이다. 이 기법의 논리적 근거는 타협은 서로에 이득이 되는 것을 주고받는 협상을 기반으로 하기 때문에, 상호 'Win-Win'을 기대할 수 있다는 것이다. 만약 갈등 당사자들이 협상의 기술을 가지고 있다면, 타협은 최선의 갈등해소 기법이다. 타협이 어려운 것은 당사자들이 'Win-Lose'의 자세를 취하기 때문이다. 타협의 성패는 당사자들의 협상 기술 보유 여부에 달려 있다.
- **회피**: 회피(avoiding)는 갈등의 소지가 있는 대상이나 일로부터 아예 손을 빼는 것을 말한다. 구성원 본인에게는 편안한 방법일지 모르나, 늘 갈등의 가능성이 남아 있어 바람직한 해결책은 아니다.
- **수용**: 수용(accommodation)은 다른 사람의 욕구와 관심을 자신보다 우선시함으로써 갈등의 소지를 없애는 방법이다. 이타적인 접근으로 바람직하긴 하지만, 장기적인 인내와 관용이 필요하다.

타협과 유사한 갈등해소 방법으로 **진정**(soothing)이 있다. 이는 "문제가 잘 해결될 테니 소란은 피우지 말라"는 식으로, 갈등의 당사자들을 회유하는 방법이다. 타협이나 제휴를 선택하기에는 시간이 부족하고, 강제 또한 부적절하다고 판단되면 이 방법이 효과적일 수 있다. 그러나 문제의 본질을 해결해 주는 기법은 물론 아니다.

복습 및 연구문제

■ 복습하기

1. 집단역학이란 무엇인가?
2. 집단역학 관련 주요 개념 중 규범 및 응집력의 의의와 중요성에 대해 논하라.
3. 집단역학은 집단의 생산성에 어떤 영향을 미치는가?
4. 갈등과 집단성과의 관계에 대해 논하라.
5. 팀의 유형 중 다음 사항에 대해 약술하라.
   (1) 교차기능팀   (2) 자율관리팀   (3) 가상팀
6. 갈등관리 기법들 중 다음 방법이 효과적인 것은 어떤 상황인가?
   (1) 강제   (2) 제휴   (3) 타협   (4) 회피   (5) 수용

■ 토론하기

Ⅰ. 팀 내 상호작용에 관한 조사결과에 따르면, 사람들이 점심식사 때 12인용 식탁에 자리하는 것이 4인용 식탁에 자리하는 것보다 더 생산적이고 협력적이라고 한다. 이는 자기 팀 멤버가 아닌 일반 사람들과 식사하는 경우도 마찬가지라고 한다. 이런 결과가 나오는 이유가 무엇인지 토론하라.

Ⅱ. 만약 독자가 새로운 컴퓨터 게임을 개발하는 특수목적 팀의 리더라고 하자. 이 팀에서는 구성원들 사이에 권력과 신분 차이에 관한 갈등이 있다고 한다. 리더로서 독자는 이 문제에 어떻게 대처하겠는가? 이 장 본문에서 논의된 갈등해소 방법 중 어떤 것이 가장 효과적이겠는지 논의하라.

Ⅲ. 2020 코비드-19 팬데믹 도중 사람들 사이에 마스크 착용의 필요성에 대한 논란이 일었다. 무조건 마스크를 착용해야 한다고 주장하는 사람들이 있고, 마스크 착용은 자율적이어야 한다고 주장하는 사람들도 많았으며, 중간 입장을 취하는 사람들도 있었다. 이러한 갈등의 원인은 무엇이라고 생각하는가? 한국과 외국에서 사용한 갈등의 대처방법은 무엇이었는가? 본문의 내용을 참고하라.

Ⅳ. 대학에서 경영학 관련 과목의 수강과 관련해 존재하는 행위규범들을 열거하라. 이 규범들은 각각 얼마나 일반화 되어있는가? 즉, 학생들이 이 규범을 지키지 않으면 얼마나 엄하게 처벌받는가? 규범 적용의 변동 폭은 어느 정도인가? 이 규범들을 우회하는 학생들은 얼마나 되는가?

제14장 종업원 동기부여
Employee Motivation

이 장에서는 조직행동 이론 중 종업원들의 동기부여에 대해 공부한다. 특히 동기부여의 본질 및 다양한 동기부여 이론과 접근법들을 다룬다.

제1절 동기부여의 본질

1. 동기부여의 의의

경영이란 결국 사람을 통해 목적하는 것이 이루어지도록 하는 과정이다. 구성원들이 조직 목표를 향해 움직이도록 하기 위해서는 이들에게 동기를 부여하는 것이 중요하다. **동기부여**(motivation)란 "사람들의 마음을 움직여 특정의 방향으로 행동하도록 하는 것"이라 정의된다.

예를 들어, 한 종업원이 어느 날 자기의 직무수행 열의에 관해 다음 중 하나를 선택할 수 있다고 하자: ⅰ) 최대한 열심히 일한다, ⅱ) 상사의 기대에 부응할 정도로 적당히 일한다, ⅲ) 상사로부터 야단맞지 않을 정도로만 일한다, ⅳ) 최대한 일을 안 하고 논다. 여기서 경영자의 목표는 첫 번째 선택의 가능성을 극대화하고, 마지막 선택의 가능성은 극소화하는 일일 것이다. 이 목표는 작업장에서 종업원들에 대한 동기부여가 얼마나 중요한지를 이해하면 더욱 중요해진다.

2. 종업원 동기부여의 중요성

조직에서 개인의 성과는 일반적으로 다음 세 가지에 의해 결정된다: i) 개인적 능력, 즉 직무를 수행할 역량, ii) 동기부여, 즉 직무를 수행하고자 하는 욕구, iii) 작업환경, 즉 직무수행에 필요한 자원. 여기서 만약 종업원의 능력이 부족하면, 경영자는 그 종업원에게 교육훈련을 시키거나, 아니면 해고하면 된다. 자원이 문제가 되면, 회사의 역량을 동원해 이를 시정할 수 있다. 그러나 만약 동기부여가 문제시 되는 경우, 이는 경영자에게 보다 도전적인 과업이 된다.

앞서의 12장에서 살펴보았듯이, 개인의 행동은 복잡한 현상으로서, 경영자는 개인행동에 관한 어떤 문제에 직면하면, 이 문제의 본질을 이해하고 해결 방법을 모색하는데 어려움을 겪을 수밖에 없다. 동기부여는 구성원들 성과의 결정요인으로서 중요할 뿐 아니라, 본질상 무형의 현상이라는 특성 때문에 복잡하고도 중요한 경영자의 과제이다. 종업원들에 대한 동기 부여가 없이는 아무리 구성원들의 개인적 능력이 탁월하고 조직의 자원이 풍부하다 하더라도 조직의 성공은 기대할 수 없다.

3. 동기부여의 과정

〈그림 14-1〉은 동기부여 행위가 발생하는 기본 과정이다.

〈그림 14-1〉 동기부여의 기본 과정

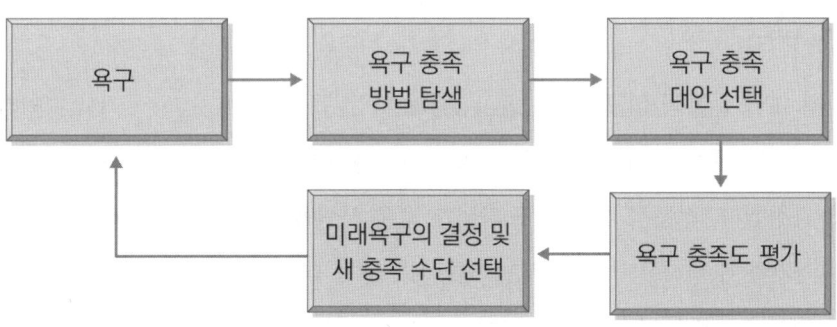

동기부여의 과정은 욕구나 결핍으로부터 시작한다. 예를 들어, 어느 작업자가 자신이 과소 급여 되고 있음을 느끼면(욕구 또는 결핍), 그는 더 큰 소득의 욕구를 가지게 된다. 이로 인해, 이 작업자는 자기 욕구를 채우기 위한 방법을 찾아 나선다(욕구충족 방법의 탐색). 급여 인상을 위해 더 열심히 일하거나 새로운 직장을 찾아보는 것이 그 예이다. 다음, 그는 욕구 충족을 위한 행위적 대안을 선택한다(욕구충족 대안의 선택). 그가 선택한 대안은 더 많은 시간을 들여 열심히 일하는 것이다. 선택된 대안을 실행한 후 그 결과를 평가한다. 만약 열심히 일한 결과 급여가 인상되면(욕구충족 수준의 평가), 그는 직무만족을 느끼고 계속 열심히 일하겠지만, 만약 자기의 성과향상이 인정을 받지 못하고 급여인상이 이루어지지 않으면(욕구충족 수준의 평가), 그는 다른 새로운 대안을 모색할 것이다(새로운 대안의 탐색과 선택).

제2절 역사적 관점에서의 동기부여 이론

오늘날의 동기부여에 관한 이론들은 오랜 역사적 과정을 거쳐 개발되고 다듬어져 형성된 것들이다. 따라서 **역사적 관점**(historical perspective)에서 동기부여 이론들을 조명하는 것은 동기부여 이론을 이해하는데 큰 도움이 된다. 여기서는 동기부여에 관한 역사적 관점에 대해 전통적 접근, 인간관계적 접근 및 인적자원적 접근의 세 부류를 중심으로 살펴본다.

1. 전통적 접근

동기부여에 대한 **전통적 접근**(traditional approach)의 거장은 테일러(Frederick W. Taylor)이다. 테일러는 인센티브 급여 시스템을 제시했다. 그는 경제적 이득이야말로 모든 사람의 동기를 유발하는 주요 요인이라고 가정했다. 전통적 접근의 또 다른 가정은 사람들에게 작업은 본래 유쾌하지 않은 일로서, 이들은 자기가 수행하는 직무보다 벌어들이는 돈을 더 중요하게 생각한다는 것이다. 따라서 전통적 접근에서는 사람들이 급여만 충분하면 어떤 일이든 기꺼이 할 것으로 본다.

그러나 동기부여의 한 요인으로서 돈의 역할을 무시할 수 없는 것은 사실이지만, 전통적 접근은 경제적 보상의 역할에 대해 지나치게 좁은 시야를 가진 결과, 기타의 동기부여 요인들을 고려하지 못하고 있다.

2. 인간관계적 접근

동기부여에 대한 **인간관계적 접근**(human relations approach)은 작업장에서의 사회적 과정을 강조한다. 이 접근의 기본 가정은 종업원들은 자신이 쓸모 있고 중요한 존재로 느껴지길 원하며, 이들은 **사회적 욕구**(social needs)가 강하고, 이 욕구는 자신들에 대한 동기부여에 있어 돈보다 더 중요하다는 것이다. 따라서 인간관계적 접근의 옹호자들은 조직의 의사결정 과정에 종업원들의 **참여**(participation)를 허용하고, 이들이 일상적 과업을 수행하는데 어느 정도의 자율을 허용하도록 권장한다. 여기서는 자기가 중요한 존재라는 종업원들의 자의식과 직무에 대한 **관여**(involvement)가 자신의 사회적 욕구를 충족시키고, 그 결과 **직무만족**(job satisfaction) 수준이 증가하면서 성과 향상을 향한 더 높은 동기부여가 이루어질 것으로 가정한다.

3. 인적자원적 접근

동기부여에 대한 **인적자원적 접근**(human resource approach)에서는 개인의 욕구와 동기부여의 개념을 한 단계 더 깊이 있게 다룬다. 인간관계적 접근이 조직에 기여함에 따른 종업원들의 자부심이나 긍지가 동기부여의 수준을 끌어 올리는 것으로 믿는데 반해, 인적자원적 접근은 조직에 대한 기여 자체가 개인과 조직 모두에 중요한 것으로 생각한다. 다시 말해서, 사람들은 본디 사회나 조직에 기여하기를 원하며, 그럴 능력도 있다고 가정한다. 여기서 경영자의 할 일은 참여의 분위기를 조성하고, 조직의 가용한 인적자원을 최적 활용할 수 있는 환경을 만들어 주는 것이다.

인적자원적 접근의 또 하나 중요한 것은 **직무설계**(job design)에 대한 관점이다. 과학적 관리와는 대조적으로 인적자원적 접근에서는 직무설계에 대한 처방을 동기부여 이론과 결부시킨다. 즉, 이 접근에서는 직무를 비인격적, 물질적, 혹은 기계적 대상으로 취급해서는 안 되며, 직무설계 시 작업자들이 자기 잠재력을 온전히 발휘할 수 있도록 설계해야 한다는 것이다. 인적자원적 접근의 대표적 옹호자는 매슬로우(Abraham Maslow)와 맥그리거(Douglas McGregor)이다. 임상심리학자인 매슬로우는 자기 환자들의 많은 문제가 자신의 욕구 충족 능력이 없는데 기인한다는 것을 알고, 욕구에 계층성이 있어 하위 욕구가 충족되지 않으면 상위 욕구가 발생하지 않음을 깨달았다. 경영자이자 컨설턴트인 맥그리거는 심리학자로서의 경험을 통해 이론 X(theory X)와 이론 Y(theory Y)를 개발했다. 그는 이론 Y에서 종업원들은 기회만 주어지면, 자기 지휘와 자기 통제를 행사함으로써 조직에 기여할 수 있다고 했다.

인관관계적 접근과 인적자원적 접근을 비교·설명하면 〈표 14-1〉과 같다.

〈표 14-1〉 인간관계적 접근과 인적자원적 접근의 비교

비교기준	인간관계적 접근	인적자원적 접근
개인 욕구의 내용	자아 의식, 사회적 관계	자율 통제, 조직 기여
직무설계 목표	참여와 자율을 통한 동기부여	인적자원의 개발
욕구충족 방법	직무만족, 긍지와 자부심, 직무몰입	직무만족
조직기여 방법	생산성 향상	생산성 향상

제3절 내용적 관점에서의 동기부여 이론

동기부여에 대한 접근방법 중 **내용적 관점**(content perspective)은 "작업장에서 어떤 요인이 작업자들에게 동기부여를 제공하는가"에 초점을 두는 접근이다. 어떤 사람들은 더 많은 급여와 더 좋은 작업조건이 동기부여의 요인이라 주장한다. 또 어떤 사람들은 더 많은 자율과 더 큰 책임이 동기부여의 요인이라 주장한다. 모두 내용적 관점의 동기부여 이론들이다. 대표적인 내용적 관점의 동기부여 이론은 욕구계층 이론과 2요인 이론이다.

1. 매슬로우의 욕구계층 이론

매슬로우(Abraham Maslow)는 인간은 5가지 기본적 욕구를 가지고 있으며, 이 욕구들은 계층적 구조를 형성하고 있다고 주장한다. 심리적 욕구, 안정 욕구, 소속 욕구, 존중 욕구 및 자아실현 욕구가 그것이다. 〈그림 14-2〉는 매슬로우의 **욕구계층 이론**을 보여준다.

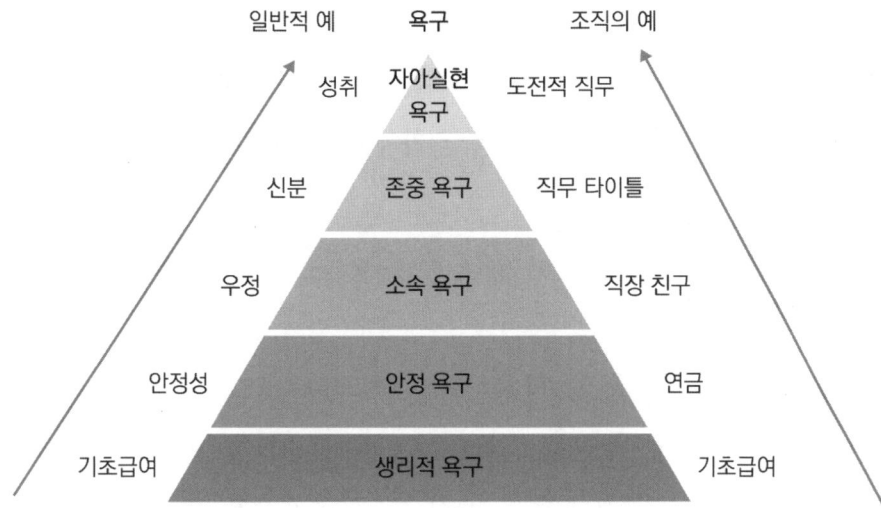

〈14-2〉 매슬로우의 욕구계층 이론

그림에서 욕구계층의 맨 아래는 **생리적 욕구**(physiological needs)가 자리잡고 있다. 이는 생존과 생물적 기능을 위한 기본욕구로서 음식, 성 및 산소에 대한 욕구가 이에 해당한다. 조직에서는 이 욕구의 충족을 위해 적절한 급여를 비롯해 화장실, 조명, 적당한 온도와 통풍과 같은 작업환경을 제공한다. 다음 단계는 **안정 욕구**(security needs)이다. 이는 정서적·물리적 환경에 대한 욕구로서, 주택과 의복, 돈 및 직무 안정에 대한 욕구가 그 예이다. 직장에서는 고용안정, 불평·불만 처리, 보험, 건강진단과 퇴직급여 및 연금을 통한 안정적 삶의 기회를 제공함으로써 이 욕구를 충족시킨다. 다음 단계는 **소속 욕구**(belonging needs)이다. 이는 사회적 관계에 관한 것으로서, 타인으로부터의 사랑 및 애정에 대한 욕구와 자신이 동료들에 의해 받아들여지고자 하는 욕구가 이에 해당한다. 직장에서는 사회적 상호작용과 팀 역학을 통해 이 욕구가 충족된다. 다음 욕구는 **존중 욕구**(esteem needs)이다. 이는 두 가지 조합의 욕구들로 구성된다: 긍정적 자아 이미지와 자아 존중 욕구, 및 타인으로부터의 존중 욕구. 직장에서는 직위, 고급 사무실, 높은 보상, 도전적 직무 배치 및 성취감 고취와 같은 내재적 성취의 기회를 제공함으로써 이 욕구가 충족된다. 최상의 단계는 **자아실현 욕구**(self-actualization needs)이다. 이는 자신의 계속적 성장과 자기개발의 실현을 위한 욕구이다. 직장에서 가장 충족되기 어려운 욕구로서, 이는 전적으로 종업원 자신이 충족시킬 수밖에 없다. 그러나 경영자는 참여적 의사결정, MBO, 직무 충실화 등을 통해 어느 정도는 종업원들에게 자아실현 욕구의 충족을 도울 수 있다.

매슬로우의 욕구계층이론의 특징은 전 단계의 욕구가 충족되지 않으면, 그 다음 욕구가 발생하지 않는다는 점이다. 이 이론은 어느 정도의 직관적 타당성이 제공되고 있어 이 이론을 수용하는 경영자들이 많다. 그러나 5가지 욕구가 항상 존재하는 것은 아니며, 이 욕구들이 반드시 순서적으로 충족되지는 않는다는 비판도 제기된다. 또한 국가와 문화에 따라 상이한 욕구 범주와 계층이 존재할 가능성도 있다.

2. ERG 동기부여 이론

ERG 동기부여 이론(ERG theory of motivation)에서는 매슬로우의 계층적 욕구를 세 가지 수준으로 재분류했다. ERG는 'Existence(존재)', 'Relatedness(관계)' 및 'Growth(성장)'를 의미한다. 그 중 **존재 욕구**(existence needs)는 자신의 존재 자체에 관한 욕구로서, 매슬로우의 생리적 욕구와 안정 욕구가 여기에 해당한다. 다음, **관계 욕구**(relatedness needs)는 사람들이 주위의 사회 환경과 어떤 관계를 맺는지에 관한 욕구로서, 매슬로우의 소속 욕구와 존중 욕구가 이에 속한다. 마지막으로, **성장 욕구**(growth needs)는 가장 높은 수준의 욕구로서, 매슬로우의 자아실현 욕구가 이에 포함된다.

ERG 이론에서는 사람의 욕구들은 매슬로우가 제시한 욕구계층과 유사한 구조에 따라 동기화된다고 가정하지만, 두 이론은 두 가지 차이점이 있다. 첫째, ERG 이론은 매슬로우 이론과는 달리 둘 이상의 욕구가 동시에 동기화될 수 있다고 주장한다. 예를 들어, 이 이론은 돈(존재 욕구), 우정(관계 욕구), 및 신기술 학습(성장 욕구)의 욕구에 대해 동시에 동기부여가 가능하다고 가정한다. 둘째, 이 이론은 **좌절-회귀**(frustration-regression)라는 요소를 중요시한다. 이는 개인의 어떤 욕구가 충족되지 않으면, 그는 좌절한 끝에 그 이전 단계의 욕구로 회귀하여 이 욕구를 추구하게 된다는 내용이다. 예를 들어, 돈(존재 욕구)에 의해 동기화된 작업자가 급여를 인상 받아 존재 욕구가 충족되면, 그는 이제 한 단계 높은 수준의 욕구, 즉 동료 간 우정(관계 욕구)을 향해 동기가 부여될 수 있다. 그러나 만약 이 욕구가 충족되지 않으면, 그는 여기서 좌절하고 다시 전 단계의 욕구, 즉 급여인상(존재 욕구)에 대한 욕구로 회귀할 가능성이 있다.

2019/2020년의 취업시장에서 우리는 매슬로우 이론과 ERG 이론의 타당성을 엿볼 수 있다. 2019년 취업시장은 그 기반이 탄탄했고, 근로자들은 적절한 급여와 안정적 일자리를 유지하고 있었다. 그러다 보니 이들이 추구한 욕구는 주로 존중 욕구나 관계욕구 였다. 그러나 갑작스런 코비

드-19의 충격으로 2020년 세계 경제가 침체되자, 근로자들의 자기 건강과 직장 불안정에 대한 두려움이 커지면서(좌절), 다시 먹고사는 문제(생리적 욕구)를 걱정하게 되었다(회귀). 근로자들은 또한 정부의 사회적 거리두기 정책으로 사회적 상호작용(관계 욕구)을 위협받게 되었다(좌절). 이로 인해, 근로자들은 존중이나 성장 욕구 대신 생리적 욕구, 안정 욕구 및 관계 욕구를 중시하는 상황이 되었다(회귀).

3. 2-요인 동기부여 이론

내용적 관점의 동기부여에 관한 또 다른 접근이 허쯔버그(Frederick Herzberg)가 제시한 **2-요인 동기부여 이론**(two-factor theory of motivation)이다. 허쯔버그는 전통적인 관점으로는 직무만족을 제대로 설명할 수 없다고 보고, 직무에 대한 사람들의 만족과 불만족은 서로 독립적인 두 조합의 요인들에 의해 영향을 받는다고 주장했다. 그가 제시한 두 요인은 **동기부여 요인**(motivation factor)과 **위생 요인**(hygiene factor)이다. 그는 사람의 내재적 요인은 동기부여 요인으로서 직무만족 및 동기부여와 관련이 있고, 외재적 요인은 위생요인으로서 직무불만족과 관련이 있다고 한다.

허쯔버그는 200명의 회계사와 엔지니어들을 면접 조사한 결과를 토대로 자신의 이론을 개발했다. 그는 조사대상자들에게 언제 만족했고, 언제 동기부여 되었으며, 언제 불만족했고 언제 동기부여가 안 되었는지 물었다고 한다. 놀랍게도 그는 상이한 두 조합의 요인들이 각각 독립적으로 직무만족과 직무불만족에 관련이 있음을 발견했다. 예컨대, 작업자들은 반드시 저급여를 불만족의 원인으로 생각하고, 고급여를 만족의 원인으로 생각하지는 않는다는 것이다. 즉, 직무만족을 일으키는 요인과 불만족을 일으키는 요인은 별개라고 한다. 예를 들어, 성취감과 인정감은 직무만족과 동기부여를 일으키는 원인이기는 하지만, 이들이 없다고 해서 불만족이 일어나지는 않는다는 것이다. 또한 급여와 작업조건은 직무 불만족을 일으키는 원인이기는 하지만, 이들이 좋아진다고 해서 직무만족이나 동기부여가 일어나지는 않는다고 한다. 인정감과 성취감은 만족에만 영향을 미치고, 급여와 작업조건은 불만족에만 영향을 미친다는 뜻이다.

〈그림 14-3〉은 상이한 두 조합의 요인들을 각각 다른 연속선상에 표시하고 있다. 중요한 것은 동기부여 요인은 작업내용(work contents)과 관련이 있고, 위생요인은 작업환경(work environment)과 관련이 있다는 사실이다.

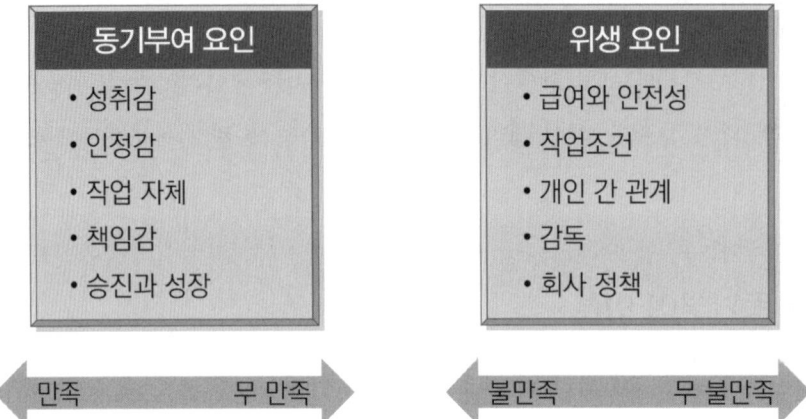

〈그림 14-3〉 2-요인 동기부여 이론

이러한 발견을 토대로 허쯔버그는 경영자들이 종업원들에게 동기부여를 하고자 할 때, 이를 두 단계로 나누어 실시해야 한다고 주장한다. 첫 단계는 우선 위생요인들이 결핍되지 않도록 적절한 수준의 위생요인들을 제공하는 일이다. 즉, 급여, 안정성, 작업조건 및 감독 등이 근로자들에 의해 받아들일만한 수준이어야 한다. 위생요인들을 적정 수준으로 유지하면, 동기부여 요인들을 자극하지 않고도 불만족을 예방할 수 있다는 것이다. 동기부여의 두 번째 단계는 동기부여 요인들을 적절히 공급해 주는 일이다. 위생요인만으로 종업원들을 동기부여 하고자 하면, 이들은 현상을 유지할 정도로만 동기가 부여된다. 따라서 경영자는 두 번째 단계로 종업원들에게 성취감이나 인정감 같은 동기부여 요인들을 공급해 주어야 한다. 이를 통해 기대되는 결과는 높은 수준의 직무만족과 동기부여이다.

4. 개인적 인간욕구 이론

이상과 같은 이론들과 더불어 학자들은 구체적인 개인적 인간 욕구에 초점을 두어 동기부여 이론을 연구해 오고 있다. 주요 개인적 인간 욕구는 성취욕구, 교제 욕구 및 권력 욕구이다.

4.1 성취 욕구 (nAch)

성취 욕구(need for achievement, nAch)는 '특정의 목표나 과업을 전보다 더 효과적으로 달성하고자 하는 욕망'이라 정의된다. 혹은 '특정 조합의 기준들이나 목표들과 관련하여 자신이 성공하거나 뛰어나고자 하는 동인(drive)'이라 정의되기도 한다. nAch의 욕구가 강한 사람은 책임을 떠맡고 싶은 욕망이 있고, 약간은 어려운 목표를 설정하는 경향이 있으며, 직접적이고 구체적인 피드백을 받고자 하는 욕망을 가지고 있고, 자기 과업에 몰두하는 성향이 강하다. 이 욕구를 최초로 확인한 심리학자 맥클랜드(David C. McClelland)에 의하면, 미국인들의 10%, 일본인들의 1/4 정도가 이 욕구가 높다고 한다.[1]

4.2 교제 욕구

교제 욕구(need for affiliation)는 매슬로우의 소속욕구(need for belonging)에 해당하는 개념으로서, 동료들 사이에 친근한 교제와 가까운 인간관계를 맺으면서 자신이 이들에 의해 수용되고 싶어 하는 욕구를 말한다. 이 욕구가 강한 사람은 사회적 상호작용이 많고 교제의 기회가 풍부한 직무를 선호할 가능성이 있다. 한 조사결과에 의하면, 직장에서 좋은 친구가 한 명 이상 있는 직장인들이 자기 일에 더 깊이 몰두하는 성향을 보인다고 한다.[2]

2020년, COVID-19 팬데믹 도중, 교제 욕구가 강한 사람들은 사회적 거리두기에 따른 상실감과 두려움을 더 크게 느꼈을 것이다. 반면에, 교제 욕구가 낮은 사람은 이 캠페인에 더 쉽게 적응했을 가능성이 있다.

4.3 권력 욕구

권력 욕구(need for power)는 한 집단에서 타인보다 더 큰 영향력을 행사하면서, 자신의 환경을 통제하고자 하는 욕망을 말한다. 연구조사에 의하면, 권력 욕구가 강한 사람은 성과가 우수하고 결근이 적으며, 상위의 지위 계층을 차지할 가능성이 크다고 한다. 또 다른 조사에서는 집단의 일원으로서의 경영자들은 일반인들에 비해 권력에 대한 동기가 더 강할 뿐 아니라, 성공한 경영자일수록 권력 욕구가 더 강하다고 한다.[3]

---

1) Grrifin, *op.cit.*, 2022, p. 275.
2) Griffin, *ibid*, p. 275.
3) Griffin, *ibid*,.

제4절 과정적 관점에서의 동기부여 이론

이상에서 논의한 매슬로우의 욕구계층 이론, ERG 이론, 2요인 이론 및 개인적 인간욕구 이론을 통해 경영자들은 동기부여의 원인이 되는 요인들에 대해 유용한 통찰력을 얻을 수 있다. 그러나 이 이론들에 내포되어 있는 공통적인 문제점은 동기부여의 과정적 측면을 고려하지 않고 있다는 점이다. 내용적 관점에서의 동기부여 이론들은 사람들이 왜 한 요인에 의해서는 동기부여되면서 다른 요인에 의해서는 동기부여가 안 되는지, 혹은 사람들이 어떻게 자신의 상이한 욕구들을 충족시키기 위해 동분서주하는지를 설명하지 못한다. 이와 같은 질문들은 만족의 행위나 행동, 목표 및 느낌과 같은, 동기부여에 관한 **과정적 관점**(process perspective)을 살펴봄으로써 효과적으로 논의될 수 있다. 과정적 관점에서의 동기부여 이론에는 기대이론, 공정성 이론 및 목표설정 이론 등이 있다.

1. 기대이론

이 이론은 주로 Broom의 고전적 연구인 "작업과 동기유발(1964)"에 그 토대를 두고 있다. **기대이론**(expectancy theory)은 특정의 행위에 대한 동기부여의 강도는 이 행위의 성공가능성과 성과에 대한 보상가능성 및 보상에 부여되는 가치에 의해 결정된다는 주장이다. 구체적으로 설명하면 먼저, 개인의 노력(effort)은 자신의 능력 및 환경과 더불어 성과(performance)에 영향을 미친다. 이어서 성과는 다양한 결과(outcome), 즉 보상으로 이어진다. 중요한 것은 성과로 얻게 되는 결과는 개인에 의해 일정한 가치가 부여되며, 이 가치에 따라 노력을 향한 동기부여가 달라진다는 점이다. 이 가치를 유인가(valence, 誘引價)라 한다. 결국 기대이론의 요체는 세 가지이다: 노력은 성과로 이어진다는 기대감(expectancy), 성과는 결과(보상)로 이어진다는 기대감, 결과는 일정한 고유의 가치(유인가)를 가지고 있다는 가정. 〈그림 14-4〉는 이와 같은 기대이론의 기본 틀을 보여준다.

1.1 노력 대비 성과 기대감

기대이론에서 **노력 대비 성과 기대감**(effort to performance expectancy)은 노력이 얼마나 높은 성과를 산출할 것인지에 대한 개인의 지각된 가능성을 의미한다. 만약 개인이 자기 노력이 직접 높은 성과

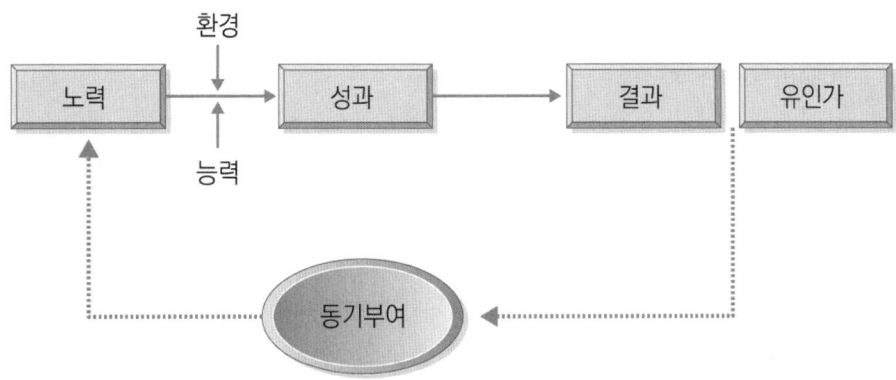

<그림 14-4> 모티베이션의 기대이론

로 이어진다고 지각하면, 그의 노력 대비 성과 기대감은 높아진다. 반대로, 노력이 높은 성과와 별 관계가 없다고 지각하면, 이 기대감은 낮아진다. 노력 대비 성과 기대감은 자신의 동기부여 수준에 영향을 미친다. 어느 고등학생이 아무리 공부(노력)를 열심히 해도 성적(성과)이 올라갈 가능성이 낮다고 기대하면 그에게는 공부에 대한 동기부여가 발생하지 않을 것이다.

1.2 성과 대비 결과 기대감

성과 대비 결과 기대감(performance to outcome expectancy)은 성과가 특정의 구체적인 결과, 즉 보상에 대한 개인의 지각된 가능성을 말한다. 만약 높은 성과가 급여인상으로 이어질 것으로 지각하면, 성과 대비 결과 기대감은 높아진다. 반대로, 성과가 결과(보상)와 별 관계가 없는 것으로 지각하면, 이 기대감은 낮아진다. 이와 같은 성과 대비 결과 기대감은 자신의 동기부여 수준에 영향을 미친다. 만약 위 예의 학생이 고등학교 성적(성과)과 대학진학(결과)은 별 관계가 없는 것으로 기대하면, 그에게는 공부(노력)에 대한 동기부여가 이루어지지 않을 것이다.

1.3 결과와 유인가

기대이론에서는 개인의 노력으로 인한 성과는 다양한 결과(보상)를 산출하며, 각각의 결과는 그와 관련된 고유의 가치, 즉 유인가(誘引價)를 갖는 것으로 가정한다. **유인가**(valence)는 개인이 어떤 사물이나 현상에 대해 부여하는 심리적 매력이나 가치를 의미한다. 개인이 만약 특정의 결과에 높은 가치를 부여하면 유인가는 높고, 이 결과를 원하지 않거나 결과의 가치를 낮게 평가하면, 유인가는 마이너스(-)이거나 낮아진다. 만약 개인이 특정의 결과에 관심이 없을 경우, 이 결과의 유인가는 0이다. 가능한 결과(보상)들의 유인가가 높을수록 노력을 향한 동기부여 수준이 높아지고, 유인가가 낮을수록 동기부여 수준이 낮아진다.

앞서의 예에서 만약 고등학생의 대학진학이 자신의 삶에 큰 도움이 되지 않는다고 느낀다면, 그에게는 열심히 노력하고자 하는 동기부여가 되지 않을 것이다. 조직의 경우, 어떤 작업자의 성과가 좋으면 높은 급여인상, 빠른 승진, 상사로부터의 격한 칭찬과 같은 보상을 받을 수 있다. 그러나 이로 인해 동료로부터의 시기나 질투, 혹은 처우 개선에 따른 심리적 압박을 받을 수도 있다. 이 경우 이러한 결과에 대해 부정적인 가치를 높게 평가함으로써, 성과 향상을 위한 노력을 포기할 수도 있다.

따라서 동기가 부여되는 행위가 발생하려면, 세 가지 조건이 충족되어야 한다. 첫째, 노력 대비 성과 기대감이 긍정적(0 이상)이어야 한다. 둘째, 성과 대비 결과 기대감 또한 긍정적(0 이상)이어야 한다. 셋째, 성과의 각 결과들에 대한 유인가의 기대값이 긍정적(0 이상)이어야 한다. 위 예에서 만약 종업원이 성과증대로 인해 예상되는 급여인상(+), 승진(+), 및 칭찬(+)의 긍정적 가치들이 스트레스(-)와 질시(-)의 부정적 가치들을 상쇄할 수 있다고 기대하면, 그는 더 많이 노력하고자 하는 동기가 부여될 것이다.

2. 공정성 이론

만약 개인의 욕구가 동기부여 과정을 자극하고, 그가 이 욕구를 충족시킬 것으로 기대되는 행동을 선택하면, 그는 그 행동의 대가로 얻게 되는 보상의 공정성을 평가한다. **공정성 이론**(equity theory)은 개인은 자기 성과에 대한 보상(reward)이 **공정성**(equity) 있다고 느낄 때 특정의 행동을 선택하도록 동기부여 된다는 주장이다. 공정성이란 다른 사람이 받는 처우에 비해 상대적으로 자신이 받는 처우가 공정하다는 믿음을 말한다.

이 이론에 의하면, 개인은 자기 직무를 통해 급여, 승진과 같은 외적 보상을 받거나 인정, 자아실현과 같은 내적 보상을 받는다. 이러한 보상을 받기 위해 개인은 시간, 에너지, 교육, 충성심과 같은 노력을 투입(input)한다. 여기서 개인은 자신의 투입 대비 결과(outcome)를 타인의 투입 대비 결과와 비교함으로써, 보상의 공정성을 평가한다. 결과는 보상을 의미한다.

$$\text{공정성} = \frac{\text{자신의 투입}}{\text{자신의 결과}} \text{ vs } \frac{\text{타인의 투입}}{\text{타인의 결과}}$$

두 비율의 평가는 전적으로 주관적이며, 개인의 지각에 의해 결정된다. 이러한 비교 결과 개인이 지각하는 것은 셋 중 하나이다. 자기가 공정하게 보상받았다는 지각, 과소 보상 받았다는 지각, 혹은 과대 보상 받았다는 지각이 그것이다. 이 중 공정성의 지각은 위 두 비율이 동일하다고 느낄 때 발생한다. 만약 타인의 보상이 자신의 보상보다 더 크다고 느끼더라도, 타인의 투입이 보상에 비해 더 크다고 느끼면, 그는 공정성을 지각한다.

과소 보상되었다고 느끼는 사람은 불공성의 해소를 위해 노력한다. 노력의 감소를 통한 투입의 감소, 급여 인상 요구를 통한 보상의 증대, 자기 합리화를 통한 공정성의 고의적 왜곡, 타인의 투입이나 결과의 변화 획책, 이직 및 비교 대상의 교체와 같은 방법이 그 예이다. 반면에, 과대 보상 받았다고 지각하는 사람의 경우는 불공정 지각에 따른 충격의 수준이 상대적으로 크지 않다. 이 경우 노력을 더 많이 해 자신의 투입을 증대하거나, 자기 합리화로 비율 자체를 왜곡하거나, 혹은 타인들이 투입을 줄이고 산출을 늘리도록 유도함으로써 자신과 타인의 비율을 근접시킬 수 있다.

오늘날 경영자들은 공정성 이론과 그 의미에 더 큰 관심을 보인다. 예로서, 많은 기업들이 성과에 기반한 보상 시스템을 도입하는 추세이다. 공정성 이론을 통해 경영자들은 사람들에게 차별적인 보상을 실시하는 경우, 보상의 차별화에 대한 명확하고 객관적인 기준을 제시해야 한다. 경영자들은 자기 조직이 최선의 성과를 올리는 사람에게 공정한 보상과 인센티브를 제공한다는 것을 종업원들이 확신하도록 해야 한다. 또 한 가지 중요한 것은 글로벌 사회의 다양성 시대를 맞이해서 사람들이 공정성과 불공정성을 어떻게 지각하고 그에 어떻게 반응하는지에 관한 문화적 차이에 민감하게 대응할 수 있어야 한다.

3. 목표설정 이론

3.1 의의

일반적으로 사업가, 정치인, 운동선수 혹은 기타의 다양한 분야에서 성공한 사람들의 공통된 특징은 자신의 분야에서 도전적인 목표를 설정하고 그에 매진한다는 점이다. 동기부여에 관한 **목표**

설정 이론(goal setting theory)은 사람들의 행위는 의식적인 목표와 의지의 결과라는 가정 하에, 이들에게 목표의 설정을 통해 동기부여가 이루어지도록 하자는 이론이다. 목표설정 이론이 효과를 거두기 위해서는 개인이 도전적인 목표를 설정해야 하고, 성과에 대한 피드백이 뒤따라야 한다.

3.2 목표설정을 통한 동기부여의 성공요건

목표설정 이론에 의하면, 경영자들이 종업원들에게 성과향상을 위한 동기를 성공적으로 부여하기 위해서는 네 가지 조건이 필요하다. 목표의 난이도, 목표의 구체성, 종업원 참여, 및 성과에 대한 피드백이 그것이다.

1) 목표의 난이도

목표는 어느 정도 난이도가 있어야 한다. **목표의 난이도**(goal difficulty)는 목표가 얼마나 도전적이고, 어느 정도의 노력을 요구하는가를 말한다. 여기서 난이도는 달성 가능한 범위 내에서의 난이도를 의미한다. 난이도가 너무 높으면, 사람은 목표달성 자체를 아예 포기할 수 있기 때문이다. 부모가 학생에게 C학점이라는 목표를 준다면 이 학생은 공부를 열심히 하지 않을 가능성이 있다. 또한 공부에 취미가 없는 학생한테 A+의 성적을 목표로 제시하면, 공부를 포기할 수 있다. 만약 새로 온 경영자가 판매원들에게 300%의 매출액 증대를 목표로 제시하면, 이들은 처음부터 목표달성을 포기할지도 모른다. 보다 현실적인 차원에서 예컨대 30%의 매출액 증대가 합리적인 목표일 수 있다.

2) 목표의 구체성

목표는 구체적이어야 한다. **목표의 구체성**(goal specificity)은 목표가 명료하고 정밀해야 하며, 측정 가능해야 함을 의미한다. 사람들은 목표에 구체성이 있을 때, 그 목표를 달성하기 위한 동기가 유발된다. 대학생 부모가 자식에게 단순히 "최선을 다하라"고만 한다면, 이 학생은 학업에 충실하지 않을 수 있다. 그보다는 "이번 학기에는 평점을 A 이상 받아야 해!"라고 하는 것이 학업에 대한 동기부여에 훨씬 효과적이다. D학점을 맞고 최선을 다했다고 항변하면 할 말이 없기 때문이다. 막연한 '생산성 증대'라는 것도 목표로서는 적합하지 않다. 구체성이 없기 때문이다. '다음 하반기 중 10%의 생산성 증대'라는 목표가 훨씬 구체적인 목표이다. 다만 원가, 생산량, 수익성 및 성장률과 같은 목표는 구체적으로 표현하기가 쉽지만, 직무만족, 사기, 회사 이미지, 기업 윤리 및 사회적 책임과 같은 목표는 구체적으로 표현하기가 쉽지 않다.

3) 종업원 참여

종업원들이 목표설정 과정에 참여하면, 이들의 목표달성 가능성이 높아진다. 따라서 **종업원 참여**(employee participation)는 효과적인 목표설정의 필요조건이다. 목표가 상사의 일방적 의도대로 설정되면, 이 목표에 대한 종업원들의 성취욕이 저하되어 목표의 달성을 위한 동기부여가 이루어지지 않기 때문이다. 부모와 학생이 진지한 협의 하에 성적의 목표를 설정하면, 학생은 최선을 다해 목표를 달성하고자 할 것이다.

4) 성과에 대한 피드백

설정된 목표가 달성되기 위해서는 성과에 대한 **피드백**(feedback)이 필요하다. 즉, 성과와 목표 사이에 편차가 있으면, 편차의 원인을 분석해 시정조치를 취해야 한다. 성과 향상에 대한 보상 역시 피드백의 중요한 요소이다. 여기서는 목표달성의 수준뿐 아니라 목표달성 과정도 중요한 평가대상이 되어야 한다. 가령, 학생이 A학점의 목표를 달성했거나, B+정도의 성적으로 목표에는 미달했지만 열심히 공부했다면, 용돈을 인상하거나 해외여행을 보내주는 등, 적극적 보상을 제공하는 것이 향후의 동기부여에 도움이 될 수 있다.

● **동기부여에 관한 과정적 접근의 의의**: 우선, 부하들의 동기부여 수준을 향상시키는 데는 기대이론이 매우 유용하게 이용될 수 있다. 이를 위해서는 일련의 작업이 필요하다. 첫째, 각 종업원이 원하는 결과가 무엇인지 파악한다. 둘째, 조직목표를 달성하는데 필요한 성과는 무엇이고 그 수준은 어느 정도인가 확인한다. 셋째, 목표로 하는 성과가 원하는 결과로 이어질 수 있는 여건을 조성한다. 넷째, 조직 내의 상반된 기대감을 하나로 통합하고, 보상은 충분히 제공한다. 공정성 이론에서는 경영자들이 보상을 통해 구성원들의 동기를 유발하는데 무엇보다도 중요한 것은 보상이 공정하고 공평하다고 느껴지도록 설계되어야 한다는 점이다. 또한 경영자들은 보상 시 각 구성원이 자신과의 비교대상으로 삼는 '타인'의 본질이 무엇인지를 반드시 고려해야 한다. 마지막으로, 목표설정 이론은 기대이론과 공정성 이론의 두 이론을 실행하는 데 유용하게 이용될 수 있다.

제5절 강화적 관점에서의 동기부여 이론

이 절에서는 동기부여의 세 번째 접근으로서, 왜 어떤 행동은 시간이 지나도 그대로 유지되고, 어떤 행동은 시간이 지나면 더 강화되거나 약화되는지를 설명한다.

1. 강화 이론의 의의

강화이론(reinforcement theory)은 행동과학 심리학자인 F. F. Skinner와 E. Thorndike에 의해 주도된 이론이다. 응용행동분석의 핵심 원리들 중 하나이다. **강화**(reinforcement: 强化)는 개인이 특정의 행동에 뒤따르는 결과가 자신에게 바람직한지의 여부를 보고, 해당 행동의 빈도, 강도 혹은 지속시간을 증대 하거나 감소하거나 혹은 현재대로 유지 하도록 하는 메카니즘을 말한다.

강화 이론은 보상을 해주는 결과를 일으키는 행위는 반복될 가능성이 있는 반면, 처벌을 일으키는 행위는 반복될 가능성이 적다고 가정한다. 즉, 행위는 그 결과의 함수라는 것이다. 행위로부터 즉시 이어져 그 행위가 반복될 가능성을 높여주는 결과(consequence)를 **강화작인**(reinforcer: 强化作因) 혹은 강화자극이라 한다.

강화 이론에서는 목표, 욕구 및 기대감 같은 요인들은 고려하지 않는다. 오직 개인이 어떤 것을 했을 때 무슨 일이 발생하는가에 관심을 둔다. 월마트는 시급 종업원들에게 주는 상여금 제도를 개선하면서, 뛰어난 고객 서비스를 제공하는 종업원들에게는 현금보너스를 지급하는 방식을 채택했다. 그리고 모든 임시직들에게도 'My$hare'라는 연간보너스 혜택을 주었다. 이 보너스는 점포 성과를 기준으로 분기마다 지급되었다. 가급적 자주 보상을 하자는 것이 목적이다. 회사의 의도는 종업원들이 열심히 일하면 반드시 보상 받는다는 인식을 갖도록 함으로써 이들이 목표달성을 위해 동기부여 되도록 하는데 있었다.[4]

2. 강화의 종류

행동으로부터 일어날 수 있는 강화의 종류는 네 가지이다: 긍정적 강화, 부정적 강화, 처벌 및

---

4) K. maher and K. Hudson, "Wal-Mart to Sweeten Bonus Plans for Staff," *Wall Street Journal*, March 22, 2007, p. A11.

소거. 이 중 두 가지는 행위를 강화하거나 유지하는 반면, 다른 두 가지는 행위를 약화시키거나 감소시킨다.

2.1 긍정적 강화

긍정적 강화(positive reinforcement)는 행동을 강화시키는 방법으로서, 특정의 바람직한 행위가 수행된 후 개인이 얻는 긍정적인 결과나 보상을 의미한다. 경영자가 한 종업원이 특별히 선한 일을 하는 것을 보고 이를 칭찬하면, 이는 선행에 대한 긍정적 강화자극이다. 긍정적 강화에는 이 외에도 급여인상, 승진 및 포상 등이 있다. GE의 고객서비스 센터에서 일하는 종업원들은 우수한 성과에 대한 포상으로 의복, 스포츠 용품은 물론 디즈니 월드 여행권을 지급받기도 한다.[5]

2.2 부정적 강화

부정적 강화(negative reinforcement)는 어떤 불쾌한 결과를 제거하거나 철회함으로써, 원하는 특정의 반응이 발생할 가능성을 높여주는 강화를 말한다. **회피**(avoidance)라고도 한다. 경영자가 한 종업원에게 "나는 당신이 지금부터라도 정시에 출근하면 급여를 동결시키지 않겠습니다"라고 한다면, 이는 부정적 강화, 즉 회피에 의한 동기부여이다. 급여 동결의 철회나 이 처분의 제거를 통해서 정시 출근을 향한 동기를 부여하자는 것이다.

2.3 처벌

처벌(punishment)은 원하지 않는 행위의 발생 가능성을 줄이기 위해 사용되는 강화이다. 종업원이 만약 근무에 태만하거나 지각 출근하거나 성과가 저조하거나, 혹은 다른 사람의 일을 방해한다면, 경영자는 꾸중을 하거나 정신교육을 시키거나 감봉 혹은 정직(停職)과 같은 징계를 내릴 수 있다. 처벌이라는 강화의 논리는 관련자에게 불쾌한 결과를 제공함으로써 그가 동일한 행위를 또다시 저지를 가능성을 줄이자는 것이다. 그러나 분개와 적대감 같은 처벌의 부작용을 놓고 볼 때, 경영자들은 가능하면 다른 형태의 강화 방법(예: 격려, 회식 등)을 모색하는 것이 바람직하다.

---

5) Griffiin, *op cit*, 2022, p. 283.

2.4 소거

일반적으로 강화되는 행동은 반복되기 쉽다. 반면에 강화되지 않는 행동은 반복되지 않거나 소멸되기 쉽다. 소거(extinction)는 학습된 행동이 약해지거나 소멸되도록 하는 강화 방법이다. 이는 특히 과거의 강화로 학습되어 있는 행위를 약화시키거나 소멸시키는데 이용된다. 울면서 떼를 쓰는 아이의 투정을 어쩔 수 없이 받아주는 부모의 반응이 아이의 행동을 오히려 강화시키는 경우, 부모는 아이가 떼를 써도 일체 반응하지 않고 내버려두면, 점차 아이의 투정이 약화되거나 없어질 수 있다. 종업원이 사무실에서 부적절한 성 관련 농담을 했을 때 상사가 웃어넘기면, 이는 부하의 부적절한 농담을 강화시켜 그가 앞으로도 이 농담을 계속할 수 있다. 그러나 만약 상사가 부적절한 농담을 무시해버리면, 부하에게는 바람직하지 않은 행위가 소멸되도록 동기부여 될 수 있다.

3. 강화의 제공 방법

조직에서 경영자들이 강화를 제공하는 데는 다양한 접근이 가능하다. 〈표 14-2〉는 강화이론에서 제시하는 강화의 제공 방법을 요약한 것이다.

〈표 14-2〉 강화의 제공 방법

강화 제공 방법	강화 내용
고정간격 강화	행위에 관계없이 일정한 시간간격마다 강화를 제공한다.
변동간격 강화	시간간격을 고정하지 않고 수시로 시간간격을 바꾸어 강화를 제공한다.
고정비율 강화	시간에 관계없이 고정된 수의 행위가 수행되면 강화를 제공한다.
변동비율 강화	1회의 강화에 필요한 행위의 수를 일정하게 정하지 않는다.

3.1 고정간격 강화

고정간격 강화(fixed-interval reinforcement)는 행위의 유형에 관계없이 정해진 간격으로 강화를 제공하는 전략이다. 성과가 좋은 종업원들에게 주별 혹은 월별로 인센티브를 주는 것이 그 예이다.

이 방법은 종업원들이 노력의 종류에 상관없이 정기적으로 인센티브가 지급된다는 것을 알기 때문에, 우수한 성과에 대해 최소의 비용으로 강화를 할 수 있다는 장점이 있다.

3.2 변동간격 강화

변동간격 강화(variable-interval reinforcement)는 시간을 강화의 수단으로 사용하되, 시간 간격은 강화의 종류마다 차이를 두는 전략이다. 이는 현장방문이나 불시 조사를 통해 칭찬이나 격려, 혹은 질책을 할 경우에 적합한 전략이다. 이 방법을 적용할 경우, 종업원들이 자기 상사가 언제 방문할지 모르기 때문에, 언제나 높은 수준의 노력을 유지하려는 경향을 보이게 된다.

3.3 고정비율 강화

고정비율 강화(fixed-ratio reinforcement)는 특정의 행위들 사이에 경과하는 시간에 관계없이 고정된 수의 행위가 발생한 후 강화를 제공하는 전략이다. 발생시간 간격에 관계없이 5회 지각한 종업원에게 감봉을 실시하는 경우가 그 예이다. 이 강화 방법은 종업원들에게 더 높은 수준의 노력을 기울이도록 동기부여를 한다는 이점이 있다.

3.4 변동 비율 강화

변동비율 강화(variable-ratio reinforcement)는 1회의 강화에 필요한 행위의 수를 고정시키지 않는 강화방법이다. 원하는 행위를 유지 및 강화할 수 있다는 점에서 가장 강력한 강화전략이다. 예를 들어 한 상사가 부하의 프로젝트 수주에 대해 시상하되, 두 번째, 네 번째, 9 번째 수주를 시상하고, 그 후 다시 세 번째, 5번째 수주에 대해 시상한다면, 이는 변동비율 강화이다. 장점은 특정의 성과가 발생할 때마다 보상 가능성이 증가하기 때문에, 종업원들에게 바람직한 행위의 빈도를 늘리도록 동기부여 할 수 있다는 것이다.

● **강화 이론의 시사점**: 조직에서의 강화는 종업원 동기부여를 유지하는데 강력한 수단으로 작용한다. 물론, 강화가 실제로 효과를 거두기 위해서는 지금까지 논의한 여러 가지 강화의 유형

과 강화의 제공방법을 고려해야 한다. 덧붙여, 경영자들이 유의해야 할 것은 원하지 않거나 역기능적인 행위들이 동기부여될 수도 있다는 점이다. 실례로, 한 종업원이 늘상 지각 출근하면서도 아무런 결과(징계 등)도 주어지지 않으면, 그 종업원은 물론 다른 종업원들도 이 회사에서는 지각 출근이 문제가 안 되는 것으로 오인할 수도 있다.

제6절 보상 시스템을 통한 동기부여

조직의 **보상 시스템**(reward system)은 종업원들의 동기부여를 위한 가장 기본적인 공식적·비공식적 메커니즘이다. 여기서 보상이 종업원들의 동기부여에 기여하는데 일반적으로 가장 효과적인 보상은 성과를 중심으로 한 보상이다.

1. 성과중심 보상 시스템의 의의

성과중심 보상 시스템(performance-based reward system)은 종업원들의 성과를 평가하고 이를 토대로 보상을 실시함으로써 이들에게 직무성과를 향상시키고자 하는 동기를 부여하는데 목적을 둔 보상시스템을 말한다. 실제로 대부분의 보상 시스템은 성과중심 보상 시스템들이다.

이 시스템은 종업원들의 동기부여와 조직의 성과에 중요한 역할을 수행한다. 보상과 동기부여 및 보상과 성과는 직접적인 관계가 있기 때문이다. 조직은 종업원들의 노력이 높은 성과로 연결되기를 기대한다. 여기서 필요한 것이 보상이다. 보상이 높은 수준의 성과와 관련되어 있을 때, 종업원들은 보상을 받기 위해 열심히 노력하고자 하는 동기가 부여된다. 성과중심 보상 시스템은 또한 종업원들의 직무관여, 직장 유지 및 조직 시민행동과 같은 종업원 행동에도 큰 영향을 미친다.

2. 보상 시스템의 유형

2.1 고과 급여제

고과 급여제(merit pay plan)는 가장 기본적인 성과중심 보상 시스템이다. 일반적으로 종업원들이 조직에 기여한 상대적 가치를 평가해 이를 토대로 급여를 지급하는 것을 말한다. 즉, 조직에 대한 기여도가 큰 종업원들은 그렇지 않은 종업원들보다 더 높은 급여를 받는다. 종업원 각자가 기록한 성과를 토대로 연봉을 인상하거나 삭감하는 경우 이는 고과급여제의 예이다.

2.2 인센티브 보상제

인센티브 보상제(incentive reward system)는 가장 오래된 성과중심 보상 시스템들 중 하나이다. 대표적인 인센티브 보상제가 **성과급제**(piece-rate incentive plan)이다. 이 보상제에서는 종업원들이 생산한 각 단위마다 일정한 급여를 지급한다. 테일러의 과학적 관리에서 도입한 개별성과급제(individual piece-rate incentive system)가 그 예이다.

인센티브 보상은 일회성으로서, 기본 급여의 일부로 가산되지 않는 것이 특징이다. 다시 말해 개인이 특출한 성과를 올리면, 일단 이 성과에 근거해서 인센티브를 받으며, 또 다른 인센티브를 받기 위해서는 새로운 성과를 내야 한다. 판매 경진대회에서 주어진 기간 동안 최고의 성과를 올린 영업팀에게 일주일의 유급휴가를 주는 것이 그 예이다.

기업에 따라서는 변형된 인센티브 보상제를 도입하기도 한다. 기업이 기록한 수익성을 고려해 성과급을 지급하는 경우가 그 예이다. 이는 종업원들에게 더 강력한 동기를 부여하자는데 목적이 있다. 이 제도를 효과적으로 이용한 기업이 Lincoln Electric이다. 이 회사는 총 연간 이익의 3분의 1을 인센티브 풀(incentive pool)로 계상한 후, 각 개인별로 성과에 따라 이 풀을 배분한다.

2.3 팀/집단 인센티브 보상제

앞서 논의한 고과 급여제와 인센티브 보상제는 주로 개인들을 대상으로 한 성과중심 보상 시스템이다. 반면에 **팀/집단 인센티브 보상제**(team and group incentive reward system)는 팀이나 집단을 대상으로 적용하는 성과중심 보상 시스템이다. 이것이 특히 중요한 것은 오늘날 작업현장에서 **팀 및 집단 역학**(team and group dynamics)이 중시되는 추세 때문이다. 공통적으로 이용되는 팀/집단 인센티브 보상제는 두 가지이다.

먼저, **이익 분배제**(gain-sharing program)는 생산성 향상에 따른 원가절감분을 경영자들과 종업원들이 같이 분배하는 보상제도이다. 이 제도에 놓여 있는 가정은 고용인과 피고용인은 같은 목적을 가지고 있으며, 따라서 두 이해관계자들이 경제적 이득의 증가분을 공유해야 한다는 것이다.

다음, **스캔런 플랜**(Scanlon plan)은 이익 분배제의 특수한 형태로, 1927년 Joseph Scanlon에 의해 개발되었다. 생산성 향상에 따른 성과 배분 방법의 하나로서, 판매액에 대한 인건비의 비율을 일정하게 정해 놓고, 생산성 향상으로 판매액이 예상보다 증가하거나 인건비가 절약된 경우, 기준 인건비와 실제 인건비의 차액을 상여금의 형태로 지급하는 방식이다.

2.4 종업원 주식 소유제 (ESOP)

종업원 주식 소유제(employee stock ownership plan: ESOP)는 종업원들에게 회사의 소유권 중 의미 있는 부분만큼 종업원들에게 분배하는 제도이다. **종업원 지주제**라고도 한다. 한국의 우리사주 제도는 종업원 지주제의 일환이다. 여기서는 회사가 은행으로부터 대출을 받아 주식시장에서 자사 총 주식 중 일정 부분을 매입하고, 이 대출금은 기업이 벌어들이는 수입으로 상환한다. 종업원들은 회사가 보유하는 주식 중 일정 비율에 대한 지분을 지급받는다. 종업원들의 주식 지분은 자신의 지위나 경력에다 각자의 직무성과에 따라 결정된다. ESOP는 결국 각 개인이 회사의 주주가 되도록 유도함으로써 종업원들로 하여금 주인의식을 갖도록 하고, 성과향상을 위한 동기부여가 이루어지도록 하는데 목적이 있다.

2.5 임원 보상제

일반적으로 임원들과 같은 최고 계층의 경영자들에게는 별도의 보상 프로그램이 마련된다. 이는 임원들에게 개별적 성과와 조직의 성과에 대해 보상하는 것을 목적으로 한다. 이에는 두 가지 형태가 있다

첫째는 표준화된 임원 보상제이다. 여기서는 임원들이 두 가지 형태로 보상을 받는다. 하나는 기본급이다. 2019년, 지엠의 CEO Mary Barra는 210만 달러의 기본급을 지급받았다.[6] 또 하나는 인센티브 급여이다. 인센티브는 상여금의 형식으로 지급되며, 보통은 연말에 회사의 순이익

---

[6] "GM CEO Marry Barra's Pay Dipped to $21.6 Millio in 2019," *Autoblog*, Apr., 2019.

중 일정 비율이 보너스 풀(bonus pool)로 계상되어 임원들에게 배분된다. Barra는 2019년, 273만 달러의 보너스를 지급받았다.[7]

둘째는 특수 임원 보상제이다. 주식 공여와 스톡옵션 제공이 그 예이다. 이 중 **스톡옵션제**(stock option plan)는 회사 주식을 미리 정해진 가격으로 구매할 수 있는 선택권을 주는 제도이다. 기본 아이디어는 임원들이 더 높은 조직성과에 기여하면 회사주식의 가치는 상승할 것이고, 따라서 미래의 주식가격이 당초 지정된 옵션 가격보다 더 높을 것으로 기대할 수 있다는 논리이다. 시장 가격과 옵션 가격의 차이는 임원 개인의 이익으로 돌아간다. 2019년, 지엠은 Barra에게 1,214만 달러의 무상주식 공여와 잠재적 가치 350만 달러의 스톡옵션을 제공한 바 있다.[8]

● **임원 보상제에 대한 비판** : 임원 보상제는 여러 가지 이유로 비난을 받기도 한다. 하나의 이유는 임원 보상의 수준이 일반 주주들이 이해하지 못할 정도로 너무 과하다는 점이다. Mary Barra가 2019년 GM에서 받은 급여는 그 해 종업원 전체 평균의 약 200배에 달하는, 일반 대중들이 상상하기 어려운 수준이었다. 또 하나의 이유는 회사의 성과와 임원들의 급여 사이에 꼭 직접적인 관계가 있는 것은 아니라는 점이다. 즉, 회사의 성과가 좋지 않은 상황에서도 임원들에게 과도한 급여와 특전이 제공된다는 것이다. 이는 결국 회사의 수익성을 잠식하고, 종업원들의 사기와 동기부여에 악재가 될 수 있다는 비판이다.

제7절 직무혁신을 통한 동기부여

종업원 동기부여를 위해서는 직무혁신을 통한 전략적 접근도 필요하다. 동기부여에 이용되는 대표적인 직무혁신 방법이 참여, 권한부여, 직무 재설계 및 대체적 근무제도이다.

---

7) *ibid.*

8) *ibid.*

1. 참여

1.1 참여의 의의

참여(participation)는 종업원들에게 자기 작업에 관한 의사결정을 내리는데 관여하도록 허용하는 직무설계 전략이다. 이 전략의 기본 취지는 모든 종업원들의 재능과 역량을 최대한 자산화하자는 것이다. 또 다른 취지는 종업원들의 다양한 분야에 대한 참여를 통해 이들에게 조직 시민정신(organizational citizenship)을 고취시킴으로써 생산성 향상의 동기를 부여하자는 것이다.

1.2 참여의 효과와 참여 영역

의사결정에 대한 종업원들의 참여는 무엇보다도 종업원들이 의사결정의 결과를 실행하는데 몰입하도록 만든다. 또한 참여를 통해 의사결정을 내리고 실행하며 그 결과를 확인하는 것은 종업원들의 성취욕을 충족시키고, 인정감과 책임의식을 심어주며, 자아 존중감을 고취시킨다.

근래에 많은 조직들이 전통적인 영역을 넘어 참여의 폭을 확대하기 위한 방법을 적극적으로 모색하고 있다. 종업원 참여가 가능한 의사결정의 영역은 다양하다. 대표적인 영역이 자기 직무에 관한 문제의 정의, 문제 해결에 관한 의사결정 및 생산성 향상의 방법 결정이다. 제품 제조를 위한 원자재 선택과 공급처 결정, 생산도구와 장비의 선택 및 작업과정의 결정 역시 종업원 참여의 대상 영역이다. 이 외에도 작업 일정계획, 교대근무 일정계획, 휴식과 휴무 및 휴가 스케줄 수립과 같은 업무도 종업원 참여가 가능한 분야들이다.

2. 권한부여

2.1 권한부여의 의의

권한부여(empowerment)는 작업자들이 자기 권한과 책임 하에서 자신의 작업 목표를 스스로 설정하고, 의사결정을 내리며 문제를 해결하도록 권한을 부여하는 직무설계 전략이다. 권한부여가 없이는 종업원들의 참여를 유도할 수 없다는 점에서 참여보다 광의의 직무설계 전략이라 할 수 있다.

2.2 권한부여의 성공요건

종업원들에 대한 권한부여가 성공을 거두기 위해서는 몇 가지 조건이 충족되어야 한다.

첫째, 조직은 하위 계층에 권한과 자율을 허용하는데 적극적인 자세를 보여야 한다. 특히 제한된 영역에 한해서만 참여를 장려하는 정책은 성공하기 어렵다.

둘째, 참여와 권한부여를 지속적으로 유지하는데 몰입해야 한다. 만약 종업원들에게 일시적으로 자율을 허용하고, 장차 이를 제한하거나 불허하면 이들은 조직에 반발할 것이다.

셋째, 작업자들은 경영자들과 함께 공통의 이해관계 속에서 공통의 목표를 지향하고 있다는 확신을 가져야 한다. 공장의 경우, 성과가 높은 작업자들이 종종 자기 고성과의 비결을 숨기려 할 수 있다. 이는 권한부여의 장애요인이 될 수 있다.

넷째, 조직은 작업자들에게 권한부여를 시도할 때 체계적이고 신중해야 한다. 너무 많은 권한을 너무 빨리 허용하면, 권한부여가 오히려 해악이 될 수도 있다.

마지막으로, 조직은 권한부여에 대비해 충분한 연구와 교육훈련을 실시해야 한다. 사람들이 누구나 과도한 자유와 자율을 효과적으로 구가할 만한 역량을 갖추고 있지는 않기 때문이다.

3. 직무 재설계

직무 재설계(job redesign)는 종업원들의 동기를 유발하기 위해 새로운 방법으로 직무를 수행하도록 재설계하는 것을 말한다. 직무확대, 직무충실화 및 직무순환이 그 예이다. 직무 재설계는 직무의 단순성에 따른 권태감, 피로감 및 소외감으로 인해 생산성 저하가 발생하지 않도록 직무의 내용이나 수행 방법을 재설계하는 전략적 접근이다.

3.1 직무확대

직무확대(job enlargement)는 일련의 작업 흐름상에 있는 전문화된 과업들 중 두 개 이상을 하나의 직무로 통합시키는 과정이다. 이를 **수평적 직무부하**(horizontal job loading)라 한다. 경영자는 직무확대를 통해 종업원들에게 직무의 단순성으로 인한 권태감을 줄이고 신선한 충격을 가함으로써 종업원들의 동기를 유발할 수 있다.

그러나 둘 이상의 과업들을 하나로 통합한다고 해서 이것이 반드시 종업원들에게 도전적인 직무로 바뀌는 것은 아니라는 비판도 있다. 작업자들은 원가절감을 목적으로 하는 교묘한 음모가 아닌지 의심하기도 한다. 그러나 직무확대에 따른 성과 향상을 보상으로 연결시킨다면, 이 기법은 종업원들의 권태감이나 소외감을 줄일 수 있는 동기유발의 일환으로 활용될 수 있다.

3.2 직무충실화

직무충실화(job enrichment)는 작업자가 직무에 관한 계획, 의사결정 및 통제까지도 가능하도록 함으로써 더욱 정교하고 차원 높은 동기유발 기법이다. **수직적 직무부하**(vertical job loading)라 한다. 미국의 몽고메리 워드는 7,700명의 영업사원들이 반환된 제품을 접수해 스스로 직접 점검하고 저리하도록 허용했다. 그 결과 소비자들은 신속한 서비스를 받을 수 있었고, 회사의 업무능률 또한 향상되었으며, 종업원들은 자기 직무에 더 큰 만족을 느끼게 되었다.

3.3 직무순환

직무순환(job rotation)은 종업원들을 주기적으로 한 직무에서 다른 직무로 이동시키는 것을 말한다. 직무순환을 통해 경영자는 조직이 정체되지 않도록 활력을 불어넣을 수 있으며, 직무로 인한 종업원들의 피로와 권태감을 줄일 수 있다. 주의할 것은 직무순환이 너무 잦으면 종업원들이 직무에 대한 방향감각을 상실하게 되어 생산성 저하를 초래할 수 있다는 점이다.

4. 대체적 근무제도

대체적 근무 제도(alternative work system)는 종업원들의 동기부여와 성과를 제고하기 위한 목적으로, 종업원들에게 근무시간과 근무장소를 융통성 있게 운용하도록 기회를 제공하는 제도이다. 대표적인 것이 변동근무제, 탄력근무제, 직무 분담제 및 원격근무제이다.

4.1 변동근무제

지금까지의 전형적인 근무 방식은 주 5일 근무를 원칙으로, 아침 8시나 9시에 출근해 오후 5시나 6시 경에 퇴근하는 방식이었다. 불행히도 이러한 시스템은 직장인이 은행 업무, 병원 예약, 자녀의 학교 행사, 차량 수리 등과 같은 개인적 일상 업무를 돌보는데 어려움을 준다.

이러한 문제를 해결하기 위해 기업에 따라 **집중근무제**(compressed work schedule)를 실시하기도 한다. 이는 일주일 중 며칠만 집중적으로 근무하고 나머지 기간은 휴가로 사용하는 방식이다. 주 5일 40시간 근무하던 것을 하루 10시간씩 주 4일 근무하고 3일은 쉬는 식으로 바꾸는 것이 그 예이다. 3일간 하루 12시간 근무하고 4일 쉬는 회사도 있다. 필립 모리스가 그 예이다. 단점은 하루에 과도한 시간 작업하면, 피로가 쌓여 오후 늦게 쯤에는 성과가 저조해진다는 점이다.

4.2 탄력근무제

탄력 근무제(flexible work schedule)는 종업원들에게 각자의 근무시간에 대한 자율권을 부여하는 제도이다. 유연시간 근무제(flextime)라고도 한다. 일반적으로, 근무시간은 두 부분으로 나뉜다: 핵심시간 및 유연시간. 핵심시간(core time)은 종업원이 반드시 직장에 있어야 하는 시간이고, 유연시간(flexible time)은 각자 자율적으로 소화할 수 있는 시간이다. 경우에 따라서는 하루 근무시간을 오전, 오후로 나누어 오후에 중요한 일이 있을 때는 오전에 근무하고, 오전에 중요한 일이 있을 때는 오후에 근무하기도 한다. 개인적인 취향이나 취미활동에 따라 근무시간과 쉬는시간을 선택할 수 있어 종업원 개인에게도 유리하고, 각자의 역량을 최대한 활용할 수 있다는 장점이 있다. 휴렛 패커드, 마이크로소프트 및 텍사스 인스트루먼트가 이 제도를 도입하고 있다.

4.3 직무분담제

잠재적 유용성이 있는 또 다른 근무 시스템은 직무분담제이다. **직무분담제**(job sharing)에서는 두 명의 파트타임 근무자가 하나의 풀타임 직무를 나누어 소화한다. 한 사람이 오전 8시에서 정오까지, 다른 한 사람이 오후 1시에서 5시까지 근무하는 것이 그 예이다. 직무분담제는 오직 파트타임으로 일하고자 하는 사람들에게 적합하거나, 혹은 일자리가 여의치 않을 때 유리하다. 기업으로서는 보다 많은 사람들의 재능과 역량을 활용할 수 있고, 종업원들의 광범위한 선호와 취향을 만족시킬 수 있다는 장점이 있다.

4.4 원격근무제

최근에 경영자들에게 큰 관심을 끌고 있는 근무제도가 **원격근무제**(telecommuting)이다. 이는 종업원들이 회사에 출근하지 않고 작업장 밖에서 근무하도록 허용하는 제도이다. 재택근무가 전형적인 예이다. 여기서는 디지털 기술을 바탕으로 원거리 네트워크를 구축하고 Zoom, Microsoft Meeting, 및 기타의 원격 플랫폼을 통해 종업원들이 회사와 긴밀한 상호작용을 수행할 수 있다. 현재 미국 직장인들의 절반 정도가 원격근무를 실시한다. 특히 2020 코비드-19 팬데믹은 원격근무의 중요성이 부각되는 계기가 되었다. 트위터의 CEO인 Jack Dorsey는 원격근무의 이점에 고취되어 코로나 시대 이후에도 재택근무 제도를 무제한 연장할 수 있다고 말한다.[9]

---

9) John Brandon, "This is Huge: Twitter CEO Says 'Employees Can Work From Home Forever'", *Forbes*, May , 2020.

복습 및 연구문제

■ **복습하기**

1. 동기부여가 중요한 이유는 무엇인가?
2. 동기부여에 관한 인간관계적 접근과 인적자원적 접근을 비교·설명하라.
3. 강화이론에서 강화의 종류를 열거하라.
4. 성과중심 보상시스템이 중요한 이유는 무엇인가?
5. 직무확대와 직무충실화의 유사점과 차이점을 제시하라
6. 다음과 같은 동기부여 이론에 대해 간략히 설명하라.
   (1) 욕구계층 이론   (2) 2-요인 이론   (3) 기대 이론

■ **자기평가**

독자의 동기부여 요인은? 당신이 학교생활, 사회생활 혹은 직장생활에서 현재 수행하고 있거나 최근에 수행한 경험이 있는 직무들을 전제로, 각 문항이 독자에게 동기를 부여하는데 얼마나 중요하게 작용하는지 다음과 같은 5점 척도로 응답하라.

1. 거의 중요하지 않다   2. 별로 중요하지 않다   3. 그저 그렇다
4. 약간 중요하다   5. 매우 중요하다

(1) 직무에 대한 경제적 보상 (   )
(2) 직무로 인한 개인적 성장과 자기개발의 기회 (   )
(3) 조직 내에서 다른 구성원들로부터 받는 관심, 존경 및 부러움의 정도 (   )
(4) 조직 밖에서 타인들로부터 받는 관심, 존경 및 부러움의 정도 (   )
(5) 직무에 대한 자유로운 생각과 행동 (   )
(6) 직무로부터의 해고 위협이 없는 상태 (   )
(7) 직무와 관련된 지위로 인해 느끼는 자기만족 수준 (   )

⑻ 직무수행 결과로 얻는 성취감 (   )

⑼ 직무를 통해 다른 사람을 도울 수 있는 기회 (   )

⑽ 직무에 대한 목표의 설정에 참여할 수 있는 기회 (   )

⑾ 직무수행 방법과 절차의 결정에 참여할 수 있는 기회 (   )

⑿ 직무와 관련된 권한의 수준 (   )

⒀ 직무를 통해 동료와 교제할 수 있는 기회 (   )

⒁ 직무에 관여함으로써 얻게 되는 자기존중의 정도 (   )

⒂ 직무수행에 필요한 물리적 환경 (   )

⒃ 현재의 직장이 퇴직 후의 노후 생활을 책임져 주는 정도 (   )

⒄ 직무와 관련된 상사의 리더십 스타일 (   )

⒅ 직무수행 성과에 대한 평가 및 보상 시스템 (   )

⒆ 현재 수행 중인 직무가 신체적 안전이나 건강에 영향을 미치는 정도 (   )

⒇ 현재의 급여수준이 가정의 안정적 경제생활에 얼마나 충분한지의 여부 (   )

● **평가방법:**

위 문항들은 물리적 욕구(문항 1, 15, 18), 안정 욕구(문항 6, 16, 19, 20), 사회적 욕구(문항 9, 13, 17), 존중 동기(문항 3, 4, 14), 자율성 욕구(문항 5, 10, 11, 12) 및 자아실현 욕구(문항 2, 7, 8)로 분류된다. 각 욕구별 평점의 합과 평균을 구하고, 직무에 관한 자신의 동기부여 순위를 확인하라.

제15장 리더십
Leadership

이 장에서는 리더십의 본질은 무엇이고, 리더십 연구에는 어떤 접근법이 있는지, 리더십을 통해 조직의 유효성을 어떻게 향상시킬 수 있는지를 중심으로 논의한다.

제1절 리더십의 본질

경영자의 입장에서, 사람들에게 동기를 부여하는 것은 이들의 행위에 영향을 미치고자 해서이다. 리더십 또한 특정의 방향으로 다른 사람들의 행위에 영향을 미치고자 하는데 목적이 있다. 이런 관점에서 동기부여와 리더십은 상호 보완적인 관계를 갖는다.

1. 리더십의 정의

리더십(leadership)은 과정임과 동시에 속성이다. **과정**(process)으로서의 리더십은 리더들이 실제로 무엇을 행하고 있는가에 초점을 둔다. 이 경우 리더십은 의도적으로 영향력을 행사해 집단이나 조직의 목표를 설정하고, 이 목표의 성취를 위해 부하들에게 동기를 부여하며, 집단이나 조직 내에 바람직한 문화가 형성되는데 도움을 준다. 반면에, **속성**(property)으로서의 리더십은 집단이나 조직의 리더라고 느껴지는 사람들에게 주어지는 일련의 특성(characteristic)에 초점을 둔다. 이때의 리더십은 "특정의 속성을 가진 리더가 집단이나 조직의 목표 달성을 위해 구성원들에게 영향력을 행사하는 행위"라 정의된다.

2. 경영과 리더십

경영(management)과 리더십(leadership)은 서로 밀접한 관련이 있는 개념들이지만, 이 둘이 동일한 것은 아니다. 경영과 리더십의 차이는 다음과 같다. 〈표 15-1〉은 이들의 차이를 요약한 것이다.

〈표 15-1〉 경영과 리더십의 차이

활 동	경 영	리더십
목표와 비전 창출	계획수립 및 자원배분	비전 창출 및 변화 주도
인적 네트워크 개발	조직화 및 충원	소통 및 집단역학 발휘
계획의 실행	문제해결 및 통제	동기부여와 사기진작
결과	원하는 결과의 산출	비전의 실현을 위한 조직변화

첫째는 목표와 비전의 창출에 관한 차이이다. 경영은 목표달성을 위한 계획수립과 자원배분에 치중하는데 비해, 리더십은 조직이 나아가야 할 방향, 즉 비전을 제시하고 비전을 성취하는데 필요한 변화를 주도한다. 둘째는 목표의 달성에 필요한 인적 네트워크 개발에 관한 차이이다. 경영은 계획의 실행에 필요한 조직화와 인적자원 관리에 초점을 두는데 비해, 리더십은 소통을 통해 구성원들에게 조직의 미래 방향을 전달하고, 조직의 응집력 증대를 위해 조화, 협력 및 집단 정신을 고취하는데 초점을 둔다. 셋째는 계획의 실행에 관한 차이이다. 경영은 문제해결과 통제에 주력하는 반면, 리더십은 종업원 동기부여와 사기 진작에 주력한다. 넷째는 결과에 관한 차이이다. 경영은 이해관계자들이 기대하는 결과를 산출하는데 초점을 두는 반면, 리더십은 조직 비전의 실현을 위한 조직변화를 유도하는데 초점을 둔다.

조직이 유효성을 거두기 위해서는 경영과 리더십을 둘 다 필요로 한다. 경영은 원하는 결과를 얻기 위해 필요하고, 리더십은 비전을 실현하고 환경의 불확실성에 대응해 조직을 변화시키기 위해 필요하다. 그렇다면, **경영자**(manager)와 **리더**(leader)는 어떤 차이가 있을까? 학계와 실무계에서는 경영자와 리더를 서로 교환 가능한 것으로 생각하는 경우가 많다. 그러나 이 두 개념은 서로 다르다. 경영자는 조직으로부터 임명을 받아 자신의 지위를 갖게 되며, 타인들에게 영향력을 행사하는 것은 그 지위에 고유하게 부여된 공식적 권한을 바탕으로 한다. 반면에 리더는 임명이 되기도 하지만, 조직이나 작업집단 내에서 자생적으로 형성되기도 한다. 따라서 리더는 공식적 권한에 의해 통제되는 범위 이상의 행동을 수행할 수 있는 영향력을 갖는다. 경영학적 관점에서 정의하면, 리더는 "조직 구성원들에게 영향을 끼칠 수 있고, 조직 경영의 권한을 보유한 사람"이라 정의된다.

3. 권력과 리더십

3.1 권력의 의의

리더십의 개념을 이해하기 위해서는 권력의 개념을 알아야 한다. **권력**(power)은 다른 사람들에게 영향을 미쳐 원하는 것을 얻어내는 능력을 말한다. 권력은 실제로 행사하지 않고도 그것을 보유할 수 있다는 특징이 있다. 예컨대 농구 감독은 주전이면서도 그날 성적이 좋지 않은 선수를 벤치에 앉힐 수 있다. 감독이 이런 권력을 좀처럼 행사하지 않더라도 선수들은 감독에게 이 권력이 있다는 것을 인지하기 때문에, 벤치에 앉지 않고 선발의 지위를 유지하기 위해 스스로 최선을 다한다.

3.2 권력의 종류

미국의 사회심리학자인 프렌치(J. French)와 레이븐(B. Raven)에 의하면, 권력에는 일반적으로 5가지 종류가 있다: 합법적 권력, 보상적 권력, 강제적 권력, 준거적 권력 및 전문가적 권력.

1) 합법적 권력

합법적 권력(legitimate power)은 조직계층을 통해 허용되는 권력으로서, 조직에 의해 특정의 지위에 있는 사람들이 행사하도록 부여되는 권력이다. 경영자는 직무와 관련된 과업을 부하에게 지시할 수 있으며, 만약 부하가 이 과업을 거부하거나 소홀히 하면 제재를 가할 수 있다.

합법적 권력은 기본적으로 권한(authority)과 유사하다. 경영자들은 부하들에 대해 합법적 권력을 갖는다. 그러나 단지 합법적 권력의 보유 자체로 리더의 권한이 부여되지는 않는다. 이로 인해 부하들이 문서화된 조직의 정책과 규칙의 범위를 벗어나는 명령이나 지시는 따르지 않으려는 경우도 있다. 이런 상황에서는 경영자가 권한을 행사하고 있는 것이지 리더십을 행사하고 있는 것은 아니다. 코비드-19 팬데믹기간 중 정부 지도자들이 어느 정도로 사람들에게 자가방역, 마스크 착용 및 사회적 거리두기를 지키도록 지시할 합법적 권력을 가지고 있는지에 대한 문제가 발생했다. 대한민국 국민들과는 달리 국제적으로 보면, 어떤 사람들은 이 지시에 순응하기도 했지만 거부하는 사람도 많았다. 정부 지도자들이 법적 권한은 있지만, 리더로서의 합법적 권력은 없다는 방증이다.

2) 보상적 권력

보상적 권력(reward power)은 보상을 줄 수도 있고 주지 않을 수도 있는 권력을 말한다. 경영자가 통제할 수 있는 보상에는 급여인상, 보너스, 승진, 칭찬, 인정(recognition) 등이 있다. 보상이 종업원들에게 중요할수록, 그리고 경영자가 통제하는 보상의 수가 많을수록 보상에 대한 경영자의 권력은 커진다. 만약 부하들이 보상을 경영자에 의해 통제되는 조직의 공식적 보상으로만 이해한다면, 이 경영자는 리더가 아니다. 반면에, 만약 부하들이 칭찬, 감사 및 인정과 같은 비공식적 보상을 원하고 이를 감사히 생각한다면, 경영자는 리더로서의 리더십을 행사하고 있음을 의미한다.

3) 강제적 권력

강제적 권력(coercive power)은 심리적, 감정적, 혹은 물리적 위협을 가해서 명령이나 지시에 따르도록 강제하는 권력을 말한다. 과거에는 조직 내에서 물리적 강제가 흔한 일이었으나, 지금은 대부분의 조직에서 강제는 구두 제재, 문서 징계, 벌금, 강등, 해고 등에 그치고 있다. 경영자에 따라서는 부하들을 다스리기 위해 욕설, 굴욕적 언행 및 심리적 박해를 가하기도 한다. Dish Network의 창업자이자 CEO인 Charlie Ergen은 미국에서 콧대 높고 신경질적인 사람으로 잘 알려진 인물이다. 이로 인해 Dish는 종종 미국에서 가장 일하기 싫어하는 직장으로 손꼽힌다고 한다.[1]

---

1) Bennet, J. Tepper, "Consequences of Abusive Supervision," *Academy of Management Journal*, 2000, Vol. 43, No. 2, pp. 168-190.

경영자의 통제 하에 있는 요소들의 처벌성이 클수록, 그리고 부하들이 이 처벌을 중요하게 생각할수록, 그 경영자는 더 큰 강제적 권력을 갖는다. 반면에, 경영자가 강제적 권력을 더 많이 행사할수록 부하들로부터 더 큰 분노와 적대감을 불러일으키면서 리더십에 더 큰 상처를 입게 된다.

4) 준거적 권력

준거적 권력(referent power)은 추종자들이 인격, 배경 혹은 태도에 있어 남들에 비해 모범적이라 생각하고, 그에 대해 매력을 느껴 신뢰와 존경을 보냄으로써 형성되는 권력을 말한다. 타인들이 매력을 느껴 명성이 좋은 사람은 공식적 권한이 없이도 타인들이 의사결정을 내릴 때 이 사람의 행동을 참고하며, 상사가 지시를 내리면 쉽게 따르게 된다.

객관적 조직 생활의 맥락에서 보면, 합법적 권력과 보상적 권력은 그 뿌리가 비교적 견고하다고 할 수 있다. 반면에 준거적 권력은 상대적으로 추상성이 강하다. 추종자들은 준거적 권력을 가진 리더의 철학과 라이프 스타일을 닮아간다. 이렇게 볼 때 준거적 권력의 특징은 정체성, 모방, 충성심, 열정 및 카리스마라 할 수 있다. 스티브 잡스는 공공장소에 나타날 때 청바지와 검정 터틀넥을 즐겨 입었다. 애플 종업원들은 그를 매우 존경했기 때문에 그의 패션을 따라 했다. 이런 점에서 경영자들에게는 준거적 권력이 있으나, 이 권력은 경영보다는 리더십과 더 깊은 관련이 있다고 보아야 한다.

5) 전문가적 권력

전문가적 권력(expert power)은 주로 정보나 전문지식 혹은 전문기술로부터 나온다. 개인이 특수한 분야의 정보와 지식이 풍부하고 이 분야에 관해 특별한 전문기술이 있으면, 이로 인해 발생하는 권력을 전문가적 권력이라 한다. 성격이 괴팍하지만 중요한 고객과 상호작용하는 방법을 잘 알고 있는 경영자, 교착상태에 빠진 제조공정에 다른 회사에서는 상상할 수 없는 기술적 타개 능력을 소유한 엔지니어, 관료적 레드테이프(red tape)를 풀어낼 능력을 갖춘 행정 전문가, 이 모든 사람들은 관련 분야의 전문기술과 정보를 필요로 하는 사람들에 대한 전문가적 권력을 가진 사람들이다. 2020 코비드-19 상황에서는 많은 사람들이 가상회의(virtual meeting)에 필요한 새로운 기술(skill)들을 터득하는데 큰 어려움이 없었기 때문에, 전문가적 권력은 그 수명이 짧을 수밖에 없었다.

제2절 리더십 이론에 대한 일반적 접근

전통적으로 리더십 연구는 두 부류로 나뉘어 진행되어 왔다. 특성 이론과 행동이론이 그것이다. 특성 이론은 리더의 개인적 특질이 리더십을 형성한다는 이론이고, 행위이론은 리더의 행위적 스타일이 리더십을 형성한다는 이론이다. 그 후 대두된 접근법이 상황적 접근이다. 이는 리더십의 유효성은 상황에 따라 달라진다는 이론이다.

1. 리더십 특성 이론

리더십 연구를 위한 초기의 접근에서는 강력한 리더가 가진 개인적, 심리적 및 물리적 특질이 무엇인가를 중심으로 연구했다. **리더십 특성 이론**(theory of leadership trait)은 리더를 다른 사람들과 차별화시키는 기본적 특성들의 조합이 존재한다고 가정한다. 리더는 태어나는 것이지 만들어지는 것이 아니라는 전제하에, 리더를 일종의 '위인'과 동일시한다. 만약 그러한 특성들이 정의될 수 있다면, 이 특성들을 토대로 리더십의 잠재력이 있는 리더를 확인할 수 있다고 본다. 학자들이 발견한 주요 리더십 특질은 지성, 결단력, 체격, 어휘력, 외모, 자신감 및 사회성이다.

리더십 특성 이론에 따르면, 일반적으로 성공적 리더가 되는데 필요한 특질은 6가지이다: 추진력(drive), 타인들을 향한 리더십 욕구, 정직성과 통합성, 자신감, 인지적 능력 및 사업 관련 지식.

2. 리더십 행위 이론

"리더는 태어나는 것이다"라고 가정하는 리더십 특성이론의 한계를 극복할 목적으로, 1950-1960년대에 개발된 이론이 **리더십 행위 이론**(theory of leadership behavior)이다. 즉, 특성이론으로는 리더의 성공요건을 제대로 설명할 수 없다는 전제하에, 리더십 행위 이론에서는 리더가 자기 리더십의 유효성을 거두기 위해 어떻게 행동하는가에 초점을 둔다. 리더십 행위 이론은 경영학 연구의 역사적 관점에서도 매우 중요한 의미를 갖는다.

2.1 아이오와 대학교의 연구

아이오와 대학교의 레윈(K. Lewin)과 그 동료들에 의해 수행된 리더십 연구에서는 리더의 스타일을 세 가지로 분류했다: 독재적 리더십, 민주적 리더십 및 자유방임적 리더십. 이 팀의 연구결과에 의하면, 작업의 양과 질을 향상시키는 데 가장 기여하는 리더십은 민주적 리더십이라고 한다.

그러나 이 연구는 조직 전체적 차원에서 가장 효과적인 리더십을 규명하는 데는 성공하지 못했다. 예컨대, 민주적 리더십이 독재적 리더십보다 더 높은 성과를 산출하는 경우가 많지만, 오히려 그 반대의 경우도 있다는 것이다. 다만, 부하들의 만족도라는 측면에서는 일반적으로 독재적 리더십보다는 민주적 리더십이 더 나은 것으로 밝혀졌다.

2.2 미시간 대학교의 연구

미시간 대학교 연구팀은 조직의 유효성과 관련하여 리더십의 행위적 특성을 규명했다. 여기서는 리더십 행위에 두 차원이 있음을 발견했다: 종업원 지향성 및 생산 지향성. 종업원 지향적 리더십은 인간관계를 강조하면서 종업원들의 요구에 개인적인 관심을 가지며, 구성원들 사이의 개인적 차이를 인정하는 스타일이다. 반대로 생산 지향적 리더십은 직무의 기술적, 과업적 측면을 강조하면서, 주로 집단의 과업달성에 관심을 가지며, 집단 구성원들을 목표달성을 위한 수단으로 간주하는 성향을 보인다. 이 중 미시간 연구팀이 선호한 것은 종업원 지향적 리더십이다. 집단 생산성이 높고 구성원들의 직무만족도도 높은 집단의 리더는 주로 종업원 지향적 리더들이었으며, 생산 지향적 리더의 집단은 생산성도 낮고 직무만족도도 낮았기 때문이다.

2.3 Blake와 Mouton의 관리격자 이론

이는 1964년, 텍사스 대학교의 R. Blake와 J. Mouton에 의해 제시된 이론이다. **관리격자 이론**(managerial grid theory)에서는 리더십의 행위적 측면을 '사람에 대한 관심'과 '생산에 대한 관심'의 두 차원으로 나누고, 경영자들의 이 두 차원에 대한 지향성이 어느 정도인가를 1에서 9까지, 9등급으로 나누어 평가했다. 〈그림 15-1〉에서 보는 바와 같이 이론상으로는 경영자들의 행위적 스타일은 총 81가지로 분류될 수 있으나, 블레이크와 머튼은 다음 5가지가 가장 중요하다고 보고, 각각에 대해 다음과 같이 정의했다.

〈그림 15-1〉 관리격자 이론

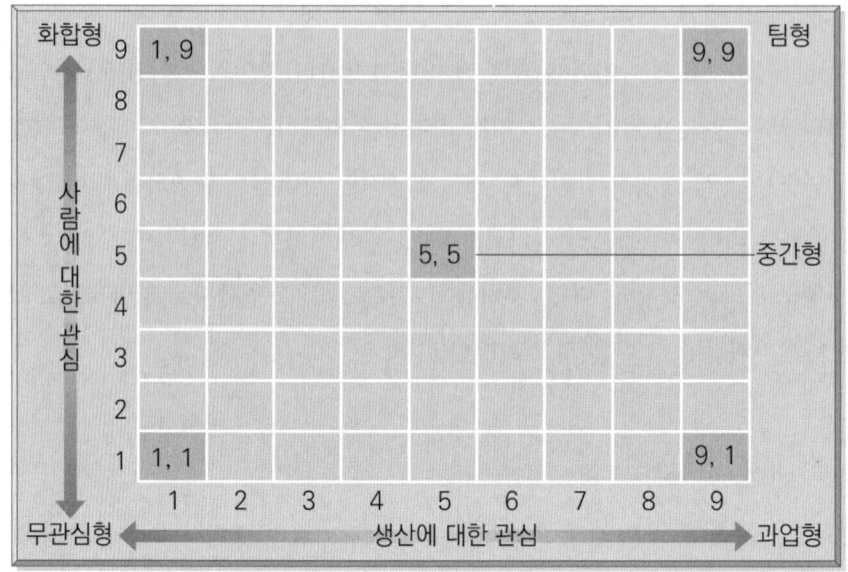

① 〈1, 1〉 **무관심형 경영자**(impoverished manager): 사람은 물론 생산에 대해서도 관심이 거의 없는 '무관심형 리더'이다. 문제시되는 일들을 방치한 상태에서 기본적인 것에만 관심을 가지고, 단순히 상사의 지시를 받아들여 과업을 수행하려 한다.

② 〈1, 9〉 **화합형 경영자**(country club manager): 사람에 대한 관심은 최고이지만, 생산에 대한 관심은 최저인 '화합형 리더'이다. 구성원들에게 쾌적한 작업환경을 제공하는데 주력한다. 그러나 성과목표의 달성은 기대하기 어렵다.

③ 〈9, 1〉 **과업형 경영자**(task management): 생산에 대한 관심은 최고인 반면 사람에 대한 관심은 최저인 '과업지향형 리더'이다. 작업조건에 인간적 요소를 최소화 하는 독재적 리더이다.

④ 〈5, 5〉 **중간형 경영자**(middle-of-the-road manager): 사람에 대한 관심과 생산에 대한 관심이 반반인 '중간형 리더'이다. 조직의 성과목표와 구성원 욕구충족 사이의 균형을 찾고자 노력한다.

⑤ 〈9, 9〉 **팀형 경영자**(team manager): 사람과 생산에 대한 관심이 모두 높은 '팀지향적 리더'이다. 상호 신뢰와 존경의 분위기 속에서 구성원들의 팀워크를 통해 성과목표를 달성하고자 한다.

이 중 경영자들에게 가장 이상적인 스타일은 팀형 경영자⟨9, 9⟩이다. 그러나 아쉽게도 관리격자이론은 리더십 스타일에 대한 개념적 틀을 제시했을 뿐, 무엇이 경영자를 효과적인 리더로 만드는지에 대한 실증적 증거를 제시하지는 못했다.

제3절 리더십 이론에 대한 상황적 접근

리더십 연구자들은 리더십의 성공에는 몇 가지 개인적 특질이나 선호되는 행위만으로는 설명하기 어려운 복잡한 요인이 포함되어 있음을 발견했다. 리더가 처한 상황이 어떠냐에 따라 효과적인 리더십 유형이 달라진다는 것이다. 이것이 곧 리더십 이론에 관한 상황적 접근(situational approach)이다. 상황요인의 예를 들면 구성원들의 특성, 기대감 및 행위, 리더의 기대감 및 행위, 리더의 개성, 경험 및 기대감, 조직의 방침 및 분위기 등이다.

1. Fiedler의 LPC 이론

1.1 LPC 이론의 의의

최초의 리더십 상황이론은 Fred Fiedler에 의해 개발된 LPC 이론이다. LPC는 "리더가 함께 일하기를 가장 싫어하는 동료(Least-Preferred Coworker)"의 의미이다. Fiedler는 리더가 처한 상황이 리더에게 얼마나 호의적인가를 토대로, 각 상황에 적합한 리더십 유형을 제시했다.

이를 위해 Fiedler는 리더들을 상대로, 과거의 경험으로 보아 16가지 유형의 동료들과 얼마나 함께 일하기 싫어하는가를 8점 척도로 설문조사하고, 응답결과 산출된 총점에 의해 두 가지로 리더의 유형을 분류했다: 과업 지향형(task oriented) 및 관계 지향형(relation oriented). 리더십 상황은 호의성을 기준으로 8가지로 분류했다. 상황의 호의성(favorableness)은 리더가 효과적인 리더십을 발휘하는데 그가 처한 상황이 얼마나 호의적인가를 나타낸다. 이러한 상황의 호의성 수준에 따라 효과적인 리더의 유형이 결정된다는 것이 Fiedler의 LPC 이론이다.

1.2 상황의 호의성 결정요인

LPC 이론에서 상황의 호의성을 결정하는 요인은 세 가지이다: 리더-구성원 관계, 과업구조 및 직위적 권력.

- **리더-구성원 관계**: 리더-구성원 관계(leader-member relation)는 리더와 작업집단 간의 관계가 어떠냐를 말한다. 리더와 작업집단 사이에 상호신뢰, 존경 및 믿음의 수준이 높아 서로를 좋아하면 둘 사이의 관계가 좋은 것으로 간주되고, 그렇지 않으면 좋지 않은 것으로 간주된다. 리더-구성원 관계가 좋으면 상황이 호의적이고, 그렇지 않으면, 상황이 비호의적이다.
- **과업구조**: 과업구조(task structure)는 집단의 과업이 얼마나 구조화되어 있는가를 말한다. 과업이 규칙적·반복적이어서 구성원들에 의해 명확히 이해되며, 종업원들이 의존할 수 있는 표준 절차와 전례를 갖추고 있으면, 이 과업은 구조화되어 있다고 하고, 그렇지 않으면 구조화되어 있지 않다고 말한다. 과업의 높은 구조화가 낮은 구조화보다 리더에 더 호의적이다.
- **직위적 권력**: 직위적 권력(position power)은 리더의 직위에 부여되는 권력을 말한다. 만약 리더가 과업할당, 보상 및 처벌의 권한을 가지고 있으면 직위적 권력이 강하고, 그렇지 않으면 이 권력이 약하다고 본다. 리더의 입장에서는 직위적 권력이 강한 것이 호의적이다. 그러나 상황의 호의성에 있어 직위적 권력은 리더-구성원 관계나 과업구조에 비해 덜 중요시된다.

1.3 상황의 호의성과 바람직한 리더십 유형

〈그림 15-2〉는 상황의 호의성에 따른 바람직한 리더십 유형을 보여준다. 여기서 리더십 상황은 크게 8가지로 구분될 수 있으며, 왼쪽(상황 I)에서 오른쪽(상황 VIII)으로 갈수록 상황의 호의성이 증대한다. 그림을 보면, 좋은 리더-구성원 관계, 낮은 과업 구조화 및 강한 직위적 권력이 리더에게 가장 호의적인 상황이며, 나쁜 리더-구성원 관계, 낮은 과업구조 및 약한 지위적 권력은 가장 비호의적인 상황이다. 상황요인들이 다른 조합으로 결합된 경우에는 중간 정도의 호의성이 형성된다. 상황이 매우 호의적이거나, 매우 비호의적일 경우에는 과업지향형 리더가 적합하다. 반면에 상황이 중간 정도로 호의적이면, 관계지향형 리더가 바람직하다.

Fiedler는 개인의 리더십 스타일은 자신의 특성과 행위에 따라 고정되어 있어 상황에 따라 리더

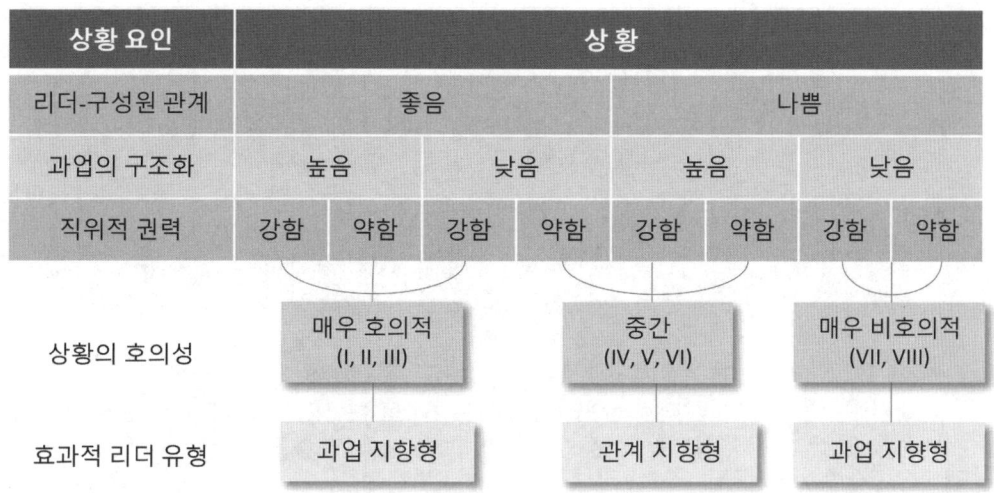

〈그림 15-2〉 LPC 리더십 이론

십 스타일이 바뀌지는 않는다고 본다. 따라서 리더의 유효성을 증대시키는 방법은 리더를 상황에 적합하도록 바꾸거나, 현재의 리더에 적합한 상황을 만드는 둘 중의 하나이다.

2. Hersey와 Blanchard의 상황적 리더십 이론(SLT)

Hersey와 Blanchard는 리더십에 관한 상황이론을 개발해 학계와 실무계의 강력한 지지를 받았다. 이들이 제시한 **상황적 리더십 이론**(situational leadership theory: SLT) 즉 SLT는 과업에 대한 추종자들의 준비상태에 따라 리더십 유형이 결정된다고 본다. 추종자 준비상태(follower readiness)란 추종자들이 특정의 구체적인 과업을 수행할 능력과 의지가 어느 정도인지를 말한다. SLT의 요점은 두 가지이다.

첫째, 리더를 수용하거나 거부하는 것은 추종자들이기 때문에, 리더가 무엇을 하든 리더십의 유효성은 추종자들에 의해 좌우될 수밖에 없다.

둘째, 어떤 스타일의 리더십이 효과적이냐 하는 것은 추종자들의 준비상태, 즉 과업에 대한 추종자들의 수행능력과 수용의지에 따라 달라진다.

Hersey와 Blanchard는 Fiedler의 LPC 이론에서 정의된 두 리더십 차원과 똑같은 차원을 사용한다: 과업지향적 행위와 관계지향적 행위. 그러나 이들은 한 걸음 더 나아가 이 두 차원의 고저에 따라 리더의 스타일을 다음 네 가지로 나누었다. 〈그림 15-3〉은 SLT를 요약한 것이다.

<그림 15-3> 상황적 리더십 이론(SLT)

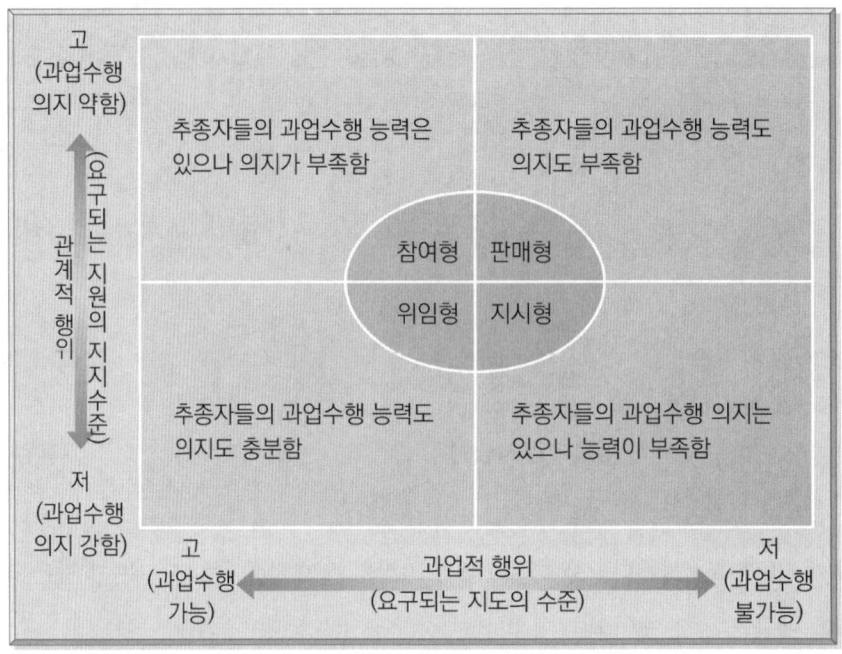

① **위임형**(delegating): 추종자들이 스스로 결정을 내리도록 권한을 위임하고, 행동방향 제시와 경영지원을 하지 않는 스타일. 추종자들의 과업수행 능력과 수행의지가 모두 충분하다.
② **참여형**(participating): 추종자들이 리더와 공동으로 결정을 내리도록 허용하며 이에 대한 지원과 소통에 주력하는 스타일. 추종자들의 과업수행 능력은 있으나, 수행의지가 부족하다.
③ **판매형**(selling): 리더가 결정을 내리며, 리더는 추종자들에게 의사결정의 이유를 설명하면서 방향과 지원을 제공하는 스타일. 추종자들의 과업수행 능력과 수행의지가 부족하다.
④ **지시형**(telling): 리더 자신이 결정을 내리고, 구성원들에게 어떤 과업을 언제, 어떻게, 어디서 수행해야 하는지 지시하는 스타일. 추종자들의 과업수행 의지는 있으나, 수행능력이 부족하다.

3. Evans와 House의 경로-목표 이론

3.1 경로-목표 이론의 의의

리더십의 **경로-목표 이론**(path-goal theory)은 1971년, Martine Evans와 Robert House에 의해 개발된 이론으로서, 앞장에서 소개된 동기부여에 관한 기대이론을 기초로 개발된 리더십 상황이론이다. 이 이론의 전제는 부하들의 동기부여를 위해 리더가 목표달성에 필요한 다양한 지원과 함께 목표달성에 따른 가치 있는 보상을 적절히 제공해야 한다는 것이다. '경로-목표'라는 말은 리더가 부하들의 목표달성을 위한 경로를 명확히 설정해주고 그 경로상의 장애물들을 제거함으로써 부하들이 그 경로를 수월하게 통과해 목표를 달성하도록 한다는 의미로 사용되었다.

3.2 리더 행위의 4가지 유형

경로-목표 이론에서는 다음 4가지 리더십 유형을 제시한다.

① **지시적 리더십**(directive leadership): 부하들에게 과업을 지시하고, 기대하는 성과 목표, 과업수행 방법 및 완료기한을 명확히 제시한다. 또한 부하들이 지켜야 할 규칙, 규정 및 절차를 제시해 준다.
② **지원적 리더십**(supportive leadership): 부하들의 욕구와 복지에 관심을 가지고 좋은 환경이 조성되도록 지원한다. 모든 부하들을 평등하고 인격적으로 대하며 존중하고, 이들과 동반자적 관계를 갖고자 노력한다.
③ **참여적 리더십**(participative leadership): 의사결정 과정에서 부하들과 정보를 공유하며, 이들의 참여를 권장한다. 이들의 제안을 의사결정에 적극적으로 반영한다.
④ **성취 지향적 리더십**(achievement-oriented leadership): 도전적인 목표를 설정하고 부하들이 가장 높은 수준의 성과를 달성할 수 있도록 조장한다.

3.3 경로-목표 이론의 기본가정

Fiedler의 LPC 이론과 달리, 경로-목표이론에서는 리더가 특정 상황의 요구를 충족시킬 수 있도록 자기 스타일이나 행동을 바꿀 수 있는 것으로 가정한다. 예로서, 리더가 만약 새로운 부하집단과 프로젝트를 접하면, 그는 작업절차를 정하고 필요한 자원들을 할당하는데 있어서는 지시적 리더십을 취한다. 다음, 집단 응집력과 긍정적인 문화를 강화하기 위해서는 지원적 리더십을 발휘한다. 집단이 과업에 친숙해질 때쯤 새로운 문제가 대두되면, 집단 구성원들의 동기부여 수준을 끌어올리기 위해 참여적 리더십을 택한다. 마지막으로, 높은 성과의 지속을 유발하기 위해서는 성취 지향적 리더십을 취한다.

3.4 상황요인

다른 상황적 리더십 이론과 마찬가지로, 경로-목표 이론 또한 적합한 리더십 스타일은 상황 요인에 따라 다르다고 주장한다. Evans와 House가 특히 관심을 가진 상황요인은 부하들의 개인적 특성과 작업장의 환경적 특성이다.

1) 부하들의 개인적 특성

부하들의 개인적 특성에는 지각된 자기 능력과 통제의 위치(locus of control)가 있다. 만약 부하들이 자기능력에 자신이 없으면, 상사는 경로-목표 관계를 제대로 이해하는데 도움이 되도록 지시적 리더십을 선호할 것이다. 또, 만약 통제의 위치가 개인 내부에 있으면, 부하들은 자기에게 일어나는 일은 자기 노력과 행동에 의해 결정된다고 믿기 때문에, 상사의 참여적 리더십을 선호할 것이다. 반면에, 통제의 위치가 개인 외부에 있으면, 부하들은 자신의 일이 운명, 행운 혹은 시스템 자체의 영향을 받는다고 믿기 때문에, 상사의 지시적 리더십 스타일을 선호할 것이다.

2) 작업장의 환경적 특성

작업장의 환경적 특성은 부하들의 통제권 밖에 있는 요인들이다. 과업구조, 권한의 공식성 및 작업집단의 성격이 그것이다. 우선, 과업구조가 복잡하면 지시적 리더십은 비효과적이고, 과업구조가 단순할 때 이 리더십이 효과적이다. 다음, 권한의 공식성이 강하면 리더의 지시가 부하들에게 수용될 가능성이 낮기 때문에, 지시적 리더십은 부적절하다. 마지막으로, 작업집단이 종업원들에게 사회적 만족과 지원을 충분히 제공하는 경우, 지원적 리더십은 부적절한 반면, 작업집단이 종업원들에게 충분한 사회적 만족과 지원을 제공하지 못하면, 종업원들은 이를 리더에게 의존할 것이므로 지원적 리더십이 효과적이다. 특히 사회적 변화의 시기, 혹은 환경으로 인한 스트레스가 많은 상황에서는 지원적 리더십이 중요한 역할을 수행한다. 2020년, 코비드-19 팬데믹 상황에서 한국의 많은 근로자들이 정부나 지자체로부터의 지원적 리더십에 큰 기대를 걸었다.

〈그림 15-4〉는 리더십에 관한 경로-목표 이론을 그림으로 정리한 것이다. 요약하면 부하들의 개인적 특성과 환경적 특성이 선호되는 리더십 스타일에 영향을 미치고, 이 리더십 스타일이 부하들의 성과에 대한 동기부여에 영향을 미친다.

〈그림 15-4〉 경로-목표 이론의 기본 틀

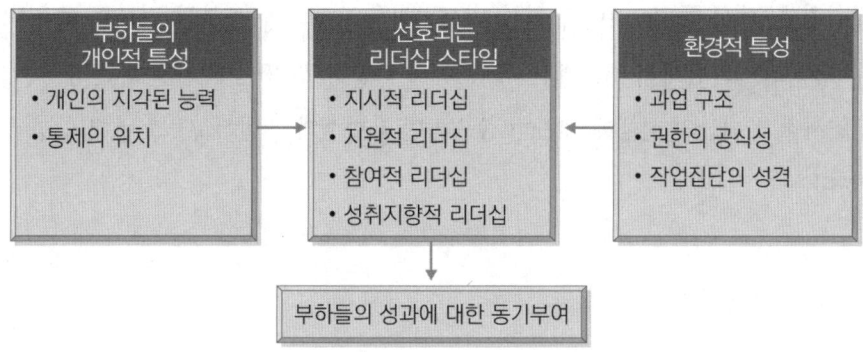

4. Broom, Jago 및 Yetton의 리더 참여 모델

Broom, Jago 및 Yetton은 리더십 행위와 의사결정에 대한 구성원들의 참여수준을 관련시킨 리더 참여 모델(leader participation model)을 제시했다. 〈표 15-2〉에서 보는 바와 같이 이들은 의사 결정에 대한 구성원들의 참여 수준에 따라 리더의 유형을 5가지로 분류하고 있다.

〈표 15-2〉 경영 의사결정 관점에서의 리더의 5가지 유형

리더의 유형	특 징
I 결정형 (decider)	리더 자신이 정보를 수집하고 분석해 스스로 문제를 해결하고 의사결정을 내린 후, 이를 집단에게 전달한다.
II 개인적 상의형 (individual consulter)	개인적 차원에서 집단 구성원들에게 상황을 설명하고, 이들로부터 제안을 받은 후, 의사결정은 리더가 내린다.
III 집단적 상의형 (group-based consulter)	집단적 차원에서 회의를 통해 구성원들에게 상황을 설명하고, 이들의 제안을 받은 다음, 의사결정은 리더가 내린다.
IV 지원형 (facilitator)	집단적 차원에서 구성원들에게 상황을 설명하고, 문제와 그 경계를 정의한 다음, 이들이 스스로 문제의 본질, 변수 및 해결책을 도출하도록 지원한다.
V 위임형 (delegater)	구성원들이 스스로 상황의 본질과 변수들을 정의하고, 그 해결책을 도출하도록 허용한다.

리더의 극단적인 유형은 I과 V이다. 유형 I은 구성원들의 의사결정 참여를 허용하지 않으며, 리더 스스로 의사결정을 내리고 문제를 해결한다. 반대로 유형 V는 구성원들의 자유로운 의사결정 참여를 허용하며, 리더가 부하들과 문제를 공유하고 서로 협력해 합의에 도달한다. 리더의 유형이 II, III, IV로 이동하면서 부하들의 참여수준이 증가한다.

리더 참여 모델에 있어 의사결정에 대한 구성원들의 최적 참여수준은 리더가 처한 상황적 특성에 따라 달라진다. 예를 들면, 리더가 항상 의사결정을 내리기에 충분한 정보를 보유하고 있으면 유형 I이 적합하고, 그 반대의 경우에는 유형 V가 적합하다. 또한 의사결정 결과에 대한 부하들의 수용이 의사결정 대안의 실행에 대단히 중요하면 유형 V가 적합하고, 그 반대의 경우에는 유형 I이 적합하다.

제4절 특수한 유형의 리더십

조직 유효성에서 리더십이 차지하는 역할은 매우 중요하므로 리더십은 학계와 실무계에서 지속적인 관심과 연구의 대상이 되고 있다. 여기서는 근래에 특별한 관심을 받고 있는 몇 가지 리더십 유형을 살펴본다.

1. 카리스마적 리더십

카리스마적 리더십(charismatic leadership)은 자신의 개성과 행동이 다른 사람들을 일정한 방향으로 행동하도록 영향을 미치는, 열정적이고 자신감 있는 리더십을 지칭한다. 이 리더가 갖는 주요 특징은 5가지이다.

　ⅰ) 독특한 비전을 갖는다.
　ⅱ) 비전을 분명히 밝힐 수 있다.
　ⅲ) 비전의 성취를 위해 기꺼이 위험을 감수한다.
　ⅳ) 환경의 제약과 부하들의 요구에 민감하다.

ⅴ) 비범한 행동을 보인다.

카리스마적 리더십과 부하들의 직무성과 및 만족도 사이에는 비교적 높은 상관관계가 있는 것으로 알려져 있다. 그러나 카리스마적 리더십은 높은 성과나 만족도를 요하는 상황에서보다는, 부하들의 과업 목표가 이념적이거나 조직환경이 고도의 긴장감과 불확실성을 내포하고 있을 경우에 더욱 바람직하다. 정치인이나 종교지도자들에게서 자주 볼 수 있으며, 전쟁의 상황 혹은 기업이 막 닻을 올리거나 생존위협에 처했을 때 카리스마적 지도자가 등장하는 이유도 여기에 있다.

미국의 루스벨트 대통령이 대공황에서 나라를 구출하기 위해 국민들을 상대로 큰 비전을 제시한 것은 카리스마적 리더십의 대표적인 예이다. 이 외에도 마틴 루터 킹이 비폭력적 방법으로 사회적 평등을 실현하기 위해 불복종 운동을 전개한 것이나, 스티브 잡스가 1980년대에 당시 사람들의 생활방식에 일대 혁명을 가져 온 소형 컴퓨터(PC)의 비전을 명확히 제시하고 애플 컴퓨터의 기술진으로부터 확고한 충성과 지지를 받아낸 것도 카리스마적 리더십이다.

2. 비전적 리더십

카리스마적 리더십과 혼동하기 쉬운 리더십이 비전적 리더십이다. **비전적 리더십**(visionary leadership)은 현재의 상황 하에서 이를 개선할 수 있는 현실적이고 신뢰할 만한 미래의 비전을 창출하고 이를 추구하는 능력이다. 따라서 카리스마적 리더십을 이야기할 때 흔히 비전이라는 용어가 사용되기는 하지만, 비전적 리더십은 카리스마를 뛰어넘는 고차원의 리더십이라 할 수 있다. 비전적 리더가 갖추어야 할 능력은 다음과 같다.

ⅰ) 비전을 다른 사람들에게 설명할 수 있는 능력
ⅱ) 비전을 말이 아닌 행동으로 보여 주는 능력
ⅲ) 자기 비전을 다른 상황에 확대 적용할 수 있는 능력

3. 거래적 리더십과 변환적 리더십

거래적 리더십(transactional leadership)이란 주로 사회적 교환이나 거래를 통해 추종자들을 지휘하

는 리더십을 말한다. 거래적 리더들은 추종자들에게 성과의 대가로 보상을 제공함으로써, 이들이 주어진 목표를 향해 최선을 다하도록 인도하거나 동기를 부여한다. 초기의 리더십 이론들은 거래적 리더십의 관점에서 리더십에 접근하는 경향이 많았다.

변환적 리더십(transformational leadership)은 추종자들이 새로운 비전을 향해 뛰어난 성과를 달성하도록 자극하고 고취하는 리더십을 의미한다. 변환이란 고루한 추종자에게 비전을 자극하고 고취하는 것을 말한다. 예로서, SAS Institute의 Jim Goodnight과 Avon의 Jung은 추종자 개인들의 관심과 자기개발 욕구에 특별한 관심을 두고, 이들이 오래된 문제들을 새로운 측면에서 바라보도록 노와줌으로써, 문제에 대한 이들의 인식을 새롭게 변화시켰다.

변환적 리더십은 거래적 리더십에서 발전한 개념으로서 거래적 리더십보다 종업원들로부터 더 많은 노력과 더 높은 성과를 도출할 가능성이 크다. 추종자들의 비전을 리더의 비전만큼 끌어 올리고자 한다는 점에서도 변환적 리더십이 더 바람직하다. 연구결과에 의하면, 변환적 리더십은 이직률 감소, 생산성 증대, 직무만족도 향상, 추종자 복리, 창조성 개발 및 종업원 기업가 정신과 높은 상관관계가 있다고 한다. 신생기업의 경우 이러한 관계가 더욱 두드러진다.[2]

4. 팀 리더십

오늘날은 경영과정에서 팀을 이용하는 조직이 늘어남에 따라, 팀 구성원들을 지휘하는데 리더의 역할이 점점 중요시되고 있다. 이로 인해 많은 경영자들이 효과적인 **팀 리더**(team leader)가 되기 위해 인내심을 가지고 부하들과 정보를 교환하고, 이들을 믿고 권한을 위임하며, 팀 활동에 대한 간섭을 자제하고, 자율을 최대한 허용하기 위해 노력한다. 팀 리더들이 자기 리더십의 유효성을 증대하기 위해서는 다양한 기능을 수행해야 한다. 코치의 역할, 조력자의 역할, 팀 및 개인의 성과 향상, 팀원 교육, 팀원의 징계 및 의사소통 등이 대표적인 기능들이다.

그러나 팀 리더는 무엇보다도 두 가지에 우선순위를 두고 직무를 수행해야 한다. 첫째는 팀의 경계 외부를 관리하는 일이고, 둘째는 팀의 과업수행 과정을 조력하는 일이다. 이와 같은 우선순위 하에서 팀 리더가 수행해야 할 역할은 크게 다음 4가지이다.

첫째, 팀 리더는 팀과 환경요인들 사이의 **가교**(liason)로서의 역할을 수행한다. 환경요인에는 상

---
[2] S. P. Robbins and M. Coulrer, *Management*, 12th ed., 2014, p.571.

위 경영자, 다른 팀, 고객 및 공급업자 등이 있다. 여기서 리더는 환경요인들에게 팀을 대표하며, 이들로부터 필요한 자원을 확보하고, 환경에 관한 정보를 수집해 팀 구성원들과 공유한다.

둘째, 팀 리더는 **해결사**(troubleshooter)의 역할을 수행한다. 팀 내에 문제가 발생하면, 리더는 문제를 분석하고 문제해결을 위한 방법과 자원을 제공해야 한다.

셋째, 팀 리더는 **갈등 관리자**(conflict manager)의 역할을 수행한다. 갈등의 본질, 갈등의 원인, 갈등에 관련된 사람, 갈등해소를 위한 대안 및 각 대안의 장단점을 파악하는 일이 그것이다.

넷째, 팀 리더는 **코치**(coach)의 역할을 수행한다. 각 구성원들에 대한 기대감과 역할을 명확히 제시하고, 이들을 지원해 분위기를 북돋우는 등, 구성원들이 직무성과를 높이는데 필요한 일이라면 무엇이든 행하고자 하는 자세가 필요하다.

제5절 리더십에 관한 최근의 이슈

최근에 리더십과 관련해 조직의 유효성을 높이기 위한 다양한 이슈들이 대두되고 있다. 대표적인 것이 전략적 리더십, 교차문화적 리더십, 윤리적 리더십, 성과 리더십, 및 신뢰와 리더십이다.

1. 전략적 리더십

전략적 리더십(strategic leadership)은 리더십을 최고경영층의 역할과 명확하게 관련시킨 새로운 개념이다. 전략적 리더십은 조직과 그 환경의 복잡성을 이해하고 조직과 환경 사이의 관계를 잘 구축하고 유지할 수 있도록 조직의 변화를 이끌어 가는 능력이라 정의된다. 이는 리더십과 전략적 경영의 개념을 통합한 개념이라 할 수 있다.

전략적으로 효과적인 리더가 되기 위해서는 경영자가 조직을 완벽하게 이해할 필요가 있다. 환경 변화로 인한 자사의 기회와 위협을 파악하고, 조직의 역사, 문화 및 보유자원의 관점에서 강점과 약점을 알아야 한다. 무엇보다도 전략적 리더가 수행해야 할 중요한 과업은 경쟁에 유리한 자사의 핵심역량이나 차별적 능력을 확인하고 개발하는 일이다. Netflix의 창업자 Reed Hastings,

아마존의 CEO Jet Bezos, 델 컴퓨터의 창업자 마이클 델, 및 제너럴 모터즈의 CEO Mary Barra 는 모두가 탁월한 전략적 리더로 알려져 있다.

2. 교차문화적 리더십

교차문화적 리더십(cross-cultureal leadership)이란 글로벌화한 기업환경 속에서 조직 구성원들의 다양한 문화를 이해하고 유연하게 대처하면서 이들과 소통하고, 이문화 구성원들 사이의 가치 차이를 갈등의 원천이 아닌 시너지의 원천으로 변환시키는 리더십을 말한다. 국가나 지역의 문화는 분명 리더십의 유효성을 결정짓는 데 중요한 상황변수의 하나이다. 그렇다고 리더가 자기 리더십 스타일을 임의로 선택할 수도 없다. 추종자들이 기대하게 될 문화적 조건의 제약을 받기 때문이다. 가령 아시아 지역 경영자들은 유능한 의사결정자, 효과적 의사소통자 및 종업원 지향적 리더십을 선호한다. 한편, 미국 경영자들의 경우 추종자의 권리보다는 책임을, 의무에 대한 몰입이나 이타적 동기보다는 자족성(self-gratification)을 중시한다. 또한 직장의 문화는 과업 집중성과 민주적 가치 지향성을 특징으로 하고, 종교나 미신보다는 합리성을 강조한다. 〈표 15-3〉은 몇몇 국가들의 리더십 스타일을 예시한 것이다.

리더가 성공적인 리더가 되기 위해서는 그 사회가 중시하는 문화적 가치에 적합한 리더십을 발휘해야 한다. 가령 개인 간 혹은 계층 간 권력의 차이를 쉽게 받아들이는 고 권력거리 문화(high power distance culture)에서는 독재적 리더십 스타일이 적합하다. 아랍, 극동 및 라틴 국가들이 그 예이다. 반대로 그러한 차이를 잘 받아들이지 않는 저 권력거리 문화(low power distance culture)에서는 참여적 리더십이 효과적이다. 미국, 노르웨이, 핀란드, 덴마크 및 스웨덴이 그 예이다.

3. 윤리적 리더십

조직의 리더는 윤리적일 것이라는 것이 리더에 대한 일반적인 기대감이다. 그러나 근래에 대두된 일련의 기업 스캔들로 인해 기업의 CEO들에 대한 일반인들의 믿음이 크게 흔들리고 있다. 지금은 윤리적 행동 기준이 효과적 리더십을 위한 전제조건이다. 이제 기업 리더들의 행동에 대해서는 다른 구성원들에 비해 더 높은 윤리적 기준이 적용되기를 요구받는다. 특히 기업 지배구조의 정상화에 대한 학계와 사회의 압력이 가중되고 있다.

〈표 15-3〉 국가별 교차문화적 리더십

국 가	리더십 특징
한국	경영자들은 종업원들에 대해 온정적이다.
미국	지도자들은 책임, 과업 집중, 민주적 가치 지향 및 합리성을 강조한다.
일본	추종자들은 겸손하면서 말을 많이 하는 지도자를 선호한다.
독일	지도자들은 성과 지향성, 열정 부족, 자기 방어 욕구, 팀 중심 및 자율성과 참여욕을 특징으로 한다.
말레이시아	지도자들이 타인에 대한 동정심이 강하나, 참여적 리더십보다는 독재적 리더십 성향이 강하다.
아랍	지도자의 지나친 친절과 관용은 부하들의 눈에 자신이 약하게 보이도록 한다.
스칸디나비아 네덜란드	지도자가 대중 앞에서 부하를 칭찬하는 것은 그를 고무시키기보다는 당황하게 만드는 일이다.

4. 성(性)과 리더십

"남성과 여성은 리더십 스타일에 차이가 있는가?", "여성은 남성에 비해 리더십의 유효성이 떨어지는가?" 이러한 질문은 확답을 제시하는 데 신중을 기해야 할 문제이다. 왜냐하면 리더십과 성(gender)의 관계에 관한 오해는 자칫 고용, 성과평가, 승진 및 기타의 인적자원에 관한 의사결정 문제를 왜곡시킬 가능성이 있기 때문이다.

연구 결과 밝혀진 결론은 남성과 여성이 서로 다른 스타일의 리더십을 사용한다는 사실이다. 여성들은 일반적으로 남성에 비해 민주적이고 참여적인 리더십을 사용하려한다. 부하들에게 참여를 장려하고 정보를 공유하며, 이들의 자긍심을 고취시키고자 노력한다. 여성들은 자기 이익과 가치를 조직목표로 변환시키는 리더십을 발휘하고자 한다. 반대로, 남성들의 리더십은 지시적이고 명령 및 통제 지향적인 성향이 강하다. 이들은 공식적 권한에 의존해 구성원들을 지휘하고자 한다. 남성들은 좋은 성과에 대해서는 보상을 실시하고, 나쁜 성과에 대해서는 징계를 가함으로써, 여성들의 경우와는 달리 이른바 거래적 리더십(transactional leadership)을 선호하는 것이 보통이다.

5. 신뢰와 리더십

　Christine Day는 스타벅스에서 20년 근속 후, 2008년 Lululemon Athletica에 CEO로 발탁되었다. 입사 후 그는 종업원들에게 의사결정의 권한을 위양함으로써 회사가 성장하는 데 기여했다.[3] 오늘날의 불확실한 환경에서는 리더가 고려해야 할 주요 사항들 중 하나가 직장 내에 신뢰와 신임의 분위기를 조성하는 일이다. 신뢰와 신임은 유사한 어휘로서, 상호 교환적으로 사용되기도 하나, 약간의 차이가 있다. 추정자의 관점에서 볼 때, **신뢰**(credibility)는 리더의 정직성, 능력 및 타인에 대한 배려와 격려 수준에 의해 판단된다. 특히 정직성은 존경받는 리더의 제일 덕목이다.

　반면에, **신임**(trust)은 순결성(integrity), 성격 및 리더로서의 능력에 대한 믿음(belief)이라 정의된다. 추종자는 리더가 순결하고 성격이 원만하며 능력이 탁월하다고 믿으면, 그의 지시나 명령을 잘 따른다. 리더 또한 부하가 이러한 특질을 가지고 있다고 믿으면, 그를 믿고 의사결정을 그의 재량에 맡길 수 있다. 연구결과에 의하면, 신임의 개념을 구성하는 차원은 다음 5가지라고 한다. 지금처럼 경영자들의 도덕적 해이가 심한 혼돈의 시대에 리더가 리더십을 효과적으로 발휘하는 데는 이러한 덕목들을 골고루 갖추어야 할 것이다. 이 중 다른 사람의 신임을 평가할 때 가장 중요시하는 덕목은 순결성이라고 한다.[4]

　ⅰ) **순결성**: 정직 및 믿을만한 인성
　ⅱ) **능력**: 기술적 및 개인 간 관계에 관한 기술과 기능(skill)
　ⅲ) **일관성**: 신뢰성, 예측가능성, 및 상황처리를 위한 판단력
　ⅳ) **충성심**: 물리적, 감정적으로 개인이나 집단을 지키려는 의지
　ⅴ) **개방성**: 아이디어와 정보를 자유로이 공유하고자 하는 의지

---

[3] C. Leahey, "Building Trust Inside Your Company," *Fortune*, Mar. 19, 2012, p. 35.

[4] P. L. Schindller and C. C. Thomas, "The Structure of Interpersonal Trust in the Workplace," *Psychological Reports*, Oct. 1993, pp. 563-573.

복습 및 연구문제

■ **복습하기**

1. 경영과 리더십의 차이는 무엇인가?
2. 권력의 종류 중 합법적 권력, 강제적 권력 및 준거적 권력을 비교·설명하라.
3. 리더십에 관한 특성 이론, 행위 이론 및 상황이론의 특징적 차이는 무엇인가?
4. 경로-목표 이론의 의의를 설명하라.
5. 카리스마적 리더십과 비전적 리더십, 거래적 리더십과 전환적 리더십을 비교·설명하라.
6. 다음 사항에 대해 간략히 기술하라.
   (1) 관리격자 이론   (2) SLT 이론   (3) 리더 참여 모델   (4) 교차문화적 리더십

■ **토론하기**

'우기는 상사'와 '핑계 대는 부하'가 직장인들이 제일 싫어하는 상사와 부하의 유형으로 꼽혔다. 이는 포스데이타가 '좋은일터 만들기' 프로젝트의 일환으로 임직원 4백여 명을 대상으로 설문 조사해 나타난 결과이다. 응답자들이 응답 항목을 복수 선택하도록 한 이 조사에서, 포스데이타 직원들이 가장 싫어하는 상사로는 '말도 안 되는 논리로 무조건 우기는 상사'(46.2%)가 첫손에 꼽혔다. 이어 '안 되는 일도 하라고 강요하는 상사'와 '부하 육성에는 전혀 의지가 없는 상사'가 그 뒤를 이었다. 가장 꼴불견인 부하직원으로는 '핑계를 자주 대는 부하'(61%)와 '업무를 차일피일 미루는 부하', '개인생활만 열심히 챙기는 부하' 등이 꼽혔다. 한편, 같이 일하고 싶은 부하직원으로는 '긍정적이고 적극적인 사람'을 꼽은 응답자가 71%로 가장 많아, 업무능력 못지않게 긍정적이고 적극적인 사고를 하면서 조직의 분위기를 이끄는 직원을 선호하는 것으로 나타났다. 이 밖에 상사와 거리감을 느끼는 이유로는 '권위주의'가 1위로 꼽혔으며, 세대차이, 대화 부족 등이 문제점으로 지적되었다. (자료원: 한국경제 2005. 4. 15)

1. 위 조사결과로 볼 때, 종업원들의 동기를 유발하는데 바람직한 상사의 리더십 유형은 무엇일까?
2. 위 결과와 본문의 리더십이론을 종합해 볼 때, 구성원들 사이의 갈등을 최소화함으로써 조직의 응집력이 극대화되기 위해서는 종업원 선발과 교육 훈련 시 어떠한 접근이 필요한지 토론해 보자.

■ **자기평가**

리더로서의 당신의 인간관계능력은? 본 설문은 독자의 소속 단체나 조직에서 독자가 다른 사람들과

비교해 지니고 있는 인적 기술을 평가하는 것이 목적이다. 자신에 관한 다음 각 서술에 대해 다음 5점 척도로 답하고, 총점을 계산해, 자신의 인적 기술이 어느 정도인지 평가하라.

1. 대체로 그렇지 않다 2. 약간 그렇지 않다 3. 그저 그렇다 4. 약간 그렇다 5. 대체로 그렇다

(1) 학교, 직장 혹은 지역사회에서 리더로 선출된 적이 많다.( )
(2) 다른 사람들이 완벽에 가까울 만큼 예의바른 내 행동에 대해 칭찬이 자자하다.( )
(3) 옛것을 사랑하고 시를 좋아하며, 한적한 곳에서 사색하기를 좋아한다.( )
(4) 고성방가, 꽁초 버리기, 잦은 경적 울리기와 같은 타인의 무례한 행동을 혼낼 수 있다.( )
(5) 다른 사람을 칭찬하고 신뢰하는 데 인색해 하지 않는다.( )
(6) 타인을 내 사람으로 끌어들이는 천부적인 마력이 있다.( )
(7) 처음 접하는 사회적 상황에서 침착한 자세로 평정을 유지한다.( )
(8) '나'라는 상품을 다른 사람에게 '판매'하는 능력이 있다.( )
(9) 다른 사람들이 나로부터 자연스럽게 친근감과 따뜻함을 느낀다.( )
(10) 다른 사람의 인간적인 무지와 무능을 보면 그냥 넘어가지 않는다.( )
(11) 대화할 때 늘 상대가 내 말을 어떻게 받아들일지 생각하면서 말한다.( )
(12) 분위기가 딱딱하면 긴장이나 갈등을 풀어주는 재능이 있다.( )
(13) 내 일이 끝나면 다른 사람의 일을 도울 자세가 되어 있다.( )
(14) 언제라도 내 생각을 바꿔 새로운 가치를 수용할 태세가 되어 있다.( )
(15) 다른 사람들이 간과하는 소재에서 유머를 찾아낸다.( )
(16) 다른 사람들이 나를 같이 지내고 함께 일하기 좋은 사람이라고 평가한다.( )
(17) 다른 사람이 잘못이라는 생각이 들면 주저 없이 일깨워준다.( )
(18) 민감한 문제에 대해 의견표명을 요구받으면 보통은 중립적 입장을 취하려 노력한다.( )
(19) 좌중에서 타인으로부터 집중적 이목을 받지 않기 위해 침묵을 지키기도 한다.( )
(20) 중요한 문제에 대해서는 다른 사람의 조언을 듣고 상담한다.( )

● **평가방법:**

총점 90점 이상: 인간관계능력 훌륭함
60점~90점: 인간관계능력 보통임
90점 이하: 인간관계능력 불량함

제16장 커뮤니케이션
Communication

이 장에서는 경영의 지휘기능에서 커뮤니케이션이 수행하는 역할은 무엇이고, 커뮤니케이션에는 어떤 종류가 있는지, 그리고 효과적인 커뮤니케이션의 방법은 무엇인지를 중심으로 논의한다.

제1절 커뮤니케이션의 의의와 과정

1. 커뮤니케이션의 의의와 중요성

인간은 태어나는 순간부터 커뮤니케이션을 시작한다. 우리는 춥고 배고프고 불편한 상태로 이 세상에 던져진다. 이때 우리가 처음 하는 일은 무엇인가? 바로 울음이다. 울음에 대한 반응은 부모님이 즉시 따뜻하게 해주고, 배불리 먹임으로써 아기를 편안하게 만드는 일이다. 분명한 것은 뭔가 문제가 생길 때, 문제의 해결이 필요하다는 신호가 곧 울음이라는 사실이다. 이것이 곧 파블로프가 개 실험을 통해 발견한 조건반사 이론의 서막이다. 아기의 울음과 그에 따른 부모님의 반응은 인간의 삶에 필수적인 커뮤니케이션이다.

경영자들은 종업원, 자재, 설비 및 제품수요와 같은 조직 내부적 문제와 경쟁사의 전략, 전술, 소비자 및 정부의 동향과 같은 조직 외부적 문제에 대한 정보를 바탕으로 기업을 경영한다. 경영자들의 관심은 당면한 문제 자체가 아니라 문제와 관련된 정보이다. 만약 정보가 너무 늦게 입수되거나 그 의미가 잘못 전달되는 경우, 기업과 경영자들은 심각한 타격을 받을 수 있다. 이와 같이 한 개인이나 집단으로부터 다른 개인이나 집단으로 정보를 전달하거나 교환하는 과정이 곧 **커뮤니케이션**(communication), 즉 의사소통이다.

커뮤니케이션은 조직의 유효성을 결정하는 중요한 수단이다. Towers Watson의 연구결과에 의하면, 효과적 커뮤니케이션은 종업원들과 기업을 연결시키고 조직의 비전을 공고히 하며, 절차의 향상을 가져오고 변화와 혁신을 앞당기며, 종업원 행동을 변화시킴으로써 조직의 유효성을 증대시킨다고 한다. 또한, 효과적 커뮤니케이션이 이루어지는 기업들은 그렇지 않은 기업들보다 5년간 주주 배당금이 91% 많았으며, 종업원 관여수준 또한 4배 높았다고 한다.[1]

2. 커뮤니케이션의 과정

커뮤니케이션의 과정은 5개의 요소로 구성된다. 송신자, 수신자, 의사소통 경로, 노이즈 및 피드백이 그것이다. 〈그림 16-1〉은 이를 설명하고 있다. 먼저 송신자가 메시지를 이해 가능한 언어로 **코딩**(encoding), 즉 부호화해 메시지 전달 매체인 **의사소통 경로**(communication channel)를 통해 수신자에게 전달한다. 대면이나 구전에 의한 의사소통은 가장 흔히 볼 수 있는 의사소통 경로이다. 의사소통 경로에는 이 외에도 메모, 보고서, 매뉴얼, e-메일 등이 있다.

〈그림 16-1〉 커뮤니케이션의 과정

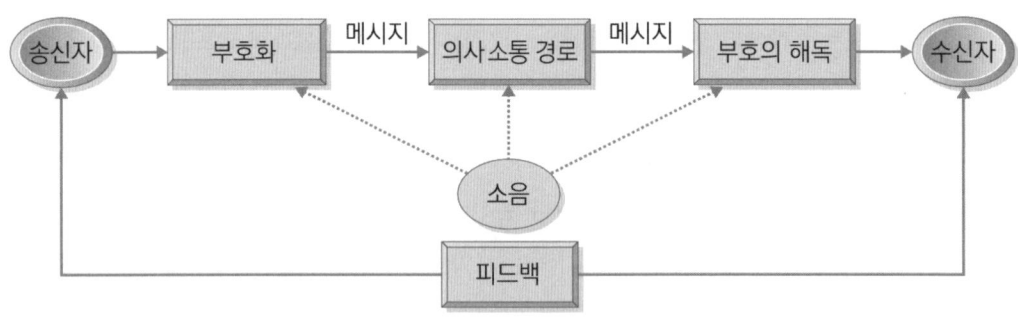

---

1) "Secrets of Top Performers: How Companies with Highly Effective Employee Communication Differentiate Themselves, 2007/2008 Communication ROI Study TM" *Towers Watson*, Washington, DC.

그러나 수신자가 접수하는 메시지는 송신자가 보낸 것과 반드시 일치하지는 않는다. 의사소통 경로는 흔히 **노이즈**(noise), 즉 소음에 민감해 메시지가 이를 통과하는 과정에서 왜곡되기 때문이다. 노이즈란 의사전달에 장애를 일으키는 환경적 요인이다. 노이즈의 대표적인 예가 주위의 소음이며, 그 외에 메시지의 모호성, 수신자의 편견 및 선입관도 노이즈이다. 손님이 붐비는 식당에서 식사 도중 대화하다 보면 주위 식탁으로부터 소음이 심해 메시지의 오해가 생기기 쉽다.

수신자는 메시지를 수신한 후 **해독**(decoding)에 들어간다. 만약 스트레스나 지각적 차이와 같은 노이즈가 원인이 되어 수신자가 메시지를 잘못 해독하는 경우, 그는 피드백을 통해 상황을 바로잡을 수 있다. **피드백**(feedback)은 의사소통 과정에서 받은 메시지에 대한 수신자의 반응이다.

커뮤니케이션에는 개인간 커뮤니케이션과 조직간 커뮤니케이션이 있다. 개인간 커뮤니케이션은 두 개인들 사이에 의사소통이 발생하는 경우를 말하며, 조직간 커뮤니케이션은 여러 명의 개인들 혹은 집단들 사이에 의사소통이 발생하는 경우를 말한다.

3. 커뮤니케이션의 기능

캐나다의 SAIT Polytechnic의 CEO인 Irene Lewis는 2012년 IABC라는 기관으로부터 EXCEL(Excellence in Communication Leadership)이라는 상을 수상했다. 커뮤니케이션 분야에 탁월한 성과를 올리고 조직의 커뮤니케이션 개발과 지원에 공을 세운 지도자들에게 수여하는 상이다. 조직에서 커뮤니케이션은 4가지 중요한 기능을 수행한다: 통제, 동기부여, 감정표현 및 정보공유.

3.1 통제

커뮤니케이션은 종업원들에 대한 **통제**(control)의 기능을 수행한다. 조직은 권한구조를 가지고 있고, 종업원들이 따라야 하는 공식적 지침이 있다. 종업원들이 어떤 직무와 관련된 불평이 있거나, 지켜야 할 회사 정책이 있거나, 혹은 따라야 할 직무기술서가 있을 때, 경영자들은 커뮤니케이션을 통해 종업원들의 행동을 통제한다.

3.2 동기부여

커뮤니케이션은 종업원들에게 무슨 일을 해야 하고, 지금 얼마나 잘 하고 있으며, 성과의 향상을 위해 어떻게 해야 하는가를 명확히 전달함으로써 **동기부여**(motivation)의 기능을 수행한다. 종업원들은 구체적인 목표를 세우고, 이 목표를 향해 일하고, 과업 진척도에 대한 피드백을 받을 때, 커뮤니케이션을 필요로 한다.

3.3 감정표현

커뮤니케이션은 또한 **감정표현**(emotional expression)의 기능을 수행한다. 많은 종업원들에게 과업집단은 사회적 상호작용의 일차적 본거지이다. 과업집단에서 벌어지는 커뮤니케이션은 구성원들이 만족감과 실망감을 동시에 공유하는데 필요한 필수적 수단이다. 여기서 커뮤니케이션은 자기존중이나 자아실현과 같은 사회적 욕구 충족과 더불어 삶의 현장에서 경험하는 희로애락에 대한 감정표현의 도구가 된다.

3.4 정보공유

조직 내에서 개인이나 집단이 과업을 수행하는데 필수적인 것이 정보이다. 정보는 어느 한 사람이 독점하고 있는 것이 아니므로, 다양한 정보원으로부터 정보를 입수할 수 있다. 또한 조직에는 특수한 전문지식과 정보를 소유한 구성원들이 많다. **정보공유**(information sharing)는 조직의 유효성에 필수적이다. 정보의 공유에 필요한 것이 커뮤니케이션이다.

제2절 개인간 커뮤니케이션

2000년대 초, 아프가니스탄 전쟁 당시, 미군 지휘관 David Haight 대령이 자기 부대원들에게 보낸 편지 한 통은 이들의 활약이 미션의 전반적 성공에 기여하고 있음을 확신하게 했다. 이 편지는 두 명의 동료 군인이 교전 중 사살되어 많은 아군이 좌절하고 있는 상황에서 3,500명의 부대원들에게 보낸 개인적인 서신이었다. 편지에서 Haight는 지도자가 전반적 미션의 성취를 위해 특정의 미션이 중요한 이유를 구성원 개개인에 설명하는 것은 지도자의 의무라고 밝혔다. 이처럼 부하를 상대로 한 지휘관의 소통은 미션이 완수되고, 그것도 모범적인 방법으로 완수되고 있다는 확신을 주는 커뮤니케이션이었다.[2]

조직 내에서 **개인 간 커뮤니케이션**(interpersonal communication)은 경영자와 종업원 사이, 혹은 동료들 사이에 발생하는 의사소통이다. 경영자들은 종업원들에게 회사의 새로운 정책을 전달하거나, 결근한 동료를 대신해 추가시간 근무를 요청하거나, 새로운 지역으로 근무발령을 내거나, 혹은 서비스 센터 기사에게 고객 불만 처리를 지시할 때, 개인 간 커뮤니케이션을 이용한다.

1. 개인 간 커뮤니케이션의 유형

개인 간 커뮤니케이션은 일반적으로 세 가지 유형이 있다: 언어적 커뮤니케이션, 비언어적 커뮤니케이션 및 문서적 커뮤니케이션.

1.1 언어적 커뮤니케이션

언어적 커뮤니케이션(verbal communication)은 대화, 집단토의, 전화, Zoom, Skype, FaceTime 혹은 기타의 상황에서 발생한다. 말로 뜻을 전달하는 커뮤니케이션 방식이다. 장점은 화자가 상대로부터 구두 질문이나 동의, 표정 및 제스처의 형태로 신속한 피드백과 의사교환을 할 수 있다는 점이다. 즉각적이고 동시다발적인 많은 종류의 채널을 이용할 수 있다는 점에서 언어적 커뮤니케이션은 풍요한 의사소통기법이다. 즉, 의사교환자들로 하여금 메시지가 전달되어 올바로 해석되었는지, 아니면 더 명확한 전달이 필요한지를 즉시 판단할 수 있도록 한다. 언어적 커뮤니케이션은 또한 펜, 종이, 프린터 등이 없이도 쉽게 의사교환에 참여할 수 있기도 하다.

언어적 커뮤니케이션은 다음과 같은 단점이 있다. 우선, 화자가 의사를 전달하는데 어휘를 잘못 선택하거나, 꼭 필요한 내용을 빠뜨리거나, 소음이 의사소통 과정을 방해하거나, 상대가 소통 도중 일부 메시지를 잊으면, 의사전달의 부정확성 문제가 발생한다. 특히 양방 커뮤니케이션의 경우, 대화의 두 당사자가 깊이 생각하거나 모든 정보를 확인할 시간이 없이 메시지를 보내는 것이 문제이다. 경영자에 따라서는 개인적 대화나 소그룹 회의에는 편하게 임하는 반면, 대

---

2) G. Zoroya, "Commander's Letter Tackles Morale," *USA Today*, Oct., 2009, p. 1A+.

중 앞에 서는 것은 두려워하는 경우도 있다.

1.2 비언어적 커뮤니케이션

비언어적 커뮤니케이션(nonverbal communication)은 말을 사용할 수 없는 상황이거나, 말 자체의 엄격한 의미보다 더 풍부한 의미를 전달하고자 할 때, 말 이외의 수단을 사용하는 의사소통 방법이다. 얼굴 표정, 몸 동작, 신체적 접촉, 화자로의 접근 및 제스처가 그 예이다. 조직에서는 비언어적 커뮤니케이션이 강력한 소통 방법이기는 하지만, 크게 용인되지는 않는다. 연구결과에 의하면, 메시지 내용의 55%는 얼굴표정과 몸동작에 의해, 38%는 억양과 톤에 의해 전달되고, 나머지 7%만이 말로 전달된다고 한다.[3] 비언어적 커뮤니케이션이 이루어지는 경로는 일반적으로 세 가지이다: 이미지, 몸짓 및 감정.

1.3 문서적 커뮤니케이션

커뮤니케이션의 또 다른 유형은 문서적 커뮤니케이션(written communication), 즉 문서기록을 이용하는 의사소통이다. 편지나 보고서, 비망록, 수기 메모, 혹은 이메일이나 문자 메시지를 이용한 문서적 커뮤니케이션은 언어적 커뮤니케이션에 잠재하는 여러 문제들을 해결할 수 있다. 그럼에도 불구하고, 문서적 커뮤니케이션은 일반적으로 생각하는 것만큼 많이 쓰이는 의사소통 수단은 아니다. 한 조사 결과에 따르면, 경영자들의 80%는 자신이 받은 문서 메시지의 질이 중간 수준 이하라고 응답했다고 한다.[4]

문서적 커뮤니케이션의 장점은 메시지의 정확성과 영구성이다. 메시지 송신자는 시간을 들여 정보를 수집하고 정리해서 수신자들에게 보낼 수 있고, 수신자 역시 시간을 들여 주의 깊게 읽고 필요시 언제든 조회해볼 수 있다. 단점은 메시지의 피드백 및 송·수신자 간 상호작용이 없다는 것이다. 예컨대, A가 B에게 문서로 메시지를 보낼 경우, A가 메시지를 쓰거나 인쇄해서 B에게 부치면, B는 이를 수신해 적절히 처리한 후 개봉해서 읽어야 한다. 여기서 만약 A가 작성한 메시지에 오류가 있거나, B가 메시지를 읽고 해석하는데 오해가 있을 경우, 이를 확인한 후

---

3) Albert Mehrabian, *Non-verbal Communication*, 1972.

4) Griffin, *ibid*, p. 344.

바로 잡는데 많은 시간이 걸릴 수 있다.

2. 개인 간 커뮤니케이션 매체의 선택

경영자들이 개인간 커뮤니케이션을 실시할 때 사용할 수 있는 매체(channel: 경로)는 다양하다. 대면 소통, 전화, e-메일, 팩스, 게시판, 인쇄매체, 구두 회의, 화상회의 등이 그 예이다. 이 중 어떤 매체를 선택하느냐에 따라 커뮤니케이션의 효과는 크게 달라질 수 있다. 커뮤니케이션 매체를 선택할 때 고려해야 할 주요 요인은 다음 12가지이다. 〈표 16-1〉은 이 요인들을 기준으로 주요 커뮤니케이션 매체들을 비교·평가한 것이다.

〈표 16-1〉 주요 커뮤니케이션 매체들의 비교·평가

평가기준	높 다	낮 다
피드백 가능성	대면소통, 전화, 컴퓨터회의	인쇄매체
복잡성 능력	대면소통	게시판
전달가능 메시지 수	대면소통, 게시판, e-메일	우편메일, 시청각 매체
비밀유지 가능성	대면소통, 음성메시지	인쇄매체, 게시판, 시청각 매체, 원격회의
코딩 용이성	대면소통, 전화	인쇄매체
해독 용이성	대면소통, 전화, 핫라인, 음성메시지	메모, 우편메일, 팩스, 인쇄매체
시간·공간적 제약	대면소통, 그룹미팅, 공식적 P/T	메모, 우편메일, 팩스, 인쇄매체, 음성메시지
비용	그룹미팅, 공식적 P/T, 화상회의	게시판
개인간 분위기	대면소통	메모, 게시판 대면소통, 전화, 음성메시지
공식성	우편메일, 인쇄매체	대면소통, 전화, 음성메시지 공식적 P/T, 대면소통, 전화, 그룹미팅
정사 가능성	메모, 우편메일, 팩스, 인쇄매체, 게시판	핫라인, e-메일, 음성메시지, 화상회의
소비시간	메일, 인쇄매체, 게시판	대면소통, 전화

① **피드백 가능성**(feedback): 수신자가 메시지에 얼마나 빨리 반응할 수 있는가?
② **복잡성 능력**(complexity capacity): 복잡한 메시지를 얼마나 효과적으로 처리할 수 있는가?
③ **전달가능 메시지 수**(breadth potential): 얼마나 수많은 메시지를 전달할 수 있는가?
④ **비밀유지 가능성**(confidentiality): 송신자가 보낸 메시지가 오직 자신이 의도한 수신자들에게만 전달될 수 있는가?
⑤ **코딩 용이성**(encoding ease): 송신자가 얼마나 쉽게 메시지를 코딩할 수 있는가?
⑥ **해독 용이성**(decoding ease): 송신자가 얼마나 쉽게 메시지를 해독할 수 있는가?
⑦ **시간적 · 공간적 제약**(time-space constraint): 송신자와 수신자가 같은 시간, 같은 공간에서 의사소통을 해야 하는가, 아니면 다른 시간, 다른 공간에서도 소통이 가능한가?
⑧ **비용**(cost): 매체 사용에 소요되는 비용은 어느 정도인가?
⑨ **개인간 분위기**(interpersonal warmth): 송 · 수신자 사이에 얼마나 화기애애한 분위기를 조성 할 수 있는가?
⑩ **공식성**(formality): 매체가 얼마나 공식적인가?
⑪ **정사가능성**(scanability): 관련 정보의 추출을 위해 메시지를 얼마나 쉽게 정사(精査)할 수 있는가?
⑫ **소비시간**(time of consumption): 송신자와 수신자가 메시지를 얼마나 쉽게 다룰 수 있는가?

● **올바른 커뮤니케이션 매체의 선택**: 개인간 커뮤니케이션의 가장 바람직한 매체는 상황에 따라 다르다. 경영자는 의사소통 매체를 선택할 때, 송신자의 욕구, 메시지의 특성, 매체의 특성 및 수신자의 욕구를 반영해야 한다.

먼저, 언어적 커뮤니케이션은 메시지의 풍요성이 무엇보다 중요하고, 송신자의 메시지가 올바로 해석될 수 있도록 피드백이 필요할 경우 가장 좋다. 예컨대, 만약 경영자가 한 종업원의 직무상 변화에 관해 소통하고자 하면, 메모를 사용해 전달하기보다는 대면소통을 이용하는 것이 바람직하다. 직무상 변화에 관한 상대방의 질문이나 이견에 대해 직접 설명할 필요가 있기 때문이다.

다음, e-메일이나 문자메시지처럼 공식성이 약한 문서적 커뮤니케이션은 메시지가 개인적이고 일상적이지 않으며, 짧은 내용일 때 사용하는 것이 좋다. 다만, 이러한 전자매체의 경우 근래에 소송사건에서 결정적인 단서로 이용되는 경우가 많기 때문에, 이용 시 최대한 신중을 기해야 한다.

　마지막으로, 만약 메시지가 비개인적이고 일상적이며 긴 내용일 때는 일반적으로 공식성이 강한 문서적 커뮤니케이션이 바람직하다. 화자가 굳이 즉석에서 상대에게 설명하거나 상대로부터의 피드백을 요하지 않기 때문이다.

3. 개인간 커뮤니케이션의 장애요인

　100명의 종업원을 가진 기업이 e-메일 실수, 소통의 비효율 및 메시지의 오해로 인해 예상되는 손실이 연간 약 45만 달러라고 한다.[5] 두 사람 사이의 커뮤니케이션 과정에서는 다음과 같은 장애요인들이 작용해 메시지를 왜곡시킬 수 있다.

3.1 지각

　같은 메시지라 해도 개인에 따라 다르게 지각(perception)하는 경우가 많다. 첫째, 사람은 외부에서 들어오는 메시지를 자신의 신념이나 가치관의 영향을 받아 받아들이는 경향이 있다. 이를 **선택적 왜곡**(selective distortion)이라 한다. 어떤 사람이 착하고 믿음직스럽고 정직하다고 믿고 있으면, 그의 말은 대개 긍정적으로 받아들이는 경우가 그 예이다. 둘째, 사람은 어떤 메시지냐에 따라 어떤 것은 느끼고 어떤 것은 느끼지 못한다. 이를 **선택적 지각**(selective perception)이라 한다. TV 스포츠 중계에 빠진 사람이나 독서에 몰두하고 있는 사람에게 무슨 말을 해도 알아듣지 못하는 경우가 이에 해당한다. 셋째, 사람은 자신에게 우선순위가 낮거나 달갑지 않은 메시지는 흘려버리거나 망각하고, 자신에게 유리한 내용만을 받아들이는 경향이 있다. 이를 **선택적 여과**(selective filtering)라 한다. 자신에게 불리한 이야기는 한 귀로 듣고 한 귀로 흘리는 경우가 그 예이다. 종업원이 자기가 입수한 정보 중 경영자에게 듣기 좋은 것만 보고한다면, 이 또한 선택적 여과이다.

3.2 어의

　어의(meaning of words: 語意), 즉 말의 뜻은 또 다른 장애요인이다. 말은 사람마다 서로 다른 의미를

---

[5] "Employee E-Mail Blunders," *Training*, Sep. 2008, p. 8.

지닐 수 있기 때문이다. 가난하다는 말도 사람에 따라 다르게 느껴진다. 가난한 사람이 자꾸 자기가 가난하다고 하면 천해 보일 수 있지만, 부자가 자꾸 가난하다고 하면 사람에 따라 구두쇠로 보이기도 하고, 겸손한 인격으로 보이기도 한다.

3.3 비언어적 매체

사람들은 상대방의 말로부터가 아니라 말하는 방법, 얼굴 표정, 제스처 등과 같은 비언어적 소통매체를 통해 상대가 의미하는 바를 파악하기도 한다. 예를 들어, 러시아워의 교통혼잡 때문에 기진맥진한 상태로 출근한 사람이 동료들에게는 직장에 마지못해 출근하는 것처럼 보일 수도 있다. 비언어적 매체로 인해 커뮤니케이션 장애가 나타나는 경우이다.

앞에서 말했듯이, 두 사람의 대화에서 언어적 측면이 전달하는 메시지의 의미는 전체의 10%도 안되고, 비언어적 측면이 메시지 의미의 대부분을 전달한다. 그만큼 비언어적 측면이 커뮤니케이션에서 차지하는 비중은 매우 크다. 〈표 16-2〉는 자신이 말하는 의미를 왜곡시킬 수 있는 비언어적 장애요인으로서 우리가 흔히 경험할 수 있는 10가지 예이다.

〈표 16-2〉 비언어적 장애요인의 예

구 분	비언어적 장애	전달하는 의미
1	머리를 긁적거린다	당황, 의심
2	입술을 깨문다	걱정
3	머리나 목 뒷부분을 문지른다	좌절감, 초조
4	턱을 낮춘다	불안정, 자기방어
5	눈이 마주치는 것을 피한다	불성실, 위선, 두려움, 외면
6	상대방을 줄기차게 응시한다	상대 제압, 분위기 압도
7	팔짱을 낀 채 쳐다 본다	반항, 방어, 저항, 무시, 도전
8	손가락을 비튼다	공포, 두려움
9	느슨하게 악수한다	실망, 무관심
10	한숨을 쉰다	고통, 피로, 근심

3.4 모호성

애매모호한 메시지는 왜곡되어 전달될 수 있다. 메시지의 모호성(ambiguity)에는 세 종류가 있다: 의미의 모호성, 의도의 모호성 및 효과의 모호성. **의미의 모호성**(ambiguity of meaning)은 메시지를 받은 사람이 보낸 사람의 의미를 확실히 모르는 상태이다. 상사가 부하에게 "가능한 한 빨리 내 사무실로 오라"라는 문자 메시지를 보냈을 때, '가능한 한 빨리'가 '즉시'를 의미하는지, 아니면 '다음 주'를 의미하는지 분명하지 않을 때가 있다.

다음, **의도의 모호성**(ambiguity of intention)은 메시지의 의미는 분명할지 모르나, 메시지 송신자의 의도가 불분명한 경우이다. 앞의 메시지에서는 왜 상사가 자기 사무실에서 부하를 즉시 만나기를 원하는지 그 의도가 명확하지 않다.

마지막으로, **효과의 모호성**(ambiguity of effect)은 수신자가 메시지의 영향을 확실히 알지 못하는 경우이다. 앞의 예에서는 부하가 메시지의 지시대로 빨리 상사의 사무실로 가지 않았을 때, 자신에게 미치게 될 영향을 헤아릴 수 없다.

3.5 자아방어

어떤 자극이 자신의 이해관계와 충돌하면 사람들은 방어적으로 반응한다. **자아방어 기제**(self-defence mechanism)는 자존감을 상하게 하는 개인적 약점에 대응하기 위해 무의식적으로 일으키는 심리적 적응현상이다. 사람들은 그것이 사실이든 아니든, 자신이 누구이고 어떠한 가치를 지니고 있는지에 대한 나름대로의 자아(自我) 이미지를 가지고 있어서, 이 이미지와 맞지 않는 경험들은 여과시키려 한다. 리더는 이러한 자아방어 기제가 부하들에게 매우 중요하다는 사실을 알아야 한다.

가령, 부하가 상사로부터 성과가 저조했다고 꾸중을 들으면, 일단 이를 부정하고 보는 사람을 종종 본다. 자기 잘못을 부정함으로써 자신의 능력에 대한 의구심을 회피하고자 하는 것이다. 때로는 상사의 비난에 도리어 화를 내거나 역공을 가하는 사람도 있다. 성과가 향상되거나 상사의 태도가 누그러지는 등, 상황이 호전될 때까지 문제에 대한 대처를 미루어 보자는 의도이다. 아예 딴전을 피우면서 위기를 모면해 보려는 사람도 있다.

4. 개인간 커뮤니케이션의 개선방법

개인이 새로운 정보를 듣고 이를 이해하기 위해서는 평균 7회 반복해서 들어야 한다고 한다.[6] 커뮤니케이션의 장애로 인한 현상이다. 경영자들과 종업원들이 이러한 장애요인을 극복하고 효과적인 의사소통자가 되기 위해서는 어떻게 해야 할까?

4.1 적극적 청취

개인간 커뮤니케이션에서 상대방이 보낸 메시지가 수신자에게 정확히 전달되기 위해서는 먼저 수신자가 이 메시지를 적극적으로 청취해야 한다. 적극적 청취(active listening)는 수신자가 갖추어야 할 최고의 요건이다. 적극적 청취자는 화자가 말하는 언어를 받아들이기만 하는 소극적 자세에서 벗어나, 메시지 뒤의 숨은 의미와 감정을 이해하고 적절히 반응하고자 노력하는 사람이다. 이를 위해서는 세 가지가 필요하다.

① **메시지의 전체적 의미를 청취하라**: 모든 메시지에는 말 뿐 아니라, 의미와 감정이 포함되어 있다. 가령, 판매관리자가 '우리는 금년에 그렇게 많은 매출을 올릴 수 없다'라고 말할 때, 영업사원이 무조건 '아닙니다. 우리는 할 수 있습니다'라고 응수하는 건 난센스일 수 있다. 상사가 받고 있을지 모르는 매출 압박감 등, 상대의 말에 포함된 개인적 감정을 이해하지 못하고 있기 때문이다. 그 보다는 '잘 알겠습니다. 더욱 최선을 다 하겠습니다'라고 답변하는 것이 좋을 것이다.

② **화자의 감정을 고려해 응답하라**: 응답 시에는 화자의 감정을 고려하는 것이 중요하다. 특히 화자가 수신자에 대한 원한이나 반감을 털어내는 데 도움이 되도록 응답하는 것이 좋다. 가령, '그들이 당신을 너무 심하게 몰아붙이네요, 그렇죠?'라고 반응하는 것은 공감(empathy)을 유도하고자 하는 표현이다.

③ **메시지의 의미가 담긴 모든 단서를 활용하라**: 모든 의사소통 수단이 언어적인 것은 아니다. 얼굴표정, 손짓 및 발짓도 중요한 의사소통 수단이다. 화자는 메시지 수신자가 메시지의 정확한 의미를 파악할 수 있도록 최대한 언어적·비언어적 단서(cue)를 총 동원해 의사를 전달해야 한다.

---

6) L. Haggerman, "Strong, Efficient Leadership Minimizes Employee Problems," *Business Journal*, Springfield, Missouri, Dec., 2002, p. 23.

4.2 상대방의 자아방어 제어

비난, 충고 혹은 논쟁을 통해 상대에게 영향을 미치고자 하는 것은 상대가 자기 이미지 보호를 위해 자아방어 기제(sef-protection mechanism)를 작동하게 하는 빌미를 제공할 수 있다. "당신이 그처럼 변명을 늘어놓는 것은 당신만큼은 아무 문제도 없다는 것 아니냐?"라고 한다면, 이는 잘못에 대한 상대의 변명을 다시 한 번 유발하는 결과가 된다.

4.3 메시지 의도의 명확한 전달

커뮤니케이션의 왜곡은 화자의 생각이 분명하지 않거나, 부적절한 단어나 용어를 사용하는 데 기인하는 경우가 많다. 이 경우 화자의 의도가 메시지를 통해 상대에게 제대로 전달되지 않는다. 방법은 의미하는 대로 말하고, 말하는 대로 의미하도록 하는 것 뿐이다. 화자가 '즉시'라는 뜻으로 말하려면 '가능한 한 빨리'라는 표현을 쓰지 말고 '즉시'라는 표현을 그대로 쓰는 것이 바람직하다.

4.4 양방 커뮤니케이션

커뮤니케이션 성공의 중요한 요건은 피드백 여부이다. 원활한 피드백을 위해서는 가능한 한 **양방 커뮤니케이션**(two-way communication)을 쓰는 것이 좋다. 이는 수신자가 질문을 통해 메시지의 명확한 뜻을 묻고, 자신이 이해한 메시지의 내용을 화자에게 설명하고, 화자가 보낸 메시지를 수신자가 제대로 이해했는지 확인하는데 도움을 준다. 일반적으로 메시지가 복잡할수록 양방 커뮤니메이션이 효과적이다.

4.5 신뢰성 유지

의사소통 도중 화자는 신뢰성(credibility)을 유지해야 한다. 커뮤니케이션의 신뢰성은 의사소통의 목적을 달성하는데 필수적인 요건이다. 신뢰성 유지는 소통 도중 최대한 정확하고 정직한 태도를 보이면서, 메시지의 모든 내용이 사실성을 담보할 수 있어야 하고, 화자가 관련 분야의 전문가인 양 위장해서는 안 된다. 또한, 만약 실수가 있다 하더라도 그 실수의 책임자가 자신이라는 것을 즉시 인정할 수 있어야 한다.

제3절 조직적 커뮤니케이션

유럽의 경제위기는 도처에서 기업의 종업원들을 불안에 떨게 했다. 한 영국 보험회사의 자산관리 사업부인 Aviva Investors의 1,300 여 노동자들은 어느날 아침 e-메일을 열자, 뜻밖의 소식을 접했다. 이들 모두가 해고되었다는 것이다. 독자들은 이 때 사무실에 흐르는 기절초풍할 침묵을 상상할 수 있는가? 하지만 아뿔싸! 이는 실수이었다. 원래 한 사람에게 보내야 할 메시지가 실수로 전 종업원에게 보내졌던 것이다.[7]

조직적 커뮤니케이션(organizational communication)은 조직 내에서 조직 단위들이나 집단들 사이에 정보를 교환하고 의사를 전달하는 것을 말한다. 조직적 커뮤니케이션도 언어적, 비언어적, 혹은 문서적 커뮤니케이션이 있다.

1. 조직적 커뮤니케이션의 유형

조직적 커뮤니케이션은 여러 가지 유형으로 나뉜다.

1.1 소통의 공식성에 따른 분류

조직 내에서 이루어지는 커뮤니케이션에는 공식성 여부에 따라 공식적 커뮤니케이션과 비공식적 커뮤니케이션의 두 가지가 있다. **공식적 커뮤니케이션**(formal communication)은 규정된 조직상의 과업체계 하에서 발생하는 커뮤니케이션을 말한다. 예를 들어, 경영자가 종업원에게 어떤 과업을 수행하라고 요구하면, 이는 공식적 커뮤니케이션이다. 또, 어느 종업원이 상사에게 업무상의 문제를 제기하면, 이 또한 공식적 커뮤니케이션이다.

반면에, **비공식적 커뮤니케이션**(informal communication)은 조직의 과업구조에 의해 정의되지 않는 조직적 커뮤니케이션을 말한다. 종업원들이 점심시간에 식사하면서, 사무실 복도를 지나가면서, 혹은 휴게실에서 서로 대화하는 경우가 그 예이다. 종업원들은 재직 중 다양한 형태로 다양한 공간

---

7) D. Beucke, "Aviva Fires Everyone: Great Moments in Employee Motivation: WWW.Businessweek.com, Appr., 2012.

에서 업무와 직접적 상관이 없는 비공식 소통을 한다. 비공식적 커뮤니케이션이 조직에서 수행하는 역할은 두 가지이다. 첫째, 사회적 상호작용에 대한 구성원들의 욕구를 충족시킨다. 둘째, 더욱 빠르고 효과적인 또 하나의 소통매체로서 조직의 성과를 향상시키는데 기여한다.

1.2 소통의 방향에 따른 분류

조직의 공식적 커뮤니케이션은 의사소통의 방향에 따라 **수직적 커뮤니케이션**(vertical communication)과 **수평적 커뮤니케이션**(horizontal communication)으로 나뉜다. 이 중 수직적 커뮤니케이션에는 다시 하향적 커뮤니케이션과 상향적 커뮤니케이션의 두 가지가 있다. 〈그림 16-2〉는 소통의 방향에 따른 조직의 공식적 커뮤니케이션을 예시한 것이다. 소통의 방향과 관련한 커뮤니케이션의 유형에는 이 외에도 대각적 커뮤니케이션과 네트워크형 커뮤니케이션이 있다.

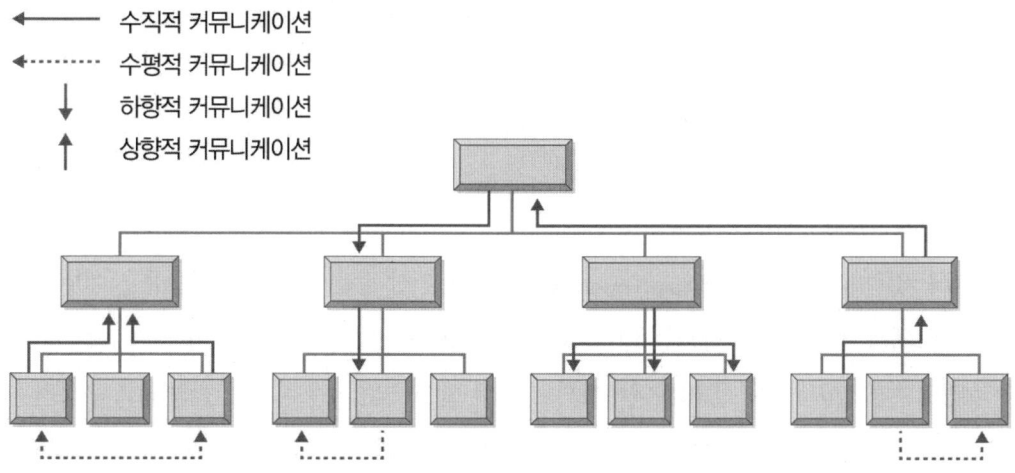

〈그림 16-2〉 소통의 방향에 따른 조직적 커뮤니케이션

1) 하향적 커뮤니케이션

하향적 커뮤니케이션(downward communication)은 경영자로부터 종업원들에게 내려오는 의사소통 형태를 말한다. 〈그림 16-2〉에는 아래로 향하는 화살표로 표시되어 있다. 이는 종업원들에게 정보를 제공하거나, 이들을 지휘, 조정 및 평가하는 데 이용된다. 또한, 과업의 목표를 종업원들

에게 하달하거나, 직무 매뉴얼을 제공하거나, 조직의 정책과 지침을 전달하거나, 관심을 요하는 문제들을 하달하거나, 혹은 종업원들의 성과를 평가하는 데 하향적 커뮤니케이션을 이용한다.

2) 상향적 커뮤니케이션

경영자들은 종업원들에 의존해 정보를 입수한다. 종업원들은 경영자에게 목표수행 진척상황이나 업무수행 중 발생되는 문제들을 보고한다. **상향적 커뮤니케이션**(upward communication)은 종업원들로부터 경영자에게 올라가는 의사소통을 뜻한다. 〈그림 16-2〉에서 화살표의 방향이 위로 향하는 소통이 상향적 커뮤니케이션이다. 종업원들이 올리는 성과보고, 제안함을 통한 종업원 제안, 종업원 태도조사 보고, 고객불만 처리 결과 보고, 소비자 욕구 보고, 및 경영자와 종업원 회의 내용 보고 등이 상향적 커뮤니케이션의 대상이다.

상향적 커뮤니케이션이 얼마나 이용되는지는 조직문화에 따라 달라진다. 만약 상호 신뢰와 존중의 조직문화가 구축되어 있고, 참여적 의사결정이나 권력부여(empowerment) 시스템이 보편화되어 있으면, 종업원들이 의사결정에 필요한 정보나 의견을 제시해야하기 때문에 상향적 커뮤니케이션이 빈번해진다. 반대로, 의사결정 체계가 구조화되어 있거나 독재적 리더십이 지배하는 환경에서는 상향적 커뮤니케이션이 그리 빈번하지 않다.

3) 수평적 커뮤니케이션

수평적 커뮤니케이션(horizontal communication)은 조직 계층 상 같은 수준의 종업원들 사이나 조직단위들 사이에서 발생하는 의사소통 이다. 〈그림 16-2〉에 점선으로 표시되어 있다. 오늘날의 동태적 경영환경에서는 수평적 커뮤니케이션이 자주 발생한다. 소통시간이 절약되고 구성원들 사이의 조정이 용이하기 때문이다. 예컨대, 교차문화 팀은 팀원들 사이의 상호작용이 원활해지도록 주로 수평적 커뮤니케이션을 한다. 그러나 종업원들이 수직적 커뮤니케이션을 통해 자신들의 의사결정이나 행동에 관한 정보를 경영자들에게 제공하지 않을 경우, 상사와 부하들 사이에 갈등이 조장될 수 있다.

4) 대각적 커뮤니케이션

대각적 커뮤니케이션(diagonal communication)은 상이한 과업영역과 상이한 조직수준을 가로지르는 의사소통을 말한다. 신용분석 팀이 한 고객의 신용문제에 대해 지역 마케팅 관리자와 직접 소통한다면, 이는 대각적 커뮤니케이션이다. 이러한 의사소통은 효율성과 속도라는 장점 때문에 매우 효과적이다. e-메일 사용이 증대함에 따라 이 소통이 더욱 용이해지고 있다. 지금은 많은 기업들이 대각적 커뮤니케이션의 일환으로 이른바 '열린 내부함(open inbox)' 제도를 도입하기도 한다. 화이자(Pfizer) 회사의 전 CEO인 Henry McKinnell Jr.는 자신이 매일 받은 내부 e-메일의 약 75%가 "다른 방법으로는 가질 수 없었던 소통의 길"이라고 회상한다.[8]

그러나, 만약 종업원들이 경영자들에게 올바른 정보를 제공하지 않거나 정보제공을 꺼려한다면, 대각적 커뮤니케이션은 장애가 발생한다.

5) 네트워크형 커뮤니케이션

네크워크형 커뮤니케이션(network communication)은 조직적 커뮤니케이션의 흐름을 수직적, 수평적 혹은 대각적으로 연결시킨 의사소통 형태이다. 〈표 16-3〉은 세 가지 네트워크형 커뮤니케이션을 보여 준다. 이 표에는 각 유형의 유효성을 네 가지 기준에 따라 평가한 결과가 제시되어 있다.

〈표 16-3〉 네트워크형 커뮤니케이션

평가 기준	계통형	바퀴형	모든 경로형
속도	중간	빠르다	빠르다
정확도	높다	높다	중간
리더 출현 가능성	중간	높다	없다
구성원 만족도	중간	낮다	높다

계통형(chain)은 공식적 명령계통에 따라 상하로 이루어지는 소통이다. **바퀴형**(wheel)은 명확히 눈에 띄는 강력한 리더가 나타나, 이 사람을 중심으로 소통이 이루어지는 소통을 말한다. 여기서는 리더가 모든 소통이 통과하는 허브 역할을 한다. **모든 경로형**(all channel)은 작업팀의 모든 구성원들이 서로 자유롭게 소통하는, 가장 전형적인 네트워크형 소통을 말한다. 어떤 네트워크형 커뮤니

---
8) J.S. Lublin, "'The Open Inbox,'" *Wall Street Journal*, October 10, 2005, pp. B1+.

케이션이 가장 효과적인지는 경영자들의 의사소통 목표에 따라 달라진다. 각 유형에 대한 유효성 평가기준은 속도, 정확도, 리더 출현 가능성 및 구성원 만족도이다. 만약 소통의 속도가 중요시된다면, 바퀴형이나 모든 경로형이 적절하며, 소통의 정확도가 중요하다면, 계통형이나 바퀴형이 적합하다. 또한 리더를 중심으로 한 소통이 효과적이라고 판단되면, 바퀴형이 최적이며, 모든 경로형은 부적합하다. 마지막으로, 구성원들의 만족이 중요할 경우, 모든 경로형이 가장 효과적이다.

2. 조직적 커뮤니케이션의 장애요인

조직적 커뮤니케이션도 결국은 사람들 사이에서 일어나는 것이기 때문에, 개인간 커뮤니케이션과 마찬가지로 소음, 자아방어, 모호성, 어의, 지각 및 여과와 같은 장애요인들에 민감하다. 그러나 조직적 커뮤니케이션에는 더욱 많은 사람들이 포함되며, 이들은 일반적으로 상이한 부서와 계층에서 일하기 때문에, 그에 따른 특별한 문제가 발생한다.

2.1 왜곡

조직적 커뮤니케이션에서는 메시지가 사람에서 사람으로 중계되기 때문에 메시지가 여과되거나 과장되는 등, 메시지 본질의 **왜곡**(distortion)이 발생한다. TV 오락 프로그램에서 우리는 유리로 된 7~8개의 방에 출연자들이 들어가 있다가 처음 주자가 쳐다본 문자 메시지를 유리벽을 통해 다음 주자들에게 차례로 전달하여 마지막 주자까지 가는, 메시지 릴레이 게임을 볼 수 있다. 이 게임에서 최종 주자가 접수한 메시지는 원래의 메시지와 전혀 달라지는 경우를 흔히 본다. 조직적 커뮤니케이션에서도 이와 유사한 메시지 왜곡이 발생하며, 커뮤니케이션에 참여하는 사람이 많을수록 왜곡 현상이 더욱 심해진다.

2.2 루머

조직적 커뮤니케이션에서 메시지가 어떻게 변질되는가를 잘 보여 주는 것이 곧 **루머**(rumor)이다. 루머는 소문에 의해 엄청난 속도로 조직 내에 퍼지는 경우가 많다. 쉽게 남의 얘기를 안 좋게 하는 인간의 X 이론적 본성 때문이다. 100명의 종업원들을 상대로 실시한 어느 조사 결과, 조직 내에 중요한 변화가 있을 때 대부분의 종업원들은 소문을 통해 소식을 접하며, 상사나 공식문서를 통해 알게 되는 것은 얼마 되지 않는다고 한다.[9]

2.3 정보 과부하

오늘날처럼 디지털 세상에 살고 있는 경영자와 종업원들은 **정보 과부하**(information overload)로 인한 메시지 전달의 장애를 빈번히 경험하게 된다. 경영자와 종업원들은 하루 종일 각종 인쇄 및 영상매체는 물론 인터넷, e-메일 및 휴대폰 등의 첨단 미디어를 통해 밀려오는 정보의 홍수에 빠져 지낸다. 이러한 정보 과부하로 이들은 정작 중요한 메시지를 접하고도 잘못된 해석과 의사결정을 내리거나 메시지의 접수 자체를 놓쳐 버리는 실수를 범하기도 한다.

2.4 편협한 관점

조직간 커뮤니케이션에는 생산, 판매, 인사 및 재무 등, 출신부서 및 관점이 다른 다양한 종업원들이 포함되는 경우가 많다. 이 경우 종업원들은 상대방의 관점을 포용하지 못하고 편협한 관점에 사로잡혀 조직적 커뮤니케이션의 유효성을 그르치기 쉽다.

2.5 신분 차이

조직은 계층이 다양한 사람들로 구성되어 있고, 각 계층마다 공식적 신분이 다르다. 신분의 차이는 의사소통 문제를 야기한다. 가령, 부하는 상사 앞에서 솔직하기를 주저하며, 특히 좋지 않은 소식은 상사와 관련지어 생각하지 않으려는 경향을 보인다. 또한 상사는 부하들이 조직에서 벌어지는 사건·사고를 알아야 하는데도 이를 무시하는 경우가 있다.

2.6 조직문화

조직문화, 특히 조직의 공유된 가치와 규범 및 전통적 행동양식은 조직 전체에 걸친 메시지의

---

[9] Eugene Walton, "How Efficient Is the Grapevine?" *Personnel*, Mar./Apr. 1961. pp. 45-49, reprinted in G. Dessler, Management, 2nd ed. 2001.

흐름을 왜곡시킬 수 있다. 〈표 16-4〉는 일본인들과 미국인들의 커뮤니케이션 스타일의 차이를 보여주는 몇 가지 예이다. 글로벌화된 산업사회에서 경영자들이 이러한 문화적 차이로 인한 커뮤니케이션 스타일의 차이를 이해하지 못하면, 의사소통에 관한 여러 가지 부작용을 초래한다.

〈표 16-4〉 일본인과 미국인의 커뮤니케이션 스타일의 차이

구 분	일본인	미국인
표현의 직접성	간접적인 언어적,비언어적 의사표현	직접적인 언어적, 비언어적 의사표현
표현의 모호성	전략적으로 모호한 의사표현	핵심을 찌르는 의사표현
피드백 신속성	피드백 지체	즉각적 피드백
협상 스타일	느긋한, 장기적 협상	속전속결의 단기적 협상
말 수	말 수가 적음	다변을 선호함
주장의 스타일	신중하고 잠정적인 결론	단언적이고 자기 확신적
논리 전개	부드럽고 온정적	딱딱하고 분석적
의사결정 장소	대중이 없는 은밀한 곳에서 결정	대중이 보는 협상 테이블에서 결정
의사결정 과정	완전한 합의절차에 의한 의사결정	다수결의 원칙, 대중적 타협
의사결정 스타일	중개인을 이용한 의사결정	맨투맨식 접촉에 의한 직접적 결정
표현방식	신중하고 소극적인 표현	과장, 비언어적 투영으로 당당히 표현
수식어 사용	수식어를 사용, 겸손한 의사표현	수식어 회피, 자기 중심적
자기표현	내성적, 절제 있는 의사표현	공개적 자기 주장
사업 지향성	순수한 사업적 거래에는 신중	사업 자체 혹은 문제의 본질에 치중
표현의 우회성	집단문화와 체면보호 상 우회적 표현	경영자의 의도를 직설적으로 표현

2.7 메시지 전달의 지체

조직 상황에서는 조직도 상의 공식화된 채널을 통해서만 커뮤니케이션이 가능한 경우가 있다. 이 경우 중요한 메시지가 조직계층 상하 간에 적시에 전달되지 못하는 일이 발생한다. 명령계통에

충실해 공식절차를 밟아 필요한 서류작업을 마친 공식적 메시지들이 상하좌우로 이동하다 보면, 의사전달의 지체(procrastination) 현상이 일어난다.

2.8 계층간 경계차이

권한, 과업 및 정체성(identity)에 있어서의 계층 간 경계차이 또한 커뮤니케이션의 유효성을 저하시킨다. **경계차이**(boundary difference)란 상사와 부하간의 계층 간 거리를 의미한다. 가령, 부하들은 상사 앞에서는 평상시와 다른 태도나 행동을 보일 수 있으며, 상사에게 자신이 듣고 싶은 것을 말해 놓고도 정작 달갑지 않은 얘기가 나오면, 이를 못들은 체 하는 경우가 있다. 종업원들은 또한 조직에 관한 정보를 해석하고 문제를 이해하는 데 경영자들보다 근시안적인 시각을 갖기도 한다.

3. 조직적 커뮤니케이션의 개선방법

종업원들이 자신의 의견을 상사에게 전달할 수 있도록 원활한 공식적·비공식적 의사소통 채널(매체)을 제공하는 것은 매우 중요하다.

도요타 자동차는 다양한 채널을 통해 하향적 의사소통을 활성화한다. 하루 두 차례씩 작업현장에서 열리는 팀 미팅을 통해 공장에 관한 최신의 소식을 듣는가 하면, 작업장 TV를 통해 사내 방송국이 제공하는 공장 전반에 관한 소식을 청취한다. 뉴스레터를 이용해 전 종업원들에게 회사에 관한 주요 정보를 제공해 주는 한편, 스탭들과 최고경영진이 연 4회의 원탁회의를 개최한다. 특히 주목할 만한 것이 '오픈 북 경영(open-book management)'이다. 이는 중요한 문서들을 종업원들에게 개방함으로써 정보의 공유, 실적 자료의 해석 및 성과향상에 대한 보상을 공개적으로 실시하는 시스템이다. 모든 구성원들 간 신뢰와 함께 사명감과 귀속감을 공고히 하자는 취지이다.

3.1 수직적 커뮤니케이션의 활성화

다음은 수직적 커뮤니케이션을 활성화하는 데 도움이 되는 몇가지 방법이다.
- 종업원들과 친목행사(파티, 야유회, 오락 등)를 자주 가져 그들과 비공식 소통의 기회를 갖는다.
- 매일 종업원들과의 일상적인 접촉과 함께 공식적이고 규칙적인 정례모임을 갖는다.

- 성과평가를 위해 상사와 부하 공동회의를 열고, 직무에 대한 종업원들의 의견이나 불만을 청취한다.
- 최고경영층이 경영문제에 관한 통찰력을 얻기 위해 종업원들의 제안을 다각도로 받아들인다.
- 소원절차(appeal process)의 공식화로 종업원들의 요구와 불만이 적절히 처리되도록 한다.
- 근무시간, 교대근무, 로테이션 및 구내식당 등, 종업원들의 근무조건에 관한 태도조사를 주기적으로 실시하고 문제를 시정한다.

3.2 수평적 커뮤니케이션의 활성화

경영자들은 또한 수평적 혹은 부서간 커뮤니케이션을 활성화하기 위해 노력해야 한다. 대표적인 두 가지 방법을 소개하면 다음과 같다.

① **관련 부서와 전문 스텝의 연계**: 예를 들어, 마케팅 부서와 생산 부서를 연결하는 전문 스텝을 구성하고, 관련 부서들과 스텝 사이의 정보교환을 통해 제품 생산과 판매의 우선순위를 정한다. 생산 부서와 마케팅 부서는 이 우선순위에 따라 제품을 생산 및 판매한다. 이는 생산 및 판매에 관한 커뮤니케이션 활성화의 예이지만, 이러한 의사소통은 조직의 다양한 분야에서 활용될 수 있다.

② **위원회 및 팀 활용**: 다양한 부서에서 차출된 사람들로 위원회, 태스크 포스(task force) 혹은 교차기능팀을 구성해, 공통의 문제를 놓고 주기적으로 토론하고 그 해를 모색함으로써, 부서간 커뮤니케이션과 조정 기능을 원활히 수행할 수 있다.

3.3 비공식 커뮤니케이션의 활성화

조직적 커뮤니케이션의 개선을 위한 한 가지 방법은 비공식 커뮤니케이션을 활성화하는 일이다. 비공식 커뮤니케이션의 활성화에 사용할 수 있는 방법은 다음과 같다.

① **비공식 의사소통 조장**: 월트 디즈니 회사에서는 회장에서 말단 종업원에 이르기까지 성을 빼고 이름만 적힌 명찰을 착용하고 다닌다. 3M에서는 무수한 회합을 갖지만, 사전에 계획되는 것은 거의 없다고 한다. 이 두 사례는 비공식 소통의 조장을 위한 노력의 일환이라 할 수 있다.

② **물리적 환경 조성**: 게시판을 통한 의사표시, 사무실 개방 등과 같은 물리적 환경의 조성(助成)은 비공식 커뮤니케이션의 활성화에 큰 도움이 된다. 코닝 글래스는 에스컬레이터로 엘리베이터

를 대신함으로써 대면 접촉 확대의 기회로 활용한다. 어떤 회사는 식당에 4인용 식탁을 없애고 긴 4각 식탁을 놓음으로써, 회의 도중이나 중간 브레이크에 소속이 다른 부서 출신들끼리의 접촉과 대화의 기회를 극대화하기도 한다.

제4절 커뮤니케이션에 관한 특수 이슈

근래에 커뮤니케이션의 유효성과 관련된 몇가지 이슈들이 대두되고 있다. 그 주요 내용을 소개하면 다음과 같다.

1. 풍문 관리

풍문(grapevine)은 비공식적인 조직적 의사소통 네트워크를 말한다. 원래 'grapevine'은 '포도넝쿨'의 뜻이지만, 실제로는 소문, 낭설 혹은 유언비어의 의미로도 쓰인다. 조직에서 풍문은 강력한 의사소통 채널로 작용한다. 조사결과에 의하면, 종업원들의 63%가 중요한 문제에 대한 정보를 맨 처음 가십(gossip)이나 풍문을 통해 전해 듣는다고 한다.[10]

풍문은 종업원들이 중요하다고 생각하는 난제들에 관한 정보의 여과 및 피드백 장치로서의 역할을 수행한다. 경영자의 관점에서 더욱 중요한 것은 풍문의 흐름과 패턴을 파악함으로써, 이를 통해 종업원들의 관심을 끄는 이슈를 확인하고, 다시 풍문을 통해 중요한 정보들을 살포할 수 있다는 점이다.

풍문은 주어진 조건으로서, 미리 막을 수도 없고 한번 번지면 다시 주워 담을 수 없기 때문에, 풍문 관리는 경영자들에게 생각보다 중요하고도 어려운 과업이다. 무엇보다도, 종업원들과 열린 마음으로 솔직하게 소통할 필요가 있다. 특히 경영자들이 내린 결정을 종업원들이 받아들이지 않을 가능성이 있을 때는 더욱 그렇다.

---

10) "Shut Up and Listen," *Money*, Nov. 2005, p. 27.

2. 작업장 설계

직장인이 사무실이나 작업공간에서 보내는 시간은 총 근무시간 중 74%에 달한다고 한다. 작업장이 어떻게 설계되느냐 하는 것은 그 공간에서 발생하는 커뮤니케이션에는 물론 조직의 전반적 성과에도 영향을 미칠 수 있다. 미국 근로자들을 상대로 조사한 결과, 응답자들 중 90%는 작업장 설계와 인력 및 설비 배치가 잘 되면, 전반적으로 종업원 성과가 좋아질 것으로 믿는다고 한다.[11]

작업장 내에서 종업원들이 비공식적 잡담이나 정보교환을 통해 **사회화 욕구**(needs of socialization)가 실현되도록 설계된 작업공간은 그렇지 않은 공간보다 대면소통이 두 배 이상 가능하다고 한다.[12] 작업장 설계 시 고려해야 할 물리적 요인은 두 가지이다: 개방성 및 작업자 밀도. 오늘날은 이른바 **열린 작업장**(open workplace)을 도입하는 조직이 많아지고 있다. 물리적 장애물이나 벽 혹은 칸막이가 없어지는 추세이다. 열린 공간은 가시성(visibility)을 특징으로 하는데, 이는 종업원들 사이에 대면소통의 기회를 증대시켜 준다. 또 한 가지 중요한 것은 **작업자 밀도**(worker density)이다. 작업자 밀도가 높아지도록 작업자들끼리 가깝게 배치하면 소통과 협력의 가능성이 높아진다.

3. 정보기술

오늘날 **정보기술**(information technology)은 조직 구성원들이 의사소통하는 방법을 근본적으로 바꾸어 놓고 있다. IT는 개인과 팀의 성과에 대한 경영자의 측정 능력을 크게 향상시켰으며, 종업원들이 신속한 의사결정을 내릴 수 있도록 더욱 완전한 정보를 가질 수 있게 했고, 이들에게 더 많은 정보공유의 기회를 제공했다. 종업원들은 이제 조직의 다른 사람들과 소통하기 위해 컴퓨터 앞에 앉아 있을 필요가 없다. 조직 내 커뮤니케이션의 급진적 향상에 기여한 두 가지 정보기술 발전이 네트워크 시스템과 무선 기술이다.

네트워크 시스템에서는 컴퓨터들이 사방으로 연결되어 구성원들이 다른 사람들과 소통하면서, 어디에 있든 다양한 정보에 접근해 공유한다. 이 시스템에서는 다양한 플랫폼이 개발되어 커뮤니케이션의 유효성을 증대시키고 있다. 팩스, e-메일, 음성메일, 문자메시지, 카카오 톡, 블로그, 유

---

11) Gensler, "The U.S. Workplace Survey, 2008" www.gensler.com, July, 2010. p. 11.
12) J. B. Stryker, "In Open Workplaces, Traffic and Head Count Matter," *Harvard Business Review*, Dec. 2009, p. 24.

튜브, 위키스, 트위터, 원격회의, 화상회의 등이 그 예이다.

한편, 첨단 무선통신 기술은 경영자와 종업원 모두에게 성과향상을 가능하도록 한다. 와이파이(Wi-Fi)와 위맥스(WiMax) 핫스팟을 통한 무선 인터넷 접근도 가능하다. 스마트폰, 노트북, iPad와 같은 컴퓨팅 디바이스, 및 기타의 포켓용 통신장비들은 정보원에 대한 접근방법을 근본적으로 혁신시키고 있다. 모바일 통신 이용자들도 계속 늘어나는 추세이다. 이처럼 무선기술의 발전은 조직구성원들의 상호제휴 및 정보공유의 확대에 기여한다.

4. 지식자원 관리

급변하는 경영환경에서 치열한 경쟁을 뚫고 생존 및 성장하기 위해 기업이 수행해야 할 중요한 과업들 중 하나가 **지식자원**(knowledge resource)의 관리이다. 경영자들은 종업원들이 각자의 지식을 서로 전달해 공유함으로써 자기 직무를 더욱 효율적이고 효과적으로 수행하는데 기여하도록 해야 한다. 한 가지 방법은 모든 종업원들이 접근 가능한 온라인 데이터베이스를 구축하는 일이다. 실례로, William Wrigley Jr. 회사는 사내에 온라인 데이터 뱅크인 상호작용 웹사이트를 구축했다. 이를 통해 판매 대리점들은 마케팅과 제품 관련 정보를 직접 검색하기도 하고, 회사의 마케팅 전문가들과 질의응답을 할 수도 있다. 시행 첫해 이 회사는 영업사원들의 시장조사 시간을 약 15,000시간 절약하면서 과업의 성과를 증대할 수 있었다고 한다.[13]

물론, 이러한 시스템이 제대로 작동하기 위해서는 경영자들이 상호작용 웹사이트, e-메일 및 화상회의와 같은 다양한 장치들을 통한 커뮤니케이션을 바탕으로 강력한 인적 상호작용을 유지해야 한다. 아울러, 이 과정에서 경영자들은 개인들이 행사하는 여과(Filtering)나 자아방어와 같은 커뮤니케이션 장애요인들을 통제할 수 있어야 한다.

5. 법적·윤리적 이슈

경영자들이 오늘날 의사소통에 이용하는 첨단 기술은 그 이점이 많지만, 문제점 또한 적지 않다. 첫 번째 문제는 **법적 이슈**(legal issue)이다. 실례로, 쉐브론사는 종업원들이 이-메일로 보낸 부적

---

13) H. Dolezalek, "Collaborating in Cyberspace," *Training*, Apr. 2003, p. 33.

절한 농담으로 야기된 성희롱 소송에 패소해 220만 달러를 배상했다.[14] 이-메일, 블로그, 트위터 및 기타의 온라인 소통매체들이 빠르고 손쉬운 소통방법인 것은 사실이지만, 경영자들은 이들의 부적절한 사용에 따른 부작용에 유의해야 한다. 법정에서 전자적 정보는 유력한 증거가 된다. 또 다른 문제는 안전성이다. 외부로 보내지는 이-메일이나 블로그와 같은 전자적 정보들은 그 안전성이 담보되지 않는다. 특히 해커나 스팸 정보의 피해를 방지하는 것이 중요하다.

두 번째 문제는 **윤리적 이슈**(ethical issue)이다. 윤리적 의사소통의 조건은 "모든 면에서 메시지가 진실해야 하고, 기만이 개입되어서는 안 된다"는 것이다. 진실을 왜곡하거나 수신자들의 심리를 조작하려는 시도는 비윤리적 의사소통의 사례이다. 예를 들어, 종업원들에게 자사가 타 회사와 흡수통합 계약을 추진하고 있어 그들 중 일부가 직장을 상실할 수도 있음을 숨기는 것은 진실의 왜곡으로서, 비윤리적 의사소통에 해당한다. 타인의 말이나 독창적 아이디어를 자기 것으로 표현하는 것 또한 기만행위로서, 비윤리적 의사소통에 속한다. 소통 시 그릇된 수치를 제시하거나 비주얼을 왜곡하거나, 혹은 정보의 안전이나 개인의 프라이버시를 존중하지 않는 것은 의사소통의 윤리성에 위배된다. 2010년 여름, British Petroleum의 걸프해안 석유 유출 사건 후, 회사는 이 사건과 관련해 공개적이고 진실한 의사소통을 시도했지만, 대중들은 회사의 입장 표명에 아직도 비윤리적인 내용이 포함되어 있음을 확인했다.[15]

의사소통이 윤리적이기 위해 경영자들이 고려해야 할 주요 사항은 다음과 같다.

- 상황이 공정하고 정확하게 정의되었는가?
- 메시지는 어떻게 소통되고 있는가?
- 메시지의 수진자들이 받게 될 영향은 무엇인가?
- 메시지는 조직과 개인에게 잠재적 해악을 최소화하면서 최대의 이익을 제공하는가?

---

14) Robbins and Coulter, *op. cit.*, P. 520.
15) Robinson and Coulter, *op. cit.*, p. 523.

복습 및 연구문제

■ **복습하기**

1. 커뮤니케이션의 중요성
2. 조직에 있어서의 커뮤니케이션의 주요 기능
3. 비언어적 커뮤니케이션의 중요성
4. 개인간 커뮤니케이션 매체 선택 시 고려요인
5. 대각적 커뮤니케이션의 의의
6. 개인간 커뮤니케이션의 개선방법
7. 조직적 커뮤니케이션의 장애요인
8. 조직적 커뮤니케이션의 개선방안
9. 정보기술이 커뮤니케이션에 끼친 영향

■ **자기평가**

성 차이에 따라 커뮤니케이션 능력이 다른가? 연구결과에 의하면, 직장에서 남성과 여성은 서로에 대해 효과적인 의사소통을 진행하는 데 어려움을 느낀다고 한다. 그 주된 이유는 성 차이에 대해 상반된 가치관과 신념을 가지고 있기 때문이다. 아래의 자기평가는 각 성의 커뮤니케이션 차이에 대한 독자의 가치관과 신념을 조사하는데 목적을 둔다. 만약 독자가 성별 커뮤니케이션 패턴에 관한 다음 각 항목에 대해 사실이라고 생각하면 T를, 사실이 아니라고 생각하면 F를 표기하라.

(1) 남성이 여성보다 더 말을 많이 한다.( )
(2) 남성들은 다른 남성들의 말을 방해하는 경우보다 여성들의 말을 방해하는 경우가 많다.( )
(3) 대화도중 여성들은 남성들에 비해 상대의 얼굴을 쳐다보느라 많은 시간을 보낸다.( )
(4) 비언어적 메시지가 언어적 메시지보다 더 큰 무게감을 준다.( )
(5) 여성 경영자들은 남성 경영자들에 비해 자기 기분을 공개하며 대화한다.( )
(6) 남성들은 여성들보다 대화의 내용을 더 잘 통제할 뿐 아니라 대화가 계속되도록 더 큰 노력을 기울인다.( )

⑺ 사람들이 상대로부터 인류, 사람 등과 같은 총체적 의미의 어휘를 들으면, 이를 포괄적으로 받아들이며, 이는 이러한 어휘들이 양 성 모두에 적용됨을 의미한다.( )

⑻ 강의실 커뮤니케이션에서 남학생들이 여학생들보다 더 많은 꾸중과 야단을 듣는다.( )

⑼ 여성들이 남성들보다 깊은 사생활 문제에 관한 정보를 더 많이 흘리는 경향이 있다.( )

⑽ 대화 시 여성들이 남성들보다 더 많은 몸짓을 사용한다.( )

⑾ 대화 시 여성들은 남성들보다 더 넓은 공간을 사용하면서 말한다.( )

⑿ 일반적으로, 남성이 말할 때에는 여성이 말할 때보다 상대가 더 주의 깊게 청취한다.( )

⒀ 일반적으로, 여성들은 남성들보다 더 유연한 스타일로 대화한다.( )

⒁ 자신에게 한 말이 아닌데도 끼어들어 그에 반응하는 경우가 여성들이 남성들보다 많다.( )

⒂ 학교에는 성차별이 널리 번져 있어서 이것이 수업 중 효과적인 의사소통을 저해한다.( )

⒃ 여성 경영자들이 남성 경영자들보다 부하들로부터 더 효과적 의사소통자로 비춰진다.( )

⒄ 강의실 커뮤니케이션에서 교사들은 남학생들보다 여학생들을 더 많이 칭찬한다.( )

⒅ 일반적으로 남성들은 여성들보다 대화 시 더 자주 미소를 짓는다.( )

● **평가방법:**

이상과 같은 문항들에 대해 커뮤니케이션 이론의 관점에서 우리는 각 문항의 진위를 확인할 수 있다. 다음은 각 문항의 이론적 진위이다. 먼저, 각 문항의 이론적 진위에 대해 토론해 보자. 또한 이를 토대로 당신의 커뮤니케이션에 관한 성별 차이 인식의 타당성을 평가해 보라. 만약 18문항 중 15문항 이상이 맞으면, 성별 커뮤니케이션 패턴 차이에 대한 당신의 인식이 타당함을 뜻하고, 6문항 이상이 틀리면 당신의 인식이 타당하지 않음을 뜻한다.

⑴ T ⑵ T ⑶ T ⑷ T ⑸ F ⑹ F ⑺ F ⑻ T ⑼ T
⑽ T ⑾ T ⑿ T ⒀ T ⒁ F ⒂ T ⒃ T ⒄ F ⒅ F

제6부
경영통제
Management Controlling

여기서는 경영자의 기능 중 통제에 대해 논의한다. 제17장에서는 통제에 관한 기초 개념과 주요 통제기법을 다루고, 제18장에서는 운영 및 서비스 경영에 대해 살펴본다.

제17장 경영통제의 기초
제18장 운영관리

제17장 경영통제의 기초
Fundamentals of Management Controlling

이 장에서는 경영의 기능들 중 통제에 대해 그 기초적 개념과 주요 기법들을 설명한다.

제1절 통제기능의 기초

1. 통제의 의의와 중요성

1.1 통제의 의의

우리가 실생활에서 통제(統制)라는 어휘를 사용할 때, 가장 먼저 떠오르는 생각은 무엇일까? 독자들은 아마 사람이나 집단이 뭔가 필요로 하는 것을 달성하기 위해 어떤 방법으로든 다른 사람들에게 영향력을 행사하는 것을 생각할 것이다. 교통통제는 도로공사, 축제나 스포츠 대회 같은 주요 행사, 혹은 국빈 방문과 같은 중요한 이벤트가 교통체증으로 그 목적을 달성하는데 지장이 없도록 교통상황을 제어하는 것을 말한다. 일반적으로 **통제**(control)는 계획된 목표가 달성될 수 있도록 경영활동을 감시하고, 계획의 실행과정에서 발생하는 주요 편차(偏差)들을 수정해 피드백 하는 과정이다.

경영자는 계획된 내용을 실행에 옮기는 과정에서, 어떤 활동들이 어떻게 수행되고 있는지 지속적으로 측정하고, 측정된 결과를 미리 설정된 성과기준과 비교해 봄으로써 자신의 경영활동이 적절히 수행되도록 통제할 수 있다. 〈그림 17-1〉은 연속적인 과정으로서의 경영활동 속에서 통제가 수행하는 기능을 보여준다. 통제 시스템의 유효성은 이 시스템이 조직목표의 달성에 얼마나 도움을 주느냐에 달려 있다.

〈그림17-1〉 경영과정과 통제기능

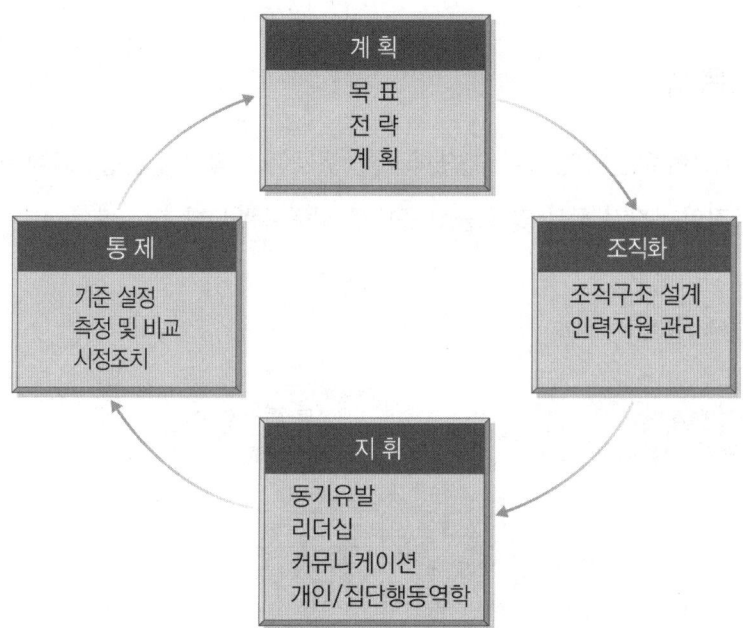

 1980년대, 델 컴퓨터는 급속한 성장을 거듭했으나, 통제 시스템이 제대로 구축되어 있지 않았다. 1988년, 재고 급증으로 제조원가가 껑충 뛰었다. 1990년대 초, 외환 손실에 따른 재정난, 품질관리 부실로 인한 불량품 양산, 화재로 인한 조립라인 폐쇄 등, 경영활동이 통제 불능 상태가 되었다. 이에 델은 경험이 풍부한 전문경영인들을 고용해 회사의 통제 시스템을 구축하는데 성공했다. 1998년, 델은 경쟁사들보다 10% 더 많은 원가절감을 통해 시장에서의 경쟁력을 회복할 수 있었다.

1.2 경영통제의 중요성

 경영에 대한 통제가 중요한 이유는 이를 통해 경영자들이 조직의 목표가 잘 달성되고 있는지, 목표가 제대로 달성되고 있지 않으면 그 이유가 무엇인지 확인함으로써, 조직이 목표를 최대한 달성하는데 이바지하기 때문이다. 또한 경영활동이 통제되는 경우 경영자들은 부하들에게 권한을 위양하고 작업자들에게 과업에 대한 전권을 부여하기가 수월해진다. 권한위양과 권한부여는 부하들의 동기부여를 통해 경영자들과 부하들이 자기 과업을 효과적으로 수행하는데 기여하지만, 과업수행의 결과에 대한 책임은 여전히 상사들이 진다. 그러나 효과적인 통제 시스템이 구축되면, 이들에게 과업의 추진과정과 실적이 그때그때 보고됨으로써, 경영자들이 목표를 최대한 달성하기 위해 적절한 조치를 취할 수 있다.

2. 경영통제의 목적

〈그림 17-2〉에서 보여주는 바와 같이, 경영에 대한 통제는 조직에게 환경변화에 대한 대응, 오류 축적의 예방, 조직의 복잡성 극복 및 효율성 증대를 위해 수행된다.

〈그림 17-2〉 경영통제의 목적

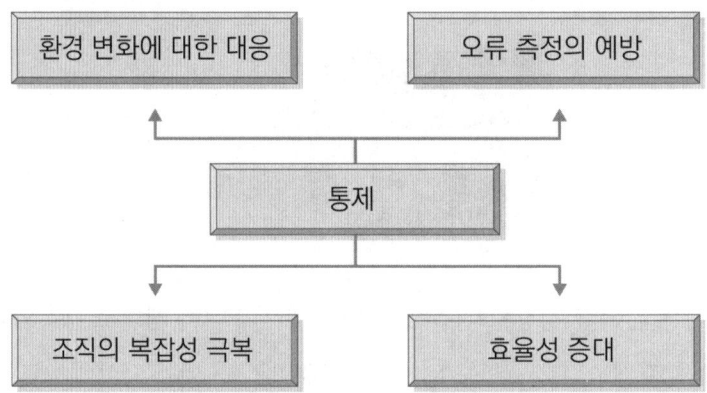

2.1 환경변화에 대한 대응

오늘날처럼 격변하는 기업환경에서는 모든 조직들이 변화와 싸워야 한다. 경영자들이 만약 목표를 설정하고 이를 즉시 달성할 수 있다면, 통제는 불필요할 것이다. 그러나 목표가 설정되는 시간과 목표에 도달하는 시간 사이 기업 환경에 많은 일들이 발생해 목표를 향한 조직의 움직임을 방해하고, 때로는 목표 자체를 수정하도록 강요한다. 여기서 적절히 설계된 통제 시스템은 경영자들이 환경의 변화를 예측하고 감시하면서 그에 대응할 수 있도록 돕는다. 반대로, 부적절하게 설계된 통제 시스템은 조직의 성과를 수용 불가능한 수준으로 떨어뜨리는 결과를 초래할 수 있다.

2.2 오류 축적의 예방

사소한 실수나 오류는 예컨대 조직의 재무 건전성을 심각하게 훼손하지는 않는다. 하지만 시간이 지나면서 사소한 오류들이 쌓여 조직에 막중한 타격을 줄 수 있다. 통제 시스템은 이러한 피해를 미연에 방지할 수 있다.

보잉 787 Dreamliner의 초기 시절, 기체 원형에 대한 정규 품질검사 결과 안전벨트가 제대로 설계되지 않았음을 알았다. 이로 인해 이 항공기 전체 프로젝트가 수개월 지연되고 말았다. 만약 처음부터 검사과정이 더욱 엄격했다면, 사소한 오류가 보잉의 중대한 문제로 발전하기 전에 이를 일찍 발견해 조기에 시정할 수 있었을 것이다.

2.3 조직의 복잡성 극복

무수한 원재료를 사용해 많은 제품을 생산하고 방대한 시장을 상대로 사업하는 기업의 경우, 조직구조가 복잡하고 많은 경쟁사를 상대해야 하기 때문에 정교한 통제 시스템을 필요로 한다. 대기업들이 서로 흡수통합할 경우 단기적 성과는 실망적이기 쉽다. 통합으로 기업 규모가 커지고 조직의 구조도 복잡해짐으로써 기존의 통제 시스템이 새로운 기업에는 적합하지 않기 때문이다. 휼레트 패커드(HP)와 컴팩 컴퓨터가 통합할 때 그와 같은 통제 시스템 문제에 직면한 바 있다.

2.4 효율성 증대

통제는 효과적으로만 실행되면 비용을 줄이고 산출을 증대시킬 수 있다. 실례를 들어보자. 목제품을 생산하는 George-Pacific 회사는 더 얇은 톱날을 만드는데 이용되는 신기술을 습득했다. 경영자는 새로운 톱날로 절약되는 목재 폐기물 양과 톱날 교체에 소요되는 비용을 비교·분석했다. 분석결과, 새로운 톱날의 사용에 따른 목재 폐기물 연간 감축량은 800량 기차 분이었다. 뿐만 아니라 효과적인 통제 시스템을 가동할 경우 폐기물 감축, 노무비 감소 및 산출량 증대에 더욱 큰 효과를 거둘 수 있음을 확인하였다.[1]

---

[1] Griffin, *ibid*., p. 198.

제2절 통제 시스템 설계

통제 시스템을 설계할 때는 세 가지를 고려해야 한다. 첫째는 통제의 방법에 관한 것이고, 둘째는 통제의 영역에 관한 것이며, 셋째는 통제의 시점에 관한 것이다.

1. 통제의 방법

조직이 경영활동을 통제하는데 기본적으로 이용하는 방법은 세 가지이다: 시장적 통제, 관료적 통제 및 가족적 통제.

1.1 시장적 통제

시장적 통제(market control)는 가격, 시장점유율과 같은 마케팅 메카니즘을 이용해 시장경쟁에서 승리하기 위해 경영활동을 통제하는 접근이다. 시장 내에 기업의 제품이나 서비스가 명확히 정의되어 있고, 일정한 경쟁적 지위도 구축하고 있는 조직에서 이용된다. 이러한 상황에서는 기업의 각 사업부들이 이익중심점(profit center)이 되어 기업의 전체 이익 중에서 각 사업부가 기여한 이익을 평가함으로써 이 사업부의 경영활동이 통제된다. 예로서, 마쓰시다의 경우 소비용 제품, 산업용 제품, 산업용 장비 및 부품 등으로 사업부가 조직되어 있어 각 사업부가 창출한 이익에 따라 그 성과가 평가된다.

1.2 관료적 통제

관료적 통제(bureaucratic control)는 조직의 공식적 권한을 바탕으로 회사의 정책, 규칙 및 절차에 따라 경영활동이 수행되도록 통제하는 접근이다. 여기서는 직무의 표준화, 직무기술서를 기반으로 한 직무수행, 및 예산통제와 같은 메카니즘을 사용해 경영활동을 통제한다. 석유회사인 Armoco는 각 사업부에 상당한 자율권을 부여하면서도, 예산을 엄격히 준수하고 반드시 회사의 정책과 지침 내에서 활동하도록 각 사업부를 통제한다.

1.3 가족적 통제

가족적 통제(clan control)는 종업원들이 마치 한 가족처럼 가치, 규범, 신념, 전통, 의례 및 기타의 문화적 요인들을 공유함으로써 이들의 행동을 특정의 방향으로 유도하고자 하는 접근이다. 연례 행사로 열리는 시상식이나 창사기념 체육대회는 구성원들이 소속감 및 연대의식을 가지고 조직목표를 향해 동기부여 되도록 하는 것이 목적이다. 가족적 통제는 가치와 규범의 조직 전체적 공유를 기반으로 하기 때문에, 주로 팀 단위로 과업이 수행되고 기술이 수시로 변화하는 환경에서 이를 볼 수 있다. SAS 연구소는 구성원들이 가치와 규범을 공유하고, 설립자인 Goodnight에 관한 스토리텔링(story telling)을 통해, 무엇이 중요하고 중요하지 않은지를 느끼도록 한다. 구성원들은 공식적 장치보다는 'SAS 가족'이라는 문화적 규범에 의해 각자의 활동이 통제된다.

2. 통제의 영역

〈그림 17-3〉은 각 조직계층별 통제의 유형을 보여준다.

〈그림 17-3〉 조직계층별 통제 유형

① **운영적 통제**(operations control): 이는 투입자원을 제품이나 서비스로 변형시키는 과정에서 수행하는 모든 활동에 대한 통제이다. 품질관리는 운영적 통제의 예이다.

② **재무적 통제**(financial control): 이는 조직의 재무적 자원의 조달과 운용에 관한 통제이다. 외상매

출금이나 미수금의 흐름을 감시하는 것이 그 예이다.

③ **구조적 통제**(structural control): 이는 조직구조의 각 요소들이 의도된 목적의 달성에 기여하고 있는지에 관한 통제이다. 스텝 부문의 지출이 과도하지 않도록 총 비용 중 관리비의 비율을 감시하는 것이 그 예이다.

④ **전략적 통제**(strategic control): 이는 조직의 회사 전략, 사업 전략 및 기능 전략이 조직의 목표를 달성하는데 기여하도록 수행하는 통제이다. 예컨대 다양화 전략이 조직목표를 달성하는데 기여하지 못할 경우 경영자들이 그 원인을 확인하고 지금까지의 전략적 노력을 바꾸거나 전략 자체를 안 정화 전략으로 바꾼다면, 이는 전략적 통제이다.

3. 통제의 시점

경영자들은 어떤 활동이 시작되기 전, 이 활동이 진행되는 도중, 및 이 활동이 완료된 후의 세 가지 경우로 나누어 통제활동을 수행할 수 있다. 즉, 경영통제 시스템의 유형은 〈그림 17-4〉와 같이 사전적 통제, 동시적 통제 및 사후적 통제의 세 가지이다.

〈그림 17-4〉 경영통제 시스템의 유형

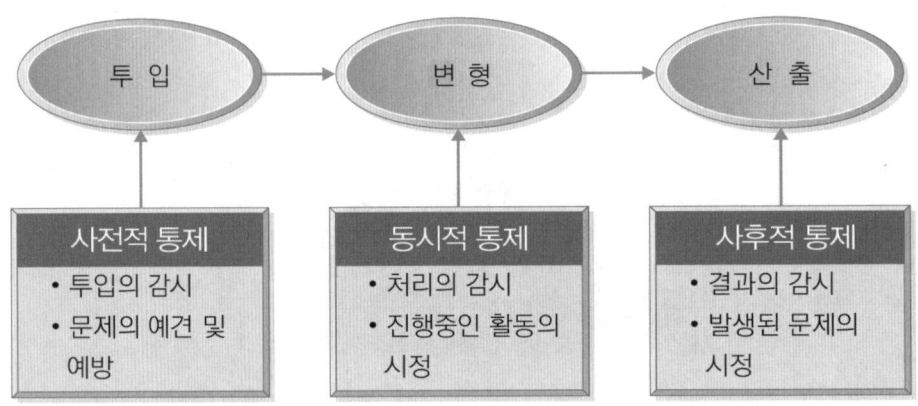

3.1 사전적 통제

사전적 통제(feedforward control)는 문제가 발생하기 전에 발생 가능한 문제를 예견하고 적시에 예방조치를 취하는 통제이다. 맥도날드는 처음 모스크바에 점포를 개설하면서, 품질관리 전문가들을 현지로 보내 농부들에게는 감자 생산방법을, 제과업체들에게는 빵 굽는 방법을 가르쳐 주었다. 모든 점포들이 고품질 햄버거를 제공하도록 하자는 것이다. 이는 사전적 통제의 예이다.

공장에서 실시하는 제조설비에 대한 예방보전(preventive maintenance)은 사전적 통제이다. 뉴욕시는 교량들의 예방보전에 매년 3,600만 달러를 투자해 연간 2억 5천만 달러의 긴급보수 및 재건축 비용을 절감한다고 한다. 사전적 통제는 불량품 생산, 고객 상실 및 수익 상실과 같은 중대한 타격을 입기 전에 문제의 발생을 미연에 방지할 수 있다는 점에서 가장 바람직한 통제방법이다. 사전적 통제는 적시에 정확한 정보를 필요로 한다.

3.2 동시적 통제

동시적 통제(concurrent control)는 현재 진행 중인 작업과정을 감시하고 작업실적이 정해진 성과목표와 일치하도록 시정조치를 취하는 것을 말한다. 직접적 감독이 그 예이다. 토스터로 식빵을 구울 때, 빵이 너무 타는 것을 막기 위해서는 빵 굽는 과정에 시선을 집중하고, 적당히 구워졌을 때 바로 꺼내야 한다. 여기서 식빵 굽기는 동시적 통제의 예이다. 경영자가 동시적 통제를 위해 종업원들의 행동을 직접 감독할 경우, 문제가 발견되면 즉시 이들의 행동을 시정할 수 있다.

3.3 사후적 통제

가장 보편적인 통제 방식은 **사후적 통제**(feedback control)이다. 특정의 행위나 사건이 발생한 사후에 이를 통제하는 방식이다. 이는 어떤 활동이 수행되면, 이를 평가해 문제가 있으면 시정조치를 취하는 것을 말한다. 경영자들이 문제를 발견한 시점에는 이 문제가 이미 조직에 타격을 준 상태이기 때문에, '사후약방문(死後藥方文)'식 통제라 할 수 있다. 그러나 사후적 통제는 경영자들이 과거의 성과에 관한 정보를 이용해 미래의 활동을 개선할 수 있다는 점에서 가치가 있다.

경영자들은 세 가지 유형의 통제를 모두 행사하는 것이 보통이다. 사전적 통제는 실수를 미연에 방지하는 데 도움을 주고, 동시적 통제는 실수를 범함과 동시에 이를 확인해 조치하도록 한다. 마지막으로, 사후적 통제는 앞으로 과거의 실수가 반복되지 않도록 하는데 도움을 준다.

제3절 통제 과정

〈그림 17-5〉에서 볼 수 있는 바와 같이 **통제 과정**(control process)은 3단계로 구성된다. 성과의 측정, 성과와 표준의 비교, 및 시정조치가 그것이다. **성과 표준**(performance standard)이란 계획의 진척상태를 평가하기 위해 계획과정에서 설정되는 구체적인 성과목표를 말한다.

〈그림 17-5〉 통제 과정

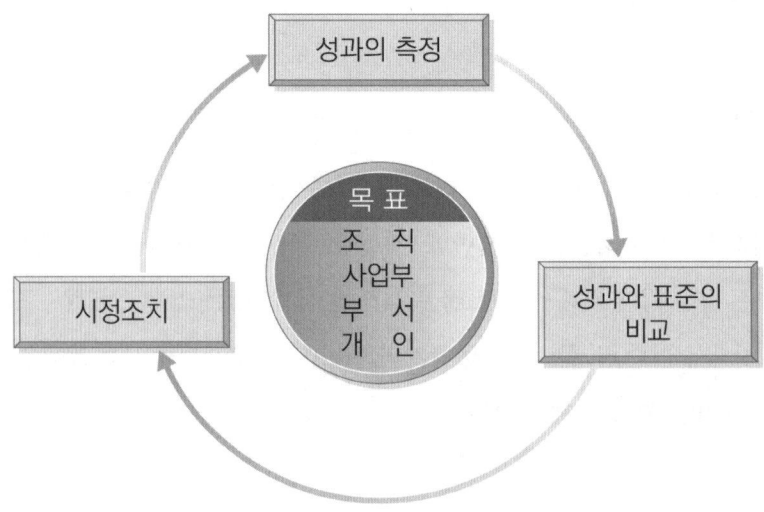

1. 성과의 측정

통제의 첫 단계는 실제성과, 즉 실적이 얼마나 되는지 측정하는 일이다. 그러면 실적을 어떻게 측정하고 무엇을 측정해야 할까?

1.1 측정방법

실제성과를 측정하기 위해서는 일반적으로 네 가지의 정보원을 이용한다: 개인적 관찰, 통계자료, 구두 보고 및 문서 보고. 이 정보원들은 각각 장점과 단점이 있다. 이 중 둘 이상의 정보원을 섞어서 사용하는 것이 성과에 관한 정보의 신뢰성을 높이는데 도움이 된다.

먼저, **개인적 관찰**(personal observation)은 가장 정확한 정보를 얻을 수 있는 방법이다. 다른 사람들에 의해 여과되지 않은 정보를 이용할 수 있다는 것이 장점이다. 또한 경영자로 하여금 실제로 어떤 일들이 진행되고 있는지 정확히 알 수 있도록 한다. 대표적인 예가 MBWA(Management By Walking Around)이다. 이는 경영자가 직접 작업 현장을 방문해 종업원들과 상호작용하면서 작업 상황에 관한 정보를 주고받는 것을 말한다. 개인적 관찰은 시간이 많이 걸리고, 개인적 편견에 사로잡혀 객관적 관찰이 어렵다는 단점이 있다. 경영자가 직접 작업현장에 나타나는 것은 작업자들의 과업에 방해가 되기도 하고, 이들의 과업에 대한 불신의 표현으로 오해될 소지도 있다.

다음, **통계자료**(statistical data)는 가장 계량적인 척도로서, 성과를 측정하는 데 객관적 정보를 제공한다는 것이 장점이다. 변수들 간의 인과관계를 규명하는데 효과적이다. 그러나 통계적 측정이 가능한 분야가 제한되어 있고, 관찰자의 주관적 판단에 의해 변수를 측정·평가해야 하는 경우가 많기 때문에, 통계자료에 의한 정보획득은 '나무는 보고 숲은 보지 못하는' 우를 범하기 쉽다.

다음, **구두보고**(verval report)는 회의나 회합, 일대일 대화, 전화 통화와 같은 구두적 수단을 통해 정보를 획득하는 것을 말한다. 장점과 단점은 개인적 관찰의 경우와 유사하다. 특히 대화 시 즉각적 피드백이 가능하며, 여과되지 않은 정보를 얻을 수 있다.

마지막으로, **문서 보고**(written report)는 다른 정보원들에 비해 가장 공식적이고, 명료한 정보원이다. 구성원들이 느끼는 정보의 신뢰성이 매우 크다. 정보가 명확하고 단순하며, 정보의 저장 및 검색이 용이하다는 장점도 있다. 다만 성과를 측정한 다음 이를 문서화하는 데 많은 시간이 소요된다는 것이 단점이다.

1.2 측정대상

측정대상(object to measure)은 성과에 대한 평가기준을 말한다. 종업원들을 평가할 때 여러 가지 기준 중 무엇으로 평가할 것이냐의 문제이다. 측정대상을 잘못 선정하면, 경영활동에 대한 통제가 어려워진다. 여기서 고려해야 할 것이 측정대상의 계량화 가능성이다. 계량화가 가능해야 객관적 평가가 이루어질 수 있기 때문이다. 시장점유율, 제품 불량률 및 이직률이 그 예이다. 계량화가 어려울 경우 정성적 척도를 사용할 수 있다. 회사 이미지, 종업원 사기, 직무 만족, 구성원 의사소통 등이 그 예이다. 계량적 척도가 나무는 보고 숲을 보지 못하는 평가기준인데 반해, 정성적 척도는 나무보다는 숲을 볼 수 있는 유용한 평가기준이기도 하다. 그러나 정성적 척도는 주관성이 강하기 때문에 통제의 목적상 가급적 계량적 척도를 사용하는 것이 바람직하다.

2. 성과와 표준의 비교

통제 과정 중 비교 단계에서는 실제성과와 성과표준(목표)을 비교하고, 그 **편차**(deviation)를 측정한다. 어떤 활동이든 어느 정도의 편차는 허용할 수 있다. 따라서 허용 가능한 편차의 범위를 결정해야 한다. 〈그림 17-6〉은 품질관리의 주요 도구인 **관리도**(control chart)와 유사한 도표로서, 허용 가능한 편차 범위를 예시한다. 여기서 제조공정상의 제품의 품질이 허용가능 상한선과 허용가능 하한선 사이에서 변동을 보이면, 이는 **정상 변동**(nomal variation), 즉 허용 가능한 품질변동의 수준으로 간주한다. 이 수준을 벗어나는 품질변동은 **이상 변동**(irregular variation), 즉 허용 불가능한 품질변동의 수준으로서, 경영자는 이를 집중적인 통제의 대상으로 삼아야 한다.

〈그림 17-6〉 허용가능한 편차 범위

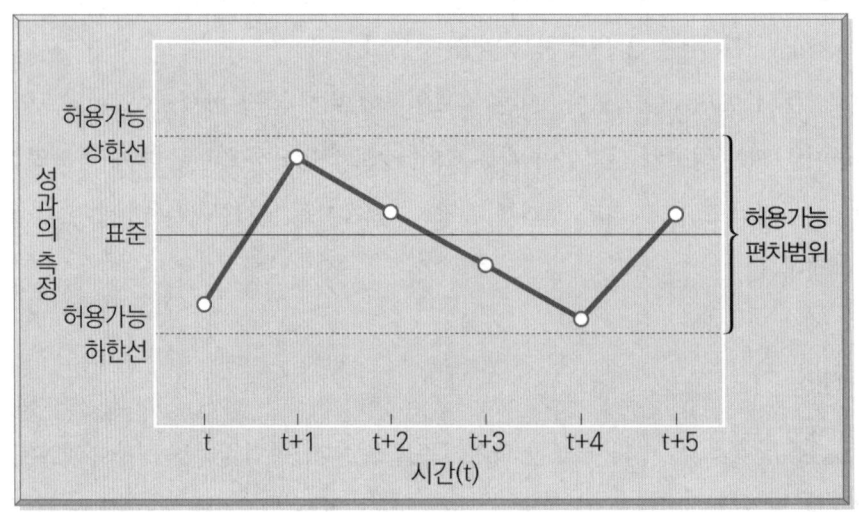

3. 시정조치

통제과정의 마지막 단계는 시정조치를 취하는 일이다. 여기서는 실제 성과표준과 성과에 편차가 있을 경우 그 원인을 찾아 이를 시정한다. 때로는 성과표준 자체를 수정하기도 한다.

3.1 편차 원인의 시정

실제성과(실적)와 성과표준(목표) 사이의 편차의 원인이 잘못된 경영활동에 있다면, 경영자는 이 경영 활동을 바로잡음으로써 성과와 표준이 일치하도록 노력해야 한다. 시정조치에는 전략의 수정, 조직구조의 변경, 보상 시스템의 재설계, 새로운 교육훈련 프로그램 도입, 직무 재설계 및 문제가 있는 종업원 해고 등이 포함된다.

성과편차 원인의 시정은 즉각적 시정조치와 근본적 시정조치의 두 가지가 있다. 즉각적 시정조치는 성과의 진행과정을 역추적해 즉석에서 문제를 바로잡는 방법이다. 근본적 시정조치는 성과의 편차 이유를 분석해 편차의 원인을 근본적으로 제거하는 방법을 말한다.

3.2 성과표준의 수정

때에 따라서는 비현실적인 성과표준으로 인해 편차가 발생할 수도 있다. 과대 목표의 설정이나 과소 목표의 설정이 그 예이다. 이 경우 성과표준 자체가 시정의 대상이 된다.

성과표준의 수정은 쉬운 일도 아니지만, 설사 이것이 가능하다 하더라도 신중을 기해야 한다. 성과표준을 하향조정하면 종업원들의 열의와 노력을 위한 동기부여를 저해할 가능성이 있다. 반대로, 성과표준을 상향조정하면 종업원들이 처음부터 열의와 노력을 포기할 수도 있다. 따라서 주어진 환경에서 정확한 정보를 토대로 성과의 표준을 설정해야 한다. 만약 성과편차가 발생하더라도 성과표준(목표)이 합리적이고, 구성원들이 충분히 달성가능한 수준이라는 신념이 확고하면, 경영자는 이 신념을 유지하는 것이 바람직하다.

제4절 경영통제의 기본적 접근법

조직 구성원들의 활동에 대한 통제를 통해 조직목표를 달성하는 데는 일반적으로 두 가지 접근법이 있다. 전통적 접근과 자율통제 지향적 접근이 그것이다.

1. 전통적 접근

경영통제를 위한 전통적 접근(traditional approach)은 앞서 설명한 3단계를 거쳐 경영활동을 통제하는 접근법을 말한다. 즉 성과를 측정하고 성과와 표준을 비교한 후, 시정조치를 취하는 통제방법이다. 이는 다시 세 가지 유형으로 분류된다: 진단적 통제, 경계적 통제 및 상호작용적 통제.

1.1 진단적 통제

통제라 하면 대부분 진단적 통제를 생각한다. **진단적 통제**(diagnostic control)는 기업의 목표가 충족되고 있는지, 만약 그렇지 않다면 그 편차의 원인은 어디에 있는지 진단하는 통제방법이다. 예산 및 재무 보고서에 의한 통제가 그 예이다.

진단적 통제는 종업원들이 각자의 목표를 추구하고, 만약 실적이 목표에 미달하면, 그 편차의 원인을 규명해 대책을 마련하면 된다는 것이 기본논리이다. 이러한 논리의 배경에는 '예외의 법칙'이 자리 잡고 있다. **예외의 법칙**(principle of exception)이란 경영자들이 자신의 시간과 노력을 절약하기 위해 오직 기준에서 많이 벗어나는 예외적 현상에만 주의를 집중해야 한다는 사고를 지칭한다. 진단적 통제에는 재무성과에 의한 통제와 예산에 의한 통제가 있다. 진단적 통제의 대표적인 예가 **균형성과평가표**(balanced score card)이다.

- **균형성과평가표(BSC)**: 균형성과평가표(BSC)는 1992년, David Norton과 Robert Kaplan이 개발한 현대적 경영통제 기법이다. 조직성과에 대한 전통적 척도인 시장적·재무적 차원에 그치지 않고 고객, 구성원 및 내부 프로세스와 같은 운영적 차원이 포함된 장·단기적 척도들의 균형적 달성을 목표로 하는 통합적 경영통제 기법이다. 이 기법에서는 조직의 추상적인 비전과 전략을 조직의 운영 및 관리에 관한 네 가지 평가척도로 바꾼다. 네 가지 평가척도는 다음과 같다: ⅰ) 재무적 척도(매출액, 당기순이익, 투자수익률), ⅱ) 고객 척도(고객 유지, 고객만족도), ⅲ) 내부적 경영과정 척도(규율 순응, 물리적 안전, 혁신), ⅳ) 학습 및 성장 척도(종업원 유지, 신제품 개발).

BSC에서는 경영자들이 각 척도에 대해 목표를 설정하고, 목표의 추진과정을 추적해 그 실적을 측정 및 평가하며, 평가결과에 대해 시정조치를 취한다. 〈그림 17-7〉은 BSC의 내용을 요약·정리한 것이다. 쉘 석유회사는 'Shell Business Model'이라는 이름의 BSC 시스템을 도입해 매출액 성장률과 기업 시장가치 사이의 관계를 분석함으로써 새로운 유전의 개발에 박차를 가했다고 한다.

〈그림 17-7〉 BSC의 내용

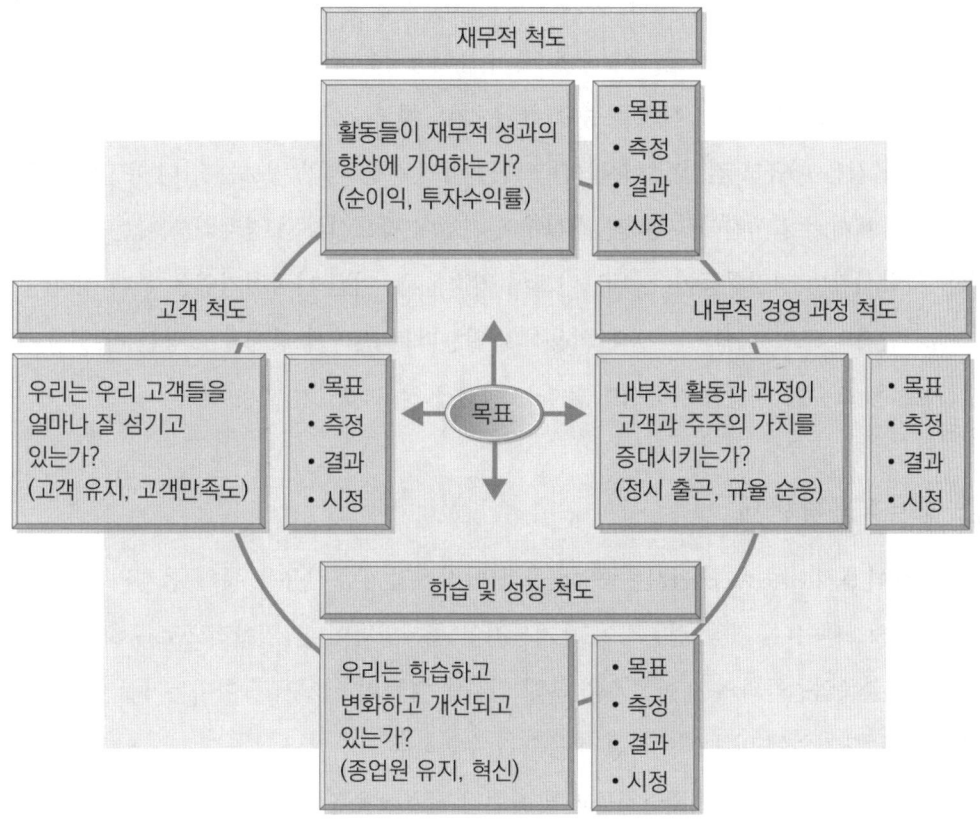

1.2 경계적 통제

경계적 통제(boundary control)는 조직 내에서 종업원들의 활동과 관련하여 일정한 경계를 설정하고, 이들이 이 경계 내에서 활동하도록 제어하는 통제방법이다. 여기서는 게임의 규칙을 정하고 경계를 벗어나는 활동들을 제시해 준다. 조직의 윤리강령이나 행동규범은 경계를 제시하는 표준이다. 존슨&존슨 회사의 '존슨&존슨 강령'은 경계적 통제 시스템의 전형으로서, 이 강령에 포함된 두 가지 윤리적 지침의 예를 들면 다음과 같다.

> - 우리 제품을 사용하는 의사, 간호사 및 환자들에게 발생하는 모든 문제에 대해 우리가 일차적 책임을 져야 한다.
> - 우리의 납품업자들과 유통업자들은 정당한 이익을 얻을 기회를 가져야 한다.

이러한 지침은 존슨&존슨 종업원들이 준수해야 할 행동의 경계를 보여준다. 가령, 유해 약품을 판매하는 것은 이 경계선 밖에 있다. 유독성 타이레놀 약품 몇 병이 유통된 적이 있다는 사실이 밝혀지자 당시의 제품 재고 전량을 회수한 것도 이 윤리강령을 준수하기 위해서이었다.

경계적 통제 시스템은 특히 신뢰를 중요시하는 기업에 더욱 중요하다. 매킨지 회사와 보스턴 컨설팅 그룹과 같은 대규모 컨설팅 회사들은 자신들이 입수한 개인 정보는 절대 유출하지 않는다는 것을 고객들에게 주입시킨다. 전략적 관점에서 기업이 중요시하는 경계의 하나는 기업의 경쟁적 지위를 약화시키는 경영활동이다. 네덜란드에 거점을 둔 어떤 다국적기업은 한때 회사 중역들에게 미국기업과의 조인트 벤처는 절대 허용하지 않는다는 전략적 경계를 설정한 바 있다. 미국 기업사회에서는 소송이 발생할 가능성이 높다는 사실을 알고 있었기 때문이다.

1.3 상호작용적 통제

상호작용적 통제(interactive control)는 종업원들과의 직접적 상호작용을 통해 통제의 목적을 달성하고자 하는 시스템이다. 가장 전통적이고 기본적인 통제방법이다. 일반적으로 중소기업은 경영자가 거의 모든 종업원들과의 대면접촉을 통해 회사의 일들이 어떻게 돌아가는가를 직접 확인할 수 있기 때문에, 대기업에 비해 상호작용적 통제가 수월하다.

일반적으로 대기업의 경우 종업원들과의 직접적 상호작용을 통한 통제는 쉽지 않다. 그러나 대기업들이 전략적으로 상호작용적 통제방식을 도입하기도 한다. USA Today가 그 예이다. 이 회사에서는 경영자들과 핵심사원들이 주례회동을 갖고 광고실적, 목표추진 실적, 사업 확장 가능성 등에 관한 정보를 교환하고 이를 토대로 전략적 대안을 마련한다.

2. 자율통제 지향적 접근

자율통제 지향적 접근(self-control oriented approach)은 구성원들이 스스로 자기 자신을 통제함으로써 조직이 기대한 대로 각자의 과업을 수행하도록 유도하는 통제방법을 말한다. 구성원들이 스스로를 통제하도록 유도하기 위해서는 이들에게 바람직한 신념과 가치관을 심어 주고, 조직에 대한 몰입을 강화해야 한다. 이 접근에도 두 가지가 있다.

2.1 신념·가치관 중심 자율통제

인간은 자신의 신념과 가치관에 따라 행동한다. 신념과 가치관은 자신의 행위를 통제하는 데 강력한 영향을 미치기 때문에, 경영자들은 종업원들에게 올바른 신념과 가치관을 불어 넣고자 노력한다. **신념·가치관 중심 자율통제**(belief and value-based self-control)는 종업원들에게 조직목표와 일치하는 신념과 가치관을 불어넣음으로써, 이들이 스스로 자기 자신을 통제하도록 유도하는 접근법이다. 미국 켄터키의 도요타 공장은 품질과 팀워크를 최고의 가치로 삼고, 이 가치체계가 깔린 조직문화를 정립하는데 최선을 다한다. 사원 선발, O·T, 교육훈련 및 보상을 통해 품질과 팀워크의 가치를 주입시킨다. 이 공장의 고품질과 고생산성은 종업원들의 행동을 좌우하는 핵심가치의 덕택이다.

신념·가치관 중심 자율통제를 선호하는 경영자들은 조직문화의 변화를 중요시한다. L. Gerstner는 IBM의 CEO에 임명된 뒤 이 회사를 "환경변화에 과감히 대응하는 효율적 경쟁자"로 변모시키고자 했다. 그러나 조직에 뿌리 깊은 타율, 직급, 지시, 허락과 같은 구태의 가치관들이 걸림돌이었다. Gerstner가 IBM에 새로운 보상 시스템을 도입하고, 자율과 팀워크를 중시하는 새로운 조직문화로 탈바꿈시키는 데는 오랜 시간이 걸렸다.

2.2 몰입 중심 자율통제

몰입 중심 자율통제(commitment-based self-control)는 종업원들이 조직에 몰입하도록 유도함으로써 이들의 자율통제를 유도하는 접근법이다. **몰입**(commitment)이란 종업원들이 기업이나 소속부서와 일체감을 가지고 그 목표와 사명의 성취를 자발적으로 추구하는 상태를 말한다. 조직 내에 몰입 중심 자율통제가 자리 잡기 위해 역점을 두어야 할 요소는 다음과 같다.

① **인간중심의 가치관 강화**: 종업원들을 소중한 자산이라 생각한다. 이들을 한 개인으로 존중하

고 신뢰하며, 이들의 복지향상에 노력한다. 미국 Saturn 회사의 종업원들은 항시 기업의 가치관이 명시된 카드를 소지하고 다닌다. 다음은 그 내용의 일부이다.

> - 개인에 대한 신뢰와 존경: 사람들보다 더 큰 가치를 가진 것은 아무것도 없다.
>   우리는 모든 사람들의 개성에 경의를 표하며, 창조적인 구성원일수록 높은 창의력, 자아존중 및 자율성을 지니고 있다고 믿는다.

② **조직정의의 구현**: 구성원들의 몰입은 신뢰를 기반으로 형성되고, 신뢰는 공정성을 기반으로 형성된다. 새턴, 페덱스, 제너럴 일렉트릭 같은 기업들은 종업원들의 공정한 대우를 보장하는 프로그램을 시행한다. 불평·불만 처리를 위한 공정 보장 프로그램이 그 예이다.

③ **공동체 의식의 고취**: 종업원들에게 공동체 의식을 심어 주어 이들의 몰입을 유도한다. 이를 위해 신분의 차별을 최소화한다. 임원 전용 샤워실이나 주차공간을 없애는 것이 그 예이다. 팀워크를 기반으로 한 팀 과업에 역점을 둔다. 또한 인간관계의 개선과 직무 로테이션을 통해 공동체 의식을 강화한다.

④ **조직 사명과 비전에의 몰입**: 조직 몰입을 위해서는 몰입되어야 할 사명과 비전을 필요로 한다. 몰입의 수준이 높은 조직은 조직의 사명과 비전의 몰입을 통해 조직 목표의 성취를 '지고지선(至高之善)'으로 여긴다.

⑤ **가치관 중심의 채용**: 채용 시 개인의 가치관을 주요 선발기준으로 삼는다. 이를 위해 지원자가 회사의 사명과 비전에 몰입할 수 있는 가치관을 가지고 있는지 예비검사를 실시한다. 대졸 학력이라도 기내의 바닥청소부터 시키는 델타항공이 그 예이다.

⑥ **재무적 보상과 이익배분**: 재무적 보상이 없이 구성원 몰입을 기대하기는 어렵다. 직무몰입, 성취감, 일체감 같은 내재적 동기부여 요인도 중요하지만, 조직몰입을 위해서는 구성원들이 조직성과에 대한 재무적 혜택이 자기에게 돌아온다는 신념을 갖도록 해야 한다.

⑦ **종업원 개발을 통한 자아실현 욕구 충족**: 자아실현 욕구를 충족하도록 종업원들을 개발하는 것은 이들의 조직몰입을 유도하는 지름길이다. 조직몰입을 위해서는 개인적 기술(skill) 습득, 문제해결 능력 개발 및 직무 재설계를 통해 구성원들의 자아실현 욕구를 실현시키는 것이 중요하다.

제5절 재무적 통제

재무적 통제(financial control)는 재무적 성과를 기준으로 경영활동을 통제하는 기법이다. 예산통제와 더불어 경영통제를 위한 전통적 접근에 속하며, 그 중에서도 특히 진단적 통제 시스템에 해당한다. 누구나 이해하기 쉽도록 매출, 생산, 구매 및 인사 등 제반 경영활동에 대한 성과를 금액이나 수치로 표현하는 통제기법이다. 재무적 통제의 수단에는 재무제표, 재무비율 및 손익분기점 분석 등이 있다. 손익분기점 분석은 앞에서 다루었으므로 여기서는 설명을 생략한다.

1. 재무제표

가장 널리 이용되는 재무제표는 대차대조표와 손익계산서이다. 이 중 **대차대조표**(balance sheet)는 특정 시점 현재 기업이 가진 자산, 부채 및 소유주 지분의 상태를 나타내는 재무 보고서이다. 표준 규격에 맞춰 분기별, 반기별 혹은 연도별로 작성된다. **손익계산서**(income statement)는 주어진 기간 동안 달성한 사업성과 및 동 기간에 발생한 수익과 비용 사이의 관계를 요약적으로 보여 주는 보고서이다. 이 보고서 또한 주어진 규격에 맞춰 분기별, 반기별 혹은 연도별로 작성된다. **현금흐름표**(cash flow statement) 역시 중요한 재무제표 중 하나이다. 이는 일정 기간 동안의 현금 유입(cash inflow)과 현금 유출(cash outflow) 상황, 및 특정 시점에서의 현금 보유상태를 보여준다.

2. 재무비율

2.1 재무비율의 의의

재무비율(financial ratio)은 기업의 성과를 시간별로 비교하거나 한 기업의 성과를 다른 기업 혹은 산업평균과 비교하기 위해 계산된다. 재무비율을 계산하는 데 이용하는 자료는 대차대조표, 손익계산서와 같은 재무제표로부터 입수한다. 예를 들어 **순이익률**(net profit margin)은 세액공제 후 순이익을 매출액으로 나눔으로써 계산된다. 이 비율을 연도별로 보면 경영실적의 연도별 추이를 파악할 수 있고, 경영자는 이 비율을 경쟁사들과 비교함으로써 자사의 경쟁적 지위를 평가할 수 있다.

2.2 주요 재무비율

경영통제를 목적으로 **비율분석**(ratio analysis)을 거쳐 산출되는 주요 재무비율은 일반적으로 5가지 범주로 분류된다. 〈표 17-1〉은 각 범주의 재무비율들 중 대표적인 비율과 그 산출 공식을 보여준다.

〈표 17-1〉 주요 재무비율과 산출공식

유동성 비율	• 유동비율 • 재고자산 대 순운전자본 비율	유동자산 / 유동부채 재고자산 / (유동자산 − 유동부채)
레버리지 비율	• 부채 대 지분 비율	부채 / 순자산
커버리지 비율	• 이익 대 이자 비율	이자 및 세액공제전이익 / 이자비용
수익성 비율	• 총이익률 • 순이익률 • 투자수익률(ROI) • 지분수익률(ROE)	총영업이익 / 매출액 세액공제 후 순이익 / 매출액 세액공제 후 순이익 / 총자산 세액공제 후 순이익 / 순자산
활동성 비율	• 재고회전율 • 총자본회전율 • 평균회수기간	매출원가 / 평균재고 매출액 / 총자산 외상매출금 / 1일평균 매출액

- **유동성 비율**(liquidity ratio): 이는 기업의 단기부채를 변제할 능력을 평가하는 척도이다. 이 비율은 기업이 대출금 이자 지급과 같은 현금지출에 대비해 어느 정도의 유동성을 갖추고 있는가를 나타내는 척도로서, 채권자들이 특히 민감한 반응을 보이는 비율이다.

- **레버리지 비율**(leverage ratio): 이는 유동성 비율과 더불어 기업의 재무구조를 나타내는 중요한 척도로서, 기업이 어떻게 소요자금을 조달하는지 나타내는 비율이다. 이 비율은 부채(대출금 등)를 순자산(자기자본)으로 나눔으로써 산출되며, 기업의 타인자본 의존도와 이자 지급능력을 판단하는데 이용된다. 경기불황으로 인해 수익이 감소하면 타인자본 의존에 따른 고정비 부담으로 기업의 지급능력이 악화된다. (후술하는 박스의 '레버리지 효과' 참조)

- **커버리지 비율**(coverage ratio): 기업이 사채발행이나 은행대출 등을 통한 자금조달이 얼마나 가능하고, 이자비용의 지급능력을 얼마나 보유하고 있는지를 나타내는 비율이다. 이 비율에 의해 기업의 재무적 위험도를 평가할 수 있다.

- **수익성 비율**(profitability ratio): 이는 여러 가지 형태의 이익을 매출액, 순자산 혹은 총자산과 비교해 기업의 수익성을 평가하는 비율이다. 이 비율들은 경영자들에게 판매활동, 자본조달 혹은 자

산관리에 관한 결정을 내리는 데 중요한 통찰력을 제공한다. 대표적인 비율이 투자수익률(return on investment: ROI)이다.

- **활동성 비율**(activity ratio): 이는 기업이 외상매출금, 재고자산, 운전자본 및 고정자산과 같은 자원들을 얼마나 효과적으로 활용했느냐를 평가하는 데 이용되는 비율이다.

레버리지 효과

레버리지 비율과 관련된 개념으로서, 레버리지 효과(leverage effect)는 차입금 등 타인 자본을 지렛대로 삼아 자기자본이익률을 높이는 것을 말한다. '지렛대 효과'라고도 한다. 가령 100억 원의 투하자본으로 10억 원의 순이익을 올리면 자기자본이익률은 10%이다. 그러나 자기자본 50억 원에 타인자본 50억 원을 합한 100억 원으로 10억 원의 순이익을 올리면 자기자본이익률은 20%가 된다. 여기서 차입금 등의 금리 비용보다 높은 수익률이 기대될 때는 타인자본을 적극 활용하는 것이 유리하다. 즉, 차입금 금리가 10%이고 기대되는 자기자본 이익률이 20%이면, 차입금을 활용하는 것이 좋다. 그러나 과도하게 타인자본을 끌어들이면, 불황 시 금리 부담으로 기업의 저항력이 약해진다.

제6절 예산통제

예산통제(budgeting control)란 예산을 사용해 경영활동을 통제하는 것을 말한다. **예산**(budget)이란 구체적인 경영활동에 자원을 할당하기 위한 수치적 계획을 말한다. 경영자들이 수립하는 예산에는 수익, 비용, 이익 및 생산량에 관한 것은 물론, 기계나 장치에 대한 자본적 지출에 관한 것도 포함된다. 예산에 의한 경영통제는 전술한 재무적 통제와 마찬가지로 통제를 위한 전통적 접근법 중 진단적 통제기법에 해당한다.

1. 예산의 유형

예산의 종류에는 두 가지가 있다. 운영예산과 재무예산이 그것이다.

1.1 운영예산

재무적 통제의 주요 수단 중 하나가 손익계산서이다. 손익계산서를 구성하는 세 가지 항목은 수익, 비용 및 이익이다. 이 세 항목이 곧 **운영예산**(operational budget)의 요소가 된다. 운영예산에는 이 외에도 운영의 효율성을 감시 및 통제하기 위한 활동예산이 있다.

1) 수익예산

수익예산(revenue budget)은 판매실적을 토대로 수립되는 예산이다. 주로 마케팅 부문의 성과를 통제하는데 이용된다. 여기서는 매출 실적을 예산과 비교해 허용불가능한 편차가 발생하면, 경영자는 편차의 원인을 분석한 후 수정조치를 취한다. 만약 매출액의 예산과 실적 사이의 중대한 편차가 판매촉진을 위한 할인판매에 기인한다면, 이는 허용가능한 편차이다. 그러나 편차가 제품의 품질저하나 비효율적 유통경로의 선택에 의한 것이라면, 이는 허용불가능한 편차이다. 이 경우 경영자는 현재의 경영방침을 수정해야 한다.

2) 비용예산

비용예산(expense budget)은 수익창출 활동에 소요되는 비용에 대한 예산이다. 기업의 자원이 얼마나 효율적으로 배분되고 있는가를 평가하는 데 이용된다. 비용예산에는 생산, 마케팅 및 기타의 보조적 경영기능을 수행하는 데 소요되는 모든 비용이 포함된다. 재료비, 노무비, 제조경비, 임대료, 금융비용, 연구개발비 및 판매관리비 등이 그것이다.

3) 이익예산

이익예산(profit budget)은 수익과 비용을 연결시키는 예산으로서, 수익에서 비용을 차감해 편성된다. 목표로 하는 이익이 실현될 수 있도록 이익창출 활동을 통제하는 데 목적을 둔다. 이익예산에는 조세비용, 각종 상각비용 등, 정교한 기법으로 추정되어야 할 비용들이 포함되기 때문에, 다른 예산에 비해 편성이 복잡하다.

4) 활동예산

활동예산(activity budget)은 수익을 창출하는 데 필요한 활동들을 통제하는 데 이용되는 예산이다. 활동예산에 포함되는 활동에는 작업자의 근로시간, 포장량, 저장량, 판매촉진액, 채권회수액, 재고이용률 등이 있다. 예산 편성 시 금액단위로 표시할 수도 있으나, 비금액 단위로 표시하기도 한다. 가령, 기업이 특정 기간의 기계 가동률을 측정하고 이 비율을 목표 가동률과 비교해 편차가 발생하면, 그 원인이 잘못된 일정계획에 있는지, 기계고장에 있는지, 아니면 작업자들의 기계운전 미숙에 있는지 확인해야 한다.

1.2 재무예산

기업은 생산에 필요한 설비를 구입하고자 할 때 먼저 자금의 조달방법을 생각한다. 부채를 이용할 것인지, 리스(lease)를 이용할 것인지, 유보이익 중 일부를 사용해 현금으로 구매할 것인지가 그 예이다. 이와 같이 기업이 필요로 하는 자원의 조달 및 운용 계획을 세우고 이를 통제하기 위해 수립되는 예산이 곧 **재무예산**(financial budget)이다. 재무예산은 다시 현금예산, 금융예산 및 자본적 지출 예산으로 나뉜다.

① **현금예산**: 현금예산(cash budget)은 수익 및 비용에 관한 자료원으로부터 현금의 유입과 배분에 관한 자료를 입수해 편성하는 예산이다. 이는 기업이 지불능력을 유지하고, 수익창출 활동에 소요되는 현금을 확보 및 배분함으로써 현금 흐름을 통제하는 데 목적이 있다. 현금예산은 원점에서 출발해 실제 현금의 유입과 유출을 추정함으로써, 현금흐름의 패턴을 보여 준다는 점에서 유용하다. 예컨대, 장차 설비구입을 위해 큰 비용지출이 예상될 경우 리스를 이용할 것인가, 현금으로 구매할 것인가와 같은 의사결정을 내리는 데 도움을 준다.

② **금융예산**: 금융예산(financing budget)은 현금흐름의 추정결과와 자본적 지출의 계획을 토대로 수립되는 예산으로서, 자산을 획득하는 데 필요한 자금의 조달방법을 확인 및 통제하는 데 이용된다. 금융예산은 대부, 리스, 신용구매, 현금 및 매출채권, 유보이익, 개인 투자, 자본금, 사채 및 기타의 금융자원에 대한 금융 방법을 체계화한 것이다.

③ **자본적 지출 예산**: 자본적 지출 예산(capital expenditure budget)은 시설, 장비, 기술 및 기타의 장기적 자산의 구입에 관한 전략적 의사결정을 위해 편성되는 예산이다. 예컨대 컴퓨터통합 제조시스템(CIM)을 구축하는 데에는 하드웨어와 소프트웨어 구입, 교육훈련, 엔지니어링 및 가동준비비용

의 지출을 필요로 한다. 이처럼 방대한 자산의 구입이나 소유자산의 가치 증식을 위해 지출되는 자본에 관한 예산이 자본적 지출 예산이다.

2. 책임중심점

예산통제에서 간과해서는 안 되는 또 한 가지 중요한 개념이 책임중심점이다. **책임중심점**(responsibility center)이란 조직성과를 창출하는데 필요한 주요 활동들에 대해 책임을 부여받은 작업집단, 부서 혹은 사업부를 말한다. 책임중심점에는 〈그림 17-8〉과 같이 수익중심점, 비용중심점, 이익중심점 및 투자중심점의 네 가지가 있다. 경영자들은 이 책임중심점들의 예산편성에 대한 책임을 진다.

〈그림 17-8〉 책임중심점의 유형과 목적

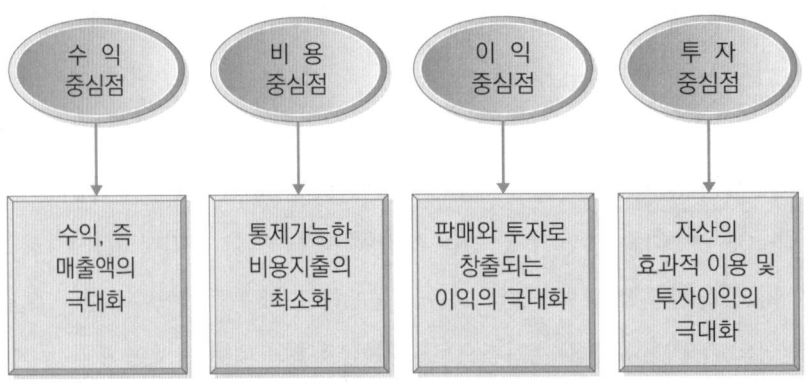

① **수익중심점**(revenue center): 판매활동을 통한 수익창출 능력을 기준으로 그 성과가 평가되는 조직단위이다. 마케팅 관련 부서들은 전부가 수익중심점이 된다. 그러나 투자 수익, 업무적 비용 및 순이익은 수익중심점의 책임 대상에서 제외된다.

② **비용중심점**(cost center): 관리자가 작업활동으로 인해 발생하는 통제 가능한 비용에 대해 책임을 지는 조직단위이다. 이 조직단위의 경영자는 수익이나 투자에 대한 책임은 지지 않으며, 예산에 설정된 비용표준과의 편차를 토대로 성과가 평가된다. 생산, 구매, 품질관리, 재고관리 및 유지보수 등, 생산문제와 관련된 대부분의 부서는 비용중심점이 된다. 물론, 관리부문에도 비용중심점

이 되는 조직단위가 있다.

③ **이익중심점**(profit center): 수익과 비용 양쪽에 대한 책임이 있는 조직단위이다. 수익과 비용의 차이, 즉 이익의 관점에서 성과가 평가된다. 예로서, 마케팅 부문은 수익중심점(영업소 등)과 비용중심점(서비스 담당부서 등)을 동시에 가지고 있기 때문에, 마케팅 관리자는 기업에 있어 매우 중요한 이익중심점이 된다.

④ **투자중심점**(investment center): 기업의 자본적 지출과 투자구조에 대대 책임을 지는 조직단위이다. 이익중심점의 경영자는 일반적으로 투자중심점의 활동도 통제한다. 자산에 대한 투자가 이익에 영향을 미치기 때문이다. 투자중심점의 성과는 기업의 투자수익, 자산의 순가치 및 투자자 배당금을 토대로 평가된다.

제7절 행위적 통제의 장애요인과 외부통제

경영자가 구성원들의 행위를 통제하고자 할 때, 이들이 반드시 경영자가 의도한대로 행동하지는 않는다. 구성원들이 경영자의 통제권을 벗어나려하기 때문이다. 이 경우 조직의 통제 행위는 효과를 거두기 어렵다. 이것이 종업원 통제의 장애요인이다. 또한 경영자들 자신이 경영활동의 적절성이나 책임수행과 관련하여 외부로부터 감사를 받기도 한다.

1. 행위적 통제의 장애요인

1.1 행위적 전치

행위적 전치(behavioral displacement)는 통제에 의해 유발되는 행위가 조직이 의도하는 행위와 배치되는 상태를 의미한다. 전치(轉置)는 이른바 본말전도(本末顚倒)의 현상으로서, 중요한 것과 중요하지 않은 것이 뒤바뀌는 상태이다. 구성원들이 통제를 받을 때, 기업목표의 달성은 도외시하고 자신에게 유리한 방향으로 반응하는 경우가 그것이다. 특히 측정되거나 평가되는 활동은 적극적으로 수행하지만, 측정되지 않거나 평가되지 않는 활동은 기업 목표 달성에 필요한 일이라도 회피할 가능성이 있다. 예컨대 시간당 판매액을 영업사원 성과평가의 척도로 사용한다면, 영업사원들은 성과를 부풀리기 위해 현장 근무시간을 축소해 보고할 수 있다. Nordstrom에서 발생한 사례이다.

1.2 술수

술수(gamesmanship)란 회사에 손실을 초래하면서까지 오로지 자신의 성과를 부풀리는 데 목적을 둔 경영자의 교묘한 술수를 의미한다. 가령, 어느 생산관리자가 연말에 재고비용의 최소화라는 개인적 목표를 달성하기 위해 부품과 연료의 재고를 폐기 처분한다면, 이는 술수에 해당한다. 판매관리자가 연말에 판매실적을 올리기 위해 일단 거래처에 제품을 주문량 이상 과다 선적한 후 나중에 반송을 받는 것도 술수의 예이다.

1.3 업무지연

업무지연(operating delay)은 통제의 목적에 어긋나는 또 다른 부정적 행위이다. 이는 신속한 의사결정을 요하는 상황에서는 특히 위험한 행위이다. 잭 웰치가 처음 GE의 CEO가 되었을 때, 그는 사업부장들이 신제품 출시를 위한 결제를 받는 데 1년 이상 걸릴 때가 많다는 사실을 알았다. 문제는 이 회사의 통제 시스템 상 너무 복잡한 결제절차에 있었다. 잭 웰치는 조직계층을 축소하고 결제절차를 간소화함으로써 이 문제를 해결했다.

1.4 부정적 태도

통제는 종종 구성원들의 **부정적 태도**(negative attitude)를 유발한다. 가령, 중간경영자들은 예산을 최고경영층이 자신을 압박하기 위한 수단이라고 생각할 뿐 아니라, 실제로 자신들이 예산을 부하들에 대한 압박수단으로 사용하는 경우가 있다.

2. 외부통제

2.1 경영감사

모든 감사는 조직을 평가해 그 성과가 적절한 수준에 이르도록 하는데 목적을 둔다. **경영감사**

(management audit)는 일정한 감사 팀이 직접적 관찰, 실사(實査) 및 인터뷰를 통해 미리 정해진 기준에 따라 경영활동을 평가하는 것을 말한다. 감사 팀은 외부의 컨설턴트, 내부의 전문 스탭, 동료사원 및 기타의 종업원들로 구성된다. 이들은 경영자들이 생산, 마케팅, 인사, 재무 및 연구개발 등, 모든 경영분야에 걸쳐 경영기능을 제대로 수행하는지 감사한다. 감사의 객관성 확보를 위해 가능한 한 측정 가능한 활동들을 중심으로 평가하되, 정성적인 척도들을 사용하기도 한다.

2.2 사회감사

사회감사(social audit)는 경영자들이 기업의 사회적 역할과 책임을 얼마나 잘 수행하고 있는지를 평가하는 감사이다. 여기서는 제품 안전성, 환경보호, 소비자 권익보호, 지역사회 공헌 및 경영윤리를 중심으로 경영활동을 평가한다. 사회감사 대상에는 그 외에도 종업원 복리후생, 근로조건, 직장 분위기, 종업원 성장기회, 건강 및 육아문제와 같은 조직 내부 구성원들의 삶의 질(quality of life)에 관한 문제가 포함된다.

사회감사의 영역은 크게 세 가지로 구분된다: 인류사회, 지역사회 및 조직사회. 〈그림 17-9〉는 기업이 이 세 집단에게 어떠한 가치를 제공하느냐에 따라 기업가치가 달라짐을 보여준다.

〈그림 17-9〉 사회에 대한 기업의 가치

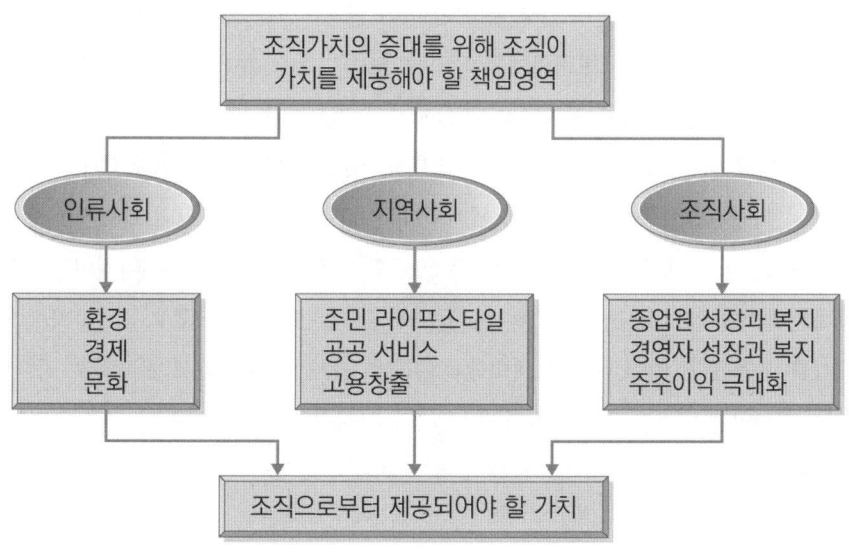

복습 및 연구문제

■ 복습하기

1. 통제의 의의와 중요성을 설명하라.
2. 통제의 목적은 무엇인가?
3. 관료적 통제와 가족적 통제의 의의를 설명하라.
4. 사전적 통제와 사후적 통제의 차이는 무엇인가?
5. 신념/가치관 중심 자율통제와 몰입중심 자율통제를 비교하라.
6. 행위적 통제의 장애요인을 들어라.
7. 다음 사항에 대해 약술하라.
   (1) 가족적 통제   (2) 통제의 과정   (3) 경계적 통제방법
   (4) 유동비율   (5) 레버리지 비율 (6) 책임중심점

■ 토론하기

근래에 미국 기업사회에서는 절대적 권한을 행사해 왔던 최고경영자(CEO)의 영향력이 크게 줄어드는 반면, 이사회나 회계법인 등 이른바 '감시자'들의 힘이 급격히 커지고 있다. 이제까지 이사회와 회계법인들은 CEO를 지원하며 원만한 협력관계를 유지해왔으나, 최근 들어 기업에 문제가 생길 때마다 이들이 직접 책임을 지게 되는 사례가 잇따르자 CEO에 대한 견제를 크게 강화하고 있다.

요즘 이슈가 되고 있는 미국 보험사 AIG가 대표적 예이다. 이 회사가 재보험사인 제너럴에 '한정재보험'을 들면서 이면거래를 했다는 의혹이 제기되자, 이사회는 행크 그린버그 회장에게 즉각 사임하라고 압력을 가했고, 결국 그린버그는 전격적으로 CEO와 회장직을 사임했다. 회계법인인 딜로이트는 전자제품 업체인 몰렉스의 CEO가 순이익의 1% 규모에 달하는 회계상 오류를 공개하지 않기로 결정하자 감사의 포기를 선언했다. 이어 다른 회계법인들도 모두 감사할 수 없다고 거부하고 나서자 결국 이 회사 이사회는 CEO인 몰렉스를 해고시켰다. 이사회나 회계법인들의 영향력이 이처럼 커진 것은 회사에 문제가 생겼을 때 자신들도 큰 피해를 입을 수 있다는 우려가 확산되고 있기 때문이다. (자료원: 한국경제 2005. 4. 16)

1. 경영활동에 대한 통제의 목표에 비추어 내부통제와 외부통제 중 어느 것이 바람직하다고 생각하는가?
2. 내부통제의 한계에 대해 토론해보자.
3. 우리나라와 같은 감사환경 속에서 CPA에 의한 외부감사가 경영자들의 경영활동을 직접 통제할 수 있다고 생각하는가?

■ **자기평가**

통제에 대한 당신의 마인드는? 다음 문항들은 당신이 생활 속에서 흔히 경험할 수 있는 행위를 나열한 것이다. 각 문항에 대한 당신의 생각을 다음과 같은 5점 척도로 답변하라.

1. 전혀 그렇지 않다 2. 별로 그렇지 않다 3. 반반이다 4. 약간 그렇다 5. 아주 그렇다

(1) 문제가 발생했을 때 다른 사람 탓으로 돌리는 것은 사람의 본성 때문이다.(   )
(2) 사람은 누구나 돈의 유혹을 받게 되어 있다.(   )
(3) 사람이 한번 거짓말을 하면 두 번 거짓말하는 것은 매우 쉽다.(   )
(4) 세상에는 돈으로 안 되는 일이 별로 없다.(   )
(5) 혼자 공부하는 것보다 규율이 엄격한 고시반에서 공부하는 것이 훨씬 효과적이다.(   )
(6) 시험을 자주 보는 것이 학습에 효과적이다.(   )
(7) 내가 일한 것보다 많은 보수를 주는 직장에 다니고 싶다.(   )
(8) 수업시간에 다른 친구들과 종종 잡담을 한다.(   )
(9) 친한 친구의 말이면 팥으로 메주를 쑨다고 해도 곧이듣는다.(   )
(10) 나는 친구들에게 선의의 거짓말을 가끔 한다.(   )

● **평가방법:**

총점 40점 이상: 통제 시스템이 매우 필요함을 의미한다.
20~39점: 통제 시스템이 필요함을 의미한다.
20점 미만: 통제 시스템이 별 필요 없음을 의미한다.

제18장 운영관리
Operations Management

이 장에서는 운영시스템을 어떻게 설계하고, 이 시스템의 운영을 위해 어떻게 계획하고 통제할 것인지를 공부한다. 또한 품질 경영과 서비스 경영 문제에 대해서도 논의한다. 마지막으로, 정보기술과 정보시스템의 활용방법을 소개한다.

제1절 운영관리의 기초

1. 운영관리와 운영 시스템

1.1 운영관리란?

운영관리(operations management)는 조직이 자원을 투입하여 제품이나 서비스를 산출하는 과정을 관리하는 것을 말한다. 다른 경영자들과 마찬가지로 운영관리자들 또한 계획, 조직화, 지휘 및 통제의 기능을 수행한다. 그러나 운영관리자들은 특별히 5P라 하는 기업의 생산자원에 역점을 둔다. 5P는 사람(people), 공장(plant), 부품(part), 공정(process) 및 계획·통제 시스템(planning & control system)이다. 운영관리는 5P를 효과적으로 설계하고 운용하는 과정이다.

1.2 운영 시스템

운영관리의 중심에는 **운영 시스템**(operation system)이 있다. 〈그림 18-1〉에서 볼 수 있는 바와 같이 제품을 생산하는 기업이든 서비스를 생산하는 기업이든 모든 운영 시스템은 투입, 변형 및 산출의 세 과정으로 이루어진다. 운영 시스템은 조직환경과 서로 영향을 주고받으면서 상호작용을 한다. 즉 운영 시스템은 **개방 시스템**(open system)이다.

〈그림 18-1〉 운영 시스템의 기본 틀

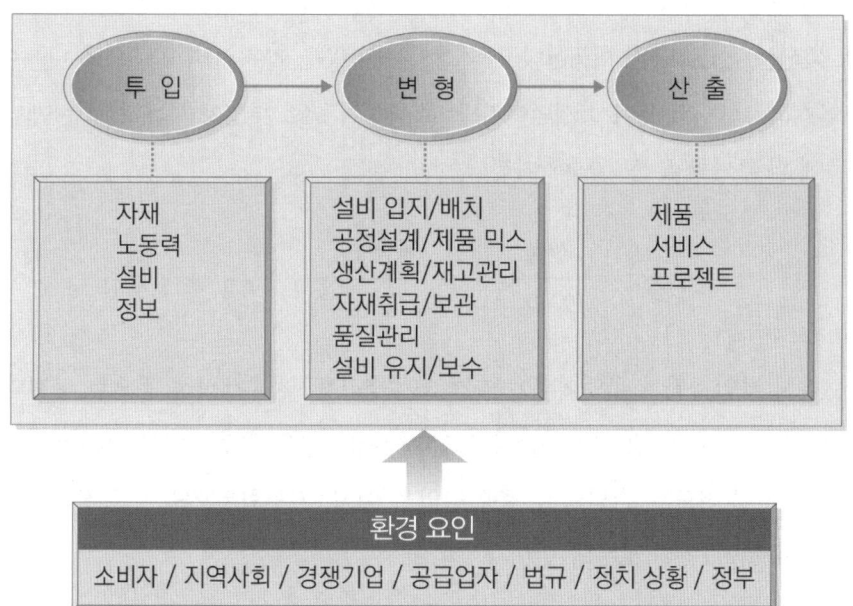

투입(input)은 제품이나 서비스를 산출하는 데 필요한 자원을 말한다. 주요 투입물은 자재, 노동력 및 설비이다. 그 외 고객, 기술 및 경쟁기업에 관한 정보도 투입물들이다.

변형(transformation)은 생산 시스템에 투입된 자원들을 제품이나 서비스로 바꾸는 과정이다. 변형의 이유는 변형을 통해 그 이전보다 가치를 더 증대시킬 수 있다고 기대하기 때문이다. 밀가루를 빵으로 변형시키는 것이 그 예이다.

산출(output)은 변형의 최종결과를 말한다. 산출물은 크게 세 가지이다. 제품, 서비스 및 프로젝트가 그것이다. 제품은 유형의 재화를 말하고, 서비스란 무형의 재화를 말한다. 프로젝트는 주로 주문을 받아 생산되는 산출물로서, 제품이나 서비스의 생산에 비해 많은 비용과 시간을 요한다.

환경 요인(environmental factors)은 운영 시스템에 영향을 미치는 외부요인들이다. 소비자, 지역사회, 경쟁업체, 자재 공급업자, 기술, 경제동향, 법적·정치적 상황 및 정부가 그 예이다.

2. 생산성의 관리

2.1 생산성의 의의

조직의 경영자들이 가장 관심을 가지고 있는 개념들 중 하나가 생산성이다. 앞서의 〈그림 18-1〉에서 **생산성**(productivity)은 제품이나 서비스의 산출량을 자원의 투입량으로 나누어 산출되는 값이다. 효율성(efficiency)과 유사한 개념이지만, 효율성이 주로 투입에 무게를 두는 개념이라면, 생산성은 산출에 더 무게를 두는 개념에 가깝다.

$$생산성 = \frac{산출}{투입} = \frac{생산량}{투입자원의 양}$$

생산성은 다시 투입자원이 무엇이냐에 따라 노동생산성, 자본생산성 등으로 나뉜다. 노동생산성은 투입자원이 노동력인 경우의 생산성이고, 자본생산성은 투입자원이 자본인 경우의 생산성이다. 식당의 생산성 척도는 '손님의 수/종업원의 수'이고, 자동화된 자동차 공장의 생산성 척도는 '조립된 자동차 수량/가동된 로봇의 수'이다.

2.2 생산성의 중요성

경영자들이 생산성에 관심을 갖는 이유는 크게 두 가지이다. 첫째는 동종 혹은 유사 업종의 경쟁기업과 비교해 자사의 경쟁력을 가늠하는 척도이기 때문이다. 둘째는 조직의 자원을 얼마나 생산적으로 사용하고 있는지 판단하는 척도이기 때문이다. 생산성이 향상되면 기업은 경쟁력 있는 원가구조를 가지게 됨으로써 소비자들에게 저렴한 가격으로 많은 상품을 판매할 수 있다. 또한 종업원 급여를 인상하면서도 순이익을 증대시킬 수 있다.

거시적으로 보면, 기업의 생산성은 자국 산업 국제경쟁력의 원천으로 작용한다. 1960년대와 1970년대에 한국경제가 고속성장을 기록했던 것은 한국인들의 타고난 재능과 저렴한 인건비에 따른 높은 노동생산성 덕택이었다. 1980년대 일본이 누린 경제적 번영도 품질향상을 통한 생산성 증대에 기인한다. 당시 일본 기업들의 생산성 향상에 교두보 역할을 한 것이 분임조를 중심으로 한 품질관리와 JIT(적시생산)를 중심으로 한 재고관리 및 하청관리이다. 일본기업들의 국제경쟁력에 긴장한 서구의 선진기업들도 생산성 향상을 위한 경영혁신을 서둘렀다. 중장비 제조회사 캐터필러는 노동력과 기술력을 중심으로 생산성 향상에 투자한 결과 고객만족도와 시장점유율 증대는 물론, 종업원 수 29% 감축에도 불구하고 매출액이 27% 증가했다.

2.3 생산성의 관리

생산성은 사람과 시스템 운영이라는 두 변수의 함수이다. 일찍이 일본 산업계에 품질관리 붐을 일으킨 경영컨설턴트 데밍(W. E. Deming)은 생산성 증대의 일차적 원인을 작업자들이 아닌 경영자들에게 돌렸다. 〈표 18-1〉은 경영자들의 생산성 향상을 위해 데밍이 제시한 14가지 지침이다. 이 지침을 통해 그는 사람과 시스템이 하나로 통합되어 효과적인 상호작용이 이루어져야 함을 강조하고 있다.

GE의 한 사업부 GE Medical System의 서비스 기사들은 영상기기 보수를 위해 90kg의 매뉴얼을 소지하고 다녔다. 서비스 시간의 15%를 매뉴얼 준비에 소비한 이유이다. 회사는 서비스 기사들에게 PC를 주어 장비보수에 관한 정보를 저장하도록 했다. 결과는 9%의 생산성 향상이었다. 사람과 시스템 간 상호작용의 중요성을 보여주는 사례이다.

〈표 18-1〉 데밍의 14가지 생산성 향상 지침

1. 계획은 장기적 미래를 위해 세워라	8. 작업자들의 작업에 대한 두려움을 제거하라
2. 철두철미한 품질관리를 하라	9. 부서나 사업부들 사이의 협력을 극대화하라
3. 공정에 대한 통계적 품질관리를 실시하라	10. 너무 엄밀한 계량적 목표를 세우지 말라
4. 최상의 공급업자를 소수정예로 유지하라	11. 작업자들의 작업의 질을 높여라
5. 공정의 어디가 문제인지 정확히 진단하라	12. 작업자들에게 통계적 기법을 교육하라
6. 직무에 관한 작업자 교육훈련을 실시하라	13. 작업자들이 새로운 기능을 습득하도록 하라
7. 라인 감독들의 질적 향상을 꾀하라	14. 책임성 있게 이 원칙들이 이행되도록 하라

제2절 운영 시스템의 설계

제조기업이든 서비스 기업이든 모든 기업의 운영 시스템을 설계하는 데는 세 가지 의사결정을 필요로 한다: 설비의 입지, 제조공정의 설계 및 설비의 배치. 운영 시스템 설계에 관한 의사결정을 요약하면 〈그림 18-2〉와 같다.

〈그림 18-2〉 운영 시스템 설계 의사결정

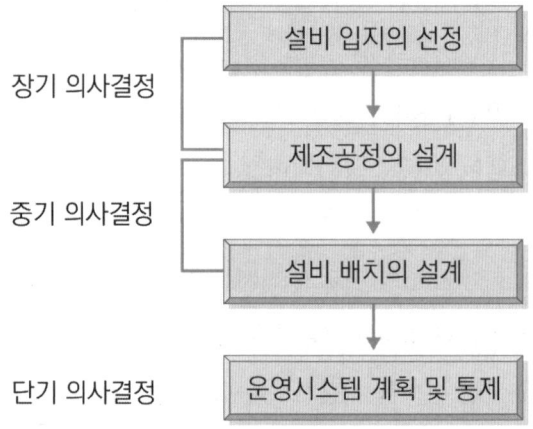

1. 설비입지의 선정

설비입지(facility location)의 선정 시 고려해야 할 요인은 두 가지로 나뉜다. 하나는 경제적 요인이고, 다른 하나는 경제외적 요인이다.

1.1 경제적 요인

입지(立地) 선정 시 고려해야 할 경제적 요인은 다음과 같다. 첫째는 자재 관련 요인이다. 생산설비는 질 좋은 원자재를 저렴한 가격으로 조달할 수 있는 곳에 입지해야 한다. 철강으로 유명한 디트로이트에 자동차 공장들이 밀집되어 있는 이유이다.

둘째는 노동력이다. 생산설비는 양질의 저렴한 노동력을 충분히 제공하는 곳에 입지해야 한다. 1980년대 후반 이후 섬유산업과 신발산업이 미국과 한국에서 중국으로, 중국에서 말레이시아나 베트남으로 이동한 것은 노동력의 양 및 인건비의 영향이다.

셋째는 시장관련 요인이다. 제조공장이 시장에 근접한 경우 제품수송에 별 문제가 없지만, 그렇지 않을 경우 수요지에 대한 제품수송이 원가에 큰 부담을 줄 수 있다. 특히 해외시장을 표적으로 하는 제조공장은 제품 선적에 유리하도록 해변에 위치하는 것이 효과적이다. 조선소가 울산이나 옥포에 위치하는 이유도 여기에 있다.

넷째는 부지관련 요인이다. 생산설비가 들어서기 위해서는 부지(site)의 확보가 필요하다. 부지의 선정기준은 후보지역의 지대(地代), 동력과 용수 이용 가능성 및 접근성 등이다. 정부나 지자체의 행정지원, 금융지원 및 조세정책을 따져보는 것도 중요하다.

1.2 경제외적 요인

입지선정 시 고려하여야 할 경제외적 요인은 주로 기업환경과 관련된 요인들이다. 정치적 요인, 사회·문화적 요인, 교육적 요인, 및 자연환경적 요인 등이 그것이다.

첫째는 정치적 요인이다. 이는 특히 기업의 해외진출 시 중요시된다. 1990년대, 힐튼호텔이 베트남의 하노이에 호텔을 개장했으나, 속빈강정으로 전락했다. 당시 이 나라는 차세대 '아시아의 호랑이'로 주목 받았으나, 정부의 경제, 행정 및 조세 정책은 반기업적이었으며, 공무원의 부정부패가 기승을 부렸다.

둘째는 사회·문화적 요인이다. 스페인은 역사와 전통을 자랑하는 나라로서, 국민들의 의식변화가 쉽지 않고, 제품들의 수명주기 또한 상대적으로 다른 나라보다 길다. 반면에 홍콩은 역사가 짧고 여러 민족이 모이는 상업국가이다. 이로 인해 홍콩에서의 제품수명주기는 비교적 짧다.

셋째는 교육적 요인이다. 주거지역이나 학교 근처에 숙박업소가 들어서는 것은 교육적 차원해서 논란을 일으키기 쉽다.

마지막 요인은 자연적·생태적 요인이다. 지역에 공항이 들어서면 소음이 심해서 주민생활에 불편을 주고, 축사에 피해를 주어 주민들과 마찰을 일으키는 사례가 많아진다.

2. 제조공정의 설계

설비의 입지가 선정된 다음에는 제조공정의 형태를 설계해야 한다. **공정설계**(process design)에서 해결해야 할 주요 의사결정 문제는 다음과 같다.

- 제조공정의 목표를 효율성에 둘 것인가, 작업자 유효성에 둘 것인가?
- 반복적인 생산기술을 사용할 것인가, 비반복적인 생산기술을 사용할 것인가?
- 제조공정에서 원재료, 부품, 완제품 및 서비스의 흐름을 어떻게 설계할 것인가?
- 자동화와 전산화의 수준은 어느 정도를 목표로 할 것인가?

2.1 단속생산과 연속생산

생산 시스템은 제조공정이 단속적인지 연속적인지에 따라 두 가지 유형으로 나뉜다.

① **단속생산 시스템**: 단속생산 시스템(intermittent production system)은 생산의 요구가 있으면 설비를 가동해 필요한 만큼 생산하고, 그렇지 않으면 가동을 중지하는 시스템을 말한다. 자동차 서비스센터, 맞춤용 가구공장, 건축현장 등이 그 예이다. 주로 다품종 소량생산의 경우에 도입된다. 비반복적 생산기술을 사용하며, 효율성보다는 작업자 유효성에 목표를 둔다. 주문자의 사양(仕樣)에 맞춰 생산하기 때문에 자동화 수준은 낮으며, 제조공정에서의 자재의 흐름 또한 작업자에 의존하기 때문에 자재의 단속적 흐름이 이루어진다. 고객의 다양한 욕구를 충족시킬 수 있다는 장점이 있는 반면, 대량생산에 따른 **규모의 경제**(economy of scale)를 누리기 어렵다.

② **연속생산 시스템**: 연속생산 시스템(continuous production system)은 제품이나 서비스에 대한 수요나 주문에 관계없이 주어진 생산계획에 따라 생산하는 시스템이다. 일반적으로 소품종 대량생산의 형태를 띤다. 따라서 작업자 유효성의 관점보다는 효율성의 관점에서 제조공정을 설계한다. 반복적인 생산기술을 사용하고, 자재의 흐름은 사람보다는 주로 기계에 의존한다. 연속생산 시스템은 대량생산의 기본원리인 3S, 즉 표준화, 단순화 및 전문화를 통해 규모의 경제를 노릴 수 있는 장점이 있는 반면, 직무의 단순화로 인해 작업자의 직무불만족을 초래할 가능성이 크다. (다음페이지 상단의 '범위의 경제' 참조)

> **범위의 경제**
>
> 제조공정의 형태를 단순히 단속생산과 연속생산의 두 가지로 분류하는 것은 오늘날 그 의미가 쇠퇴하고 있다. 컴퓨터와 IT의 발달로 자동화와 유연화의 경계가 모호해졌기 때문이다. 오늘날 소비자들이 요구하는 것은 다품종 소량생산으로서, 이는 고원가를 초래하는 생산방식인 것으로 인식되어 왔다. 그러나 지금은 다양한 제품을 생산하면서도 저원가를 꾀할 수 있는 기법들이 개발됨으로써, 이른바 범위의 경제(economy of scope)가 실현되고 있다. 범위의 경제란 기업이 취급하는 제품의 범위를 늘리면서도 경제성을 획득할 수 있다는 원리이다. 간단한 예가 두부공장이다. 이 공장에서 만약 콩밭을 운영하고, 생산된 콩을 이용해 청국장, 된장, 간장 및 두부를 생산한다면, 범위의 경제를 거둘 수 있다. 제조업에서 범위의 경제가 가능해진 것은 그룹 테크놀로지(group technology), 모듈화, CAD/CAM, FMS 등, 컴퓨터와 정보기술을 기반으로 한 새로운 생산기법 덕분이다. 이러한 새로운 기법의 등장으로 경영자들은 자동화와 유연화, 그리고 규모의 경제와 범위의 경제라는 두 마리의 토끼를 동시에 잡을 수 있게 된 것이다.

2.2 제조공정의 현대화

현대의 글로벌 경쟁은 고객만족이라는 목표 하에 생산성, 품질, 속도 및 유연성을 기업생존의 필요조건으로 요구한다. 이러한 추세에 발맞추어 자동화와 전산화를 통한 생산 시스템의 고도화가 가속화되고 있다. 자동화와 전산화를 기반으로 하는 현대적 제조공정 시스템에는 산업용 로봇, CAD/CAM, FMS 및 CIM 등이 있다.

- **산업용 로봇**: 산업용 로봇(industrial robot)은 '화이트 칼라'와 '블루 칼라'의 개념에 대응해 흔히 '스틸 칼라(steel collar)'로 불린다. 로봇이 대부분 강철로 제작되는 데서 비롯된 명칭이다. 산업현장에서 로봇이 가장 많이 이용되는 분야는 자동차 조립공장이다.
- **CAD/CAM**: CAD(computer-aided design)는 신제품을 설계하거나 기존 제품을 수정하고 제품의 원형을 실험하는데 이용되는 전산화된 설계방식이다. 문제들을 설계단계에서 미리 탐지함으로써, 신제품 개발에 소요되는 많은 시간과 비용을 절감하는데 목적이 있다. CAM(computer-aided manufacturing)은 컴퓨터를 이용해 제조공정을 지휘하는 전산화된 생산 시스템이다. 제조공정이 복잡하고 설계변경이 잦은 경우 특히 효과적이다.
- **FMS**: CAM이 일반적으로 한 번에 하나의 기계나 공정을 다루는 반면, FMS, 즉 유연생산시스템(flexible manufacturing system)은 전산화에 의해 모든 기계들을 동시에 제어하는 자동화된 제

조공정 시스템이다. FMS는 CAM에 **유연성**(flexibility)을 덧붙인 공정 기법이라 할 수 있다.

• **CIM**: CIM, 즉 **컴퓨터통합 제조시스템**(computer-integrated manufacturing)은 컴퓨터의 지원을 받아 모든 생산활동들을 하나로 통합시키는 자동화된 제조 시스템이다. 속도, 유연성, 품질 및 저원가를 바탕으로 기업에 경쟁우위를 제공한다. 1980년대 중반까지만 해도 기업이 소품종 대량생산을 통한 규모의 경제를 꾀하던 것이, 지금은 소비자들의 다양한 욕구를 충족시킬 수 있도록 다품종 소량생산을 통한 범위의 경제로 패러다임이 바뀌고 있다. CIM은 이와 같은 새로운 패러다임의 구현을 목적으로 생산 시스템에 유연성을 가져오기 위한 접근법이다.

3. 설비의 배치

설비는 기본적으로 다음 네 가지 방법으로 배치할 수 있다.

① **고정위치 배치**: 고정위치 배치(fixed-position layout)는 생산하고자 하는 제품의 설비가 고정된 위치에 배치되고, 필요할 경우 관련 장비와 도구들이 이 위치로 운반되는 배치형태이다. 건축이나 조선, 댐 수문처럼 덩치가 큰 제품이나 프로젝트를 생산할 때 이용된다.

② **제품별 배치**: 제품별 배치(product layout)는 자재나 부품이 한 작업에서 다른 작업으로 순서에 따라 이동하면서 완제품이 생산되도록 설비를 배치하는 방식이다. 여기서는 한 제품의 생산을 위해 작업이 고도로 전문화된다. 컨베이어에 의한 조립라인이 그 예이다. 제조업에 국한된 배치방식이 아니라, 〈그림 18-3〉의 자동세차장처럼 서비스 시설에도 도입되는 방법이다.

③ **공정별 배치**: 공정별 배치(process layout)는 공정별로 작업센터를 구성하고, 각 공정을 처리하는 데 필요한 기계와 공구들을 이 센터에 배치하는 방식을 말한다. 가령, 드릴이나 천공용 프레스는 천공 작업센터에 배치되어 천공에 관한 한 제품의 종류와 관계없이 여기서 처리된다. 대학시설은 강의실, 도서관, 대학본부, 전산소, 연구동 등 전형적인 공정별 배치이다.

〈그림 18-3〉 제품별 배치의 예: 세차장

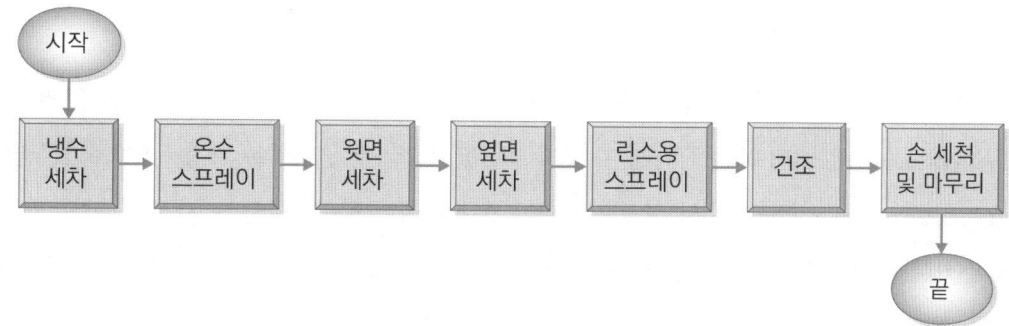

④ **셀형 배치**: 셀형 배치(cellular layout)는 유사한 기능을 수행하는 기계, 공구 및 작업자들을 같은 셀에 묶어 배치하는 형태를 말한다. 공정별 배치와 제품별 배치의 단점을 보완하고 두 방식의 장점을 살리는데 목적이 있다. 자재취급비용의 최소화와 효율성 증대 및 작업자 유효성의 증대에도 기여할 수 있다. 〈그림 18-4〉는 셀형 배치(c,d)가 공정별 배치(a)와 제품별 배치(b)의 단점을 어떻게 보완하는가를 예시한다.

〈그림 18-4〉 전통적 설비배치의 단점 보완을 위한 U자형 셀형 배치

 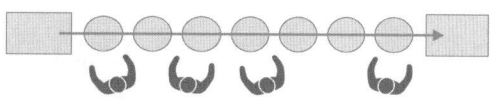

(a) 현재의 배치 : 작업자들이 좁고 폐쇄된 공간에 있어서 제 3의 작업자가 없으면 생산량 증대가 어렵다.

(b) 현재의 배치 : 직선형태로 배치되어 있어 공정 간 균형이 어렵다.

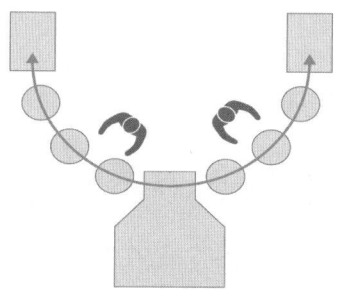 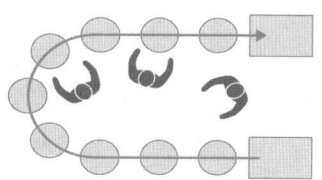

(c) 셀형 배치 : 작업자들끼리 서로 도울 수 있다. 제 3의 작업자를 추가할 수 있다.

(d) 셀형 배치 : 작업자들의 서로에 대한 접근성이 증대함으로써, 예컨대 4명의 작업자를 3명으로 줄일 수 있다.

제3절 운영계획 및 통제

운영관리를 제대로 하기 위해서는 운영활동에 대한 계획과 통제가 필요하다. **운영계획**(operations planning)은 어떤 제품을 언제, 어떻게 생산할 것인가를 결정하는 과정을 말하고, **운영통제**(operations control)는 수립된 생산 및 일정계획이 제대로 실행되는지 확인 및 시정해 나가는 과정을 말한다. 운영계획 중 가장 장기적인 계획은 능력계획이고, 가장 단기적인 계획은 일정계획이다. 운영계획의 체계를 정리하면 〈그림 18-5〉와 같다.

〈그림 18-5〉 운영계획의 체계

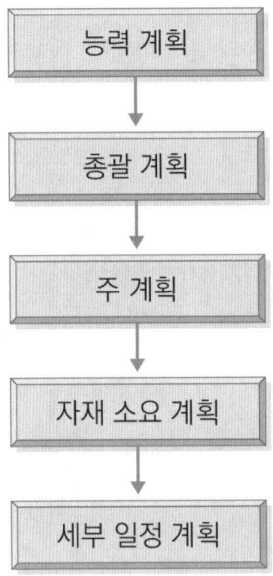

1. 능력계획

능력계획(capacity planning)은 기업이 제품이나 서비스를 생산하는 데 필요한 자원들을 얼마나 보유하고 이를 어떻게 조달할 것인가를 결정하는 과정이다. **생산능력**(production capacity)이란 기업이 제품이나 서비스를 생산하는데 필요한 생산설비, 인력, 자재 및 기술과 같은 자원들을 의미한다. 생산능력에는 두 가지 수준이 있다. 설계능력과 유효능력이 그것이다. **설계능력**(design capacity)은 한 설비가 이상적인 상황에서 달성 가능한 최대의 생산능력을 말하고, **유효능력** (effective capacity)은 설계능력 중 한 설비가 실제로 발휘할 것으로 기대할 수 있는 생산능력을 말한다.

생산능력에 관한 의사결정은 기업에 장기적 영향을 미친다. 따라서 기업이 수요증가에 대비해 생산능력을 확장하는 경우, 능력의 확장이 기업의 다른 부문에 미치게 될 영향을 고려해야 한다. 만약 현재의 생산능력이 부족하면, 부족분만큼 외부에 **하청**(subcontracting)을 주는 방법이 있다. 설비, 기술 및 인력을 상시에 충분히 보유하지 않고 필요시 외부에 하청을 주는 **아웃소싱** (outsourcing)도 유사한 대안이다. 항공사에서 탑승 수요가 증대할 때 점보 여객기를 사들이는 대신, 총수요 중 현재의 생산능력 초과분은 여객기의 임대를 통해 충족시키는 것이 더 바람직할 수 있다.

2. 총괄계획과 주계획

총괄계획(aggregate planning)은 예측된 수요를 충족시키는 데 필요한 설비, 인력 및 자재와 같은 자원들의 조달 및 운용에 관한 계획을 말한다. 총괄계획에서 사용가능한 전략은 가격의 탄력적 조절, 설비의 신규 구입·처분, 일정한 재고수준 유지, 연장근무·휴무, 하청·아웃소싱, 인력의 고용·해고, 및 납품연기 요청(backorder) 등이다.

총괄계획이 수립되면, 이 계획을 바탕으로 각 제품 품목별 생산계획을 수립한다. 이를 **주계획**(master scheduling)이라 한다. 주계획은 당장 실행 가능한 구체적 계획으로서, 여기서는 각 품목별 생산량과 생산시기를 결정한다.

3. 자재소요계획 (MRP)

각 품목에 대한 생산계획이 확정되면, 이를 토대로 완제품 생산에 필요한 자재, 즉 원재료, 부품 및 조립품에 대한 조달계획을 수립한다. **자재소요계획**(material requirement planning: MRP)은 주계획을 실행에 옮기는 데 필요한 자재의 종류별로 소요 수량 및 소요시기를 결정하는 생산계획이다. 이를 위해 먼저, 완제품에 대한 주계획으로부터 각 기간별로 소요자재에 대한 총 소요량을 산출한다. 총 소요량에서 보유재고를 차감하면 각 기간별, 자재별 순소요량이 나온다.

$$순소요량 = 총소요량 - 보유재고$$

MRP의 목적은 완제품의 생산계획이 차질 없이 실행될 수 있도록 필요한 자재를 필요한 수량 만큼 적시에 공급하자는데 있다. 자동차와 같이 수많은 자재나 부품을 사용하는 제품에 대해 자재소요계획의 수립이 가능한 것은 전적으로 컴퓨터와 IT의 힘이다.

4. 일정계획 및 통제

MRP(자재소요계획)가 수립되면 더욱 구체적인 시간별로 생산설비, 자재, 노동력 및 제조공정에 관한 계획을 수립한다. 이를 **일정계획**(scheduling)이라 한다. 일정계획은 실제로 실행에 옮겨질 최종적 계획으로서, 이를 토대로 모든 생산활동이 실행되고 통제된다. 일정계획과 통제를 위해 개발된 대표적인 기법이 간트도표와 PERT/CPM이다.

간트도표는 어떤 작업이나 프로젝트에 대해 어떤 활동이 언제 시작해서 언제 끝나야 하는가를 그래프로 나타낸 것으로서, 작업이나 프로젝트의 진도 체크에 유용한 기법이다. PERT/CPM은 고속도로나 교량 건설, 빌딩 건축, 신제품 개발 등, 수행해야 할 활동이 많고, 많은 시간과 비용을 요하는 프로젝트의 일정계획을 수립하고 통제하는 데 이용된다.

제4절 재고관리

1. 재고관리의 기능

재고는 불확실한 미래에 발생 가능한 재고부족으로 생산활동이 지장을 받지 않도록 하는 완충 기능을 수행한다. 재고관리(inventory management)는 완제품, 원재료, 부품, 재공품 및 소모품의 재고를 적정 수준만큼 보유함으로써 재고와 관련된 비용을 최소화하는 것이 목적이다. 기업이 재고를 과다 보유하는 것은 자본의 사장(死藏)을 의미한다. 재고를 과소 보유하면 기업에 더 큰 손실을 줄 수 있다. 재고부족으로 생산계획에 차질이 생기고, 고객의 주문 및 욕구 미충족에 따른 기업 이미지 상실 등, 기회손실이 발생하기도 한다. 과거 일본식 경영이 도요타 자동차를 필두로 JIT(적시생산) 시스템을 개발해 세계적으로 각광을 받게 된 것도 재고관리를 중시한데 연유한다.

2. 기초적 재고관리 시스템

재고비용을 최소화하기 위해 기업이 이용할 수 있는 기법에는 여러 가지가 있으나, 여기서는 EOQ와 JIT에 대해 설명한다.

2.1 EOQ(경제적 주문량)

경제적 주문량(economic order quantity), 즉 EOQ 모델은 1900년대 초 개발된 계량적 경영이론의 고전(古典)이다. 이 모델의 기본 아이디어는 총 재고비용을 최소화해 주는 가장 경제적인 주문량을 구하는 데 있다. EOQ의 산출공식은 다음과 같다. 단, Co = 1회의 발주비용, D = 연간 수요, Ch = 단위당 연간 재고유지비이다.

$$EOQ = \sqrt{\frac{2Co \cdot D}{C_h}}$$

〈그림 18-6〉은 경제적 주문량의 의미를 그래프로 나타낸 것이다. EOQ 모델은 경영자들에게 재고관리에 관한 통찰력을 제공해 준다는데 의미가 있다. 그러나 이 모델은 현실적 타당성이 부족한 다음과 같은 가정을 전제로 하기 때문에, 실제 경영문제에 대한 적용가능성은 크지 않다: 첫째, 제품에 대한 수량할인은 허용되지 않는다. 둘째, 1회의 발주비용은 일정하다. 셋째, 단위당 연간 재고유지비는 일정하다.

<그림 18-6> 경제적 주문량

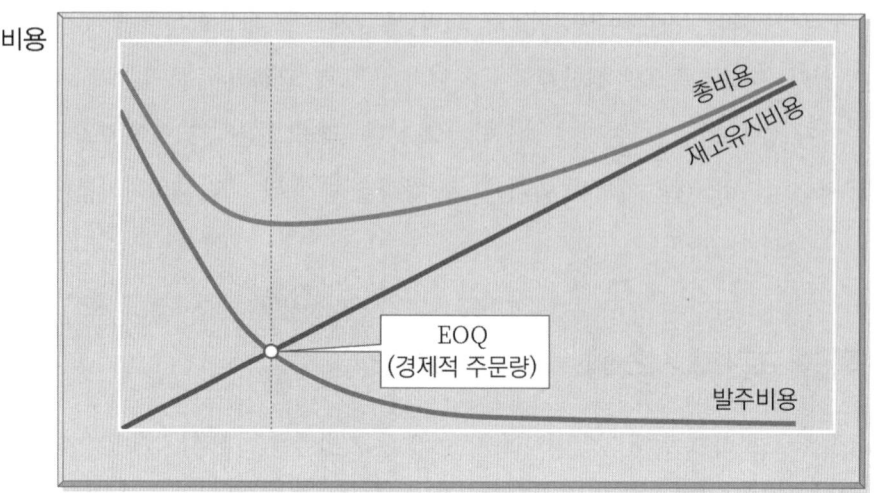

2.2 JIT(적시생산 시스템)

적시생산 시스템(just-in-time system: JIT)은 도요타 자동차가 중심이 되어 일본에서 개발된 생산철학이자 재고관리 및 통제 시스템이다. JIT에서는 '재고는 낭비'라는 사고 하에 영 재고(zero inventory)의 구현을 지향한다. 이를 위해 자재, 장비, 인력 등 모든 자원은 꼭 필요한 만큼만 보유하고, 낭비요인들을 철저히 제거한다. **풀 시스템**(pull system)으로서 부품이 필요하면 적시에 공급됨으로써 재공품의 발생이 억제되며, 1회의 생산 로트도 최소화된다.

JIT는 일본 고유의 생산철학과 맥을 같이 한다. 전통적으로 일본의 산업사회는 작은 공장, 작은 제품, 및 적은 자원, 즉 생력화(省力化)를 지향한다. 종업원이 1,000명 이상인 공장이 적으며, 30명 미만이 대부분이다. 불량품 최소화를 위해 하청업체와의 상생적 협력관계를 중시한다. 하청업체에 대한 기술지도, 자금지원, 공정 감시와 진도 체크를 통해 양질의 부품을 적시에 공급받는다.

제5절 품질경영

1. 품질경영의 중요성

미국은 말콤볼드리지 상(Malcolm Baldridge Award)을 제정해 품질이 우수한 기업이나 제품을 시상한다. 미국 산업의 품질을 크게 향상시킨 미상무성장관의 이름을 딴 상으로서, **품질경영**(quality management)의 중요성을 강조하는데 목적을 둔다. 품질경영이 중요한 이유는 크게 세 가지이다.

첫째는 경쟁력이다. 포드, Daimler AG, 제너럴 모터즈 및 도요타 등은 다른 회사 자동차들보다 품질이 우수하고, 아메리칸, 델타 및 유나이티드 에어라인 또한 최상의 비행 서비스를 제공한다고 주장한다. 둘째는 생산성이다. 품질과 생산성은 서로 관련이 깊다. 즉, 품질 좋은 제품을 산출할수록 그 제품의 생산성은 높아질 가능성이 크다. 고품질은 불량률을 감소시키고, 불량품 재작업에 자원투입이 불필요하고, 품질검사 비용을 절감할 수 있기 때문이다. 셋째는 비용이다. 품질향상은 비용절감을 가져온다. 제품의 불량은 반납품 증대, 높은 보증비용, 소송비용 등의 비용을 발생시킨다. 판매기회 상실과 기업 이미지 저하에 따른 기회비용도 크다. 제조업의 경우 품질관련 비용이 매출액의 15~25%, 기업이윤의 3~5배를 차지할 정도로, 품질은 기업 경쟁력의 전략적 수단으로 이용된다.

2. 품질의 개념

현대적 의미의 **품질**(quality)은 "제품이나 서비스가 고객욕구와 기대감을 종합적으로 충족시키는 수준"이라 정의된다. "가치와 용도에 대한 적합성"이라는 정의도 있다. David A. Garbin은 제품이나 서비스의 품질을 결정하는 8가지 기본 차원을 제시했다. 〈표 18-2〉는 이 차원들의 내용을 보여준다.

품질은 절대적인 개념이기도 하지만, 상대적인 개념이기도 하다. 예컨대, 자동차의 경우 Lincoln은 포드의 Fusion보다 고급차이며, Fusion은 포드의 Focus보다 고급차이다. 품질의 차이는 디자인 및 다른 특징의 차이에서 온다. 그러나 Focus는 차량의 공학적 사양과 가격에 비추어 상대적으로 고품질 차량으로 느껴진다.

<표 18-2> 품질의 8가지 차원

품질 차원	정의	예
1. 성능	제품의 일차적인 기능적 특성	자동차 연비
2. 특징	제품의 기본적인 기능적 특성에 대한 보완적 특성	TV 리모컨
3. 신뢰성	일정 기간 제품기능의 오작동이 발생하지 않을 가능성	휴대폰 2년 이내 고장률
4. 일치성	제품의 디자인과 기능이 특정의 표준을 충족하는지의 여부	컴퓨터의 부팅 속도
5. 내구성	제품수명이 지속되는 기간	건물의 내용년수
6. 서비스 가능성	수리보수의 속도와 편의성	외제 자동차의 부품 조달 가능성
7. 미학성	제품이 이용자에게 주는 외적 모습, 느낌, 맛, 촉감 및 냄새	화장품 용기와 포장
8. 지각된 품질	이용자가 느끼는 품질	승용차의 안전성

3. 품질비용

품질 비용(quality cost)은 제품개발에서 유통에 이르기까지 3단계에 걸쳐 발생한다. 제1단계는 **예방비용**(prevention cost)이다. 이는 불량이 발생하지 않도록 예방하는데 투입되는 비용으로서, 제품의 설계, 설비의 보전, 고품질 원자재 투입 및 품질관리 교육훈련 등에 소요되는 비용을 말한다. 제2단계는 **평가비용**(appraisal cost)이다. 이는 자재나 완제품이 품질표준에 적합한지를 검사 및 평가하는데 소요되는 비용을 말한다. 자재 수입검사, 재공품 공정검사 및 완제품 출하검사에 소요되는 비용이 이에 해당한다. 제3단계는 **실패비용**(failure cost)이다. 이는 출하된 제품이 고객에 인도되기 전이나 인도된 후 발생하는 비용으로서, 완제품이 품질표준에 미달되어 불합격품, 등외품, 반품 및 클레임 등의 결과가 발생해 이를 처리하는데 소요되는 비용을 말한다.

4. 품질관리와 품질경영

1970년대까지 일본을 중심으로 전개된 품질관리와 1990년대 이후 미국을 중심으로 전개된 품질경영은 여러 면에서 차이가 있다. 먼저, **품질관리**(quality control)는 생산현장에서 불량의 발생을 최소화하고 고품질의 제품을 생산하기 위해 품질을 '통제'하는 개념이다. 반면에, **품질경영**(quality management: QM)은 수직적으로는 최고경영층에서 현장근로자에 이르기까지, 수평적으로는 제품의 설계에서 판매후 서비스(A/S)에 이르기까지 전 부문의 구성원들이 참여해 최상의 품질을 산출하도록 품질을 '경영'하는 개념이다. 품질관리와 품질경영을 비교하면 〈표 18-3〉과 같다.

〈표 18-3〉 품질관리와 품질경영의 비교

구 분	품질관리(QC)	품질경영(QM)
중 심	생산자 위주의 검사중심	고객 위주의 예방중심
목 표	제품품질의 최상화	경영품질의 최상화
핵심개념	품질의 통제	품질의 경영(계획, 조직화, 통제)
참여범위	생산현장	전 종업원
성공요건	공정개선	지속적 개선, 종업원 권력부여

ppm과 ppb

품질관리(QC)가 아닌 품질경영(QM)의 시대에 접어든 요즘에는 기업이 도대체 어느 정도의 불량률에 만족해야 할지에 대한 기준 자체가 모호해지고 있다. QM은 궁극적으로 불량품을 허용하지 않는, 즉 불량률 제로를 목적으로 하는데, 백분율(%)은 QM 체제 하에서는 너무 큰 측정단위이다. 따라서 지금은 백만 개 중에 불량이 몇 개인가를 나타내는 ppm(parts per million)을 백분율에 대신해서 사용하는 경우가 많다. 기업이나 업종에 따라서는 한술 더 떠서 10억 개 중에 불량품이 몇 개인가를 나타내는 ppb(parts per billion)라는 더욱 엄격한 품질기준을 사용하기도 한다.

5. QM 도구와 기법

QM의 실행을 위해 경영자들은 여러 가지 도구와 기법을 이용한다.

5.1 부가가치 분석

부가가치 분석(value-added analysis)은 제품을 만드는데 들어가는 모든 자재와 활동을 분해하고, 이들 각각이 고객가치를 증식시키는데 얼마나 기여하는지를 분석하는 기법이다. 이를 통해 기업은 특정의 제품이 성능, 내구성 등, 주어진 품질 특성을 발휘하는데 불필요하거나 낭비적인 요소를 찾아내 제거하든지 다른 자재와 활동으로 대체함으로써, 고객가치를 극대화하는 고품질의 제품을 생산할 수 있다. 포드자동차는 가치분석을 통해 고객들이 중요하다고 생각하는 특장(feature) 400가지를 확인하고, 각 특장에 대해 최고의 품질을 발휘하는 고급차 Fusion을 개발했다.

5.2 벤치마킹

벤치마킹(benchmarking)은 동종업계의 선두 기업이 어떻게 고품질 제품이나 서비스를 산출하는지 배우는 접근법이다. Xerox의 경우, 주기적으로 다른 회사가 만든 복사기를 구입해 분해해 보고, 이 회사가 무슨 자재를 써서 어떤 작업을 통해 복사기를 만드는지 연구한다. 휼렛-패커드는 공급업체와의 계약에 관한 벤치마킹을 통해 계약서 양식을 20면에서 2면으로 줄이면서도, 컴퓨터 매출을 18% 증대시킬 수 있었다.

5.3 아웃소싱

아웃소싱(outsourcing)은 더 저렴하거나 더 효율적인 방법으로 성과를 내는 기업에게 특정의 활동이나 서비스에 대한 하청을 주는 것을 말한다. 최근까지 Whirlpool은 모든 컴퓨팅 작업을 자사가 직접 담당했으나, 지금은 이 작업을 IBM에 하청을 주어 대행하도록 하고 있다. 그 결과 과거보다 고품질·저비용의 컴퓨팅/운영 체제 구축에 성공했다.

5.4 통계적 품질관리(SQC)

TQM에서 사용하는 또 하나의 도구는 SQC, 즉 통계적 **품질관리**(statistical quality control)이다. 이는 통계적 기법을 이용해 품질을 감사하고 통제하는 품질경영 도구이다. SQC의 주요 기법은 두 가지이다: 허용 표본조사와 통계적 공정관리.

허용표본조사(acceptance sampling)는 완제품에 적용되는 기법으로, 생산된 로트(lot)에서 무작위로 표본을 추출하고, 여기서 산출된 표본통계량이 주어진 품질기준을 충족하면 이 로트를 허용가능한 로트(acceptable lot)로 판단하고, 그렇지 않으면 허용불가능한 로트로 판단하는 방법이다.

통계적 공정관리(statistical process control: SPC)는 재공품에 적용되는 기법으로, 공정상의 재공품에 대한 주기적 표본조사를 통해 제조공정이 일정한 범위 내의 정상상태로 가동되도록 통제하는 품질관리 기법이다. 공정변동의 최소화를 통해 생산시스템의 신뢰성(reliability)을 극대화하는데 목적을 둔다. 또한 품질향상을 통한 수율(收率) 증대로 생산성 향상과 원가절감을 꾀할 수 있다. 앞서 소개된 관리도를 품질통제의 도구로 사용한다.

6. 국제적 품질목표

글로벌 경쟁에 참여하는 기업들은 오늘날 자사 제품들의 품질수준을 공개적으로 입증하기 위해 도전적인 품질목표를 지향한다. ISO 시리즈와 6 시그마가 그 예이다.

6.1 ISO 시리즈

ISO 시리즈는 **국제표준화기구**(International Organization for Standardization), 즉 **ISO**에 의해 제정되는 국제적 품질표준이다. ISO는 기업이 생산하는 제품이 고객의 요구조건을 충족시킬 수 있도록 제조 표준에 대해 일관성 있는 가이드라인을 설정해 주는 국제 조직이다. 1947년 출범한 이 기구는 유럽연합(EU)의 주도 하에 163개국(2016년 현재)이 회원으로 가입해 있다. 2019년 9월 ISO 총회에서 한국이 3년 임기의 비상임 이사국으로 선임되었으며, 2022년 9월 한국의 조성환 현대모비스 대표가 ISO 회장으로 선출되었다. 국제표준 시리즈 중 ISO 9000 시리즈는 품질경영에 관한 국제표준이고, ISO 14000 시리즈는 환경경영에 관한 국제표준이다. ISO 시리즈에는 그 외에도 ISO 22000(식품 안전에 관한 표준) 및 ISO 26000(사회적 책임에 관한 표준)이 있다. 오늘날 이 표준은 글로벌 기업들의 국제경쟁력을 평가하는데 이용되는 국제 공인 규범이다. ISO 인증을 받았다는 것은 기업이 양질의 운영 시스템을 가동하고 있다는 증거이다.

6.2 6 시그마

6 시그마(six sigma)는 1987년, 모토롤라의 W. Harris가 개발해 세계적으로 많은 국가들이 생산현장에 도입하고 있는 품질목표이다. 이는 100만 개의 생산 로트 중 3.4개 이내의 불량만을 허용하는 것을 목표로 삼는 드림형 품질철학이다. 여기서 시그마(σ)는 **정규분포**(normal distribution)의 표준편차를 나타내며, 시그마의 계수가 클수록 불량이 발생할 확률이 낮다는 것을 뜻한다.

〈그림 18-7〉은 정규분포 상에서 6시스마의 개념을 보여준다. 기업이 6 시그마를 품질 목표로 삼는다면, 이는 중량, 길이 등과 같은 제품의 품질 특성치들이 정규분포를 따른다고 가정할 때, 다음과 같이 생산 로트의 99.99966%가 정상이이어야 하고, 나머지 0.00034%, 즉 3.4ppm을 불량으로 허용한다는 뜻이다. 그러므로 6시그마는 백만 개중 3.4개의 불량만을 허용하는 목표를 말한다. 여기서 X는 품질 특성치, Z는 정규확률변수, μ는 평균이다.

$$6 \sigma의\ 허용불량률 : \Pr(X \geq \mu + 6\sigma, \ X \leq \mu - 6\sigma)$$
$$= \Pr(Z \geq 6, \ Z \leq -6)$$
$$= 0.00034\%$$
$$= 3.4/1,000,000 = 3.4\text{ppm}$$

모토롤라는 품질경영에 6 시그마 제도를 도입함으로써, 1988년 국가가 수여하는 말콤볼드리지 품질대상을 수상했다. GE는 이 제도를 도입함으로써, 1999년 약 20억 달러의 비용을 절감했다. 그 외에도 6 시그마를 도입하는 기업은 듀폰, 텍사스 인스트루먼트, 소니, 노키아, 존슨&존슨, 폴라로이드, ABB 등 대단히 많으며, 우리나라에서는 시티은행, 철도청, 삼성물산 등이 6 시그마를 도입해 큰 성과를 거둔바 있다.

〈그림 18-7〉 6 시그마의 개념

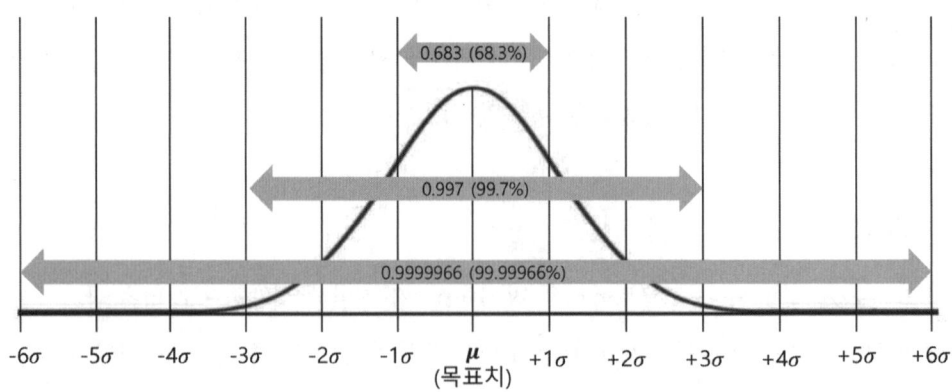

제6절 서비스 경영

한 국가경제에서 서비스 산업이 차지하는 비중은 매우 크다. 제조업의 경우도 고객에게 제공하는 서비스의 질과 양이 조직의 성패에 영향을 미친다.

1. 서비스 경영의 의의와 중요성

현대 산업사회를 보면 서비스업의 비중은 제조업에 비해 점점 증대하고 있다. 무형의 서비스를 경영한다는 것은 유형의 제품을 경영하는 것과는 다르다. 제품과 서비스의 차이는 첫째, 생산된 후 재고로 보관되어 있다가 사용되는 제품과는 달리, 서비스는 사용되는 순간에 생산되는 것이 특징이다. 둘째, 대부분의 서비스는 제품과는 달리 거의 감독이 없는 상태에서 제공된다.

K. Albrecht에 의하면, **서비스 경영**(service management)은 "서비스의 품질을 기업활동 제일의 동인(drive)으로 삼는 조직 전체적 접근"이라 정의된다. 일반적으로 말하면, 서비스업의 경우는 서비스라는 상품을 창출해 소비자들에게 제공하는 사업을 운영하는 것이 서비스 경영이고, 제조업의 경우는 제품의 생산과 판매라는 경영의 일차적 기능을 지원하는 이차적 기능으로서의 서비스를 운영하는 것이 서비스 경영이다. 서비스 경영이 중요시되는 이유는 대략 세 가지이다.

첫째, 서비스는 경쟁우위의 원천이다. 기업이 경쟁에서 이길 수 있는 한 가지 방법은 소비자들에게 탁월한 서비스를 제공함으로써 경쟁사와 차별화하는 것이다. 우리나라도 2000년대 접어들어 외국계 은행들의 국내시장 진입으로 은행 간 경쟁이 심화되면서, 은행마다 금리 인하를 비롯한 다양한 고객 서비스를 개발하고 있다.

둘째, 서비스 불량은 고객 상실로 이어진다. 많은 기업이 의외로 자사의 서비스에 대한 고객의 불만을 듣지 못한다고 한다. TARP(Technical Assistance Research Program)의 조사결과, 서비스에 불만족한 고객 100명 중 불만을 제기한 사람은 겨우 4명에 불과했다. 중요한 것은 서비스에 불만족한 고객은 해당 회사의 제품을 재구매하지 않을 뿐 아니라, 가까운 사람들에게 구전으로 불만의 내용을 퍼뜨린다는 사실이다.

셋째, 고객의 이탈은 기업이익을 침해한다. 기업은 한 고객을 오래 유지할수록 더 큰 이익을 기대할 수 있다. 오래된 고객일수록 충성도와 신뢰도가 높아져 더 많이 구매하기 때문이다. 한 기업의 단골이 되면, 구전을 통해 새로운 고객을 이 기업으로 끌어들이는 등, 또 다른 방법으로 기업에 이익이 되기도 한다. 서비스에 대한 불만으로 이러한 고객이 자사로부터 이탈하는 것은 기업에게 큰 손실이 아닐 수 없다.

2. 서비스 경영의 주요 요인

서비스 경영의 목표는 고객만족이다. 기업이 고객만족의 목적을 달성하기 위해서는 〈그림 18-8〉과 같은 서비스 삼각형의 관점에서 서비스 경영에 접근하는 것이 바람직하다. **서비스 삼각형**(service triangle)은 고객만족의 극대화를 위해 서비스 경영이 갖추어야 할 세 가지 핵심 요인을 말한다. 이 개념에 의하면, 서비스 경영의 성공을 위해서는 다음 세 가지 요인이 구축되어야 한다: 서비스 전략, 고객지향적 서버 및 고객지향적 시스템.

〈그림 18-8〉 서비스 경영의 구성요소

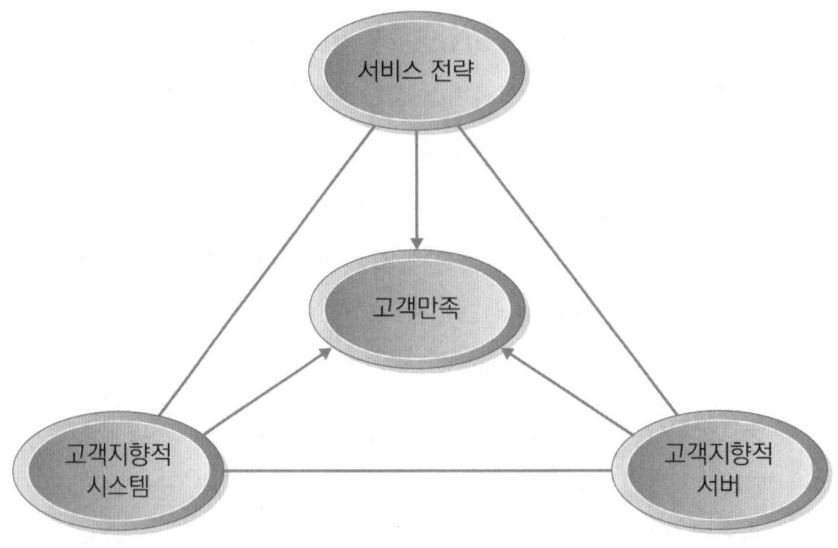

2.1 서비스 전략

서비스 경영에서는 일반적으로 고객의 관점에서 전략적으로 평가된 우선순위에 따라 기업의 자원을 배분한다. 이를 위해 먼저 고객에게 소구(訴求)하고 싶은 핵심 메시지를 선택하고, 이 메시지를 구성하는 각 요소에 대해 우선순위를 설정한 후, 이 우선순위에 따라 자원배분을 실시한다. 맥도날드가 전 세계 고객들에게 소구하고자 하는 핵심 메시지는 "품질, 서비스, 청결 및 가격"이다. 이 회사는 어느 나라의 소비자들이냐에 따라 각 소구점(appealing point)에 대해 상이한 수준의 자원배분을 실시한다.

2.2 고객 지향적 서버

서비스 경영이 성공을 거두려면 서비스 제공자(server)가 고객욕구의 충족에 관심을 집중하도록 지도해야 한다. 여기서 경영자들이 수행해야 할 과업은 서버들이 고객욕구의 충족에 필요한 반응성(responsiveness), 몰입(commitment) 및 적극성(positivity)을 갖추도록 교육시키는 일이다.

2.3 고객 지향적 시스템

기업의 서비스 전달 시스템은 조직의 편의가 아닌 고객의 편의를 위해 설계되어야 한다. 기업의 정책, 절차, 방법, 시설 및 의사소통 채널은 모두가 고객들에게 "우리 회사의 모든 시스템은 고객의 욕구 충족을 위해 존재한다"는 사실을 소구해야 한다.

3. 서비스 경영의 실행

고객 지향적 서비스 시스템을 구현하기 위해서는 다음과 같은 5단계 절차를 거쳐 서비스 경영을 실행하는 것이 좋다.

3.1 1 단계: 서비스 감사

서비스 경영 프로그램의 첫번째 단계는 서비스 감사이다. 여기서는 고객 만족에 필요한 서비스에 어떤 것들이 있는지, 각 서비스의 중요도는 어느 정도인지, 기업이 제공하는 서비스가 얼마나 적정한지, 및 이 서비스에 대해 고객이 얼마나 만족하는지를 평가한다. 또한 서비스의 질과 수준을 경쟁사와 비교해 평가하기도 한다. 서비스 감사를 위해 필요한 양식이 고객조사표이다. 〈표 18-4〉는 고객조사표를 예시한 것이다. 감사결과를 토대로 이 카드에는 서비스 특성요인, 각 요인의 중요도, 각 요인에 대해 고객이 부여하는 평점과 감사자가 부여하는 평점, 및 경쟁사의 각 요인에 대한 감사자의 평점이 기재된다.

〈표 18-4〉 식당의 고객조사표

서비스 요소	중요도(5점 척도)	감사자의 평점	고객의 평점	경쟁사의 점수
주차	5			
식사 공간	3			
대기시간	2			
종업원 태도	2			
화장실	4			

3.2 2단계: 서비스 전략 수립

서비스 감사를 마치면, 그 결과를 토대로 서비스 전략을 수립한다. 서비스 전략은 기업의 사명(mission), 즉 "왜 고객들이 우리 회사를 선택할 수밖에 없는가?"에 답할 수 있어야 한다. 이를 위해 기업이 경쟁우위를 구축할 수 있도록 고객들에게 필요한 서비스 요인들 중, 경쟁사와 비교해 강점이 있는 요인은 살리고, 약점이 있는 요인은 보강해서 이를 서비스 전략 수립에 반영한다.

3.3 3단계: 교육훈련 프로그램 개발

서비스 전략이 수립되었으면, 경영자의 다음 과업은 구성원들에게 전략에 담긴 서비스 메시지를 설명하고, 이를 실천할 수 있도록 교육훈련을 실시하는 일이다. 이를 위해 효과적인 교육훈련 프로그램의 개발이 필요하다.

3.4 4단계: 전략 실행

서비스 감사 결과를 토대로 서비스 전략을 개발하고, 구성원들에게 교육훈련을 실시한 다음에는 전략을 실행에 옮긴다. 여기서 경영자가 수행해야 할 과업은 다음과 같다.

첫째, 서비스 품질 팀을 구성한다. 이 팀은 경영자에게 고객 서비스에 관한 정보 제공은 물론, 구체적인 서비스 개선방안을 제시한다. 사실의 순간들과 서비스 사이클을 분석하고 이를 통해 서비스 품질 개선방안을 강구한다.

둘째, 고객 서비스에 대해 집단별 혹은 부서별 현장실험을 실시한다. 여기서는 기업 내 서비스 전문가가 특정의 집단이나 부서를 이끌고 서비스 현장을 방문해 대 고객 서비스를 실험한다. 또한 이 집단이나 부서가 지향해야 할 서비스 사명 및 개선사항에 대해 상호 의견을 교환한다.

셋째, 사실의 순간들을 중심으로 서비스 시스템을 재설계한다. 예를 들어, 어느 은행이 고객들에게 한 줄로 서서 체크인 하고, 다음 줄로 이동해 대기 후 현금을 인출하도록 한다면, 고객들의 불만을 야기할 수밖에 없다. 이 은행은 대기행렬의 단축을 통해 대기시간을 최소화하도록 시스템 재설계를 서둘러야 할 것이다.

3.5 5 단계: 효과적 시스템 유지

서비스 시스템이 고객욕구를 충족시키는데 충분하다면, 경영자는 이러한 효과적 시스템을 유지시키는데 최선을 다해야 한다. 서비스 시스템의 유효성이 유지되기 위해서는 구성원들에게 고객 지향적인 목표를 제시하고, 이들에게 권한부여를 실시하는 것이 바람직하다. 더욱 중요한 것은 이들에게 서비스 향상을 위한 동기가 부여되도록 서비스 목표를 설정하고, 성과를 측정 및 평가하며, 평가결과를 토대로 적절한 보상을 실시하는 일이다.

제7절 정보기술 및 정보시스템

이 절에서는 4차 산업혁명의 총아인 정보기술(IT)이 조직 경영에 어떻게 이용되며, 정보시스템, 그 중에서도 특히 **경영정보시스템**이 문제의 해결에 어떻게 적용되는지를 중심으로 논의한다.

1. 정보화 시대의 경영

현대인은 남녀노소를 불문하고 컴퓨터와 SNS에 친숙해 있다. 첨단화된 정보기술은 사람들의 생활양식, 직무수행 방식 및 기업 경영 방식을 근본적으로 바꾸어 놓았다. 바야흐로 지금은 정보화시대이다. 정보, 정보 기술 및 정보 시스템에 대한 경영자들의 이해가 필요한 이유이다.

1.1 데이터, 정보 및 지식

- **데이터**: 일반적으로 자료 혹은 데이터(data)는 어떤 객체나 사건에 관한 본래 그대로의 사실이나 수치를 말한다. 데이터는 과거의 실적이나 개인의 경험, 실험 및 관찰을 통해 입수된다. 데이터가 의미를 갖기 위해서는 뭔가를 위해 사용될 수 있도록 적절히 다듬어져야 한다. 다듬어진 데이터가 곧 정보(情報)이다.
- **정보**: 정보(information)는 데이터를 가공처리함으로써 생산된다. 가공처리의 목적은 유용성이다. 즉, 유용성을 목적으로 가공처리된 자료가 정보이다. 드러커(Peter F. Drucker)는 정보를 "관련성과 목적성이 부여된 데이터"라 정의한 바 있다. 드러커에 의하면, 정보는 "의사결정이나 문제해결을 위해 미래의 불확실성을 감소시키는데 이용되는 데이터"라 할 수 있다.
- **경영정보**: 경영은 문제를 해결하거나 의사결정을 내리는 일련의 과정이다. 따라서 **경영정보**(management information)는 경영에 관한 문제를 해결하거나 의사결정을 내리는데 유용한 정보를 말한다. 정보가 유용하기 위해서는 미래의 불확실성을 감소시키는데 도움을 주어야 한다.
- **지식**: 지식(knowledge)은 "연구나 조사에 의해 정제(refinement 精製)되고, 판단과 경험에 의해 체계화된 정보"이다. 따라서 데이터에서 정보로, 정보에서 지식으로 진화하면서 그 의미와 가치가 증가한다. 생산 시스템에서 원재료(자료)가 부품(정보)으로, 부품이 완제품(지식)으로 변형되면서 의미와 가치가 증가하는 것과 유사하다.
- **빅 데이터**: 최근 들어 사람들에게 큰 관심의 대상으로 떠오른 것이 빅 데이터이다. 빅 데이터(big data)는 기존 데이터에 비해 너무 방대해 이전의 방법이나 도구로 수집, 저장, 검색, 분석 및 시각화가 어려운 데이터 세트를 의미한다. 빅 데이터는 일반적으로 테라바이트 이상의 크기를 가지고 있으며, 텍스트나 이미지 등, 구조화된 데이터 뿐 아니라 비구조화된 데이터도 포함한다. 또한 데이터가 실시간으로 생성되고 전송될 정도로 매우 빠른 속도로 처리되면서도,

신뢰성과 정확성을 유지해야 한다는 특징이 있다.

1.2 정보의 품질

오늘날의 경영자들은 매일 정보의 홍수 속에서 산다. 그러나 이들이 원하는 것은 질 좋은 정보이다. 즉, 정보의 품질이 문제이다. 정보의 품질을 결정하는 요인은 다음과 같다.

첫째는 관련성이다. 예컨대 신제품을 개발하는데 양질의 정보가 되려면 현재의 문제와 관련성이 있어야 한다. 둘째는 타이밍이다. 신제품이 시장에서 퇴출될 무렵 실사가 이루어진다면, 타이밍을 놓쳐 시장조사 팀이 내놓은 정보는 무용지물로 변한다. 셋째는 정확성이다. 전국 소비자들을 상대로 출시된 신제품인데, 일부 지역에서 불과 30여 명의 표본으로 시장조사를 실시한다면, 판매부진의 원인에 관한 정확한 정보가 나올 리 없다. 넷째는 불확실성 감소 능력이다. 신제품의 경우, 신세대가 선호하는 유통경로에 관한 정보는 신세대 소비자들의 소비행태에 관한 불확실성을 제거하는 데 도움이 될 것이다.

1.3 정보기술 및 정보시스템

1) 정보기술

정보기술(information technology), 즉 IT는 정보의 처리와 전달을 용이하게 하는 절차나 기법 혹은 시스템을 지칭한다. 팩스, 인터넷, 휴대폰, e-메일, 디지털 카메라, 카카오 톡 등과 같은 우리 일상생활의 편의수단은 물론, 산업용 로봇, CAD/CAM, FMS, CIM, 화상회의, 온라인 결제 등과 같은 첨단 경영기법들도 정보기술을 기반으로 한다.

2) 정보 시스템

정보 시스템(information system)은 "의사결정 및 통제를 지원하는 데 필요한 정보를 처리, 저장, 검색 및 배포하는 데 목적을 둔 사람, 기계, 자료, 기술 및 절차의 집합체"를 의미한다. 정보 시스템에는 여러 가지가 있으나, 가장 일반적인 정보 시스템은 경영정보 시스템이다. **경영정보 시스템**(management information system: MIS)은 경영에 관한 의사결정 및 통제를 지원하는 시스템을 말한다. 정보 시스템이 효과적으로 운용되기 위해서는 정보기술의 활용이 필수적이다. LAN, 인터넷, 전문가 시스템(expert system) 및 데이터 마이닝(data mining)이 그 예이다.

1.4 지식경영

지식은 그 품질이 아무리 좋다 하더라도 이용자들이 그것의 존재와 접근방법을 알지 못하면 쓸모가 없다. 정보화 시대의 새로운 패러다임으로 등장한 것이 지식경영이다. **지식경영**(knowledge management)이란 "조직이 유형·무형의 지식 자산을 개발해 경영활동에 활용하는 것"을 의미한다. 지식경영의 목적은 조직에 산재한 지식자원들을 지식베이스(knowledge base)에 저장해 구성원들이 공유하고, 필요 시 이를 검색해 활용함으로써 최선의 의사결정과 문제해결을 꾀하는 데 있다.

2. 정보 시스템의 유형

경영자들이 필요로 하는 정보 시스템은 다양하다. 이들이 어떤 문제를 해결하거나 의사결정을 내려야 하느냐에 따라 필요로 하는 정보 시스템도 달라진다.

2.1 거래처리 시스템(TPS)

거래처리 시스템(transaction processing system: TPS)은 생산, 마케팅, 인사, 재무 등 다양한 기능부문에 대한 거래나 교환 업무를 기록하고 처리하는 시스템으로서, 명확히 정의되고 구조화된 반복적이고 일상적인 과업을 다루는 정보 시스템이다. 발주, 재고관리, 외상매출금 관리, 급여관리 및 대출관리가 그 예이다. TPS는 일반적으로 업무적 수준의 일선관리자들에게 도움이 된다.

TPS는 거래 회사들이 데이터 형태의 표준화를 통해 전자적 자료를 교환하는 EDI, 즉 **전자자료 교환 시스템**(electronic data interchange)으로 발전했다. 기업은 EDI를 이용해 거래 당사자들끼리 견적 요구, 발주, 수주, 발주품목 처리상황 조회, 송장 송부 및 기타의 교환업무를 수행한다.

2.2 사무정보 시스템(OIS)

사무정보 시스템(office information system: OIS)은 사무실 내에서 모든 계층의 경영자들과 작업자들이 서로 의사소통을 하는 데 목표를 두는 정보 시스템이다. 의사소통의 대상은 일반적인 과업처리 사무와 관련된 모든 정보들이다. 구두, 문서, 영상 등, 다양한 형태로 상대에게 전달된다. **사무자동화**(office automation), 즉 OA 시스템이라고도 한다.

2.3 경영정보 시스템(MIS)

경영자의 경영활동을 지원하는 데 이용되는 정보 시스템 중 최초로 개발된 것이 **경영정보 시스템**(management information system), 즉 MIS이다. MIS는 거래처리 시스템(TPS)으로부터 수집된 자료를 이용해 주로 중간관리자들과 하위관리자들의 의사결정에 필요한 정보를 제공한다. 지정된 양식에 따라 요약된 정보를 제공하는 것이 보통이다. 제품에 대한 월별 판매량을 그 이전 3개월의 월별생산량 및 1년 전 같은 달 판매량과 비교할 수 있도록 작성된 보고서가 그 예이다.

2.4 의사결정지원 시스템(DSS)

MIS는 주로 발생된 사실에 관한 정보를 제공하는데 목적을 두기 때문에, 미래에 관한 정보를 필요로 하는 의사결정자들에게는 직접적인 도움이 안된다. 소비자들의 새로운 욕구충족을 위해 기존제품을 개량할 것인가, 신제품을 개발할 것인가? 수요증대에 대응해 기존 설비를 확장할 것인가, 새로운 설비로 대체할 것인가? 이처럼 구조화나 정형화되어 있지 않은 문제를 해결하는데 도움을 주기 위해 개발된 정보 시스템이 **의사결정지원 시스템**(decision support system: DSS)이다. DSS는 컴퓨터를 이용한 "what-if" 형태의 분석을 통해, 경영자가 특정의 대안을 선택할 때 어떤 결과가 발생할 것인가를 추정해 주는, 사람과 컴퓨터 사이의 상호작용 시스템이다.

DSS는 스프레드시트(spreadsheet)와 같은 간단한 기법부터 수많은 변수가 포함된 복잡한 의사결정 기법에 이르기까지 다양한 형태의 정보를 지원한다. 새로운 입지에 공장을 신축할 경우 예상되는 지대, 세금, 지역사회의 태도, 생태계에 미치는 영향 등에 관한 정보가 그 예이다.

2.5 GSS 및 GDSS

정보기술을 이용해 과업집단의 작업을 지원하는 데 초점을 두고 개발된 정보시스템이 GSS,

즉 집단지원 시스템(group support system)이다. 팀 구성원들이 집단으로 상호작용하는데 도움이 되도록 설계된 소프트웨어이다. 미국의 Chiat/Day라는 광고회사는 「Oxygen」이라는 이름의 GSS를 구축해 시공(時空)을 초월한 경영활동을 수행한다. 이 시스템은 가상 사무실을 모의화한 컴퓨터 네트워크 상에서 운용된다. 종업원들은 이 사무실에 여러 개의 가상공간을 열어놓고, 가상회의를 하면서 집단으로 프로젝트를 수행한다.

GDSS, 즉 집단의사결정지원 시스템(group decision support system)은 어떤 작업팀이나 집단이 조직 내의 데이터나 의사결정 기법들의 공유를 통해 다양한 문제를 정의하고 해결하도록 지원하는 시스템이다. 브레인스토밍, 아이디어의 조직화 및 최적대안 선정을 위한 구성원 투표 등과 같은 기능도 지원한다. 익명으로 메시지를 전달할 수 있기 때문에, 유저들이 아무런 구애를 받지 않고 자기 의견과 아이디어를 자유로이 제시할 수 있다.

2.6 중역지원 시스템(ESS)

중역지원 시스템(executive support system), 즉 ESS는 기업의 중역들이 기업 내부와 외부의 자료에 손쉽게 접근할 수 있도록 지원하는 데 목적을 둔 정보 시스템이다. 중역정보 시스템(executive information system: EIS)이라고도 한다. 중역들에게 주로 맞춤형 정보를 제공한다는 특징이 있다.

- **조직계층별 소요 정보의 유형**: 먼저, 일선관리자들은 기업의 단기적, 업무적 의사결정에 도움이 되는 정보를 필요로 한다. 외상매출금, 재고, 현금 및 발주 등에 관한 정보가 그 예이다. 이들이 필요로 하는 주요 정보 시스템은 거래처리 시스템과 사무정보 시스템이다. 중간관리자들은 기업의 중기적, 전술적 의사결정을 위한 정보를 필요로 한다. 원자재 수급동향, 단기 수요 예측, 소비자의 욕구변화, 제품믹스의 설계 등에 관한 정보가 그 예이다. 이들이 필요로 하는 주요 정보 시스템은 MIS, DSS 및 그룹웨어이다. 마지막으로, 최고경영자들은 기업의 장기적, 전략적 의사결정에 도움이 되는 정보를 필요로 한다. 공장입지 선정, 기업흡수 및 합병(M&A), 및 신제품 개발을 위한 정보가 그 예이다. 이들이 필요로 하는 주요 정보 시스템은 중역지원 시스템이다. 〈표 18-5〉는 각 의사결정 유형별, 조직계층별 소요 정보 시스템과 그 기능을 요약한 것이다.

〈표 18-5〉 의사결정의 유형별 정보 시스템과 그 기능

의사결정 유형	조직계층)	감사자의 평점	고객의 평점
업무적, 단기적	일선관리층	거래처리 시스템(TPS) 사무정보 시스템(OIS) 경영정보 시스템(MIS)	반복적·일상적 업무의 처리 일반적 사무관련 정보의 교환 의사결정에 필요한 정보의 제공
전술적, 중기적	중간관리층	의사결정지원 시스템(DSS) 그룹웨어	비정형화된 의사결정문제의 지원 팀이나 집단의 작업 지원
전략적, 장기적	최고경영층	중역지원 시스템(ESS)	중역들에게 조직 내외의 맞춤형 정보를 제공

3. 정보기술의 활용

경영자들이 앞에서 소개한 다양한 정보 시스템들을 이용할 수 있는 것은 정보기술, 즉 IT의 발전에 힘입은 바 크다. 다양한 정보기술들은 상호 관련을 가지고 시너지를 창출한다. 정보기술은 인간의 필요에 따라 다양한 목적에 활용된다. 대표적인 기능이 인간능력의 모방, 정보 네트워크, 정보의 저장 및 검색, 작업의 공유 및 대형 자료의 분석이다.

3.1 인간능력의 모방: 인공지능(AI)

인공지능(artificial intelligence: AI)은 인간의 지능이 아니면 해결이 어려운 과업들을 컴퓨터가 대신해 쉽게 해결해주는 정보기술이다. 유저들이 의사결정을 내리는 데 도움을 주기 위해 고안된 두 가지 인공지능이 전문가 시스템과 신경망이다.

1) 전문가 시스템

전문가 시스템(expert system)은 특별한 전문가들만이 해결할 수 있는 복잡한 문제들을 일련의 정해진 규칙에 따라 효과적으로 해결할 수 있게 설계된 소프트웨어이다. 이는 유저가 처한 특정의 문제에 대해 그와 관련된 상황들을 가정하고, 각 상황에 적용해야 할 규칙들을 토대로 이 문제에 대한 해를 제시해 주는 기법이다. 가령, 정부기관에 25년 째 근무하고 있는 어떤 공무원이 정년퇴임을 5년 앞당겨 명예퇴직하고, 퇴직금의 절반은 일시불, 절반은 연금을 받는다면, 일시불과 연금은 얼마나 될까? 이는 복잡한 규칙과 계산과정을 거쳐야 계산되는 문제이지만, 전문가 시스템을 이

용하면 간단히 해결된다.

2) 신경망

전문가 시스템은 의사결정을 내리는 데 필요한 모든 규칙들이 알려져 있는 상황에서 사용할 수 있는 정보기술이다. 그러나 실제 경영문제들 중에는 해를 도출하는 데 이용할만한 명확한 규칙은 없고, 대신에 규칙 비슷한 사례만 주어지는 것들이 많다. 이러한 유형의 문제에 초점을 두어 개발된 것이 신경망이다. **신경망**(neural network)은 과거의 자료를 바탕으로 실시되는 훈련을 통해 어떤 실체의 속성들과 그 결과들 사이의 패턴이나 관계를 파악할 수 있도록 학습하는 정보시스템이다. 두뇌에 퍼져 있는 신경망을 통해 사람이 행하는 훈련과 학습의 기능을 컴퓨터 칩이 대행한다는 뜻이다.

3.2 정보 네트워크

컴퓨터가 발달된 오늘날은 일정한 장소에서 세계 어느 장소로든 자료나 정보를 거의 실시간으로 저렴하게 전송할 수 있다. 기업은 이제 통신망만 구축하면 지리적으로 멀리 떨어진 지역에서 사업을 수행하고 기업활동을 통제할 수 있게 되었다.

1) WAN/LAN

WAN은 한 곳에서 다른 곳으로 자료, 정보 혹은 메시지를 전송하고 이를 접수할 수 있도록 하나의 컴퓨터를 다른 컴퓨터나 단말기, 혹은 다른 통신장비와 연결시켜 형성한 **광역 네트워크**(wide area network)이다. 예를 들면, 한 지역에서 본사의 메인 컴퓨터에 매출 자료를 전자적으로 전송하고자 할 경우 이 네트워크를 이용한다.

LAN은 근거리에서 구성원들끼리 정보나 메시지를 주고받을 수 있도록 PC와 주변기기들을 연결시켜 구축한 **근거리 통신망**(local area network)이다. 구내정보통신망이라고도 한다. 기업, 연구소, 병원, 학교 및 행정기관들이 사용하는 정보 네트워크가 그 예이다. 나아가 한 지역의 LAN을 다른 지역의 LAN이나 WAN과 연결해 원거리 유저들끼리 정보나 메시지를 교환하도록 설계된 컴퓨터 정보망을 인터넷(소문자 "i"의 internet)이라 한다.

2) 인터넷

인터넷(대문자 "I"의 Internet)은 공통된 프로토콜이나 포맷을 이용해 메시지를 보내는 정보 네트워크로서, 전 세계 모든 조직과 개인들이 이용 가능한 통신망이다. 흔히 **초고속 정보고속도로**(information superhighway)라 불린다. 1969년, 미 국방성이 재앙 발생 시 탄력적으로 대응하기 위해 개발한 소문자 "i" 인터넷의 특수한 형태이다. 그 후 대학들과 다른 연구기관들이 포함된 네트워크로 확대되고, 1990년대 초에는 기업과 일반대중들도 이 통신망을 이용할 수 있도록 보편화되었다.

인터넷에 접근하는 보편적인 방법은 월드와이드웹(World Wide Web), 즉 WWW를 이용하는 접근이다. 웹(Web)이라 부르는 WWW는 인터넷의 하위시스템으로서, 웹 서버에 정보를 제공하는 독립 소유의 시스템들로 이루어진다. HTML(hypertext markup language)과 같은 만국 공통의 표준도구를 이용해 구축되며, 웹 상의 정보는 텍스트, 소리, 그래픽, 및 기타의 형태로 제공된다. 지금은 수많은 기업, 조직, 기관, 단체 및 개인들이 자신들의 호스트 사이트에 웹 페이지를 구축한다. 홈페이지라 부르는 것이 곧 이것이다.

3) 인트라넷/엑스트라넷

인트라넷(Intranet)은 한 조직 내에서 인터넷과 동일한 프로토콜과 표준을 사용해 구성원들 간 의사소통 및 정보공유가 가능하도록 구축된 개인적 네트워크이다. 따라서 인트라넷은 조직 구성원들이 아니면 접근이 불가능하다. 엑스트라넷(Extranet)은 인트라넷과는 달리 고객, 자재공급업자 등 기업 외부의 이해관계자들과의 통신 및 정보공유를 목적으로 개발된 네트워크이다. 이 시스템은 인터넷과 동일한 프로토콜 및 표준을 사용한다.

3.3 정보의 저장 및 검색

정보 시스템에서 정보는 일반적으로 데이터베이스에 저장된다. **데이터베이스**(database)는 접근의 용이성을 위해 정보 시스템에 저장된 데이터의 조직화된 집합체이다. 조직이 데이터베이스에 다양한 자료와 정보를 저장해 두면, 구성원들은 자신이 원하는 정보를 쉽게 검색할 수 있다.

데이터베이스 관리 시스템(database management system: DBMS)은 데이터베이스에 저장된 자료와 정보들을 언제 어디서나 쉽게 이용 가능하도록 조직화해 저장하는 소프트웨어이다. 이 시스템은 경영자들에게 고객의 소구요인, 경쟁기업의 동향, 환경요인들의 추이, 및 애고하는 고객층, 지역 및 품목 등, 기업에 가치 있는 자료와 정보를 제공한다.

3.4 작업의 공유

정보기술의 또 다른 유용성은 **작업 공유**(job sharing)이다. 유저들 사이의 작업 공유에 필요한 것이 **클라이언트-서버 구조**(client-server architecture)이다. 이는 구내 정보 통신망(LAN) 같은 네트워크상에서 하나의 프로세스를 클라이언트와 서버가 분산 처리하는 개방형 작업 공유 시스템이다. 서비스를 의뢰하는 장치나 컴퓨터를 클라이언트라 하고, 서비스를 의뢰받아 프로세스를 실행해 결과에 대해 응답하는 장치나 컴퓨터를 서버라 한다. 클라이언트는 HTTP(WWW상에서 하이퍼 텍스트를 교환하는 프로토콜)를 통해서 서버에 메시지를 보낸다.

3.5 대량자료 분석: 데이터 웨어하우징 / 데이터 마이닝

오늘날 많은 기업들은 방대한 데이터를 분석하기 위해 전사적인 데이터베이스를 구축한다. 이는 종전의 정형화된 의사결정 문제가 아닌 다양한 형태의 비정형화된 의사결정 문제를 지원하기 위해서이다. **데이터 웨어하우징**(data warehousing)은 방대한 자료가 저장된 데이터베이스에 접근해 다양한 방법으로 자료를 분석 및 조작함으로써, 자료들 사이의 중요한 패턴을 발견해내는 개방형 정보 시스템이다.

그러나 전통적인 데이터 분석기법으로는 데이터웨어하우스에 저장된 방대한 자료를 분석, 조작하는 데 한계가 있다. **데이터 마이닝**(data mining)은 방대한 자료를 효과적으로 분석하기 위해 개발된 접근으로서, 신경망을 통해 데이터 세트에 존재하는 특정의 패턴이나 상관관계를 찾아내 미래의 의사결정에 이용할 수 있는 정보를 발굴한다. 예컨대 "지난달에 어느 슈퍼마켓의 고객들 중 몇 %가 맥주와 오징어를 동시에 구매했나?"와 같은 문제는 빈도분석 등의 정형화된 기법을 적용하면 간단히 해결된다. 그러나 데이터 마이닝을 실행할 경우, "맥주 구매자들 중 많은 사람이 오징어보다는 기저귀를 더 구매한다"는 등, 예외적 패턴도 발견할 수 있다.

4. 정보기술 기반 경영

지난 수십 년간 IT에 대한 투자액 단위당 컴퓨팅 능력이 18개월마다 두 배씩 증대했다고 한다. 날이 갈수록 강력해지는 마이크로칩은 정보산업의 가파른 성장을 재촉하고 있으며, 정보기술의 발전은 기업의 경영방식을 근본적으로 바꿔 놓고 있다. 〈표 18-6〉은 새로운 정보기술의 출현으로 기업의 경영방식이 어떻게 달라졌는가를 보여준다. 정보기술의 발전으로 새롭게 등장한 것이 원격근무, 아웃소싱, 비즈니스 프로세스 리엔지니어링 및 전사적 자원관리이다.

〈표 18-6〉 정보기술의 발전에 따른 기업의 새로운 경영방식

신 정보기술	기존의 방식	새로운 방식
데이터베이스의 공유	정보가 한 번에 한 곳에만 제공된다.	정보가 필요하면 어디나 동시에 제공된다.
전문가 시스템	전문가들만이 복잡한 작업을 수행한다.	일반인들도 전문가의 작업을 수행한다.
통신망	기업은 집권화와 분권화 중 하나를 선택해야 한다.	기업은 집권화와 분권화의 이점을 동시에 누릴 수 있다.
의사결정지원 도구	경영자들이 모든 의사결정을 내린다.	전 구성원들이 의사결정을 내린다.
무선데이터통신 및 휴대용 컴퓨터	종업원들이 사무실에서만 정보를 수집, 저장 및 전송한다.	현재의 위치에서 정보를 수집, 저장 및 전송할 수 있다.
인터넷, 웹사이트 및 상호작용적 비디오	잠재적 고객과의 최적 접촉은 개인적 접촉이다.	잠재적 고객과의 최적 접촉은 유효성 있는 접촉이다.

4.1 원격근무

원격근무(telecommuting)란 통신 네트워크를 이용해 작업장에서 떨어진 공간에서 작업하는 것을 의미한다. 즉, 가정과 현장이 근무처가 되는 시스템이다. 이 시스템에서는 가상 사무실(virtual office)이 전통적인 물리적 사무실을 대체한다. 가상 사무실은 여러 공간과 여러 작업자로 구성된 네트워크로서, 장소의 개념이 아닌 프로세스의 개념이다. 생산성 증대, 고정비용 절감 및 종업원 만족 증대가 그 대표적 이점이다. IBM의 경우, 만여 명의 영업사원과 컨설턴트들이 원격근무를 이용함으로써 연간 7,500만 달러의 비용절감과 20%의 생산성 증대를 가져 왔으며, 원격근무를 이용한 사람들의 75%가 사기 진작에 긍정적인 영향을 미치는 것으로 답했다고 한다.

4.2 아웃소싱

아웃소싱(outsourcing)은 기업활동들 중 일부를 제3자에게 맡기는 전략적 기법이다. 근래에는 네트워크를 통해 자료와 정보를 전 세계 곳곳으로 자유로이 전송할 수 있어 아웃소싱의 비중이 커지고 있다. 충원, 급여관리 및 부품생산을 비롯한 많은 분야에서 활용된다. 아웃소싱의 이론적 근거는 아담 스미스가 제시한 분업의 원리이다. 즉, 특정의 분야에 전문화된 외부의 개인 또는 조직이 기업의 전업부서나 구성원보다 직무를 더 신속하고 정확하고 저렴하게 수행할 수 있다는 것이 아웃소싱이 타당한 이유이다.

4.3 비즈니스 프로세스 리엔지니어링(BPR)

변화하는 환경에 대응해 기업이 존속 및 성장하기 위해서는 기존의 낡은 절차를 버리고 원점에서 출발해 업무의 절차와 방법을 재설계할 필요가 있다. **비즈니스 프로세스 리엔지니어링**(business process reengineering: BPR)이란 정보기술을 이용해 전통적인 업무처리 방식이나 절차를 근본적으로 혁신하고자 하는 접근이다. 이를 위해 BPR에서는 수익성, 효율, 품질, 제품 인도기간(lead time) 및 고객만족과 같은 기업의 성과척도들이 근본적으로 향상될 수 있도록 업무처리 절차를 혁신적으로 재설계한다. 리엔지니어링은 조직의 구조, 시스템, 절차, 기술, 규칙 등, 물리적 요소가 기본대상이지만, 조직문화와 같은 인적 요소 또한 리엔지니어링의 대상이다.

4.4 전사적 자원관리(ERP)

전사적 자원관리(enterprise resource planning: ERP)는 생산, 자재, 마케팅, 재무, 인사 및 회계 등, 기업의 전 분야에 산재된 인력, 자금 및 기술과 같은 경영자원들을 하나의 정보 시스템으로 통합해 전사적으로 관리하는 전략적 시스템이다. 이 시스템을 도입하면 경영자들은 제품의 품질, 제품의 이용가능성, 고객 서비스 수준, 종업원 직무만족도, 생산성과 효율성과 같은 주요 성과지표에 관한 정보를 실시간으로 입수해 의사결정에 이용할 수 있다.

ERP는 1990년대 소프트웨어 산업의 신기원을 이룩했다고 일컬어질 만큼, 통합적 정보 시스템의 결정체이다. 원래 제조업의 업무용 정보 시스템으로 출발했던 것이 점차 기업 전 부문으로 그 적용이 확대되었으며, IT의 발달로 이 시스템을 도입하는 기업이 증가하는 추세이다.

4.5 e-비즈니스

e-비즈니스(electronic business)는 조직의 목표를 효과적으로 달성하기 위해 종업원, 경영자, 소비자, 공급업자 및 사업 파트너 등, 자신의 이해관계자들과 인터넷을 통한 전자적 연계를 꾀함으로써 과업을 수행하는 경영방식을 의미한다. 〈그림 18-9〉는 e-비즈니스에 의한 거래 수준을 거래 당사자에 따라 세 가지로 분류한 것이다. e-비즈니스의 참여 수준은 조직에 따라 다르다.

〈그림 18-9〉 e-비즈니스 참여수준의 세 범주

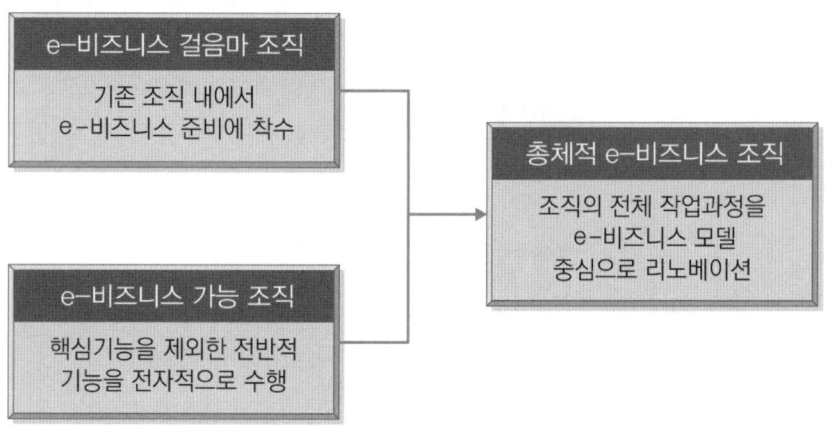

- **전자상거래**: 1990년대, 21세기 가장 유망한 사업분야로 지목받은 것이 e-커머스, 즉 전자상거래이다. **전자상거래**(electronic commerce)는 거래당사자들이 전자적으로 상호작용하는 거래 시스템을 말한다. 전자상거래는 e-비즈니스와 혼동하기 쉬우나, e-비즈니스는 전자상거래보다 광의의 개념이며, e-비즈니스의 특수 형태가 곧 전자상거래이다. 〈그림 18-10〉에서 보는 바와 같이, 전자상거래에는 기업과 기업 사이의 거래, 즉 B2B, 기업과 소비자 사이의 거래, 즉 B2C, 정부와 기업 사이의 거래, 즉 G2B(government-to-business), 및 소비자와 소비자 사이의 거래, 즉 C2C라는 네 가지 유형이 있다.

〈그림 18-10〉 전자상거래에 의한 거래의 유형

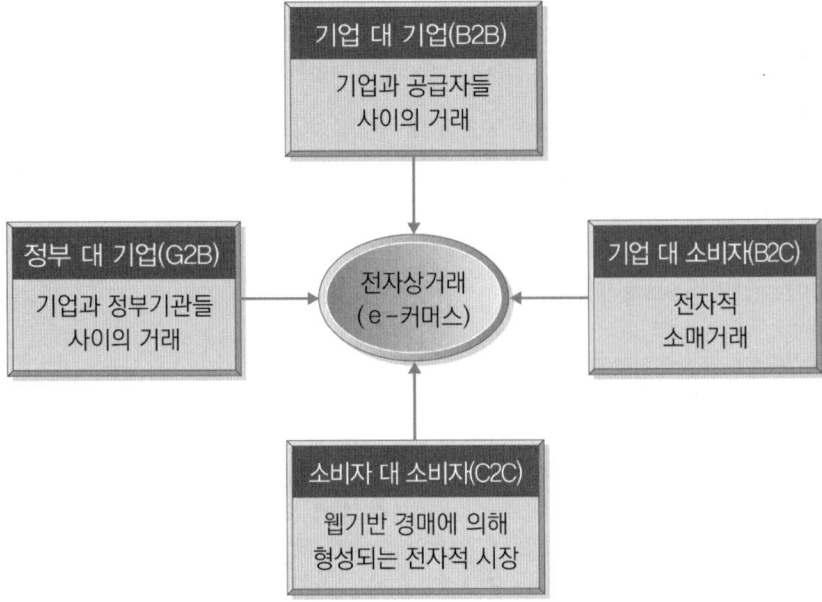

복습 및 연구문제

■ **복습하기**

1. 운영시스템을 시스템의 일반적 구조를 이용해 설명하라.
2. 생산성의 개념을 설명하되, 효율성과 비교해 설명하라.
3. 운영시스템 설계와 관련된 주요 장기적 의사결정 문제는 무엇인가?
4. 단속생산 시스템과 연속생산 시스템을 비교·설명하라.
5. 총괄계획이란 무엇이고, 총괄계획의 주요 변수를 제시하라.
6. 서비스 경영의 핵심요소는 무엇인가?
7. 자료, 정보 및 지식의 차이는 무엇인가?
8. 정보기술의 활용 영역을 설명하라.
9. 다음 사항에 대해 약술하라.

   ① 설계능력과 유효능력　　② 경제적주문량(EOQ)
   ③ JIT　　　　　　　　　　④ 품질관리와 품질경영의 차이
   ⑤ 예방비용　　　　　　　⑥ 부가가치 분석
   ⑦ 허용표본조사　　　　　⑧ 6 시그마
   ⑨ DSS　　　　　　　　　⑩ 전문가 시스템

■ **토론하기**

Ⅰ. 비싸고 좋은 화장품은 대개 백화점 브랜드들이다. 유럽산이 주종인 이들 브랜드는 명품으로 통한다. 품질도 그렇거니와 외장도 일품이다. 용기 디자인에도 많은 돈을 들인다. 최고급재로 포장도 한다. 반면에 백화점에 입점하지 못하는 국내의 브랜드들은 로드 숍에서 판다. 판매원이 가정을 찾아가 파는 방문판매 화장품도 많다. 방문판매의 경우 대부분 세트로 팔아 불필요한 것도 사게 되고, 그래서 비싸다는 말을 듣는다. 통신판매 업체들은 이런 판매방식의 장점은 취하고 단점은 보완했다. 오르비스 화장품의 경우를 보자. 이 회사는 부피만 큰 거추장스러운 포장은 하지 않는다. 일부의 이른바 명품 브랜드들을 보면 고급 포장재를 몇 겹으로 사용해 두껍게 포장되어 있으나, 뜯어보면 아주 작은 화장품이 나온다. 배보다 배꼽이 더 크다. 오르비스는 화장품을 그냥 비닐 주머니에 담아 배송한다. 판매도 세트로

하지 않으며, 누구든 필요한 화장품만 살 수 있다. 단 한 개를 주문해도 배달해 준다. 통신판매의 단점은 소비자들이 직접 화장품을 사용하고 피부 반응을 본 다음 살 수 없다는 점이다. 오르비스는 주문한 제품과 샘플을 함께 보내준다. 샘플을 사용해 보고 마음에 안 들면 반품하라는 뜻이지만, 본 제품을 써 본 다음 반품할 수도 있다. 30일간 써 본 후 이유를 불문하고 100% 반품이 가능하다. 피부재생주기가 대략 28일이라는 점을 감안한 것이다. 한두 번 찍어 발라보고 구매 여부를 결정해야 하는 매장 화장품보다 그래서 더 피부에 맞는 제품을 고를 수 있다는 것이 오르비스의 주장이다. 오르비스의 재구매율은 연간 60% 정도에 이른다. (자료원: 중앙일보 2005. 1. 13)

1. 서비스 삼각형 중, 오르비스가 채택한 서비스 전략, 고객 지향적 서버 및 고객지향적 시스템은 무엇인가?
2. 이 장의 본문에 의하면, 서비스 경영이 중요시되는 이유는 세 가지이다. 이 세 가지 이유를 오르비스 경우와 연결시켜 설명하라.

Ⅱ. 삼성전자는 '세계 1등 품질'을 목표로, 작업자가 생산라인의 가동을 언제든 중단할 수 있는 라인스톱제를 도입했다. 도요다 자동차의 '지도까'라는 제도와 흡사한 접근이다. 생산라인에 문제가 생기면, 작업자가 즉시 라인스톱 단추를 눌러 가동을 정지시키고, 관련자들이 모여 문제를 해결한 다음, 라인을 재가동시킨다. 1980년대에 컴퓨터 칩 수입검사 시 일본제품은 불량률 0%인 데 비해 미국제품은 불량률 1~2%이었다. 1,000시간 사용 후 일본 칩은 1,000개 중 1~2개가 불량인데 비해, 미국 칩은 그 27배의 불량이 발생했다고 한다. 두 나라의 품질경쟁력을 상징적으로 보여주는 사례이다.

1. 삼성전자의 사례는 본문에 소개된 세 품질비용 중 어느 비용에 관한 것인가?
2. 컴퓨터 칩에 관한 일본과 미국의 사례는 세 품질비용 중 어느 비용에 관한 것인가?

■ **자기평가**

Ⅰ. 품질과 생산성에 대한 당신의 마인드는? 다음은 품질과 생산성에 대한 당신의 아이디어와 접근법을 평가하는데 목적을 둔 설문조사이다. 각 문항에 대한 당신의 생각을 다음과 같은 4점 척도로 응답하라.

1. 매우 그렇다 2. 약간 그렇다 3. 약간 그렇다 4. 매우 그렇다

1. 품질은 TV 화질처럼 제품이나 서비스의 일차적 기능특성을 얼마나 충족시키느냐를 말한다.( )
2. 품질은 제품이나 서비스의 절대적 특성이자, 측정 가능한 측면이다.( )
3. 품질의 개념에는 TV의 리모컨 등, 제품이나 서비스의 보완적 측면도 포함된다.( )

4. 품질과 생산성은 역의 관계가 있어서, 하나를 얻기 위해서는 다른 하나를 희생해야 한다.( )
5. 품질의 개념은 제품의 디자인과 기능특성이 주어진 표준과 얼마나 일치하는가를 말한다.( )
6. 생산성은 생산되어야 할 것과 비교해 실제로 얼마나 생산되었느냐를 나타내는 척도이다.( )
7. 품질은 어떤 제품이 특정의 기간 동안 본래의 기능에 대해 오작동하지 않음을 뜻한다.( )
8. 품질은 제품에 대해서만 적용할 수 있으며, 서비스에 대해서는 품질을 측정할 수 없다.( )
9. 제품이나 서비스가 주어진 기능을 발휘하는 기간의 길이가 곧 품질이 된다.( )
10. 모든 사람이 품질에 대해 정확히 똑 같은 정의를 사용한다.( )
11. 품질이란 제품이나 서비스가 얼마나 쉽고 빠르게 수리될 수 있는가를 나타낸다.( )
12. 정중한 대접을 받는 것은 제품이나 서비스의 품질과 별 상관이 없다.( )
13. 제품의 외양, 느낌, 맛, 혹은 냄새와 같은 것이 곧 품질이 의미하는 내용이다.( )
14. 품질이 아닌, 가격이 곧 서비스의 궁극적 가치를 결정짓는다.( )
15. 품질은 제품이나 서비스에 대해 고객들이 어떻게 생각하는가를 나타낸다.( )
16. 품질과 생산성은 둘 다 동시에 향상되지는 않는다.( )

● **평가방법:**

16개의 문항 중 홀수 문항들은 품질을 구성하는 차원들을 정확히 설명한 문항들이고, 나머지는 잘못 설명한 문항들이다. 8개의 문항은 8개의 품질 차원을 기술하는 내용이다. 이 품질 차원은 성과, 특징, 신뢰성, 일치성, 내구성, 서비스 능력, 미학성 및 지각된 품질이다. 만약 홀 수 문항들을 긍정적으로 응답한 문항 수와 짝수 문항들을 부정적으로 응답한 문항수가 13개 이상이면, 여러분은 품질의 개념을 제대로 이해하고 있음을 의미하고, 그렇지 않으면, 품질의 개념을 제대로 이해하고 있지 못함을 의미한다. 품질 개념에 대한 여러분의 이해도를 평가해 보라.

Ⅱ. 당신의 정보기술 지식은? 본 설문은 정보기술에 관한 당신의 지식이 어느 수준인가를 평가하는 데 목적을 둔다. 각 문항은 다음에 제시된 어떤 용어를 설명하고 있는지 답하라.

① 브라우저 ② Emoticon ③ 북마크 ④ CAD ⑤ 도메인
⑥ 네티켓 ⑦ 인트라넷 ⑧ Flame ⑨ HTTP ⑩ Dot
⑪ 홈페이지 ⑫ B2C ⑬ WWW ⑭ FAQ ⑮ 다운로드
⑯ 스팸 ⑰ 뉴스그룹 ⑱ 데이터마이닝 ⑲ ROTFL ⑳ LAN

1. 인터넷상에서 다른 사람들과 대화하거나 행동할 때 준수해야 할 기본적 예의범절( )

2. 인터넷 주소의 각 부분을 분리해주는 것으로서, 마침표를 의미함( )
3. 데이터 뱅크에 저장된 방대한 자료를 분석함으로써 정보를 획득하는 것( )
4. 자극적이고 공격적인 말을 하는 사람에게 폭언을 퍼붓는 것( )
5. 제품의 판매나 사람의 이목집중을 위해 인터넷 혹은 휴대폰상에 메시지를 보내는 것( )
6. 근거리에서 정보를 교환할 수 있도록 PC와 주변기기들이 네트워크를 형성한 것( )
7. 웹 페이지가 브라우저에게 전달되는 방식으로서, hypertext transfer protocol의 약자( )
8. 한 조직 내에서 구성원들 사이에 정보를 교환 및 공유할 수 있도록 구축된 네트워크( )
9. World Wide Web이라고도 함( )
10. .com, .net, .edu와 같이 인터넷 주소의 마지막 부분을 구성하는 것( )
11. 전자상거래의 한 형태로서, 인터넷상에서 기업과 소비자가 제품을 사고 파는 것( )
12. 웹 사이트의 첫 페이지로서, 웹 방문자의 출발점이 되는 곳( )
13. e-메일 메시지나 채팅 공간에서 유머스럽게 말할 때 사용되는 약어나 은어( )
14. 어떤 사람이 보낸 메시지에 대하여 응답자의 감정을 표현하는 방법( )
15. 인터넷상의 회합이나 토론방( )
16. 많은 사람들, 특히 초보자들이 궁금하게 생각하는 문제들에 대하여 답변하는 공간( )
17. 제품을 설계하고 원형을 실험하는 데 이용되는 기법( )
18. 자주 방문하는 웹 사이트를 저장시키는 브라우저 기능( )
19. 월드 와이드 웹을 보는 데 이용되는 프로그램( )
20. 특정의 파일을 보기 위해 유저의 PC에 복사하는 것( )

● **평가방법:**

응답결과 정답을 맞춘 문항 수를 기준으로, 독자의 정보기술에 대한 지식수준은 다음과 같이 평가될 수 있다.

  총점 20개: 정보기술 전문가 수준
  18~19개: 정보기술에 조예가 깊은 수준
  15~18개: 정보기술에 평범한 수준
  14개 이하: 정보기술 초보자 수준

☞ 정답: 1 (f), 2 (j), 3 (r), 4 (h), 5 (p), 6 (t), 7 (i), 8 (g), 9 (m), 10 (e),
    11 (l), 12 (k), 13 (s), 14 (b), 15 (q), 16 (n), 17 (d), 18 (c), 19 (a), 20 (o)

참고문헌(References)

국내문헌

오상락, 경영학원론, 박영사, 1996

형성우·김구배·이상만, 현대경영학: 이론과 실제, 2005

이상만, 사회과학 연구조사방법, 신아출판사, 2022

형성우, 이상만, 김주안, 경영과학, 형성출판사, 2008

조동성, 21세기를 위한 경영학, 서울경제경영, 2002

조동성, 21세기를 위한 전략경영, 서울경제경영, 2002

이재연, 현대경영: 이론과 사례, 형설출판사, 2004

정기만 & 장영광, 현대경영학의 이해, 2024

신건호, 신경영혁신, 학문사, 1999

안동규·박춘식·박찬주, 현대경영학개론, 두남, 2014

김종성 김영 유성용, 현대경영학개론, 청람, 2019

박준호, 현대경영학원론, 박영사, 2017

권구역 외 6인 공역, 경영학의 이해, 2012

장세진, 글로벌경쟁 시대의 경영전략, 박영사, 2008

안상형, 이관석 & 이명호, 21세기 품질경영, 박영사, 2008

외국문헌

Ricky W. Griffin, *Fundamentals of Management*, 10th ed., Cengage, 2022

H. Koontz, C. O'Donnell and H. Weihrich, *Management*, 8th ed., McGraw-Hill, 1984

H. Koontz and H. Weihrich, Management, 9th ed., 1988

H. Koontz and C. O'Donnell, *Principles of Management: An Analysis of Managerial Functions*, 5th ed., 1972

Richard L. Daft, *Management*, 12th ed., Cengage Learning, 2016

Richard L. Daft, *Understanding Management*, Dryden Press, 1995

Stephen P. Robins & Mary Coulter, *Management*, 12th ed., Pearson, 2014

Stephen P. Robins & Mary Coulter, *Management*, 7th ed., Prentice-Hall, 2002

Stephen P. Robins & Mary Coulter, *Management*, 6th ed., Prentice-Hall, 1999

D. Hellriegel, S. E. Jackson, *Management*, 8th ed., South-Western College Pub., 1999

J. Stewart Black and Lyman w. Porter, *Management: Meeting New Challenges*, Prentice-Hall, 2000

David H. Holt, *Management: Principles and Practices*, 3rd ed., Prentice-Hall, 1993

Robert Kreitner, *Management*, 8th ed., Houghton Mifflin Co., 2001

Garry Dessler, *Management: Leading People and Organizations in the 21st Century*, 2nd ed., Prentice-Hall, 2001

Gareth R. Jones, Jennifer M. George and Charles W. L. Hill, *Contemporary Management*, 2nd ed., McGraw-Hill, 2000

Charles W. L. Hill and Gareth R. Jones, *Strategic Management*, 4th ed., Houghton Mifflin, 1998

L. J. Krajewski and L. P. Ritzman, *Operations Management: Strategy and Analysis*, Addison-Wesley Pub. 3rd ed., 1993

L. J. Krajewski and L. P. Ritzman, *Operations Management: Strategy and Analysis*, Addison-Wesley Pub. 3rd ed., 1996

R. D. Reid and N. Rl Sanders, *Operations Management: An Integrated Approach*, 4th ed., Wiley, 2010

Michael E. Porter, *Competitive Strategy: Techniques for Analyzing Industries and Competitors*, The Free Press, 1980

Michael Porter, *The Competitive Advantage of Nations*, Free Press, 1990

P. Koestenbaum, *Leadership: The Inner Side of Greatness*, 2nd ed., Jossey-Bass, 2002

J. A. Fitzsimmons, M. J〉 Fitzsimmons and Sanjeev K. Bordoloi, *Service Managemet*, 8th ed., McGraw-Hill, 2014

J. D. Hunger and ST. L. Wheelen, *Strategic management*, 5th ed., Addison-Wesley, 1996

Daniel A. Wren, *The Evolution of Management Thought*, Ronal, 1972

Terry Hill, *Manufacturing Strategy: Text and Cases*, 3rd ed., Irwin, 2000

S. T. Foster, *Managing Quality: Integrating the Supply Chain*, 3rd ed., Pearson, 2007

A. G. Bedeian, *Management*, The Dryden Press, 1986

D. L. Goetsch and S. B. Davis, *Quality Management: Introduction to Total Quality Management for Production, Processing, and Services*, 5th ed., Pearson, 2006

R. Johnston, G. Clark and M. Shulver, *Service Operations Managemet: Improving Service Delivery*, 4th ed., Pearson, 2012

찾아보기(Index)

BARS(Behaviorally Anchored Rating Scales) 291
BCG matrix 229
Big 5 개성특질 333
CAD 505
CAM 505
Cash cow 230
CIM 506
CPM(critical path method) 187
CEO 30
Dog 230
e-business 535
EOQ model 211, 511
ERG(existence, relatedness, growth) 392
ERG 동기부여 이론 392
FMS 505
ISO(international organization for standardization) 517
JIT(just-in-time) 512
LAN(local area network) 530
LPC 이론 425
Myers-Briggs model 335
PDS Cycle 21
PERT(Program Evaluation and Review Technique) 187
ppm/ppb 515
Question mark 230
six sigma 517
Star 230
SWOT analysis 224

TQM 211
WAN(wide area network) 530
Internet 531

(ㄱ)

가감적 예산편성(incremental budgeting) 182
가상조직(virtual organization) 270
가상 팀(virtual team) 377
가족적 통제(clan control) 475
가중평균 평점법(weighted average scoring) 209
가치관(values) 114, 144
가치사슬 경영(value chain management) 271
간트 도표(Gantt Chart) 179, 186
감성지능(emotional intelligence) 338
감응성 훈련(sensitivity training) 307
강제적 권력(coercive power) 420
강한 문화(strong culture) 152
강화(reinforcement) 359
강화이론(reinforcement theory) 402
개념적 기능(conceptual skill) 39
개방 시스템(open system) 66, 499
개성-직무 적합성 이론(personality-job fit theory) 339
개성특질 모델 335
개인 간 커뮤니케이션(interpersonal communication) 445
개인적 의사결정(individual decision making) 201
거래적 리더십(transactional leadership) 433
거래처리 시스템(transaction processing system) 526

경계적 통제(boundary control) 483
경력개발(career development) 292
경력관리(career management) 293
경로-목표 이론(path-goal theory) 429
경영(management) 15
경영감사(management audit) 495
경영과학(management science) 26, 211
경영기능(managerial function) 18, 39
경영능력(managerial competency) 39
경영원칙(principles of management) 57
경영윤리(managerial ethics) 70, 87
경영이론(management theory) 46
경영자(manager) 29
경영정보(management information) 524
경영정보 시스템(management information system, MIS) 525
경영평가 센터(management assessment center) 286
경영학(business administration) 22
경쟁 5요인 모델(five forces of competition model) 235
경쟁우위(competitive advantage) 224
경쟁적 갈등(competitive conflict) 379
경제연합 133
경제적 부가가치(economic value-added) 319
경제적 부가가치 경영(economic value-added management) 319
경제적 주문량(economic order quantity, EOQ) 511
경험과학(empirical science) 22
계량경영학(quantitative management) 64
계량적 접근(quantitative approach) 63, 211
계획(planning) 18, 168
계획 및 관리능력(planning and administrative competency) 40

계획에 관한 그래샴의 법칙(Gresham's law of planning) 201
고객만족(customer satisfaction) 16
고객반응 문화(customer responsive culture) 163
고객별 조직(customer organization) 252
고과 급여제(merit pay plan) 407
고맥락 문화(high-context culture) 153
고전적 모델(classical model) 203
고전적 접근(classical approach) 50
고정간격 강화(fixed-interval reinforcement) 404
고정비율 강화(fixed-ratio reinforcement) 405
고정위치 배치(fixed-position layout) 506
공급체인관리(supply chain management) 65
공식적 계획(formal planning) 168
공식집단(formal group) 365
공정기술 변화(change of process technology) 77
공정별 배치(process layout) 506
공정설계(process design) 504
공정성 이론(equity theory) 398
공헌이익(contribution margin) 184
과업(task) 51
과업 갈등(task conflict) 380
과업환경(task environment) 76, 79, 223
과정 혁신(process innovation) 316
과학(science) 23
과학적 관리(scientific management) 50
과학적 방법(scientific method) 23
관계 갈등(relationship conflict) 380
관련 다각화(related diversification) 228
관료적 조직(bureaucratic organization) 262
관료적 통제(bureaucratic control) 474
관리 혁신(administrative innovation) 316

관리격자 이론(management grid theory) 423
관리순환(management cycle) 21
관리적 모델(administrative model) 204
관세동맹 133
관세무역일반협정(GATT) 131
교차기능 팀(crossfunctional team) 376
교차문화적 리더십(cross-cultural leadership) 436
구조적 통제(structural control) 476
국가문화(national culture) 79, 114
국가별 차별화 전략(multi-domestic strategy) 122
국제기업(international corporation) 125
국제적 경영(international management) 104
국제표준화기구(international organization for standardization, ISO) 517
권한부여(empowerment) 41, 410
권한의 위양(delegation of authority) 259
귀인 이론(attribution theory) 345
규모의 경제(economy of scale) 55, 81
규범과학(normative science) 23
규범적 접근(normative approach) 203
귀납법(inductive method) 24
균형성과평가표(BSC) 483
글로벌 기업(global company) 118
글로벌 아웃소싱(global outsourcing) 119
글로벌 인지능력(global awareness competency) 42
글로벌 전략(global strategy) 124
글로벌화(globalization) 69, 105, 109
금융예산(financing budget) 491
긍정적 강화(positive reinforcement) 403
기계적 조직(mechanistic organization) 261
기능별 설계(functional design) 264
기능별 조직(functional organization) 151, 251

기능수준 계획(functional level plan) 171
기능수준 전략(functional level strategy) 238
기능중심 급여제도(skill-based pay system)
기대이론(expectancy theory) 396
기술(art) 23
기술 혁신(technical innovation) 316
기술과학(descriptive science) 22
기술적 기능(technical skill) 38, 289
기술적 접근(descriptive approach) 204
기업가(entrepreneur) 31, 37
기업가 정신(entrepreneurship) 32
기업 이미지(corporate image) 181
기업 정체성(corporate identity, CI) 181
기업지배구조(corporate governance structure) 90, 323
기회손실(opportunity loss) 283
기회요인(opportunity) 207

(ㄴ)
내부 마케팅(internal marketing) 240
내부자원(internal resources) 223
내부적 귀인(internal attribution) 346
내부통제(internal control) 325
내재론자(internals) 336
내재적 보상(intrinsic reward) 337
네트워크 조직(network organization) 152
네트워크형 커뮤니케이션(network communication) 457
능력계획(capacity planning) 508

(ㄷ)
다국적기업(multinational corporation) 117
다양성(diversity) 7
다운사이징(downsizing) 318

다중국내기업(multi-domestic corporation) 117
단속생산 시스템(intermittent production system) 504
대각적 커뮤니케이션(diagonal communication) 456
대기업(large business) 13
대기행렬 관리(queuing management) 212
대인관계 기능(human-relational skill) 289
대표성(representativeness) 213
데이터베이스 관리 시스템(database management system) 531
데이터마이닝(data mining) 532
데이터웨어하우징(data warehousing) 532
델파이 기법(Delphi technique) 216
독립적 사회감사(independent social audit) 96
동기부여(motivation) 386
동기부여 요인(motivation factor) 393
동남아시아국가연합(Association of Southeast Asean Nations, ASEAN) 135
동시적 통제(concurrent control) 477
동작연구(motion study) 51

(ㄹ)
라이선싱(licensing) 120
라인 경영자(line manager) 257
레버리지 비율(leverage ratio) 488
리더십(leadership) 95, 417
리더십 특성 이론(theory of leadership trait) 422
리더십 행위 이론(theory of leadership behavior) 422
리더 참여 모델(leader participation model) 431
리스트럭처링(restructuring) 317

(ㅁ)
마키아벨리아니즘(Marchiabellianism) 337

만족성(satisfactoriness) 209
만족해(satisfactory solution) 205
매트릭스 조직구조(matrix structure) 266
명목집단법(nominal group technique, NGT) 215
모호성 하에서의 의사결정(decision making under ambiguity) 198
목표관리(management by objectives, MBO) 182
목표설정 이론(goal setting theory) 400
몰입 중심 자율통제(commitment-based self-control) 485
무경계조직(boundaryless organization) 270
무국경 기업(borderless corporation) 118
무역장벽(trade barrier) 106
문제 추구형(problem seeker) 193
문제해결 기능(problem solving skill) 289
문제 해결형(problem solver) 193
문제 회피형(problem avoider) 193
문화적 가정(cultural assumption) 145
문화적 맥락(cultural context) 153
물리적 상징물(material symbol) 160
미국·멕시코·캐나다 협정(United States Mexico Canada Agreement, USMCA) 135

(ㅂ)
반응적 변화(reactive change) 301
배경조사(background investigation) 286
범위의 경제(economy of scope) 505
벤처기업(benture business) 14
벤치마킹(benchmarking) 175, 516
변동간격 강화(variable-interval reinforcement) 405
변동계획(contingency plan) 174
변동비율 강화(variable-ratio reinforcement) 405
변증법적 탐구(dilectical inquiry) 215

변환적 리더십(transformational leadership) 434
보상적 권력(reward power) 420
보호무역주의(protectionism) 131
복합적 설계(conglomerate design) 265
부가가치 분석(value-added analysis) 515
부문별 설계(divisional design) 265
부정적 강화(negative reinforcement) 403
북미자유무역협정(North American Free Trade Agreement, NAFTA) 134
분권화(decentralization) 259
분업(division of labor) 49
불완전한 정보(incomplete information) 205
불확실성 하에서의 의사결정(decision making under uncertainty) 197
브레인스토밍(brainstorming) 215
비공식적 계획(informal planning) 168
비공식집단(informal group) 366
비관련 다각화(unrelated diversification) 229
비언어적 커뮤니케이션(nonverbal communication) 446
비용 예산(expense budget) 182, 490
비용중심점(cost center) 492
비율분석(ratio analysis) 488
비전적 리더십(visionary leadership) 433
비정형화된 문제(unstructured problem) 200
비즈니스 프로세스 리엔지니어링(BPR) 534
비프로그램화된 의사결정(non-programmed decision making) 200
비현장 교육훈련(Off-JT) 289
빅 데이터(big data) 524

(ㅅ)
사람-직무 적합성(person-job fit) 332

사무자동화 시스템(office automation, OA) 527
사무정보 시스템(office information system, OIS) 527
사업다각화(business diversification) 317
사업부 조직(division organization) 251
사업수준 계획(business level plan) 171
사업수준 전략(business level strategy) 231
사전적 통제(feedforward control) 476
사회감사(social audit) 495
사회문화적 환경(sociocultural environment) 113
사회적 책임(social responsibility) 16, 70, 97
사회적 학습 이론(social learning theory) 359
사회화(socialization) 150
사후적 통제(feedback control) 477
산업혁명(industrial revolution) 49
상동화(stereotyping) 348
상표 충성도(brand loyalty) 81
상향식 변화(bottom-up change) 303
상향적 커뮤니케이션(upward communication) 456
상호작용적 통제(interactive control) 484
상호조정(mutual coordination) 254
상황이론(situational theory) 68
상황적 리더십 이론(SLT) 427
상황제약적 접근(contingency approach) 68
생산성(productivity) 500
서비스 경영(service management) 519
서비스 삼각형(service triangle) 520
선 목표-후 실행 문화(ready-aim-fire culture) 157
선 실행-후 목표 문화(ready-fire-aim culture) 157
선발 오류(selection error) 282
선택적 여과(selective filtering) 449
선택적 왜곡(selective distortion) 449
선택적 지각(selective perception) 348, 449

선험적 가설(prior hypothesis) 213
선형계획법(linear programming) 211
설계능력(design capacity) 509
설명의 의무(accountability) 259
설비입지(facility location) 502
성과-모의시험(performance-simulation test) 286
성과급제(piece-rate incentive plan) 407
성장전략(growth strategy) 228
세계무역기구(World Trade Organization) 132
셀형 배치(cellular layout) 507
소극적 강화(negative reinforcement) 360
소유 경영자(owner manager) 34
소유와 경영의 분리(separation of ownership and management) 35, 323
소유의 집중(concentration of ownership) 323
손익분기점(break-even point) 184
손익분기점 분석(break-even point analysis) 184
수렴적 사고(convergent thinking) 320
수리적 모델(mathematical model) 64
수익성(profitability) 16, 67
수익성 비율(profitability ratio) 488
수익예산(revenue budget) 490
수익중심점(revenue center) 492
수입(importing) 120
수직적 커뮤니케이션(vertical communication) 455
수직적 통합(vertical integration) 228
수출(exporting) 120
수출제한협정(export restraint agreement) 136
수평적 커뮤니케이션(horizontal communication) 455, 456
수평적 통합(horizontal integration) 228
순기능 행위(functional havior) 352
순수과학(pure science) 23

스캔런 플랜(Scanlon plan) 408
스텝 경영자(staff manager) 257
스톡옵션제(stock option plan) 409
스트레스원(stressor) 353
스핀옵(spin-off) 227, 317
시간연구(time study) 51
시너지(synergy) 16, 67
시너지 효과(synergy effect) 371
시스템(system) 66
시스템적 접근(stystems approach) 67
시장적 통제(market control) 474
식스 시그마(six sigma) 518
신경망(neural network) 530
신념・가치관 중심 자율통제(belief and value-based self-control) 485
신뢰성(reliability) 283
실천과학(practical science) 23
실패비용(failure cost) 514
심리적 계약(psychological contract) 331

(ㅇ)
아세안자유무역지대(ASEAN Free Trade Area, AFTA) 135
아웃소싱(outsourcing) 108, 516, 534
아이디어 챔피언(idea champion) 315
아카데미 문화(academy culture) 155
악마의 변호인(devil's advocate) 214
안정화 전략(stability strategy) 227
압력단체(pressure group) 84
야구팀 문화(baseball team culture) 155
약한 문화(weak culture) 152
양방 커뮤니케이션(two-way communication) 453
언어적 커뮤니케이션(oral communication) 445

업무부하 도표(load chart) 186
업무적 계획(operational plan) 170
업무적 목표(operational goal) 176
역기능 행위(dysfunctional behavior) 352
역할 갈등(role conflict) 355
역할 모호성(role ambiguity) 355
엔트로피(entropy) 67
연속생산 시스템(continuous production system) 504
영적 문화(spiritual culture) 164
연역법(deductive method) 24
영기준 예산편성(zero-based budgeting) 182
예기적 변화(anticipatory change) 301
예방비용(prevention cost) 514
예산(budget) 181, 489
예산통제(budgeting control) 489
오리엔테이션(orientation) 288
완전소유 해외지사(wholly owned foreign subsidiary) 121
외부적 귀인(external attribution) 346
외부환경(external environment) 222
외재론자(externals) 336
외재적 보상(extrinsic reward) 338
요새문화(fortress culture) 156
욕구계층 이론(theory of needs hierarchy) 62, 390
운영계획(operations planning) 508
운영관리(operations management) 64, 498
운영 시스템(operation system) 499
운영예산(operational budget) 490
운영적 통제(operations control) 475
운영통제(operations control) 508
워크 샘플링(work sampling) 286
원격근무(remote work) 71, 533
위생요인(hygiene factor) 393

위탁대리인(commission agent) 124
위험성 하에서의 의사결정(decision making under risk) 197
위협요인(threat) 208
유기적 조직(organic organization) 262
유동성 비율(liquidity ratio) 488
유럽공동체(European Community, EC) 134
유럽연합(European Union, EU) 134
유통 시스템(distribution system) 110
유효능력(effective capacity) 509
유효성(effectiveness) 18
윤리(ethics) 87
윤리강령(code of ethics) 89, 93
윤리교육(ethics training) 95
응용과학(applied science) 23, 72
의사결정(decision making) 191
의사결정 과정(decision making process) 191
의사결정 대안(decision alternative) 206
의사결정지원 시스템(decision support system, DSS) 527
의사소통 능력(communication competency) 39
이론(theory) 46
이론 X와 이론 Y(theory X and theory Y) 62
이론과학(theoretical science) 23
이상 변동(irregular variation) 480
이익예산(profit budget) 490
2-요인 동기부여 이론(two-factor theory of motivation) 393
이익 분배제(gain-sharing program) 408
이익중심점(profit center) 225, 493
이해관계자 자본주의 모델(stakeholder capitalism model) 324

인간관계 이론(theory of human relation) 62
인간관계 운동(human relation movement) 62
인간관계적 접근(human relations approach) 389
인공지능(artificial intelligence, AI) 529
인과과학(causal science) 22
인사관리(personnel management) 277
인센티브 보상제(incentive reward system) 407
인적 과정적 기법(human process technique) 307
인적 기능(human skill) 38
인적 비경제(human diseconomy) 269
인적자원 계획(human resource planning) 279
인적자원 관리(human resource management) 276
인적자원적 접근(human resource approach) 389
인지 부조화(cognitive dissonance) 341
인지적 편의(cognitive bias) 212
일반관리론(general administrative theory) 56
일반환경(general environment) 76, 223
일선관리자(first-line manager) 33
일정계획(scheduling) 186, 510
입지의 경제(economy of location) 107

(ㅈ)
자기관리 능력(self-management competency) 42
자본적 지출 예산(capital expenditure budget) 182, 491
자아방어 기제(self-defence mechanism) 451
자유무역주의(free trade) 106, 131
자유무역지역(free trade region) 133
자유무역협정(Free Trde Agreement) 132
자율관리팀(self-managed team) 41, 377
자재소요계획(material requirement planning, MRP) 509
자율통제 지향적 접근(self-control oriented approach) 484

작업장 영성(workplace spirituality) 164
재고관리(inventory management) 510
재무비율(financial ratio) 487
재무예산(financial budget) 491
재무적 통제(financial control) 475
저맥락 문화(low-context culture) 154
저원가 전략(low cost strategy) 232
적극적 강화(positive reinforcement) 360
적시생산 시스템(JIT) 512
전략(strategy) 220
전략적 경영(strategic management) 220
전략적 계획(strategic plan) 170
전략적 동반업체(strategic partner) 84
전략적 리더십(strategic leadership) 435
전략적 목표(strategic goal) 176
전략적 변화(strategic change) 301
전략적 사업단위(strategic business unit, SBU) 171, 225, 234
전략적 제휴(strategic alliance) 121
전략적 통제(strategic control) 476
전략적 행동능력(strategic action competency) 41
전문가 시스템(expert system) 529
전문가적 권력(expert power) 421
전문경영자(professional manager) 35
전문화(specialization) 54
전반적 최적화(overall optimization) 253
전사적 자원계획(enterprise resource planning, ERP) 65, 534
전술적 계획(tactical plan) 170
전술적 목표(tactical goal) 176
전자상거래(electronic commerce) 535
전자자료 교환 시스템(electronic data interchange,

EDI　526
전자적 정보기술(electronic information technology)　256
절차 갈등(process conflict)　380
점진적 변화(incremental change)　301
정보(information)　524
정보기술(information technology)　91, 525
정보 시스템(information system)　525
정상 변동(normal variation)　480
정체성(identity)　160
정형화된 문제(structured problem)　199
제품기술 변화(change of product technology)　77
제품별 배치(product layout)　506
제품별 조직(product organization)　251
제품수명주기(product life cycle)　236
제품수명주기 전략(product life cycle strategy)　236
제한된 합리성(bounded rationality)　205
조건부 성과(conditional payoff)　207
조인트벤처(joint venture)　121
조작적 조건화 이론(theory of operant conditioning)　358
조정(coordination)　253
조정기구(coordination mechanism)　255
조직(organization)　10
조직개발(organizational development, OD)　305
조직 관여(organizational engagement)　343
조직구조(organizational structure)　20
조직 몰입(organizational commitment)　343
조직문화(organizational culture)　86, 139
조직변화(organizational change)　298
조직설계(organizational design)　249
조직성과(organizational performance)　16
조직시민 행위(organizational citizenship)　351
조직적 커뮤니케이션(organizational communication)　454

조직행동 이론(theory of organizational behavior)　63
조직화(organizing)　20, 248
업원 지주제(ESOP)　408
종합과학(interdisciplinary science)　22
주계획(master scheduling)　509
주주 자본주의 모델(shareholder capitalism model)　324, 326
준거적 권력(referent power)　421
준최적화(sub-optimization)　253
중간관리자(middle manager)　34
중견기업(medium-sized business)　13
중소기업(small and medium-sized business)　13
중역지원 시스템(ESS)　528
지속적 경쟁우위(sustainable competitive advantage)　225
지식경영(knowledge management)　271, 526
지역적 고객화(local customization)　109, 118, 122
지역적 블록화(regional block)　133
지역적 경제통합(regional economic integration)　133
지원적 기업문화(supportive corporate culture)　162
지역별 조직(geographic organization)　252
지휘(directing)　20
지휘계통(chain of command)　257
직관적 의사결정자(intuitive decision maker)　194
직무기술서(job description)　279
직무만족(job satisfaction)　342
직무명세서(job specification)　279
직무분담제(job sharing)　413
직무분석(job analysis)　279
직무불만족(job dissatisfaction)　342
직무순환(job rotation)　412
직무 재설계(job redesign)　411

직무 전문화(job specialization)　250, 269
직무 충실화(job enrichment)　269, 412
직무 확대(job enlargement)　269, 411
진단적 통제(diagnostic control)　483
진입장벽(entry barrier)　81
집권화(centralization)　259
집단사고(group-think)　202, 370
집단 순응성(group conformity)　370
집단역학(group dynamics)　368
집단 응집력(group cohesiveness)　370
집단적 과정(group process)　372, 374
집단적 의사결정(group decision making)　201
집단지원 시스템(group support system, GSS)　528
집중근무제(compressive work schedule)　413
집중화 전략(focus strategy)　233

(ㅊ)
차별적 성과급제(differential piece-rate system)　51
차별적 능력(distinctive competency)　107, 225, 234
차별적 이익(differential advantage)　107
차별화(differentiation)　16
차별화 전략(differentiation strategy)　232
참여(participation)　410
참여적 변화(participative change)　304
창업 철학(founding philosophy)　149
창의력(creativity)　312
책임중심점(responsibility center)　492
체계적 구조(systematic structure)　11
체계적 오류(systematic error)　212
초국적 기업(transnational company)　118
총괄계획(aggregate planning)　509
총괄적 전략 틀(grand strategy framework)　227

축소 전략(retrenchment strategy)　229

(ㅋ)
카리스마적 리더십(charismatic leadership)　432
커뮤니케이션(communication)　442
커버리지 비율(coverage ratio)　488
컨베이어 시스템(conveyor system)　54
쿼터(quota)　136
클라이언트-서버 구조(client-server architecture)　532
클럽문화(club culture)　155

(ㅌ)
타당성(validity)　28
탄력근무제(flexible work schedule)　413
태도(attitude)　340
통계적 공정관리(statistical process control)　516
통계적 품질관리(statistical quality control)　516
통제(controlling)　21, 470
통제의 위치(locus of control)　336
통제의 폭(span of control)　258
통제의 환상(illusion of control)　213
통합적 전략경영(integrated strategic management)　309
투자중심점(investment center)　493
팀워크 능력(teamwork competency)　41
팀 역학(team dynamics)　41
팀 조직(team organization)　269
팀/집단 인센티브 보상제(team and group incentive reward system)　407

(ㅍ)
편차(deviation)　480
평가비용(appraisal cost)　514

폐쇄 시스템(closed system) 66
폐쇄적 문화(closed culture) 141
포트폴리오 전략(portfolio strategy) 227, 229
표준업무절차(standard operating procedure, SOP) 200
표준시간(standard time) 51
풀 시스템(pull system) 512
품질(quality) 16, 513
품질경영(quality management) 513
품질관리(quality control) 212, 514
품질비용(quality cost) 514
프랜차이징(franchising) 120
프로그램화된 의사결정(programmed decision making) 199

(ㅎ)
하위시스템(subsystem) 67
하향식 변화(top-down change) 303
하향적 커뮤니케이션(downward communication) 455
학습(learning) 358
학습조직(learnign organization) 271
학제적 접근(interdisciplinary approach) 63
한계분석(marginal analysis) 185
합리성(rationality) 50
합리적 모델(rational model) 203
합리적 의사결정자(rational decision maker) 193
합법적 권력(legitimate power) 419
해외 직접투자(foreign direct investment) 121

핵심역량(core capability) 223, 234
행동역학(behavioral dynamics) 63
행동조사(action research) 306
행동중심 평가척도법(BARS) 291
행위적 전치(behavioral displacement) 493
행위적 접근(behavioral approach) 59
허용표본조사(acceptance sampling) 516
혁신(innovation) 32, 312
혁신적 조직문화 314
현금예산(cash budget) 491
현대적 접근(contemporary approach) 66
현장 교육훈련(OJT) 289
협동적 갈등(cooperative conflict) 379
호손 실험(Hawthorne experiment) 61
혼합형 설계(hybrid design) 269
확산적 사고(divergent thinking) 320
확실성 하에서의 의사결정(decision making under certainty) 196
확률적 의사결정(probabilistic decision) 197
확정적 의사결정(deterministic decision) 196
활동성 비율(activity ratio) 489
활동예산(activity budget) 491
회사수준 계획(corporate level plan) 170
효율성(efficiency) 17
후광효과(halo effect) 349
휴리스틱 접근(heuristic approach) 212

현대 경영 이해

인쇄 2024년 8월 25일
발행 2024년 8월 30일

지은이 선종학 · 이국용 · 이상만
발행인 서정환
펴낸곳 신아출판사
주 소 서울시 종로구 삼일대로 32길 36(익선동 30-6 운현신화타워) 305호
전 화 (02) 3675-3885 (063) 275-4000 · 0484
팩 스 (063) 274-3131
이메일 essay321@hanmail.net
출판등록 제300-2013-133호
인쇄·제본 신아출판사

저작권자 ⓒ 2024, 선종학
이 책의 저작권은 저자에게 있습니다. 서면에 의한 저자의 허락없이 내용의 일부를
인용하거나 발췌하는 것을 금합니다.

저자와 협의, 인지는 생략합니다.
잘못된 책은 바꿔 드립니다.

이 도서는 2020년 국립대학 육성사업의 지원을 받아 수행되었습니다

ISBN 979-11-94198-18-5 93320

값 30,000원

Printed in KOREA